LANGENSCHEIDT'S
UNIVERSAL DICTIONARY

ENGLISH-GERMAN
GERMAN-ENGLISH

New edition

LANGENSCHEIDT
BERLIN · MUNICH · NEW YORK

Contents

© 1976 Langenscheidt KG, Berlin and Munich
Printed in Germany by
Druckhaus Langenscheidt, Berlin-Schöneberg

Abkürzungen,
die im Wörterbuch Anwendung finden

Abbreviations Used in this Dictionary

Die Tilde (~, bei veränderter Schreibung des Anfangsbuchstabens 2) ersetzt entweder das ganze Stichwort oder den vor dem senkrechten Strich (|) stehenden Teil davon oder ein bereits mit einer Tilde gebildetes Stichwort, z. B. **birth ... ~day = birthday; approv|al ... ~e = approve; after ... ~noon: good ~ = good afternoon; lord ... the 2 = the Lord.**

The tilde (~, when the initial letter changes: 2) stands for the catchword at the beginning of the entry or the part of it preceding the vertical bar (|) or for a catchword already having a tilde. Examples: **birth ... ~day = birthday; approv|al ... ~e = approve; after ... ~noon: good ~ = good afternoon; lord ... the 2 = the Lord.**

---

a. auch, *also.*

abbr. abbreviation, Abkürzung.

acc accusative (case), Akkusativ.

adj adjective, Adjektiv.

adv adverb, Adverb.

aer. aeronautics, Luftfahrt.

agr. agriculture, Landwirtschaft.

Am. American English, amerikanisches Englisch.

anat. anatomy, Anatomie.

appr. approximately, etwa.

arch. architecture, Architektur.

ast. astronomy, Astronomie.

attr attributively, attributiv.

biol. biology, Biologie.

bot. botany, Botanik.

Brit. British English, britisches Englisch.

bsd. besonders, especially.

chem. chemistry, Chemie.

cj conjunction, Konjunktion.

colloq. colloquial, umgangssprachlich.

comp comparative, Komparativ.

cond conditional, Konditional.

contp. contemptuously, verächtlich.

dat dative (case), Dativ.

4

dem demonstrative, Demonstrativ...

ea. einander, one another, each other.

eccl. ecclesiastical, kirchlich.

econ. economics, Wirtschaft.

e-e, e-e eine, a (an).

electr. electricity, Elektrizität.

e-m, e-m einem, to a (an).

e-n, e-n einen, a (an).

e-r, e-r einer, of a (an), to a (an).

e-s, e-s eines, of a (an).

et., et. etwas, something.

etc. et cetera, and so on, und so weiter.

f feminine, weiblich.

fig. figuratively, bildlich.

gen genitive (case), Genitiv.

geogr. geography, Geographie.

geol. geology, Geologie.

ger gerund, Gerundium.

gr. grammar, Grammatik.

hist. history, Geschichte.

hunt. hunting, Jagd.

ichth. ichthyology, Ichthyologie.

impers impersonal, unpersönlich.

indef indefinite, Indefinit...

inf infinitive (mood), Infinitiv.

int. interjection, Interjektion.

interr interrogative, Interrogativ...

irr irregular, unregelmäßig.

j-m, j-m jemandem, to someone.

j-n, j-n jemanden, someone.

j-s, j-s jemandes, someone's.

jur. jurisprudence, Recht.

konkr. konkret, concretely.

ling. linguistics, Sprachwissenschaft.

lit. literary, literarisch.

m masculine, männlich.

mar. maritime terminology, Schiffahrt.

math. mathematics, Mathematik.

m-e, m-e meine, my.

med. medicine, Medizin.

metall. metallurgy, Metallurgie.

meteor. meteorology, Meteorologie.

mil. military terminology, Militärwesen.

min. mineralogy, Mineralogie.

mot. motoring, Kraftfahrwesen.

mst meistens, mostly, usually.

mus. music, Musik.

n neuter, sächlich.

od. oder, or.

opt. optics, Optik.

orn. ornithology, Ornithologie.

o.s., o.s. oneself, sich.

paint. painting, Malerei.

parl. parliamentary term, parlamentarischer Ausdruck.

pass passive voice, Passiv.

ped. pedagogy, Pädagogik.

phls. philosophy, Philosophie.

phot. photography, Fotografie.

phys. physics, Physik.

physiol. physiology, Physiologie.

pl plural, Plural.

5

poet. poetical, dichterisch.

pol. politics, Politik.

poss possessive, Possessiv...

post. postal service, Postwesen.

pp past participle, Partizip Perfekt.

pred predicative, prädikativ.

pres present, Präsens.

pres p present participle, Partizip Präsens.

pret preterit(e), Präteritum.

print. printing, Buchdruck.

pron pronoun, Pronomen.

prp preposition, Präposition.

psych. psychology, Psychologie.

rail. railway, Eisenbahnwesen.

rel relative, Relativ...

rhet. rhetoric, Rhetorik.

S., *S. Sache*, *thing*.

s. siehe, see, refer to.

Scot. Scottish, schottisch.

s-e, s-e seine, *his, one's.*

sg singular, Singular.

sl. slang, Slang.

s-m, s-m seinem, to his, to one's.

s-n, s-n seinen, his, one's.

s.o., s.o. someone, jemand (-en).

sp. sports, Sport.

s-r, s-r seiner, of his, of one's, to his, to one's.

s-s, s-s seines, of his, of one's.

s.th., s.th. something, etwas.

sub substantive, noun, Substantiv.

subj subjunctive (mood), Konjunktiv.

sup superlative, Superlativ.

tech. technology, Technik.

tel. telegraphy, Telegrafie.

teleph. telephony, Fernsprechwesen.

thea. theatre, Theaterwesen.

u., u. und, and.

univ. university, Hochschulwesen.

v/aux auxiliary verb, Hilfsverb.

vb verb, Verb.

vet. veterinary medicine, Tiermedizin.

v/i intransitive verb, intransitives Verb.

v/refl reflexive verb, reflexives Verb.

v/t transitive verb, transitives Verb.

vulg. vulgar, vulgär.

zo. zoology, Zoologie.

Zs., zs. zusammen, together.

Zssg(n) Zusammensetzung (-en), compound word(s).

Die Rechtschreibung im amerikanischen Englisch
American Spelling

weicht von der britischen hauptsächlich in folgenden Punkten ab:

1. Für **...our** tritt **...or** ein, z.B. hon*or* = hon*our*, lab*or* = lab*our*.
2. **..re** wird zu **...er**, z.B. cent*er* = cent*re*, theat*er* = theat*re*, meag*er* = meag*re*; ausgenommen sind die Wörter auf ...c*re*, z.B. massac*re*.
3. Statt **...ce** steht **...se**, z.B. defen*se* = defen*ce*, licen*se* = licen*ce*.
4. Bei den Ableitungen der Verben auf **...l** und **...p** unterbleibt die Verdoppelung des Endkonsonanten, also travel - trave*l*ed - trave*l*ing - trave*l*er, worship - worshi*p*ed - worshi*p*ing - worshi*p*er. Auch in einigen anderen Wörtern wird der Doppelkonsonant durch einen einfachen ersetzt, z.B. wago*n* = waggo*n*, woole*n* = woolle*n*.
5. Stummes e entfällt in Wörtern wie z.B. abridg*ment* = abridg*ement*, acknowledg*ment* = acknowledg*ement*, judg*ment* = judg*ement*, good-b*y* = good-b*ye*.
6. Bei einigen Wörtern mit der Vorsilbe **en...** gibt es auch noch die Schreibung **in...**, z.B. *in*close = *en*close.
7. Der Schreibung **ae** und **oe** wird oft diejenige mit **e** vorgezogen, z.B. an*e*mia = an*ae*mia, diarrh*e*a = diarrh*oe*a.
8. Aus dem Französischen stammende stumme Endsilben werden häufig weggelassen, z.B. catalog = catalogue, program = programme, prolog = prologue.
9. Einzelfälle sind st*a*nch = st*au*nch, m*o*ld = m*ou*ld, m*o*lt = m*ou*lt, pl*o*w = pl*ough*, must*a*che = moustache, che*ck* = che*que*, gr*a*y = gr*e*y, gypsy = gipsy, sk*e*ptic = sc*e*ptic, skil*l*ful = skil*ful, tir*e* = tyr*e*.
10. Neben although, all right, through finden sich die Formen altho, a*l*right, thru.

Die Aussprachebezeichnung

Key to Pronunciation

Jedes Stichwort ist phonetisch umschrieben. Ausgenommen sind zusammengesetzte Wörter, wenn jeder Bestandteil als selbständiges Stichwort im Wörterverzeichnis an alphabetischer Stelle aufgeführt ist.

Die magere Tilde (‿) vertritt in der Aussprachebezeichnung die ganze Aussprache des unmittelbar vorhergehenden Stichwortes oder den Teil des Stichwortes, der unverändert bleibt, z.B. **fore** [fɔː], **‿boding** [‿ˈboudiŋ = fɔːˈboudiŋ]; **bank** [bæŋk], **‿rupt** [‿ˌrʌpt = ˈbæŋkrʌpt]; **introduce** [intrəˈdjuːs], **‿tion** [ˌ‿dʌkʃən = intrəˈdʌkʃən].

Bei zusammengesetzten Wörtern bedeutet ein Strich innerhalb der eckigen Klammern [...-], daß die Aussprache des betreffenden Bestandteiles unter dem selbständigen Stichwort zu suchen ist, z.B. **archangel** [ˈɑːk- = ˈɑːˈkeindʒəl], **shin(-bone)** [ˈʃin(-) = ˈʃin(boun)].

A. Vokale und Diphthonge

[ɑː]	reines langes a, wie in Vater: *father* [ˈfɑːðə].
[ʌ]	kurzes dunkles a, bei dem die Lippen nicht gerundet sind. Vorn und offen gebildet: *come* [kʌm].
[æ]	heller, ziemlich offener, nicht zu kurzer Laut. Raum zwischen Zunge und Gaumen noch größer als bei a in Ähre: *man* [mæn].
[ɛə]	nicht zu offenes halblanges ä; im Englischen nur vor r, das als ein dem a nachhallendes [ə] erscheint: *bare* [bɛə].
[ai]	Bestandteile: helles, zwischen [ɑː] und [æ] liegendes a und schwächeres offenes i. Die Zunge hebt sich halbwegs zur i-Stellung: *I* [ai].
[au]	Bestandteile: helles, zwischen [ɑː] und [æ] liegendes a und schwächeres offenes u: *house* [haus].
[ei]	halboffenes e, nach i auslautend, indem die Zunge sich halbwegs zur i-Stellung hebt: *date* [deit].
[e]	halboffenes kurzes e; etwas geschlossener als das e in Bett: *bed* [bed].
[ə]	ähnlich dem deutschen, flüchtig gesprochenen e in Gelage: *butter* [ˈbʌtə].

[iː]	langes i, wie in Bibel, aber etwas offener einsetzend als im Deutschen: *sea* [siː].
[i]	kurzes offenes i wie in bin: *big* [big].
[iə]	halboffenes halblanges i mit nachhallendem [ə]: *here* [hiə].
[ou]	mit [ə] beginnend und in schwaches u auslautend; keine Rundung der Lippen, kein Heben der Zunge: *boat* [bout].
[ɔː]	offener langer, zwischen a und o schwebender Laut: *before* [biˈfɔː].
[ɔ]	offener kurzer, zwischen a und o schwebender Laut, offener als das o in Motte: *god* [gɔd].
[ɔi]	Bestandteile: offenes o und schwächeres offenes i. Die Zunge hebt sich halbweg zur i-Stellung: *boy* [bɔi].
[əː]	offenes langes ö, etwa wie gedehnt gesprochenes ö in Mörder; kein Vorstülpen oder Runden der Lippen, kein Heben der Zunge: *girl* [gəːl].
[uː]	langes u wie in Buch, doch ohne Lippenrundung: *shoe* [ʃuː].
[uə]	halboffenes halblanges u mit nachhallendem [ə]: *poor* [puə].
[u]	flüchtiges u: *put* [put].

Ganz vereinzelt werden auch die folgenden Nasallaute gebraucht: [ã] wie in französisch *blanc*, [ɔ̃] wie in französisch *bonbon* und [ɛ̃] wie in französisch *vin*.

Die Länge eines Vokals wird durch [ː] bezeichnet, z. B. *ask* [ɑːsk].

B. Konsonanten

[r]	nur vor Vokalen gesprochen. Völlig verschieden vom deutschen Zungenspitzen- oder Zäpfchen-R. Die Zungenspitze bildet mit den oberen Zahnwulst eine Enge, durch die der Ausatmungsstrom mit Stimmton hindurchgetrieben wird, ohne den Laut zu rollen. Am Ende eines Wortes wird r nur bei Bindung mit dem Anlautvokal des folgenden Wortes gesprochen: *rose* [rouz], *pride* [praid], *there is* [ðɛərˈiz].
[ʒ]	stimmhaftes sch, wie g in Genie, j in Journal: *jazz* [dʒæz].
[ʃ]	stimmloses sch, wie im deutschen Schnee, rasch: *shake* [ʃeik].

[θ]	im Deutschen nicht vorhandener stimmloser Lispellaut; durch Anlegen der Zunge an die oberen Schneidezähne hervorgebracht: *thin* [θin].
[ð]	derselbe Laut stimmhaft, d. h. mit Stimmton: *father* ['fɑːðə].
[s]	stimmloser Zischlaut, entsprechend dem deutschen ß in Spaß: *see* [siː].
[z]	stimmhafter Zischlaut wie im Deutschen sausen: *zeal* [ziːl].
[ŋ]	wird wie der deutsche Nasenlaut in singen gebildet: *ring* [riŋ].
[w]	flüchtiges, mit Lippe an Lippe gesprochenes w, aus der Mundstellung für [uː] gebildet: *will* [wil].
[f]	stimmloser Lippenlaut wie im Deutschen flott: *fat* [fæt].
[v]	stimmhafter Lippenlaut wie im Deutschen Vase: *vein* [vein].
[j]	flüchtiger zwischen j und i schwebender Laut: *yes* [jes].

C. Betonung

Die Betonung der englischen Wörter wird durch das Zeichen ['] vor der zu betonenden Silbe angegeben, z. B. *onion* ['ʌnjən]. Sind zwei Silben eines Wortes mit Betonungsakzent versehen, so sind beide gleichmäßig zu betonen, z. B. *upstairs* ['ʌp'stɛəz].

D. Endsilben ohne Lautschrift

Um Raum zu sparen, werden die häufigsten Endungen der englischen Stichwörter im folgenden einmal mit Lautschrift gegeben, dann aber im Wörterverzeichnis ohne Lautumschrift verzeichnet (sofern keine Ausnahmen vorliegen). Die nachstehenden Endungen sind auch dann nicht umschrieben, wenn ihnen ein Konsonant vorausgeht, der in der Lautschrift des vorhergehenden Wortes nicht gegeben war, im Englischen und Deutschen aber dasselbe Lautzeichen aufweist, z. B. -tation, -ring.

-ability [-əbiliti]	-ally [-əli]	-ant [-ənt]
-able [-əbl]	-an [-ən]	-ar [-ə]
-age [-idʒ]	-ance [-əns]	-ary [-əri]
-al [-əl]	-ancy [-ənsi]	-ation [-eiʃən]

-cious [-ʃəs]

-cy [-si]

-dom [-dəm]

-ed [-d; -t; -id]*

-edness [-dnis;

  -tnis; -idnis]*

-ee [-i:]

-en [-n]

-ence [-əns]

-ent [-ənt]

-er [-ə]

-ery [-əri]

-ess [-is]

-fication [-fikeiʃən]

-ful [-ful]

-fy [-fai]

-hood [-hud]

-ial [-əl]

-ian [-iən; -jən]

-ible [-əbl]

-ic(s) [-ik(s)]

-ical [-ikəl]

-ily [-ili]

-iness [-inis]

-ing [-iŋ]

-ish [-iʃ]

-ism [-izəm]

-ist [-ist]

-istic [-istik]

-ite [-ait]

-ity [-iti]

-ive [-iv]

-ization [-aizeiʃən]

-ize [-aiz]

-izing [-aiziŋ]

-less [-lis]

-ly [-li]

-ment(s) [-mənt(s)]

-ness [-nis]

-oid [-ɔid]

-or [-ə]

-ory [-əri]

-our [-ə]

-ous [-əs]

-ry [-ri]

-ship [-ʃip]

-(s)sion [-ʃən]

-sive [-siv]

-some [-səm]

-ties [-tiz]

-tion [-ʃən]

-tious [-ʃəs]

-trous [-trəs]

-try [-tri]

-y [-i]

* [-d] nach Vokalen und stimmhaften Konsonanten;
[-t] nach stimmlosen Konsonanten; [-id] nach auslauten-
dem d und t.

A

a [ei, ə] ein(e); **not** ~**(n)** kein(e).

aback [ə'bæk] zurück; **taken** ~ überrascht, bestürzt.

abandon [ə'bændən] auf-, preisgeben; verlassen; überlassen; ~**ment** Auf-, Preisgabe f.

abashed [ə'bæʃt] verlegen.

abate [ə'beit] verringern; abnehmen, nachlassen; *Mißstand* abstellen.

abbless [æbis] Äbtissin f; ~**ey** [ˈ.i] Abtei f; ~**ot** [ˈ.ət] Abt m.

abbreviat|e [ə'bri:vieit] (ab)kürzen; ~**ion** Abkürzung f.

ABC ['eibi:'si:] Abc n.

abdicate ['æbdikeit] aufgeben; abdanken.

abdomen ['æbdɔmen] Unterleib m.

abduct [æb'dakt] entführen.

abhor [əb'hɔ:] verabscheuen; ~**rence** [~ɔrəns] Abscheu m; ~**rent** verhaßt, zuwider, abstoßend.

abide [ə'baid] (*irr*) bleiben; (v)ertragen; warten auf.

ability [ə'biliti] Fähigkeit f.

abject ['æbdʒekt] niedrig, gemein; *fig.* äußerst.

abjure [əb'dʒuə] abschwören; entsagen.

able ['eibl] fähig; geschickt; **be** ~ **to** imstande sein zu, können.

abnormal [æb'nɔ:məl] abnorm.

aboard [ə'bɔ:d] an Bord.

abode [ə'baud] *pret u. pp von* **abide**; Aufenthalt m; Wohnung f.

abolish [ə'bɔliʃ] abschaffen; ~**tion** [æbəu'liʃən] Abschaffung f.

A-bomb ['eibɔm] Atombombe f.

abominable [ə'bɔminəbl] abscheulich.

abortion [ə'bɔ:ʃən] Fehlgeburt f; Abtreibung f.

abound [ə'baund]: ~ **in,** ~ **with** voll sein von, wimmeln von.

about [ə'baut] *prp räumlich:* um, um ... herum; in ... umher; *zeitlich, größen-, mengenmäßig:* ungefähr, etwa, gegen (~ **this time,** ~ **my height**); *fig.* über, um, wegen; bei **(I haven't any money** ~ **me)**; im Begriff, im Begriffe; *adv* umher, herum; in der Nähe, da; viel(e).

above [ə'bʌv] *prp* über, oberhalb; *fig.* über, erhaben über; ~ **all** vor allem; *adv* oben; darüber; *adj* obig, obenerwähnt.

abreast [əˈbrest] nebeneinander; [kürzen.]

abridge [əˈbridʒ] (ver-)}

abroad [əˈbrɔːd] im od. ins Ausland; überall(hin).

abrupt [əˈbrʌpt] jäh; zs.-hanglos; schroff.

abscess [ˈæbsis] Geschwür n.

absence [ˈæbsəns] Abwesenheit f; Mangel m; **~ of mind** Zerstreutheit f.

absent [ˈæbsənt] abwesend; **be ~** fehlen; **~-minded** zerstreut, geistesabwesend.

absolute [ˈæbsəluːt] absolut; unumschränkt.

absolve [əbˈzɔlv] frei-, lossprechen.

absorb [əbˈsɔːb] aufsaugen; fig. ganz in Anspruch nehmen.

abstain [əbˈstein] sich enthalten; **~ention** [~ˈstenʃən] Enthaltung f.

abstinence [ˈæbstinəns] Enthaltsamkeit f; **~t** enthaltsam.

abstract [ˈæbstrækt] abstrakt; Auszug m; [~ˈstrækt] abziehen; trennen; **~ed** zerstreut.

absurd [əbˈsəːd] absurd; lächerlich.

abundance [əˈbʌndəns] Überfluß m; Fülle f; **~t** reichlich.

abuse [əˈbjuːs] Mißbrauch m; Beschimpfung f; [~z] mißbrauchen; beschimpfen; **~ive** ausfallend; Schimpf...

abyss [əˈbis] Abgrund m.

academic(al) [ækəˈdemik(əl)] akademisch; **~y** [əˈkædəmi] Akademie f.

accelerate [əkˈseləreit] beschleunigen; mot. Gas geben; **~or** Gaspedal n.

accent [ˈæksənt] Akzent m.

accept [əkˈsept] annehmen; (freundlich) aufnehmen; hinnehmen; **~able** annehmbar; **~ance** Annahme f; (freundliche) Aufnahme.

access [ˈækses] Zugang m; **~ary** [əkˈsesəri] Mitwisser(in), Mitschuldige m, f; **~ible** [əkˈsesəbl] zugänglich; **~ion** [ækˈseʃən] Zuwachs m; Zunahme f; Antritt m; **~ion to the throne** Thronbesteigung f.

accessory [əkˈsesəri] Zubehör(teil) n; s. **accessary.**

access road Zufahrtsstraße f; Autobahneinfahrt f.

accident [ˈæksidənt] Zufall m; Un(glücks)fall m; **by ~** zufällig; **~al** [~ˈdentl] zufällig; nebensächlich.

acclimatize [əˈklaimətaiz] (sich) akklimatisieren od. eingewöhnen.

accommodate [əˈkɔmədeit] anpassen; unterbringen; versorgen; j-m aushelfen; **~ion** Anpassung f; Versorgung f; (Am. pl:) Unterkunft f; Unterbringung f.

accompan|iment [ə'kʌm-pənimənt] Begleitung *f*; **~y** begleiten.

accomplice [ə'komplis] Komplice *m*.

accomplish [ə'kompliʃ] vollenden; ausführen; **~ed** vollendet, perfekt; **~ment** Vollendung *f*; Ausführung *f*; Leistung *f*; Fähigkeit *f*.

accord [ə'kɔːd] übereinstimmen; gewähren; Übereinstimmung *f*; **with one ~** einstimmig; **~ing**: **~ to** gemäß; nach; **~ingly** (dem)entsprechend.

account [ə'kaunt] Rechnung *f*; Berechnung *f*; Konto *n*; Bericht *m*; Rechenschaft *f*; **on no ~** auf keinen Fall; **on ~ of** wegen; **take into ~** berücksichtigen; **call to ~** zur Rechenschaft ziehen; **~ for** Rechenschaft über *et.* ablegen; (sich) erklären; **~ant** Buchhalter *m*; **~ing** Buchführung *f*.

accumulate [ə'kjuːmjuleit] (sich) (an)häufen *od.* ansammeln.

accura|cy ['ækjurəsi] Genauigkeit *f*; **~te** ['~it] genau; richtig.

accus|ation [ækju(ː)'zeiʃən] Anklage *f*, Beschuldigung *f*; **~ative (case)** [ə'kjuːzətiv] *gr.* Akkusativ *m*, 4. Fall; **~e** [ə'kjuːz] anklagen; beschuldigen; **~ed: the ~** der *od.* die Angeklagte; **~er** Kläger (-in).

accustom [ə'kʌstəm] gewöhnen; **~ed** gewohnt, üblich; gewöhnt.

ace [eis] As *n* (*a. fig.*).

ache [eik] schmerzen; *an*haltender Schmerz.

achieve [ə'tʃiːv] ausführen; erreichen; **~ment** Ausführung *f*; Leistung *f*.

acid ['æsid] sauer; Säure *f*.

acknowledg|e [ək'nɔlidʒ] anerkennen; zugeben; *Empfang* bestätigen; **~(e)ment** Anerkennung *f*; Bestätigung *f*; Eingeständnis *n*.

acoustics [ə'kuːstiks] *pl* Akustik *f*.

acquaint [ə'kweint] bekannt machen; **~ s.o. with s.th.** j-m et. mitteilen; **be ~ed with** kennen; **~ance** Bekanntschaft *f*; Bekannte *m*, *f*.

acquire [ə'kwaiə] erwerben.

acquisition [ækwi'ziʃən] Erwerbung *f*; Errungenschaft *f*.

acquit [ə'kwit] freisprechen; **~tal** Freispruch *m*.

acre ['eikə] Morgen *m* (*4047 qm*).

acrid ['ækrid] scharf.

acrobat ['ækrəbæt] Akrobat *m*.

across [ə'krɔs] *prp* (quer) durch *od.* über; jenseits, über, auf der anderen Seite von; **come ~, run ~** stoßen auf; *adv* (quer) hinüber, herüber; quer durch; drüben; über Kreuz.

act 14

act [ækt] handeln; wirken; funktionieren; *thea.*: spielen; aufführen; Tat *f*; *thea.* Akt *m*; **~ion** Handlung *f* (*a. thea.*); Tätigkeit *f*; Tat *f*; Wirkung *f*; Klage *f*, Prozeß *m*; Gefecht *n*; Mechanismus *m*

activ|e ['æktiv] aktiv; tätig; wirksam; **~e (voice)** *gr.* Aktiv *n*, Tätigkeitsform *f*; **~ity** Tätigkeit *f*; Betriebsamkeit *f*.

act|or ['æktə] Schauspieler *m*; **~ress** Schauspielerin *f*.

actual ['æktʃuəl] wirklich.

acute [ə'kjuːt] spitz; scharf (-sinnig); brennend (*Frage*); *med.* akut.

adapt [ə'dæpt] anpassen; bearbeiten.

add [æd] hinzufügen; addieren; hinzukommen.

addict ['ædikt] Süchtige *m*, *f*; **~ed** [ə'diktid]: **~ to** dem Rauschgift etc. verfallen, ...süchtig.

addition [ə'diʃən] Hinzufügen *m*; Zusatz *m*; Addition *f*; **in ~** außerdem; **in ~ to** außer *C*; **~al** zusätzlich.

address [ə'dres] *Worte etc.* richten an (), das Wort richten an; *j-n* ansprechen; adressieren; Adresse *f*, Anschrift *f*; Ansprache *f*; **~ee** [ædre'siː] Empfänger *m*.

adequate ['ædikwit] angemessen.

adhe|re [əd'hiə] haften

(to an); **~sive** [ˌˈhiːsiv] Klebstoff *m*; **~sive tape** *od.* **plaster** Heftpflaster *n*.

adjacent [ə'dʒeisənt] benachbart.

adjective ['ædʒiktiv] *gr.* Adjektiv *n*, Eigenschaftswort *n*.

adjoin [ə'dʒɔin] angrenzen an.

adjourn [ə'dʒəːn] (sich) vertagen.

adjust [ə'dʒʌst] in Ordnung bringen; anpassen; *tech.* einstellen.

administ|er [əd'ministə] verwalten, führen; spenden; *Arznei* (ein)geben; *Recht* sprechen; **~ration** Verwaltung *f*; Regierung *f*; *bsd. Am.* Amtsperiode *f*; **~rative** [ˌtrativ] Verwaltungs..., **~rator** [ˌtreitə] (Vermögens)Verwalter *m*.

admirable ['ædmərəbl] bewundernswert, großartig.

admiral ['ædmərəl] Admiral *m*.

admir|ation [ædmə'reiʃən] Bewunderung *f*; **~e** [əd'maiə] bewundern; verehren; **~er** Verehrer *m*.

admiss|ible [əd'misəbl] zulässig; **~ion** Zulassung *f*; Eintritt(sgeld *n*) *m*; Eingeständnis *n*; **~ion fee** Eintrittsgeld *n*.

admit [əd'mit] (her)einlassen; zulassen; zugeben; **~tance** Zutritt *m*.

admonish [əd'mɔniʃ] ermahnen; warnen.

afflict

ado [ə'du:] Getue n.

adolescent [ædəu'lesnt] Jugendliche m, f.

adopt [ə'dɔpt] adoptieren; sich aneignen; **~ion** Adoption f.

ador|able [ə'dɔ:rəbl] liebenswert; entzückend; **~ation** [ædɔː'reiʃən] Anbetung f; **~e** [ə'dɔː] anbeten.

adorn [ə'dɔːn] schmücken.

adult ['ædʌlt] erwachsen; Erwachsene m, f.

adulter|ate [ə'dʌltəreit] (ver)fälschen; **~y** Ehebruch m.

advance [əd'vɑːns] vorrücken; Fortschritte machen; vorbringen; Geld leihen; Preis erhöhen; Vorrücken n; Fortschritt m; Vorschuß m; Erhöhung f; in **~** im voraus; **~ booking** Brit. Voranmeldung f; **~d** vorgerückt, fortgeschritten; **~ payment** Vorauszahlung f; **~ reservation** bsd. Am. Voranmeldung f.

advantage [əd'vɑːntidʒ] Vorteil m; Gewinn m; **take ~ of** ausnutzen; **~ous** [ædvən'teidʒəs] vorteilhaft.

adventur|e [əd'ventʃə] Abenteuer n; **~er** Abenteurer m; **~ous** abenteuerlich.

adverb ['ædvəːb] gr. Adverb n, Umstandswort n.

advers|ary ['ædvəsəri] Gegner m, f; **~e** ['ʌ:s] ungünstig.

advertis|e ['ædvətaiz] inserieren; Reklame machen (für), werben (für); **~ement** [əd'vəːtismənt] (Zeitungs)Anzeige f, Inserat n; Reklame f; **~ing** Reklame f, Werbung f.

advice [əd'vais] Rat (-schlag) m; **take ~** e-m Rat einholen.

advis|able [əd'vaizəbl] ratsam; zweckmäßig; j-m raten; **~er** Ratgeber(in).

advocate ['ædvəkit] befürworten; [Antenne f.]

aerial ['ɛəriəl] Luft...;]

aero|nautics [ɛərəˈnɔː-tiks] sg Luftfahrt f; **~plane** Flugzeug n.

aesthetic(al) [iːsˈθetik (-əl)] ästhetisch.

affair [ə'fɛə] Angelegenheit f, Sache f; Geschäft n; (Liebes)Verhältnis n.

affect [ə'fekt] sich auswirken auf; (be)rühren; med. angreifen, befallen; vortäuschen; **~ed** gerührt; affektiert; **~ion** Liebe f, Zuneigung f; **~ionate** [~ʃnit] liebevoll.

affinity [ə'finiti] chem. Affinität f; (geistige) Verwandtschaft.

affirm [ə'fəːm] bejahen; bestätigen; **~ation** [æfəː-'meiʃən] Bestätigung f; **~ative** [ə'fəːmətiv] bejahend; sub: **answer in the ~** bejahen.

afflict [ə'flikt] betrüben; plagen; **~ion** Elend n; Leiden n.

affluen|ce ['æfluəns] Überfluß *m*; Wohlstand *m*; **~t** reich(lich).

afford [ə'fɔːd] liefern; bieten; **I can ~ it** ich kann es mir leisten. [gung *f.*]

affront [ə'frʌnt] Beleidi-

afraid [ə'freid]: **be ~ (of)** sich fürchten *od.* Angst haben (vor).

African ['æfrikən] afrikanisch; Afrikaner(in *f*).

after ['aːftə] *prp* räumlich: hinter (... her), nach; *zeitlich, fig.*: nach; **~ all** schließlich; doch; **~ that** danach; *adv* nachher, hinterher, danach, später; *adj* später, künftig; *cj* nachdem; **~noon** Nachmittag *m*; **good ~** guten Tag (*nachmittags*); **in the ~** nachmittags; **this ~** heute nachmittag; **~ward(s)** [-wəd(z)] nachher; später.

again [ə'gen] wieder (-um); **~ and ~, time and ~** immer wieder.

against [ə'genst] gegen; an, vor.

age [eidʒ] alt werden *od.* machen; Alter *n*; Zeit(alter *n*) *f*; **old ~** Greisenalter *n*; **of ~** mündig; **~ years of ~ ...** Jahre alt; **at the ~ of ...** im Alter von ... Jahren; **for ~s** *colloq.* e-e Ewigkeit, ewig; **~d** ['eidʒid] alt, betagt; [eidʒd]: **~-twenty** 20 Jahre alt.

agen|cy ['eidʒənsi] Tätigkeit *f*; Vermittlung *f*;

Vertretung *f*, Agentur *f*; Büro *n*; **~t** Agent *m*, Vertreter *m*; wirkende Kraft.

aggress|ion [ə'greʃən] Angriff *m*; **~ive** aggressiv; **~or** Angreifer *m*.

agile ['ædʒail] flink, behend.

agitat|e ['ædʒiteit] agitieren; bewegen; *fig.* erregen; **~ion** Agitation *f*; Erregung *f*; Aufregung *f*; Agitator *m*.

ago [ə'gəu] vor (*zeitlich*); **long ~** vor langer Zeit; **a year ~** vor e-m Jahr.

agon|izing ['ægənaiziŋ] qualvoll; **~y** Qual *f*.

agree [ə'griː] zustimmen, einwilligen; sich einigen; übereinkommen; übereinstimmen; bekommen (*Essen*); **~able** [-ə-] angenehm; **~ment** [-] Abkommen *n*, Vereinbarung *f*; Verständigung *f*; Übereinstimmung *f*.

agricultur|al [ægri'kʌltʃərəl] landwirtschaftlich; **~e** ['-ə] Landwirtschaft *f*; **~ist** Landwirt *m*.

ague ['eigjuː] Wechselfieber *n*; Schüttelfrost *m*.

ahead [ə'hed] vorwärts; vor, voraus; vorn; **straight ~** geradeaus.

aid [eid] helfen; Hilfe *f.*

ailing ['eiliŋ] leidend.

aim [eim] Ziel *n*; Absicht *f*; zielen; *fig.* beabsichtigen; **~ at** Waffe richten auf; **~less** ziellos.

air[1] [ɛə] Luft *f*; Luftzug *m*; **by ~** auf dem Luftwege; **in the open** ~ im Freien; **on the** ~ im Rundfunk.

air¹ Miene f; Aussehen n; **give o.s.** ~**s** vornehm tun.

air² Weise f, Melodie f.

air| base Luftstützpunkt m; ~**bed** Luftmatratze f; ~**brake** Druckluftbremse f; ~**conditioned** mit Klimaanlage; ~**craft** Flugzeug(e) pl n; ~**craft carrier** Flugzeugträger m; ~**crew** Flugzeugbesatzung f; ~**cushion** Luftkissen n; ~ **force** Luftwaffe f; ~ **hostess** Stewardeß f; ~ **letter** Luftpostbrief m; ~ **lift** Luftbrücke f; ~ **line** Fluggesellschaft f, Luftverkehrsgesellschaft f; ~**liner** Verkehrsflugzeug n; ~ **mail** Luftpost f; ~**plane** Am. Flugzeug n; ~**pocket** Luftloch n; ~**port** Flughafen m; ~**raid** Luftangriff m; ~ **route** Flugstrecke f; ~ **show** Luftfahrtschau f; ~**sick** luftkrank; ~**taxi** Lufttaxi n; ~ **terminal** Fluggastabfertigungsgebäude n (in der Innenstadt); ~**tight** luftdicht; ~ **traffic** Flugverkehr m; ~ **traffic control** Flugsicherung f; ~ **traffic controller** Fluglotse m; ~**way** s. **airline;** ~**y** luftig.

aisle [ail] Seitenschiff n; Gang m.

ajar [ə'dʒɑː] halb offen, angelehnt.

akin [ə'kin] verwandt (**to** mit).

alacrity [ə'lækriti] Bereitwilligkeit f, Eifer m.

alarm [ə'lɑːm] alarmieren; beunruhigen; Alarm(zeichen n) m; Angst f; **give the** ~ Alarm schlagen; ~**clock** Wecker m.

alcohol ['ælkəhɔl] Alkohol m; ~**ic** alkoholisch.

ale [eil] Ale n, helles *englisches* Bier.

alert [ə'ləːt] wachsam; *sub:* **on the** ~ auf der Hut.

alibi ['ælibai] Alibi n.

alien ['eiljən] fremd; Ausländer(in).

alight [ə'lait] ab-, aussteigen; sich niederlassen (*Vogel*); *aer.* landen.

alike [ə'laik] gleich, ähnlich; gleich, ebenso.

alimony ['æliməni] Unterhalt m.

alive [ə'laiv] am Leben, lebend; lebendig, belebt; **be still** ~ noch leben.

all [ɔːl] all; ganz; jede(r, -s); alles; alle pl; ganz, völlig; ~ **of us** wir alle; **two** ~ *sp.* 2:2; **at** ~ überhaupt; **not at** ~ überhaupt nicht; keine Ursache!; nichts zu danken!; **for** ~ **I care** meinetwegen; **for** ~ **I know** soviel ich weiß; ~ **at once** auf einmal; ~ **the better** desto besser; ~ **but** fast.

alleged [ə'ledʒd] angeblich.

alleviate [ə'liːvieit] lindern.

alley ['æli] Gäßchen *n*; Allee *f*; (Durch)Gang *m*.

alliance [ə'laiəns] Bündnis *n*.

allot [ə'lɔt] zuteilen; **~ment** Zuteilung *f*; Parzelle *f*; Schrebergarten *m*.

allow [ə'lau] erlauben; bewilligen, gewähren; zugeben; **~** for berücksichtigen; **~** be **~ed** dürfen; **~ance** Erlaubnis *f*; Bewilligung *f*; Taschengeld *n*, Zuschuß *m*.

alloy ['ælɔi] Legierung *f*.

all-round vielseitig.

allu|de [ə'luːd]: **~** to anspielen auf; **~re** [ə'ljuə] (an-, ver)locken; **~sion** [ə'luːʒən] Anspielung *f*.

ally [ə'lai] (sich) vereinigen; sich verbünden; ['ælai] Verbündete *m*, *f*; **the Allies** *pl* die Alliierten *pl*.

almighty [ɔːl'maiti] allmächtig; **~** [del *f*.]

almond ['ɑːmənd] Mandel *f*.

almost ['ɔːlməust] fast, beinahe.

alms [ɑːmz], *pl* **~** Almosen *n*.

aloft [ə'lɔft] (hoch) oben.

alone [ə'ləun] allein; **let** *od.* **leave** **~** in Ruhe *od.* bleiben lassen; **let** **~** geschweige denn.

along [ə'lɔŋ] *prp* entlang, längs; *adv* weiter, vorwärts; **all** **~** die ganze Zeit; **~** **with** zs. mit;

come **~** mitkommen; **~side** Seite an Seite, neben.

aloud [ə'laud] laut.

alphabet ['ælfəbit] Alphabet *n*, Abc *n*; **~ical** [,~'betikəl] alphabetisch.

already [ɔːl'redi] bereits, schon.

also ['ɔːlsəu] auch, ebenfalls.

altar ['ɔːltə] Altar *m*.

alter ['ɔːltə] (sich) verändern; ab-, umändern; **~ation** Änderung *f*.

alternat|e [ɔːl'təːneit] abwechseln (lassen); [,~'təː-nit] abwechselnd; **~ing** **current** Wechselstrom *m*; **~ive** [,~'təːnətiv] Alternative *f*, Wahl *f*.

although [ɔːl'ðəu] obgleich, obwohl.

altitude ['æltitjuːd] Höhe *f*.

altogether [ɔːltə'geðə] völlig; alles in allem.

alumin|ium [ælju'minjəm], *Am.* **~um** [ə'luːminəm] Aluminium *n*.

always ['ɔːlweiz] immer.

am [æm, əm] *1. sg pres von* **be**.

amateur ['æmətə(ː)] Amateur *m*; (Kunst- *etc.*) Liebhaber *m*.

amaz|e [ə'meiz] erstaunen, verblüffen; **~ement** Erstaunen *n*, Verblüffung *f*; **~ing** erstaunlich, verblüffend.

ambassador [æm'bæsə-də] Botschafter *m*. [*m*.]

amber ['æmbə] Bernstein *f*

ambiguous [æm'bigjuəs] zwei-, vieldeutig; unklar.

ambiti|on [æm'biʃən]Ehrgeiz m; **~ous** ehrgeizig.

ambulance ['æmbjuləns] Krankenwagen m.

ambush ['æmbuʃ] Hinterhalt m; auflauern.

amen ['ɑː'men] Amen n.

amend [ə'mend] (ver)bessern; Gesetz (ab)ändern; sich bessern; **~ment** (Ver)Besserung f; Änderung(santrag m) f; **~s** sg (Schaden)Ersatz m; **make ~s** Schadenersatz leisten.

American [ə'merikən] amerikanisch; Amerikaner (-in); Amerikanisch n.

amiable ['eimjəbl] liebenswürdig.

amicable ['æmikəbl] gütlich.

amid(st) [ə'mid(st)] (mitten) in od. unter.

amiss [ə'mis] verkehrt; falsch; **take ~** übelnehmen.

ammunition [æmju'niʃən] Munition f.

amnesty ['æmnisti] Amnestie f.

among(st) [ə'mʌŋ(st)] (mitten) unter, zwischen.

amount [ə'maunt] Betrag m; Menge f; Bedeutung f; **~ to** sich belaufen auf; hinauslaufen auf, bedeuten.

ample ['æmpl] weit, groß; reichlich.

amplif|ier ['æmplifaiə]

electr. Verstärker m; **~y** ['~ai] verstärken.

amputate ['æmpjuteit] amputieren.

amulet ['æmjulit] Amulett n.

amus|e [ə'mjuːz] amüsieren, unterhalten; **~ement** Unterhaltung f, Zeitvertreib m; **~ing** lustig, amüsant.

an [æn, ən] ein(e).

an(a)emia [ə'niːmjə] Blutarmut f.

an(a)esthetic [ænis'θetik] Betäubungsmittel n.

analog|ous [ə'næləgəs] analog, ähnlich; **~y** [~dʒi] Analogie f.

analy|se, Am. a. **~ze** ['ænəlaiz] analysieren, zerlegen; **~sis** [ə'næləsis] Analyse f.

anatom|ize [ə'nætəmaiz] zergliedern; **~y** Anatomie f.

ancest|or ['ænsistə] Vorfahr m, Ahn m; **~ry** Abstammung f; Ahnen pl.

anchor ['æŋkə] Anker m.

anchovy ['æntʃəvi] Sardelle f.

ancient ['einʃənt] (ur)alt, antik; sub: **the ~s** pl die Alten (Griechen u. Römer).

and [ænd, ənd] und; **~ so on** und so weiter.

anecdote ['ænikdəut] Anekdote f.

anew [ə'njuː] von neuem.

angel ['eindʒəl] Engel m.

anger ['æŋgə] Zorn m, Ärger m.   [gina f.|

angina [æn'dʒainə] An-|

angle ['æŋgl] Winkel *m*; *fig.* Standpunkt *m*; angeln.

Anglican ['æŋglikən] anglikanisch.

Anglo-Saxon ['æŋglou-'sæksən] angelsächsisch; Angelsachse *m*.

angry ['æŋgri] zornig, böse, ärgerlich (**with** *s.o.*, **at** *s.th.* über).

anguish ['æŋgwiʃ] (Seelen)Qual *f*.

angular ['æŋgjulə] winkelig; eckig.

animal ['æniməl] Tier *n*; tierisch.

animat|e ['ænimeit] beleben; anregen, aufmuntern; **~ed cartoon** Zeichentrickfilm *m*; **~ion** Lebhaftigkeit *f*; Zeichentrickfilm *m*.

animosity [æni'mɔsiti] Feindseligkeit *f*.

ankle ['æŋkl] (Fuß)Knöchel *m*.

annex(e) ['æneks] Anhang *m*; Anbau *m*, Nebengebäude *n*.

annihilate [ə'naiəleit] vernichten.

anniversary [æni'vɔːsəri] Jahrestag *m*.

annotation [ænou'teiʃən] Anmerkung *f*.

announce [ə'nauns] ankündigen; ansagen; **~ment** Ankündigung *f*; Durchsage *f*; Anzeige *f*; **~r** Ansager(in).

annoy [ə'nɔi]: **be ~ed** sich ärgern; **~ance** Ärger (-nis *n*) *m*.

annual ['ænjuəl] jährlich; Jahrbuch *n*.

annuity [ə'nju(ː)iti] Jahresrente *f*.

annul [ə'nʌl] annullieren.

anodyne ['ænoudain] schmerzstillend(es Mittel).

anomalous [ə'nɔmələs] anomal.

anonymous [ə'nɔniməs] anonym.

another [ə'nʌðə] ein anderer; ein zweiter; noch ein; **with one ~** miteinander; **for ~ day** noch e-n Tag.

answer ['ɑːnsə] Antwort *f*; beantworten; antworten (auf *od.* **to** auf; *Zweck* erfüllen; **~ for** einstehen für; **~ to** entsprechen.

ant [ænt] Ameise *f*.

antagonist [æn'tægənist] Gegner(in).

antelope ['æntiləup] Antilope *f*.

anthem ['ænθəm] Hymne *f*.

anti... ['ænti] Gegen...; gegen...; **~aircraft** Fliegerabwehr...; **~biotic** ['.bai'ɔtik]Antibiotikum *n*.

anticipat|e [æn'tisipeit] vorwegnehmen; zuvorkommen; voraussehen, ahnen; erwarten; **~ion** Vorwegnahme *f*; Erwartung *f*; **in ~ion** im voraus.

anti|cyclone ['ænti'sai-kləun] Hoch(druckgebiet) *n*; **~dote** ['.dəut] Gegengift *n*; **~freeze** *mot.* Frostschutzmittel *n*.

antipathy [æn'tipəθi] Abneigung f.

antiquated ['æntikweitid] veraltet.

antique|e[æn'tiːk] antik, alt; **.ity** [.ikwiti] Altertum n.

antiseptic [ænti'septik] antiseptisch(e Mittel).

antlers ['æntləz] pl Geweih n.

anvil ['ænvil] Amboß m.

anxiety [æn'zaiəti] Angst f; Sorge f.

anxious ['ænkʃəs] ängstlich, besorgt (**about** um, wegen); gespannt (**for** auf); bestrebt (**to** zu).

any ['eni] (irgend)ein(e), (irgend)welche pl; jede(r, -s) (beliebige); irgend (-wie), etwas; **not** kein; **not . longer** nicht länger, nicht mehr; **not . more** nicht(s) mehr; **.body** jeder; jemand; **.how** irgendwie; trotzdem, jedenfalls; **.one** s. **.body**; **.thing** (irgend) etwas; alles; **.thing but** alles andere als; **.thing else?** (sonst) noch (irgend) etwas ?; **not .thing** nichts; **.way** ohnehin; s. **.how**; **.where** irgendwo(hin); überall; **not .where** nirgends.

apart [ə'paːt] auseinander, getrennt; für sich; beiseite; **. from** abgesehen von.

apartment [ə'paːtmənt] Zimmer n; Am. a. Wohnung f; pl Brit. (möblierte) (Miet)Wohnung, Apart-

ment n; **. house** Am. Mietshaus n.

apathetic [æpə'θetik] apathisch, gleichgültig.

ape [eip] (Menschen-) Affe m.

apiece [ə'piːs] (für) das Stück, je.

apolog|**ize** [ə'pɔlədʒaiz] sich entschuldigen; **.y** Entschuldigung f.

apoplexy ['æpəupleksi] Schlag(anfall) m.

apostle [ə'pɔsl] Apostel m.

apostrophe [ə'pɔstrəfi] Apostroph m.

appal(l) [ə'pɔːl] entsetzen.

apparatus [æpə'reitəs] Apparat m.

apparent [ə'pærənt] anscheinend, scheinbar; klar.

appeal [ə'piːl] jur. Berufung einlegen; **. to** appellieren an, sich wenden an; wirken auf, zusagen; jur. Revision f, Berufung f; Aufruf m, dringende Bitte; Reiz m.

appear [ə'piə] erscheinen; sich zeigen; öffentlich auftreten; scheinen, aussehen; **.ance** Erscheinen n, Auftreten n; Aussehen n, Äußere n; Anschein m.

appease [ə'piːz] beschwichtigen; stillen.

appendi|**citis** [əpendi'saitis] Blinddarmentzündung f; **.x** [ə'pendiks] Anhang m; (vermiform) **.x** Blinddarm m.

appeti|**te** ['æpitait]: **.** (**for**) Appetit m (auf); fig. Verlangen *n* (nach); **~zing** appetitanregend.

applau|d [ə'plɔːd] applaudieren; loben; **~se** [~z] Applaus *m*, Beifall *m*.

apple ['æpl] Apfel *m*; **~pie** gedeckter Apfelkuchen; **~sauce** Apfelmus *n*.

appliance [ə'plaiəns] Vorrichtung *f*, Gerät *n*.

applica|nt ['æplikənt] Bewerber(in); **~tion** Auf-, Anlegen *n*; Anwendung *f*; Gesuch *n*; Bewerbung *f*.

apply [ə'plai] auf-, anlegen; anwenden; verwenden; zutreffen, gelten; sich wenden (**to** an); **~ o.s.** to sich widmen; **~ for** sich bewerben um; beantragen.

appoint [ə'point] festsetzen; ernennen; **~ment** Verabredung *f*, Termin *m*; Ernennung *f*; Stellung *f*, Stelle *f*.

apportion [ə'pɔːʃən] verzuteilen.

appreciat|e [ə'priːʃieit] schätzen, würdigen, zu schätzen wissen; **~ion** Würdigung *f*; Verständnis *n*; Anerkennung *f*.

apprehen|d [æpri'hend] festnehmen; begreifen, verstehen; befürchten; **~sion** Festnahme *f*; Verstand *m*; Besorgnis *f*; **~sive** ängstlich, besorgt.

apprentice [ə'prentis] Lehrling *m*; *vb*: **be ~d to** in der Lehre sein bei; **~ship** [~iʃip] Lehre *f*.

approach [ə'prəutʃ] sich nähern; herantreten an; (Heran)Nahen *n*; Annäherung *f*; Zugang *m*, Zu-, Auffahrt *f*; **~ road** Zufahrtsstraße *f*.

appropriate [ə'prəupriit] angemessen; passend.

approv|al [ə'pruːvəl] Billigung *f*; **~e** billigen.

approximate [ə'prɔksimit] annähernd.

apricot ['eiprikɔt] Aprikose *f*.

April ['eiprəl] April *m*.

apron ['eiprən] Schürze *f*.

apt [æpt] passend; begabt; **~ to** neigend zu.

aquarium [ə'kwɛəriəm] Aquarium *n*.

aquatic [ə'kwætik] Wasser...; **~ sports** *pl* Wassersport *m*.

aqueduct ['ækwidʌkt] Aquädukt *m*.

aquiline ['ækwilain] Adler...

Arab ['ærəb] Araber(in); **~ic** arabisch; Arabisch *n*.

arbitrary ['ɑːbitrəri] willkürlich; eigenmächtig.

arbo(u)r ['ɑːbə] Laube *f*.

arc [ɑːk] Bogen *m*; **~ade** [ɑː'keid] Arkade *f*.

arch¹ [ɑːtʃ] Bogen *m*; Gewölbe *n*; (sich) wölben.

arch² Haupt...; Erz...

arch³ schelmisch.

arch(a)eolog|ist [ɑːkiˈɔlədʒist] Archäologe *m*; **~y** Archäologie *f*.

archaic [ɑːˈkeiik] veraltet.

arch|angel ['ɑːk~] Erzengel *m*; **~bishop** ['ɑːtʃ'-] Erzbischof *m*.

archer ['ɑːtʃə] Bogenschütze *m*; **~y** Bogenschießen *n*.

architect ['ɑːkitekt] Architekt *m*; **~ure** Architektur *f*.

archives ['ɑːkaivz] *pl* Archiv *n*.

archway (Tor)Bogen *m*.

arctic ['ɑːktik] arktisch.

ardent ['ɑːdənt] begeistert; glühend, feurig; **~o(u)r** *fig.*: Eifer *m*; Glut *f*.

are [ɑː] *pres pl u. 2. sg von* be.

area ['ɛəriə] Fläche *f*; Gebiet *n*.

Argentine ['ɑːdʒəntain] argentinisch; Argentinier (-in).

argue ['ɑːgjuː] erörtern; beweisen; (Beweis)Grund *m*; streiten; Einwände machen; **~ment** Argument *n*, (Beweis)Grund *m*; Erörterung *f*; **~mentation** Beweisführung *f*.

arise [ə'raiz] (*irr rise*) entstehen, sich ergeben; sich erheben.

arithmetic [ə'riθmətik] Rechnen *n*.

ark [ɑːk] Arche *f*.

arm¹ [ɑːm] Arm *m*; Armlehne *f*; Ärmel *m*.

arm² (sich) bewaffnen; **~ament** ['ɑːməmənt] Aufrüstung *f*; **~ament race** Wettrüsten *n*.

armchair Sessel *m*.

armistice ['ɑːmistis] Waffenstillstand *m* (*a. fig.*).

armo(u)r ['ɑːmə] Rüstung *f*; Panzer *m* (*a. zo.*); panzern; **~ed car** Panzerwagen *m*.

armpit Achselhöhle *f*.

arms [ɑːmz] *pl* Waffen *pl*.

army ['ɑːmi] Heer *n*, Armee *f*.

around [ə'raund] *prp* um, um ... her(um), rund um; *Am. colloq.* etwa; *adv* (rund)herum; überall.

arouse [ə'rauz] aufwecken; *fig.* aufrütteln; erregen.

arrange [ə'reindʒ] (an-) ordnen; vereinbaren, abmachen; festsetzen; **~ment** Anordnung *f*; Vereinbarung *f*; Übereinkommen *n*; Vorkehrung *f*.

arrears [ə'riəz] *pl* Rückstand *m*; Schulden *pl*.

arrest [ə'rest] Verhaftung *f*; verhaften; hemmen; *fig.* fesseln.

arrival [ə'raivəl] Ankunft *f*; Ankömmling *m*; **~e: ~ (at, in)** (an)kommen (in), eintreffen (in); **~e at** *fig.* kommen zu, erreichen.

arrogance ['ærəgəns] Anmaßung *f*; **~t** anmaßend.

arrow ['ærou] Pfeil *m*.

arsenic ['ɑːsnik] Arsen(ik) *n*; [ɑː'senik] Arsen...

arson ['ɑːsn] *jur.* Brandstiftung *f*.

art [ɑːt] Kunst(erziehung) *f*; *fig.* List *f*; *pl* Geisteswissenschaften *pl*.

arterial [ɑː'tiəriəl] Arterien...; **~ial road** Ausfallstraße f; ~y ['ɑːtəri] Arterie f, Pulsader f; fig. (Haupt)Verkehrsader f.

artful schlau, verschlagen.

article ['ɑːtikl] Artikel m (a. Zeitung), Gegenstand m, Ware f; gr. Artikel m, Geschlechtswort n.

articulate [ɑːˈtikjuleit] deutlich (aus)sprechen; [~it] deutlich; gegliedert.

artificial [ɑːtiˈfiʃəl] künstlich, Kunst...

artillery [ɑːˈtiləri] Artillerie f.

artisan [ɑːtiˈzæn] Handwerker m.

artist ['ɑːtist] Künstler (-in); ~e [ɑːˈtiːst] Artist(in); ~ic [ɑːˈtistik] künstlerisch, Kunst...

artless ungekünstelt; arglos.

as [æz, əz] so, (ebenso) wie; als; als, während; da, weil; (so) wie; ~ ... ~ (eben)so ... wie; ~ **many** ~ nicht weniger als; ~ **well** auch; ~ **well** ... ~ sowohl ... als auch; ~ **for** was ... (an)betrifft.

ascen|d [əˈsend] (auf-, herauf-, hinauf)steigen; be-, ersteigen; **~sion** Aufsteigen n; **♀sion (Day)** Himmelfahrt(stag m) f; **~t** Aufstieg m, Besteigung f; Steigung f.

ascertain [æsəˈtein] feststellen.

ascetic [əˈsetik] asketisch.

ascribe [əsˈkraib] zuschreiben.

aseptic [æˈseptik] aseptisch(es Mittel).

ash[1] [æʃ] Esche f.

ash[2], **~es** pl [ˈæfiz] Asche f.

ashamed [əˈʃeimd] beschämt; be od. **feel** ~ of sich ~r S. od. j-s schämen.

ash can Am. Mülleimer m.

ashore [əˈʃɔː] **go** ~ an Land gehen.

ash|-tray Asch(en)becher m; **♀ Wednesday** Aschermittwoch m.

Asiatic [eiʃiˈætik] asiatisch; Asiat(in).

aside [əˈsaid] beiseite; ~ **from** Am. abgesehen von.

ask [ɑːsk] fragen (**s.th.** nach et.); verlangen; bitten; ~ **a question** e-e Frage stellen; ~ **s.o. to dinner** j-n zum Essen einladen; ~ **for** bitten um, fragen nach.

askew [əsˈkjuː] schief.

asleep [əˈsliːp] schlafend; **be (fast)** ~ (fest) schlafen; **fall** ~ einschlafen.

asparagus [əsˈpærəgəs] Spargel m.

aspect [ˈæspekt] Aussehen n; Lage f; Aspekt m.

aspire [əsˈpaiə]: ~ **(after, to)** streben (nach).

ass [æs] Esel m.

assail [əˈseil] angreifen, überfallen; befallen (Zweifel); **~ant** Angreifer(in).

assassin [əˈsæsin] Attentäter(in); **~ate** [~eit] ermorden; **~ation** politischer Mord, Attentat n.

assault [ə'sɔ:lt] Angriff *m*; angreifen.

assembl|age [ə'semblidʒ] *tech.* Montage *f*; ~e [..bl] (sich) versammeln; *tech.* montieren; ~y Versammlung *f*; *tech.* Montage *f*; ~y line Fließband *n*.

assent [ə'sent] Zustimmung *f*; ~ **to** zustimmen, billigen.

assert [ə'sə:t] behaupten; geltend machen.

assess [ə'ses] *Kosten etc.* festsetzen; besteuern.

assets ['æsets] *pl* Vermögen *n*; *econ.* Aktiva *pl*.

assign [ə'sain] an-, zuweisen; bestimmen; ~ment Anweisung *f*.

assimilate [ə'simileit] (sich) angleichen; (sich) assimilieren.

assist [ə'sist] beistehen, helfen; unterstützen; ~ance Hilfe *f*; ~ant Assistent(in); Verkäufer(in).

assizes [ə'saiziz] *pl Brit. periodisches* Schwurgericht (*bis 1971*).

associat|e [ə'ʃəʊʃieit] vereinigen; verbinden; assoziieren; verkehren; [..iit] Teilhaber *m*; Gefährte *m*; ~ion Vereinigung *f*; Verbindung *f*; Verein *m*; (Handels)Gesellschaft *f*; Genossenschaft *f*; ~ion football (Verbands)Fußball *m*.

assort|ed [ə'sɔ:tid] gemischt; ~ment Auswahl *f*; Mischung *f*.

assume [ə'sju:m] annehmen.

assur|ance [ə'ʃuərəns] Versicherung *f*; Zusicherung *f*; Zuversicht *f*; Gewißheit *f*; Selbstsicherheit *f*; ~e [..uə] (ver)sichern; ~ed Versicherte *m*, *f*.

asthma ['æsmə] Asthma *n*.

astir [ə'stə:] auf (den Beinen); in Aufregung.

astonish [əs'tɔniʃ] überraschen; be ~ed erstaunt sein (**at** über); ~ing erstaunlich; ~ment (Er-) Staunen *n*, Verwunderung *f*.

astray [əs'trei]: lead ~ irreführen, verleiten.

astride [əs'traid] rittlings.

astringent [əs'trindʒənt] zs.-ziehend(es Mittel).

astronaut ['æstrənɔ:t] Astronaut *m*, Raumfahrer *m*.

asunder [ə'sʌndə] auseinander; entzwei.

asylum [ə'sailəm] Asyl *n*.

at [æt, ət] *räumlich*: an, auf, bei, in, zu; *zeitlich*: an, auf, bei, in, im Alter von, mit, um, zu; *Richtung, Ziel*: auf, gegen, nach; *fig.* auf, bei, für, in, mit, nach, über, um, zu.

ate [et] *pret von* **eat**.

athlet|e ['æθli:t] (Leicht-) Athlet *m*; ~ic [..'letik] athletisch; ~ics *sg* Leichtathletik *f*.

Atlantic [at'læntik] atlantisch; ~ (**Ocean**) Atlantik *m*, Atlantische Ozean.

atlas ['ætləs] Atlas *m*.

atmosphere [ˈætməsfiə] Atmosphäre *f*.

atom [ˈætəm] Atom *n*; **~ bomb** Atombombe *f*.

atomic [əˈtɔmik] atomar, Atom...; **~ age** Atomzeitalter *n*; **~ bombe** *f*; **~ pile** Kernreaktor *m*; **~ed** durch Atomkraft betrieben, Atom...

atomize [ˈætəumaiz] atomisieren; zer Zerstäuber *m*.

atone [əˈtəun]: **~ for** wiedergutmachen.

atroci|ous [əˈtrəuʃəs] scheußlich; grausam; **~ty** [ˌsiti] Greueltat *f*.

attach [əˈtætʃ] anheften, befestigen; *Wert* beimessen; **be ~ed to** hängen an; **~ o.s.** to sich anschließen an; **~ment** Anhänglichkeit *f*.

attack [əˈtæk] angreifen; Angriff *m*; med. Anfall *m*.

attempt [əˈtempt] versuchen; Versuch *m*.

attend [əˈtend] bedienen; pflegen; med. behandeln; teilnehmen an; *Vorlesung etc.* besuchen; anwesend sein; fig. begleiten; **~ance** Begleitung *f*, Gefolge *n*; Bedienung *f*; med. Behandlung *f*; Besuch *m* (*e-r Schule etc.*); **~ant** Begleiter(in); Wärter(in); tech. Wart *m*; pl Gefolge *n*.

attent|ion [əˈtenʃən] Aufmerksamkeit *f*; **~ive** aufmerksam.

attest [əˈtest] bescheinigen.

attic [ˈætik] Mansarde *f*.

attitude [ˈætitjuːd] (Ein-)Stellung *f*; Haltung *f*.

attorney [əˈtəːni] Bevollmächtigte *m*; *Am.* (Rechts-)Anwalt *m*.

attract [əˈtrækt] anziehen; *Aufmerksamkeit* erregen, auf sich lenken; **~ion** Anziehung(skraft) *f*; fig. Reiz *m*; **~ive** reizvoll.

attribute [əˈtribju(ː)t] beimessen; zurückführen (**to** auf); [ˈætribjuːt] Attribut *n*, Merkmal *n*; gr. Attribut *n*, Beifügung *f*.

auburn [ˈɔːbən] kastanienbraun.

auction [ˈɔːkʃən] Auktion *f*; mst **~ off** versteigern.

audaci|ous [ɔːˈdeiʃəs] kühn; unverschämt; **~ty** [ɔːˈdæsiti] Unverschämtheit *f*.

audible [ˈɔːdəbl] hörbar.

audience [ˈɔːdjəns] Publikum *n*, Zuhörer *pl*, Zuschauer *pl*; Leser(kreis *m*) *pl*; Audienz *f*.

aught [ɔːt]: **for ~ I care** meinetwegen.

August [ˈɔːgəst] August *m*.

august [ɔːˈgʌst] erhaben.

aunt [ɑːnt] Tante *f*.

au pair girl [əu ˈpɛə] Au-pair-Mädchen *n*.

auster|e [ɔsˈtiə] streng; einfach; **~ity** [ˌteriti] Strenge *f*; Einfachheit *f*.

Australian [ɔsˈtreiljən] australisch; Australier(in).

Austrian [ˈɔstriən] österreichisch; Österreicher(in).

authentic [ɔː'θentik] authentisch, zuverlässig, echt.

author ['ɔːθə] Urheber (-in); Autor(in), Schriftsteller(in), Verfasser(in); **~itative** [ɔː'θɔritətiv] maßgebend; gebieterisch; zuverlässig; **~ity** Autorität f; (Fach)Mann m; mst pl Behörde f; **~ize** ['~ɔraiz] bevollmächtigen; **~ship** Urheberschaft f.

auto|graph ['ɔːtəgrɑːf] Autogramm n; **~mat** ['~mæt] Automatenrestaurant n; **~matic** [~'mætik] automatisch; **~mation** Automation f.

autumn ['ɔːtəm] Herbst m.

auxiliary [ɔːg'ziljəri] Hilfs... ; **~ (verb)** gr. Hilfsverb n.

avail [ə'veil] nützen, helfen; **~ o.s. of** sich e-r S. bedienen; Nutzen m; of no **~** nutzlos; **~able** verfügbar, vorhanden, benutzbar; gültig.

avalanche ['ævəlɑːnʃ] Lawine f.

avaric|e ['ævəris] Geiz m; Habsucht f; **~ious** [~'riʃəs] geizig; habgierig.

avenge [ə'vendʒ] rächen.

avenue ['ævinjuː] Allee f; bsd. Am. Prachtstraße f.

average ['ævəridʒ] Durchschnitt m; durchschnittlich, Durchschnitts...

avers|e [ə'vɜːs] abgeneigt (**to**, **from** dat); **~ion** Widerwille m.

avert [ə'vɜːt] abwenden; vermeiden.

aviat|ion [eivi'eiʃən] Fliegen n; Luftfahrt f; **~or** ['~tə] Flieger m.

avoid [ə'vɔid] (ver)meiden.

avow [ə'vau] bekennen, (ein)gestehen; **~al** Bekenntnis n, (Ein)Geständnis n.

await [ə'weit] erwarten.

awake[1] [ə'weik] wach, munter.

awake[2] (irr) (auf)wecken; auf-, erwachen; **~ to s.th.** sich e-r S. bewußt werden; wach fig. erwecken; **~n** fig. erwecken.

award [ə'wɔːd] Urteil n; Preis m; zusprechen; verleihen.

aware [ə'wɛə]: **be ~ of** wissen von, sich e-r S. bewußt sein.

away [ə'wei] weg, fort; immerzu, darauflos.

awe [ɔː] (Ehr)Furcht f, Scheu f; (Ehr)Furcht einflößen; einschüchtern.

awful ['ɔːful] furchtbar, schrecklich.

awhile [ə'wail] e-e Weile.

awkward ['ɔːkwəd] ungeschickt, linkisch; unangenehm; unpraktisch.

awning ['ɔːniŋ] Plane f; Markise f.

awoke [ə'wəuk] pret u. pp von **awake**[2].

awry [ə'rai] schief; go **~** schiefgehen.

ax(e) [æks] Axt f, Beil n.

axis ['æksis], pl **axes** ['~iːz] Achse f.

axle(-tree) ['æksl(-)](Rad-) Achse *f*.

azure ['æʒə] azur-, himmelblau.

B

babble ['bæbl] stammeln, plappern; Geplapper *n*.
babe [beib] Baby *n*, kleines Kind.
baboon [bə'bu:n] Pavian *m*.
baby ['beibi] Säugling *m*, kleines Kind, Baby *n*; Baby..., Kinder...; **~ carriage** *Am*. Kinderwagen *m*; **~hood** erste Kindheit.
bachelor ['bætʃələ] Junggeselle *m*.
back [bæk] Rücken *m*; Rückseite *f*; Rücklehne *f*; Rücksitz *m*; *Fußball*: Verteidiger *m*; Hinter..., Rück...; rückwärtig; rückständig; zurück; hinten grenzen an; rückwärts fahren; unterstützen; sich rückwärts bewegen, zurückgehen, -fahren; **~bone** Rückgrat *n*; **~door** Hintertür *f*; **~fire** Fehlzündung *f*; **~ground** Hintergrund *m*; **~ number** alte Nummer (*e-r Zeitung*); **~ seat** Rücksitz *m*; **~stairs** Hintertreppe *f*; **~stroke** Rückenschwimmen *n*; **~ tyre** Hinterreifen *m*; **~ward** ['~wəd] Rück-(wärts)...; zurückgeblieben, rückständig; zurückhaltend; **~ward(s)** rückwärts, zurück; **~ wheel** Hinterrad *n*.

bacon ['beikən] Speck *m*; **~ and eggs** Spiegeleier mit Speck.
bacteri|um [bæk'tiəriəm], *pl* **~a** [~iə] Bakterie *f*.
bad [bæd] schlecht, böse, schlimm; **not (too)** ~ nicht schlecht!; **that's too** ~ ach wie dumm!, so ein Pech!; **he is** ~ly **off** es geht ihm sehr schlecht (*finanziell*); **~ly wounded** schwerverwundet; **want** ~ly dringend brauchen.
bade [bæd] *pret von* bid.
badge [bædʒ]Abzeichen *n*.
badger ['bædʒə] Dachs *m*.
badminton ['bædmintən] Federballspiel *n*.
baffle ['bæfl] verwirren, vereiteln.
bag [bæg] Beutel *m*, Sack *m*; Tüte *f*; Tasche *f*.
baggage ['bægidʒ] *Am*. (Reise)Gepäck *n*; **~ check** *Am*. Gepäckschein *m*.
bag|gy ['bægi] bauschig; ausgebeult; **~pipes** *pl* Dudelsack *m*.
bail [beil] Kaution *f*; **~ out** gegen Kaution freibekommen.
bailiff ['beilif] Gerichtsvollzieher *m*, -diener *m*; (Guts)Verwalter *m*.
bait [beit] Köder *m* (*a. fig.*).

bak|e [beik] (über)backen; braten; *Ziegel* brennen; **~er** Bäcker *m*; **at the ~er's** beim Bäcker; **~ery** Bäckerei *f*; **~ing-powder** Backpulver *n*.

balance ['bæləns] Waage *f*; Gleichgewicht *n* (*a. fig.*); Unruh(e) *f* (*Uhr*); ab-, erwägen; (aus)balancieren; *econ.* (sich) ausgleichen; **~ wheel** Unruh(e) *f* (*Uhr*).

balcony ['bælkəni] Balkon *m*.

bald [bɔːld] kahl.

bale [beil] *econ.* Ballen *m*.

balk [bɔːk] Balken *m*; Hindernis *n*; verhindern, -eiteln; scheuen (*bsd. Pferd*).

ball [bɔːl] Ball *m*; Kugel *f*; (Hand-, Fuß)Ballen *m*; Knäuel *m*, *n*; Kloß *m*; Ball *m*, Tanzveranstaltung *f*.

ballad ['bæləd] Ballade *f*.

ballast ['bæləst] Ballast *m*.

ball-bearing(s *pl*) *tech.* Kugellager *n*.

ballet ['bælei] Ballett *n*.

ballistic [bə'listik] ballistisch.

balloon [bə'luːn] Ballon *m*.

ballot ['bælət] Wahlzettel *m*; (geheime) Wahl; **~-box** Wahlurne *f*.

ball(-point)-pen Kugelschreiber *m*.

balm [bɑːm] Balsam *m*; *fig.* Trost *m*.

balmy ['bɑːmi] mild; heilend.

balustrade [bæləs'treid] Geländer *n*.

bamboo [bæm'buː] Bambus *m*.

ban [bæn] (amtliches) Verbot; Bann *m*, Acht *f*; verbieten.

banana [bə'nɑːnə] Banane *f*.

band [bænd] Band *n*; Streifen *m*; Schar *f*; Bande *f*; (Musik)Kapelle *f*.

bandage ['bændidʒ] Binde *f*; Verband *m*; bandagieren, verbinden.

band|master Kapellmeister *m*; **~stand** Musikpavillon *m*.

bang [bæŋ] Knall *m*; heftiger Schlag; Pony *m* (*Frisur*); Tür zuschlagen.

banish ['bæniʃ] verbannen; **~ment** Verbannung *f*.

banisters ['bænistəz] *pl* Treppengeländer *n*.

banjo ['bændʒəu] Banjo *n*.

bank [bæŋk] Böschung *f*; Ufer *n*; (*Sand-, Wolken-*)Bank *f*; *econ.* Bank(haus *n*) *f*; *Geld* auf die Bank legen; **~bill** Bankwechsel *m*; *Am.* Banknote *f*; **~er** Bankier *m*; **~ing** Bank...; **~note** Banknote *f*; **~paper** Papiergeld *n*; **~rate** Diskontsatz *m*; **~rupt** ['~rʌpt] bankrott.

banner ['bænə] Banner *n*, Fahne *f*; Transparent *n*.

banns [bænz] *pl* Aufgebot *n*.

banquet ['bæŋkwit] Festessen *n*.

bapti|sm ['bæptizəm] Taufe *f*; **~ze** [~'taiz] taufen.

bar [baː] Stange *f*, (Gitter)Stab *m*; Riegel *m*; Tafel *f* (*Schokolade*); Schranke *f*; Schanktisch *m*; Bar *f* (*Hotel*); verriegeln, -sperren; ausschließen, verbieten.

barb [baːb] Widerhaken *m*.

barbar|ian [baːˈbɛəriən] Barbar(in); **~ous** [ˈbɑːbərəs] barbarisch.

barbed wire Stacheldraht *m*.

barber [ˈbɑːbə] (Herren-) Friseur *m*; **at** *od*. **to the ~'s** beim *od*. zum Friseur.

bare [bɛə] nackt, bloß; kahl; leer; entblößen; **~foot(ed)** barfuß; **~headed** barhäuptig; **~ly** kaum, gerade (noch), bloß.

bargain [ˈbɑːgin] Geschäft *n*, Handel *m*, (vorteilhafter) Kauf; (ver)handeln, übereinkommen.

barge [bɑːdʒ] Lastkahn *m*.

bark¹ [baːk] Borke *f*, Rinde *f*.

bark² bellen; Bellen *n*.

barley [ˈbɑːli] Gerste *f*.

barn [baːn] Scheune *f*; *Am.* Stall *m*.

barometer [bəˈrɒmitə] Barometer *n*.

barracks [ˈbærəks] *sg, pl* Kaserne *f*.

barrel [ˈbærəl] Faß *n*; (Gewehr)Lauf *m*; Walze *f*; **~organ** Drehorgel *f*.

barren [ˈbærən] unfruchtbar; öde.

barricade [bæriˈkeid]

Barrikade *f*; verbarrikadieren, sperren.

barrier [ˈbæriə] Schranke *f* (*a. fig.*), Sperre *f*; *fig.* Hindernis *n*.

barrister [ˈbæristə] Rechtsanwalt *m*, Barrister *m*.

barrow [ˈbærəu] Karre(n *m*) *f*.

barter [ˈbɑːtə] Tausch *m*; tauschen.

base¹ [beis] gemein; minderwertig.

base² Basis *f*; Fundament *n*; Stützpunkt *m*; *fig.* stützen; **~ball** Baseball (-spiel *n*) *m*; **~less** grundlos; **~ment** Fundament *n*; Keller(geschoß *n*) *m*.

bashful [ˈbæʃful] schüchtern.

basic [ˈbeisik] grundlegend, Grund...

basin [ˈbeisn] Becken *n*; Schüssel *f*.

bask [baːsk] sich sonnen.

basket [ˈbɑːskit] Korb *m*; **~ball** Korbball(spiel *n*) *m*.

bass [beis] Baß *m*.

bastard [ˈbæstəd] unehelich; unecht; Bastard *m*.

baste¹ [beist] *Braten* begießen.

baste² (an)heften.

bat¹ [bæt] Fledermaus *f*.

bat² Schlagholz *n*, Schläger *m*.

bath [baːθ] *j—n* baden; Bad *n*; **take** *od*. **have a ~** ein Bad nehmen, baden.

bathe [beið] baden (*a. im Freien*).

bathing ['beiðiŋ] Baden n; Bade...; **~cap** Badekappe f, -mütze f; **~costume**, **~suit** Badeanzug m; **~trunks** pl Badehose f.

bath|robe Bademantel m; **~room** Badezimmer n; **~towel** Badetuch n; **~tub** Badewanne f.

baton ['bætən] Stab m; Taktstock m.

battalion [bə'tæljən] Bataillon n.

batter ['bætə] Rührteig m; heftig schlagen; **~ed** verbeult; **~y** Batterie f.

battle ['bætl] Schlacht f; **~ship** Schlachtschiff n.

baulk [bɔːk] s. **balk**.

Bavarian [bə'vɛəriən] bay(e)risch; Bayer(in).

bawl [bɔːl] brüllen; johlen, grölen.

bay¹ [bei] rotbraun.

bay² Bai f, Bucht f; Erker m; **~window** Erkerfenster n.

baza(a)r [bə'zɑː] Basar m.

be [biː, bi] (irr) sein; **there is, there are** es gibt; **he wants to ~** ... er möchte ~ ... werden; **~ reading** gerade lesen; **I am to** ich soll od. muß; zur Bildung des Passivs: werden.

beach [biːtʃ] Strand m; **on the ~** am Strand; **~ hotel** Strandhotel n; **~wear** Strandkleidung f.

beacon ['biːkən] Blinklicht n, Leuchtfeuer n.

bead [biːd] Perle f; Tropfen m.

beak [biːk] Schnabel m.

beam [biːm] Balken m; Strahl m; Leitstrahl m; strahlender Blick; (aus-)strahlen.

bean [biːn] Bohne f.

bear¹ [bɛə] Bär m.

bear² (irr) tragen; gebären; ertragen; **~ out** bestätigen.

beard [biəd] Bart m; bot. Granne f.

bear|er ['bɛərə] Überbringer(in); **~ings** pl Richtung f.

beast [biːst] Vieh n; Tier n; fig. Bestie f; **~ly** viehisch; scheußlich; **~ of prey** Raubtier n.

beat [biːt] (irr) schlagen; verprügeln; besiegen; übertreffen; **~ it!** sl. hau ab!; Schlag m; Pulsschlag m; mus.: Takt m; Beat m; Runde f (e-s Polizisten); **~en** pp von **beat**.

beauti|ful ['bjuːtəful] schön; **~fy** ['~tifai] verschönern.

beauty ['bjuːti] Schönheit f; **~ parlo(u)r** Schönheitssalon m.

beaver ['biːvə] Biber m; Biberpelz m.

because [bi'kɔz] weil; **~ of** wegen.

beckon ['bekən] (zu)winken.

becom|e [bi'kʌm] (irr come) werden (of aus); sich schicken für; kleiden

(*Hut etc.*); ~ing schicklich; kleidsam.

bed [bed] Bett *n*; Lager (-statt *f*) *n*; Unterlage *f*; *agr.* Beet *n*; ~-clothes *pl* Bettzeug *n*; ~ding Bettzeug *n*; Streu *f*; ~linen Bettwäsche *f*; ~ridden bettlägerig; ~room Schlafzimmer *n*; ~side: at the ~ am (Kranken)Bett; ~side table Nachttisch *m*; ~spread Bett-, Tagesdecke *f*; ~stead Bettgestell *n*; ~time Schlafenszeit *f*.

bee [bi:] Biene *f*.

beech [bi:tʃ] Buche *f*.

beef [bi:f] Rindfleisch *n*; ~steak Beefsteak *n*; ~tea (klare) Fleischbrühe.

bee|hive Bienenkorb *m*, -stock *m*; ~keeper Imker *m*; ~line kürzester Weg.

been [bi:n, bin] *pp von* be.

beer [biə] Bier *n*.

beet [bi:t] Runkelrübe *f*, Bete *f*.

beetle [bi:tl] Käfer *m*.

beetroot rote Rübe.

befall [bi'fɔ:l] (*irr* fall) zustoßen.

before [bi'fɔ:] *adv* voran; vorher; (schon) früher; *prp* vor; *cj* bevor, ehe; ~hand vorher; (im) voraus.

befriend [bi'frend] sich *j*-s annehmen.

beg [beg] bitten; ~ (for) betteln *od.* bitten um.

began [bi'gæn] *pret von* begin.

beget [bi'get] (*irr*) (er-) zeugen.

beggar ['begə] Bettler (-in); *colloq.* Kerl *m*.

begin [bi'gin] (*irr*) beginnen, anfangen; **to** ~ **with** um es vorwegzusagen, erstens; ~ner Anfänger(in); ~ning Anfang *m*.

begot [bi'gɔt] *pret*, ~ten *pp von* beget.

begun [bi'gʌn] *pp von* begin.

behalf [bi'hɑ:f]: **on** *od.* **in** ~ im Namen von; **on s.o.'s** ~ um j-s willen.

behav|e [bi'heiv] sich benehmen; ~io(u)r [~jə] Benehmen *n*.

behind [bi'haind] *prp* hinter; *adv* hinten, dahinter; zurück.

being ['bi:iŋ] (Da)Sein *n*; Wesen *n*.

belated [bi'leitid] verspätet.

belch [beltʃ] rülpsen; *Feuer, Rauch* ausspeien.

belfry ['belfri] Glockenturm *m*; Glockenstube *f*.

Belgian ['beldʒən] belgisch; Belgier(in).

belie|f [bi'li:f] Glaube *m* (**in** an); ~ve [~v] glauben (**in** an); trauen; **make** ~ve vorgeben; ~ver Gläubige *m, f*.

bell [bel] Glocke *f*; Klingel *f*.

belligerent [bi'lidʒərənt] kriegführend; *fig.* streitlustig.

beware

bellow ['beləu] brüllen; **~s** ['‿z] pl Blasebalg m.

belly ['beli] Bauch m.

belong [bi'lɔŋ] gehören; **~ to** (an)gehören, gehören zu; **~ings** pl Habseligkeiten pl.

beloved [bi'lʌvd] geliebt.

below [bi'ləu] adv unten; prp unter(halb).

belt [belt] Gürtel m, Gurt m; tech. Treibriemen m; Gebiet n, Zone f.

bench [bentʃ] Bank f.

bend [bend] Biegung f, Kurve f; (irr) (sich) biegen; (sich) beugen.

beneath [bi'ni:θ] s. below.

bene|**diction** [beni'dikʃən] Segen m; **~factor** ['‿fæktə] Wohltäter m; **~ficent** [bi'nefisənt] wohltätig; **~ficial** [‿'fiʃəl] wohltuend; nützlich; **~fit** ['‿fit] Wohltat f; Nutzen m, Vorteil m; Unterstützung f; nützen; Vorteil haben; **~volent** [bi'nevələnt] mildtätig, gütig; wohlwollend.

bent [bent] Hang m, Neigung f; pret u. pp von **bend**; **~ on** entschlossen zu.

benzene ['benzi:n] Benzol n.

benzine ['benzi:n] Benzin n.

bequeath [bi'kwi:ð] vermachen; **~est** [‿'kwest] Vermächtnis n.

ber|**eave** [bi'ri:v] (irr) berauben; **~eft** [‿'reft] pret u. pp von **bereave**.

beret ['berei] Baskenmütze f.

berry ['beri] Beere f.

berth [bə:θ] Koje f; Bett n (Zug.).

beside [bi'said] neben; **~ o.s.** außer sich (**with** vor); **~s** adv außerdem; prp außer, neben.

besiege [bi'si:dʒ] belagern.

best [best] adj best; größt; **~ wishes** die besten, herzlichen Glückwünsche; adv am besten, am meisten; **~ of all** am allermeisten; der, die, das Beste; die Besten pl; **all the ~** alles Gute; **do one's ~** sein möglichstes tun; **at ~** höchstens, bestenfalls.

bestow [bi'stəu] geben, spenden, schenken, verleihen.

bet [bet] Wette f; (irr) wetten.

betray [bi'trei] verraten; **~al** Verrat m; **~er** Verräter(in).

better [betə] besser; **he is ~** es geht ihm besser; **so much the ~** desto besser; das Bessere; **get the ~ of** die Oberhand gewinnen über; vb: **~ (o.s.** sich) verbessern.

between [bi'twi:n] adv dazwischen; prp zwischen; unter.

beverage ['bevəridʒ] Getränk n.

beware [bi'wɛə] sich in acht nehmen; **~ of the**

dog! Vorsicht, bissiger Hund!

bewilder [bi'wildə] verwirren; **~ment** Verwirrung *f*, Bestürzung *f*.

bewitch [bi'witʃ] bezaubern; verzaubern.

beyond [bi'jɔnd] *adv* darüber hinaus; *prp* jenseits; über (...hinaus); mehr als; außer.

bias ['baiəs] beeinflussen; **~(s)ed** befangen.

bib [bib] Lätzchen *n*.

Bible ['baibl] Bibel *f*.

bicycle ['baisikl] Fahrrad *n*; radfahren.

bid [bid] Gebot *n*, Angebot *n*; (*irr*) befehlen; *Karten:* reizen; **~ farewell** Lebewohl sagen; **~den** *pp von* **bid.**

bier [biə] (Toten)Bahre *f*.

big [big] groß, dick, stark; **talk ~** prahlen; **~ business** Großunternehmertum *n*; **~wig** *colloq.* hohes Tier (*Person*).

bike [baik] *colloq.* (Fahr-)Rad *n* [bilateral.\

bilateral [bai'lætərəl]\

bile [bail] Galle *f* (*a. fig.*); **~ious** ['biljəs] Gallen...

bill¹ [bil] Schnabel *m*.

bill² [bil] Gesetzentwurf *m*; Rechnung *f*; Liste *f*; *Am.* Banknote *f*; *econ.* Wechsel *m*; **~board** *Am.* Anschlagbrett *n*, Reklamefläche *f*; **~fold** *Am.* Brieftasche *f*.

billiards ['biljədz] *sg* Billard(spiel) *n*.

billion ['biljən] Milliarde *f*; *früher Brit.* Billion *f*.

bill of exchange Wechsel *m*; **~ of fare** Speisekarte *f*.

billow ['biləu] Woge *f*; wogen.

bin [bin] Behälter *m*, Kasten *m*.

bind [baind] (*irr*) (an-, ein-, um-, auf-, fest-, ver)binden; verpflichten; **~ing** bindend; Binden *n*; Einband *m*; Einfassung *f*; (Ski)Bindung *f*.

binoculars [bi'nɔkjuləz] *pl* Feldstecher *m*, Fern-, Opernglas *n*.

biography [bai'ɔgrəfi] Biographie *f*.

biology [bai'ɔlədʒi] Biologie *f*, Naturkunde *f*.

birch [bə:tʃ] Birke *f*.

bird [bə:d] Vogel *m*; **~ of passage** Zugvogel *m*; **~ of prey** Raubvogel *m*; **~'s-eye view** Vogelperspektive *f*; allgemeiner Überblick.

birth [bə:θ] Geburt *f*; Herkunft *f*; **give ~ to** gebären, zur Welt bringen; **date of ~** Geburtsdatum *n*; **~control** Geburtenregelung *f*; **~day** Geburtstag *m*; **happy ~day to you** ich gratuliere dir recht herzlich zum Geburtstag; **~day party** Geburtstagsgesellschaft *f*, -feier *f*; **~place** Geburtsort *m*.

biscuit ['biskit] Keks *m*, *n*.

bishop ['biʃəp] Bischof m.

bison ['baisn] Wisent m; Bison m.

bit [bit] Gebiß n (am Zaum); Bißchen n, Stückchen n; kleine Münze; pret von **bite**.

bitch [bitʃ] Hündin f.

bite [bait] Biß m; Bissen m; (irr) (an)beißen; fig. beißen, schneiden.

bitten ['bitn] pp von **bite**.

bitter ['bitə] bitter; fig. verbittert; **~s** f0 Magenbitter m.

black [blæk] schwarz; dunkel; finster; schwärzen; Schuhe wichsen; Schwarz n; Schwärze f; Schwarze m, f (Neger); **~berry** Brombeere f; **~bird** Amsel f; **~board** (Wand)Tafel f; **~en** schwärzen; schwarz werden; **~ eye** blaues Auge; **~head** Mitesser m; **~mail** Erpressung f; erpressen; **~ market** schwarzer Markt; **~ pudding** Blutwurst f; **~smith** Schmied m.   [Blase f.]

bladder ['blædə] anat.]

blade [bleid] bot. Blatt n (a. Säge, Schulter etc.); Halm m; Flügel m (Propeller); Klinge f.

blame [bleim] Schuld f; Tadel m; tadeln, die Schuld geben; **be to ~ for** schuld sein an; **~less** tadellos.

blank [blæŋk] leer (a. fig.); nicht ausgefüllt, un-

beschrieben; fig. verdutzt; leerer Raum, Lücke f; Niete f; fig. Leere f.

blanket ['blæŋkit] Wolldecke f.

blasphemy ['blæsfimi] Gotteslästerung f.

blast [blɑːst] Windstoß m; Luftdruck m (Explosion); Ton m (Blasinstrument); (in die Luft) sprengen; zerstören (a. fig.); **~ (it)!** verdammt!; **~-furnace** Hochofen m.

blaze [bleiz] flammen, lodern; leuchten; Flamme(n pl) f; Feuer n; **~r** Blazer m, Klub-, Sportjacke f.

bleach [bliːtʃ] bleichen.

bleak [bliːk] öde, kahl; rauh; fig. freudlos, finster, trüb(e).

blear [bliə] trüb(e); trüben.

bleat [bliːt] Blöken n; blöken.

bled [bled] pret u. pp von **bleed**.

bleed [bliːd] (irr) bluten (a. fig.); fig. schröpfen.

blemish ['blemiʃ] Fehler m; Makel m; verunstalten.

blend [blend] (irr) (sich) (ver)mischen; Mischung f; Verschnitt m.

blent [blent] pret u. pp von **blend**.

bless [bles] segnen; preisen; **~ my soul!** colloq. du meine Güte!; **~ed** ['~id] gesegnet; selig; **~ing** Segen m.

blew [bluː] pret von **blow²**.

blight [blait] Mehltau m.

blind [blaind] blind (*fig.*
to gegenüber); Jalousie *f*,
Rouleau *n*; **~ alley** Sackgasse *f*; **~fold** *j–m* die Augen
verbinden; *fig.* blindlings.

blink [bliŋk] blinzeln, zwinkern; blinken; schimmern.

bliss [blis] Seligkeit *f*.

blister ['blistə] Blase *f*.

blithe [blaið] *mst poet.*
lustig, fröhlich, munter.

blizzard ['blizəd] Schnee-
sturm *m*.

bloate|d ['bləutid] aufge-
dunsen; *fig.* aufgeblasen;
~r Bückling *m*.

block [blɔk] (*Stein-, Häu-
ser- etc.*)Block *m*; Klotz
m; Verstopfung *f*, (*Verkehrs*)Stockung *f*; blok-
kieren; **~ (up)** (ab-, ver-)
sperren.

blockade [blɔ'keid] Blok-
kade *f*; blockieren.

block| letters *pl* Druck-,
Blockschrift *f*; **~ of flats**
Brit. Mietshaus *n*.

blond(e) [blɔnd] blond;
Blondine *f*.

blood [blʌd] Blut *n*; **in
cold ~** kaltblütig; **~shed**
Blutvergießen *n*; **~shot**
blutunterlaufen; **~vessel**
Blutgefäß *n*; **~y** blutig.

bloom [blu:m] Blüte *f*;
blühen.

blossom ['blɔsəm] Blüte
f; blühen.

blot [blɔt] Klecks *m*,
Fleck *m*; *fig.* Makel *m*; be-
klecksen, beflecken; (ab-)
löschen; **~ out** ausstreichen; **~ter** Löscher *m*; **~**

ting-paperLöschpapier *n*.

blouse [blauz] Bluse *f*.

blow¹ [bləu] Schlag *m*,
Stoß *m*.

blow² (*irr*) blasen; wehen;
schnaufen; durchbrennen
(*Sicherung*); **~ out** aus-
blasen; **~ up** in die Luft
fliegen; (in die Luft)
sprengen; *phot.* vergrö-
ßern; **~one's nose** sich
die Nase putzen; **~n** *pp
von* **blow²**.

blue [blu:] blau; *colloq.*
traurig, schwermütig;
Blau *n*; **~bell** Glockenblume *f*; **~s** *pl mus.* Blues *m*;
colloq. Trübsinn *m*.

bluff [blʌf] Irreführung *f*;
bluffen.

bluish ['blu:(:)iʃ] bläulich.

blunder ['blʌndə] Fehler
m, Schnitzer *m*; stolpern;
(ver)pfuschen.

blunt [blʌnt] stumpf;
plump, grob.

blur [blə:] Fleck(en) *m*;
fig. undeutlicher Eindruck *m*;
verschmieren; verschwom-
men machen *od.* werden;
trüben.

blush [blʌʃ] Erröten *n*;
Schamröte *f*; erröten, rot
werden. [*m.*\]

boar [bɔ:] Eber *m*, Keiler *f*.

board [bɔ:d] Brett *n*;
(Wand)Tafel *f*; Pappe
f; Ausschuß *m*; Amt *n*,
Behörde *f*; Verpflegung
f; **full ~** Vollpension *f*;
on ~ an Bord; dielen; verschalen; beköstigen; an
Bord gehen, einsteigen in

book

in Kost sein; **~er** Kostgänger(in); Internatsschüler(in); Pensionsgast *m*; **~ing-house** (Fremden)Pension *f*, Fremdenheim *n*; **~ing-school** Internat *n*; **~walk** *Am.* Strandpromenade *f*.

boast [bəust] Prahlerei *f*; Stolz *m*; sich rühmen, prahlen.

boat [bəut] Boot *n*; Schiff *n*; **~ing** Bootsfahrt *f*; **~-race** Ruderregatta *f*, Bootsrennen *n*.

bob [bɔb], *pl* **~**s *sl.*, *alte Währung*: Schilling *m*; sich auf und ab bewegen; **~(bed hair)** Bubikopf *m*.

bobby ['bɔbi] *Brit. colloq.* Polizist *m*.

bob-sleigh ['bɔb-] Bob (-sleigh) *m*.

bodice ['bɔdis] Mieder *n*.

bodily ['bɔdili] körperlich.

body ['bɔdi] Körper *m*, Leib *m*; Leichnam *m*; *mot.* Karosserie *f*; Gruppe *f*; Körperschaft *f*; **~guard** Leibwache *f*. [Moor *n*.]

bog [bɔg] Sumpf *m*,]

boil [bɔil] Furunkel *m*; kochen, sieden; **~ over** überkochen; **~ed eggs** *pl* gekochte Eier *pl*; **~er** (Dampf)Kessel *m*; Boiler *m*.

boisterous ['bɔistərəs] rauh; lärmend, laut.

bold [bəuld] kühn; keck, dreist.

bolster ['bəulstə] Keilkissen *n*; Polster *n*.

bolt [bəult] Bolzen *m*; Riegel *m*; Blitz(strahl) *m*; verriegeln; durchgehen (*Pferd*); davonlaufen; **~ upright** kerzengerade.

bomb [bɔm] Bombe *f*; mit Bomben belegen; bombardieren.

bombard [bɔm'bɑːd] bombardieren.

bond [bɔnd] Bündnis *n*; *econ.* Obligation *f*; *pl* Fesseln *pl*.

bone [bəun] Knochen *m*; Gräte *f*.

bonfire ['bɔnfaiə] (Freuden)Feuer *n*.

bonnet ['bɔnit] Haube *f*; Mütze *f*, Kappe *f*; (Motor)Haube *f*.

bonn|ie, ~y ['bɔni] hübsch; schön; gesund, rosig.

bonus ['bəunəs] *econ.* Prämie *f*; Gratifikation *f*; Zulage *f*.

bony ['bəuni] knöchern; knochig.

book [buk] Buch *n*; Heft *n*; Block *m*; (Namens-) Liste *f*; buchen, *Platz etc.* (vor)bestellen, reservieren lassen; eintragen; *Fahrkarte etc.* lösen, kaufen; *Gepäck* aufgeben; **~ed up** ausgebucht, -verkauft; voll besetzt (*Hotel*); **~case** Bücherschrank *m*, -regal *n*; **~ing-clerk** Schalterbeamt|e *m*, -in *f*; **~ing-office** Fahrkartenausgabe *f*, -schalter *m*; **~keeper** Buchhalter *m*; **~keeping** Buchführung *f*; **~let** ['⸚lit] Broschüre *f*; **~seller** Buchhändler *m*; **~shop** Buchhandlung *f*.

boom [buːm] Aufschwung *m*, Hochkonjunktur *f*, Hausse *f*.

boomerang ['buːməræŋ] Bumerang *m*.

boor [buə] Lümmel *m*.

boost [buːst] *tech.* Schub *m*; hochschieben; *fig.* fördern.

boot [buːt] Stiefel *m*; *mot.* Kofferraum *m*; **~ee** ['⸚tiː] (Damen)Halbstiefel *m*.

booth [buːð] (Markt- *etc.*) Bude *f*; Wahlzelle *f*; *Am.* Telephonzelle *f*.

booty ['buːti] Beute *f*.

border ['bɔːdə] Rand *m*; Einfassung *f*; Grenze *f*; einfassen; begrenzen; grenzen (**upon** an).

bore[1] [bɔː] bohren; langweilen; langweiliger *od.* lästiger Mensch; langweilige *od.* lästige Sache.

bore[2] *pret von* **bear**[2].

born [bɔːn] *pp von* **bear**[2]: gebären; **she was ~ on ...** sie wurde am ... geboren; **~e** *pp von* **bear**[2]: tragen.

borough ['bʌrə] *Brit.*: Stadtgemeinde *f*; Stadt *f* mit eigener Vertretung im Parlament.

borrow ['bɔrəu] (aus)borgen, (ent)leihen.

bosom ['buzəm] Busen *m*.

boss [bɔs] *colloq.* Boß *m*, Chef *m*.

botany ['bɔtəni] Botanik *f*, Pflanzenkunde *f*.

botch [bɔtʃ] Flickwerk *n*; verpfuschen.

both [bəuθ] beide(s); **~ ... and** sowohl ... als (auch).

bother ['bɔðə] Plage *f*, Mühe *f*; belästigen, plagen; **~ about** sich Gedanken machen wegen, sich sorgen um.

bottle ['bɔtl] in Flaschen abfüllen; **a** ~ **of ...** e-e Flasche ...

bottom ['bɔtəm] Boden *m*, Grund *m*; Fuß *m* (Berg); (unteres) Ende; *colloq.* Hintern *m*.

bough [bau] Ast *m*.

bought [bɔːt] *pret u. pp von* **buy**. [block *m.*)

boulder ['bəuldə] Geröll-)

bounce [bauns] Sprung *m*; Aufprallen *n*; (hoch)springen.

bound [baund] *pret u. pp von* **bind**; unterwegs (**for** nach); Sprung *m*; Grenze *f*; (hoch)springen; (an-, auf-, ab)prallen; begrenzen; **~ary** Grenze *f*; **~less** grenzenlos.

bouquet [bu(ː)'kei] (Blumen)Strauß *m*; Blume *f* (Wein).

bout [baut] *med.* Anfall *m*; (Wett)Kampf *m*.

bow[1] [bau] *mar.* Bug *m*; Verbeugung *f*; sich (ver-) beugen (**to** vor); biegen; beugen, neigen.

bow[2] [bəu] Bogen *m*; Schleife *f*.

bowels ['bauəlz] *pl* Eingeweide *pl*.

bower ['bauə] Laube *f.*

bowl[1] [bəul] Schüssel *f.*; Schale *f.*; Humpen *m.*; (Pfeifen)Kopf *m.*

bowl[2] Kugel *f.*; *Ball, Kugel* rollen, werfen.

box[1] [bɔks] Büchse *f.*, ·Schachtel *f.*, Kasten *m.*; *thea.* Loge *f.*; Box *f.* (*für Pferde etc.*); boxen; **~ s.o.'s ear(s)** j-n ohrfeigen; **~er** Boxer *m.*; **~ing** Boxen *n.*; **2ing Day** zweiter Weihnachtsfeiertag; **~ing-match** Boxkampf *m.*; **~-office** Theaterkasse *f.*

boy [bɔi] Junge *m.*, Bursche *m.*

boycott ['bɔikət] boykottieren.

boy|-friend Freund *m.*; **~hood** Knabenalter *n.*; **~ish** knabenhaft; kindisch; **2 Scout** Pfadfinder *m.*

bra [brɑː] *colloq.* Büstenhalter *m.*

brace [breis] Strebe *f.*; *pl* Hosenträger *pl*; verstreben; **~ (o.s. [up])** (sich) zs.-nehmen.

bracelet ['breislit] Armband *n.*

bracket ['brækit] *tech.* Winkelstütze *f.*; *print.* Klammer *f.*; einklammern.

brag [bræg] prahlen; **~gart** ['~ət] Prahler *m.*

braid [breid] (Haar)Flechte *f.*; Borte *f.*; Tresse *f.*; flechten; mit Borte besetzen.

brain [brein] Gehirn *n.*;

fig. Verstand *m.*; **~ wave** *colloq.* Geistesblitz *m.*

brake [breik] Bremse *f.*; bremsen.

bramble ['bræmbl] Brombeerstrauch *m.*

branch [brɑːntʃ] Zweig *m.* (*a. fig.*), Ast *m.*; Gebiet *n*, Fach *n*; Zweigstelle *f.*, Filiale *f.*; sich verzweigen; abzweigen.

brand [brænd] (Feuer-) Brand *m.*; Brandmal *n*; *econ.:* Handelsmarke *f.*; Sorte *f.*; einbrennen; *fig.* brandmarken.

bran(d)-new nagelneu.

brass [brɑːs] Messing *n*; **~ band** Blaskapelle *f.*

brassière ['bræsiə] Büstenhalter *m.*

brave [breiv] tapfer, mutig; trotzen; **~ry** Tapferkeit *f.*

Brazilian [brə'ziljən] brasilianisch; Brasilianer(in).

breach [briːtʃ] Lücke *f.*; *fig.* Bruch *m*, Verletzung *f.*; durchbrechen.

bread [bred] Brot *n*; **~and-butter letter** Dankbrief *m.*

breadth [bredθ] Breite *f.*, Weite *f.*

break [breik] Bruch(stelle *f*) *m*; Öffnung *f.*, Lücke *f.*; Pause *f.* (*Tages*)Anbruch *m*; (*irr*) (zer)brechen; (zer)reißen (*Seil*); *Pferd* zureiten; *Bank* sprengen; *Reise etc.* unterbrechen; *Nachricht* schonend mitteilen; los-, an-, aufbre-

chen; umschlagen (*Wetter*); ~ **away** sich losreißen; ~ **down** niederreißen; zs.-brechen (*a. fig.*), einstürzen; *mot.* e-e Panne haben; ~ **in** *Pferd* zureiten; einbrechen; ~ **off** abbrechen; ~ **out** ausbrechen; ~ **up** zerbrechen, -stören; schließen, in die Ferien gehen; *fig.*: (sich) auflösen; verfallen; **~able** zerbrechlich; **~down** Zs.-bruch *m*; Maschinenschaden *m*; *mot.* Panne *f*;
~down service Abschlepp-, Pannendienst *m*.

breakfast ['brekfəst] Frühstück *n*; **bed and** ~ Zimmer mit Frühstück; **at** *od.* **for** ~ beim *od.* zum Frühstück; **(have)** ~ frühstücken.

breast [brest] Brust *f*; **~stroke** Brustschwimmen *n*.

breath [breθ] Atem(zug) *m*; Hauch *m*; **hold one's** ~ den Atem anhalten; **~e** [bri:ð] (ein- u. aus-) atmen; wehen; hauchen; flüstern; **~ing** ['bri:ðiŋ] Atmen *n*, Atmung *f*; **~less** ['breθlis] atemlos.

bred [bred] *pret* u. *pp* von **breed.**

breeches ['britʃiz] *pl* Knie-, Reithosen *pl*.

breed [bri:d] Zucht *f*, Rasse *f*; Herkunft *f*; **(irr)** züchten; auf-, erziehen; brüten; sich fortpflanzen; **~er** Züchter(in); **~ing** (Tier)Zucht *f*; Erziehung *f*.

breeze [bri:z] Brise *f*.

brew [bru:] brauen; sich zs.-brauen; **~ery** Brauerei *f*.

bribe [braib] Bestechung(sgeld *n*, -geschenk *n*) *f*; bestechen; **~ry** Bestechung *f*.

brick [brik] Ziegel(stein) *m*; **~layer** Maurer *m*; **~work** Mauerwerk *n*; **~works** *sg* Ziegelei *f*.

bridal ['braidl] Braut...

bride [braid] Braut *f*, Neuvermählte *f*; **~groom** Bräutigam *m*, Neuvermählte *m*; **~smaid** Brautjungfer *f*.

bridge [bridʒ] Brücke *f*; e-e Brücke schlagen über; ~ **over** *fig.* überbrücken.

bridle ['braidl] Zaum *m*; Zügel *m*; (auf)zäumen; zügeln (*a. fig.*); **~path**, **~road** Reitweg *m*.

brief [bri:f] kurz, bündig; **~case** Aktenmappe *f*.

brigade [bri'geid] Brigade *f*.

bright [brait] hell, glänzend; strahlend; *fig.* gescheit; **~en** (sich) aufhellen; erhellen; aufheitern; **~ness** Helligkeit *f*; Glanz *m*; Aufgewecktheit *f*.

brillian|ce, ~cy ['briljəns, '~si] Glanz *m*; **~t** glänzend; *fig.* ausgezeichnet; geistreich; Brillant *m*.

brim [brim] Rand *m*; Krempe *f*; **~ful(l)** ganz voll.

bring [briŋ] **(irr)** (mit-her)bringen; *j-n* veranlassen, dazu bringen; ~ **an**

action against s.o. j-n verklagen; ~ **about** zu-stande bringen; ~ **forth** hervorbringen; ~ **in** (her-)einbringen; ~ **up** auf-, erziehen.

brink [brɪŋk] Rand *m*.

brisk [brɪsk] lebhaft, flink.

bristle ['brɪsl] Borste *f*; sich sträuben.

Brit|**ish** ['brɪtɪʃ] britisch, *selten:* englisch; *sub:* **the ~ish** *pl* die Briten *pl*; **~on** ['ʌtn] Brit|e *m*, -in *f*.

brittle ['brɪtl] spröde.

broach [brəʊtʃ] *Thema* anschneiden.

broad [brɔːd] breit; weit; hell (*Tag*); deutlich (*Wink*); allgemein; liberal; **~cast** (*irr* **cast**) *Radio:* senden; Rundfunksendung *f*; **~minded** großzügig.

brochure ['brəʊʃʊə] Bro-schüre *f*; Prospekt *m*.

broke [brəʊk] *pret von* **break**; *sl.* pleite, ohne e-n Pfennig; **~n** *pp von* **break**; zerbrochen, ka-putt; zerrüttet; **~r** Mak-ler *m*.

bronze [brɔnz] Bronze *f*; bronzen, Bronze...

brooch [brəʊtʃ] Brosche *f*.

brood [bruːd] Brut *f*; Zucht...; brüten (*a. fig.*).

brook [brʊk] Bach *m*.

broom [brʊm] Besen *m*.

broth [brɔθ] (Fleisch-)Brühe *f*.

brothel ['brɔθl] Bordell *n*.

brother ['brʌðə] Bruder *m*; **~(s) and sister(s)**

Geschwister *pl*; **~-in-law** Schwager *m*; **~ly** brüder-lich.

brought [brɔːt] *pret u. pp von* **bring**.

brow [braʊ] (Augen)Braue *f*; Stirn *f*.

brown [braʊn] braun; Braun *n*; ~ **paper** Pack-papier *n*.

bruise [bruːz] *med.* Quet-schung *f*; blauer Fleck; (zer)quetschen.

brush [brʌʃ] Bürste *f*; Pinsel *m*; (*Fuchs*)Rute *f*; Unterholz *n*; (ab-, aus-)bürsten; putzen; fegen; streifen; ~ **up** *fig.* auf-frischen.

Brussels sprouts ['brʌsl-'spraʊts] *pl* Rosenkohl *m*.

brut|**al** ['bruːtl] brutal, roh; **~ality** [-'tælɪt] Bru-talität *f*; **~e** [bruːt] Vieh *n*; *fig.* Scheusal *n*.

bubble ['bʌbl] Blase *f*; sprudeln.

buck [bʌk] Bock *m*; *Am. sl.* Dollar *m*; bocken.

bucket ['bʌkɪt] Eimer *m*.

buckle ['bʌkl] Schnalle *f*; (um-, zu)schnallen; ~ **on** anschnallen.

buckskin Wildleder *n*.

bud [bʌd] Knospe *f*, Auge *n*; *fig.* Keim *m*; knospen.

buddy ['bʌdɪ] *Am. colloq.* Kamerad *m*.

budget ['bʌdʒɪt] Haus-haltsplan *m*, Etat *m*.

buffalo ['bʌfələʊ] Büffel *m*.

buffer ['bʌfə] *tech.* Puffer *m*.

buffet ['bʌfɪt] Büfett *n*,

Anrichte *f*; ['bufei] Büfett *n*, Theke *f*.

bug [bʌg] Wanze *f*; *Am.* Insekt *n*, Käfer *m*.

bugle ['bjuːgl] Wald-, Signalhorn *n*.

build [bild] (*irr*) (er-)bauen, errichten; **~er** Baumeister *m*; Bauunternehmer *m*; **~ing** Bau *m*, Gebäude *n*; Bau...

built [bilt] *pret u. pp von* **build**.

bulb [bʌlb] Zwiebel *f*, Knolle *f*; (Glüh)Birne *f*.

bulge [bʌldʒ] (Aus)Bauchung *f*; Beule *f*, Buckel *m*; sich (aus)bauchen; hervorquellen.

bulk [bʌlk] Umfang *m*, Masse *f*; **the ~** der Hauptteil; **~y** umfangreich; sperrig.

bull [bul] Bulle *m*, Stier *m*.

bullet ['bulit] Kugel *f*, Geschoß *n*.

bulletin ['bulitin] Tagesbericht *m*; **~ board** *Am.* Schwarzes Brett.

bullion ['buljən] (Gold-*etc*.)Barren *m*.

bully ['buli] tyrannisieren.

bum [bʌm] *sl.* Vagabund *m*.

bumble-bee ['bʌmbl-] Hummel *f*.

bump [bʌmp] Schlag *m*; Beule *f*; holperige Stelle; (zs.-)stoßen; holpern; **~er** *mot.* Stoßstange *f*; volles Glas (*Wein*).

bun |ban] Rosinenbrötchen *n*; (Haar)Knoten *m*.

bunch [bʌntʃ] Bund *n*;

Bündel *n*; Strauß *m*; Büschel *n*; *colloq.* Haufen *m*; **~ of grapes** Weintraube *f*.

bundle ['bʌndl] Bündel *n*; *vb:* **~ up** (zs.-)bündeln, zs.-binden.

bungalow ['bʌngəlou] Bungalow *m*.

bungle ['bʌngl] Pfuscherei *f*; (ver)pfuschen.

bunion ['bʌnjən] entzündeter Fußballen.

bunk [bʌnk] (Schlaf)Koje *f*; **~ bed** Etagenbett *n*.

bunny ['bʌni] Kaninchen *n*, Häschen *n*.

buoy [bɔi] Boje *f*.

burden ['bəːdn] Last *f*; Bürde *f*; *mus.* Kehrreim *m*, Refrain *m*; belasten.

bureau ['bjuərou] Büro *n*; Geschäftsstelle *f*; Schreibtisch *m*; *Am.* (Spiegel-) Kommode *f*.

burglar ['bəːglə] Einbrecher *m*; **~y** Einbruch(sdiebstahl) *m*.

burial ['beriəl] Begräbnis *n*.

burly ['bəːli] stämmig, kräftig.

burn [bəːn] Brandwunde *f*; (*irr*) (ver-, an)brennen; **~er** Brenner *m*; **~ing** brennend (*a. fig.*); **~t** *pret u. pp von* **burn**.

burst [bəːst] Bersten *n*; Bruch *m*; Ausbruch *m*; **~ of laughter** Lachsalve *f*; (*irr*) sprengen; bersten, platzen; zerspringen, explodieren; **~ into flames** in Flammen aufgehen;

~ into tears in Tränen ausbrechen.

bury ['beri] begraben, beerdigen; vergraben; verbergen.   [Bus m.]

bus [bʌs] (Omni-, Auto-)⌡

bush [buʃ] Busch m, Strauch m; Gebüsch n; Busch m, Urwald m; **~el** ['~ʃl] Scheffel m (36,37l); **~y** buschig.

business ['biznis] Geschäft n; Handel m; Angelegenheit f; Aufgabe f; Recht n; **on ~** geschäftlich; **mind one's own ~** sich um s-e eigenen Angelegenheiten kümmern; **talk ~** über geschäftliche Dinge reden; **~ hours** pl Geschäftszeit f; **~ letter** Geschäftsbrief m; **~-like** geschäftsmäßig, sachlich; **~man** Geschäftsmann m; **~ tour**, **~ trip** Geschäftsreise f.

bus stop Bushaltestelle f.

bust [bʌst] Büste f.

bustle ['bʌsl] geschäftiges Treiben; hetzen; hasten; sich beeilen.

busy ['bizi] beschäftigt; geschäftig, fleißig; Am. teleph. besetzt; **be ~ doing s.th.** mit et. beschäftigt sein; **~ o.s.** sich beschäftigen.

but [bʌt, bət] cj aber, jedoch; sondern; außer, ohne daß; nur, bloß; prp außer; **I cannot ~** ich muß; **all ~** fast; **the last ~ one** der vorletzte; **the next ~ one** der über-

nächste; **~ for** wenn nicht ... gewesen wäre; ohne; **~ that** wenn nicht; **~ then** andererseits.

butcher ['butʃə] Schlächter m, Fleischer m, Metzger m.

butt [bʌt] (Gewehr)Kolben m; Stummel m, Kippe f; Zielscheibe f (a. fig.); **~ in** colloq. sich einmischen.

butter ['bʌtə] Butter f; mit Butter bestreichen; **~cup** Butterblume f; **~fly** Schmetterling m.

buttocks ['bʌtəks] pl Gesäß n.

button ['bʌtn] Knopf m; (a. **~ up**) (zu)knöpfen; **~hole** Knopfloch n.

buttress ['bʌtris] Strebepfeiler m.

buxom ['bʌksəm] drall.

buy [bai] (irr) (an-, ein)kaufen; **~er** Käufer(in).

buzz [bʌz] Summen n; Stimmengewirr n; summen, surren.   [m.]

buzzard ['bʌzəd] Bussard⌡

by [bai] prp bei; an; neben; durch; über; an ... entlang od. vorbei; bis (zu); von; mit; um; nach; **~ o.s.** allein; **~ twos** zu zweien; **~ the dozen** dutzendweise; **~ the end** gegen Ende; **~ land** zu Lande; **go ~ bus (rail, train)** mit dem Bus (Zug, der Bahn) fahren; **day day** Tag für Tag; adv nahe, dabei; vorbei, über; beiseite; **~ and ~** bald;

nach und nach, allmäh-
lich.

by- [bai] Neben..., Seiten...

bye-bye ['bai'bai] *s.* good-
bye (*int.*).

by|election Nachwahl *f*;
~**gone** vergangen; ~
name Beiname *m*; Spitz-

name *m*; ~**pass** Umge-
hungsstraße *f*; ~**product**
Nebenprodukt *n*; ~**road**
Seitenstraße *f*; ~**stander**
Zuschauer(in); ~**street**
Neben-, Seitenstraße *f*;
~**word** Inbegriff *m*; Ge-
spött *n*.

C

cab [kæb] Taxi *n*, Drosch-
ke *f*.   {(-kopf) *m*.|

cabbage ['kæbidʒ] Kohl |

cabin ['kæbin] Hütte *f*;
mar. Kabine *f* (*a. aer.*),
Kajüte *f*; **three-berth** ~
Dreibettkabine *f*.

cabinet ['kæbinit] Kabinett *n*; Schrank *m*; Vitrine
f; ~**maker** (Kunst-)
Tischler *m*, Schreiner *m*.

cable ['keibl] Kabel *n*;
Ankerkette *f*; *tel.* kabeln;
~**car** Drahtseilbahn *f*.

cab|man Taxifahrer *m*;
~**stand** Taxistand *m*.

cackle ['kækl] gackern,
schnattern.

cact|us ['kæktəs], *pl* ~**uses**
['~siz], ~**i** ['~tai] Kaktus *m*.

café ['kæfei] Café *n*;
Restaurant *n*.

cafeteria [kæfi'tiəriə]
Selbstbedienungsrestaurant

cage [keidʒ] Käfig *m*;
Förderkorb *m*.

cake [keik] Kuchen *m*; Riegel *m*, Stück *n*; **a ~ of
soap** ein Stück Seife; zs.-
backen; ~**tin** Kuchen-
form *f*.

calamity [kə'læmiti] Unglück *n*, Katastrophe *f*.

calculat|e ['kælkjuleit]
(be-, aus-, er)rechnen;
~**ion** Kalkulation *f*, Berechnung *f*; Überlegung *f*.

calendar ['kælində] Kalender *m*.

calf [kɑːf], *pl* **calves**
['~vz] Kalb *n*; Wade *f*.

calib|re, *Am.* ~**er** ['kælibə]
Kaliber *n*.

call [kɔːl] Ruf *m*; *teleph.*
Anruf *m*, Gespräch *n*; Besuch *m*; Aufforderung *f*,
Forderung *f*; ~ **for help**
Hilferuf *m*; (herbei)rufen;
(ein)berufen; *teleph.* anrufen; nennen; **be ~ed**
heißen; ~ **s.o. names** j-n
beschimpfen, beleidigen;
~ **back** *teleph.* wieder anrufen; ~ **at** besuchen;
gehen zu; *rail.* halten in;
Hafen anlaufen; ~ **for**
rufen nach, fordern um
(*Hilfe*); *et.* (an)fordern;
abholen; ~ **on s.o.** j-n besuchen; ~ **up** *teleph.* anrufen; *mil.* einberufen;
~**box** Telephonzelle *f*;
~**er** Anrufer(in); Besu-

cher(in); **~ing** Beruf *m.*

callous ['kæləs] schwielig; *fig.* gefühllos, gleichgültig.

calm [kɑ:m] still, ruhig; (Wind)Stille *f;* Ruhe *f;* besänftigen; beruhigen; **~ down** sich beruhigen.

calorie ['kæləri] Kalorie *f.*

calves [ka:vz] *pl von* calf.

cambric ['keimbrik] Batist *m.*

came [keim] *pret von* come.

camel ['kæməl] Kamel *n.*

camera ['kæmərə] Kamera *f,* Photoapparat *m.*

camomile ['kæməumail] Kamille *f.*

camouflage ['kæmuflɑ:ʒ] Tarnung *f;* tarnen.

camp [kæmp] (Zelt)Lager *n; mil.* Feldlager *n;* lagern; **~ (out)** zelten; **~aign** [~'pein] Feldzug *m; mil.* **~ bed** Feldbett *n;* **~er** Zelt-, Lagerbewohner *m;* **~ground** *Am. für* **~ing-ground**; **~ing** Camping *n,* Zelten *n;* **go ~ing** zelten (gehen); **~ing-ground** Camping-, Zeltplatz *m.*

campus ['kæmpəs] *Am.* Universitäts-, Schulgelände *n.*

can¹ [kæn] *v/aux* ich, du *etc.:* kann(st) *etc.,* darf(st) *etc.*

can² Kanne *f; Am.* (Konserven)Dose *f,* (-)Büchse *f;* eindosen.

Canadian [kə'neidjən] kanadisch; Kanadier(in).

canal [kə'næl] Kanal *m.*

canary [kə'nɛəri] Kanarienvogel *m.*

cancel ['kænsəl] (durch-) streichen; entwerten; absagen; rückgängig machen; **be ~(l)ed** ausfallen; **~ out** sich aufheben.

cancer ['kænsə] Krebs *m.*

candid ['kændid] aufrichtig, offen.

candidate ['kændidit] Kandidat *m.* [diert.]

candied ['kændid] kandiert.

candle ['kændl] Kerze *f;* **~stick** Kerzenleuchter *m.*

candy ['kændi] *Am.* Süßigkeiten *pl.*

cane [kein] *bot.* Rohr *n;* (Rohr)Stock *m.*

cann|ed [kænd] *Am.* Büchsen...; **~ery** *Am.* Konservenfabrik *f.*

cannibal ['kænibəl] Kannibale *m.*

cannon ['kænən] Kanone *f.*

cannot ['kænɔt] nicht können *od.* dürfen.

canoe [kə'nu:] Kanu *n;* Paddelboot *n.*

canopy ['kænəpi] Baldachin *m.*

cant [kænt] Jargon *m;* Heuchelei *f.*

can't [kɑ:nt] *s.* cannot.

canteen [kæn'ti:n] Kantine *f; Am.* Feldflasche *f;* Kochgeschirr *n.*

canvas ['kænvəs] Segeltuch *n;* Zeltleinwand *f;* *paint.* Leinwand *f.*

canvass ['kænvəs] Stimmen, Abonnenten werben.

cap [kæp] Kappe *f,* Mütze

capability

46

f; Haube f; Verschluß (-kappe f) m.

capab|ility [keipə'biliti] Fähigkeit f; **~le** fähig (**of** zu).

capacity [kə'pæsiti] (Raum)Inhalt m; Fassungsvermögen n; Kapazität f; Aufnahme-, (Leistungs)Fähigkeit f.

cape¹ [keip] Kap n, Vorgebirge n.

cape² Cape n, Umhang m.

caper ['keipə]: (**cut a**) **~**, **cut ~s** Luftsprünge od. Kapriolen machen.

capital ['kæpitl] Hauptstadt f; Kapital n; Kapital...; Haupt...; colloq. vortrefflich; **~ crime** Kapitalverbrechen n; **~ism** Kapitalismus m; (**letter**) großer Buchstabe; **~ punishment** Todesstrafe f.

capricious [kə'priʃəs] launenhaft.

capsize [kæp'saiz] kentern; zum Kentern bringen.

capsule ['kæpsju:l] Kapsel f.

captain ['kæptin] Führer m; Kapitän m; mil. Hauptmann m.

caption ['kæpʃən] Überschrift f, Titel m; Bildunterschrift f; Film: Untertitel m.

captiv|ate ['kæptiveit] fig. fesseln; **~e** Gefangene m, f; **~ity** [~'tiviti] Gefangenschaft f.

capture ['kæptʃə] Gefangennahme f; fangen, ge-

fangennehmen; erbeuten; mar. kapern; erlangen, gewinnen; fig. fesseln.

car [ku:] Auto n; (bsd. Am. Eisenbahn-, Straßenbahn-) Wagen m; Gondel f, Kabine f.

caravan ['kærəvæn] Karawane f; Wohnwagen m.

carbohydrate ['ku:bəu'haidreit] Kohlehydrat n.

carbon ['ku:bən] chem. Kohlenstoff m; **~ dioxide** ['~dai'ɔksaid] Kohlendioxyd n; **~ paper** Kohlepapier n.

carbure|tter, ~t(t)or ['ku:bjuretə] mot. Vergaser m.

car-carrier Autoreisezug m.

carca|se, ~ss ['ku:kəs] Kadaver m.

card [ku:d] (Post-, Geschäfts-, Visiten-, Spiel-) Karte f; **~board** Pappe f; **~board box** (Papp)Karton m.

cardigan ['ku:digən] Wolljacke f.

cardinal ['ku:dinl] Kardinal m; Haupt...; **~ number** Grundzahl f.

card index Kartei f.

car documents pl Wagenpapiere pl.

care [kɛə] Sorge f; Sorgfalt f; Fürsorge f, Obhut f, Pflege f; Aufsicht f; sich et. aus e-r S. machen; Lust haben; **~ of ...** (abbr. c/o) bei ...; **take ~** of acht(geb)en auf, sich kümmern um, sorgen für; **with**

~! Vorsicht!; *vb:* **~ for** sorgen für, sich kümmern um; sich etwas machen aus; **I don't ~!** meinetwegen!

career [kə'riə] Karriere *f;* Laufbahn *f;* rasen.

care|free sorgenfrei; **~ful** vorsichtig; umsichtig; sorgfältig; **~less** sorglos; nachlässig, unachtsam; leichtsinnig.

caress [kə'res] Liebkosung *f;* liebkosen.

care|taker (Haus)Verwalter(in); **~worn** abgehärmt, verhärmt.

car ferry Autofähre *f.*

cargo ['ka:gəu] Ladung *f.*

caricature [kærikə'tjuə] Karikatur *f.*

car-mechanic Automechaniker *m.*

carnation [ka:'neiʃən] Nelke *f.*   [neval *m.*]

carnival ['ka:nivəl] Karnival *m*\

carol ['kærəl] (Weihnachts)Lied *n.*

carp [ka:p] Karpfen *m.*

car-park Parkplatz *m.*

carpenter ['ka:pintə] Zimmermann *m,* Tischler *m.*

carpet ['ka:pit] Teppich *m.*

carriage ['kæridʒ] (Eisenbahn- *etc.*) Wagen *m;* Transport *m;* Fracht(geld *n*) *f;* (Körper)Haltung *f;* **~free** frachtfrei; **~way** Fahrbahn *f.*

carrier ['kæriə] Träger *m,* Bote *m;* Fuhrunternehmer *m;* (Krankheits)Überträger *m;* Gepäckträger *m*

(Fahrrad); **~bag** Einkaufstüte *f,* Tragbeutel *m.*

carrion ['kæriən] Aas *n;* Aas...

carrot ['kærət] Karotte *f,* Mohrrübe *f,* Möhre *f.*

carry ['kæri] tragen, bringen, befördern; (bei sich) haben; **~ on** fortsetzen, weiterführen; *Geschäft etc.* betreiben; **~ out** aus-, durchführen.

cart [ka:t] Fuhrwerk *n;* Karren *m,* Wagen *m;* karren, fahren; **~er** Fuhrmann *m;* **~horse** Zugpferd *n.*

carton ['ka:tən] Karton *m,* (Papp)Schachtel *f.*

cartoon [ka:'tu:n] Karikatur *f;* **(animated) ~** Zeichentrickfilm *m;* **~ist** Karikaturist *m.*

cartridge ['ka:tridʒ] Patrone *f.*

cart-wheel Wagenrad *n;* **turn ~s** radschlagen.

carv|e [ka:v] *Fleisch* zerlegen, tranchieren; schnitzen; meißeln; **~er** Schnitzer *m;* **~ing** Schnitzerei *f.*

cascade [kæs'keid] Wasserfall *m.*

case[1] [keis] Behälter *m;* Kiste *f;* Etui *n;* Schachtel *f;* kleiner Koffer; Tasche *f.*

case[2] Fall *m (a. med., jur.);* *gr.* Kasus *m,* Fall *m;* Sache *f,* Angelegenheit *f;* **in any ~** auf jeden Fall.

casement ['keismənt] Fensterflügel *m.*

cash [kæʃ] einlösen; Bar-

geld *n*; Geld *n*, Kasse *f*;
~ down gegen bar; **~ on delivery** per Nachnahme, zahlbar bei Lieferung; **~ desk** Kasse *f* (*Bank etc.*); **~ier** [kæˈʃiə] Kassierer (-in); **~ register** (Registrier)Kasse *f*.

casing [ˈkeisiŋ] Umhüllung *f*; Verkleidung *f*.

cask [kɑːsk] Faß *n*; **~et** [ˈ~it] Kästchen *n*; *Am.* Sarg *m*.

cassock [ˈkæsək] Soutane *f*.

cast [kɑːst] Wurf *m*; *tech.* Guß(form *f*) *m*; Abguß *m*, Abdruck *m*; *thea.* (Rollen-)Besetzung *f*; (*irr*) (ab-, aus)werfen; *tech.* gießen; *thea.* Stück besetzen; *Rollen* verteilen; **be ~ down** niedergeschlagen sein.

caste [kɑːst] Kaste *f*.

cast| **iron** Gußeisen *n*; **~-iron** gußeisern.

castle [ˈkɑːsl] Burg *f*, Schloß *n*.

castor [ˈkɑːstə] (Salz- *etc.*) Streuer *m*.

castor oil Rizinusöl *n*.

cast| **steel** Gußstahl *m*; **~-steel** aus Gußstahl.

casual [ˈkæʒjuəl] zufällig; gelegentlich; zwanglos; flüchtig; **~ty** Unfall *m*; Verunglückte *m, f*; *pl* Opfer *pl, mil.* Verluste *pl*.

cat [kæt] Katze *f*.

catalog(ue) [ˈkætələg] Katalog *m*.

cataract [ˈkætərækt] Wasserfall *m*.

catarrh [kəˈtɑː] Katarrh *m*; Schnupfen *m*.

catastrophe [kəˈtæstrəfi] Katastrophe *f*.

catch [kætʃ] Fang(en *n*) *m*; Beute *f*; *tech.* Haken *m* (*a. fig.*), Klinke *f*; (*irr*) fangen; fassen; ertappen; *Zug etc.* erreichen, bekommen; *sich Krankheit* zuziehen, holen; *fig.* erfassen; einschnappen (*Schloß*); sich verfangen, hängenbleiben; **~ (a) cold** sich erkälten; **~ up (with)** einholen, überholen; **~er** Fänger *m*; **~ing** packend; *med.* ansteckend; **~word** Schlagwort *n*; Stichwort *n*.

category [ˈkætigəri] Kategorie *f*.

cater [ˈkeitə] **~ for** Lebensmittel liefern für; sorgen für.

caterpillar [ˈkætəpilə] *zo.* Raupe *f*.

cathedral [kəˈθiːdrəl] Dom *m*, Kathedrale *f*.

Catholic [ˈkæθəlik] katholisch; Katholik(in).

cattle [ˈkætl] (Rind)Vieh *n*, Rinder *pl*.

caught [kɔːt] *pret u. pp* von **catch**.

ca(u)ldron [ˈkɔːldrən] Kessel *m*.

cauliflower [ˈkɔliflauə] Blumenkohl *m*.

cause [kɔːz] Ursache *f*, Grund *m*; Sache *f*; verursachen, -anlassen; bereiten; **~less** grundlos.

cauti|**on** [ˈkɔːʃən] Vorsicht f; (Ver)Warnung f; (ver)warnen; **~ous** behutsam, vorsichtig.

cav|e [keiv], **~ern** ['kævən] Höhle f; **~ity** ['kæviti] Höhle f; Loch n.

cease [si:s] aufhören; **~less** unaufhörlich.

ceiling ['si:liŋ] (Zimmer-) Decke f; *Preise:* Höchstgrenze f.

celebra|te ['selibreit] feiern; **~ed** berühmt; **~ion** Feier f.

celebrity [si'lebriti] Berühmtheit f.

celery ['seləri] Sellerie m.

celibacy ['selibəsi] Zölibat n.

cell [sel] Zelle f; *electr. a.* Element n.

cellar ['selə] Keller m.

Celt [kelt] Kelt|e m, -in f; **~ic** keltisch; *das* Keltische.

cement [si'ment] Zement m; Kitt m; zementieren; kitten.

cemetery ['semitri] Friedhof m.

censor ['sensə] zensieren; **~ship** Zensur f.

censure ['senʃə] Tadel m; tadeln.

cent [sent] *Am.* Cent m; per **~** Prozent n; **~enary** [~'ti:nəri], **~ennial** [~'tenjəl] hundertjährig; Hundertjahrfeier f.

centi|grade ['sentigreid]: **10 degrees ~** 10 Grad Celsius; **~metre**, *Am.* **~meter** Zentimeter n, m.

central ['sentrəl] zentral;

Mittel...; **♀ Europe** Mitteleuropa n; **~ heating** Zentralheizung f; **~ize** zentralisieren.

cent|re, *Am.* **~er** ['sentə] Zentrum n, Mittelpunkt m; (sich) konzentrieren; zentrieren; **~re-forward** Mittelstürmer m; **~re-half** Mittelläufer m.

century ['sentʃuri] Jahrhundert n.

cereals ['siəriəlz] pl Frühstückskost f *(aus Getreide).*

cerebral ['seribrəl] Gehirn...

certain ['sə:tn] sicher, gewiß, bestimmt; gewisse(r, -s); **~ly** sicher(lich), bestimmt, gewiß; **~ty** Gewißheit f.

certi|ficate [sə'tifikit] Bescheinigung f, Attest n, Schein m, Urkunde f, Zeugnis n; **~fy** ['sə:tifai] bescheinigen; **~tude** ['~tju:d] Gewißheit f.

chafe [tʃeif] reiben; (sich) wund reiben; toben.

chaff [tʃɑ:f] Spreu f; Häcksel n.

chaffinch ['tʃæfintʃ] Buchfink m.

chagrin ['ʃægrin] Ärger m.

chain [tʃein] Kette f; (an-)ketten.

chair [tʃeə] Stuhl m, Sessel

m; Lehrstuhl *m*; Vorsitz *m*; **~lift** Sessellift *m*; **~man** Vorsitzende *m*.

chalk [tʃɔːk] Kreide *f*.

challenge ['tʃælindʒ] Herausforderung *f*; *mil.* Anruf *m*; herausfordern; anrufen; anzweifeln.

chamber ['tʃeimbə] Kammer *f*; **~maid** Zimmermädchen *n*.

chamois ['ʃæmwɑ:] Gemse *f*; **~leather** ['ʃæmi-] Sämischleder *n*.

champagne [ʃæm'pein] Champagner *m*.

champion ['tʃæmpjən] Vorkämpfer *m*, Verfechter *m*; *sp.* Meister(in); **~ship** Meisterschaft *f*.

chance [tʃɑːns] zufällig; Zufall *m*; Glück *n*; Chance *f*; (günstige) Gelegenheit *f*; **by ~** zufällig, durch Zufall; **give s.o. a ~** j-m eine Chance geben; **take one's ~** es darauf ankommen lassen.

chancellor ['tʃɑːnsələ] Kanzler *m*.

chandelier [ʃændi'liə] Kronleuchter *m*.

change [tʃeindʒ] Veränderung *f*, Wechsel *m*, Abwechs(e)lung *f*; Wechselgeld *n*; Kleingeld *n*; **for a ~** zur Abwechs(e)lung; (sich) (ver)ändern; (aus)wechseln, (um)tauschen; (sich) verwandeln; sich umziehen; **~ one's mind** sich anders entschließen; **~ (trains)** umsteigen;

~able veränderlich.

channel ['tʃænl] Kanal *m* (*a. fig.*); Rinne *f*; *aer.* Flugsteig *m*; **the (English)** ♀ der (Ärmel)Kanal.

chaos ['keiɔs] Chaos *n*.

chap [tʃæp] *colloq.* Bursche *m*, Kerl *m*.

chapel ['tʃæpəl] Kapelle *f*.

chaplain ['tʃæplin] Kaplan *m*.

chapter ['tʃæptə] Kapitel *n*.

character ['kæriktə] Charakter *m*; Schrift(zeichen *n*) *f*; *thea.*, *Roman:* Person *f*; Ruf *m*; Zeugnis *n*; **~istic** charakteristisch; Kennzeichen *n*; **~ize** charakterisieren.

charge [tʃɑːdʒ] laden; *Batterie* (auf)laden; beauftragen; befehlen; ermahnen; beschuldigen, anklagen; fordern, verlangen; berechnen; *electr.* Ladung *f*; (Spreng)Ladung *f*; Obhut *f*; Schützling *m*; Anklage *f*; Preis *m*; pl Kosten *pl*; **be in ~ of** verantwortlich sein für, versorgen, betreuen; **free of ~** kostenlos.

chariot ['tʃæriət] zweirädriger (Streit-, Triumph-) Wagen.

charit|able ['tʃæritəbl] wohltätig; **~y** Nächstenliebe *f*; Wohltätigkeit *f*.

charm [tʃɑːm] Zauber *m*; Talisman *m*; *fig. a.* Reiz *m*; bezaubern, entzücken; **~ing** bezaubernd, reizend.

chart [tʃɑːt] Seekarte *f*; Tabelle *f*.

charter ['tʃɑːtə] Urkunde *f*; chartern, mieten; **~ plane** Chartermaschine *f*.

charwoman ['tʃɑːwumən] Putzfrau *f*.

chase [tʃeɪs] Jagd *f*; Verfolgung *f*; jagen; verfolgen; *colloq.* eilen.

chasm ['kæzəm] Kluft *f* (*a. fig.*).

chast|e [tʃeɪst] rein, keusch; **~ity** ['tʃæstɪti] Keuschheit *f*.

chat [tʃæt] Geplauder *n*; plaudern, **~ter** plappern, schwatzen, schwätzen, klappern; Geplapper *n*, **~terbox** Plappermaul *n*.

chauffeur ['ʃəufə] Chauffeur *m*.

cheap [tʃiːp] billig (*a. fig.*); **~en** (sich) verbilligen; *fig.* herabsetzen.

cheat [tʃiːt] Betrug *m*; Betrüger(in); betrügen.

check [tʃek] Hemmnis *n*, Einhalt *m*; Kontrolle *f*; Kontroll-, Garderobenmarke *f*; (Gepäck)Schein *m*; *Am.* Rechnung *f* (*Restaurant*); *Am.* Scheck *m*; karierter Stoff; hemmen, hindern, aufhalten; kontrollieren, (nach)prüfen; *Am.* Mantel in der Garderobe abgeben; *Am.* Gepäck aufgeben; **~ in** *Am.* in e-m Hotel absteigen; **~ out** *Am.* abreisen (*Hotel*); **~ed** kariert; **~room** *Am.*: Garderobe *f*; Gepäckaufbewahrung *f*.

cheek [tʃiːk] Backe *f*, Wange *f*; Unverschämtheit *f*; **~y** frech.

cheer [tʃɪə] gute Laune; Hoch(ruf *m*) *n*; Beifall (-sruf) *m*; (zu)jubeln; **(on)** anfeuern; **~ (up)** ermuntern, aufheitern; **~ up** Mut fassen; **~ful** heiter; **~io** ['~ri'əu] *colloq.* mach's gut!, tschüs!; **~less** freudlos, trüb; **~y** heiter.

cheese [tʃiːz] Käse *m*.

chef [ʃef] Küchenchef *m*.

chemical ['kemikl] chemisch; **~s** *pl* Chemikalien *pl*.

chemise [ʃə'miːz] (Frauen)Hemd *n*.

chemist ['kemist] Chemiker *m*; Apotheker *m*; Drogist *m*; **~ry** Chemie *f*; **~'s shop** Drogerie *f*; Apotheke *f*.

cheque [tʃek] Scheck *m*.

chequered ['tʃekəd] kariert; *fig.* bunt.

cherish ['tʃeriʃ] hegen.

cherry ['tʃeri] Kirsche *f*.

chess [tʃes] Schach(spiel) *n*; **~board** Schachbrett *n*; **~man** Schachfigur *f*.

chest [tʃest] Kiste *f*, Truhe *f*, Kasten *m*; *anat.* Brustkorb *m*.

chestnut ['tʃesnʌt] Kastanie *f*; kastanienbraun.

chest of drawers Kommode *f*.

chew [tʃuː] kauen; **~ing-gum** Kaugummi *m*.

chicken ['tʃikin] Huhn *n*, Hühnchen *n*, Hähnchen *n*; Küken *n*; **~pox** ['~pɔks] Windpocken *pl*.

chief [tʃi:f] oberst; Ober..., Haupt...; hauptsächlich; Chef *m*; Anführer *m*; Häuptling *m*; **...~in~** Ober...

chilblain ['tʃilblein] Frostbeule *f*.

child [tʃaild], *pl* **~ren** Kind *n*; **~hood** Kindheit *f*; **~ish** kindlich; kindisch; **~less** kinderlos; **~like** kindlich; **~ren** ['tʃildrən] *pl von* **child**.

chill [tʃil] Frost *m*, Kälte (-gefühl *n*) *f*; Erkältung *f*; (ab)kühlen; **be ~ed** durch(ge)froren sein; **~y** kalt; *fig.* frostig.

chime [tʃaim] *mst pl* Glockenspiel *n*; Geläut *n*; läuten.

chimney ['tʃimni] Schornstein *m*; **~-sweep(er)** Schornsteinfeger *m*.

chin [tʃin] Kinn *n*.

china ['tʃainə] Porzellan *n*.

Chinese ['tʃai'ni:z] chinesisch; Chinese(n *pl*) *m*, Chinesin *f*; Chinesisch *n*.

chink [tʃiŋk] Ritz *m*, Spalt *m*.

chip [tʃip] Splitter *m*, Span *m*, Schnitzel *n*, *m*; dünne Scheibe; Spielmarke *f*; *pl* Pommes frites *pl*; schnitzeln; an-, abschlagen.

chirp [tʃə:p] zirpen, zwitschern.

chisel ['tʃizl] Meißel *m*; meißeln.

chivalr|ous ['ʃivəlrəs] ritterlich; **~y** Rittertum *n*; Ritterlichkeit *f*.

chive [tʃaiv] Schnittlauch *m*.

chlor|ine ['klɔ:ri:n] Chlor *n*; **~oform** ['klɔrəfɔ:m] Chloroform *n*; chloroformieren.

chocolate ['tʃɔkəlit] Schokolade *f* (*a.* Getränk); Praline *f*; *pl* Pralinen *pl*, Konfekt *n*; **box of ~s** Schachtel *f* Pralinen.

choice [tʃɔis] (Aus)Wahl *f*; auserlesen, vorzüglich.

choir ['kwaiə] Chor *m*.

choke [tʃouk] (er)würgen; drosseln; ersticken; **~down** hinunterwürgen; **~up** verstopfen; *sub: mot.* Starterklappe *f*.

choose [tʃu:z] (*irr*) (aus)wählen; vorziehen.

chop [tʃɔp] Hieb *m*; Kotelett *n*; hauen, (zer-)hacken; **~down** niederhauen; *Baum* fällen.

chord [kɔ:d] Saite *f*; *mus.* Akkord *m*; *anat.* Band *n*, Strang *m*.

chorus ['kɔ:rəs] Chor *m*; Kehrreim *m*.

chose [tʃouz] *pret*, **~n** *pp* *von* **choose**.

Christ [kraist] Christus *m*.

christen ['krisn] taufen; **~ing** Taufe *f*.

Christian ['kristjən] Christ (-in); christlich; **~ity** [~i'æniti] Christentum *n*; **~ name** Vorname *m*.

Christmas ['krɪsməs] Weihnachten *n*; Weihnachts...; **Father ~** Weihnachtsmann *m*; **Merry ~** Fröhliche Weihnachten!; **~ Day** erster Weihnachtsfeiertag; **~ Eve** Heiliger Abend.   [Chrom *n*.]

chromium ['krəumjəm]

chronic ['krɔnik] chronisch; **~le** Chronik *f*.

chronological [krɔnə-'lɔdʒikəl] chronologisch.

chubby ['tʃʌbi] pausbäckig.

chuck [tʃʌk] *colloq.* schmeißen.

chuckle ['tʃʌkl] in sich hineinlachen.

chum [tʃʌm] (Stuben-) Kamerad *m*; guter Freund.

church [tʃəːtʃ] Kirche *f*; Gottesdienst *m*; Kirch-(en)...; **~warden** Kirchenvorsteher *m*; **~yard** Kirch-, Friedhof *m*.

churn [tʃəːn] Butterfaß *n*; *Brit.* Milchkanne *f*; buttern; aufwühlen.

chute [ʃuːt] Stromschnelle *f*; Rutschbahn *f*, Rutsche *f*; *colloq.* Fallschirm *m*.

cider ['saidə] Apfelwein *m*.

cigar [si'gɑː] Zigarre *f*.

cigaret(te) [sigə'ret] Zigarette *f*.

cinder ['sində] Schlacke *f*; *pl* Asche *f*; **~ella** [~'relə] Aschenbrödel *n*; **~-track** *sp.* Aschenbahn *f*.

cine-camera ['sini-] Filmkamera *f*; **~ma** ['~əmə] Kino *n*; Film(kunst *f*) *m*;

go to the ~ma ins Kino gehen; **~-projector** Filmprojektor *m*.

cipher ['saifə] Ziffer *f*; Null *f* (*a. fig.*); Chiffre *f*; chiffrieren.

circle ['səːkl] Kreis(lauf *m*; *thea.* Rang *m*; (um-) kreisen.

circuit ['səːkit] Rundflug *m*, -gang *m*, -reise *f*; Stromkreis *m*; **short ~** Kurzschluß *m*.

circular ['səːkjulə] kreisförmig; **~ (letter)** Rundschreiben *n*.

circulat|e ['səːkjuleit] umlaufen, zirkulieren, kreisen; verbreiten; **~ing library** Leihbücherei *f*; **~ion** Kreislauf *m*; *econ.* Umlauf *m*; Verbreitung *f*; Auflage *f* (*Zeitung*).

circum|ference [sə'kʌmfərəns] (Kreis)Umfang *m*; **~navigate** [sə:kəm'-] umsegeln; **~scribe** ['~skraib] umschreiben; *fig.* begrenzen; **~stance** Umstand *m*, *pl* (*a.* finanzielle) Verhältnisse *pl*.

circus ['səːkəs] Zirkus *m*; (runder) Platz.

cistern ['sistən] Wasserbehälter *m*.

cite [sait] zitieren; *jur.* vorladen.

citizen ['sitizn] (Staats-) Bürger(in); Städter(in); **~ship** Staatsangehörigkeit *f*.

city ['siti] (Groß)Stadt *f*; **the ♀** *London*: die City, das Geschäftsviertel; ~ **centre** Innenstadt f, Stadtmitte f; ~ **guide** Stadtplan m; ~ **hall** bsd. Am. Rathaus n.

civics ['siviks] sg Staatsbürgerkunde f.

civil ['sivl] bürgerlich, Bürger...; zivil; höflich; ~**ian** [si'viljən] Zivilist m; ~**ity** Höflichkeit f; ~**ization** Zivilisation f, Kultur f; ~**ize** zivilisieren; ~ **marriage** standesamtliche Trauung; ~ **rights** pl Bürgerrechte pl; ♀ **Service** Staatsdienst m; ~ **war** Bürgerkrieg m.

clad [klæd] pret u. pp von **clothe**; gekleidet.

claim [kleim] Anspruch m; Anrecht n; beanspruchen, fordern; ~**ant** Anwärter m.

clammy ['klæmi] feuchtkalt, klamm.

clamo(u)r ['klæmə] Geschrei n; schreien; ~**rous** lärmend, schreiend.

clamp [klæmp] Klammer f.

clan [klæn] Clan m, Sippe f.

clandestine [klæn'destin] heimlich.

clank [klæŋk] Gerassel n, Geklirr n; rasseln od. klirren (mit).

clap [klæp] Klatschen n; Knall m; schlagen od. klatschen (mit).

claret ['klærət] Rotwein m.

clari|fy ['klærifai] (sich) klären; ~**ty** Klarheit f.

clash [klæʃ] Geklirr n;

Zs.-stoß m; Widerstreit m; klirren; zs.-stoßen.

clasp [klɑːsp] Haken m; Spange f; Umklammerung f; Umarmung f; einhaken, schließen; umklammern, umfassen; ~**knife** Klapp-, Taschenmesser n.

class [klɑːs] Klasse f; Stand m, Schicht f; Unterricht m, Stunde f; Kurs(us) m; Am. univ. Jahrgang m; (in Klassen) einteilen, einordnen; ~**mate** Klassenkamerad(in); ~**room** Klassen-, Schulzimmer n.

classic ['klæsik] Klassiker m; erstklassig; klassisch; ~**al** klassisch.

classi|fication [klæsifi-'keiʃən] Klassifizierung f, Einteilung f; ~**fy** ['~fai] klassifizieren, -einstufen.

clatter ['klætə] Geklapper n, Poltern n, Getrappel n; klappern.

clause [klɔːz] Klausel f; gr. Satz(teil) m.

claw [klɔː] Klaue f, Kralle f.

clay [klei] Ton m.

clean [kliːn] rein, sauber; völlig; reinigen, saubermachen, putzen; ~ **out** reinigen, säubern; ~ **up** aufräumen; ~**er** Reiniger m; (**dry**) ~**ers** pl (chemische) Reinigung; ~**ing** Reinigung f, Putzen n; ~**liness** ['klenlinis] Reinlichkeit f; ~**ly** ['klenli] reinlich; ~**ness** ['kliːnnis]

Sauberkeit f; **~se** [klenz] reinigen, säubern; **~ shaven** glattrasiert.

clear [kliə] klar; hell; rein; frei; ganz; voll; rein, netto; reinigen; roden; Tisch abräumen; räumen, leeren; freisprechen; **~ away** wegräumen; **~** up auf-, abräumen; (sich) aufklären; **~ing** Lichtung f, Rodung f.

cleave [kli:v] festhalten (**to** an); (irr) (sich) spalten. [sel m.]

clef [klef] (Noten)Schlüs-

cleft [kleft] Spalte f; pret u. pp von cleave.

clemency ['klemənsi] Milde f.

clench [klentʃ] Lippen zs.-pressen; Zähne zs.-bei-ßen; Faust ballen.

clergy ['klə:dʒi] Geistlichkeit f; **~man** Geistliche m. [lich.]

clerical ['klerikəl] geist-

clerk [klɑ:k] Schreiber (-in); Büroangestellte m; f; (Bank-, Post- etc.)Beamt|e m, -in f; Am. Verkäufer(in).

clever ['klevə] gescheit, klug; gewandt, geschickt.

click [klik] Klicken n, Knacken n; klicken, knak-ken; (zu-, ein)schnappen.

client ['klaiənt] Klient (-in); Kund|e m, -in f.

cliff [klif] Klippe f.

climate ['klaimit] Klima n.

climax ['klaimæks] Höhepunkt m.

climb [klaim] klettern od. steigen auf; **~** up hinaufsteigen, -klettern; **~er** Kletterer m; bot. Kletterpflanze f.

clinch [klintʃ] Umklammerung f.

cling [kliŋ] (irr) sich (an-) klammern (**to** an).

clinic ['klinik] Klinik f.

clink [kliŋk] klingen (lassen).

clip[1] [klip] (Büro)Klammer f; Spange f.

clip[2] Schur f; ab-, beschneiden; Schafe etc. scheren; **~pings** pl (Zeitungs- etc.) Ausschnitte pl.

cloak [kləuk] Mantel m, Umhang m; **~room** Garderobe f; Gepäckaufbewahrung f; Toilette f.

clock [klɔk] (Wand- etc.) Uhr f; **~wise** im Uhrzeigersinn. [m.]

clod [klɔd] (Erd)Klumpen

clog [klɔg] Klotz m; Holzschuh m; verstopfen; belasten.

cloister ['klɔistə] Kreuzgang m; Kloster n.

close [kləus] geschlossen; nah; eng; dicht; knapp; streng; genau, sorgfältig; schwül, dumpf; geizig; verschwiegen; **~ to** od. **by** dicht od. nahe bei, an; Einfriedung f, Hof m; [~z] (Ab)Schluß m, Ende n; [~z] (ab-, ein-, ver-, zu)schließen; beenden; sich schließen; **~ down** Fabrik etc. schließen; **~ in**

hereinbrechen (*Nacht*).

closet ['klɔzit] kleines Zimmer; (Wand)Schrank *m*; *s.* **water-closet**.

close-up ['klouzʌp] Großaufnahme *f*.

closing-time ['klouziŋ-] Geschäftsschluß *m*.

clot [klɔt] Klumpen *m*, Klümpchen *n*; gerinnen (lassen), Klumpen bilden.

cloth [klɔθ] Stoff *m*, Tuch *n*; **lay the ~** den Tisch decken; **~-bound** in Leinen (gebunden).

clothe [klouð] (*irr*) (an-, be-, ein)kleiden.

clothes [klouðz] *pl* Kleider *pl*, Kleidung *f*; Wäsche *f*; **~-brush** Kleiderbürste *f*; **~-hanger** Kleiderbügel *m*; **~-line** Wäscheleine *f*; **~-peg**, **~-pin** Wäscheklammer *f*; **~** [dung *f*].

clothing ['klouðiŋ] Kleidung *f*.

cloud [klaud] Wolke *f*; (sich) bewölken; *fig.* (sich) trüben; **~y** wolkig; Wolken...; trüb.

clove¹ [klouv] Gewürznelke *f*; **~ cleave.**

clove² *pret*, **~n** *pp von* **cleave.**

clover ['klouvə] Klee *m*.

clown [klaun] Clown *m*, Hanswurst *m*.

club [klʌb] Keule *f*, Knüppel *m*; Klub *m*, Verein *m*; **~s** *pl* Karten: Kreuz *n*.

clue [klu:] Anhaltspunkt *m*.

clumsy ['klʌmzi] unbeholfen, ungeschickt; plump.

clung [klʌŋ] *pret u. pp von* **cling.**

cluster ['klʌstə] Traube *f*; Büschel *n*; Haufen *m*; sich zs.-drängen; ranken.

clutch [klʌtʃ] Griff *m*; Kupplung *f*; packen, (er-) greifen; **~ pedal** Kupplungspedal *n*.

coach [koutʃ] Kutsche *f*, Karosse *f*; (Eisenbahn-) Wagen *m*; Überland-, Reisebus *m*; Nachhilfelehrer *m*, Einpauker *m*; Trainer *m*; Nachhilfeunterricht geben, einpauken; trainieren.

coagulate [kou'ægjuleit] gerinnen (lassen).

coal [koul] Kohle *f*; **~field** Kohlenrevier *n*.

coalition [kouə'liʃən] Koalition *f*.

coal|-mine Kohlengrube *f*; **~-mining** Kohlenbergbau *m*; **~-pit** Kohlengrube *f*.

coarse [kɔ:s] grob; ungeschliffen.

coast [koust] Küste *f*; die Küste entlangfahren; im Freilauf fahren; rodeln; **~guard** Küsten(zoll)wache *f*.

coat [kout] überziehen, anstreichen; umkleiden; Jackett *n*, Jacke *f*, Rock *m*; Mantel *m*; Fell *n*, Pelz *m* (*Farbe etc.*)Überzug *m*, Anstrich *m*; **~-hanger** Kleiderbügel *m*; **~ing** Überzug *m*, Anstrich *m*; Mantelstoff *m*; **~ of arms** Wappen(schild) *n*.

coax [kouks] beschwatzen.

cob [kɔb] Maiskolben *m*.

collect

cobra ['kəubrə] Brillen-schlange f, Kobra f.

cobweb ['kɔbweb] Spinn(en)gewebe n.

cock [kɔk] Hahn m; Ge-wehrhahn spannen; ~ (up) aufrichten; ~atoo [ˌɔ'tuː] Kakadu m; ~chafer Mai-käfer m; ~ney ['~ni] Cockney m, (echter) Londoner; ~pit (Flugzeug)Kanzel f; ~roach ['~rəutʃ](Küchen-)Schabe f; ~sure tod-sicher; überheblich; ~tail Cocktail m. [palme f.]

coco ['kəukəu] Kokos-}

cocoa ['kəukəu] Kakao m.

coconut ['kəukənʌt] Ko-kosnuß f.

cocoon [kə'kuːn] Kokon m.

cod [kɔd] Kabeljau m, Dorsch m.

coddle ['kɔdl] verhätscheln.

code [kəud] Gesetzbuch n; Kodex m; Code m, Schlüs-sel m; chiffrieren.

cod-liver oil Lebertran m.

coexist ['kəuig'zist] gleich-zeitig bestehen; ~ence Koexistenz f.

coffee ['kɔfi] Kaffee m; ~bean Kaffeebohne f; ~mill Kaffeemühle f; ~pot Kaffeekanne f; ~stall Kaffeestand m, Imbißstube f, ~wagen m.

coffin ['kɔfin] Sarg m.

cog-wheel ['kɔg-] Zahn-rad n.

coheren|ce [kəu'hiərəns], ~cy Zs.-hang m; ~t zs.-hängend.

cohesive [kəu'hiːsiv] zs.-hängend. [sur f.]

coiffure [kwɑ'fjuə] Fri-}

coil [kɔil] Rolle f, Spi-rale f; electr. Spule f; Windung f; ~ (up) auf-rollen, (-)wickeln; ~ o.s. up sich zs.-rollen.

coin [kɔin] Münze f, Geldstück n; prägen (a. fig.); münzen; ~age Prä-gung f.

coincide [kəuin'said] zs.-treffen; übereinstimmen; ~nce [kəu'insidəns] Zs.-treffen n; Übereinstim-mung f.

coke [kəuk] Koks m; sl. Koks m (Kokain).

cold [kəuld] kalt; Kälte f; Erkältung f; bad ~ starke Erkältung; ~ness Kälte f; ~storage room Kühl-raum m.

colic ['kɔlik] Kolik f.

collaborat|e [kə'læbəreit] zs.-arbeiten; ~ion Mitar-beit f; in ~ion gemein-sam.

collaps|e [kə'læps] zs.-, einfallen; zs.-brechen; Zs.-bruch m; ~ible zs.-klapp-bar, Falt…, Klapp…

collar ['kɔlə] Kragen m; Halsband n; Kummet n; beim Kragen packen; ~bone Schlüsselbein n.

colleague ['kɔliːg]Kolleg|e m, -in f.

collect [kə'lekt] (ein-)sammeln; Gedanken etc. sammeln; einkassieren; abholen; sich an- od.

versammeln; ～ed *fig.* gefaßt; ～ion (An)Sammlung *f*; *econ.* Einziehung *f*; Leerung *f* (*Briefkasten*); ～ive kollektiv, gesamt; ～or Sammler *m*; Einnehmer *m*; Einsammler *m*.

college ['kɔlidʒ] College *n*; Hochschule *f*; höhere Lehranstalt.

collide [kə'laid] zs.-stoßen.

colliery ['kɔljəri] (Kohlen-) Zeche *f*.

collision [kə'liʒən] Zs.-stoß *m*.

colloquial [kə'loukwiəl] umgangssprachlich.

colon ['koulən] Doppelpunkt *m*.

colonel ['kɔ:nl] Oberst *m*.

colonial [kə'lounjəl] Kolonial...; ～ism Kolonialismus *m*.

colon|ist ['kɔlənist] Siedler(in) *f*; ～ize kolonisieren, besiedeln; ～y Kolonie *f*; Ansiedlung *f*.

colo(u)r ['kʌlə] Farbe *f*; *fig.* Anschein *m*; *pl* Fahne *f*, Flagge *f*; färben; (an-) streichen; *fig.* beschönigen, entstellen; sich (ver-) färben; erröten; ～ **bar** Rassenschranke *f*; ～ed gefärbt; farbig, bunt; farbig, Neger...; ～ed **man** Farbige *m*; ～ed **people** Farbige *pl*; ～ful farbenreich, -freudig, bunt; ～ing Färbung *f*; Farbton *m*; ～less farblos; ～line *Am.* Rassenschranke *f*; ～print Farbabzug *m*.

colt [koult] (Hengst)Füllen *n*.

column ['kɔləm] Säule *f*; *print.* Spalte *f*; *mil.* Kolonne *f*. [kämmen.]

comb [koum] Kamm *m*;

combat ['kɔmbət] Kampf *m*; (be)kämpfen; ～ant Kämpfer *m*.

combin|ation [kɔmbi'neiʃən] Verbindung *f*; ～e [kəm'bain] (sich) verbinden; ～e-harvester Mähdrescher *m*.

combust|ible [kəm'bʌstəbl] brennbar; ～ion [．stʃən] Verbrennung *f*.

come [kʌm] (*irr*) kommen; ～ **about** sich zutragen, zustande kommen; ～ **across** auf j-n od. et. stoßen, j-m od. et. begegnen; ～ **along** mitkommen; ～ at erreichen; ～ **by** vorbeikommen; zu et. kommen; ～ **for** abholen kommen; ～ **loose** sich ablösen, abgehen; ～ **off** ab-, losgehen; abfärben; stattfinden; ～ **on!** los!, vorwärts!, komm!; ～ **round** vorbeikommen, wieder zu sich kommen; ～ **to see** besuchen; ～ **up to** entsprechen; ～back Comeback *n*.

comed|ian [kə'mi:djən] Komiker(in) *f*; ～y ['kɔmidi] Lustspiel *n*.

comet ['kɔmit] Komet *m*.

comfort ['kʌmfət] Bequemlichkeit *f*, Behaglichkeit *f*; Trost *m*; trö-

sten; ~able behaglich, bequem, komfortabel; **~er** Wollschal *m*; Schnuller *m*.

comic(al) ['kɔmik(əl)] komisch; **~ strips** *pl* (lustige) Bildergeschichte(n *pl*).

comma ['kɔmə] Komma *n*.

command [kə'mɑ:nd] Herrschaft *f*, Beherrschung *f* (*a. fig.*); Befehl *m*, Aufforderung *f*; *mil.* Kommando *n*, (Ober-)Befehl *m*; befehl(ig)en; verfügen über; beherrschen; **~er** Kommandeur *m*, Befehlshaber *m*; **~-in-chief** Oberbefehlshaber *m*; **~ment** Gebot *n*.

commemorate [kə'meməreit] gedenken, feiern.

commence [kə'mens] anfangen, beginnen; **~ment** Anfang *m*.

commend [kə'mend] empfehlen; loben; anvertrauen.

comment ['kɔment] Kommentar *m*, An-, Bemerkung *f*; **~ (up)on** kommentieren; **~ary** ['~əntəri] Kommentar *m*; **~ator** ['~enteitə] Kommentator *m*; Rundfunkreporter *m*.

commerc|e ['kɔmə(:)s] Handel *m*; **~ial** [kə'mə:ʃəl] *Rundfunk etc.*: Reklame-, Werbesendung *f*; kaufmännisch; Handels...; **~ial travel(l)er** Handlungsreisende *m*.

commiseration [kəmizə'reiʃən] Mitleid *n*.

commission [kə'miʃən] Auftrag *m*; Vollmacht *f*;

Provision *f*; Kommission *f*; beauftragen; bevollmächtigen; **~er** [~ʃnə] Bevollmächtigte *m, f*; Kommissar *m*.

commit [kə'mit] anvertrauen, übergeben; *Tat* begehen, verüben; verpflichten, festlegen; **~ment** Verpflichtung *f*; **~tee** [~ti] Ausschuß *m*, Komitee *n*.

commodity [kə'mɔditi] Ware *f*, Gebrauchsartikel *m*.

common ['kɔmən] gemeinsam; allgemein; gewöhnlich (*a. fig.*); Gemeindeland *n*; **in ~** gemeinsam; **~er** Bürger *m*; **~ law** Gewohnheitsrecht *n*; **~ market** Gemeinsamer Markt; **~place** Gemeinplatz *m*; alltäglich; **~s** *pl*: **House of ₂s** *Brit. parl.* Unterhaus *n*; **~ sense** gesunder Menschenverstand; **~wealth** Staat (-enbund) *m*; Republik *f*; **the (British) ₂wealth** das Commonwealth.

commotion [kə'məuʃən] Aufruhr *m*; Aufregung *f*.

commune ['kɔmju:n] Gemeinde *f*; Kommune *f*.

communicat|e [kə'mju:nikeit] mitteilen; in Verbindung stehen; **~ion** Mitteilung *f*; Verständigung *f*; Verbindung *f*; **~ive** [~ətiv] gesprächig.

communion [kə'mju:njən] Gemeinschaft *f*; ₂ Abendmahl *n*.

communis|m ['kɔmju-nizəm] Kommunismus *m*; **~t** Kommunist(in); kommunistisch.

community [kə'mju:niti] Gemeinschaft *f*; Gemeinde *f*.

commute [kə'mju:t] aus-, ein-, umtauschen; *Strafe* umwandeln; *rail. etc.* pendeln.

compact ['kɔmpækt] (Kompakt)Puderdose *f*; [kəm'pækt] dicht, fest; knapp, bündig.

companion [kəm'pænjən] Gefährt|e *m*, -in *f*, Begleiter(in); Gesellschafter (-in); **~ship** Gesellschaft *f*.

company ['kʌmpəni] Gesellschaft *f*; Handelsgesellschaft *f*; *thea.* Truppe *f*.

compar|able ['kɔmpərəbl] vergleichbar; **~ative** [kəm'pærətiv] verhältnismäßig; **~ative (degree)** *gr.* Komparativ *m*, 1. Steigerungsstufe; **~e** [kəm'pɛə] vergleichen; sich vergleichen (lassen); *sub*: **beyond (without, past) ~e** unvergleichlich; **~ison** [~'pærisn] Vergleich *m*; *gr.* Steigerung *f*.

compartment [kəm'pɑ:tmənt] Abteilung *f*; Fach *n*; *rail.* Abteil *n*.

compass ['kʌmpəs] Kompaß *m*; Bereich *m*; **(pair of) ~es** *pl* Zirkel *m*.

compassion [kəm'pæʃən] Mitleid *n*; **~ate** [~it] mitleidig.

compatible [kəm'pætəbl] vereinbar.

compatriot [kəm'pætriət] Landsmann *m*.

compel [kəm'pel] (er-)zwingen.

compensat|e ['kɔmpenseit] entschädigen; **~ion** Ausgleich *m*; Entschädigung *f*, (Schaden)Ersatz *m*.

compère ['kɔmpɛə] Conférencier *m*.

compete [kəm'pi:t] sich mitbewerben (**for** um); konkurrieren.

competen|ce ['kɔmpitəns], **~cy** Befähigung *f*; Zuständigkeit *f*; **~t** (leistungs)fähig; ausreichend; zuständig.

competit|ion [kɔmpi'tiʃən] Wettbewerb *m*, -kampf *m*; *econ.* Konkurrenz *f*; Preisausschreiben *n*; **~or** [~'petitə] Konkurrent(in); *sp.* Teilnehmer(in).

compile [kəm'pail] zs.-stellen.

complacent [kəm'pleisnt] selbstzufrieden, -gefällig.

complain [kəm'plein] (sich be)klagen; **~t** Klage *f*, Beschwerde *f*; *med.* Leiden *n*.

complet|e [kəm'pli:t] vollständig, ganz; vollzählig; vervollständigen, ergänzen; beenden; **~ion** Vervollständigung *f*; Abschluß *m*.

complexion [kəm'plek-ʃən] Aussehen *n*; Gesichtsfarbe *f*; Teint *m*.

complicate ['kɔmplikeit] komplizieren, erschweren.

compliment ['kɔmplimənt] Kompliment *n*; *pl* Grüße *pl*; ['ˌment] beglückwünschen.

comply [kəm'plai]: ~ **(with)** sich fügen (*dat*).

component [kəm'pəunənt] Bestandteil *m*.

compos|e [kəm'pəuz] zs.-setzen; komponieren, verfassen; ~ **o.s.** sich beruhigen *od.* fassen; **be ~ed of** bestehen aus; **~ed** ruhig, gesetzt; **~er** Komponist(in); **~ition** [kɔmpə'ziʃən] Zs.-setzung *f*; Abfassung *f*; Komposition *f*; Aufsatz *m*; **~ure** [kəm'pəuʒə] Fassung *f*.

compote ['kɔmpət] Kompott *n*.

compound ['kɔmpaund] zs.-gesetzt; Zs.-setzung *f*; [kəm'paund] zs.-setzen.

comprehen|d [kɔmpri'hend] begreifen; **~sible** verständlich; **~sion** Verständnis *n*; Fassungskraft *f*; **~sive** umfassend; **~sive school** Gesamtschule *f*.

compress [kəm'pres] zs.-drücken.

comprise [kəm'praiz] bestehen aus.

compromise ['kɔmprəmaiz] Kompromiß *m*; bloßstellen; einen Kompromiß schließen.

compuls|ion [kəm'pʌlʃən] Zwang *m*; **~ory** obligatorisch; Pflicht...

compunction [kəm'pʌnkʃən] Gewissensbisse *pl*; Reue *f*.

computer [kəm'pju:tə] Computer *m*.

comrade ['kɔmrid] Kamerad *m*, Genosse *m*; **~ship** Kameradschaft *f*.

conceal [kən'si:l] verbergen; verschweigen.

conceit [kən'si:t] Einbildung *f*; **~ed** eingebildet.

conceiv|able [kən'si:vəbl] denkbar; **~e** *Kind* empfangen; sich denken; planen.

concentrate ['kɔnsəntreit] (sich) konzentrieren.

conception [kən'sepʃən] Begriff *m*; Vorstellung *f*; *biol.* Empfängnis *f*.

concern [kən'sə:n] Angelegenheit *f*; *econ.* Geschäft *n*; Interesse *n*; Sorge *f*; betreffen, angehen; beteiligen; beunruhigen; **~ed** besorgt.

concert ['kɔnsət] Konzert *n*.

concession [kən'seʃən] Zugeständnis *n*; Konzession *f*.

conciliat|e [kən'silieit] aus-, versöhnen; **~ory** [ˌˌətəri] versöhnlich.

concise [kən'sais] kurz, knapp.

conclu|de [kən'klu:d] (ab-, be)schließen; folgern; **~sion** [ˌʒən] Schluß *m*, Ende *n*; Abschluß *m*; Folgerung *f*; **~sive** [ˌsiv] endgültig.

concord ['kɔŋkɔ:d] Ein-

tracht *f*; Übereinstimmung *f*; Harmonie *f*.
concrete ['kɔnkriːt] Beton *m*.
concur [kən'kəː] zs.-treffen, zs.-wirken; übereinstimmen.
concussion (of the brain) [kən'kʌʃən] Gehirnerschütterung *f*.
condemn [kən'dem] verurteilen; verdammen; verwerfen; **~ation** [kɔndem-'neiʃən] Verurteilung *f*; Verdammung *f*.
condense [kən'dens] (sich) verdichten; kondensieren; *fig.* kürzen, zs.-drängen; **~r** Kondensator *m*.
condescend [kɔndi'send] sich herablassen, geruhen.
condition [kən'diʃən] Zustand *m*; Bedingung *f*; *pl* Verhältnisse *pl*; bedingen; **~al** bedingt; **~al clause** *gr.* Bedingungssatz *m*; **~al (mood)** *gr.* Konditional *m*, Bedingungsform *f*.
condole [kən'dəul] kondolieren; **~nce** Beileid *n*.
conduct ['kɔndʌkt] Führung *f*; Verhalten *n*, Betragen *n*; [kən'dʌkt] führen; leiten; *mus.* dirigieren; **~ o.s.** sich benehmen; **~ed tour** Führung *f*; Gesellschaftsreise *f*; **~ion** [kən'dʌkʃən] Leitung *f*; **~or** [kən'dʌktə] Führer *m*; Leiter *m*; Schaffner *m*; Dirigent *m*.
cone [kəun] Kegel *m*; *bot.* Zapfen *m*.

confection [kən'fekʃən] Konfekt *n*; **~er** [-ʃnə] Konditor *m*; **~ery** Konditorwaren *pl*; Konditorei *f*.
confederacy [kən'fedərəsi] Staatenbund *m*; **~te** [-it] verbündet; Bundesgenosse *m*; [-eit] (sich) verbünden; **~tion** Bund *m*, Bündnis *n*; Staatenbund *m*.
confer [kən'fəː] verleihen; sich beraten; **~ence** ['kɔnfərəns] Konferenz *f*.
confess [kən'fes] gestehen, bekennen; beichten; **~ion** Geständnis *n*; Beichte *f*; **~or** Beichtvater *m*.
confide [kən'faid] (sich) anvertrauen; vertrauen; **~nce** ['kɔnfidəns] Vertrauen *n*; Zuversicht *f*; **~nt** zuversichtlich; **~ntial** [-'denʃəl] vertraulich.
confine [kən'fain] beschränken; einsperren; **be ~d** niederkommen; **~ment** Haft *f*; Niederkunft *f*.
confirm [kən'fəːm] bestätigen; konfirmieren; firmen; **~ation** [kɔnfə'meiʃən] Bestätigung *f*; Konfirmation *f*; Firmung *f*.
confiscate ['kɔnfiskeit] beschlagnahmen.
conflagration [kɔnflə'greiʃən] Großbrand *m*.
conflict ['kɔnflikt] Konflikt *m*; [kən'flikt] im Konflikt stehen.
conform [kən'fɔːm] (sich) anpassen; **~ity** Übereinstimmung *f*.

confound [kən'faund] verwechseln; j—n verwirren; ~ it! *colloq.* verdammt!

confront [kən'frʌnt] gegenüberstehen; konfrontieren.

confus|e [kən'fjuːz] verwechseln; verwirren; ~ion [~ʒən] Verwirrung *f*; Durcheinander *n*; Verwechs(e)lung *f.*

congeal [kən'dʒiːl] erstarren *od.* gerinnen (lassen).

congestion [kən'dʒestʃən] (Blut)Andrang *m*; ~ of traffic Verkehrsstockung *f.*

congratulat|e [kən'grætjuleit] beglückwünschen; j—m gratulieren; ~ion Glückwunsch *m.*

congregat|e ['kɔŋgriget] (sich) (ver)sammeln; ~ion Versammlung *f*; *eccl.* Gemeinde *f.*

congress ['kɔŋgres] Kongreß *m.* (*Am. parl. 2*) Kongreß *m.*

conjecture [kən'dʒektʃə] Vermutung *f*; vermuten.

conjugal ['kɔndʒugəl] ehelich.

conjugat|e ['kɔndʒugeit] *gr.* konjugieren, beugen; ~ion *gr.* Konjugation *f*, Beugung *f.*

conjunction [kən'dʒʌŋkʃən] Verbindung *f*; Zs.-treffen *n*; *gr.* Konjunktion *f*, Bindewort *n.*

conjunctive (mood) [kən'dʒʌŋktiv] *gr.* Konjunktiv *m*, Möglichkeitsform *f.*

conjure¹ [kən'dʒuə] beschwören.

conjur|e² ['kʌndʒə] zaubern; ~er Zauberer *m*; ~ing trick Zauberkunststück *n*; ~or *s.* **conjurer.**

connect [kə'nekt] verbinden; *electr.* anschließen; *rail.* Anschluß haben (with an); ~ed zs.-hängend; ~ion Verbindung *f*; Anschluß *m*; Zs.-hang *m.*

connexion [kə'nekʃən] *s.* **connection.**

conquer ['kɔŋkə] erobern; (be)siegen; ~or Eroberer *m*; Sieger *m.*

conquest ['kɔŋkwest] Eroberung *f.*

conscien|ce ['kɔnʃəns] Gewissen *n*; ~tious [~i'enʃəs] gewissenhaft; ~tious objector Kriegsdienstverweigerer *m.*

conscious ['kɔnʃəs] bewußt; be ~ of sich bewußt sein; ~ness Bewußtsein *n.*

consecrate ['kɔnsikreit] weihen.

consecutive [kən'sekjutiv] auf-ea.-folgend.

consent [kən'sent] Einwilligung *f*, Zustimmung *f*; einwilligen, zustimmen.

consequen|ce ['kɔnsikwəns] Folge *f*, Konsequenz *f*; Bedeutung *f*; ~tly folglich, daher.

conserv|ative [kən'sɜːvətiv] konservativ; Konservative *m/f*; ~e erhalten, bewahren; *mst* ~es *pl* Eingemachte *n*, Marmelade *f.*

consider [kən'sidə] betrachten; erwägen; sich

überlegen;berücksichtigen; denken, meinen; **~able** beträchtlich; (sehr) viel; **~e** [~rit] rücksichtsvoll; **~ation** Überlegung *f*; Rücksicht *f*.

consign [kən'sain] liefern; anvertrauen; **~ment** Versand *m*; Sendung *f*.

consist [kən'sist] bestehen (**of** aus); **~ency** Festigkeit *f*; Übereinstimmung *f*; Konsequenz *f*; **~ent** übereinstimmend; konsequent.

consol|ation [kɔnsə'leiʃən] Trost *m*; **~e** [kən'saul] trösten.

consolidate [kən'sɔlideit] (sich) festigen; vereinigen.

consonant ['kɔnsənənt] *ling.* Konsonant *m*, Mitlaut *m*.

conspicuous [kən'spikjuəs] deutlich sichtbar; auffallend; hervorragend.

conspir|acy [kən'spirəsi] Verschwörung *f*; **~ator** Verschwörer *m*; **~e** [~'spaiə] sich verschwören; planen.

constable ['kʌnstəbl] Polizist *m*.

constant ['kɔnstənt] (be-)ständig; treu.

consternation [kɔnstə(:)-'neiʃən] Bestürzung *f*.

constipation [kɔnsti'peiʃən] *med.* Verstopfung *f*.

constituen|cy [kən'stitjuənsi] Wählerschaft *f*; Wahlkreis *m*, -bezirk *m*; **~t** Bestandteil *m*; Wähler(in).

constitut|e ['kɔnstitju:t] ernennen, einsetzen; bevollmächtigen; einrichten; ausmachen; **~ion** Zs.-setzung *f*; körperliche Verfassung, Konstitution *f*; *pol.* Verfassung *f*, Grundgesetz *n*; **~ional** verfassungsmäßig, konstitutionell.

constrain [kən'strein] (er-)zwingen; **~t** Zwang *m*.

construct [kən'strʌkt] bauen; **~ion** Bau(en *n*) *m*; Konstruktion *f*; **~ive** aufbauend, konstruktiv; **~or** Erbauer *m*, Konstrukteur *m*.

consul ['kɔnsəl] Konsul *m*; **~ar** ['~julə] Konsulats..., Konsular...; **~ate** ['~julit] Konsulat *n*; **~-general** Generalkonsul *m*.

consult [kən'sʌlt] konsultieren, um Rat fragen; in *e-m Buch* nachschlagen; sich beraten; **~ation** [kɔnsəl'teiʃən] Konsultation *f*; Beratung *f*; Rücksprache *f*; **~ing hours** *pl* Sprechstunde *f*.

consume [kən'sju:m] verzehren; verbrauchen; **~r** Verbraucher *m*.

consummate [kən'sʌmit] vollendet; ['kɔnsʌmeit] vollenden, -ziehen.

consumption [kən'sʌmpʃən] Verbrauch *m*; *med.* Schwindsucht *f*.

contact ['kɔntækt] Berührung *f*; Kontakt *m*; Verbindung *f*; [kən'tækt] sich in Verbindung setzen mit; **~ lenses** pl Haft-, Kontaktschalen pl.

contagious [kən'teidʒəs] ansteckend.

containe [kən'tein] enthalten; **~er** Behälter m; Großbehälter m, Container m.

contaminat|e [kən'tæmineit] verunreinigen; verseuchen; **~ion** Verunreinigung f; Verseuchung f.

contemplat|e ['kontempleit] betrachten, beabsichtigen; **~ion** Betrachtung f; Nachdenken n; **~ive** nachdenklich; beschaulich.

contemporary [kən'tempərəri] zeitgenössisch; Zeitgenoss|e m, **~in** f.

contempt [kən'tempt] Verachtung f; **~ible** verachtenswert; **~uous** [~juəs] geringschätzig, verächtlich.

contend [kən'tend] kämpfen.

content [kən'tent] zufrieden; befriedigen; **~ o.s.** sich begnügen; Zufriedenheit f; **to one's heart's ~** nach Herzenslust; **~ed** zufrieden; **~s** ['kontents] pl Inhalt(sverzeichnis n) m.

contest ['kontest] Wettkampf m, -bewerb m; [kən'test] bestreiten, anfechten.

context ['kontekst] Zusammenhang m.

continent ['kontinənt] Kontinent m, Erdteil m; Festland n; **~al** [~'nentl] kontinental; Kontinental...

continu|al [kən'tinjuəl] fortwährend, unaufhörlich; **~ance** (Fort)Dauer f; **~ation** Fortsetzung f; Fortdauer f; **~e** [~u(:)] (sich) fortsetzen; (fort)dauern; fortfahren; **to be ~ed** Fortsetzung folgt; **~ous** ununterbrochen.

contort [kən'tɔːt] verzerren; verdrehen.

contour ['kontuə] Umriß m.

contraceptive [kontrə'septiv] empfängnisverhütend(es Mittel).

contract [kən'trækt] (sich) zs.-ziehen; e-n Vertrag schließen; sich vertraglich verpflichten; ['kontrækt] Vertrag m; **~or** [kən'træktə] Unternehmer m.

contradict [kontrə'dikt] widersprechen; **~ion** Widerspruch m; **~ory** (sich) widersprechend.

contrary ['kontrəri] entgegengesetzt; ungünstig; **~ to** zuwider; gegen; sub: Gegenteil n; **on the ~** im Gegenteil.

contrast ['kontrɑːst] Gegensatz m; [kən'trɑːst] gegenüberstellen, vergleichen; sich unterscheiden.

contribut|e [kən'tribju(:)t] beitragen, -steuern; **~ion** [kontri'bjuːʃən] Beitrag m; **~or** [kən'tribjutə] Mitarbeiter(in) (an e-r Zeitung).

contrite ['kontrait] zerknirscht.

contriv|ance [kən'traivəns] Vorrichtung f; Erfindung(sgabe) f; Plan m; e erfinden; planen; es fertigbringen.

control [kən'trəul] Kontrolle f; Aufsicht f; Herrschaft f, Beherrschung f; Kontrollvorrichtung f; kontrollieren; (nach)prüfen; beherrschen; econ. lenken; ~ler Kontrolleur m, Prüfer m, Aufseher m.

controvers|ial [kɔntrə-'və:ʃəl] umstritten; ~y ['.və:si] Streit(frage f) m.

contuse [kən'tju:z] quetschen.

convalesce [kɔnvə'les] genesen; ~nce Genesung f; ~nt Genesende m, f.

convenien|ce [kən'vi:njəns] Bequemlichkeit f; **at your earliest ~ce** sobald wie möglich; **public ~ce** öffentliche Bedürfnisanstalt; ~t bequem; passend; brauchbar.

convent ['kɔnvənt] (Nonnen)Kloster n; ~ion [kən-'venʃən] Versammlung f; Abkommen n; ~ional konventionell.

convers|ation [kɔnvə-'seiʃən] Gespräch n, Unterhaltung f; ~e [kən-'və:s] sich unterhalten.

conver|sion [kən'və:ʃən] Um-, Verwandlung f; eccl. Bekehrung f; ~t um-, verwandeln; eccl. bekehren; ~tible umwandelbar; mot. Kabrio(lett) n.

convey [kən'vei] befördern; übermitteln; mit-

teilen; Sinn ausdrücken; ~ance Beförderung f, Transport m; Übermittlung f; Verkehrsmittel n; ~er od. ~or belt Förderband n.

convict ['kɔnvikt] Sträfling m, Zuchthäusler m; [kən'vikt] überführen (**of** gen); ~ion Überzeugung f; jur.: Überführung f; Verurteilung f.

convince [kən'vins] überzeugen.

convoy ['kɔnvɔi] Geleit n; Geleitzug m; geleiten.

convuls|ion [kən'vʌlʃən] Krampf m; ~ive krampfhaft, -artig.

cook [kuk] Koch m, Köchin f; kochen; ~ing Kochen n; Küche f (Kochweise).

cool [ku:l] kühl; fig. gelassen; (sich) abkühlen; ~er Kühler m; Kühlraum m; ~ness Kühle f (a. fig.).

co-op ['kəuɔp] colloq. s. **co-operative (society, store).**

co(-)operat|e [kəu'ɔpə-reit] zs.-arbeiten; beitragen; ~ion Mitwirkung f; ~ive [~ətiv] zs.-arbeitend; genossenschaftlich; ~ive society Konsum(genossenschaft f) m; ~ive store Konsum(laden) m; ~or Mitarbeiter (~in).

co(-)ordinate [kəu'ɔ:di-neit] koordinieren; auf-ea. abstimmen.

cop [kɔp] *sl.* Polyp *m*, Bulle *m* (*Polizist*).

co-partner ['kou'pɑ:tnə] Teilhaber *m*.

cope [koup]: ~ **with** fertigwerden mit.

co-pilot ['kou'pailət] Kopilot *m*. (~(-lich).)

copious ['koupjəs] reich

copper ['kɔpə] Kupfer *n*; Kupfermünze *f*; kupfern, Kupfer...

copy ['kɔpi] kopieren; abschreiben; nachbilden, -ahmen; Kopie *f*; Abschrift *f*; Durchschlag *m*; Muster *n*; (*Buch*)Exemplar *n*; (*Zeitungs*)Nummer *f*, Ausgabe *f*; druckfertiges Manuskript; **fair** ~ Reinschrift *f*; **rough** ~ erster Entwurf; **~book** Schreibheft *n*; **~right** Verlagsrecht *n*, Copyright *n*.

coral ['kɔrəl] Koralle *f*.

cord [kɔ:d] Schnur *f*, Strick *m*; *anat.* Band *n*, Strang *m*; (zu)schnüren, binden.

cordial ['kɔ:djəl] herzlich; (herz)stärkend; Likör *m*; **~ity** [ˌ~i'æliti] Herzlichkeit *f*.

corduroys ['kɔ:dərɔiz] *pl* Kordhose *f*.

core [kɔ:] Kerngehäuse *n*; *fig.* Herz *n*, Kern *m*.

cork [kɔ:k] Kork(en) *m*; zukorken; **~screw** Korkenzieher *m*.

corn [kɔ:n] Korn *n*; Getreide *n*; *Am.* Mais *m*; *med.* Hühnerauge *n*; (ein)pökeln.

corner ['kɔ:nə] Ecke *f*, Winkel *m*; *fig.* Enge *f*; Eck...; *fig.* in die Enge treiben; **~ed** *in Zssgn*: ...eckig.

cornet ['kɔ:nit] Eistüte *f*.

corn flakes *pl* geröstete Maisflocken *pl*.

coronation [ˌkɔrə'neiʃən] Krönung *f*.

coroner ['kɔrənə] *jur.* Untersuchungsrichter *m*, **~'s inquest** Gerichtsverhandlung *f* (*zur Feststellung der Todesursache in Fällen gewaltsamen od. plötzlichen Todes*).

corpora|l ['kɔ:pərəl] körperlich; Unteroffizier *m*; **~tion** Körperschaft *f*; Stadtbehörde *f*; *Am.* Aktiengesellschaft *f*.

corpse [kɔ:ps] Leiche *f*.

corpulent ['kɔ:pjulənt] beleibt.

corral [kɔ:'ru:l, *Am.* kə-'ræl] Korral *m*, Hürde *f*.

correct [kə'rekt] korrekt, richtig; korrigieren; bestrafen; **~ion** Verbesserung *f*; Korrektur *f*; Strafe *f*.

correspond [kɔris'pɔnd] entsprechen (**with, to** *dat*); korrespondieren; **~ence** Übereinstimmung *f*; Briefwechsel *m*; **~ent** Korrespondent(in).

corridor ['kɔridɔ:] Korridor *m*, Flur *m*, Gang *m*.

corrigible ['kɔridʒəbl] zu verbessern(d).

corroborate [kə'rɔbəreit] bestätigen.

3*

corro|de [kə'rəud] zer-
fressen; wegätzen; **~sion**
[~ʒən] Korrosion f.

corrugate ['kɔrugeit] runzeln; wellen; **~d iron**
Wellblech n.

corrupt [kə'rʌpt] verwor-
fen; bestechlich; verder-
ben; bestechen; **~ion** Fäulnis f; Verderben n; Ver-
dorbenheit f; Korruption
f; Bestechung f.

corset ['kɔ:sit] Korsett n.

cosmetic [kɔz'metik] kos-
metisch; Kosmetik(artikel
m) f; **~ian** [~'tiʃən] Kos-
metiker(in).

cosmonaut ['kɔzmənɔ:t]
Kosmonaut m, Raumfah-
rer m.

cost [kɔst] Preis m; Kosten
pl; Schaden m; (irr) ko-
sten; **~ly** kostbar; kost-
spielig.

costume ['kɔstju:m] Kostüm n; Tracht f.

cosy ['kəuzi] gemütlich.

cot [kɔt] Feldbett n; Kinderbett n.

cottage ['kɔtidʒ] Hütte f;
kleines Wohnhaus; kleines
Landhaus; Sommerhaus n.

cotton ['kɔtn] Baumwolle
f; (Näh- etc.)Garn n; Baum-
woll...; **~ wool** Watte f.

couch [kautʃ] Lager n;
Couch f, Sofa n; in Worte
fassen; (sich) kauern.

cough [kɔf] Husten m;
husten. [von can¹.]

could [kud] pret u. cond

council ['kaunsl] Rat(sver-
sammlung f) m; **~(l)or**

['~silə] Ratsmitglied n,
Stadtrat m.

counsel ['kaunsl] j-m od.
zu et. raten; Beratung f;
Rat(schlag) m; Anwalt m;
~ for the defence Verteidiger m; **~ for the pros-
ecution** Anklagevertreter
m; **~(l)or** [~slə] Ratgeber
m; Am. u. Irland Anwalt m.

count¹ [kaunt] Zählen n;
(End)Zahl f; jur. Anklage-
punkt m; zählen, rechnen;
~ up zs.-zählen.

count² nichtbritischer Graf.

count-down ['kauntdaun]
Countdown m, n.

countenance ['kaunti-
nəns] Gesichtsausdruck m;
Fassung f.

counter¹ ['kauntə] Zähler
m; Spielmarke f; Laden-
tisch m; Theke f; Schal-
ter m.

counter² entgegen, zuwider (**to** dat); **~act** ['~rækt]
entgegenwirken, bekämp-
fen; **~balance** ['~bæləns]
Gegengewicht n; [~'bæ-
ləns] aufwiegen, ausglei-
chen; **~-espionage** Spionageabwehr f; **~feit** ['fit]
nachgemacht, gefälscht;
Fälschung f; nachmachen,
fälschen; **~foil** ['~fɔil]
Kontrollabschnitt m; **~in-
telligence** ['~rinteli-
dʒəns] Spionageabwehr
f (-dienst m) f; **~pane**
['~pein] Tagesdecke f; **~
part** Gegenstück n.

countess ['kauntis] Gräfin f.

count|ing-house Kontor
n; Büro *n*; **~less** zahllos.
country ['kʌntri] Land *n*;
Gegend *f*; Heimatland *n*;
Land..., ländlich; **in the ~**
auf dem Land; **~-house**
Landsitz *m*; **~man** Land-
mann *m* (*Bauer*); Landsmann *m*; **~seat** Landsitz
m; **~side** Gegend *f*; Landschaft *f*; **~town** Klein-
stadt *f*.
county ['kaunti] Grafschaft
f, Kreis *m*.
coupl|e ['kʌpl] (zs.-, ver-)
koppeln; kuppeln; verbin-
den; (sich) paaren;
(Ehe)Paar *n*; Koppel *f*
(*Jagdhunde*); **a ~e of** zwei,
colloq. ein paar; **~ing**
Kupplung *f*; *Radio, electr.*:
Kopplung *f*.
coupon ['ku:pɔn] Ab-
schnitt *m*; Bon *m*; (Gut-)
Schein *m*.
courage ['kʌrɪdʒ] Mut *m*;
~ous [kə'reɪdʒəs] mutig.
courier ['kurɪə] Kurier *m*;
Reiseleiter(in).
course [kɔːs] Lauf *m*; Weg
m, Route *f*; *mar.*, *fig.* Kurs
m; Rennbahn *f*; Gang *m*
(*Speisen*); Kurs(us) *m*; **of ~**
selbstverständlich, natürlich; **matter of ~** Selbstverständlichkeit *f*.
court [kɔːt] Hof *m* (*a. e-s
Fürsten*); Gericht(shof *m*)
n; *j-m* den Hof machen;
werben um; **~eous** ['kɔː-
tjəs] höflich; **~esy** ['kɔː-
tisi] Höflichkeit *f*; Gefälligkeit *f*; **~ier** ['kɔːtjə] Höf-

ling *m*; **~ martial** Militär-
gericht *n*; **~ of justice**
Gericht(shof *m*) *n*; **~-room**
Gerichtssaal *m*; **~ship**
Werbung *f*; **~yard** Hof *m*.
cousin ['kʌzn] Vetter *m*,
Cousin *m*; Base *f*, Cou-
sine *f*.
cover ['kʌvə] Decke *f*;
Hülle *f*; Deckel *m*; Umschlag *m*; (Buch)Einband
m; Mantel *m* (*Bereifung*);
Gedeck *n*; Deckung *f*;
Schutz *m*; Vorwand *m*;
(be-, zu)decken; beziehen;
verbergen, verdecken;
schützen; *Weg* zurück-
legen; *Gebiet* bereisen; versorgen; *econ.* decken; umfassen; *fig.* erfassen; *Zeitung:* berichten über; **~age**
Berichterstattung *f*; **~ing**
Decke *f*; Be-, Überzug *m*;
Dach *n*.
covet ['kʌvɪt] begehren;
~ous begehrlich.
cow [kau] Kuh *f*.
coward ['kauəd] Feigling
m; **~ice** ['~is] Feigheit *f*;
~ly feig(e).
cowboy Cowboy *m*, Rin-
derhirt *m*.
cower ['kauə] kauern; sich
ducken.
cow|herd Kuhhirt *m*;
~-hide Rind(s)leder *n*;
~-house Kuhstall *m*;
~shed Kuhstall *m*;
~slip Schlüsselblume *f*;
Am. Sumpfdotterblume *f*.
coxcomb ['kɔkskəum]
Geck *m*.
coxswain ['kɔkswein,

mar. 'koksn] Bootsführer *m*; Steuermann *m*.

coy [koi] schüchtern; spröde.

crab [kræb] Krabbe *f*.

crack [kræk] Krach *m*, Knall *m*; Riß *m*, Sprung *m*; derber Schlag; (zer-)sprengen; knallen (mit); knacken *od.* krachen (lassen); (auf)knacken; platzen, (zer)springen; brechen (*a.* Stimme); ~ **a joke** e-n Witz reißen; ~**er** Knallbonbon *m*, *n*, Schwärmer *m*; Keks *m* (*ungesüßt*); ~**le** knattern, knistern.

cradle ['kreidl] Wiege *f*; wiegen; betten.

craft [krɑːft] Handwerk *n*; *mar.* Schiff(e *pl*) *n*, Fahrzeug(e *pl*) *n*; List *f*; ~**sman** (Kunst)Handwerker *m*; ~**y** gerissen, schlau.

crag [kræg] Klippe *f*, spitzer Fels.

cram [kræm] (voll)stopfen.

cramp [kræmp] Krampf *m*; *tech.* Krampe *f*; (ver-)krampfen; einengen, hemmen.

cranberry ['krænbəri] Preiselbeere *f*.

crane [krein] *orn.* Kranich *m*; Kran *m*; (den Hals) recken.

crank [kræŋk] Kurbel *f*; komischer Kauz *m*; ~ **up** *Motor* anwerfen.

crape [kreip] Krepp *m*; Trauerflor *m*.

crash [kræʃ] Krach(en *n*) *m*; Zs.-stoß *m*; *aer.* Absturz *m*; krachen(d fallen *od.* einstürzen); *aer.* abstürzen; ~**helmet** Sturzhelm *m*; ~**landing** Bruchlandung *f*.

crate [kreit] Lattenkiste *f*.

crater ['kreitə] Krater *m*; (Bomben)Trichter *m*.

crave [kreiv] dringend bitten *od.* flehen um; sich sehnen (**for** nach).

crawfish ['krɔːfiʃ] Flußkrebs *m*.

crawl [krɔːl] kriechen; schleichen; wimmeln; *Schwimmen:* kraulen.

crayfish ['kreifiʃ] Flußkrebs *m*.

crayon ['kreiən] Zeichenstift *m*.

crazy ['kreizi] verrückt (**about** nach).

creak [kriːk] knarren, quietschen.

cream [kriːm] Rahm *m*, Sahne *f*; Creme *f*; Auslese *f*, *das* Beste; den Rahm abschöpfen von; sahnig rühren; ~ **cheese** Weich-, Schmelzkäse *m*; ~**y** sahnig.

crease [kriːs] (Bügel-)Falte *f*; falten; (zer-)knittern.

create [kriˈ(ː)ˈeit] (er-)schaffen; verursachen; ~**ion** Schöpfung *f*; ~**ive** schöpferisch; ~**or** Schöpfer *m*; ~**ure** ['kriːtʃə] Geschöpf *n*; Kreatur *f*.

credentials [kriˈdenʃəlz]

pl Beglaubigungsschreiben *n*; Zeugnisse *pl.*

credible ['kredəbl] glaubwürdig; glaubhaft.

credit ['kredit] Glaube(n) *m*; Ruf *m*, Ansehen *n*; Ehre *f*; Guthaben *n*; Kredit *m*; *j-m* glauben; *j-m* (zu)trauen; *Betrag* gutschreiben; **~able** ehrenvoll **(to** für); **~ card** Scheckkarte *f*; **~or** Gläubiger *m.*

credulous ['kredjuləs] leichtgläubig.

creed [kri:d] Glaubensbekenntnis *n.*

creek [kri:k] Bucht *f*; *Am.* kleiner Fluß.

creep [kri:p] *(irr)* kriechen; schleichen; **it made my flesh ~** ich bekam e-e Gänsehaut; **~er** Kletterpflanze *f.*

cremate [kri'meit] einäschern.

crept [krept] *pret u. pp von* **creep.**

crescent ['kresnt] Halbmond *m.*

cress [kres] Kresse *f.*

crest [krest] (Hahnen-, Berg)Kamm *m*; *(Wellen-)* Kamm *m*; Federbusch *m*; Wappenverzierung *f*; **family** Familienwappen *n*; **~fallen** niedergeschlagen.

crevasse [kri'væs] (Gletscher)Spalte *f.*

crevice ['krevis] Riß *m*, Spalte *f.*

crew[1] [kru:] Schar *f*;

mar., aer. Besatzung *f*, Mannschaft *f.*

crew[2] *pret von* **crow.**

crib [krib] Raufe *f*; *bsd. Am.* Kinderbett *n*; *Schule:* Klatsche *f*; abschreiben.

cricket ['krikit] *zo.* Grille *f*; *sp.* Kricket *n.*

crime [kraim] Verbrechen *n.*

criminal ['kriminl] verbrecherisch; Straf...; Verbrecher(in).

crimson ['krimzn] karmesin-, feuerrot.

cringe [krindʒ] sich ducken.

cripple ['kripl] Krüppel *m*; verkrüppeln; *fig.* lähmen.

crisis ['kraisis], *pl* **~es** ['~i:z] Krise *f*; Wende-, Höhepunkt *m.*

crisp [krisp] knusp(e)rig; kraus; forsch; *Luft:* scharf, frisch; **(potato) ~s** *pl* Kartoffelchips *pl.*

critic ['kritik] Kritiker (-in); **~al** kritisch; bedenklich; **~ism** ['~sizəm] Kritik *f*; **~ize** ['~saiz] kritisieren; tadeln.

croak [krouk] krächzen; quaken.

crochet ['krouʃei] häkeln.

crockery ['krɔkəri] Steingut *n.*

crocodile ['krɔkədail] Krokodil *n.*

crofter ['krɔftə] Kleinbauer *m.*

crook [kruk] Krümmung *f*; *sl.* Gauner *m*; *(pret, pp* [krukt]) (sich)

krümmen; **~ed** ['~id]
krumm, schief; unehrlich.
crop [krɔp] Kropf *m*;
Ernte *f*; kurzer Haar-
schnitt; *Haar* kurz schneiden; *Acker* bebauen; **~ up**
auftauchen.

cross [krɔs] Kreuz *n*;
biol. Kreuzung *f*; ärgerlich, böse; (sich) kreuzen
(*a. biol.*); durch-, quer-
queren; *fig.* durchkreu-
zen; **~ off** *od.* **out** ausstreichen; **~ o.s.** sich be-
kreuzigen; **keep one's
fingers ~ed** den Dau-
men halten; **~-Channel
boat** Kanalfähre *f*; **~-
examination** Kreuz-
verhör *n*; **~ing** Überfahrt
f; (*Bahn-, Fußgänger*-)
Übergang *m*; Kreuzung *f*;
~-road Querstraße *f*; **~-
roads** *sg* (Straßen)Kreu-
zung *f*; **~word (puzzle)**
Kreuzworträtsel *n*. [ken.]
crouch [krautʃ] sich duk-]
crow [krəu] Krähe *f*;
Krähen *n*; (*irr*) krähen;
triumphieren; **~-bar**
Brecheisen *n*.
crowd [kraud] Ansamm-
lung *f*, Haufen *m*; (Menschen)Menge *f*; **~s** *pl* **of
people** Menschenmas-
sen *pl*; sich drängen;
(über)füllen, vollstopfen;
~ed überfüllt, verstopft,
voll.
crown [kraun] Krone *f*;
Kranz *m*; krönen.
crucial ['kru:ʃəl] ent-
scheidend, kritisch.

cruci|fixion [kru:si'fikʃən]
Kreuzigung *f*; **~fy** ['~fai]
kreuzigen.
crude [kru:d] roh; un-
fertig; grob; Roh...
cruel [kruəl] grausam;
hart; **~ty** Grausamkeit *f*;
~ty to animals Tier-
quälerei *f*.
cruet ['kru:it] Essig-,
Ölfläschchen *n*.
cruise [kru:z] Kreuzfahrt
f; kreuzen; **~r** Kreuzer *m*;
Jacht *f*.
crumb [krʌm] Krume *f*;
~le ['~bl] zerkrümeln,
-bröckeln; zerfallen.
crumple ['krʌmpl] zerknittern; **~ up** zerknül-
len.
crunch [krʌntʃ] (zer)kauen;
zermalmen; knirschen.
crusade [kru:'seid] Kreuz-
zug *m*; **~r** Kreuzfahrer *m*.
crush [krʌʃ] Gedränge *n*;
(Frucht)Saft *m*; sich
drängen; zer-, aus)quet-
schen; zermalmen; zer-
knittern; *fig.* vernichten;
~ barrier Absperrgitter *n*.
crust [krʌst] Kruste *f*,
Rinde *f*; verkrusten; **~
(over)** sich überkru-
sten; verharschen.
crutch [krʌtʃ] Krücke *f*.
cry [krai] schreien, (aus-)
rufen; weinen; Schrei *m*,
Ruf *m*; Geschrei *n*; Weinen *n*; **~ of rage** Wut-
geschrei *n*.
crypt [kript] Gruft *f*.
crystal ['kristl] Kristall
m, *n*; *Am.* Uhrglas *n*.

~line ['ɔlain] kristallen; **~lize** kristallisieren.

cub [kʌb] (*Raubtier*)Junge *n*.

cube [kju:b] Würfel *m*; Kubikzahl *f*; **~ root** Kubikwurzel *f*.

cubicle ['kju:bikl] kleiner abgeteilter (Schlaf-) Raum; Kabine *f*.   {*m*.|

cuckoo ['kuku:] Kuckuck|

cucumber ['kju:kʌmbə] Gurke *f*.

cuddle ['kʌdl] hätscheln.

cudgel ['kʌdʒəl] Knüppel *m*; prügeln.   [Wink *m*.|

cue [kju:] Stichwort *n*;|

cuff [kʌf] Manschette *f*; (Ärmel-, *Am. a.* Hosen-) Aufschlag *m*; Schlag *m*; **~links** *pl* Manschettenknöpfe *pl*.

culminat|e ['kʌlmineit] gipfeln; **~ion** *fig.* Höhepunkt *m*.

culprit ['kʌlprit] Schuldige *m*, *f*.

cultivat|e ['kʌltiveit] kultivieren; an-, bebauen; pflegen; **~ion** Bestellung *f*; Anbau *m*; Pflege *f*; **~or** Landwirt *m*; Kultivator *m* (*Gerät*).

cultur|al ['kʌltʃərəl] kulturell; **~e** ['kʌltʃə] Kultur...; **~e** ['kʌltʃə] Kultur *f*; Pflege *f*; Zucht *f*; **~ed** kultiviert.

cumulative ['kju:mjulətiv] sich (an)häufend.

cunning ['kʌniŋ] schlau, listig; *Am.* reizend; List *f*, Schlauheit *f*.

cup [kʌp] Becher *m*; Tasse *f*; Kelch *m*; *sp.* Pokal *m*;

a **~ of tea** e-e Tasse Tee; **~board** ['kʌbəd] Schrank *m*.

cupola ['kju:pələ] Kuppel *f*.

cur [kə:] Köter *m*.

curable ['kjuərəbl] heilbar.

curate ['kjuərit] Hilfsgeistliche *m*.

curb [kə:b] *s.* **kerb(stone)**.

curd [kə:d] *oft pl* Quark *m*; **~le** gerinnen (lassen).

cure [kjuə] Heilung *f*; Kur *f*; Heilmittel *n*; heilen; pökeln; räuchern.

curfew ['kə:fju:] Ausgangssperre *f*.

curio ['kjuəriou] Rarität *f*; **~sity** [⏜'ɔsiti] Neugier *f*; Rarität *f*; **~us** ['⏜əs] neugierig; merkwürdig.

curl [kə:l] Locke *f*; (sich) kräuseln *od.* locken *od.* ringeln; **~ up** sich hochringeln (*Rauch*); sich zs.-rollen; **~y** lockig.

currant ['kʌrənt] Johannisbeere *f*; Korinthe *f*.

curren|cy ['kʌrənsi] Umlauf *m*; Kurs *m*, Währung *f*; **~t** laufend, gegenwärtig, aktuell; geläufig, allgemein bekannt; gültig (*Geld*); Strom *m* (*a. electr.*); Strömung *f*.

curricul|um [kə'rikjuləm], *pl* **~a** [⏜ə] Lehr-, Studienplan *m*; **~um vitae** [⏜'vaiti:] Lebenslauf *m*.

curse [kə:s] Fluch *m*; (ver)fluchen; **~d** ['⏜id] verflucht.

curt [kə:t] kurz; barsch.

curtail [kə:'teil] (ab-, ver)kürzen.

curtain ['kə:tn] Vorhang *m*; Gardine *f*.

curts(e)y ['kə:tsi] Knicks *m*; knicksen (**to** vor).

curve [kə:v] Kurve *f*, Krümmung *f*, Biegung *f*; (sich) krümmen *od.* biegen.

cushion ['kuʃən] Kissen *n*; Polster *n*; polstern.

custody ['kʌstədi] Haft *f*; Obhut *f*.

custom ['kʌstəm] Gewohnheit *f*, Brauch *m*, Sitte *f*; Kundschaft *f*; **~ary** üblich; **~er** Kunde *m*, -in *f*; **~house** Zollamt *n*; **~-made** Am. maßgearbeitet.

customs ['kʌstəmz] *pl* Zoll (-abfertigung *f*) *m*; **~ clearance** Zollabfertigung *f*; **~ declaration** Zollerklärung *f*; **~ examination** Zollkontrolle *f*.

cut [kʌt] Schnitt *m*; Hieb *m*; Stich *m*; Schnittwunde *f*; Schnitte *f*, Scheibe *f*; Holzschnitt *m*; Schliff *m*; Kürzung *f*; **cold ~s** *pl* Aufschnitt *m*; **power ~** Stromsperre *f*; **short ~** Abkürzung(sweg *m*) *f*; (irr) (ab-, an-, be-, durch-, zer)schneiden; schnitzen; *Edelstein* schleifen; *Karten* abheben; *Betrag etc.* kürzen; *j-n beim Begegnen* schneiden; *Zahn* bekommen; **~ down** fällen;

mähen; kürzen; *Preis* herabsetzen; **~ in** unterbrechen; *mot.* schneiden; **~ off** abschneiden, -schlagen, -hauen; unterbrechen, trennen; *Strom* sperren; **~ out** ausschneiden; zuschneiden; **be ~ out for** das Zeug zu *et.* haben.

cute [kju:t] schlau; *Am. colloq. a.* reizend.

cuticle ['kju:tikl] Oberhaut *f*; Nagelhaut *f*; **~ scissors** *pl* Hautschere *f*.

cutlery ['kʌtləri] (Tisch-, Eß)Besteck *n*.

cutlet ['kʌtlit] Kotelett *n*.

cut off *Am.* Abkürzung(sweg *m*) *f*; **~-purse** Taschendieb(in); **~ter** Zuschneider(in); Schneidewerkzeug *n*, -maschine *f*; Kutter *m*; **~ting** schneidend, scharf; Schneiden *n*; *Film:* Schnitt *m*; (Zeitungs)Ausschnitt *m*.

cycl|e ['saikl] Zyklus *m*; Kreis *m*; Fahrrad *n*; radfahren, radeln; **~ist** Radfahrer(in).

cyclone ['saikloun] Wirbelsturm *m*.

cylinder ['silində] Zylinder *m*, Walze *f*; *tech.* Trommel *f*.

cynic ['sinik] Zyniker *m*; **~al** zynisch.

cypress ['saipris] Zypresse *f*.

cyst [sist] Zyste *f*.

Czech [tʃek] Tschech|e *m*, -in *f*; tschechisch.

dash

Czechoslovak ['tʃekəu-'sləuvæk] Tschechoslo-

wak|e *m*, -in *f*; tschecho-slowakisch.

D

dab [dæb] betupfen.

dachshund ['dækshund] Dackel *m*.

dad [dæd], **~dy** ['~i] Papa *m*, Vati *m*; **~dy-longlegs** Schnake *f*; *Am.* Weberknecht *m*.

daffodil ['dæfədil] Gelbe Narzisse.

daft [dɑːft] *colloq.* doof.

dagger ['dægə] Dolch *m*.

daily ['deili] täglich; Tageszeitung *f*.

dainty ['deinti] lecker; zart, fein; wählerisch.

dairy ['dɛəri] Molkerei *f*; Milchgeschäft *n*; **~man** Milchmann *m*.

daisy ['deizi] Gänseblümchen *n*.

dale [deil] Tal *m*.

dally ['dæli] herumtrödeln; schäkern; spielen.

dam [dæm] (Stau)Damm *m*, Deich *m*; (ab-, ein-) dämmen.

damage ['dæmidʒ] Schaden *m*; *pl jur.* Schadenersatz *m*; (be)schädigen; schaden.

dame [deim] Dame *f* (*alte Form*).

damn [dæm] verdammen; **~ation** ['~'neiʃən]Verdammung *f*; Verdammnis *f*.

damp [dæmp] feucht; Feuchtigkeit *f*; an-, befeuchten; **~(en)** dämp-

fen, niederdrücken.

danc|e [dɑːns] Tanz *m*; Ball *m*; tanzen; **~er** Tänzer(in); **~ing** Tanzen *n*; Tanz...

dandelion ['dændilaiən] Löwenzahn *m*.

dandruff ['dændrʌf] (Kopf)Schuppen *pl*.

Dane [dein] Dän|e *m*, -in *f*.

danger ['deindʒə] Gefahr *f*; **~ous** ['~dʒrəs] gefährlich.

dangle ['dæŋgl] baumeln (lassen), hin- und herschlenkern.

Danish ['deiniʃ] dänisch.

dar|e [dɛə] es *od. et.* wagen; **~ing** verwegen.

dark [dɑːk] dunkel; finster; Dunkel(heit *f*) *n*; **~ brown** dunkelbraun; **~en** (sich) verdunkeln; **~ness** Dunkelheit *f*, Finsternis *f*.

darling ['dɑːliŋ] Liebling *m*.

darn [dɑːn] stopfen.

dart [dɑːt] Satz *m*; Wurfpfeil *m*; *pl* Pfeilwerfen *n*; schleudern; schießen; stürzen.

dash [dæʃ] Schlag *m*; (An)Sturm *m*; Klatschen *n* (*Wellen*); Prise *f* (*Salz etc.*); Schuß *m* (*Rum etc.*); Federstrich *m*; Gedankenstrich *m*; schleudern; (be)spritzen; *Hoffnung* vernichten; stürzen, stürmen, jagen, rasen; **~board** Armaturenbrett *n*; **~ing** schneidig.

data ['deitə] *pl* Tatsachen *pl*; Daten *pl*, Angaben *pl*, Informationen *pl*; Meßwerte *pl*; **~ processing** Datenverarbeitung *f*.

date [deit] Dattel *f*; **~ from** (her)stammen aus *od.* von; *bot.* Dattel *f*; Datum *n*; Termin *m*; Zeit *f*; *colloq.* Verabredung *f*; **out of ~** veraltet, unmodern; **up to ~** zeitgemäß, modern; auf dem laufenden.

dative (case) ['deitiv] *gr.* Dativ *m*, 3. Fall.

daub [dɔ:b] beschmieren.

daughter ['dɔ:tə] Tochter *f*; **~-in-law** Schwiegertochter *f*.

dawdle ['dɔ:dl]: **~ (away)** ver)trödeln.

dawn [dɔ:n] Dämmerung *f*; dämmern, tagen.

day [dei] Tag *m*; *oft* *pl* (Lebens)Zeit *f*; **~ off** (dienst)freier Tag; **by ~** am Tage; **all ~ long** den ganzen Tag (lang, über); **to this ~** bis heute; **the other ~** neulich; **this ~ week** heute in einer Woche; **in the old ~s** in alten Zeiten; **~break** Tagesanbruch *m*; **~ excursion** Tagesausflug *m*; **~-labo(u)rer** Tagelöhner *m*; **~light**

Tageslicht *n*; **~-school** Tagesschule *f*.

daze [deiz] betäuben.

dazzle ['dæzl] blenden.

dead [ded] tot; unempfindlich (**to** für); völlig; plötzlich; *sub:* **the ~** *pl* die Toten *pl*; **in the ~ of winter** im tiefsten Winter; **~en** abstumpfen; dämpfen, (ab)schwächen; **~ end** Sackgasse *f* (*a. fig.*); **~line** letzter Termin; Stichtag *m*; **~lock** *fig.* toter Punkt; **~ loss** Totalverlust *m*; **~ly** tödlich; Tod...; **~ tired** todmüde.

deaf [def] taub; **~en** taub machen, betäuben.

deal [di:l] Menge *f*, Teil *m*; Abmachung *f*, *colloq.* Handel *m*; **a good ~, a great ~** sehr *od.* ziemlich viel; (*irr*) (aus-, ver-, zu-) teilen; handeln (**in** mit *e-r* Ware); **~ with** behandeln; sich befassen mit; **~er** Händler *m*; **~ing** Geschäftsverkehr *m*; *pl* Umgang *m*; **~t** [delt] *pret u. pp* von **deal**.

dean [di:n] Dekan *m*.

dear [diə] teuer; lieb; Teure *m, f*, Liebling *m*; **♀ Sir** Sehr geehrter Herr (*in Briefen*); **oh ~!, ~ me!** du liebe Zeit!, ach herrje!

death [deθ] Tod(esfall) *m*; **~ly** tödlich. {Ben.}

debar [di'bɑ:] ausschlie-}

debase [di'beis] verderben; verschlechtern.

debate [di'beit] Debatte *f*; debattieren.

debauchery [di'bɔːtʃəri] Ausschweifung *f*.

debit ['debit] *econ.* Debet *n*, Schuld *f*; belasten.

debris ['deibri] Trümmer *pl.*

debt [det] Schuld *f*; ~or Schuldner(in).

decade ['dekeid] Jahrzehnt *n*.

decadence ['dekədəns] Verfall *m*.

decapitate [di'kæpiteit] enthaupten.

decay [di'kei] Verfall *m*; Fäulnis *f*; verfallen; (ver-) faulen.

decease [di'siːs] *bsd. jur.* Ableben *n*; sterben.

deceit [di'siːt] Täuschung *f*, Betrug *m*; ~ful (be-) trügerisch; falsch.

deceive [di'siːv] betrügen, täuschen; ~r Betrüger(in).

decelerate [diː'seləreit] s~e Geschwindigkeit verringern, langsamer fahren, *mot. a.* Gas wegnehmen.

December [di'sembə] Dezember *m*.

decen|cy ['diːsnsi] Anstand *m*; ~t anständig.

deception [di'sepʃən] Täuschung *f*.

decide [di'said] (sich) entscheiden; sich entschließen; beschließen; ~d entschieden.

decimal ['desiməl] Dezimal... [ziffern.]

decipher [di'saifə] ent-]

decisi|on [di'siʒən] Entscheidung *f*; Entschluß *m*; ~ve [di'saisiv] entscheidend; entschieden.

deck [dek] (Ver)Deck *n*; ~ chair Liegestuhl *m*.

declar|ation [deklə'reiʃən] Erklärung *f*; ~ation of Independence Unabhängigkeitserklärung *f*; ~e [di'klɛə] erklären; behaupten; deklarieren, verzollen.

declension [di'klenʃən] *gr.* Deklination *f*, Beugung *f*.

decline [di'klain] Abnahme *f*; Verfall *m*; *gr.* deklinieren, beugen; ablehnen; sich neigen; abnehmen; verfallen.

declivity [di'kliviti] (Ab-) Hang *m*.

decode ['diː'kəud] entschlüsseln.

decorat|e ['dekəreit] (ver)zieren, schmücken; tapezieren, anstreichen; dekorieren; ~ion [ˌ~'reiʃən] Schmuck *m*, Dekoration *f*; Orden *m*; ~ive ['~rətiv] dekorativ, Zier...; ~or Dekorateur *m*; Maler *m*.

decoy ['diːkɔi] Lockvogel *m* (*a. fig.*); Köder *m*; [di'kɔi] ködern, locken.

decrease [di'kriːs] Abnahme *f*; [diː'kriːs] (sich) vermindern, abnehmen.

decree [di'kriː] Dekret *n*, Erlaß *m*; beschließen.

decrepit [di'krepit] altersschwach.

dedicat|e ['dedikeit] widmen; **~ion** Widmung f.

deduce [di'dju:s] ableiten; folgern.

deduct [di'dʌkt] abziehen; **~ion** Abzug m; (Schluß-) Folgerung f.

deed [di:d] Tat f; Heldentat f; Urkunde f.

deep [di:p] tief; verschlagen, schlau; Tiefe f; **~en** (sich) vertiefen; (sich) verstärken; **~-freeze** tiefkühlen; Gefrierfach n; Gefrier-, Tiefkühltruhe f; **~ness** Tiefe f.

deer [diə] Hirsch m; Reh n; Rotwild n.

deface [di'feis] entstellen.

defame [di'feim] verleumden.

defeat [di'fi:t] Niederlage f; besiegen; vereiteln.

defect [di'fekt] Defekt m, Fehler m; Mangel m; **~ive** mangelhaft; fehlerhaft.

defen|ce, Am. **~se** [di-'fens] Verteidigung f; Schutz m; **~celess**, Am. **~seless** schutzlos, wehrlos.

defen|d [di'fend] verteidigen; schützen; **~dant** Angeklagte m, f; Beklagte m, f; **~der** Verteidiger(in); **~sive** Defensive f; Verteidigungs...

defer [di'fə:] auf-, verschieben.

defiant [di'faiənt] herausfordernd, trotzig.

deficien|cy [di'fiʃənsi] Unzulänglichkeit f; Mangel m; Fehlbetrag m; **~t** mangelhaft, unzureichend.

deficit ['defisit] Fehlbetrag m.

defile ['di:fail] Engpaß m.

defin|e [di'fain] definieren, erklären; **~ite** ['definit] bestimmt, klar; **~ition** (Begriffs)Bestimmung f; Erklärung f; **~itive** [di'finitiv] endgültig.

deflate [di'fleit] Luft od. Gas ablassen aus.

deflect [di'flekt] ablenken.

deform [di'fɔ:m] entstellen, verunstalten; **~ed** mißgestaltet.

defrost ['di:'frɔst] entfrosten, -eisen, abtauen.

defy [di'fai] trotzen; standhalten; herausfordern.

degenerate [di'dʒenərit] entartet, verderbt.

degrade [di'greid] degradieren; erniedrigen.

degree [di'gri:] Grad m; Rang m; fig. Stufe f; **five ~s centigrade** 5 Grad Celsius (abbr. 5°C); **by ~s** allmählich.

dejected [di'dʒektid] niedergeschlagen.

delay [di'lei] Aufschub m, Verzögerung f; aufschieben, verzögern; aufhalten; sich verspäten.

delegat|e ['deligeit] abordnen; übertragen; ['~it] Abgeordnete m, f; **~ion** [~'geiʃən] Abordnung f.

deliberate [di'libərit] überlegen; sich beraten; [~it] vorsätzlich.

depart

delica|cy ['delikəsi] Lekkerbissen *m*; Zartheit *f*; Feinheit *f*; **~te** ['~it] schmackhaft; zart; fein; empfindlich; **~tessen** [~'tesn] Feinkost(geschäft *n*) *f*.

delicious [di'liʃəs] köstlich.

delight [di'lait] Freude *f*; entzücken, erfreuen; **~ful** wunderbar.

delinquen|cy [di'liŋkwənsi] Vergehen *n*; Kriminalität *f*; **~t** Verbrecher(in).

deliver [di'livə] befreien; aus-, abliefern, aushändigen; *Briefe* zustellen; *Botschaft* ausrichten; *Rede* halten; *med.* entbinden; **~ance** Befreiung *f*; **~er** Befreier(in); **~y** *med.* Entbindung *f*; (Ab)Lieferung *f*; *Post:* Zustellung *f*; Vortrag *m*.

deluge ['delju:dʒ] Überschwemmung *f*; **the** ℒ die Sintflut.

delus|ion [di'lu:ʒən] Täuschung *f*; Wahn(vorstellung *f*) *m*; **~ive** [~siv] trügerisch.

demand [di'mɑːnd] Forderung *f*; Nachfrage *f*, Bedarf *m*; verlangen, fordern; fragen nach.

demeano(u)r [di'miːnə] Benehmen *n*.

demented [di'mentid] wahnsinnig. [halb...]

demi- ['demi-] Halb..., **/**

demilitarized ['diː'militəraizd] entmilitarisiert.

demise [di'maiz] *jur.* Ableben *n*.

demobilize [diː'məubilaiz] demobilisieren.

democra|cy [di'mɔkrəsi] Demokratie *f*; **~t** ['deməkræt] Demokrat(in); **~tic** [~'krætik] demokratisch.

demolish [di'mɔliʃ] niederreißen.

demon ['diːmən] Dämon *m*.

demonstrat|e ['demənstreit] demonstrieren; darlegen, zeigen; vorführen; **~ion** Demonstration *f*; Darlegung *f*, -stellung *f*; Vorführung *f*; **~ive** [di'mɔnstrativ] demonstrativ.

den [den] Höhle *f*; Hütte *f*, Loch *n*; *colloq.* Bude *f*.

denial [di'naiəl] Leugnen *n*; Ablehnung *f*, Verweigerung *f*, abschlägige Antwort.

denomination [dinɔmi'neiʃən] Konfession *f*.

denounce [di'nauns] anzeigen; *Vertrag* kündigen.

dens|e [dens] dicht, dick (*Nebel*); **~ity** Dichte *f*.

dent [dent] Beule *f*; ver-, einbeulen.

dent|al ['dentl] Zahn...; **~al surgeon**, **~ist** Zahnarzt *m*; **~ure** (künstliches) Gebiß.

deny [di'nai] (ver)leugnen; verweigern, abschlagen.

depart [di'pɑːt] abreisen, abfahren; **~ment** Abteilung *f*; *Am.* Ministerium *n*; **~ment store** Warenhaus *n*; **~ure** Abreise *f*, Abfahrt *f*; *aer.* Abflug *m*.

depend [di'pend]: **~ (up-) on** abhängen von; angewiesen sein auf; **that ~s, it all ~s** *colloq.* es kommt (ganz) darauf an; **~ence** Abhängigkeit *f*; Vertrauen *n*; **~ent: ~ (on)** abhängig von; angewiesen auf.

deplor|able [di'plɔːrəbl] beklagenswert; **~e** bedauern.

depopulate [diː'pɔpjuleit] entvölkern.

deport [di'pɔːt] ausweisen; **~ o.s.** sich benehmen.

depose [di'pəuz] *j–n* absetzen; (unter Eid) aussagen.

deposit [di'pɔzit] *geol.* Ablagerung *f*; (*Erz*)Lager *n*; Einzahlung *f*; Anzahlung *f*; (nieder-, ab-, hin)legen; *Geld* einzahlen; *Geld* anzahlen; (sich) ablagern; **~or** Kontoinhaber(in).

depot ['depəu] Depot *n*; Lager(haus) *n*.

depraved [di'preivd] verdorben, -kommen.

depress [di'pres] herunterdrücken; bedrücken; **~ed** niedergeschlagen; **~ion** Vertiefung *f*; Flaute *f*, Wirtschaftskrise *f*; *meteor.* Tief (-druckgebiet) *n*; Niedergeschlagenheit *f*.

deprive [di'praiv] berauben; entziehen.

depth [depθ] Tiefe *f*.

deputy ['depjuti] (Stell-) Vertreter(in); Abgeordnete *m,f*. [entgleisen.\

derail [di'reil]: **be ~ed**\

derange [di'reindʒ] durcheiná.-bringen.

deri|de [di'raid] verspotten; **~sion** [.iʒən] Spott *m*; **~sive** [.aisiv] spöttisch.

derive [di'raiv]: **~ (from)** herleiten (von); *Nutzen etc.* ziehen (aus).

derogatory [di'rɔgətəri] nachteilig (**to** für); abfällig; herabsetzend.

descend [di'send] her-, hinuntersteigen, -kommen; *aer.* niedergehen; **be ~ed** abstammen; **~ant** Nachkomme *m*.

descent [di'sent] Hinuntersteigen *n*, Abstieg *m*; Gefälle *n*; *aer.* Niedergehen *n*; Abstammung *f*.

descri|be [dis'kraib] beschreiben; **~ption** [.'kripʃen] Beschreibung *f*.

desegregate [diː'segrigeit] *Am.* die Rassentrennung aufheben in.

desert[1] ['dezət] Wüste *f*; öde; Wüsten...

desert[2] [di'zəːt] verlassen; im Stich lassen; desertieren; **~ed** verlassen; einsam; **~er** Deserteur *m*; **~ion** Verlassen *n*; Fahnenflucht *f*.

deserve [di'zəːv] verdienen.

design [di'zain] Plan *m*; Entwurf *m*; Zeichnung *f*;

Muster n; Ausführung f; Absicht f; entwerfen; planen.

designate ['dezigneit] bezeichnen; bestimmen.

designer [di'zainə] (Muster)Zeichner(in); Konstrukteur m.

desir|able [di'zaiərəbl] wünschenswert; angenehm; ~e [~aiə] Verlangen n; verlangen; ~ousbegierig.

desk [desk] Pult n; Schulbank f; Schalter m; Schreibtisch m; ~ set Schreibtischgarnitur f.

desolat|e ['desəleit] verwüsten; ['~it] öde; verwüstet; verlassen, einsam; ~ion Verwüstung f; Verlassenheit f.

despair [dis'pɛə] Verzweiflung f; verzweifeln (of an); ~ing verzweifelt.

desperat|e ['despərit] verzweifelt; hoffnungslos; ~ion Verzweiflung f.

despise [dis'paiz] verachten. [of trotz.]

despite [dis'pait]: (in) ~[

despond [dis'pond] verzagen; ~ent verzagt.

dessert [di'zə:t] Nachtisch m, Dessert m.

destin|ation [desti'neiʃən] Bestimmung(sort m) f; Reiseziel n; ~e ['~in] bestimmen; ~y Schicksal n.

destitute ['destitju:t] mittellos.

destroy [dis'trɔi] zerstören, vernichten; ~er Zerstörer m.

destruct|ion [dis'trʌkʃən] Zerstörung f; ~ive zerstörend, vernichtend.

detach [di'tætʃ] losmachen, (ab)lösen; ~ed einzeln (stehend); unbeeinflußt.

detail [di'teil] Einzelheit f.

detain [di'tein] zurück-, auf-, abhalten.

detect [di'tekt] entdecken; ~ion Entdeckung f; ~ive Detektiv m, Kriminalbeamte m; ~ive story Kriminalroman m.

detention [di'tenʃən] Haft f; Arrest m.

deter [di'tə:] abschrecken.

detergent [di'tə:dʒənt] Reinigungsmittel n.

deteriorate [di'tiəriəreit] (sich) verschlechtern.

determin|ation [ditə:mi-'neiʃən] Entscheidung f; Bestimmung f; Entschlossenheit f; ~e [di'tə:min] bestimmen; (sich) entscheiden; sich entschließen.

deterrent [di'terənt] Abschreckungsmittel n.

detest [di'test] verabscheuen; ~able abscheulich.

detonate ['detəuneit] explodieren (lassen).

detour [di'tuə] Umleitung f.

devalu|ation [di:vælju-'eiʃən] Abwertung f; ~e ['∟'vælju:] abwerten.

devastate ['devəsteit] verwüsten.

develop [di'veləp] (sich) entwickeln; erschließen; **~ment** Entwicklung *f*; *phot.* Entwicklung *n*; Erschließung *f*.

deviate ['di:vieit] abweichen.

device [di'vais] Plan *m*; Erfindung *f*; Trick *m*; Vor-, Einrichtung *f*; Gerät *n*.

devil ['devl] Teufel *m*; **~ish** teuflisch.

devise [di'vaiz] ausdenken.

devoid [di'void]: **~ of** ohne.

devot|e [di'vəut] widmen; **~ed** ergeben; zärtlich; **~ion** Ergebenheit *f*; Hingabe *f*; Liebe *f*; *pl* Andacht *f*.

devour [di'vauə] verschlingen.

devout [di'vaut] fromm; innig. [betaut.]

dew [dju:] Tau *m*; **~y**⟩

dext|erity [deks'teriti] Gewandtheit *f*; **~(e)rous** ['~(ə)rəs] gewandt.

dial ['daiəl] Zifferblatt *n*; *teleph.* Wählscheibe *f*; Skala *f*; *teleph.* wählen.

dialect ['daiəlekt] Mundart *f*.

dialog(ue) ['daiəlɔg] Dialog *m*, Gespräch *n*.

diameter [dai'æmitə] Durchmesser *m*.

diamond ['daiəmənd] Diamant *m*; **~(s** *pl*) Karten: Karo *n*.

diaper ['daiəpə] *Am.* Windel *f*.

diaphragm ['daiəfræm] Zwerchfell *n*; *opt.* Blende *f*; *teleph.* Membran(e) *f*.

diarrh(o)ea [daiə'riə] *med.* Durchfall *m*.

diary ['daiəri] Tagebuch *n*.

dice [dais] *pl von* **die**¹; würfeln.

dictat|e [dik'teit] diktieren; *fig.* vorschreiben; **~ion** Diktat *n*; Vorschrift *f*; **~or** Diktator *m*; **~orship** Diktatur *f*.

dictionary ['dikʃənri] Wörterbuch *n*.

did [did] *pret von* **do**.

die¹ [dai] sterben, umkommen; absterben; **~ of cold** erfrieren. [fel *m*.⟩

die², *pl* **dice** [dais] Würfel *m*.

diet ['daiət] Landtag *m*; Diät *f*; Nahrung *f*, Kost *f*; auf Diät setzen; diät leben.

differ ['difə] sich unterscheiden; auseinandergehen (*Meinungen*); **~ence** ['difrəns] Unterschied *m*; Differenz *f*; Meinungsverschiedenheit *f*; **~ent** verschieden.

difficult ['difikəlt] schwierig, schwer; **~y** Schwierigkeit *f*.

diffident ['difidənt] schüchtern.

diffuse [di'fju:z] verbreiten.

dig [dig] (*irr*) (um)graben.

digest [di'dʒest] verdauen; verdaut werden; ['daidʒest] Überblick *m*; Auswahl *f*; **~ible** [di'dʒestəbl] verdaulich; **~ion** [di'dʒestʃən] Verdauung *f*.

diggings ['digiŋz] pl colloq. Bude f, Zimmer n.

digni|fied ['dignifaid] würdevoll; **~ty** Würde f.

digress [dai'gres] abschweifen.

digs [digz] pl colloq. Bude f, Zimmer n.

dike [daik] Deich m, Damm m; Graben m.

dilapidated [di'læpideitid] verfallen, baufällig.

dilate [dai'leit] (sich) ausdehnen od. (aus)weiten.

diligen|ce ['dilidʒəns] Fleiß m; **~t** fleißig.

dilute [dai'lju:t] verdünnen. [trüben.\

dim [dim] trüb(e); (sich)∫

dime [daim] Am. Zehncentstück n.

dimension [di'menʃən] Dimension f, Abmessung f; pl a. Ausmaß n.

dimin|ish [di'miniʃ] (sich) verringern; **~utive** [~jutiv] winzig.

dimple ['dimpl] Grübchen n.

dine [dain] speisen; **~r** Gast m; rail. Speisewagen m.

dining|-car ['dainiŋ-] Speisewagen m; **~-room** Speise-, Eßzimmer n; **~-table** Eßtisch m.

dinner ['dinə] Hauptmahlzeit f, (Mittag-, Abend-) Essen n; **for ~** zum Essen; **have ~** zu Mittag od. Abend essen; **~, bed and breakfast** Halbpension f; **~-jacket** Smo-

kingjacke f; **~-party** Tischgesellschaft f.

dip [dip] (ein-, unter-) tauchen; schöpfen; mot. abblenden; sich senken; Eintauchen n; colloq. kurzes Bad; Senkung f, Neigung f. [Diphtherie f.\

diphtheria [dif'θiəriə]∫

diploma [di'pləumə] Diplom n, Abgangszeugnis n; **~cy** Diplomatie f; **~t** [´~mæt] Diplomat m; **~tic** [~ə'mætik] diplomatisch; **~tist** [di'pləumətist] Diplomat m.

direct [di'rekt] direkt; gerade; unmittelbar; offen; deutlich; adv s. **directly**; Weg zeigen; lenken, leiten; adressieren; anordnen; richten; **~ current** Gleichstrom m; **~ion** Richtung f; Leitung f; Direktion f; Anweisung f; **~ions** pl Adresse f; **~ions** pl (for use) Gebrauchsanweisung f; **~ly** gerade; sofort, gleich.

director [di'rektə] Film: Regisseur m; thea. Intendant m; Direktor m, Leiter m; **board of ~s** Direktion f, Aufsichtsrat m; **~y** Adreßbuch n.

dirigible ['diridʒəbl] lenkbar.

dirt [də:t] Schmutz m; **~-cheap** spottbillig; **~y** schmutzig; (be)schmutzen.

disabled [dis'eibld] dienstunfähig; körperbehindert; kriegsbeschädigt.

disadvantage [disəd-'vɑːntidʒ] Nachteil *m*; **~ous** [disædvən'teidʒəs] nachteilig.

disagree [disə'griː] nicht übereinstimmen; anderer Meinung sein (**with** als); nicht bekommen (**with** s.o. j—m); **~able** [-iəbl] unangenehm; **~ment** Unstimmigkeit *f*; Meinungsverschiedenheit *f*.

disappear [disə'piə] verschwinden; **~ance** Verschwinden *n*.

disappoint [disə'pɔint] enttäuschen; **~ment** Enttäuschung *f*.

disapprov|al [disə'pruːvəl] Mißbilligung *f*; **~e** mißbilligen (**of** s.th. et.).

disarm [dis'ɑːm] entwaffnen; abrüsten; **~ament** Abrüstung *f*.

disarrange ['disə'reindʒ] in Unordnung bringen.

disast|er [di'zɑːstə] Unglück *n*, Katastrophe *f*; **~rous** katastrophal.

disbelie|f ['disbi'liːf] Unglaube *m*, Zweifel *m*; **~ve** ['~'liːv] nicht glauben.

disc [disk] Scheibe *f*; (Schall)Platte *f*.

discern [di'səːn] unterscheiden; erkennen.

discharge [dis'tʃɑːdʒ] ent-, ab-, ausladen; absondern; ausströmen; abfeuern; *Pflicht* erfüllen; *Schuld* bezahlen; entlassen; freisprechen; (sich) entladen; abfließen; Aus-

laden *n*; Entladung *f*; Ausströmen *n*, Abfluß *m*; Absonderung *f* (*Eiter*); Ausfluß *m*; Abfeuern *n*; Entlassung *f*; Bezahlung *f*.

discipl|e [di'saipl] Schüler *m*; Jünger *m*; **~ine** ['disiplin] Disziplin *f*.

disc jockey Ansager *m* (*e—r Schallplattensendung*).

dis|claim [dis'kleim] (ab)leugnen; **~close** aufdecken; enthüllen; **~colo(u)r** (sich) verfärben; **~comfort** Unbehagen *n*; **~compose** beunruhigen; **~concert** [~kən'səːt] aus der Fassung bringen; *Pläne* zunichte machen.

disconnect [diskə'nekt] trennen; *electr. a.* abschalten; **~ed** zs.-hanglos.

disconsolate [dis'kɔnsəlit] untröstlich.

discontent ['diskən'tent] Unzufriedenheit *f*; **~ed** unzufrieden.

discontinue ['diskən'tinju(ː)] aufhören.

discord ['diskɔːd], **~ance** [~'kɔːdəns] Mißklang *m*.

discotheque ['diskəutek] Diskothek *f*.

discount ['diskaunt] Diskont *m*; Rabatt *m*.

discourage [dis'kʌridʒ] entmutigen; abschrecken.

discover [dis'kʌvə] entdecken; **~er** Entdecker (-in); **~y** Entdeckung *f*.

dis|credit [dis'kredit] schlechter Ruf; Schande *f*; Zweifel *m*; anzweifeln;

disobey

in Mißkredit bringen;
~creet [̗'kri:t] diskret,
verschwiegen; **~crepancy**
[̗'krepənsi] Widerspruch
m; **~cretion** [̗'kreʃən]
Verschwiegenheit *f*; Vorsicht *f*; Ermessen *n*; **~criminate** [̗'krimineit]
unterscheiden; **~criminate against** benachteiligen.

discuss [dis'kʌs] diskutieren, besprechen; **~ion** Diskussion *f*, Besprechung *f*.

disdain [dis'dein] Verachtung *f*; verachten.

disease [di'zi:z] Krankheit *f*; **~d** krank.

disembark ['disim'ba:k]
ausschiffen; an Land gehen.

disengage ['disin'geidʒ]
los-, freimachen; **~d** frei.

dis|entangle ['disin-'tæŋgl] entwirren; **~favo(u)r** Mißfallen *n*; Ungnade *f*; **~figure** entstellen.

disgrace [dis'greis] Ungnade *f*; Schande *f*; entehren; **~ful** schändlich.

disguise [dis'gaiz] verkleiden; *Stimme* verstellen; verbergen; Verkleidung *f*; Maske *f*; Verkleidung *f*.

disgust [dis'gʌst] Ekel *m*, Abscheu *m*; anekeln; empören; **~ing** ekelhaft.

dish [diʃ] Schüssel *f*, Platte *f*, Schale *f*; Gericht *n*, Speise *f*; *the* **~es** *pl* Geschirr *n*; **~cloth** Spüllappen *m*.

dishevel(l)ed [di'ʃevəld]
zerzaust, wirr.

dishonest [dis'ɔnist] unehrlich; **~y** Unehrlichkeit *f*.

dishono(u)r [dis'ɔnə]
Schande *f*; entehren;
Wechsel nicht honorieren;
~able schändlich; ehrlos.

dish|-washer Geschirrspülmaschine *f*; **~water**
Spülwasser *n*.

dis|illusion [disi'lu:ʒən]
Ernüchterung *f*, Enttäuschung *f*; ernüchtern; **~inclined** abgeneigt.

disinfect [disin'fekt] desinfizieren; **~ant** Desinfektionsmittel *n*.

dis|inherit [disin'herit]
enterben; **~integrate**
(sich) auflösen; **~interested** uneigennützig.

disk [disk] *s*. disc.

dis|like [dis'laik] Abneigung *f*; nicht mögen; **~locate** *med.* verrenken; **~loyal** treulos.

dismal ['dizməl] düster, trüb(e), trostlos.

dis|mantle [dis'mæntl]demontieren; **~may** [̗'mei] Schrecken *m*, Bestürzung *f*; **~member** zerstückeln.

dismiss [dis'mis] entlassen; wegschicken; aufgeben; **~al** Entlassung *f*.

dismount ['dis'maunt] abmontieren; absteigen.

disobedien|ce [disə'bi:-djəns] Ungehorsam *m*; **~t** ungehorsam.

dis|obey ['disə'bei] nicht

gehorchen; nicht befolgen; ~oblige ungefällig sein gegen.

disorder [dis'ɔːdə] Unordnung f; Unruhe f; med. Störung f; ~ly unordentlich; gesetzwidrig; aufrührerisch.

dis|own [dis'əun] nicht anerkennen; verleugnen; ~parage [~'pæridʒ] herabsetzen; ~passionate leidenschaftslos.

dispatch [dis'pætʃ] Erledigung f; Absendung f; Eile f; (amtlicher) Bericht; (ab)senden; (schnell) erledigen; töten.

dispens|able [dis'pensəbl] entbehrlich; ~e austeilen; ~e with auskommen ohne.

dis|perse [dis'pəːs] (sich) zerstreuen; ~place verrücken, -schieben; absetzen; ersetzen.

display [dis'plei] Entfaltung f; Zurschaustellen n; (Schaufenster)Auslage f; Ausstellung f; zeigen; ausstellen; ausstellen.

displeas|e [dis'pliːz] mißfallen; ~ed ungehalten, böse; ~ure [~'eʒə] Mißfallen n.

dispos|al [dis'pəuzəl] Anordnung f; Verfügung(srecht n) f; Beseitigung f; Veräußerung f; ~e (an-) ordnen; veranlassen; ~e of verfügen über; veräußern; beseitigen; erledigen; ~ed geneigt; ~ition [~'ziʃən] Anordnung f; freie Ver-

fügung; Neigung f; Wesen n, Gemütsart f.

disproportionate [disprə'pɔːʃnit] unverhältnismäßig.

dispute [dis'pjuːt] Debatte f; Streit m; (sich) streiten; anzweifeln.

dis|qualify [dis'kwɔlifai] ausschließen; ~regard nicht beachten; ~reputable verrufen; schändlich; ~respectful unhöflich; ~rupt [~'rʌpt] spalten.

dissatisf|action ['dissætis'fækʃən] Unzufriedenheit f; ~ied unzufrieden.

dissen|sion [di'senʃən] Zwietracht f; ~t anderer Meinung sein (from als).

dis|similar [di'similə] verschieden (to von); ~sipate [~'sipeit] zerstreuen; verschwenden; ~sociate [~'səuʃieit] trennen; ~sociate o.s. sich distanzieren.

dissolute ['disəluːt] ausschweifend, liederlich; ~ution Auflösung f; ~ve [di'zɔlv] (sich) auflösen.

dissuade [di'sweid] j-m abraten.

distan|ce ['distəns] Abstand m, Entfernung f; Ferne f; Strecke f; fig. Distanz f; in the ~ce in der Ferne; ~t entfernt; zurückhaltend; Fern...

distaste [dis'teist] Wider-

wille *m*; Abneigung *f*; **~ful**
[~'teistful] unangenehm.

distend [dis'tend] (sich)
ausdehnen; aufblähen.

distinct [dis'tiŋkt] verschieden; getrennt; deut-
lich, klar; **~ion** Unter-
scheidung *f*; Unterschied
m; Auszeichnung *f*; Rang
m; **~ive** besonder.

distinguish [dis'tiŋgwiʃ]
unterscheiden; auszeich-
nen; **~ed** berühmt; ausgezeichnet; vornehm.

distort [dis'tɔ:t] verzerren; verdrehen.

distract [dis'trækt] ablenken, zerstreuen; **~ed**
verwirrt; von Sinnen; **~ion**
Ablenkung *f*; Wahnsinn *m*.

distress [dis'tres] Schmerz
m; Elend *n*; Not *f*; beunruhigen; **~ed** besorgt,
bekümmert; notleidend.

distribut|e [dis'tribju(:)t]
aus-, verteilen; verbreiten;
~ion [~bju:ʃən] Verteilung *f*; Verbreitung *f*.

district ['distrikt] Bezirk
m; Gegend *f*, Gebiet *n*.

distrust [dis'trʌst] Mißtrauen *n*; mißtrauen; **~ful**
mißtrauisch.

disturb [dis'tɔ:b] stören;
beunruhigen; **~ance** Störung *f*; Unruhe *f*.

disused [dis'ju:zd] außer
Gebrauch, ausgedient.

ditch [ditʃ] Graben *m*.

dive [daiv] (unter)tauchen;
e-n Kopfsprung (*aer.*
Sturzflug) machen; (hastig)
hineingreifen; (Kopf-)

Sprung *m*; *aer.* Sturzflug
m; **~r** Taucher *m*.

diverge [dai'vɔ:dʒ] ausein-
ea.-laufen; abweichen.

divers|e [dai'vɔ:s] ver-
schieden; **~ion** Ablen-
kung *f*; Umleitung *f*; Zeitvertreib *m*; **~ity** Verschie-
denheit *f*; Mannigfaltig-
keit *f*.

divert [dai'vɔ:t] ablenken;
j-n zerstreuen; umleiten.

divide [di'vaid] (sich) teilen; (sich) trennen; ein-
teilen; dividieren (**by**
durch); Wasserscheide *f*.

divine [di'vain] ahnen;
Geistliche *m*; göttlich.

diving ['daiviŋ] Tauchen
n; Kunstspringen *n*; Taucher...

divinity [di'viniti] Gottheit *f*; Göttlichkeit *f*;
Theologie *f*.

divis|ible [di'vizəbl] teil-
bar; **~ion** [~ʒən] (Ein-)
Teilung *f*; Trennung *f*;
mil., *math.* Division *f*.

divorce [di'vɔ:s] (Ehe-)
Scheidung *f*; *j-n* scheiden;
sich scheiden lassen von.

dizzy ['dizi] schwind(e)lig.

do [du:] (*irr*) tun; machen; Speisen zubereiten;
Zimmer (sauber)machen;
handeln; sich verhalten;
genügen; **~ you know
him? – No, I don't**
kennst du ihn? – Nein;
~ not (don't) nicht; **~ be
quick!** beeile dich doch!;
what can I ~ for you?
was kann ich für Sie tun?;

~ **London** *colloq.* London besichtigen; **have one's hair done** sich die Haare machen *od.* frisieren lassen; **have done reading** fertig sein mit Lesen; **that will** ~ das genügt; ~ **away with** abschaffen, beseitigen; ~ **well** s-e Sache gut machen; ~ **up** instand setzen; zurechtmachen; einpacken; **I could** ~ **with** ...ich könnte ... gebrauchen *od.* vertragen; ~ **without** auskommen ohne ... [füßsam.]

docile ['dəusail] gelehrig;)

dock [dɔk] Dock *n*; *pl* Hafenanlagen *pl*; ~**yard** Werft *f.*

doctor ['dɔktə] Doktor *m*; Arzt *m*; ~**'s help** Arzthelferin *f.*

doctrine ['dɔktrin] Doktrin *f*; Lehre *f.*

document ['dɔkjumənt] Urkunde *f*; ~**ary (film)** Dokumentar-, Kulturfilm *m.*

dodge [dɔdʒ] rasches Ausweichen; Schlich *m*, Kniff *m*; ausweichen; ausdrükken (vor).

doe [dəu] Hirschkuh *f*; (Reh)Geiß *f*; Häsin *f.*

dog [dɔg] Hund *m*; ~**-eared** mit Eselsohren *(Buch)*; ~**ged** [~id] verbissen; ~**gie, ~gy** Hündchen*n*.

dogma ['dɔgmə] Dogma *n*, Glaubenssatz *m.*

dog tired hundemüde.

doings ['du(:)iŋz] *pl colloq.*

Ereignisse *pl*; Treiben *n.*

dole [dəul] Spende *f*; *colloq.* Arbeitslosenunterstützung *f.*

doll [dɔl] Puppe *f.*

dollar ['dɔlə] Dollar *m.*

doll's| house Puppenhaus *n*; ~ **pram** Puppenwagen *m.*

dolorous ['dɔlərəs] schmerzlich, traurig.

dolphin['dɔlfin]Delphin *m.*

dome [dəum] Kuppel *f.*

domestic [dəu'mestik] häuslich; Inlands...; einheimisch; Innen...; ~ **animal** Haustier *n*; ~**ate** [~eit] zähmen; ~ **servant** Hausangestellte *m, f.*

domicile ['dɔmisail]Wohnsitz *m.*

domin|ate ['dɔmineit] beherrschen, herrschen über; ~**ation** (Vor)Herrschaft *f*; ~**eer** [~'niə] (despotisch) herrschen; ~**eering** herrisch; tyrannisch.

donat|e [dəu'neit] spenden; ~**ion** Spende *f.*

done [dʌn] *pp von* do; getan; erledigt; fertig; gar.

donkey ['dɔŋki] Esel *m.*

donor ['dəunə] Spender (-in) *(a. med.).*

doom [du:m] Verhängnis *n*; verurteilen; ~**sday** *der* Jüngste Tag.

door [dɔ:] Tür *f*; ~**handle** Türgriff *m*, -klinke *f*; ~**keeper**, *Am. a.* ~**man** Pförtner *m*, Portier *m*; ~**mat** Fußmatte *f*; ~**way** Türöffnung *f.*

dope [dəup] *colloq.* Rauschgift *n*; Rauschgift geben; betäuben; dopen.

dormer(-window) ['dɔː-mə('-)] Dachfenster *n*.

dormitory ['dɔːmitri] Schlafsaal *m*; *bsd. Am.* Studenten(wohn)heim *n*.

dose [dəus] Dosis *f*.

dot [dɔt] Punkt *m*; punktieren; tüpfeln; verstreuen.

dote [dəut]: ~ (up)on vernarrt sein in.

double ['dʌbl] doppelt, Doppel..., zweifach; Doppelte *n*; Doppelgänger(in); ~(s pl) *Tennis*: Doppel *n*; ~ (sich) verdoppeln; ~ up zs.-legen, zs.-rollen; sich krümmen; ~ bed Doppelbett *n*; französisches Bett; ~breasted zweireihig (*Jackett*); ~decker *colloq.* Doppeldecker *m*; ~park in zweiter Reihe parken; ~ room Doppel-, Zweibettzimmer *n*.

doubt [daut] zweifeln (an); bezweifeln; Zweifel *m*; no ~ ohne Zweifel; ~ful zweifelhaft; ~less ohne Zweifel.

douche [duːʃ] *med.*: Spülung *f*; (aus)spülen.

dough [dəu] Teig *m*; ~nut *e-e* Art Schmalzgebackenes.

dove [dʌv] Taube *f*.

down¹ [daun] Daune *f*; Flaum *m*; Düne *f*; *pl* Hügelland *n*.

down² nieder; her-, hinunter; *aer.* abschießen; ~cast niedergeschlagen; ~fall *fig.* Sturz *m*; ~hill bergab; ~pour Regenguß *m*; ~right glatt (*Lüge etc.*); ~stairs (die Treppe) hinunter; unten; ~town *bsd. Am.* Geschäftsviertel *n*; ~ train Zug *m* von London; ~ward(s) ['~wəd(z)] abwärts, nach unten.

downy ['dauni] flaumig.

dowry ['dauəri] Mitgift *f*.

doze [dəuz] dösen; Schlummer *m*.

dozen ['dʌzn] Dutzend *n*.

drab [dræb] eintönig.

draft [drɑːft] Entwurf *m*; *econ.* Tratte *f*; *Am. mil.* Einberufung *f*; *s.* draught; entwerfen; aufsetzen; *Am. mil.* einziehen; ~sman (technischer) Zeichner.

drag [dræg] schleppen, ziehen, zerren.

dragon ['drægən] Drache *m*; ~fly Libelle *f*.

drain [drein] Abfluß(rohr *n*, -kanal) *m*; Entwässerungsgraben *m*; entwässern; ~away, ~off abfließen; ~age Abfluß *m*; Entwässerung *f*; Kanalisation *f*.

drake [dreik] Enterich *m*, Erpel *m*.

drama ['drɑːmə] Drama *n*; ~tic [drə'mætik] dramatisch; ~tist ['dræmətist] Dramatiker *m*. [**drink**.]

drank [dræŋk] *pret von*/

drape [dreip] drapieren; in Falten legen.

drastic ['dræstik] drastisch.

draught, *Am.* **draft** [dra:ft] Ziehen *n*, Zug *m*; Fischzug *m*; Luftzug *m*, Zugluft *f*; Schluck *m*; **~ beer** Faßbier *n*; **~sman** *s.* **draftsman; ~y** zugig.

draw [drɔ:] Lotterie *f*; Ziehung *f*; unentschiedenes Spiel; Attraktion *f*, Zugnummer *f*; *(irr)* (heraus-, zu)ziehen; herausholen; *Geld* abheben; anziehen; zeichnen; unentschieden spielen; *Luft* schöpfen; **~ near** sich nähern, heranrücken; **~ out** in die Länge ziehen; **~ up** Schriftstück aufsetzen; halten; vorfahren; **~back** Nachteil *m*; Hindernis *n*; **~er** Zeichner *m*; Aussteller *m* (*e-s Wechsels*); [drɔ:] Schublade *f*; **(a pair of) ~ers** [drɔːz] *pl* (e-e) Unterhose; (ein) Schlüpfer.

drawing ['drɔːiŋ] Ziehen *n*; Zeichnen *n*; Zeichnung *f*; **~-pin** Reißzwecke *f*; **~-room** Salon *m*.

drawn [drɔːn] *pp von* **draw;** unentschieden; verzerrt.

dread [dred] Furcht *f*, Schrecken *m*; fürchten, sich fürchten vor; **~ful** schrecklich, furchtbar.

dream [driːm] Traum *m*;

(irr) träumen; **~t** [dremt] *pret a. pp von* **dream; ~y** verträumt.

dreary ['driəri] trostlos.

dregs [dregz] *pl* Bodensatz *m*. [nässen.]

drench [drentʃ] durch-

dress [dres] Anzug *m*; Kleid(ung *f*) *n*; zurechtmachen; (sich) ankleiden *od.* anziehen; schmücken; *med.* verbinden; frisieren; **~ circle** *thea.* erster Rang; **~ designer** Modezeichner(in), **~**schöpfer(in).

dressing ['dresiŋ] Anrichten, Zurichten *n*; Ankleiden *n*; Verband *m*; (*Salat*)Soße *f*; Füllung *f*; **~-case** Reisenecessaire *n*; **~cubicle** Umkleidekabine *f*; **~-gown** Morgenrock *m*; **~-table** Frisierkommode *f*.

dressmaker Schneiderin *f*.

drew [druː] *pret von* **draw.**

drift [drift] (Dahin)Treiben *n*; (*Schnee*)Verwehung *f*; Tendenz *f*; (dahin)treiben; wehen.

drill [dril] Bohrer *m*; (*Acker*)Furche *f*; Sämaschine *f*; Drill *m*; Exerzieren *n*; bohren; drillen; (ein)exerzieren.

drink [driŋk] *(irr)* trinken; (geistiges) Getränk *n*; **have a ~** et. trinken.

drip [drip] tropfen *od.* tröpfeln (lassen); **~-dry** bügelfrei; **~ping** Bratenfett *n*.

drive [draiv] (Spazier-)

due

Fahrt *f*; Auffahrt *f*; *tech.* Antrieb *m*; Tatkraft *f*, Schwung *m*; (*irr*) (an-)treiben; fahren; ~ **away** vertreiben, -jagen; ~ **out** vertreiben; **what is he driving at?** worauf will er hinaus?

drive-in *Am.* Autokino *n*; Autorestaurant *n*; Auto...; ~ **cinema** Autokino *n*.

drive|n ['drivn] *pp von* **drive**; ~**r** ['draivə] Fahrer *m*.

driving| lesson ['draiviŋ] Fahrstunde *f*; ~ **licence** Führerschein *m*; ~ **school** Fahrschule *f*.

drizzle ['drizl] Sprühregen *m*; sprühen, nieseln.

drone [drəun] Drohne *f*.

droop [dru:p] sinken lassen; (schlaff) herabhängen (lassen).

drop [drɔp] Tropfen *m*; (Frucht)Bonbon *m*, *n*; *econ.* Sinken *n*; tropfen (lassen); fallen lassen; Brief einwerfen; *Fahrgast* absetzen; senken; (herab-)fallen; sich legen (*Wind*); ~ **s.o. a few lines** j-m ein paar Zeilen schreiben; ~ **in** unerwartet kommen, vorbeikommen.

drove [drəuv] *pret von* **drive.**

drown [draun] ertrinken; ertränken; *fig.* übertönen; **be ~ed** ertrinken.

drowsy ['drauzi] schläfrig; einschläfernd.

drudge [drʌdʒ] sich (ab-)plagen.

drug [drʌg] Droge *f*; Rauschgift *n*; Drogen beimischen; (mit Drogen) betäuben; Drogen *od.* Rauschgift geben *od.* nehmen; ~ **addict** Rauschgiftsüchtige *m*, *f*; ~**gist** ['ʌgist] Drogist *m*; Apotheker *m*; ~**store** *Am.* Drugstore *m*.

drum [drʌm] Trommel *f*; trommeln; ~**mer** Trommler *m*.

drunk [drʌŋk] *pp von* **drink**; betrunken; ~**ard** ['ʌəd] Trinker *m*, Säufer *m*; ~**en** betrunken; ~**en-driving** Trunkenheit *f* am Steuer.

dry [drai] trocken; herb (*Wein*); (ab)trocknen; dörren; ~ **up** austrocknen; ~**clean** chemisch reinigen; ~ **goods** *pl Am.* Textilien *pl.*

dual ['dju(:)əl] doppel-.

duchess ['dʌtʃis] Herzogin *f*.

duck [dʌk] Ente *f*; *colloq.* Liebling *m*; (unter)tauchen; (sich) ducken.

dude [dju:d] *Am.* Geck *m*; ~ **ranch** *Am.* Ferienranch *f*.

due [dju:] Zustehende *n*, Anspruch *m*; *pl* Gebühren *pl*; fällig; zustehend; angemessen, sorgfältig; erwartet; ~ **to** zuzuschreiben, verursacht durch; **be ~ to** sollen,

duel 92

müssen; in ~ time rechtzeitig.

duel ['dju(:)əl] Duell *n*, Zweikampf *m*. [**dig.**\

dug [dʌg] *pret u. pp von*\

duke [dju:k] Herzog *m*.

dull [dʌl] stumpf; dumpf; trüb(e); schwach (*Gehör*); langweilig; träg(e); dumm; *econ.* flau.

duly ['dju:li] ordnungsgemäß; rechtzeitig.

dumb [dʌm] stumm; sprachlos; *Am. colloq.* blöd(e); **~founded** sprachlos.

dummy ['dʌmi] Attrappe *f*; nachgemacht; Schein...

dump [dʌmp] auskippen; *Schutt etc.* abladen; Schutthaufen *m*; Schuttabladeplatz *m*.

dun [dʌn] *Schuldner* mahnen, drängen.

dune [dju:n] Düne *f*.

dung [dʌŋ] Dung *m*; düngen.

dungeon ['dʌndʒən] Kerker *m*.

dupe [dju:p] anführen, täuschen.

duplicate ['dju:plikit] genau gleich; doppelt; Duplikat *n*; [~eit] kopieren; verdoppeln.

dura|ble ['djuərəbl] dauerhaft; **~tion** Dauer *f*.

duress(e) [djuə'res] Zwang *m*.

during ['djuəriŋ] während.

dusk [dʌsk] Dämmerung *f*.

dust [dʌst] Staub *m*; abstauben; Staub wischen; (be)streuen; Staub *m*; **~bin** Mülleimer *m*; **~cart** Müllwagen *m*; **~er** Staublappen *m*; **~jacket** Schutzumschlag *m*; **~man** Müllabfuhrmann *m*; **~pan** Kehrschaufel *f*; **~y** staubig.

Dutch [dʌtʃ] holländisch; Holländisch *n*; **the ~** *pl* die Holländer *pl*; **~man** Holländer *m*; **~woman** Holländerin *f*.

duty ['dju:ti] Pflicht *f*, Aufgabe *f*; Zoll *m*; **be off ~** dienstfrei haben; **be on ~** Dienst haben, im Dienst sein; **~free** zollfrei.

dwarf [dwɔ:f] Zwerg *m*.

dwell [dwel] (*irr*) wohnen; verweilen (**up~ on** bei); **~ing** Wohnung *f*.

dwelt [dwelt] *pret u. pp von* dwell.

dwindle ['dwindl] schwinden.

dye [dai] Farbe *f*; färben.

dying ['daiiŋ] *pres p von* die'.

dyke [daik] *s.* dike.

dynam|ic [dai'næmik] dynamisch; **~ics** *sg* Dynamik *f*; **~ite** ['~əmait] Dynamit *n*; **~o** ['~əmou] Dynamo(maschine *f*) *m*, Lichtmaschine *f*.

dysentery ['disntri] *med.* Ruhr *f*.

E

each [i:tʃ] jede(r, -s); **~ other** einander.

eager ['i:gə] begierig; eifrig; **~ness** Begierde f; Eifer m.

eagle ['i:gl] Adler m.

ear [iə] Ohr n; Gehör n; Ähre f; Henkel m; **~drum** Trommelfell n.

earl [ə:l] britischer Graf.

early ['ə:li] früh; Früh...; erst; bald. \
earn [ə:n] verdienen; ein-\
earnest ['ə:nist] ernst (-haft); **in ~** ernsthaft.

earnings ['ə:niŋz] pl Verdienst m, Einkommen n.

ear|-phone Kopfhörer m; **~shot** Hörweite f.

earth [ə:θ] Erde f; Land n; electr. erden; **~en** irden; **~enware** Steingut n; irden; **~ly** irdisch; **~quake** Erdbeben n; **~worm** Regenwurm m.

ease [i:z] erleichtern; lindern; beruhigen; sich entspannen (Lage); Bequemlichkeit f; Entspannung f; Ungezwungenheit f; Leichtigkeit f; **at ~** bequem, behaglich.

easel ['i:zl] Staffelei f.

east [i:st] Ost(en m); östlich, nach Osten, Ost...f

Easter ['i:stə] Ostern n; Oster...; **~ly** östlich, nach Osten, Ost...; **~n** östlich.

eastward(s) ['i:stwəd(z)] ostwärts.

easy ['i:zi] leicht, einfach; bequem; ruhig; ungezwungen; **take it ~!** immer mit der Ruhe!; **~chair** Lehnstuhl m, Sessel m.

eat [i:t] (irr) essen; (zer-)fressen; **~ up** aufessen; **~en** pp von **eat**.

eaves [i:vz] pl überhängende Dachkante; **~drop** lauschen, horchen.

ebb(-tide) ['eb('-)] Ebbe f.

ebony ['ebəni] Ebenholz n.

eccentric [ik'sentrik] exzentrisch; fig. a. überspannt; Sonderling m.

ecclesiastical [ikli:zi'æstikəl] kirchlich, geistlich.

echo ['ekəu] Echo n, Widerhall m; widerhallen; fig. echoen, nachsprechen.

eclipse [i'klips] (Sonnen-, Mond)Finsternis f.

economic [i:kə'nɔmik] (volks)wirtschaftlich, Wirtschafts...; **~al** wirtschaftlich, sparsam; **~s** sg Volkswirtschaft(slehre) f.

econom|ist [i(:)'kɔnəmist] Volkswirt m; **~ize** sparen; **~y** Wirtschaft f; Sparsamkeit f; pl Einsparung f; **~y class** aer. Economy-Klasse f, Touristenklasse f.

ecstasy ['ekstəsi] Ekstase f.

eddy ['edi] Wirbel m; [wirbeln.]

edg|e ['edʒ] schärfen;
(um)säumen; Schneide *f*;
Rand *m*; Kante *f*; **be on
~e** gereizt *od.* nervös sein;
~ing Rand *m*; Einfassung
f; **~y** gereizt, nervös.
edible ['edibl] eßbar.
edifice ['edifis] Gebäude *n*.
edifying ['edifaiiŋ] erbaulich.
edit ['edit] Buch, Zeitung
herausgeben; **~ion** [i'diʃən]
Ausgabe *f*; Auflage *f*;
~or ['editə] Herausgeber *m*; Redakteur *m*;
~orial [edi'tɔ:riəl] Leitartikel *m*; Redaktions...
educat|e ['edju:(ʃ)keit]
erziehen, unterrichten,
ausbilden; **~ion** Erziehung *f*; (Aus)Bildung
f; Schulwesen *n*; **~ional**
erzieherisch, Erziehungs...;
~or Erzieher(in).
eel [i:l] Aal *m*.
effect [i'fekt] bewirken,
ausführen; Wirkung *f*;
Eindruck *m*, Effekt *m*; *pl*
Habe *f*; **in ~** tatsächlich;
jur. in Kraft; **take ~ in**
Kraft treten; **~ive** wirksam,
eindrucksvoll; tatsächlich.
effeminate [i'feminit]
verweichlicht; weibisch.
effervescent [efə'vesnt]
sprudelnd, schäumend.
efficien|cy [i'fiʃənsi] Leistungsfähigkeit *f*; **~t**
tüchtig, (leistungs)fähig.
effort ['efət] Anstrengung
f, Bemühung *f*.
effusive [i'fju:siv] überschwenglich.

egg [eg] Ei *n*; **~cup**
Eierbecher *m*; **~head** *Am.
sl.* Intellektuelle *m*.
egoism ['egəuizəm] Egoismus *m*, Selbstsucht *f*.
egress [i:'gres] Ausgang
m; *fig.* Ausweg *m*.
Egyptian [i'dʒipʃən] ägyptisch; Ägypter(in).
eider-down ['aidə-] Eiderdaunen *pl*; Daunendecke *f*.
eight [eit] acht; Acht *f*;
~een(th) ['ei'ti:n(θ)]
achtzehn(te); **~fold** achtfach; **~h** [eitθ] achte;
Achtel *n*; **~hly** achtens;
~ieth ['~tiiθ] achtzigste;
~y achtzig; Achtzig *f*.
either ['aiðə, *Am.* 'i:ðə]
jede(r, -s) (von zweien),
beide; irgendeine(r, -s)
(von zweien); **~ ... or** entweder ... oder; **not ... ~**
auch nicht.
ejaculate [i'dʒækjuleit]
Worte etc. ausstoßen.
eject [i(:)'dʒekt] ausstoßen;
vertreiben; ausweisen.
elaborate [i'læbərit]
sorgfältig ausgearbeitet;
[~eit] sorgfältig ausarbeiten.
elapse [i'læps] vergehen,
-streichen (*Zeit*).
elastic [i'læstik] elastisch,
dehnbar; Gummiband *n*.
elated [i'leitid] freudig
erregt.
elbow ['elbəu] Ell(en)bogen *m*; Biegung *f*; *tech.*
Knie *n*; *mit dem Ellbogen*
stoßen, drängen.
elder[1] ['eldə] Holunder *m*.

elde|r² älter; *der, die Ältere;* **~rly** ältlich; **~st** ['~ist] älteste.

elect [i'lekt] designieren; wählen; **~ion** Wahl *f;* **~or** Wähler *m; Am.* Wahlmann *m.*

electric [i'lektrik] elektrisch; **~al engineer** Elektroingenieur *m,* -techniker *m;* **~ chair** elektrischer Stuhl; **~ian** [~'triʃən] Elektriker *m;* **~ity** [~'trisiti] Elektrizität *f.*

electrify [i'lektrifai] elektrisieren; elektrifizieren.

electrocute [i'lektrəkju:t] durch elektrischen Strom töten.   [tron.|

electron [i'lektrən] Elek-

elegan|ce ['eligəns] Eleganz *f;* Anmut *f;* **~t** elegant, geschmackvoll.

element ['elimənt] Element *n; pl* Anfangsgründe *pl;* **~al** [~'mentl] elementar; **~ary** [~'mentəri] elementar; Anfangs...; **~ary school** Volks-, Grundschule *f.*   [m.|

elephant ['elifənt] Elefant *m.*

elevat|e ['eliveit] (hoch-, er)heben; **~ion** Erhebung *f;* Erhöhung *f;* Höhe *f;* Erhabenheit *f;* **~or** *Am.* Fahrstuhl *m; aer.* Höhenruder *n.*

eleven [i'levn] elf; Elf *f;* **~th** [~θ] elfte.   [eignet.|

eligible ['elidʒəbl] ge-

eliminat|e [i'limineit] entfernen, ausmerzen; ausscheiden; **~ion** Entfernung

f, Ausmerzung *f;* Ausscheidung *f.*

elk [elk] Elch *m; Am.* Elk *m,* Wapiti *m.*

ellipse [i'lips] Ellipse *f.*

elm [elm] Ulme *f.*

elongate ['i:lɔŋgeit] (sich) verlängern.

elope [i'loup] davonlaufen, durchbrennen *(Frau).*

eloquen|ce ['eləukwəns] Beredsamkeit *f;* **~t** beredt.

else [els] sonst; weiter; andere; **what ~?** was sonst noch?; **~where** anderswo(hin).

elu|de [i'lu:d] ausweichen, sich entziehen; **~sive** ausweichend; schwer faßbar.

emaciated [i'meiʃieitid] abgemagert, abgezehrt.

emancipate [i'mænsipeit] emanzipieren, befreien.

embalm [im'bɑ:m] einbalsamieren.

embankment [im'bæŋkmənt] Damm *m;* Bahndamm *m;* befestigte Uferstraße.

embargo [em'bɑ:gəu] (Hafen-, Handels)Sperre *f.*

embark [im'bɑ:k] (sich) einschiffen (for nach); verladen (for nach); **~(up)on** *et.* anfangen.

embarrass [im'bærəs] behindern; verwirren, in Verlegenheit bringen; **~ing** unangenehm, peinlich; **~ment** (Geld)Verlegenheit *f.*

embassy ['embəsi] Botschaft *f;* Gesandtschaft *f.*

embedded [im'bedid] (ein)gebettet, eingeschlossen.

embellish [im'belif] verschönern; (aus)schmücken.

embers ['embəz] pl glühende Asche, Glut f.

embezzle [im'bezl] Geld unterschlagen.

embitter [im'bitə] verbittern.

emblem ['embləm] Sinnbild n, Symbol n.

embody [im'bɔdi] verkörpern.

embolism ['embɔlizəm] Embolie f.

embrace [im'breis] (sich) umarmen; Umarmung f.

embroider [im'brɔidə] sticken; fig. ausschmücken; ~y Stickerei f.

emerald ['emərəld] Smaragd(grün n) m.

emerge [i'məːdʒ] auftauchen; fig. hervorgehen.

emergency [i'məːdʒənsi] Not(lage) f, -fall m; Not...; ~ **brake** Notbremse f; ~ **call** Notruf m; ~ **chute** aer. Notrutsche f; ~ **exit** Notausgang m; ~ **landing** aer. Notlandung f; **make an** ~ **landing** aer. notlanden.

emigra|nt ['emigrənt] Auswanderer m; ~te ['~eit] auswandern; ~tion Auswanderung f.

eminent ['eminənt] berühmt; außergewöhnlich; ~ly (ganz) besonders.

emit [i'mit] aussenden, -strömen, -stoßen.

emotion [i'məuʃən] (Gemüts)Bewegung f, Gefühl n, Rührung f; ~al gefühlsmäßig; gefühlvoll; gefühlsbetont.

emperor ['empərə] Kaiser m.

empha|sis ['emfəsis] Nachdruck m; ~size (nachdrücklich) betonen; ~tic [im'fætik] nachdrücklich, betont.

empire ['empaiə](Kaiser-) Reich n.

employ [im'plɔi] beschäftigen, anstellen; an-, verwenden; sub: **in the** ~ **of** angestellt bei; ~ee [emplɔi'iː] Angestellte m, f, Arbeitnehmer(in); ~er Arbeitgeber(in); ~ment Beschäftigung f, Arbeit f; ~ment **agency** Stellenvermittlungsbüro n; ~ment **exchange** Arbeitsamt n. [rin f.]

empress ['empris] Kaise-]

empt|iness ['emptinis] Leere f; ~y leer; (aus-, ent)leeren; sich leeren.

emulate ['emjuleit] wetteifern mit, nacheifern.

enable [i'neibl] es j-m ermöglichen; ermächtigen.

enact [i'nækt] erlassen; verfügen; thea. spielen.

enamel [i'næməl] Email (-le f) n; Glasur f; Lack m; Zahnschmelz m.

encase [in'keis] umhüllen; verschalen.

enchant [in'tʃɑ:nt] be-, verzaubern.

encircle [in'sə:kl] umgeben; einkreisen.

enclos|e [in'klauz] einzäunen; einschließen; beifügen; **∠ure** [∠ʒə] Einzäunung f; Anlage f (Brief).

encounter [in'kauntə] Begegnung f; begegnen; auf Schwierigkeiten etc. stoßen.

encourage [in'kʌridʒ] ermutigen; unterstützen; **∠ment** Ermutigung f; Unterstützung f.

encumber [in'kʌmbə] belasten; behindern.

end [end] enden; beend(ig)en; Ende n; Ziel n, Zweck m; **no ∠ of** sehr viel(e); **in the ∠** schließlich; **stand on ∠** zu Berge stehen (Haare).

endanger [in'deindʒə] gefährden.

endear [in'diə] lieb od. teuer machen (**to s.o.** j-m).

endeavo(u)r [in'devə] Bemühung f; sich bemühen.

end|ing ['endiŋ] Ende n, Schluß m; gr. Endung f; **∠less** endlos, unendlich.

endorse [in'dɔ:s] Dokument auf der Rückseite beschreiben; et. vermerken; billigen, unterstützen.

endow [in'dau] ausstatten; stiften.

endur|ance [in'djuərəns] Ausdauer f; Ertragen n; **∠e** (aus-, fort)dauern; durchhalten; ertragen.

enemy ['enimi] Feind m; feindlich.

energ|etic [enə'dʒetik] energisch; **∠y** Energie f.

enervate ['enə:veit] entnerven, -kräften.

enfold [in'fauld] umfassen.

enforce [in'fɔ:s] er-, aufzwingen; durchführen.

enfranchise [in'fræntʃaiz] das Wahlrecht verleihen.

engage [in'geidʒ] anstellen; mil. angreifen; sich verpflichten, versprechen, garantieren; sich beschäftigen (**in** mit); **be ∠d** verlobt sein (**to** mit); beschäftigt sein; besetzt sein; **∠ment** Verpflichtung f; Verlobung f; Verabredung f.

engine ['endʒin] Maschine f; Motor m; Lokomotive f; **∠-driver** Lokomotivführer m.

engineer [endʒi'niə] Ingenieur m, Techniker m; Maschinist m; Am. Lokomotivführer m; mil. Pionier m; **∠ing** Maschinenbau m; Ingenieurwesen n; technisch.

engine trouble Motorschaden m.

English ['iŋgliʃ] englisch; Englisch n; **the ∠** pl die Engländer pl; **∠man** Engländer m; **∠woman** Engländerin f.

engrav|e [in'greiv] gravieren, eingraben; fig. einprägen; **∠ing** (Kupfer-,

engross

Stahl)Stich *m*; Holzschnitt *m*.

engross [in'grəus] ganz in Anspruch nehmen.

enigma [i'nigmə] Rätsel *n*.

enjoin [in'dʒɔin] vorschreiben, befehlen.

enjoy [in'dʒɔi] sich erfreuen an; genießen; **did you ~ it?** hat es Ihnen gefallen?; **~ o.s.** sich amüsieren *od.* gut unterhalten; **~ment** Genuß *m*, Freude *f*.

enlarge [in'lɑːdʒ] (sich) vergrößern; **~ment** Vergrößerung *f*.

enlighten [in'laitn] *fig.* aufklären; belehren.

enlist [in'list] gewinnen (*zur Mitarbeit*); *mil.* anwerben; sich (freiwillig) melden.

enliven [in'laivn] beleben.

enmity ['enmiti] Feindschaft *f*.

enormous [i'nɔːməs] ungeheuer.

enough [i'nʌf] genug.

enquir|e [in'kwaiə], **~y** s. **inquire, inquiry.**

enrage [in'reidʒ] wütend machen; **~d** wütend.

enrapture [in'ræptʃə] entzücken.   (reichern.)

enrich [in'ritʃ] be-, anↄ

enrol(l) [in'rəul] *j-s Namen* eintragen; aufnehmen.

ensue [in'sjuː] folgen, sich ergeben.   (garantieren.)

ensure [in'ʃuə] sichern; ↄ

entangle [in'tæŋgl] verwickeln, -wirren.

enter ['entə] (ein)treten

in; betreten; einfahren in; eindringen in; eintragen; anmelden; sich einschreiben; **~ (up)on** *Amt etc.* antreten.

enterpris|e ['entəpraiz] Unternehmen *n*; Unternehmungslust *f*; **~ing** unternehmungslustig.

entertain [entə'tein] unterhalten; bewirten; *Zweifel etc.* hegen; **~er** Unterhaltungskünstler *m*; **~ment** Bewirtung *f*; Veranstaltung *f*; Unterhaltung *f*.

enthusias|m [in'θjuːziæzəm] Begeisterung *f*; **~t** [~st] Enthusiast(in), Schwärmer(in); **~tic** [~stik] begeistert.

entice [in'tais] (ver)locken; verleiten.

entire [in'taiə] ganz; vollständig; **~ly** völlig.

entitle [in'taitl] betiteln; berechtigen.

entrails ['entreilz] *pl* Eingeweide *pl*.

entrance ['entrəns] Ein-, Zutritt *m*; Einfahrt *f*, Eingang *m*; Einlaß *m*; **~ fee** Eintrittsgeld *n*.

entreat [in'triːt] (*et. er-*) bitten; **~y** dringende Bitte.

entrust [in'trʌst] anvertrauen; betrauen.

entry ['entri] Eintritt *m*; Einreise *f*; Eingang *m*; *sp.* Meldung *f*; **~ permit** Einreisegenehmigung *f*.

enumerate [i'njuːməreit] aufzählen.

envelop [in'veləp] einhüllen; einwickeln; **~e** ['envələup] Briefumschlag *m*.

envi|able ['enviəbl] beneidenswert; **~ous** neidisch.

environ|ment [in'vaiərənment] Umgebung *f*; **~mental pollution** Umweltverschmutzung *f*; **~s** ['envirənz] *pl* Umgebung *f (e-r Stadt)*.

envoy ['envɔi] Gesandte *m*.

envy ['envi] Neid *m*; beneiden.

epidemic (disease) [epi'demik] Seuche *f*.

epidermis [epi'də:mis] Oberhaut *f. (lepsie f.)*

epilepsy ['epilepsi] Epi-)

epilog(ue) ['epilɔg] Epilog *m*, Nachwort *n*.

episode ['episəud] Episode *f*.

epitaph ['epitɑ:f] Grabschrift *f*.

epoch ['i:pɔk] Epoche *f*.

equal ['i:kwəl] Gleichgestellte *m*, *f*; gleichen; gleich; **be ~ to** e-r S. gewachsen sein; **~ity** [i(:)-'kwɔliti] Gleichheit *f*, -berechtigung *f*; **~ize** gleichmachen; -stellen; ausgleichen.

equanimity [ekwə'nimiti] Gleichmut *m*.

equat|ion [i'kweiʒən] Ausgleich *m*; *math*. Gleichung *f*; **~or** Äquator *m*.

equilibrium [i:kwi'libriəm] Gleichgewicht *n*.

equip [i'kwip] ausrüsten;

~ment Ausrüstung *f*; Einrichtung *f*, Anlage *f*.

equivalent [i'kwivələnt] gleichwertig; entsprechend *(to dat)*; Äquivalent *n*, Gegenwert *m*.

era ['iərə] Ära *f*, Zeitrechnung *f*, -alter *n*.

erase [i'reiz] ausradieren, -streichen, (-)löschen.

ere [εə] ehe, bevor; vor.

erect [i'rekt] aufrecht; aufrichten, -stellen; errichten; **~ion** Auf-, Errichtung *f*; Gebäude *n*.

erosion [i'rouʒən] Zerfressen *n*; *geol*. Erosion *f*.

erotic [i'rɔtik] erotisch.

err [ə:] (sich) irren.

errand ['erənd] Botengang *m*, Auftrag *m*; **run ~s** Besorgungen machen.

erro|neous [i'rəunjəs] irrig, falsch; **~r** ['erə] Irrtum *m*, Fehler *m*.

erupt [i'rʌpt] ausbrechen *(Vulkan)*; **~ion** Ausbruch *m (e-s Vulkans; a. fig.)*; Hautausschlag *m*.

escalat|ion [eskə'leiʃən] Eskalation *f*; **~or** ['~tə] Rolltreppe *f*.

escape [is'keip] entgehen; entkommen; *j-m* entfallen; Entkommen *n*, Flucht *f*.

escort ['eskɔ:t] Eskorte *f*; Begleiter(in); [is'kɔ:t] eskortieren; begleiten.

especial [is'peʃəl] besonder; **~ly** besonders.

espionage [espiɑ'nɑ:ʒ] Spionage *f*.

espy [is'pai] erspähen.

essay ['esei] Aufsatz m, Essay m, n.

essen|ce ['esns] Wesen n (e-r Sache); Essenz f; **~tial** [i'senʃəl] wesentlich.

establish [is'tæbliʃ] errichten, aufbauen, gründen; **~ o.s.** sich niederlassen od. etablieren; **~ment** Er-, Einrichtung f, Gründung f; pol. die etablierte Macht, die herrschende Schicht; Firma f.

estate [is'teit] (Grund-) Besitz m; **~ agent** Immobilienhändler m; **~ car** Kombiwagen m.

esteem [is'ti:m] Achtung f; achten, schätzen.

estimat|e ['estimeit] beurteilen; schätzen, veranschlagen; ['~it] Beurteilung f; Kostenanschlag m; **~ion** Urteil n, Meinung f; Achtung f.

estrange [is'treindʒ] entfremden.

estuary ['estjuəri] Flußmündung f (ins Meer).

eternal [i(:)'tə:nl] ewig; **~ity** Ewigkeit f.

ether ['i:θə] Äther m.

ethics ['eθiks] sg Sittenlehre f, Ethik f; pl Moral f.

etymology [eti'mɔlədʒi] Etymologie f.

European [juərə'pi(:)ən] europäisch; Europäer(in) m.

evacuate [i'vækjueit] entleeren; evakuieren; räumen.

evade [i'veid] ausweichen.

evaporate [i'væpəreit] verdunsten od. verdampfen (lassen).

evasi|on [i'veiʒən] Ausweichen n; Ausflucht f; **~ve** [~siv] ausweichend.

eve [i:v] Vorabend m, -tag m.

even[1] ['i:vən] eben; glatt; gleichmäßig; ausgeglichen; gerade (Zahl).

even[2] selbst, sogar; **not ~** nicht einmal; **~ if, ~ though** selbst wenn.

evening ['i:vniŋ] Abend m; **this ~** heute abend; **~ dress** Abendanzug m; Abendkleid n; **~ paper** Abendzeitung f.

evensong ['i:vənsɔŋ] Abendandacht f.

event [i'vent] Ereignis n; sp.: Veranstaltung f; (Programm)Nummer f; **at all ~s** auf alle Fälle; **in the ~ of** im Falle; **~ful** ereignisreich.

eventual [i'ventʃuəl] schließlich; **~ly** schließlich.

ever ['evə] je(mals); immer; **~ after, ~ since** von der Zeit an, seitdem; **for ~** für immer; **~lasting** ewig; dauerhaft; **~more** immerfort.

every ['evri] jede(r, -s); all; **~ other day** jeden zweiten Tag; **~ few od. ten minutes** die paar od. zehn Minuten; **~body** jeder(mann), alle; **~day** (all)täglich; Alltags...; **~one** jeder(mann), alle; **~thing** alles; **~where** überall.

eviden|ce ['evidəns] Beweis(material n) m; Zeugenaussage f; **give ~ce** aussagen; **~t** augenscheinlich, klar.

evil [i:vl] übel, schlecht, schlimm, böse; Übel n; _das Böse._

evince [i'vins] zeigen.

evoke [i'vouk] (herauf)beschwören; hervorrufen.

evolution [i:və'lu:ʃən] Entwicklung f.

evolve [i'vɔlv] (sich) entwickeln.

ewe [ju:] Mutterschaf n.

ex- [eks-] ehemalig, früher.

exact [ig'zækt] genau; _Zahlung_ eintreiben; (er)fordern; **~itude** [~itju:d] s. **exactness; ~ly** genau; **~ness** Genauigkeit f.

exaggerat|e [ig'zædʒəreit] übertreiben; **~ion** Übertreibung f.

exalt [ig'zɔ:lt] erhöhen, erheben; verherrlichen.

exam [ig'zæm] colloq. abbr. für **~ination** Examen n, Prüfung f; Untersuchung f; Vernehmung f; **~ine** [~in] untersuchen; prüfen; vernehmen, -hören.

example [ig'zɑ:mpl] Beispiel n; Vorbild n; **for ~** zum Beispiel.

exasperate [ig'zɑ:spəreit] ärgern, reizen.

excavate ['ekskəveit] ausgraben, -heben.

exceed [ik'si:d] überschreiten; übertreffen; **~ingly** außerordentlich.

excel [ik'sel] übertreffen; **~lence** ['eksələns] hervorragende Leistung; Vorzug m; **♀lency** Exzellenz f; **~lent** ausgezeichnet.

except [ik'sept] ausnehmen; außer; **~ for** abgesehen von; **~ion** Ausnahme f; **~ional(ly)** außergewöhnlich.

excess [ik'ses] Übermaß n; Exzeß m; **~ fare** Zuschlag m; **~ive** übermäßig, -trieben; **~luggage** Übergewicht n (Gepäck); **~ postage** Nachgebühr f.

exchange [iks'tʃeindʒ] (aus-, ein-, um)tauschen (**for** gegen); wechseln; (Aus-, Um)Tausch m; (Geld)Wechsel m; Börse f.

exchequer [iks'tʃekə]: **the ♀ Brit.** das Finanzministerium.

excit|able [ik'saitəbl] reizbar; **~e** erregen; aufregen; (auf)reizen; **~ed** aufgeregt; **~ement** Auf-, Erregung f; Reizung f; **~ing** erregend; aufregend, spannend.

exclaim [iks'kleim] ausrufen.

exclamation [eksklə'meiʃən] Ausruf m; **~mark** Ausrufezeichen n.

exclu|de [iks'klu:d] ausschließen; **~sion** [~ʒən] Ausschluß m; **~sive** [~siv] ausschließlich; exklusiv.

excursion [iks'kə:ʃən] Ausflug m.

excuse [iks'kju:z] entschuldigen; ~ me entschuldige(n Sie)!; [.s] Entschuldigung f.

execut|e ['eksikju:t] ausführen; *mus., thea.* vortragen, spielen; hinrichten; **~ion** Ausführung f; *mus.* Vortrag m; Hinrichtung f; **~ive** [ig'zekjutiv] vollziehend; Exekutive f; *econ.* leitender Angestellter, Geschäftsführer m.

exemplary [ig'zempləri] vorbildlich; abschreckend.

exempt [ig'zempt] befreit; befreien.

exercise ['eksəsaiz] Übung (-sarbeit) f; *körperliche* Bewegung; Ausübung f, Gebrauch m; **take ~** sich Bewegung machen; *vb:* gebrauchen; (aus)üben; bewegen; sich Bewegung machen; **~-book** (Schul-, Übungs)Heft n.

exert [ig'zə:t] Einfluß *etc.* ausüben; **~ o.s.** sich anstrengen od. bemühen; **~ion** Anwendung f; Anstrengung f.

exhale [eks'heil] ausatmen, -dünsten; ausströmen.

exhaust [ig'zɔ:st] entleeren, auspumpen; erschöpfen; Abgas n; Auspuff m; **~ fumes** pl Auspuffgase pl; **~ion** Erschöpfung f; **~pipe** Auspuffrohr n.

exhibit [ig'zibit] ausstellen; zeigen; aufweisen; Ausstellungsstück n; Beweisstück n; **~ion** [eksi-'bifən] Ausstellung f; Zur-

schaustellung f; *Brit.* Stipendium n; **~ion grounds** pl Ausstellungsgelände n.

exile ['eksail] Exil n, Verbannung f; Verbannte m, f; verbannen.

exist [ig'zist] existieren; bestehen; leben; **~ence** Existenz f, Bestehen n, Leben n; **in ~ence, ~ent** vorhanden.

exit ['eksit] Ausgang m; Ausfahrt f; *thea.* Abgang m; *thea.* (geht) ab; **~ (road)** Autobahnausfahrt f; **~ visa** Ausreisevisum n.

expan|d [iks'pænd] (sich) ausbreiten od. ausdehnen od. erweitern; **~se** [.s] Ausdehnung f, Weite f; **~sion** Ausbreitung f; Ausdehnung f; Erweiterung f; **~sive** ausdehnungsfähig; ausgedehnt, weit.

expect [iks'pekt] erwarten; *colloq.* annehmen; **~ation** [ekspek'teifən] Erwartung f.

expedi|ent [iks'pi:djənt] zweckmäßig; Hilfsmittel n, (Not)Behelf m; **~tion** [eks-pi'difən] Eile f; Expedition f, Forschungsreise f.

expel [iks'pel] vertreiben; ausstoßen, -schließen.

expen|d [iks'pend] Geld ausgeben; verwenden; verbrauchen; **~se** [.s] (Geld-) Ausgabe f; pl Unkosten pl, Spesen pl; **at the ~se of** auf Kosten von; **~sive** kostspielig, teuer.

experience [iks'piəriəns]

Erfahrung f; Erlebnis n; erfahren, erleben; ~d erfahren.

experiment [iks'perimənt] Experiment n, Versuch m; [~ment] experimentieren.

expert ['ekspə:t] Experte m, Sachverständige m, Fachmann m; ['~, pred a. ~'pə:t] erfahren, geschickt; fachmännisch.

expir|ation [ekspaiə'reiʃən] Ausatmen n; Ablauf m; ~e [iks'paiə] ausatmen; ablaufen; verfallen.

expl|ain [iks'plein] erklären, erläutern (**to s.o.** j-m); ~anation [eksplə'neiʃən] Erklärung f.

explicit [iks'plisit] deutlich.

explode [iks'pləud] explodieren (lassen).

exploit [iks'plɔit] ausverwerten; ausbeuten.

explor|ation [eksplɔ:'reiʃən] Erforschung f; ~e [iks'plɔ:] erforschen; ~er Forscher m.

explosi|on [iks'pləuʒən] Explosion f; fig. Ausbruch m; ~ve [~siv] explosiv; Sprengstoff m.

export [eks'pɔ:t] exportieren, ausführen; ['~] Export m, Ausfuhr f; ~ation Ausfuhr f; ~er Exporteur m.

expos|e [iks'pəuz] aussetzen; ausstellen; phot. belichten; aufdecken; entlarven, bloßstellen; ~ition [ekspəu'ziʃən] Ausstellung f; ~ure [iks'pəuʒə] Ausgesetztsein n; phot. Belichtung f; Enthüllung f; ~-larving f; ~ure meter Belichtungsmesser m.

express [iks'pres] ausdrücklich, deutlich; Expreß..., Eil...; Eilbote m; Schnellzug m; äußern, ausdrücken; auspressen; ~ion Ausdruck m; ~ive ausdrücklich (**of** acc); ~ly ausdrücklich, eigens; ~ train Schnellzug m; ~way Am. Schnellstraße f.

expulsion [iks'pʌlʃən] Vertreibung f; Ausschluß m; Ausweisung f.

exquisite ['ekskwizit] vorzüglich, ausgezeichnet.

extant [eks'tænt] (noch) vorhanden.

exten|d [iks'tend] ausdehnen; ausstrecken; vergrößern; verlängern; sich erstrecken; ~sion Ausdehnung f; Verlängerung f; Anbau m; teleph. Nebenanschluß m; fig. Vergrößerung f, Erweiterung f; ~sive ausgedehnt, umfassend; ~t Ausdehnung f; Weite f, Größe f, Länge f; fig. Umfang m, Grad m; **to some ~t** einigermaßen.

exterior [eks'tiəriə] äußere, Außen...; Äußere n.

exterminate [eks'tə:mineit] ausrotten, vertilgen.

external [eks'tə:nl] äußere, äußerlich; Außen...

extinct [iks'tiŋkt] erloschen; ausgestorben.
extinguish [iks'tiŋgwiʃ] (aus)löschen; vernichten.
extirpate ['ekstə:peit] ausrotten; *med.* entfernen.
extra ['ekstrə] zusätzlich, Extra..., Sonder..., Neben...; extra, besonders; Zusätzliche n; pl Nebenkosten pl, Zuschlag m; **~ charge** Mehrpreis m.
extract ['ekstrækt] Auszug m; [iks'trækt] (heraus)ziehen; entlocken; e-n Auszug machen; *tech.* gewinnen; **~ion** (Heraus-)Ziehen m; Herkunft f.
extradite ['ekstrədait] *Verbrecher* ausliefern.
extraordinary [iks-'trɔ:dinri] außerordentlich; ungewöhnlich.
extravagan|ce [iks'trævigəns] Verschwendung f;

Überspanntheit f; **~t** übertrieben; verschwenderisch.
extrem|e [iks'tri:m] äußerst, größt, höchst; Äußerste n, Extrem n; **~ity** [~emiti] Äußerste n; (höchste) Not; pl Gliedmaßen pl; mst pl äußerste Maßnahmen pl.
exuberant [ig'zju:bərənt] üppig; überschwenglich.
exult [ig'zʌlt] frohlocken, jubeln.
eye [ai] Auge n; Öhr n; Öse f; *fig.* Blick m; ansehen, mustern; **~ball** Augapfel m; **~brow** Augenbraue f; **~d** in Zssgn: ...äugig; **(a pair of) ~glasses** pl (e-e) Brille f; **~lash** (Augen)Wimper f; **~lid** Augenlid n; **~sight** Augen(licht n) pl, Sehkraft f; **~witness** Augenzeug|e m, -in f.

F

fable ['feibl] Fabel f.
fabric ['fæbrik] Gewebe n, Stoff m; Gebäude n; *fig.* Struktur f; **~ate** ['~eit] erfinden; fälschen.
fabulous ['fæbjuləs] sagenhaft, unglaublich.
façade [fə'sɑ:d] Fassade f.
face [feis] Gesicht n; Oberfläche f; Vorderseite f; Zifferblatt n; *fig.* Stirn f; **make** *od.* **pull a ~** *od.* **~s** Fratzen schneiden; vb: ansehen; gegenüberstehen; (hinaus)gehen

auf (Fenster); die Stirn bieten; einfassen; **~cloth** Waschlappen m.
facil|itate [fə'siliteit] *et.* erleichtern; **~ity** Leichtigkeit f; Gewandtheit f; pl Einrichtung(en pl) f, Anlage(n pl) f, Erleichterung(en pl) f.
fact [fækt] Tatsache f; Wirklichkeit f, Wahrheit f; **in ~** in der Tat, tatsächlich.
factor ['fæktə] Faktor m, Umstand m; **~y** Fabrik f.

faculty ['fækəlti] Fähigkeit f; Gabe f; univ. Fakultät f.

fade [feid] (ver)welken od. verblassen (lassen); schwinden.

fail [feil] fehlen; nachlassen; versagen; mißlingen, fehlschlagen; versäumen, unterlassen; Kandidat: durchfallen (lassen); im Stich lassen; **he cannot** ~ to er muß (einfach); ~**ure** ['~jə] Fehlschlag m, Mißerfolg m; Ausbleiben n, Versagen n; Unterlassung f; Versager m.

faint [feint] schwach, matt; in Ohnmacht fallen.

fair[1] [feə] (Jahr)Markt m; Messe f, Ausstellung f.

fair[2] gerecht, ehrlich, anständig, fair; recht gut; reichlich; schön (Wetter); günstig (Wind); blond; hellhäutig; sauber, in Reinschrift; schön, hübsch (Frau); **play** ~ ehrlich od. fair spielen; fig. ehrlich sein; ~**ly** ziemlich; ~**ness** Gerechtigkeit f, Fairneß f.

fairy ['feəri] Fee f; Elf(e f) m; ~**tale** Märchen n.

faith [feiθ] Glaube m; Vertrauen n; Treue f; ~**ful** treu; genau; **Yours** ~**fully** hochachtungsvoll; ~**less** treulos.

fake [feik] Schwindel m; Fälschung f; Schwindler m; fälschen.

falcon ['fɔ:lkən] Falke m.

fall [fɔ:l] Fall(en n) m;

Sturz m; Verfall m; Am. Herbst m; pl Wasserfall m; (irr) (ab-, ein-, zer-, ver-) fallen; sinken; nachlassen (Wind); ~ **back on** zurückgreifen auf; ~ **ill**, ~ **sick** krank werden; ~ **in love with** sich verlieben in; ~ **out** sich entzweien; ~ **short of** den Erwartungen etc. nicht entsprechen; ~**en** pp von **fall**.

false [fɔ:ls] falsch; ~**hood** Lüge f; [fälschen.]

falsify ['fɔ:lsifai] (ver-)

falter ['fɔ:ltə] schwanken; zaudern; straucheln; stokken (Stimme); stammeln.

fame [feim] Ruhm m, Ruf m; ~**d** berühmt (for wegen).

familiar [fə'miljə] vertraut; gewohnt; ungezwungen; Vertraute m, f; ~**ity** [~i'æriti] Vertrautheit f; pl (plumpe) Vertraulichkeit; ~**ize** vertraut machen.

family ['fæmili] Familie f; Familien...; ~ **name** Familien-, Nachname m; ~ **tree** Stammbaum m.

fami|ne ['fæmin] Hungersnot f; Mangel m; ~**sh** verhungern.

famous ['feiməs] berühmt.

fan[1] [fæn] Fächer m; Ventilator m.

fan[2] colloq. begeisterter Anhänger, Fan m.

fanatic [fə'nætik] Fanatiker(in); ~**(al)** fanatisch.

fanciful ['fænsiful] phantasievoll; phantastisch.

fancy ['fænsɪ] Phantasie *f*; Einbildung(skraft) *f*; Idee *f*, Laune *f*; Vorliebe *f*; Phantasie...; sich vorstellen; sich einbilden; gern mögen; ~ **cake** Torte *f*; ~**-dress ball** Kostümfest *n*; ~ **goods** *pl* Modeartikel *pl*; ~**work** feine Handarbeit.

fang [fæŋ] Fangzahn *m*; Giftzahn *m*.

fantastic [fæn'tæstik] phantastisch.

far [fɑː] fern, entfernt; weit; (sehr) viel; **as ~ as** bis; soweit; **by ~** bei weitem, weitaus; **~ from** weit entfernt von; **~-away** weitentfernt.

fare [fɛə] Fahrgeld *n*; Fahrgast *m*; Kost *f*; (er-) gehen; **~well** lebe(n Sie) wohl!; Abschied *m*, Lebewohl *n*.

far-fetched weithergeholt.

farm [fɑːm] Bauernhof *m*, Farm *f*, Gehöft *n*; Land bewirtschaften; **~er** Bauer *m*, Landwirt *m*; **~hand** Landarbeiter(in); **~house** Bauern-, Gutshaus *n*; **~ing** Landwirtschaft *f*; **~worker** Landarbeiter(in).

far-sighted weitsichtig; *fig.* weitblickend.

farthe|r ['fɑːðə] *comp von* **far**; **~st** ['~ist] *sup von* **far**.

fascinat|e ['fæsineit] bezaubern; **~ion** Zauber *m*, Reiz *m*.

fashion ['fæʃən] Mode *f*; Art *f*, Stil *m*; herstellen, machen; **~able** ['~nəbl] modern, modisch, elegant.

fast[1] [fɑːst] schnell; fest; treu; echt, beständig (*Farbe*); **be ~** vorgehen (*Uhr*).

fast[2] Fasten *n*; fasten.

fasten ['fɑːsn] befestigen, festbinden, -schnallen, anbinden; *Augen etc.* richten (**on** auf); sich schließen lassen; **~er** Verschluß *m*.

fastidious [fəs'tidiəs] anspruchsvoll, wählerisch.

fast train Eilzug *m*.

fat [fæt] fett; dick; Fett *n*.

fat|al [feitl] tödlich; verhängnisvoll (**to** für); **~e** [feit] Schicksal *n*; Verhängnis *n*.

father ['fɑːðə] Vater *m*; **~hood** Vaterschaft *f*; **~-in-law** Schwiegervater *m*; **~less** vaterlos; **~ly** väterlich.

fathom ['fæðəm] Klafter *m*, *n*; *mar.* Faden *m*; loten; *fig.* ergründen; **~less** unergründlich.

fatigue [fə'tiːg] Ermüdung *f*; Strapaze *f*; ermüden.

fatten ['fætn] fett machen *od.* werden; mästen.

faucet ['fɔːsit] *Am. tech.* Hahn *m*.

fault [fɔːlt] Fehler *m*, Defekt *m*; Schuld *f*; **find ~ with** et. auszusetzen haben an; **~less** fehlerfrei, tadellos; **~y** fehler-, mangelhaft.

favo(u)r ['feivə] begünsti-

fen

gen; Gunst(bezeigung) f;
Gefallen m; **in ~ of** zugunsten von; **do s.o. a ~**
j-m e-n Gefallen tun;
~able günstig; **~ite** ['~rit]
Günstling m; Liebling m;
sp. Favorit(in); bevorzugt,
Lieblings...

fawn [fɔ:n] (Reh)Kitz n;
Rehbraun n.

fear [fiə] Furcht f, Angst f;
(be)fürchten, sich fürch-
ten vor; **~ful** furchtsam;
furchtbar; besorgt; **~less**
furchtlos.

feast [fi:st] Fest(tag m) n,
Feiertag m; Festmahl n,
Schmaus m; (festlich)
bewirten; schmausen;
sich weiden.

feat [fi:t] Helden-, Großtat
f; Kunststück n.

feather ['feðə] Feder f;
pl Gefieder n; mit Federn
schmücken; **~bed** (Feder-)
Unterbett n; **~ed** be-,
gefiedert; **~y** federartig.

feature ['fi:tʃə] (Ge-
sichts-, Charakter)Zug m;
(charakteristisches) Merk-
mal; Haupt-, Spielfilm
m; Zeitung, Rundfunk:
Feature n; pl Gesicht n.

February ['februəri]
Februar m.

fed [fed] pret u. pp von
feed.

federal ['fedərəl] Bun-
des...; **~tion** Staatenbund
m; Verband m. [n.]

fee [fi:] Gebühr f; Honorar f

feeble ['fi:bl] schwach.

feed [fi:d] Futter n, Nah-

rung f; Fütterung f; tech.
Zuführung f, Speisung f;
(irr) (ver)füttern; (er-)
nähren, speisen, zu essen
geben; tech. speisen, zu-
führen; weiden; **be fed
up with** sl. et. satt haben;
~er road Zubringer-
straße f; **~ing-bottle**
Saugflasche f.

feel [fi:l] (irr) (sich) fühlen;
befühlen; empfinden;
sich anfühlen; **~ for**
tasten nach; **~ well** od.
bad sich wohl od. elend
fühlen; Gefühl n; Emp-
findung f; **~er** Fühler m;
~ing mitfühlend; Gefühl n.

feet [fi:t] pl von **foot.**

fell [fel] pret von **fall**;
niederschlagen; fällen.

felloe ['feləu] (Rad)Felge f.

fellow ['feləu] Gefährt|e
m, -in f, Kamerad(in);
colloq. Kerl m, Bursche m;
Gegenstück n; Mit...; **~
being** Mitmensch m;
~citizen Mitbürger m;
~countryman Lands-
mann m; **~ship** Gemein-
schaft f; Kameradschaft f.

felon ['felən] Schwer-
verbrecher m; **~y** Kapitalverbrechen n.

felt¹ [felt] pret u. pp von
feel.

felt² Filz m.

female ['fi:meil] weiblich;
zo. Weibchen n.

feminine ['feminin] weiblich.

fen [fen] Fenn n, Marsch f;
Moor n.

fenc|e [fens] Zaun m; fechten; ~e (in) ein-, umzäunen; ~ing Fechten n.

fend [fend]: ~ for sorgen für; ~ off abwehren; ~er Am. Kotflügel m.

ferment ['fə:ment] Ferment n; [fə(:)'ment] gären (lassen); ~ation Gärung f.

fern [fə:n] Farn(kraut n) m.

ferocity [fə'rɔsiti] Grausamkeit f; Wildheit f.

ferry ['feri] Fähre f; übersetzen; ~boat Fähre f.

fertil|e ['fə:tail] fruchtbar; ~ity [~'tiliti] Fruchtbarkeit f; ~ize ['~ilaiz] befruchten; düngen; ~izer (Kunst)Dünger m.

fervent ['fə:vənt] glühend (heiß); leidenschaftlich.

fester ['festə] eitern.

festiv|al ['festəvəl] Fest n, Feier f; Festspiele pl; ~e festlich, heiter; ~ities [~'tivitiz] pl Fest n.

fetch [fetʃ] holen; Preis erzielen.

fetter ['fetə] Fessel f.

feud [fju:d] Fehde f.

fever ['fi:və] Fieber n; ~ish fieb(e)rig; fig. fieberhaft.

few [fju:] wenige; a ~ einige, ein paar; quite a ~ c-e ganze Menge.

fiancé [fi'ɑ:nsei] Verlobte m; ~e [~] Verlobte f.

fib [fib] schwindeln.

fib|re, Am. ~er ['faibə] Faser f; ~rous faserig.

fickle ['fikl] wankelmütig.

fict|ion ['fikʃən] Erfindung

f; Roman(literatur f) m; ~itious [~'tiʃəs] erfunden.

fiddle ['fidl] Fiedel f, Geige f; fiedeln; herumspielen; ~r Fiedler m, Geiger m.

fidelity [fi'deliti] Treue f.

fidget ['fidʒit] (herum-) zappeln; ~y unruhig, zappelig.

field [fi:ld] Feld n; (Sport-) Platz m; Gebiet n, Bereich m; ~ events pl Sprungu. Wurfwettkämpfe pl, ~glasses pl Fernglas f; Feldstecher m.

fiend [fi:nd] böser Feind, Teufel m; in Zssgn colloq. Süchtige m, f; Fanatiker (-in).

fierce [fiəs] wild; heftig.

fiery ['faiəri] glühend; fig. feurig, hitzig.

fife [faif] Querpfeife f.

fif|teen(th) ['fif'ti:n(θ)] fünfzehn(te); ~th [fifθ] fünfte; Fünftel n; ~thly fünftens; ~tieth ['~tiiθ] fünfzigste; ~ty fünfzig; Fünfzig f.

fig [fig] Feige f.

fight [fait] Kampf m; Schlägerei f; Kampflust f; (irr) bekämpfen; erkämpfen; kämpfen, sich schlagen; ~er Kämpfer m, Streiter m; Jagdflugzeug n.

figurative ['figjurətiv] bildlich.

figure ['figə] Figur f; Gestalt f; Ziffer f; abbilden; mit Mustern schmücken; sich et. vorstellen; e~e Rolle spielen; ~ **out** ausrechnen; verstehen; **~skating** Eiskunstlauf m.

file¹ [fail] Ordner m; Akte f; Akten pl, Ablage f; Reihe f; Briefe etc. einordnen, abheften, -legen; hinter-ea. marschieren.

file² Feile f; feilen.

fill [fil] (sich) füllen; an-, aus-, erfüllen; ~ **in** Formular ausfüllen; Namen einsetzen; ~ **up** an-, vollfüllen, mot. volltanken.

fillet ['filit] Filet n.

filling ['filiŋ] Füllung f; **~station** Am. Tankstelle f.

filly ['fili] (Stuten)Füllen n.

film [film] Häutchen n; Film m; (ver)filmen.

filter ['filtə] Filter m; filtern.

filth [filθ] Schmutz m; **~y** schmutzig; fig. unflätig.

fin [fin] Flosse f.

final ['fainl] letzt; endgültig; End..., Schluß...; oft pl Schlußprüfung f; oft pl sp. Finale n, Endspiel n; **~ly** endlich, schließlich.

financ|e [fai'næns] Finanzwesen n; pl Finanzen pl; finanzieren; **~ial** [~ʃəl] finanziell; **~ier** [~siə] Finanzmann m; Finanzier m.

finch [fintʃ] Fink m.

find [faind] Fund m; (irr) finden, (an)treffen, entdecken; jur. für schuldig erklären; beschaffen; ~ **(out)** herausfinden; **~ings** pl Befund m; Urteil n.

fine¹ [fain] Geldstrafe f; zu e-r Geldstrafe verurteilen.

fine² schön; fein; rein; spitz, dünn; vornehm; colloq. gut, bestens; **I am** ~ es geht mir gut; **~ry** Putz m, Staat m.

finger ['fiŋgə] Finger m; betasten; **~nail** Fingernagel m; **~print** Fingerabdruck m.

finish ['finiʃ] (be)enden; abschließen, vollenden; polieren, glätten; Ende n; Vollendung f, letzter Schliff; **~ing line** Ziellinie f.

Finn [fin] Finn|e m, -in f; **~ish** finnisch; Finnisch n.

fir [fɔ:] Tanne f.

fire [faiə] an-, entzünden; Ziegel etc. brennen; heizen; colloq. rausschmeißen, entlassen; (ab)feuern, schießen; Feuer n; catch ~, **take** ~ Feuer fangen; **on** ~ in Brand, in Flammen; **~alarm** Feuermelder m; **~arm** Schußwaffe f; **~brigade,** Am. ~ **department** Feuerwehr f; **~engine** Löschfahrzeug n; **~escape** Feuerleiter f; Nottreppe f; **~extinguisher** Feuerlöscher m; **~man** Feuerwehrmann m; Heizer m; **~place** Kamin m; **~proof** feuerfest; **~side** Kamin m; **~wood** Brennholz n; **~works** pl Feuerwerk n.

firm 110

firm [fəːm] fest; standhaft; Firma *f*; **~ness** Festigkeit *f*.

first [fəːst] erst; best; zuerst; erstens; **~ of all** zu allererst; *der, die, das* Erste; **'at ~** zuerst, anfangs; **~ aid** Erste Hilfe; **~-aid box** Verband(s)-kasten *m*; **~-aid kit** Verband(s)zeug *n*; **~-born** erstgeboren; **~ class** erster Klasse; **~-class** erstklassig; **~ floor** erster Stock, *Am.* Erdgeschoß *n*; **~ly** erstens; **~ name** Vorname *m*; **~-rate** erstklassig.

firth [fəːθ] Förde *f*, (weite) Mündung.

fish [fiʃ], *pl* **~(es)** ['~iz] Fisch *m*; fischen, angeln; **~-bone** Gräte *f*.

fisher|man ['fiʃəmən] Fischer *m*; **~y** Fischerei *f*.

fishing ['fiʃiŋ] Fischen *n*; **~-line** Angelschnur *f*; **~-rod** Angelrute *f*; **~-tackle** Angelgerät *n*.

fishmonger ['fiʃmʌŋgə] Fischhändler *m*.

fiss|ion ['fiʃən] Spaltung *f*; **~ure** ['fiʃə] Spalt(e *f*) *m*, Riß *m*.

fist [fist] Faust *f*.

fit [fit] Anfall *m*; geeignet, passend; schicklich; tauglich; in (guter) Form, fit; passen, sitzen (*Kleid*); passen für *od.* dat; an-passen, geeignet machen; **~ (on)** anprobieren; **~ out** ausrüsten; **~ up** einrichten, ausstatten; **~ness** Gesundheit *f*; Fähigkeit *f*; Schick-

lichkeit *f*; **~ter** Monteur *m*, Installateur *m*; **~ting** passend; schicklich; In-stallation *f*; Anprobe *f*; Einrichtung *f*.

five [faiv] fünf; Fünf *f*.

fix [fiks] befestigen; *Augen etc.* richten; fesseln; be-stimmen; fixieren; *Am. colloq.* richten; **~** sich entschließen für; **~ up** arrangieren; *j–n* unter-bringen; *colloq.* heikle Lage, Klemme *f*; **~ed** fest; bestimmt; starr; **~tures** *pl* festes Inventar.

fizz [fiz] zischen, sprudeln.

flabbergast ['flæbəgɑːst] *colloq.*: **be ~ed** platt sein.

flabby ['flæbi] schlaff.

flag [flæg] Flagge *f*, Fahne *f*; Fliese *f*; Schwertlilie *f*; beflaggen; schlaff herab-hängen; *fig.* nachlassen; **~stone** Fliese *f*, Platte *f*.

flake [fleik] Flocke *f*; *vb*: **~ off** abblättern.

flame [fleim] Flamme *f*, Feuer *n*; flammen, lodern.

flank [flæŋk] Flanke *f*; flankieren.

flannel ['flænl] Flanell *m*; Waschlappen *m*; *pl* Flanell-hose *f*.

flap [flæp] (*Hut*-)Krempe *f*; Klappe *f*; Klaps *m*, Schlag *m*; schlagen; flattern.

flare [flɛə] flackern; sich bauschen; **~ up** auf-flammen; *fig.* aufbrausen.

flash [flæʃ] Blitz *m*; Auf-blitzen *n*; kurze Meldung;

flood

aufleuchten *od.* -blitzen (lassen); rasen; *Blick* werfen; funken; **～-bulb** Blitzbirne *f*; **～-cube** Blitzwürfel *m*; **～-light** Blinklicht *n*; *phot.* Blitzlicht *n*; Taschenlampe *f*; **～ of lightning** Blitzstrahl *m*.

flask [flɑːsk] Taschenflasche *f*; Thermosflasche *f*.

flat [flæt] flach, eben; platt; schal; *econ.* flau; klar; glatt; völlig; Fläche *f*, Ebene *f*; Flachland *n*; *mot.* Plattfuß *m*; *Brit.* (Miet)Wohnung *f*; **～ten** (ein)ebnen; abflachen; flach werden.

flatter ['flætə] schmeicheln; **～y** Schmeichelei *f*.

flavo(u)r ['fleivə] (Bei-) Geschmack *m*; Aroma *n*; würzen.

flaw [flɔː] Sprung *m*, Riß *m*; Fehler *m*; **～less** fehler-, makellos.

flax [flæks] Flachs *m*.

flea [fliː] Floh *m*.

fled [fled] *pret u. pp von* **flee.**

fledged [fledʒd] flügge.

flee [fliː] (*irr*) fliehen.

fleece [fliːs] Vlies *n*, Schaffell *n*; *fig.* prellen.

fleet [fliːt] schnell; Flotte *f*; ♀ **Street** die (Londoner) Presse.

flesh [fleʃ] Fleisch *n*; **～y** fleischig; dick.

flew [fluː] *pret von* **fly²**.

flexible [fl'eksəbl] flexibel, biegsam, elastisch; *fig.* anpassungsfähig.

flick [flik] leicht u. schnell schlagen; schnellen.

flicker ['flikə] flackern, flimmern; flattern.

flier ['flaiə] *s.* **flyer.**

flight [flait] Flucht *f*; Flug *m*; Schwarm *m* (*Vögel etc.*); *aer.* Flug(verbindung *f*) *m*; **～ of stairs** Treppe *f*.

flimsy ['flimzi] dünn; *fig.* fadenscheinig.

flinch [flintʃ] zurückweichen.

fling [fliŋ] Wurf *m*; Versuch *m*; (*irr*) eilen, stürzen; werfen, schleudern; **～ open** *Tür* aufreißen.

flint [flint] Kiesel *m*; Feuerstein *m*.

flip [flip] schnipsen.

flippant ['flipənt] frech.

flipper ['flipə] (Schwimm-) Flosse *f*.

flirt [fləːt] kokettieren; **～ation** Flirt *m*.

flit [flit] flitzen, huschen; (umher)flattern.

float [fləut] Schwimmer *m*; Floß *n*; flottmachen; schwimmen *od.* treiben (lassen); schweben.

flock [flɔk] (*Schaf*)Herde *f* (*a. fig.*); Schar *f*; sich scharen; zs.-strömen.

floe [fləu] Eisscholle *f*.

flog [flɔg] peitschen; prügeln.

flood [flʌd] Flut *f*; Überschwemmung *f*; *fig.* Flut *f*, Strom *m*; überfluten, -schwemmen; **～lights** *pl* Flutlicht *n*; **～-tide** Flut *f*.

floor

floor [flɔ:] Fußboden *m*; Stock(werk *n*) *m*, Etage *f*; **take the ~** das Wort ergreifen; *vb*: e-n (Fuß-)Boden legen; zu Boden schlagen; verwirren; **~cloth** Putzlappen *m*; **~ lamp** Stehlampe *f*; **~ show** Nachtklubvorstellung *f*.

flop [flɔp]: **~ down** (sich) hinplumpsen lassen.

florist ['flɔrist] Blumenhändler(in).

flounder ['flaundə] Flunder *f*.

flour ['flauə] (feines) Mehl.

flourish ['flʌriʃ] Schnörkel *m*; Schwingen *n*; Tusch *m*; blühen, gedeihen; schwingen.

flow [flau] Fließen *n*; Strom *m*, Fluß *m*; fließen.

flower ['flauə] Blume *f*; Blüte *f* (*a. fig.*); blühen.

flown [flaun] *pp von* **fly²**.

fluctuate ['flʌktjueit] schwanken.

flu [flu:] *colloq. abbr. von* **influenza**.

fluent ['flu(:)ənt] fließend, geläufig.

fluff [flʌf] Flaum *m*; **~y** flaumig, flockig.

fluid ['flu(:)id] flüssig; Flüssigkeit *f*. **⟨fling.⟩**

flung [flʌŋ] *pret u. pp von* **fling**.

flunk [flʌŋk] *Am. colloq.* durchfallen (lassen).

flurry ['flʌri] Bö *f*; Schauer *m*; Aufregung *f*, Unruhe *f*; nervös machen, beunruhigen.

flush [flʌʃ] Spülung *f*; Erröten *n*; Erregung *f*; überfluten; (aus)spülen; (er)röten.

fluster ['flʌstə] Aufregung *f*; nervös machen, verwirren; sich aufregen.

flute [flu:t] Flöte *f*.

flutter ['flʌtə] Geflatter *n*; Erregung *f*; flattern (mit).

flux [flʌks] Fließen *n*, Fluß *m*.

fly¹ [flai] Fliege *f*.

fly² (*irr*) fliegen (lassen); stürmen, stürzen; flattern, wehen; verfliegen (*Zeit*); *Drachen* steigen lassen; fliehen aus; **~ north** nach Norden fliegen; **(across)** überfliegen; **~ into a rage** *od.* **passion** in Wut geraten; **~er** Flieger *m*.

flying ['flaiiŋ] fliegend; Flug...; **~ machine** Flugapparat *m*, -zeug *n*; **~ squad** Überfallkommando *n*; **~ time** Flugzeit *f*.

fly|-over (Straßen)Überführung *f*; **~weight** *Boxen:* Fliegengewicht *n*.

foal [foul] Fohlen *n*.

foam [foum] Schaum *m*; schäumen; **~y** schaumig.

focus ['foukəs] Brennpunkt *m*; *opt.* scharf einstellen; *fig.* konzentrieren.

foe [fou] *poet.* Feind *m*.

fog [fɔg] (dichter) Nebel; **~gy** neb(e)lig; *fig.* nebelhaft.

foible ['fɔibl] *fig.* Schwäche *f*.

foil¹ [fɔil] Folie *f; fig.* Kontrast *m,* Hintergrund *m.*

foil² vereiteln.

fold¹ [fəuld] (Schaf)Hürde *f,* Pferch *m; eccl.* Herde *f;* einpferchen.

fold² Falte *f;* falten; *Arme* kreuzen; **~er** Aktendeckel *m,* Schnellhefter *m;* Faltprospekt *m.*

folding [ˈfəuldiŋ] zs.-legbar, Klapp...; **~ boat** Faltboot *n;* **~ chair** Klappstuhl *m.*

foliage [ˈfəuliidʒ] Laub (-werk) *n,* Blätter *pl.*

folk [fəuk] *pl* Leute *pl;* **~lore** [ˈ.lɔː] Folklore *f;* **~s** *pl colloq.* Leute *pl* (*Angehörige*); **~song** Volkslied *n.*

follow [ˈfɔləu] folgen (auf); befolgen; *Beruf* ausüben; **~er** Anhänger(in); **~ing** Anhängerschaft *f.*

folly [ˈfɔli] Torheit *f.*

fond [fɔnd] zärtlich; vernarrt; **be ~ of** gern haben, lieben; **~le** liebkosen, streicheln; **~ness** Zärtlichkeit *f;* Vorliebe *f.*

food [fuːd] Speise *f,* Essen *n,* Nahrung *f;* Nahrungs-, Lebensmittel *pl;* Futter *n.*

fool [fuːl] (herum)spielen; zum Narren halten; betrügen; verleiten; Narr *m,* Närrin *f,* Dummkopf *m;* Hanswurst *m;* **make a ~ of o.s.** sich lächerlich machen; **~hardy** tollkühn; **~ish** töricht, dumm; **~ishness** Torheit

f; **~-proof** narrensicher.

foot [fut], *pl* **feet** [fiːt] Fuß *m;* Fußende *n;* **on ~** zu Fuß; *fig.* im Gange; **~ the bill** die Rechnung bezahlen; **~ball** Fußball *m;* **~baller** Fußballspieler *m;* **~board** Trittbrett *n;* **~ brake** Fußbremse *f;* **~hills** *pl* Vorgebirge *n;* **~hold** fester Stand; **~ing** Stand *m,* Halt *m; fig.* Stellung *f;* Beziehung(en *pl) f;* **~lights** *pl* Rampenlicht *n;* **~-path** (Fuß-) Pfad *m,* Gehweg *m;* **~print** Fußspur *f;* **~step** Fußstapfe *f;* Schritt *m.*

for [fɔː, fə] für; als; *Zweck, Ziel, Richtung:* zu; nach; *warten, hoffen etc.* auf; *sich sehnen etc.* nach; *Grund:* aus, vor, wegen; **~ three days** drei Tage lang; seit drei Tagen; **walk ~ a mile** eine Meile (weit) gehen.

forbade [fəˈbæd] *pret von* **forbid.**

forbear [fɔːˈbɛə] (*irr*) unterlassen, sich enthalten.

forbid [fəˈbid] (*irr*) verbieten; **~den** *pp von* **forbid; ~ding** abstoßend.

forbor|e [fɔːˈbɔː] *pret,* **~ne** *pp von* **forbear.**

force [fɔːs] Kraft *f,* Gewalt *f;* Zwang *m;* Nachdruck *m;* **armed ~s** *pl* Streitkräfte *pl;* **come od. put into ~** in Kraft treten *od.* setzen; *vb:* (er-) zwingen; **~ (open)** aufbrechen; **~d landing** Notlandung *f*.

forceps ['fɔːseps], *pl* ~ *med.* Zange *f*.

forcible ['fɔːsəbl] gewaltsam; überzeugend.

ford [fɔːd] Furt *f*; durchwaten.

fore [fɔː] vorder, Vorder...; **~boding** [~'bəudiŋ] Ahnung *f*; **~cast** Voraus-, Vorhersage *f*; (*irr* **cast**) vorhersehen, voraussagen; **~fathers** *pl* Vorfahren *pl*; **~finger** Zeigefinger *m*; **~foot** Vorderfuß *m*; **~ground** Vordergrund *m*; **~head** ['fɔrid] Stirn *f*.

foreign ['fɔrin] fremd; ausländisch; **~ currency** Devisen *pl*; **~er** Ausländer (-in), Fremde *m*, *f*; **~ exchange** Devisen *pl*; **♀ Office** *Brit.* Außenministerium *n*; **~ policy** Außenpolitik *f*; **~ trade** Außenhandel *m*.

fore|leg Vorderbein *n*; **~man** Vorarbeiter *m*, Werkmeister *m*; *jur.* Sprecher *m* (*der Geschworenen*); **~most** vorderst; erst; zuerst; **~noon** Vormittag *m*; **~see** (*irr* **see**) vorhersehen; **~sight** Voraussicht *f*, Vorsorge *f*.

forest ['fɔrist] Wald *m* (*a. fig.*), Forst *m*; **~er** Förster *m*; **~ry** Forstwirtschaft *f*.

fore|taste Vorgeschmack *m*; **~tell** (*irr* **tell**) vorhersagen. [mer.]

forever [fə'revə] (für) im-

foreword Vorwort *n*.

forfeit ['fɔːfit] einbüßen, verscherzen; Strafe *f*.

forge [fɔːdʒ] Schmiede *f*; schmieden; fälschen; **~ry** Fälschung *f*.

forget [fə'get] (*irr*) vergessen; **~ful** vergeßlich; **~me-not** Vergißmeinnicht *n*.

forgiv|e [fə'giv] (*irr* **give**) vergeben, -zeihen; **~eness** Verzeihung *f*; **~ing** versöhnlich.

forgot [fə'gɔt] *pret*, **~ten** *pp von* **forget**.

fork [fɔːk] Gabel *f*; sich gabeln, abzweigen.

forlorn [fə'lɔːn] verloren, -lassen; unglücklich.

form [fɔːm] Form *f*; Gestalt *f*; Formular *n*; (*Schul*)Bank *f*; (*Schul*)Klasse *f*; Kondition *f*; (sich) formen *od.* bilden *od.* gestalten.

formal ['fɔːməl] förmlich, formell; äußerlich; **~ity** [~'mæliti] Förmlichkeit *f*, Formalität *f*.

format|ion [fɔː'meiʃən] Bildung *f*; **~ive** ['~mɔtiv] formend, gestaltend.

former ['fɔːmə] früher, ehemalig; **the ~** der erstere; **~ly** früher.

formidable ['fɔːmidəbl] schrecklich; ungeheuer.

formulate ['fɔːmjuleit] formulieren.

for|sake [fə'seik] (*irr*) verlassen; aufgeben; **~saken** *pp*, **~sook** [fə'suk] *pret von* **forsake**.

fort [fɔːt] Fort n.

forth [fɔːθ] heraus; weiter, fort(an); **~coming** bevorstehend; **~with** sogleich. [ste.]

fortieth ['fɔːtiiθ] vierzig-\

fortify ['fɔːtifai] befestigen; fig. stärken.

fortnight ['fɔːtnait] vierzehn Tage; **today** ~ heute in vierzehn Tagen.

fortress ['fɔːtris] Festung f.

fortunate ['fɔːtʃnit] glücklich; **~ly** glücklicherweise.

fortune ['fɔːtʃən] Glück n; Schicksal n; Vermögen n.

forty ['fɔːti] vierzig, Vierzig f.

forward ['fɔːwəd] adj vorwärts; vorder; zeitig; vorlaut; fortschrittlich; adv (selten ~s) nach vorn, vorwärts; (her)vor; sp. Stürmer m; (be)fördern; (ver)senden; Brief etc. nachsenden.

foster-child ['fɔstətʃaild] Pflegekind n; **~parents** pl Pflegeeltern pl.

fought [fɔːt] pret u. pp von **fight**.

foul [faul] schmutzig (a. fig.); faul, verdorben; schlecht (a. Wetter); übelriechend; sp. unfair, regelwidrig; Foul n; beschmutzen.

found [faund] pret u. pp von **find**; gründen; stiften; tech. gießen; **~ation** Gründung f; Stiftung f; oft pl Fundament n; fig.

Grundlage f; **~er** Gründer(in); Stifter(in); **~ling** Findelkind n.

fountain ['fauntin] Springbrunnen m; Quelle f (bsd. fig.); **~pen** Füllfederhalter m.

four [fɔː] vier, Vier f; **~score** achtzig; **~stroke engine** Viertaktmotor m; **~teen(th)** ['ˌtiːn(θ)] vierzehn(te); **~th** [fɔːθ] vierte; Viertel n; **~thly** viertens.

fowl [faul] Haushuhn n; Geflügel n; Vogel m; **~ing-piece** Vogel-, Schrotflinte f.

fox [fɔks] Fuchs m.

fract|ion ['frækʃən] Bruch (-teil) m; **~ure** (bsd. Knochen)Bruch m; bre-\ chen. [brechlich.]

fragile ['frædʒail] zer-\

fragment ['frægmənt] Bruchstück n.

fragran|ce ['freigrəns] Wohlgeruch m, Duft m; **~t** wohlriechend, duftend.

frail [freil] ge-, zerbrechlich; schwach; **~ty** fig. Schwäche f.

frame [freim] Rahmen m; Gerüst n; (Brillen)Gestell n; Körper(bau) m; **~ of mind** Gemütsverfassung f; bilden, formen, bauen; (ein)rahmen; **~ house** Holzhaus n; **~ work** tech. Gerüst n.

franchise ['fræntʃaiz] Wahlrecht n; Bürgerrecht n.

frank [fræŋk] offen, aufrichtig.

frankfurter ['fræŋkfətə] Frankfurter Würstchen.

frankness ['fræŋknis] Offenheit f.

frantic ['fræntik] wild, rasend; wahnsinnig.

fratern|al [frə'tə:nl] brüderlich; **~ity** Brüderlichkeit f; Bruderschaft f.

fraud [frɔ:d] Betrug m; Schwindel m; Schwindler m.

fray [frei] (sich) durchscheuern.

freak [fri:k] (verrückter) Einfall, Laune f; verrückter Kerl, Sonderling m.

freckle ['frekl] Sommersprosse f.

free [fri:] befreien; freilassen; frei; freigebig; ~ **and easy** zwanglos; **set** ~ freilassen; **~dom** Freiheit f; Offenheit f; Zwanglosigkeit f; (plumpe) Vertraulichkeit; **~mason** Freimaurer m; ~ **port** Freihafen m; ~ **ticket** Freikarte f; ~ **time** Freizeit f; **~way** Am. Schnellstraße f; **~wheel** Freilauf m.

freez|e [fri:z] (irr) (ge-)frieren, erstarren; zum Gefrieren bringen; Fleisch etc. einfrieren, tiefkühlen; **~ing point** Gefrierpunkt m.

freight [freit] Fracht(geld n, -gut n) f; Am. Güter...; beladen; **~er** Frachter m.

French [frentʃ] französisch; Französisch n; **the** ~ pl die Franzosen pl; **~man** Franzose m; ~ **window** Balkon-, Glastür f; **~woman** Französin f.

frequen|cy ['fri:kwənsi] Häufigkeit f; phys. Frequenz f; **~t** häufig; [fri:'kwent] (oft) be- od. aufsuchen.

fresh [freʃ] frisch; neu; unerfahren; **~man** Student m im ersten Jahr; **~ness** Frische f; Neuheit f; **~water** Süßwasser...

fret [fret] (sich) ärgern.

friar ['fraiə] (Bettel)Mönch m.

friction ['frikʃən] Reibung f; fig. Spannung f.

Friday ['fraidi] Freitag m.

fridge [fridʒ] colloq. Kühlschrank m.

fried [fraid] gebraten, gebacken, Brat..., Back...

friend [frend] Freund(in); Bekannte m, f; **make** ~**s** Freundschaft schließen; **~ly** freund(schaft)lich; **~ship** Freundschaft f.

frig(e) [fridʒ] s. fridge.

fright [frait] Schreck(en) m; **~en** erschrecken; **~ened: be** ~ **of** colloq. sich fürchten vor; **~ful** schrecklich. [stig.]

frigid ['fridʒid] kalt, frostig.)

frill [fril] Krause f, Rüsche f.

fringe [frindʒ] Franse f; Rand m; Pony m (Frisur).

frisk [frisk] hüpfen; **~y** lebhaft, munter.

function

fro [frəu]: **to and ~ hin und her, auf und ab.**

frock [frɔk] Kutte *f*; Kleid *n*.

frog [frɔg] Frosch *m*.

frolic ['frɔlik] scherzen, spaßen; **~some** ['~səm] vergnügt, ausgelassen.

from [frɔm, frəm] von; aus, von ... aus *od.* her, aus ... heraus; von ... herab; aus, von, infolge von; **~ ... to von ...** bis.

front [frʌnt] gegenüberstehen, -liegen, mit der Front nach ... zu liegen; Vorderseite *f*; Front *f* (*a. mil.*); Strandpromenade *f*; Vorder...; **in ~** vorn; **in ~ of** *räumlich:* vor; **~ door** Haus-, Vordertür *f*; **~ garden** Vorgarten *m*; **~ier** ['~iə] Grenze *f*; Grenz...; **~ page** Titelseite *f*; **~ seat** Vordersitz *m*; **~ tyre** Vorderreifen *m*; **~ wheel** Vorderrad *n*; **~wheel drive** Vorderradantrieb *m*.

frost [frɔst] Frost *m*; Reif *m*; mit Reif *od.* Eis überziehen; mit Puderzucker bestreuen; glasieren; mattieren; **~bite** Erfrierung *f*; **~ed glass** Milchglas *n*; **~y** eisig, frostig.

froth [frɔθ] Schaum *m*; schäumen; **~y** schaumig.

frown [fraun] die Stirn runzeln; finster blicken.

froze [frəuz] *pret*, **~n** *pp von* **freeze**; **~n meat** Gefrierfleisch *n*.

frugal ['fru:gəl] sparsam, bescheiden.

fruit [fru:t] Frucht *f*; Früchte *pl*; Obst *n*; **~erer** Obsthändler *m*; **~ful** fruchtbar; *fig.* vergeblich; **~less** unfruchtbar; *fig.* vergeblich.

frustrate [frʌs'treit] vereiteln; enttäuschen.

fry [frai] braten, backen; **~ing-pan** Bratpfanne *f*.

fuchsia ['fju:ʃə] Fuchsie *f*.

fuel [fjuəl] Brenn-, Treib-, Kraftstoff *m*.

fugitive ['fju:dʒitiv] flüchtig; Flüchtling *m*.

fulfil(l) [ful'fil] erfüllen; ausführen; **~ment** Erfüllung *f*.

full [ful] voll; vollständig; ganz; ausführlich; völlig, ganz; gerade; genau; **~ of** voller ..., voll von; erfüllt von; **~ up** voll, besetzt; **in ~** voll(ständig); **~ board** Vollpension *f*; **~ stop** Punkt *m*.

ful(l)ness ['fulnis] Fülle *f*.

full-time employment, ~ job Ganztagsbeschäftigung *f*.

fumble ['fʌmbl] umhertasten, (herum)fummeln.

fume [fju:m] Dunst *m*, Dampf *m*; rauchen, dampfen; *fig.* wütend sein.

fun [fʌn] Scherz *m*, Spaß *m*; **for ~, in ~** aus Spaß; **it is ~** es macht Spaß; **make ~** sich lustig machen über.

function ['fʌŋkʃən] Funktion *f*; Aufgabe *f*; Ver-

anstaltung *f*; funktionieren; **~ary** Funktionär *m*.
fund [fʌnd] Kapital *n*,
Geldsumme *f*, Fonds *m*;
pl a. (Geld)Mittel *pl*; *fig.*
Vorrat *m*.
fundamental [fʌndə-
'mentl] grundlegend.
funeral ['fju:nərəl] Be-
erdigung *f*; Trauer..., Begräbnis...
fun fair Rummelplatz *m*.
funicular (railway)
[fju(:)'nikjulə] (Draht-)
Seilbahn *f*.
funnel ['fʌnl] Trichter *m*;
Licht-, Luftschacht *m*;
mar., rail. Schornstein *m*.
funny ['fʌni] spaßig, komisch, lustig.
fur [fɜ:] Pelz *m*, Fell *n*;
Belag *m* (*auf der Zunge*).
furious ['fjuəriəs] wütend;
wild.
furl [fɜ:l] zs.-rollen; sich
zs.-rollen lassen.
furnace ['fɜ:nis] Schmelz-,
Hochofen *m*; (Heiz)Kessel
m.

furnish ['fɜ:niʃ] versorgen;
liefern; möblieren; aus-
statten.
furniture ['fɜ:nitʃə] Möbel
pl, Einrichtung *f*.
furrow ['fʌrəu] Furche *f*;
pflügen; furchen.
further ['fɜ:ðə] weiter; ferner, überdies; fördern;
~more ferner, überdies.
furtive ['fɜ:tiv] verstohlen.
fury ['fjuəri] Zorn *m*, Wut
f; Furie *f*.
fuse [fju:z] (ver)schmelzen;
electr. durchbrennen;*electr.*
Sicherung *f*; Zünder *m*.
fuselage ['fju:zila:ʒ] (Flugzeug)Rumpf *m*.
fusion ['fju:ʒən] Ver-
schmelzung *f*; Fusion *f*.
fuss [fʌs] Aufregung *f*, Getue *n*; viel Aufhebens
machen; (sich) aufre-
gen.
futile ['fju:tail] nutzlos.
future ['fju:tʃə] (zu)künf-
tig; Zukunft *f*; **~ (tense)**
gr. Futur *n*, Zukunft *f*.

G

gab [gæb] *colloq.* Geschwätz *n*; **have the gift
of the ~** ein gutes Mund-
werk haben.
gable ['geibl] Giebel *m*.
gad-fly ['gædflai] *zo.* Bremse *f*.
gag [gæg] Knebel *m*; Gag
m; knebeln.
gage [geidʒ] *s.* **gauge**.
gaiety ['geiəti] Fröhlich-

keit *f*; **~ly** *adv* von **gay**.
gain [gein] Gewinn *m*;
Zunahme *f*; gewinnen; bekommen; zunehmen (*Ge-
wicht*); vorgehen (*Uhr*).
gait [geit] Gang(art *f*) *m*;
~er Gamasche *f*.
gale [geil] Sturm *m*.
gall [gɔ:l] Galle *f*.
gallant ['gælənt] stattlich;
tapfer; galant, höflich.

gallery ['gæləri] Galerie *f;* Empore *f.*

galley ['gæli] Galeere *f;* Kombüse *f;* **~proof** (Korrektur)Fahne *f.*

gallon ['gælən] Gallone *f* (4,54 Liter, Am. 3,78 Liter).

gallop ['gæləp] Galopp *m;* galoppieren (lassen).

gallows ['gæləuz] *sg* Galgen *m.*

galore [gə'lɔ:] im Überfluß.

gamble ['gæmbl] spielen; **~r** Spieler(in).

gambol ['gæmbəl] Luftsprung *m;* (herum)hüpfen.

game [geim] Spiel *n* (a. *Wettkampf, -spiel*);Wild *n;* **~keeper** Wildhüter *m.*

gander ['gændə] Gänserich *m.*

gang [gæŋ] Gruppe *f,* Trupp *m;* Bande *f;* **~ up** sich zs.-rotten *od.* zs.-tun.

gangster ['gæŋstə] Gangster *m.*

gangway ['gæŋwei] (Durch)Gang *m;* Gangway *f,* Laufplanke *f.*

gaol [dʒeil] Gefängnis *n;* einsperren; **~er** (Gefängnis)Wärter *m.*

gap [gæp] Lücke *f;* Spalt(e *f) m; fig.* Kluft *f.*

gape [geip] gähnen; gaffen; klaffen.

garage ['gæra:dʒ] Garage *f;* Auto-, Reparaturwerkstatt *f;* Auto einstellen.

garbage ['ga:bidʒ] Abfall *m.*

garden ['ga:dn] Garten

m; **~er** Gärtner(in); **~ing** Gartenarbeit *f.*

gargle ['ga:gl] Mund ausspülen; gurgeln.

garland ['ga:lənd] Girlande *f,* Kranz *m.* ⎡ *m.*⎤

garlic ['ga:lik]Knoblauch |

garment ['ga:mənt] Kleidungsstück *n,* Gewand *n.*

garnish ['ga:niʃ] garnieren.

garret ['gærət] Dachstube *f,* Mansarde *f.*

garrison ['gærisn] Garnison *f,* Besatzung *f.*

garter ['ga:tə] Strumpfband *n; Am.* Sockenhalter *m.*

gas [gæs] Gas *n; Am. mot.* Benzin *n;* **~eous** ['~jəs] gasförmig; **~ fire** Gasheizung *f.*

gash [gæʃ] klaffende Wunde.

gasket['gæskit] *tech.* Dichtung *f.*

gas|-meter Gasuhr *f;* **~oline** ['gæsəli:n] *Am. mot.* Benzin *n.*

gasp [ga:sp] Keuchen *n;* keuchen, schnaufen.

gas| station *Am.* Tankstelle *f;* **~stove** Gasherd *m;* **~works** *sg* Gaswerk *n.*

gate [geit] Tor *n;* Pforte *f;* Schranke *f,* Sperre *f;* aer. Flugsteig *m;* **~way** Tor(weg *m) n,* Einfahrt *f.*

gather ['gæðə] sich versammeln; sich zs.-ballen (*Wolken*); ernten (*Absze*ß); (ein-, ver)sammeln; ernten, pflücken; raffen; *fig.*

schließen (**from** aus); ~ **speed** schneller werden; ~**ing** Versammlung *f.*

gaudy ['gɔːdi] grell; protzig.

gauge [geidʒ] (Normal-)Maß *n*; *rail.* Spurweite *f*; Meßgerät *n*; eichen; (aus-)messen.

gaunt [gɔːnt] hager; finster. [*m.*\

gauze [gɔːz] Gaze *f*; Mull\

gave [geiv] *pret von* **give.**

gay [gei] lustig, fröhlich, heiter; bunt, lebhaft.

gaze [geiz] (fester, starrer) Blick; ~ **at** anstarren.

gear [giə] *tech.* Getriebe *n*; *mot.* Gang *m*; Gerät *n*; ~**change** Gangschaltung *f*; ~**defect** Getriebeschaden *m*; ~**ing** Getriebe *n*; Übersetzung *f*; ~**lever** Schalthebel *m.*

geese [giːs] *pl von* **goose.**

gem [dʒem] Edelstein *m.*

gender ['dʒendə] *gr.* Genus *n.*

general ['dʒenərəl] allgemein; Haupt...; General *m*; Feldherr *m*; ~**ize** verallgemeinern; ~**ly** im allgemeinen; gewöhnlich.

generat|e ['dʒenəreit] erzeugen; ~**ion** Erzeugung *f*; Generation *f*; Menschenalter *n*; ~**or** Generator *m*; *mot.* Lichtmaschine *f.*

gener|osity [dʒenə'rɔsiti] Großmut *f*; Großzügigkeit *f*; ~**ous** großzügig; edel; reichlich.

genial ['dʒiːnjəl] freundlich.

genitive (case) ['dʒenitiv] *gr.* Genitiv *m*, 2. Fall.

genius ['dʒiːnjəs] Genie *n*; *fig.* Geist *m.*

gentle ['dʒentl] sanft, mild, zart; vornehm; ~**man** Herr *m*, Gentleman *m*; ~**manlike**, ~**manly** vornehm, fein, gebildet; ~**ness** Güte *f*, Milde *f*, Sanftheit *f*; ~**woman** Dame *f.*

gentry ['dʒentri] niederer Adel; gebildete und besitzende Stände *pl.*

genuine ['dʒenjuin] echt.

geography [dʒi'ɔgrəfi] Geographie *f*, Erdkunde *f.*

geolog|ist [dʒi'ɔlədʒist] Geologe *m*; ~**y** Geologie *f.*

geometry [dʒi'ɔmitri] Geometrie *f.*

germ [dʒəːm] Keim *m*; Bakterie *f.*

German ['dʒəːmən] deutsch; Deutsche *m*, *f*; Deutsch *n.*

germinate ['dʒəːmineit] keimen.

gerund ['dʒerənd] *gr.* Gerundium *n.*

gesticulate [dʒes'tikjuleit] gestikulieren.

gesture ['dʒestʃə] Geste *f*, Gebärde *f.*

get [get] (*irr*) erhalten, bekommen, *colloq.* kriegen; (sich) besorgen; holen; bringen; erwerben; verdienen; ergreifen, fassen, fangen; veranlassen; *colloq.*

give

verstehen; gelangen, (an-)kommen, geraten; *mit adj*: werden; ~ **about** herumkommen; auf den Beinen sein; sich verbreiten (*Gerücht*); ~ **along** auskommen; vorwärtskommen; ~ **away** loskommen; entkommen; ~ **in** einsteigen; ~ **off** aussteigen; ~ **on** einsteigen in; ~ **on with** s.o. mit j-m auskommen; ~ **out** aussteigen; ~ **out of** heraus- *od.* hinauskommen aus; ~ **to** kommen nach; ~ **together** zs.-kommen; ~ **up** aufstehen; ~ **by heart** auswendig lernen; ~ **one's hair cut** sich die Haare schneiden lassen; ~ **ready** sich fertigmachen; ~ **to know** kennenlernen; **have got** haben; **have got to** müssen.

geyser ['gaizə] Geiser *m*, Geysir *m*; ['gi:zə] Boiler *m*.

ghastly ['gɑ:stli] gräßlich, schrecklich; (toten)bleich.

gherkin ['gə:kin] Gewürzgurke *f*.

ghost [gəust] Geist *m*, Gespenst *n*; ~**ly** geisterhaft.

giant ['dʒaiənt] riesig, gigantisch, Riesen...; *a* Riese *m*.

gibbet ['dʒibit] Galgen *m*.

gibe [dʒaib] (ver)spotten.

giblets ['dʒiblits] *pl* Gänse-, Hühnerklein *n*.

giddy ['gidi] schwind(e)-lig; schwindelnd; *fig.* leichtsinnig.

gift [gift] Geschenk *n*;

Begabung *f*, Talent *n*; ~**ed** begabt.

gigantic [dʒai'gæntik] riesig, gigantisch.

giggle ['gigl] kichern; Gekicher *n*.

gild [gild] (*irr*) vergolden; verschöne(r)n.

gill [gil] Kieme *f*; *bot.* Lamelle *f*.

gilt [gilt] *pret u. pp von* gild; Vergoldung *f*.

gin [dʒin] Gin *m*, Wacholderschnaps *m*.

ginger ['dʒindʒə] Ingwer *m*; *colloq.* Schneid *m*, Feuer *n*; rötlich-gelb; ~**bread** Pfefferkuchen *m*; ~**ly** sachte, behutsam; zimperlich.

gipsy ['dʒipsi] Zigeuner (-in).

giraffe [dʒi'rɑ:f] Giraffe *f*.

gird [gə:d] (*irr*) (um)gürten; umgeben.

girder ['gə:də] Träger *m*, Tragbalken *m*.

girdle ['gə:dl] Gürtel *m*; Hüfthalter *m*, -gürtel *m*.

girl [gə:l] Mädchen *n*; *♀* **Guide** Pfadfinderin *f*; ~**hood** Mädchenjahre *pl*; ~**ish** mädchenhaft; *♀* **Scout** *Am.* Pfadfinderin *f*; ~'s **name** Mädchenname *m*.

girt [gə:t] *pret u. pp von* gird.

girth [gə:θ] (Sattel)Gurt *m*; Umfang *m*.

give [giv] (*irr*) (ab-, weiter)geben; schenken; hergeben; widmen; geben, reichen; liefern; verursachen, bereiten; zugestehen, erlauben; nachgeben; ~ away verschenken; verteilen; verraten; ~ in nachgeben; *Gesuch etc.* einreichen; ~ up aufgeben; *j-n* ausliefern; ~ **o.s. up** sich stellen; ~ (up)on (to) gehen nach, hinausgehen auf (*Fenster etc.*); ~ **way** zurückweichen, Platz machen; ~n *pp* given; ergeben, verfallen (**to** *dat.*).

glacier ['glæsjə] Gletscher *m.*

glad [glæd] froh, erfreut; **be** ~ sich freuen; ~ly gern(e); ~ness Freude *f.*

glam|orous ['glæmərəs] bezaubernd; ~o(u)r Zauber *m*, Reiz *m.*

glance [gla:ns] flüchtiger Blick; Aufblitzen *n*; ~ at (schnell, flüchtig) blicken auf.

gland [glænd] Drüse *f.*

glare [gleə] blendendes Licht; wilder *od.* funkelnder Blick; grell leuchten *od.* scheinen; ~ at (wild) anstarren.

glass [gla:s] (Trink-, Fern-, Opern)Glas *n*; Spiegel *m*; Barometer *n*; **a** ~ **of** ... ein Glas ...; **(a pair of)** ~es *pl* (e-e) Brille; gläsern, Glas...; ~y gläsern; glasig.

glaze [gleiz] Glasur *f*; verglasen; glasieren; glasig werden (*Auge*); ~ier ['~jə] Glaser *m.*

gleam [gli:m] schwacher

Schein, Schimmer *m*; leuchten, schimmern.

glee [gli:] Fröhlichkeit *f*, Freude *f*; mehrstimmiges Lied.

glen [glen] enges Tal, Bergschlucht *f.*

glib [glib] glatt, gewandt, zungenfertig.

glide [glaid] Gleiten *n*; *aer.* Gleitflug *m*; gleiten; segeln; ~r Segelflugzeug *n.*

glimmer ['glimə] Schimmer *m*; schimmern.

glimpse [glimps] flüchtiger Blick; flüchtig (er-) blicken.

glint [glint] schimmern, glitzern.

glisten ['glisn] schimmern, glänzen, glitzern.

glitter ['glitə] glitzern, glänzen, funkeln.

gloat [gləut]: ~ (up)on, ~ over sich weiden an.

globe [gləub] (Erd)Kugel *f*; Globus *m.*

gloom [glu:m] Düsterkeit *f*, Dunkel *m*; düstere Stimmung, Schwermut *f*; ~y dunkel, düster; niedergeschlagen.

glor|ify ['glɔ:rifai] verherrlichen; ~ious herrlich; ruhmvoll; ~y Ruhm *m*, Ehre *f*; Herrlichkeit *f.*

gloss [glɔs] Glanz *m.*

glossary ['glɔsəri] (Spezial)Wörterbuch *n.*

glossy ['glɔsi] glänzend.

glove [glʌv] Handschuh *m.*

glow [gləu] Glühen *n*;

good

Glut *f*; glühen; **~worm**
Glühwürmchen *n*.

glue [glu:] Leim *m*; Klebstoff *m*; leimen; kleben.

glutton ['glʌtn] Vielfraß
m; **~ous** gefräßig; **~y** Ge-
fräßigkeit *f*.

gnarled [nɑːld] knorrig;
knotig, gichtig (*Finger*).

gnash [næʃ] knirschen mit
(*Zähnen*).

gnat [næt] (Stech)Mücke *f*.

gnaw [nɔː] zernagen, nagen; nagen (**at** an).

go [gəu] (*irr*) gehen, fahren; verkehren (*Fahr-
zeuge*); (fort)gehen, ab-
fahren; vergehen (*Zeit*);
kaputtgehen; ausgehen;
ablaufen, ausfallen; gehen,
arbeiten, funktionieren;
reichen; passen; werden;
gelten; läuten, ertönen
(*Glocke*); **~ to bed** ins
Bett gehen; **~ to school**
zur Schule gehen; **~ to
see** besuchen; **let ~** loslassen; **~ at** losgehen auf;
~ by sich richten nach;
~ for holen; angreifen;
~ for a walk spazierengehen; **~ in** hineingehen,
eintreten; **~ in for an
examination** e-e Prüfung
machen; **~ off** fort-
gehen; **~ on** weitergehen,
-fahren; *fig.*: fortfahren
(**doing** zu tun); vor
sich gehen, vorgehen; **~
through** durchgehen;
durchmachen; **~ up** steigen; hinaufsteigen, -ge-
hen; **~ without** auskom-

men ohne; *sub: colloq.*
Schwung *m*; **have a ~ at**
es versuchen mit.

goad [gəud] anstacheln.

goal [gəul] Ziel *n*; *Fußball:* Tor *n*; **~keeper**
Torwart *m*.

goat [gəut] Ziege *f*.

go-between Vermittler
(-in).

goblet ['gɒblit] Kelchglas *n*.

goblin ['gɒblin] Kobold *m*.

god [gɒd] (*eccl.* 2) Gott *m*;
fig. (Ab)Gott *m*; **~child**
Patenkind *n*; **~dess** Göttin
f; **~father** Pate *m*; **~less**
gottlos; **~mother** Patin *f*.

goggles ['gɒglz] *pl* Schutz-
brille *f*.

going ['gəuiŋ] Gehen *n*; **~ to**
im Begriff sein zu, gleich
tun und. werden.

gold [gəuld] Gold *n*; golden, Gold...; **~-digger**
Goldgräber *m*; **~en** golden
(*a.* *fig.*), goldgelb;
~-plated vergoldet; **~-
smith** Goldschmied *m*.

golf [gɒlf] Golf(spiel) *n*;
Golf spielen; **~-course**,
~-links *pl* Golfplatz *m*.

gondola ['gɒndələ] Gondel *f*.

gone [gɒn] *pp von* go;
fort, weg, *colloq.* futsch.

good [gud] gut; artig,
lieb (*Kind*); gültig; **~ at**
gut in, geschickt in;
make s.th. ~ et. wiedergutmachen; Gute *n*, Wohl
n; Vorteil *m*, Nutzen *m*;
pl Waren *pl*, Güter *pl*;
that's no ~ das nützt

nichts; **for** ~ für immer; **~by(e)** ['~'bai] Lebewohl *n*; *int.* ['~'bai] (auf) Wiedersehen!; **~for-nothing** Taugenichts *m*; ♀ **Friday** Karfreitag *m*; **~natured** gutmütig; **~ness** Güte *f*; **thank ~ness!** Gott sei Dank!; **~will** Wohlwollen *n*, guter Wille.

goose [gu:s], *pl* **geese** [gi:s] Gans *f* (*a. fig.*).

goose|berry ['guzbəri] Stachelbeere *f*; **~flesh** ['gu:s-] *fig.* Gänsehaut *f*.

gopher ['gəufə] Taschenratte *f*.

gorge [gɔːdʒ] enge (Fels-) Schlucht; Mageninhalt *m*; gierig verschlingen; (sich) vollstopfen.

gorgeous ['gɔːdʒəs] prächtig; *colloq.* großartig.

gospel ['gɔspəl] Evangelium *n*.

gossip ['gɔsip] Klatsch *m*; Geplauder *n*; Klatschbase *f*; klatschen.

got [gɔt] *pret* u. *pp von* **get**.

Gothic ['gɔθik] gotisch.

gotten ['gɔtn] *Am. pp von* **get.**

gourd [guəd] Kürbis *m*.

gout [gaut] Gicht *f*.

govern ['gʌvən] regieren; (be)herrschen; verwalten, lenken, leiten; **~ess** Erzieherin *f*; **~ment** Regierung *f*; *pol.* Ministerium *n*; **~or** Gouverneur *m*; *colloq.* Alte *m* (*Vater*, *Chef*).

gown [gaun] (Damen-)

Kleid *n*; Robe *f*; Talar *m*.

grab [græb] (hastig) (er)greifen; an sich reißen; packen.

grace [greis] Gnade *f*; Gunst *f*; *jur.*, *econ.* Frist *f*; Grazie *f*, Anmut *f*; Anstand *m*; Tischgebet *n*; **Your** ♀ Euer Gnaden; **~ful** anmutig.

gracious ['greiʃəs] gnädig; gütig; **good ~!** du meine Güte!

grade [greid] Grad *m*, Stufe *f*; Rang *m*; Qualität *f*; *Am. Schule*: Klasse *f*; Note *f*; einstufen; planieren; **~ crossing** *Am.* schienengleicher Bahnübergang; **~ school** *Am.* Grundschule *f*.

gradient ['greidjənt] Steigung *f*, Gefälle *n*.

gradual|l ['grædʒuəl] allmählich, stufenweise; **~te** ['~djueit] (sich) abstufen; in Grade einteilen; promovieren, e-n akademischen Grad verleihen *od.* erlangen; ['~djuət] Graduierte *m*, *f*; Promovierte *m*, *f*; *Am.* Absolvent(in); **~tion** [~dju-'eiʃən] Abstufung *f*; Gradeinteilung *f*; Promotion *f*; *Am.* Abschlußfeier *f*.

graft [grɑ:ft] Pfropfreis *n*; *med.* verpflanzen; pfropfen; *med.* verpflanzen.

grain [grein] (Samen-) Korn *n*; Getreide *n*; *fig.* Spur *f*.

gram [græm] *s.* **gramme.**

gramma|r ['græmə] Grammatik f; **~r-school** appr. Gymnasium n; **~tical** [grə'mætikəl] grammati(kali)sch.

gramme [græm] Grammn.

gramophone ['græməfəun] Grammophon n, Plattenspieler m.

grand [grænd] großartig; erhaben; groß, bedeutend; Groß..., Haupt...; **~child** ['~ntʃ-] Enkel(in); **~daughter** ['~ndɔ:-] Enkelin f; **~eur** ['~ndʒə] Größe f, Hoheit f; Erhabenheit f; Herrlichkeit f; **~father** ['~df-] Großvater m; **~father('s) clock** Standuhr f; **~ma** ['~nma:] colloq. Oma f; **~mother** ['~nm-] Großmutter f; **~pa** ['~npa:] colloq. Opa m; **~parents** ['~np-] pl Großeltern pl; **~son** ['~ns-] Enkel m; **~stand** Tribüne f.

granny ['græni] colloq. Oma f.

grant [grɑ:nt] Unterstützung f, Zuschuß m; Stipendium n; bewilligen; Bitte etc. erfüllen; zugeben; **take for ~ed** als selbstverständlich annehmen.

granulated sugar ['grænjuleitid] Kristallzucker m.

grape [greip] Weinbeere f, -traube f; **~fruit** Grapefruit f, Pampelmuse f; **~-sugar** Traubenzucker m.

graphic ['græfik] graphisch; anschaulich.

grasp [grɑ:sp] Griff m; fig. Verständnis n; (er)greifen, packen; fig. verstehen; greifen (at nach).

grass [grɑ:s] Gras n; Rasen m; Weide f; **~hopper** Heuschrecke f; **~ widow** Strohwitwe f.

grate [greit] (Feuer)Rost m; (zer)reiben; knirschen (mit).

grateful ['greitful] dankbar.

grater ['greitə] Reibeisen n.

grati|fication [grætifi'keiʃən] Befriedigung f; Freude f; **~fy** ['~fai] befriedigen; erfreuen.

grating ['greitiŋ] rauh, unangenehm; Gitter n.

gratitude ['grætitju:d] Dankbarkeit f.

gratuit|ous [grə'tju(:)itəs] unentgeltlich; freiwillig; **~y** Gratifikation f; Trinkgeld n.

grave [greiv] ernst; Grab n; **~-digger** Totengräber m.

gravel ['grævəl] Kies m.

graveyard Friedhof m.

gravit|ation [grævi'teiʃən] Schwerkraft f; **~y** ['~ti] Ernst m; Schwere f; Schwerkraft f.

gravy ['greivi] Bratensoße f.

gray [grei] bsd. Am. für **grey**.

graz|e [greiz] (ab)weiden; (ab)grasen; streifen;

schrammen; *Haut* ab-
schürfen; **~ing-land** Wei-
deland *n.*

greas|e [gri:s] Fett *n*;
Schmiere *f*; [~z] (be-,
ab)schmieren; **~y** ['~zi]
fettig, schmierig, ölig.

great [greit] groß;
Groß...; *colloq.* groß-
artig; **~coat** Überzieher
m; **~grandchild** Ur-
enkel(in); **~grand-**
father Urgroßvater *m*;
~grandmother Ur-
großmutter *f*; **~ly** sehr;
~ness Größe *f*; Bedeutung
f.

greed [gri:d] Gier *f*; **~y**
(be)gierig; habgierig.

Greek [gri:k] griechisch;
Grieche *m*, -in *f*;
Griechisch *n*; **it's ~ to
me** das sind böhmische
Dörfer für mich.

green [gri:n] grün (*a.
fig.*); unreif; *fig.* unerfahren, neu; Grün *n*;
Grünfläche *f*; *pl* grünes
Gemüse; **~grocer** Ge-
müsehändler(in); **~horn**
Grünschnabel *m*, Neu-
ling *m*; **~house** Ge-
wächshaus *n*; **~ish** grün-
lich.

greet [gri:t] (be)grüßen;
~ing Gruß *m*, Begrüßung
f.

grenade [gri'neid] Hand-,
Gewehrgranate *f.*

grew [gru:] *pret von*
grow.

grey [grei] grau; Grau *n*;
~hound Windhund *m.*

grid [grid] Gitter *n*; *electr.*
Überlandleitungsnetz *n*;
~(iron) (Brat)Rost *m.*

grief [gri:f] Kummer *m.*

griev|ance [gri:vəns]
Grund *m* zur Klage, Miß-
stand *m*; **~e** bekümmern,
kränken; bekümmert sein;
~ous schmerzlich; schwer.

grill [gril] grillen; (Brat-)
Rost *m*, Grill *m*; gegrilltes
Fleisch; **~(-room)** Grill
(-room) *m.*

grim [grim] grimmig.

grimace [gri'meis]
Fratze *f*, Grimasse *f*;
Grimassen schneiden.

grim|e [graim] Schmutz
m; **~y** schmutzig.

grin [grin] Grinsen *n*;
grinsen.

grind [graind] (*irr*) zer-
reiben; (zer)mahlen;
schleifen; Kaffeemühle
etc. drehen; mit *den*
Zähnen knirschen; **~stone**
Schleifstein *m.*

grip [grip] packen (*a. fig.*),
fassen; Griff *m* (*a. fig.*).

gripes [graips] *pl* Kolik *f.*

gristle ['grisl] Knorpel *m.*

grit [grit] Kies *m*, Sand
m; *fig.* Mut *m.*

groan [groun] stöhnen.

grocer ['grousə] Lebens-
mittel-, Kolonialwaren-
händler *m*; **~ies** ['~riz] *pl*
Lebensmittel *pl*; **~y** Le-
bensmittelgeschäft *n.*

groin [grɔin] *anat.* Leiste *f.*

groom [grum] Reit-,
Pferdeknecht *m*; Bräuti-
gam *m*; pflegen.

groove [gru:v] Rinne *f*; Rille *f*.

grope [grəup] tasten.

gross [grəus] dick, fett; grob; derb; Brutto...; Gros *n* (12 *Dutzend*).

ground[1] [graund] *pret u. pp von* **grind**.

ground[2] [graund] Boden *m*, Erde *f*; Gebiet *n* (*Spiel- etc.*) Platz *m*; Meeresboden *m*; *fig.* Grund *m*; *pl* Grundstück *n*, Park *m*, Gartenanlage *f*; *pl* (*Kaffee*)Satz *m*; (be)gründen; *electr.* erden.

ground| control *aer.* Bodenkontrollstation *f*; **~ crew** *aer.* Bodenpersonal *n*; **~ floor** Erdgeschoß *n*; **~ glass** Mattglas *n*; **~hog** Amerikanisches Murmeltier; **~less** grundlos; **~nut** Erdnuß *f*; **~ staff** *aer.* Bodenpersonal *n*.

group [gru:p] Gruppe *f*; (sich) gruppieren.

grove [grəuv] Hain *m*, Gehölz *n*.

grow [grəu] (*irr*) wachsen, werden; anbauen; (sich) wachsen lassen.

growl [graul] knurren, brummen; grollen (*Donner*).

grow|n [grəun] *pp von* **grow**; **~n-up** erwachsen; Erwachsene *m*, *f*; **~th** [~θ] Wachstum *n*; (An-) Wachsen *n*; Entwicklung *f*; Wuchs *m*; Erzeugnis *n*; *med.* Wucherung *f*.

grub [grʌb] Larve *f*, Made *f*; **~by** schmierig.

grudge [grʌdʒ] Groll *m*; mißgönnen; ungern geben.

gruel [gruəl] Haferschleim *m*.

gruff [grʌf] grob, schroff, barsch.

grumble ['grʌmbl] murren, brummen; grollen (*Donner*); **~r** Nörgler *m*.

grunt [grʌnt] grunzen.

guarant|ee [gærən'ti:] Bürgschaft *f*, Garantie *f*; Kaution *f*, Sicherheit *f*; Bürge *m*; (sich ver-) bürgen für; garantieren; **~or** [~'tɔ:] *jur.* Bürge *m*; **~y** [~'ti] Bürgschaft *f*, Garantie *f*; Kaution *f*, Sicherheit *f*.

guard [ga:d] bewachen, (be)schützen; **~ against** sich hüten vor; Wache *f*; Aufseher *m*, Wächter *m*; Wärter *m*; *rail.* Schaffner *m*; Schutzvorrichtung *f*; **on one's ~** auf der Hut; **off one's ~** unachtsam; **~ian** ['~jən] *jur.* Vormund *m*; Schutz...; **~ianship** *jur.* Vormundschaft *f*; **~s** *pl in England:* Garde *f*.

guess [ges] Vermutung *f*; vermuten; (er)raten; *Am.* denken.

guest [gest] Gast *m*; **~house** (Hotel)Pension *f*, Fremdenheim *n*; **~room** Gäste-, Fremdenzimmer *n*.

guidance ['gaidəns] Führung *f*; (An)Leitung *f*.

guide [gaid] Führer m; Fremdenführer m; führen; lenken, leiten, steuern; **~book** (Reise)Führer m.

guild [gild] Gilde f, Zunft f, Innung f; Vereinigung f; **2-hall** Rathaus n (London).

guileless ['gaillis] arglos.

guilt [gilt] Schuld f; **~less** schuldlos; **~y** schuldig.

guinea-pig ['gini-] Meerschweinchen n.

guitar [gi'ta:] Gitarre f.

gulf [gʌlf] Meerbusen m, Golf m; Abgrund m, Kluft f.

gull [gʌl] Möwe f.

gullet ['gʌlit] Speiseröhre f; Gurgel f.

gulp [gʌlp] (großer) Schluck; **~ down** hinunterschlingen, -stürzen.

gum [gʌm] Gummi m; Klebstoff m; pl Zahnfleisch n; gummieren; kleben.

gun [gʌn] Gewehr n,

Flinte f; Geschütz n, Kanone f; Am. colloq. Revolver m; **~powder** Schießpulver n.

gurgle ['gə:gl] gluckern, gurgeln, glucksen.

gush [gʌʃ] Strom m, Guß m; fig. Erguß m; sich ergießen, schießen.

gust [gʌst] Windstoß m, Bö f.

guts [gʌts] pl Eingeweide pl; fig. Schneid m.

gutter ['gʌtə] Dachrinne f; Gosse f (a. fig.), Rinnstein m.

guy [gai] Am. sl. Kerl m.

gym [dʒim] sl. abbr. für **gymnasium**, **gymnastics**; **~nasium** [~'neizjəm] Turnhalle f; **~nastics** [~'næstiks] pl Turnen n; Gymnastik f.

gyn(a)ecologist [gaini-'kɔlədʒist] Frauenarzt m.

gypsy ['dʒipsi] bsd. Am. für **gipsy**.

H

haberdasher ['hæbədæʃə] Kurzwarenhändler m; Am. Herrenausstatter m; **~y** Kurzwaren(geschäft n) pl; Am. Herrenbekleidungsartikel pl; Am. Herrenmodegeschäft n.

habit ['hæbit] (An)Gewohnheit f; **~ation** Wohnen n; Wohnung f; **~ual** [hə'bitjuəl] gewohnt, üblich; gewohnheitsmäßig.

hack [hæk] (zer)hacken.

hackney-carriage ['hækni-] (Pferde)Droschke f.

hack-saw ['hæk-] Metallsäge f.

had [hæd] pret u. pp von **have**.

haddock ['hædək] Schellfisch m.

h(a)emorrhage ['heməridʒ] Blutung f.

hag [hæg] Hexe f.

haggard ['hægəd] verhärmt.

hail [heil] Hagel *m*; hageln;
begrüßen; anrufen.

hair [hɛə] Haar *n*; **~brush**
Haarbürste *f*; **~cut**
Haarschnitt *m*; **~do** Frisur *f*; **~dresser** (*bsd.*
Damen)Friseur *m*; **at the
~dresser's** beim Friseur;
~dryer Trockenhaube *f*;
Fön *m*; **~less** kahl; **~pin**
Haarnadel *f*; **~y** haarig,
behaart.

half [hɑːf] halb; **~ an hour**
e-e halbe Stunde; **~ a
pound** ein halbes Pfund; **~
way up** auf halber
Höhe; **~ past ten** halb
elf (Uhr); **~,** *pl* **halves**
[ɑvz] Hälfte *f*; **~back** *Fußball:* Läufer *m*; **~breed,**
~caste Mischling *m*,
Halbblut *n*; **~penny**
['heipni] halber Penny;
~time *sp.* Halbzeit *f*;
~way auf halbem Weg
od. in der Mitte (liegend).

halibut ['hælibət] Heilbutt *m*.

hall [hɔːl] Halle *f*; Saal *m*;
(Haus)Flur *m*, Diele *f*.

hallo [hə'ləu] *int.* hallo!

halo ['heiləu] *ast.* Hof *m*;
Heiligenschein *m*.

halt [hɔːlt] Halt(estelle *f*)
m; Stillstand *m*; (an-)
halten.

halter ['hɔːltə] Halfter *m*,
n; Strick *m* (*zum Hängen*).

halve [hɑːv] halbieren; **~s**
[ɑz] *pl von* **half.**

ham [hæm] Schinken *m*.

hamburger ['hæmbə:gə]

Am. deutsches Beefsteak;
mit deutschem Beefsteak
belegtes Brötchen.

hamlet ['hæmlit] Weiler *m*.

hammer ['hæmə] Hammer *m*; (ein)hämmern.

hammock ['hæmək] Hängematte *f*.

hamper ['hæmpə] Geschenk-, Eßkorb *m*; (be-)
hindern.

hamster ['hæmstə] Hamster *m*.

hand [hænd] Hand *f* (*a.
fig.*); Handschrift *f*; (Uhr-)
Zeiger *m*; Mann *m*, Arbeiter *m*; *Karten:* Blatt *n*;
at ~ nahe, bei der Hand;
at first ~ aus erster Hand;
on ~ vorrätig; **on the
one ~** einerseits; **on the
other ~** andererseits; **on
the right ~** rechter Hand,
rechts; **change ~s** den
Besitzer wechseln; **lend
a ~** (mit) anfassen; *vb:*
ein-, aushändigen, (über-)
geben, (-)reichen; **~ back**
zurückgeben; **~ down**
überliefern; **~ in** einhändigen, -reichen; **~ over**
aushändigen, -liefern;
~bag Handtasche *f*; **~
bill** Hand-, Reklamezettel *m*; **~brake** Handbremse *f*; **~cuffs** *pl* Handschellen *f/pl*; **~ful** Handvoll
f; *colloq.* Plage *f*.

handi|cap ['hændikæp]
Handikap *n*; Nachteil *m*;
(be)hindern, benachteiligen; **~craft** Handwerk *n*.

handkerchief ['hæŋkətʃi(ː)f] Taschentuch n; Halstuch n.

handle ['hændl] Griff m; Stiel m; Henkel m; (Tür-)Klinke f; anfassen; handhaben; umgehen mit; behandeln; **~bar** Lenkstange f.

hand-luggage Handgepäck n; **~-made** handgearbeitet; **~rail** Geländer n; **~shake** Händedruck m; **~some** ['hænsəm] hübsch; beträchtlich, ansehnlich; **~work** Handarbeit f; **~writing** (Hand)Schrift f; **~y** geschickt; handlich; zur Hand.

hang [hæŋ] (irr) (auf-, be-, ein)hängen; Tapete ankleben; (pret u. pp **~ed**) (auf-, er)hängen; **~ about** (Am. **around**) herumlungern; **~ out** (her)aushängen; **~ up** aufhängen.

hangar ['hæŋə] Flugzeughalle f.

hang|ings ['hæŋiŋz] pl Wandbehang m; **~man** Henker m; **~over** Katzenjammer m, Kater m.

hanky ['hæŋki] colloq. Taschentuch n.

haphazard ['hæp'hæzəd] Zufall m; **at ~** aufs Geratewohl.

happen ['hæpən] sich ereignen, geschehen, vorkommen; **he ~ed to be at home** er war zufällig zu Hause; **~ (up)on** zu-

fällig treffen auf od. finden; **~ing** Ereignis n.

happ|ily ['hæpili] glücklich(erweise); **~iness** Glück n; **~y** glücklich; froh; erfreut; **~y-go-lucky** unbekümmert.

harass ['hærəs] belästigen, quälen; aufreiben.

harbo(u)r ['haːbə] Hafen m; Zufluchtsort m; beherbergen; Groll hegen.

hard [haːd] hart; schwer, schwierig; kräftig, mühsam; fleißig; streng, stark, heftig; Am. stark (Spirituosen); fest; **~ by** ganz nahe; **~ up** schlecht bei Kasse; **~ of hearing** schwerhörig; **try ~** sich alle Mühe geben; **work ~** schwer od. fleißig arbeiten; **~en** härten; hart machen; hart werden, erhärten; (sich) abhärten; fig. (sich) verhärten; **~headed** praktisch, nüchtern; **~hearted** hart(herzig), herzlos; **~ly** kaum; **~ness** Härte f; Strenge f; **~ship** Härte f, Not f; Mühsal f, Beschwerde f; **~ware** Eisenwaren pl; **~y** kühn; widerstandsfähig, abgehärtet.

hare [hɛə] Hase m; **~bell** Glockenblume f.

hark [haːk] horchen.

harm [haːm] Schaden m, Unrecht n; schaden, schädigen, verletzen; **~ful** schädlich; **~less** harmlos, unschädlich.

harmon|ious [haːˈməʊnjəs] harmonisch; **~ize** [ˈ˗naɪz] in Einklang bringen; harmonieren; **~y** Harmonie f.

harness [ˈhɑːnis] (Pferde-) Geschirr n; anschirren.

harp [hɑːp] Harfe f; Harfe spielen; **~ on** fig. herumreiten auf.

harpoon [hɑːˈpuːn] Harpune f; harpunieren.

harrow [ˈhærəʊ] Egge f; eggen.

harsh [hɑːʃ] rauh; hart; streng, grausam.

hart [hɑːt] Hirsch m.

harvest [ˈhɑːvist] Ernte (-zeit) f; Ertrag m; ernten; **~er** Mähbinder m.

has [hæz] 3. sg pres von **have**.

hash [hæʃ] Haschee n; Fleisch zerschneiden, -hakken.

hast|e [heist] Eile f; Hast f; **make ~** (sich be)eilen; **~en** [ˈ˗sn] (sich be)eilen; j-n antreiben; et. beschleunigen; **~y** (vor)eilig; hastig; hitzig.

hat [hæt] Hut m.

hatch [hætʃ] Luke f; Durchreiche f; Brut f; (Junge) ausbrüten; ausschlüpfen.

hatchet [ˈhætʃit] Beil n.

hat|e [heit] Haß m; hassen; verhaßt; widerlich; **~red** [ˈ˗rid] Haß m.

haught|iness [ˈhɔːtinis] Hochmut m, Stolz m; **~y** hochmütig, stolz.

haul [hɔːl] Ziehen n; Fischzug m; (Transport)Strecke f; ziehen, schleppen; transportieren.

haunch [hɔːntʃ] zo. Keule f.

haunt [hɔːnt] (bsd. Lieblings)Platz m; Schlupfwinkel m; heimsuchen; spuken in; **this place is ~ed** hier spukt es.

have [hæv, həv] (irr) haben; bekommen; (haben) mögen, essen, trinken, nehmen; ausführen, machen; lassen; vor inf: müssen; **I had my hair cut** ich ließ mir das Haar schneiden; **I had better go** es wäre besser, wenn ich ginge; **I had rather** ich möchte lieber; **~ on** anhaben, tragen; **~ come** gekommen sein; **~ got** colloq. haben.

haven [ˈheivn] (mst fig. sicherer) Hafen.

havoc [ˈhævək] Verwüstung f; **make ~ of, play ~ with** od. **among** verwüsten, übel zurichten.

hawk [hɔːk] Habicht m; Falke m.

hawthorn [ˈhɔːθɔːn] Weiß-, Rotdorn m.

hay [hei] Heu n; **~cock** Heuschober m, -haufen m; **~ fever** Heuschnupfen m; **~loft** Heuboden m; **~rick**, **~stack** Heuschober m.

hazard [ˈhæzəd] Zufall m; Gefahr f, Wagnis n; Risiko n; wagen; **~ous** gewagt, riskant.

haze [heiz] Dunst *m*.

hazel ['heizl] Haselnuß (-strauch *m*) *f*; nußbraun; **~nut** Haselnuß *f*.

hazy ['heizi] dunstig, diesig; *fig.* verschwommen.

H-bomb ['eitʃbɔm] H-Bombe *f*, Wasserstoffbombe *f*.

he [hi:] er; *in Zssgn*: männlich, -männchen *n*.

head [hed] an der Spitze stehen von; (an)führen; *Fußball*: köpfen; losgehen, zusteuern (**for** auf); Kopf *m*... ; Ober...; Kopf *m*, Haupt *n* (*a. fig.*); Leiter *m*, Chef *m*; Direktor *m* (*Schule*); Spitze *f*; oberes Ende; Kopfende *n* (*Bett*); Kopfseite *f* (*Münze*); Vorgebirge *n*, Kap *n*; Bug *m*; Hauptpunkt *m*, Abschnitt *m*; ~ *pl* Stück *pl* *Vieh*; **~ over heels** Hals über Kopf; *fig.* völlig; **at the ~ of** an der Spitze(*gen*); **off one's ~** verrückt, übergeschnappt; **come to a ~** aufbrechen (*Geschwür*); *fig.* sich zuspitzen; **I cannot make ~ or tail of it** ich kann daraus nicht schlau werden; **~ache** Kopfschmerz(en *pl*) *m*, -weh *n*; **~gear** Kopfbedeckung *f*; **~ing** Überschrift *f*, Titel *m*; Thema *n*, Punkt *m*; **~land** Vorgebirge *n*, Kap *n*; **~light** Scheinwerfer *m*; **~line** Überschrift *f*; Schlagzeile *f*; **~long** kopfüber; **~master** Direktor *m* (*Schule*); **~mistress** Direktorin *f* (*Schule*); **~phone** Kopfhörer *m*; **~quarters** *pl mil.* Hauptquartier *n*; Hauptsitz *m*, Zentrale *f*; **~strong** eigensinnig, halsstarrig; **~word** Stichwort *n* (*Wörterbuch*).

heal [hi:l] heilen; **~ up**, **~ over** (zu)heilen.

health [helθ] Gesundheit *f*; **~ resort** Kurort *m*; **~y** gesund.

heap [hi:p] Haufe(n) *m*; *colloq.* Menge *f*, Menge *f* (an-, auf)häufen (*a. ~ up*); *fig.* überhäufen, -schütten.

hear [hiə] (*irr*) (an-, ver)zu-, *Lektion* ab)hören; **~d** [hə:d] *pret u. pp von* **hear**; **~er** (Zu)Hörer(in); **~ing** Gehör *n*; Anhören *n*; Hörweite *f*; **~say** Hörensagen *n*; Gerücht *n*.

hearse [hə:s] Leichenwagen *m*.

heart [hɑ:t] Herz *n* (*a. fig.*); Innere *n*; Kern *m*; Mut *m*; Liebling *m*; **~**(*s pl*) *Karten*: Herz *n*; **by ~** auswendig; **~-breaking** herzzerbrechend; **~burn** Sodbrennen *n*. (*fig.*).

hearth [hɑ:θ] Herd *m* (*a. fig.*).

heart|less ['hɑ:tlis] herzlos; **~ transplant** Herzverpflanzung *f*; **~y** herzlich; aufrichtig; gesund; herzhaft.

heat [hi:t] Hitze *f*; *fig.* Eifer *m*; *zo.* Läufigkeit *f*, Brunst *f*; *sp.*: Durchgang *m*; Lauf *m*, Einzelrennen *n*; heizen; (sich) erhitzen (*a. fig.*); **~er** Heizgerät *n*; Erhitzer *m*; Ofen *m*.

heath [hi:θ] Heide(kraut *n*) *f*.

heathen ['hi:ðən] Heid|e *m*, -in *f*; heidnisch.

heather ['heðə] Heidekraut *n*. [*f*; Heiz...|

heating ['hi:tiŋ] Heizung|

heave [hi:v] (*irr*) (hoch-) heben; *Anker* lichten; *Seufzer* ausstoßen; sich heben und senken, wogen.

heaven ['hevn] Himmel *m*; *mst pl* Himmel *m*, Firmament *n*; **good ~s!** du lieber Himmel!; **~ly** himmlisch.

heaviness   ['hevinis] Schwere *f* (*a. fig.*); Druck *m*.

heavy ['hevi] schwer; heftig (*Regen*); trüb(e) (*Himmel*); unwegsam (*Straße*); drückend, lästig; schwerfällig; bedrückt, traurig; Schwer...; **~ current** Starkstrom *m*; **~-handed** ungeschickt; **~ traffic** starker *od.* dichter Verkehr; **~weight** Schwergewicht(ler *m*) *n*.

hectic ['hektik] hektisch.

hedge [hedʒ] Hecke *f*; **~hog** Igel *m*; *Am.* Stachelschwein *n*.

heed [hi:d] beachten, achten auf; Beachtung *f*, Aufmerksamkeit *f*; **take ~ of, give** *od.* **pay ~ to** achten auf, beachten; **~less: ~ of** ungeachtet.

heel [hi:l] Ferse *f*; Absatz *m*; **take to one's ~s** Reißaus nehmen.

he-goat Ziegenbock *m*.

heifer ['hefə] Färse *f* (*junge Kuh*).

height [hait] Höhe *f*; Höhepunkt *m*; **~en** erhöhen; vergrößern.

heinous ['heinəs] abscheulich.   [Erbin *f*.]

heir [ɛə] Erbe *m*; **~ess**|

held [held] *pret u. pp von* **hold.**

helicopter ['helikɒptə] Hubschrauber *m*.

hell [hel] Hölle *f*.

hello ['heləu] *int.* hallo!

helm [helm] Ruder *n*, Steuer *n*.

helmet ['helmit] Helm *m*.

help [help] Hilfe *f*; (Dienst)Mädchen *n*, Hilfe *f*; helfen; geben, reichen (*bei Tisch*); **~ o.s.** to sich bedienen mit, sich nehmen; **I can't ~ it** ich kann es nicht ändern, ich kann nichts dafür; **I cannot ~ laughing** ich muß (einfach) lachen; **~er(in)** Gehilf|e *m*, -in *f*; **~ful** hilfreich, -sbereit; nützlich; **~ing** Portion *f*; **~less** hilflos; **~lessness** Hilflosigkeit *f*.

helter-skelter ['heltə-'skeltə] holterdiepolter.

hem [hem] Saum *m*; säumen; sich räuspern, stokken (*beim Reden*); **~ in** einschließen.

hemisphere ['hemisfiə]

Halbkugel f, Hemisphäre f.

hemline ['hemlain] Saum m.

hemlock ['hemlɔk] Schierling m.

hemp [hemp] Hanf m.

hemstitch ['hemstitʃ] Hohlsaum m.

hen [hen] Henne f, Huhn n; (Vogel)Weibchen n.

hence [hens] von jetzt an, binnen; daher, deshalb; **~forth, ~forward** von nun an, künftig.

hen|-coop ['henku:p] Hühnerstall m; **~-house** Hühnerhaus n; **~-pecked** unter dem Pantoffel stehend; **~-pecked husband** Pantoffelheld m.

her [hə:] sie; ihr; ihr(e); sich.

herald ['herəld] Herold m; Vorbote m; ankündigen; einführen; **~ry** Wappenkunde f, Heraldik f.

herb [hə:b] Kraut n.

herd [hə:d] Herde f (a. fig.); **~sman** Hirt m.

here [hiə] hier; hierher; **~'s to ...!** auf das Wohl von ...!; **~ you are** hier (bitte)!, da hast du es!; **~after** künftig; **~by** hierdurch.

hereditary [hi'reditəri] erblich, Erb... [von.]

here|in hierin; **~of** hier-]

heresy ['herəsi] Ketzerei f.

here|upon hierauf, darauf (-hin); **~with** hiermit.

heritage ['heritidʒ] Erbe n, Erbschaft f.

hermit ['hə:mit] Einsiedler m.

hero ['hiərəu] Held m; **~ic** [hi'rəuik] heroisch; **~ine** ['herəuin] Heldin f; **~ism** ['herəuizəm] Heldentum n, Heroismus m.

heron ['herən] Reiher m.

herring ['heriŋ] Hering m.

hers [hə:z] ihr, der, die, das ihr(ig)e.

herself [hə:'self] sich (selbst); sie od. ihr selbst; **by ~** allein.

hesitat|e ['heziteit] zögern, Bedenken tragen; **~ion** Zögern n, Bedenken n.

hew [hju:] (irr) hauen, hacken; **~n** pp von **hew**.

hey [hei] int. he!, heda!

heyday ['heidei] Höhepunkt m, Blüte f.

hi [hai] int. he!, heda!; Am. hallo!

hicc|ough, ~up ['hikʌp] Schlucken m; den Schlucken haben.

hid [hid] pret u. pp, **~den** pp von **hide**.

hide [haid] (Tier)Haut f; (irr) (sich) verbergen od. -stecken; **~-and-seek** Versteckspiel n.

hideous ['hidiəs] abscheulich.

hiding [1] ['haidiŋ] Tracht f Prügel.

hiding [2] Versteck n; **be in ~** sich versteckt halten; **~place** Versteck n.

hi-fi ['hai'fai] colloq. s. **high-fidelity.**

high [hai] meteor. Hoch(druckgebiet) n;

hoch; stark, heftig; schrill; teuer; äußerst; angegangen (*Fleisch*); bedeutend; Haupt..., Hoch..., Ober...; erhaben, vornehm, edel; arrogant, hochmütig; **be ~** *sl.* angeheitert sein; im Drogenrausch sein; **~ up** hoch oben; **in ~spirits** guter Laune, in gehobener Stimmung; **~time** höchste Zeit; **~brow** Intellektuelle *m, f*; (betont) intellektuell; **~ diving** Turmspringen *n*; **~fidelity** mit höchster Wiedergabetreue, Hi-Fi; **~ jump** Hochsprung *m*; **~lands** *pl* Hochland *n*; **~lights** *pl* Höhepunkt(e *pl*) *m*; **~ly** hoch, sehr; **think ~ly of** viel halten von; **~ness** *fig.*: Höhe *f*; Erhabenheit *f*; 2ness Hoheit *f* (*Titel*); **~pitched** schrill (*Ton*); steil (*Dach*); **~power(ed)** Hochleistungs..., Groß...; **~pressure area** Hochdruckgebiet *n*; **~road** Hauptstraße *f*; **~ school** *Am. appr.* höhere Schule (*bis Mittlere Reife*), Mittelschule *f*; **~ street** *Brit.* Hauptstraße *f*; **~ tea** kaltes Abendessen mit Tee; **~ tide** Flut *f*; **~way** Landstraße *f*; 2way Code Straßenverkehrsordnung *f*.

hijack ['haidʒæk] (be-)rauben; entführen.

hike [haik] *colloq.* wandern; Wanderung *f*; **~r** Wanderer *m*.

hilarious [hi'lɛəriəs] vergnügt, ausgelassen.

hill [hil] Hügel *m*, Anhöhe *f*; **~billy** ['~bili] Hinterwäldler *m*; **~side** (Ab-) Hang *m*; **~y** hügelig.

hilt [hilt] Heft *n*, Griff *m*.

him [him] ihn; ihm; den(-), dem(jenigen); sich; **~self** sich (selbst); (er, ihn, ihm) selbst; **by ~self** allein.

hind[1] [haind] Hirschkuh *f*.

hind[2] Hinter...; **~er** ['hində] (ver)hindern, abhalten; **~ leg** Hinterbein *n*; **~rance** ['hindrəns] Hindernis *n*.

hinge [hindʒ] (Tür)Angel *f*, Scharnier *n*.

hinny ['hini] Maulesel *m*.

hint [hint] Wink *m*, Hinweis *m*, Tip *m*; Anspielung *f*; andeuten; anspielen.

hinterland ['hintəlænd] Hinterland *n*.

hip [hip] Hüfte *f*.

hippopotamus [hipə'potəməs] Fluß-, Nilpferd *n*.

hire ['haiə] mieten; *j-n* anstellen; **~ out** vermieten; *sub:* Miete *f*; (Arbeits-) Lohn *m*; **for ~** zu vermieten; frei (*Taxi*); **on ~** zu vermieten; **~(d) car** Mietauto *n*, -wagen *m*.

his [hiz] sein(e); seine(r, -s), der, die, das sein(ige).

hiss [his] zischen; auszischen, -pfeifen; Zischen *n*.

histor|**ian** [his'tɔ:riən] Historiker *m*; **~ic** ['~'tɔrik] historisch (berühmt *od.* bedeutsam); **~ical** historisch, geschichtlich (belegt), Geschichts...; **~y** ['~əri] Geschichte *f*.

hit [hit] Schlag *m*, Stoß *m*; Treffer *m*; *thea.*, *mus.* Schlager *m*; (*irr*) schlagen, stoßen; treffen (*a. fig.*); auf *et.* stoßen; **~ (up)on** (zufällig) auf *et.* stoßen, *et.* treffen *od.* finden; **~-and-run** **driving** Fahrerflucht *f*.

hitch [hitʃ] Ruck *m*; *fig.* Haken *m*; ziehen; festmachen, -haken; hängenbleiben; **~hike** per Anhalter fahren **~hiker** Anhalter *m*.

hither ['hiðə] hierher; **~to** bisher.

hive [haiv] Bienenkorb *m*, -stock *m*; Bienenvolk *n*.

hoard [hɔːd] Vorrat *m*, Schatz *m*; horten.

hoar-frost ['hɔː'~] (Rauh-)Reif *m*.

hoarse [hɔːs] heiser, rauh.

hoax [houks] Schabernack *m*, Streich *m*; foppen.

hobble ['hɔbl] humpeln; *e-m Pferd* die Vorderbeine fesseln.

hobby ['hɔbi] Steckenpferd *n*, Hobby *n*; **~horse** Schaukelpferd *n*; Steckenpferd *n*. [Kobold *m*.]

hobgoblin ['hɔbgɔblin']

hobo ['houbou] *Am.* Wanderarbeiter *m*, Landstreicher *m*. [wein.]

hock¹ [hɔk] weißer Rhein-]

hock¹ *zo.* Sprunggelenk *n*.

hockey ['hɔki] Hockey *n*.

hoe [hou] Hacke *f*; hacken.

hog [hɔg] Schwein *n*.

hoist [hɔist] (Lasten)Aufzug *m*; hochziehen; hissen.

hold [hould] (*irr*) (ab-, an-, auf-, aus-, be)halten; besitzen; *Amt* innehaben; *Stellung* fassen, enthalten; *Ansicht* vertreten, haben; meinen; beibehalten; halten für; *fig.* fesseln; (stand)halten; (an-, fort)dauern; **~ one's** **ground**, **~ one's own** sich behaupten; **~ tight** sich festhalten; **~ on** sich festhalten; aushalten, -harren; fortdauern; *teleph.* am Apparat bleiben; **~ s.th. on** et. (an s-m Platz fest)halten; **~ to** festhalten an; **~ up** hochheben; halten, stützen; aufrechterhalten; aufhalten; überfallen; *sub*: Halt *m*; Griff *m*; Gewalt *f*,Einfluß *m*; Lade-, Frachtraum *m*; **catch** **(get, lay, seize, take)** **~ of** (er)fassen, ergreifen; **keep ~ of** festhalten; **~er** oft *in Zssgn*: Halter *m*; Pächter *m*; Inhaber(in) (*bsd. econ.*); **~ing** Pachtgut *n*; *mst pl* Besitz *m* (*an* *Effekten etc.*); **~-up** Raubüberfall *m*; Aufhalten *n*, (Verkehrs)Stockung *f*.

hole [houl] Loch *n*; Höhle *f*, Bau *m*; durchlöchern.

holiday ['hɔlədi] Feiertag

m; freier Tag, Ferientag *m*; *mst pl* Ferien *pl*, Urlaub *m*; **on ~** in den Ferien, auf Urlaub; **~makers** *pl* Urlauber *pl*; **~ village** Feriendorf *n*.

hollow ['hɔləu] Höhle *f*, (Aus)Höhlung *f*; Loch *n*; Mulde *f*, Tal *n*; hohl (*a. fig.*); **~ (out)** aushöhlen.

holly ['hɔli] Stechpalme *f*.

holy ['həuli] heilig; ♀ **Thursday** Gründonnerstag *m*; ♀ **Week** Karwoche *f*.

home [həum] Heim *n*; Wohnung *f*; Heimat *f*; **at ~** zu Hause; **make o.s. at ~** es sich bequem machen; **take s.o. ~** j-n nach Hause bringen; einheimisch, inländisch, Inland(s)...; nach Hause; ♀ **Counties** *pl* die Grafschaften um London; **~less** heimatlos; obdachlos; **~ly** anheimelnd, häuslich; *fig.* hausbacken; schlicht; **~made** selbstgemacht; ♀ **Office** *Brit.* Innenministerium *n*; ♀ **Secretary** *Brit.* Innenminister *m*; **~sick:** **be ~** Heimweh haben; **~sickness** Heimweh *n*; **~ team** *sp.* Gastgeber *pl*; **~ trade** Binnenhandel *m*; **~ward** ['~wəd] heimwärts; Heim...; **~wards** heimwärts; **~work** Hausaufgabe(n *pl*) *f*, Schularbeiten *pl*.

homicide ['hɔmisaid] Totschlag *m*; Mord *m*.

honest ['ɔnist] ehrlich; aufrichtig; **~y** Ehrlichkeit *f*; Aufrichtigkeit *f*.

honey ['hʌni] Honig *m*; *fig.* Liebling *m*; **~comb** (Honig)Wabe *f*; **~moon** Flitterwochen *pl*; die Flitterwochen verbringen.

honk [hɔŋk] *mot.* hupen.

honorary ['ɔnərəri] Ehren...; ehrenamtlich.

hono(u)r ['ɔnə] Ehre *f*; (Hoch)Achtung *f*; Ansehen *n*; *fig.* Zierde *f*; *pl* Auszeichnung *f*, Ehrung *f*; (be)ehren; *Scheck etc.* einlösen; **~able** ehrenwert; ehrlich; ehrenvoll.

hood [hud] Kapuze *f*; *mot.* Verdeck *n*; *Am.* (Motor-) Haube *f*; *tech.* Kappe *f*.

hoodlum ['hu:dləm] *Am. colloq.* Rowdy *m*, Strolch *m*.

hoodwink ['hudwiŋk] täuschen.

hoof [hu:f], *pl* **~s, hooves** [~vz] Huf *m*.

hook [huk] (Angel)Haken *m*; Sichel *f*; an-, ein-, fest-, zuhaken; angeln (*a. fig.*); sich (zu)haken lassen; sich festhaken.

hoop [hu:p] (Faß- *etc.*) Reif(en) *m*.

hooping-cough ['hu:piŋ-] Keuchhusten *m*.

hoot [hu:t] heulen, johlen; *mot.* hupen; auspfeifen.

Hoover ['hu:və] (*Fabrikmarke*): Staubsauger *m*; staubsaugen.

hooves [hu:vz] *pl von* hoof.

hop [hɔp] *bot.* Hopfen *m*; Sprung *m*; hüpfen, hopsen.

hope [həup] Hoffnung *f*; hoffen (**for** auf); **~ful** hoffnungsvoll; **~less** hoffnungslos, verzweifelt.

horizon [hə'raizn] Horizont *m*; **~tal** [hɔri'zɔntl] horizontal, waag(e)recht.

horn [hɔ:n] Horn *n*; *mot.* Hupe *f*; *pl* Geweih *n*.

hornet ['hɔ:nit] Hornisse *f*.

horny ['hɔ:ni] aus Horn; schwielig.

horr|ible ['hɔrəbl] schrecklich, entsetzlich; **~id** ['~id] schrecklich; **~ify** ['~ifai] entsetzen; **~or** Entsetzen *n*; Abscheu *m* (**of** vor).

horse [hɔ:s] Pferd *n*; Bock *m*, Gestell *n*; **~back**: **on ~** zu Pferde; **~hair** Roßhaar *n*; **~man** Reiter *m*; **~power** Pferdestärke *f*; **~race** Pferderennen *n*; **~racing** Pferderennsport *m*, **~rennen** *n*; **~radish** Meerrettich *m*; **~shoe** Hufeisen *n*.

horticulture ['hɔ:tikʌltʃə] Gartenbau *m*.

hos|e [həuz] Schlauch *m*; **~e** *pl* Strümpfe *pl*; **~iery** ['~ʃəri] Strumpfwaren *pl*.

hospitable ['hɔspitəbl] gast(freund)lich.

hospital ['hɔspitl] Krankenhaus *n*, Klinik *f*; **~ity** [~'tæliti] Gastfreundschaft *f*.

host [həust] Gastgeber *m*; Hausherr *m*; (Gast)Wirt *m*;

fig. (Un)Menge *f*; Heer *n*; *eccl.* Hostie *f*.

hostage ['hɔstidʒ] Geisel *f*.

hostel ['hɔstəl] Herberge *f*; Studenten(wohn)heim *n*.

hostess ['həustis] Gastgeberin *f*; (Gast)Wirtin *f*.

hostile ['hɔstail] feindlich; feindselig; **~ity** [~'tiliti] Feindseligkeit *f*.

hot [hɔt] heiß; scharf; warm; hitzig; heftig.

hot dog *colloq.* heißes Würstchen in e-r Semmel.

hotel [həu'tel] Hotel *n*.

hot|head Hitzkopf *m*; **~house** Treibhaus *n*; **~water-bottle** Wärmflasche *f*.

hound [haund] Jagdhund *m*; jagen, hetzen; drängen.

hour ['auə] Stunde *f*; (Tages)Zeit *f*, Uhr *f*; **~ly** stündlich.

house [haus] Haus *n*; the 2 *colloq.* das Parlament; [~z] unterbringen; **~hold** Haushalt *m*; Haushalts...; **~keeper** Haushälterin *f*; **~keeping** Haushaltung *f*, **~wirtschaft** *f*; **~warming** Einzugsfeier *f*; **~wife** Hausfrau *f*; **~work** Hausarbeit(en *pl*) *f*, Arbeit *f* im Haushalt.

housing estate ['hauziŋ] (Wohn)Siedlung *f*.

hove [həuv] *pret u. pp von* **heave.**

hover ['hɔvə] schweben.

how [hau] wie; **~ do you do?** (*Begrüßungsformel bei der Vorstellung*); **~ are**

you? – fine, thank you wie geht es Ihnen? – danke, gut!; **~ about ...?** wie steht's mit ...?; **~ much (many)?** wieviel(e)?; **~ much is it?** was kostet es?; **~ever** wie auch (immer); jedoch.

howl [haul] heulen; wehklagen; pfeifen (*Wind, Radio*); Heulen *n*, Geheul *n*; **~er** *colloq.* grober Fehler.

hub [hʌb] (Rad)Nabe *f*.

hubbub ['hʌbʌb] Stimmengewirr *n*; Tumult *m*, Lärm *m*.

hubby ['hʌbi] *colloq.* (Ehe-) Mann *m*.

huckleberry ['hʌklberi] amerikanische Heidelbeere.

huddle ['hʌdl]: **~ together** (sich) zs.-drängen; **~d up** zs.-gekauert.

hue [hju:] Farbe *f*.

hug [hʌg] Umarmung *f*; umarmen.

huge [hju:dʒ] sehr groß, riesig, ungeheuer.

hull [hʌl] *bot.* Schale *f*, Hülse *f*; (Schiffs)Rumpf *m*; enthülsen, schälen.

hullabaloo [hʌləbə'lu:] Lärm *m*.

hullo ['hʌ'ləu] *int.* hallo!

hum [hʌm] summen, brummen.

human ['hju:mən] menschlich, Menschen...; **~e** [~'mein] human; **~itarian** [~mæni'teəriən] Menschenfreund

humanität; ~ity [~'mæniti] Menschheit *f*; Humanität *f*.

humble ['hʌmbl] demütig, bescheiden; niedrig, gering; erniedrigen, demütigen; **~ness** Demut *f*.

humbug ['hʌmbʌg] Schwindel *m*; Schwindler *m*; beschwindeln.

humdrum ['hʌmdrʌm] eintönig, alltäglich.

humidity [hju(:)'miditi] Feuchtigkeit *f*.

humiliat|e [hju(:)'milieit] erniedrigen, demütigen; **~ion** Erniedrigung *f*, Demütigung *f*.

humility [hju(:)'militi] Demut *f*.

humming-bird Kolibri *m*.

humorous ['hju:mərəs] humoristisch, humorvoll, komisch.

humo(u)r ['hju:mə] Laune *f*, Stimmung *f*; Humor *m*; *j–m* s–n Willen tun *od.* lassen.

hump [hʌmp] Höcker *m*, Buckel *m*; **~back** Bucklige *m*, *f*.

hunch [hʌntʃ], **~back** s. **hump(back)**.

hundred ['hʌndrəd] hundert; Hundert *n*; **~th** ['~θ] hundertste; **~weight** *appr.* Zentner *m* (*50,8 kg*).

hung [hʌŋ] *pret u. pp von* **hang**.

Hungarian [hʌŋ'gɛəriən] ungarisch; Ungar(in); Ungarisch *n*.

hunger ['hʌŋgə] Hunger *m*; hungern **(for, after** nach).

hungry ['hʌŋgri] hungrig; **be ~** Hunger haben.

hunt [hʌnt] Jagd *f*; jagen; **~er** Jäger *m*; Jagdpferd *n*; **~ing** Jagen *n*; Jagd...; **~ing-ground** Jagdrevier *n*; **~sman** Jäger *m*.

hurdle ['hə:dl] Hürde *f* (*a. fig.*); **~r** Hürdenläufer (-in); **~-race** Hürdenlauf *m*.

hurl [hə:l] schleudern.

hurra[h] ['hu'ra:], **~y** [.'rei] *int.* hurra!

hurricane ['hʌrikən] Hurrikan *m*, Wirbelsturm *m*, Orkan *m*.

hurried ['hʌrid] eilig, hastig, übereilt.

hurry ['hʌri] Eile *f*, Hast *f*; **be in a ~** es eilig haben; *v/o:* (an)treiben, drängen (*beide a.* **~ up**); (sich beeilen; **~ up!** beeile dich!

hurt [hə:t] Verletzung *f*; Schaden *m*; (*irr*) verletzen (*a. fig.*); schmerzen, weh tun; drücken (*Schuh*); (*j-m*) schaden.

husband ['hʌzbənd] (Ehe)Mann *m*; haushalten mit; **~ry** Landwirtschaft *f*.

hush [hʌʃ] Stille *f*; still sein; zum Schweigen bringen; beruhigen; **~ s.th. up** vertuschen; [ʃ:] *int.* still!, pst!

husk [hʌsk] (trockene) Hülse, Schote *f*, Schale *f*; enthülsen, schälen; **~y**

heiser; *colloq.* robust, stämmig.

hustle ['hʌsl] stoßen, (sich) drängen; antreiben; Gedränge *n*, Getriebe *n*.

hut [hʌt] Hütte *f*.

hutch [hʌtʃ] (*bsd.* Kaninchen)Stall *m*; Hütte *f*.

hybrid ['haibrid] *biol.* Mischling *m*, Kreuzung *f*.

hydrant ['haidrənt] Hydrant *m*.

hydraulic [hai'drɔ:lik] hydraulisch.

hydro- ['haidrəu-] Wasser...; Wasserstoff...

hydro|carbon Kohlenwasserstoff *m*; **~chloric acid** [.'klɔrik] Salzsäure *f*; **~gen** [.'idʒən] Wasserstoff *m*; **~gen bomb** Wasserstoffbombe *f*; **~plane** Gleitboot *n*.

hyena [hai'i:nə] Hyäne *f*.

hygiene ['haidʒi:n] Hygiene *f*.

hymn [him] Hymne *f*, Kirchenlied *n*.

hyphen ['haifən] Bindestrich *m*.

hypnotize ['hipnətaiz] hypnotisieren.

hypo|crisy [hi'pɔkrəsi] Heuchelei *f*; **~crite** ['hipəkrit] Heuchler(in); **~critical** [hipəu'kritikəl] heuchlerisch.

hypothesis [hai'pɔθisis] Hypothese *f*.

hysteri|a [his'tiəriə] Hysterie *f*; **~cal** [.'terikəl] hysterisch; **~cs** *pl* hysterischer Anfall.

I

I [ai] ich.

ice [ais] Eis *n*; gefrieren (lassen); Eisberg *n*; **up**); mit *od.* in Eis kühlen; überzuckern, glasieren; **age** Eiszeit *f*; **berg** ['ʌbɜːg] Eisberg *m*; **cream** (Speise)Eis *n*.

icicle ['aisikl] Eiszapfen *m*; **ing** Zuckerguß *m*; *tech.* Vereisung *f*; **y** eisig (*a. fig.*); vereist.

idea [ai'diə] Idee *f*; Vorstellung *f*, Begriff *m*, Ahnung *f*; Gedanke *m*, Idee *f*, Einfall *m*; **l** ideal; Ideal *n*.

identical [ai'dentikəl] identisch, gleich(bedeutend).

identi|fication [aidentifi'keiʃən] Identifizierung *f*; **fication papers** *pl* Ausweis(papiere *pl*) *m*; **fy** ['ʌ'dentifai] identifizieren; ausweisen.

identity [ai'dentiti] Identität *f*; **card** (Personal-) Ausweis *m*, Kennkarte *f*.

ideological [aidiə'lɔdʒikəl] ideologisch.

idiom ['idiəm] Idiom *n*, Mundart *f*; Redewendung *f*.

idiot ['idiət] Idiot(in), Dummkopf *m*; Schwachsinnige *m, f*; **ic** [ʌ'ɔtik] blödsinnig.

idle ['aidl] müßig, untätig, träg(e), faul; nutzlos; faulenzen; *tech.* leerlaufen;

away vertrödeln; **ness** Muße *f*; Faulheit *f*.

idol ['aidl] Idol *n*, Abgott *m*; Götzenbild *n*; **ize** ['ʌɔulaiz] vergöttern.

idyl(l) ['idil] Idyll(e *f*) *n*.

if [if] wenn, falls; ob; Wenn *n*.

igloo ['iglu:] Iglu *m* od. n.

ignit|e [ig'nait] an-, (sich) entzünden; zünden; **ion** [ig'niʃən] *mot.* Zündung *f*; **ion key** Zündschlüssel *m*.

ignoble [ig'nəubl] schändlich, gemein.

ignor|ance ['ignərəns] Unwissenheit *f*; Unkenntnis *f*; **ant** ungebildet; nicht wissend *od.* kennend; **e** [ig'nɔ:] ignorieren, nicht beachten.

ill [il] übel, böse; schlimm, schlecht; krank; **fall**, **be taken** krank werden; Unglück *n*; Übel *n*, Böse *n*; **advised** schlechtberaten; unklug; **bred** ungezogen, -höflich.

il|legal [i'li:gəl] illegal, ungesetzlich; **legible** unleserlich; **legitimate** unrechtmäßig; unehelich.

ill-humo(u)red übelgelaunt.

il|licit [i'lisit] unerlaubt, **literate** [i'litərit] ungebildet; Analphabet(in).

ill-judged unvernünftig; **mannered** ungehobelt, mit schlechten Um-

gangsformen; **~natured**
boshaft, bösartig; **~ness**
Krankheit f; **~tempered**
schlechtgelaunt; **~timed**
ungelegen, unpassend; **~treat** mißhandeln.

illuminat|e [i'lju:mineit]
be-, erleuchten; *fig.* erläutern; **~ion** (pl Fest-)
Beleuchtung f.

illus|ion [i'lu:ʒən] Illusion
f, Täuschung f; **~ive,
~ory** illusorisch, trügerisch.

illustrat|e ['iləstreit] illu-
strieren; erläutern; be-
bildern; **~ion** Erläuterung
f; Illustration f; Abbil-
dung f; **~ive** erläuternd.

illustrious [i'lʌstriəs] berühmt.

ill will Feindschaft f.

image ['imidʒ] Bild(nis)
n; Statue f; Ebenbild n;
Vorstellung f; **~ry** Bilder
pl, Bildwerk(e pl) n; Bil-
dersprache f.

imagin|able [i'mædʒi-
nəbl] denkbar; **~ary** eingebildet; **~ation** Phantasie
f, Einbildung(skraft) f; **~e**
[**~in**] sich *j-n od. et.* vorstellen; sich *et.* einbilden.

imbecile ['imbisi:l] geistes-
schwach; dumm; Schwach-
sinnige m, f; Narr m.

imitat|e ['imiteit] nach-
ahmen, imitieren; **~ion**
Nachahmung f; Nachbil-
dung f; unecht, künstlich,
Kunst...

im|material [imə-
'tiəriəl] unwesentlich;

~mature unreif; **~mea-
surable** unermeßlich.

immediate [i'mi:djət]
unmittelbar; unverzüglich,
sofort; **~ly** sofort; unmittelbar.

im|mense [i'mens] unge-
heuer; **~merse** [i'mə:s]
(ein)tauchen; vertiefen.

immigra|nt ['imigrənt]
Einwander|er m, -in f; **~te**
['~eit] einwandern; **~tion**
Einwanderung f.

imminent ['iminənt] bevorstehend, drohend.

im|mobile [i'məubail] un-
beweglich; **~moderate**
übermäßig, maßlos; **~
modest** unbescheiden; **~
moral** unmoralisch.

immortal [i'mɔ:tl] un-
sterblich; Unsterbliche
m, f; **~ity** [~'tæliti] Un-
sterblichkeit f.

im|movable [i'mu:vəbl]
unbeweglich; unerschüt-
terlich; **~mune** [i'mju:n]
immun.

imp [imp] Teufelchen n;
Schlingel m.

impact ['impækt] Stoß m,
Zs.-prall m; *fig.* (Ein-)
Wirkung f.

impair [im'peə] schwächen; beeinträchtigen.

impart [im'pɑ:t] geben;
mitteilen; **~ial** [~'~əl] unparteiisch; **~iality** ['~ʃi'æ-
liti] Unparteilichkeit f.

im|passable unpassier-
bar; **~passive** leidenschafts-
los. **~t** ungeduldig.)

impatien|ce Ungeduld f;}

impediment [im'pedimənt] Behinderung f.

im|pend [im'pend] bevorstehen, drohen; **~penetrable** [.'penitrəbl] undurchdringlich; *fig.* unzugänglich.

imperative [im'perətiv] unumgänglich, unbedingt erforderlich; befehlend, gebieterisch; **~ (mood)** *gr.* Imperativ *m*, Befehlsform *f*.

imperceptible unmerklich.

imperfect [im'pə:fikt] unvollkommen, unvollendet; **~ (tense)** *gr.* Imperfekt *n*, unvollendete Vergangenheit.

imperial [im'piəriəl] kaiserlich; großartig; **~ism** Imperialismus *m*.

im|peril gefährden; **~perious** [im'piəriəs] herrisch; dringend; **~permeable** undurchlässig.

imperson|al unpersönlich; **~ate** [im'pə:səneit] verkörpern; *thea.* darstellen.

impertinen|ce [im'pə:tinəns] Unverschämtheit *f*; **~t** unverschämt.

im|perturbable [impə(:)'tə:bəbl] unerschütterlich. **~pervious** [.'pə:vjəs] undurchlässig; *fig.* unzugänglich (**to** für); **~petuous** [.'petjuəs] ungestüm, heftig; **~placable** [.'plækəbl] unversöhnlich.

implement ['implimənt] Werkzeug *n*, Gerät *n*.

implicat|e ['implikeit] verwickeln; **~ion** Verwick(e)lung *f*; Folge *f*; tieferer Sinn.

im|plicit [im'plisit] (mit *od.* stillschweigend) inbegriffen; blind (*Glaube etc.*); **~plore** [.'plɔ:] j–n dringend bitten *od.* anflehen; **~ply** [.'plai] in sich schließen; bedeuten; andeuten; **~polite** unhöflich.

import ['impɔ:t] Einfuhr *f*, Import *m*; *pl* Einfuhrwaren *pl*; Bedeutung *f*; Wichtigkeit *f*; [.'pɔ:t] einführen, importieren; bedeuten; **~ance** [.'pɔ:təns] Wichtigkeit *f*, Bedeutung *f*; **~ant** wichtig, bedeutend; wichtigtuerisch; **~ation** Import *m*, Einfuhr(ware) *f*.

importune [im'pɔ:tju:n] dauernd bitten, belästigen.

impos|e [im'pəuz] auferlegen, aufbürden (**on**, **upon** *dat*); **~ upon** j–n täuschen; **~ing** eindrucksvoll, imponierend.

impossi|bility Unmöglichkeit *f*; **~ble** unmöglich.

impostor [im'pɔstə] Hochstapler(in).

impoten|ce ['impətəns] Unvermögen *n*, Unfähigkeit *f*; Machtlosigkeit *f*; *med.* Impotenz *f*; **~t** unfähig; machtlos; schwach; *med.* impotent.

impracticable undurchführbar; unwegsam.

impregnate ['impregneit] schwängern; imprägnieren.

impress [im'pres] Ab-, Eindruck *m*; [~'pres] (auf-) drücken; einprägen (on *dat*); *j-n* beeindrucken; **~ion** Eindruck *m*; Abdruck *m*; **be under the ~ion** den Eindruck haben; **~ive** eindrucksvoll.

imprint [im'print] (auf-) drücken; aufdrucken; fig. einprägen (on *dat*); ['~] Abdruck *m*.

imprison [im'prizn] einsperren; **~ment** Haft *f*; Gefängnis(strafe *f*) *n*.

improbable unwahrscheinlich; **~proper** unpassend; falsch; unanständig.

improve [im'pru:v] verbessern; sich (ver)bessern; **~ment** (Ver)Besserung *f*; Fortschritt *m*.

improvise ['improvaiz] improvisieren; **~prudent** [~'pru:dənt] unklug, unüberlegt.

impuden|ce ['impjudəns] Unverschämtheit *f*, Frechheit *f*; **~t** unverschämt.

impuls|e ['impʌls] Antrieb *m*; *fig. a.* Impuls *m*, Drang *m*; **~ive** (an)treibend; *fig.* impulsiv.

impunity [im'pju:niti]: **with ~** straflos, ungestraft.

~pure [~'pjuə] unrein (*a. fig.*); schmutzig; **~pute** [~'pju:t] zuschreiben.

in [in] *prp* in, auf, an; **~ the street** auf der Straße; **~ 1972** im Jahre 1972; **~ English** auf Englisch; **~ my opinion** meiner Meinung nach; **~ Shakespeare** bei Shakespeare; *adv* hinein; herein; (dr)innen; zu Hause; da, angekommen; modern.

in|ability Unfähigkeit *f*; **~accessible** [inæk'sesəbl] unzugänglich; **~accurate** ungenau; falsch.

inactiv|e untätig; **~ity** Untätigkeit *f*.

in|adequate unangemessen; unzulänglich; **~advertent** [inəd'və:tənt] unachtsam; unabsichtlich; **~alterable** unveränderlich; **~animate** [~'ænimit] leblos; *fig.* unbelebt; geistlos, langweilig; **~appropriate** unangebracht, unpassend; **~apt** ungeschickt; unpassend; **~articulate** undeutlich; sprachlos.

inasmuch [inəz'mʌtʃ]: **~ as** da, weil.

in|attentive unaufmerksam; **~audible** unhörbar.

inaugura|l [i'nɔ:gjurəl] Antrittsrede *f*; Antritts...; **~te** [~eit] (feierlich) einführen; einweihen, eröffnen; einleiten, beginnen.

inborn ['in'bɔ:n] angeboren.

incalculable [in'kælkjuləbl] unzählbar; unberechenbar.

incapa|ble unfähig; **~citate** [inkə'pæsiteit] unfähig od. untauglich machen; **~city** Unfähigkeit f, Untauglichkeit f.

incautious unvorsichtig.

incendiary [in'sendjəri] Feuer...; Brand...; Brandstifter m.

incense[1] ['insens] Weihrauch m.

incense[2] [in'sens] erzürnen, erbosen.

incessant [in'sesnt] unaufhörlich, ständig.

incest ['insest] Blutschande f.

inch [intʃ] Zoll m (= 2,54 cm).

incident ['insidənt] Vorfall m, Ereignis n; pol. Zwischenfall m; **~al** [~'dentl] beiläufig, nebensächlich; Begleit..., Neben...; **~ally** beiläufig; zufällig.

incinerate [in'sinəreit] (zu Asche) verbrennen.

incis|e [in'saiz] einschneiden; **~ion** [~'iʒən] (Ein-)Schnitt m; **~ive** scharf, schneidend; **~or** Schneidezahn m.

incite [in'sait] anspornen, anregen; aufhetzen.

inclement [in'klemənt] rauh (Klima, Wetter).

inclin|ation [inkli'neiʃən] Neigung f (a. fig.); **~e** [in'klain] (sich) neigen;

abfallen; geneigt sein (to dat); veranlassen, bewegen; Neigung f, Abhang m.

inclos|e [in'klouz], **~ure** [~ʒə] s. enclose, enclosure.

inclu|de [in'klu:d] einschließen; **~sive** einschließlich (of gen); **~sive terms** pl Pauschalpreis m.

incoherent unzs.-hängend.

income ['inkʌm] Einkommen n; **~tax** [~'ɔmtæks] Einkommensteuer f.

incoming ['inkʌmiŋ] hereinkommend; ankommend.

in|comparable unvergleichlich; **~compatible** unvereinbar; **~competent** unfähig; unbefugt; **~complete** unvollständig; **~comprehensible** unbegreiflich; **~conceivable** unbegreiflich; **~consequent** inkonsequent.

inconsidera|ble unbedeutend; **~te** unüberlegt; rücksichtslos.

in|consistent unvereinbar; widerspruchsvoll; **~consolable** untröstlich; **~constant** unbeständig; wankelmütig.

inconvenien|ce Unbequemlichkeit f; Unannehmlichkeit f, Ungelegenheit f; belästigen; **~t** unbequem; ungelegen, lästig.

incorporate [in'kɔ:pəreit] (sich) vereinigen; einverleiben; ~[.krit], ~d [.reitid] (amtlich) eingetragen.

in|correct unrichtig; ~ corrigible unverbesserlich.

increas|e [in'kri:s] zunehmen, größer werden, (an)wachsen; vermehren, -größern, erhöhen; ['inkri:s] Zunahme f, Vergrößerung f, Erhöhung f, Zuwachs m, Steigen n; ~ingly immer mehr.

incred|ible unglaublich; ~ulous ungläubig, skeptisch. [neit] belasten.]

incriminate [in'krimi-]

incubator ['inkjubeita] Brutapparat m.

incur [in'ka:] sich et. zuziehen; Verpflichtung eingehen; Verlust erleiden.

in|curable unheilbar; ~debted verschuldet; fig. zu Dank verpflichtet.

indecen|cy Unanständigkeit f; ~t unanständig; unsittlich.

indecis|ion Unentschlossenheit f; ~ive nicht entscheidend; unentschlossen.

indeed [in'di:d] in der Tat, tatsächlich, wirklich; allerdings; int. ach wirklich!, nicht möglich!

in|defatigable [indi-'fætigabl] unermüdlich; ~definite unbestimmt; unbegrenzt; ~delible [~'delibl] unauslöschlich; untilgbar; ~delicate unfein; taktlos.

indemni|fy [in'demnifai] entschädigen; sichern; ~ty Entschädigung f; Sicherstellung f.

indent [in'dent] (ein)kerben, (aus)zacken; [~] Kerbe f; ~ure [in'dentʃə] Vertrag m; Lehrvertrag m.

independen|ce Unabhängigkeit f; Selbständigkeit f; ~t unabhängig; selbständig.

in|describable [indis-'kraibəbl] unbeschreiblich; ~determinate [~di'tə:minit] unbestimmt.

index [in'deks] Zeiger m; (Inhalts-, Namen-, Sach-) Verzeichnis n, Register n; fig. (An)Zeichen n; ~ (finger) Zeigefinger m.

Indian [in'djən] indisch; indianisch; Inder(in); (Red) ~ Indianer(in); ~ corn Mais m; ~ file: in ~ in Gänsemarsch; ~ summer Altweibersommer m.

India-rubber ['indjə'rʌbə] Radiergummi m.

indicat|e [in'dikeit] (an)zeigen; hinweisen auf; andeuten; ~ion Anzeichen n; Andeutung f; ~ive (mood) [in'dikətiv] gr. Indikativ m, Wirklichkeitsform f; adv [~.eitə] Zeiger m; Anzeigevorrichtung f; mot. Blinker m.

indict [in'dait] anklagen; ~ment Anklage f.

indifferen|ce Gleich-

gültigkeit *f;* **~t** gleichgültig; mittelmäßig.

indigent ['indidʒənt] arm.

indigest|ible unverdaulich; **~ion** Verdauungsstörung *f*, Magenstimmung *f*.

indign|ant [in'dignənt] entrüstet, empört; **~ation** Entrüstung *f*, Empörung *f*.

indirect indirekt; nicht direkt *od.* gerade.

indiscre|te unklug; indiskret; **~tion** Unüberlegtheit *f*; Indiskretion *f*.

in|discriminate [indis'kriminit] wahllos; **~dispensable** unentbehrlich.

indispos|ed [indis'pəuzd] unpäßlich; abgeneigt; **~ition** Unpäßlichkeit *f*; Abneigung *f*.

in|disputable ['indis'pju:təbl] unbestreitbar; unbestritten; **~distinct** undeutlich, unklar.

individual [indi'vidjuəl] persönlich, individuell; einzeln; Individuum *n*; **~ist** Individualist *m*.

indivisible unteilbar.

indolen|ce ['indələns] Trägheit *f*; **~t** träge, lässig.

indomitable [in'dɔmitəbl] unbezähmbar, unbeugsam.

indoor ['indɔː] im Hause; Haus..., Zimmer..., *sp.* Hallen...; **~s** ['in'dɔːz] im *od.* zu Hause; ins Haus.

indorse [in'dɔːs] *s.* **endorse**.

induce [in'dju:s] veranlassen; verursachen.

induct [in'dʌkt] einführen, -setzen.

indulge [in'dʌldʒ] nachsichtig sein gegen; *j-m* nachgeben; frönen; **~** **in s.th.** sich *et.* erlauben *od.* gönnen; **~nce** Nachsicht *f*; Befriedigung *f*; Schwelgen *n*; **~nt** nachsichtig.

industrial [in'dʌstriəl] industriell, gewerblich, Industrie..., Gewerbe...; **~ area** Industriegebiet *n*; **~ city** Industriestadt *f*; **~ist** Industrielle *m*; **~ize** industrialisieren.

industr|ious [in'dʌstriəs] fleißig; **~y** ['indəstri] Industrie *f*; Gewerbe *n*; Fleiß *m*.

in|effective, **~efficient** wirkungslos; unfähig; **~equality** Ungleichheit *f*.

inert [i'nə:t] träge; **~ia** [~ʃiə] Trägheit *f*.

in|estimable [in'estiməbl] unschätzbar; **~evitable** [~'evitəbl] unvermeidlich; **~excusable** unverzeihlich; **~exhaustible** unerschöpflich; **~expensive** nicht teuer, preiswert; **~experienced** unerfahren; **~explicable** [~'eksplikəbl] unerklärlich.

inexpress|ible [iniks'presəbl] unaussprechlich; **~ive** ausdruckslos.

infallible [in'fæləbl] unfehlbar.

infam|ous ['infəməs] schändlich; **~y** Niedertracht f; Schande f.

infan|cy ['infənsi] frühe Kindheit; **~t** Säugling m; kleines Kind, Kleinkind n.

infantile ['infəntail] kindlich, Kinder...; kindisch.

infantry ['infəntri] Infanterie f.

infatuated [in'fætjueitid]: **~ with** vernarrt in.

infect [in'fekt] infizieren, anstecken (a. fig.); verseuchen; **~ion** Infektion f, Ansteckung f, **~ious** ansteckend.

infer [in'fə:] schließen; **~ence** ['infərəns] Schlußfolgerung f, (Rück)Schluß m.

inferior [in'fiəriə] Untergebene m, f; unter; minderwertig; **~ to** niedriger od. geringer als; untergeordnet; unterlegen; **~ity** [~'oriti] Unterlegenheit f; Minderwertigkeit f.

infernal [in'fə:nl] höllisch.

infest [in'fest] heimsuchen; plagen, verseuchen.

infidelity Unglaube m; Untreue f.

infiltrate ['infiltreit] einsickern (in); durchsetzen; eindringen.

infinite ['infinit] unendlich.

infinitive (mood) [in-'finitiv] gr. Infinitiv m, Nennform f.

infinity [in'finiti] Unendlichkeit f.

infirm [in'fə:m] schwach, gebrechlich; **~ary** Krankenhaus n; **~ity** Gebrechlichkeit f, (Alters)Schwäche f.

inflame [in'fleim] (sich) entzünden; fig. entflammen, erregen.

inflamma|ble [in'flæməbl] feuergefährlich; **~tion** [~ə'meiʃən] Entzündung f; **~tory** [in'flæmətəri] med. Entzündungs...; fig. aufrührerisch, Hetz...

inflat|e [in'fleit] aufblasen, -pumpen, -blähen; **~ion** econ. Inflation f; fig. Aufgeblasenheit f.

inflect [in'flekt] biegen; gr. flektieren, beugen.

inflex|ible [in'fleksəbl] starr; fig. unbeugsam; **~ion** [~kʃən] Biegung f; gr. Flexion f, Beugung f.

inflict [in'flikt] Leid zufügen; Wunde beibringen; Schlag versetzen; Strafe verhängen; **~ion** Zufügung f; Plage f.

influen|ce ['influəns] Einfluß m; beeinflussen; **~tial** [~'enʃəl] einflußreich.

influenza [influ'enzə] Grippe f.

inform [in'fə:m]: **~ (of)** benachrichtigen (von), informieren (über), j-m mitteilen; **~ against s.o.** j-n anzeigen; **~al** zwanglos.

information [infə'meiʃən] Auskunft f; Nachricht f, Information f;

~ bureau Auskunftsbüro n; **~ desk** Informationsschalter m; **~ office** Auskunftsbüro n.

inform|ative [in'fɔ:mətiv] informativ; lehrreich; **~er** Denunziant m; Spitzel m.

infuriate [in'fjuərieit] wütend machen.

infuse [in'fju:z] aufgießen; fig. einflößen.

ingenious [in'dʒi:njəs] geistreich, klug; erfinderisch; kunstvoll, raffiniert; **~uity** [ˌindʒi'nju:iti] Klugheit f, Geschicklichkeit f.

ingot [ˈiŋgət] (Gold- etc.) Barren m.

ingratiate [in'greiʃieit]: **~ o.s.** sich einschmeicheln (**with** bei); **~tude** [ˌ'græ-titju:d] Undank(barkeit f) m.

ingredient [in'gri:djənt] Bestandteil m; pl Zutaten pl.

inhabit [in'hæbit] bewohnen; **~able** bewohnbar; **~ant** Bewohner(in); Einwohner(in).

inhale [in'heil] einatmen.

inherent [in'hiərənt] innewohnend, angeboren, eigen.

inherit [in'herit] erben; **~ance** Erbe n; Erbschaft f.

inhibit [in'hibit] hemmen; **~ion** Hemmung f.

in|hospitable [in'hɔspitəbl] ungastlich, unwirtlich; **~human** unmenschlich.

initial [i'niʃəl] anfänglich, Anfangs..., Ausgangs...;

Anfangsbuchstabe m; **~te** [ˌʃieit] beginnen; -einführen, -weihen; **~tion** Einleitung f; Einführung f; **~tive** [ˌʃiətiv] Initiative f.

inject [in'dʒekt] einspritzen; **~ion** Injektion f, Spritze f.

injudicious unklug.

injur|e [ˈindʒə] beschädigen; schaden; verletzen, -wunden; fig. kränken; **~ed:** the ~ pl die Verletzten pl; **~ed person** Verletzte m, f; **~ious** [in-'dʒuəriəs] schädlich; **be ~ious** schaden (**to** dat); **~y** [ˈˌəri] Verletzung f, Wunde f; Schaden m; fig. Beleidigung f.

injustice Ungerechtigkeit f, Unrecht n.

ink [iŋk] Tinte f.

inkling [ˈiŋkliŋ] Andeutung f; leise Ahnung.

ink-pot Tintenfaß n.

inland [ˈinlənd] inländisch; Binnen...; Landesinnere n; Binnenland n; [inˈlænd] adv im Innern des Landes; landeinwärts.

inlay [ˈinˈlei] (irr **lay**) einlegen.

inlet [ˈinlet] schmale Bucht; Einlaß m.

inmate [ˈinmeit] Insasse m.

inmost [ˈinməust] innerst; fig. a. geheimst.

inn [in] Gasthaus m, -hof m.

innate [ˈiˈneit] angeboren.

inner [ˈinə] inner, Innen...; **~most** s. inmost; **~ tube** (Fahrrad- etc.) Schlauch m.

innkeeper Gastwirt(in).

innocen|ce ['inəsns] Unschuld *f*; **~t** unschuldig; Unschuldige *m*, *f*.

innovation [inəu'veiʃən] Neuerung *f*.

innumerable [i'nju:mərəbl] unzählig, zahllos.

inocu|late [i'nɔkjuleit] (ein)impfen; **~ion** Impfung *f*.

inoffensive harmlos.

in-patient [inpeiʃənt] Krankenhauspatient(in).

inquest ['inkwest] *jur.* gerichtliche Untersuchung.

inquir|e [in'kwaiə] fragen *od.* sich erkundigen (nach); **~e into** untersuchen; **~y** Erkundigung *f*, Nachfrage *f*; Untersuchung *f*.

inquisitive [in'kwizitiv] neugierig; wißbegierig.

insan|e [in'sein] geisteskrank; **~ity** [in'sæniti] Geisteskrankheit *f*.

insatia|ble [in'seiʃjəbl], **~te** [~ʃiit] unersättlich.

inscri|be [in'skraib] (ein-, auf)schreiben; beschriften; **~ption** [~ipʃən] Inschrift *f*.

insect ['insekt] Insekt *n*.

insecure unsicher.

insensi|ble unempfindlich; bewußtlos; unmerklich; gleichgültig; **~tive** unempfindlich.

inseparable untrennbar; unzertrennlich.

insert [in'sə:t] einsetzen, -fügen; (hin)einstecken; *Münze* einwerfen; **~ion**

Einsetzung *f*, Einfügung *f*; Einwurf *m* (*Münze*).

inshore ['in'ʃɔ:] an *od.* nahe der Küste; Küsten...

inside ['in'said] Innenseite *f*; Innere *n*; **~ out** umkrempeln; inner, Innen...; im Innern, drinnen; nach innen, hinein; innerhalb; **~ left** *sp.* Halblinke *m*; **~ right** *sp.* Halbrechte *m*.

insight [insait] Einblick *m*; Einsicht *f*.

in|significant unbedeutend; **~sincere** unaufrichtig; **~sinuate** [~'sinjueit] zu verstehen geben; andeuten; **~sipid** [~'sipid] geschmacklos, fad.

insist [in'sist]: **~ (up)on** bestehen auf; dringen auf.

in|solent ['insələnt] unverschämt; **~soluble** [~'sɔljubl] unlöslich; *fig.* unlösbar; **~solvent** zahlungsunfähig.

insomnia [in'sɔmniə] Schlaflosigkeit *f*.

insomuch [insəu'mʌtʃ] dermaßen, so (sehr).

inspect [in'spekt] untersuchen, prüfen; inspizieren; **~ion** Prüfung *f*, Untersuchung *f*, Inspektion *f*; **~or** Inspektor *m*.

inspir|ation [inspə'reiʃən] Inspiration *f*, Eingebung *f*; **~e** [in'spaiə] erfüllen; inspirieren.

insta|l(l) [in'stɔ:l] *tech.* installieren; *in ein Amt* einsetzen; **~llation** [~ə'leiʃən] *tech.* Anlage *f*; Installation *f*; **~l(l)ment** [~'stɔːlmənt] Rate *f*, Teilzahlung *f*; Fortsetzung *f* (*Roman*).

instance ['instəns] Ersuchen *n*; Beispiel *n*, Fall *m*; **for ~** zum Beispiel.

instant ['instənt] dringend; sofortig, augenblicklich; Augenblick *m*; **~aneous** [~'teinjəs] augenblicklich; **~ly** sofort.

instead [in'sted] statt dessen; **~ of** anstatt, an Stelle von.

instep ['instep] Spann *m*.

instigat|e ['instigeit] anstiften; **~or** Anstifter *m*.

instil(l) [in'stil] einflößen.

instinct ['instiŋkt] Instinkt *m*; **~ive** [in'stiŋktiv] instinktiv.

institut|e ['institjuːt] Institut *n* (*a. Gebäude*); (gelehrte *etc.*) Gesellschaft; **~ion** Institut *n*; Institution *f*, Einrichtung *f*.

instruct [in'strʌkt] unterrichten; ausbilden; anweisen; informieren; **~ion** Unterricht *m*, Ausbildung *f*; *pl* Vorschrift(en *pl*) *f*, Anweisung(en *pl*) *f*; **~ive** lehrreich; **~or** Lehrer *m*; Ausbilder *m*.

instrument ['instrumənt] Instrument *n*; Werkzeug *n*.

in|subordinate [insə'bɔːdnit] aufsässig; **~subferable** unerträglich; **~sufficient** unzulänglich, ungenügend.

insulate ['insjuleit] isolieren.

insult ['insʌlt] Beleidigung *f*; [in'sʌlt] beleidigen.

insupportable [insə'pɔːtəbl] unerträglich.

insur|ance [in'ʃuərəns] Versicherung *f*; Versicherungs...; **~ance policy** Versicherungspolice *f*, **~-schein** *m*; **~e** versichern.

insurmountable [insə(ː)'mauntəbl] unüberwindlich.

insurrection [insə'rekʃən] Aufstand *m*.

intact [in'tækt] unberührt, unversehrt, intakt.

integrate ['intigreit] zusschließen, vereinigen; eingliedern; integrieren.

integrity [in'tegriti] Integrität *f*, Rechtschaffenheit *f*; Ganzheit *f*, Vollständigkeit *f*.

intellect ['intilekt] Verstand *m*; **~ual** [~'lektjuəl] intellektuell, geistig; Intellektuelle *m*, *f*.

intelligen|ce [in'telidʒəns] Intelligenz *f*, Verstand *m*; Nachricht *f*; **~t** intelligent, klug; **~ible** verständlich.

intemperate unmäßig.

intend [in'tend] beabsichtigen; bestimmen.

intens|e [in'tens] intensiv, stark, heftig; angestrengt; **~ify** [~ifai] (sich) verstärken *od.* steigern; **~ity** Intensität *f*; **~ive** intensiv.

intent [in'tent] Absicht *f*;

gespannt; **~ (up)on** bedacht auf, beschäftigt mit; **~ion** Absicht f; **~ional** absichtlich.

inter [in'tə:] beerdigen.

inter|cede [intə(:)'si:d] vermitteln; **~cept** [~'sept] abfangen; abhören; **~cession** [~ə'seʃən] Fürsprache f.

interchange [intə(:)-'tʃeindʒ] austauschen; abwechseln; [~'tʃeindʒ] Austausch m.

intercourse ['intə(:)kɔ:s] Umgang m; Verkehr m.

interdict [intə(:)'dikt] untersagen, verbieten.

interest ['intrist] Interesse n; Bedeutung f; econ. Anteil m, Beteiligung f; Zins (-en pl) m; **take an ~ in** sich interessieren für; vb: interessieren (in für); **~ed** interessiert (in an); **~ing** interessant.

interfere [intə'fiə] sich einmischen; eingreifen; **~ with** stören; **~nce** Einmischung f, Eingreifen n; Störung f.

interior [in'tiəriə] inner, Innen...; Innere n; **Department of the 2** Am. Innenministerium n; **~ decorator** Innenarchitekt m.

inter|jection [intə(:)'dʒek-ʃən] Interjektion f, Ausruf m; **~lude** ['~lu:d] Zwischenspiel n.

intermedia|ry [intə(:)-'mi:djəri] Zwischen...; vermittelnd; Vermittler m; **~te** [~jət] dazwischenliegend, Zwischen..., Mittel...; **~te landing** aer. Zwischenlandung f.

inter|mingle (sich) vermischen; **~mission** Unterbrechung f, Pause f; **~mittent fever** [intə(:)-'mitənt] Wechselfieber n.

intern ['intə:n] Am. Assistenzarzt m; **~al** [~'tə:nl] inner(lich).

inter|national international; **~pose** Veto einlegen; unterbrechen; dazwischentreten; vermitteln.

interpret [in'tə:prit] interpretieren, auslegen; (ver)dolmetschen; **~ation** Interpretation f; Auslegung f; **~er** Dolmetscher(in).

interrogat|e [in'terəugeit] (be)fragen; vernehmen, -hören; **~ion** Vernehmung f, -hör n; Befragung f; **note (mark, point) of ~ion** Fragezeichen n; **~ive** [intə-'rɔgətiv] fragend; ling. interrogativ, Frage...

interrupt [intə'rʌpt] unterbrechen; **~ion** Unterbrechung f.

intersect [intə(:)'sekt] sich schneiden od. kreuzen; **~ion** Schnittpunkt m; (Straßen)Kreuzung f.

interval ['intəvəl] Zwischenraum m; Abstand m; Pause f.

interven|e [intə(:)'vi:n] dazwischenkommen; sich

einmischen; vermitteln; **~tion** [~'venʃən] Eingreifen n, Einmischung f.

interview ['intəvju:] Unterredung f, Interview n; interviewen; **~er** Interviewer m.

intestines [in'testinz] pl Eingeweide pl.

intima|cy ['intiməsi] Intimität f, Vertrautheit f; **~te** ['~eit] zu verstehen geben; [~it] intim; vertraut; gründlich; Vertraute m, f; **~tion** Andeutung f.

intimidate [in'timideit] einschüchtern.

into ['intu, 'intə] in, in ... hinein.

intoler|able [in'tolərəbl] unerträglich; **~ant** unduldsam, intolerant.

in|toxicate [in'tɔksikeit] berauschen; **~transitive** gr. intransitiv; **~trepid** [~'trepid] unerschrocken, furchtlos.

intricate ['intrikit] verwickelt, kompliziert.

intrigue [in'tri:g] Intrige f; intrigieren; neugierig machen.

introduc|e [intrə'dju:s] einführen; vorstellen (**to** dat); **~tion** [~'dʌkʃən] Einführung f; Einleitung f; Vorstellung f; **letter of ~tion** Empfehlungsschreiben n; **~tory** [~'dʌktəri] einleitend.

intru|de [in'tru:d] (sich) aufdrängen; stören; **~der** Eindringling m; Stören-

fried m; **~sion** [~ʒən] Eindringen n; Zudringlichkeit f.

intuition [intju(:)'iʃən] Intuition f, Eingebung f.

invade [in'veid] eindringen in, einfallen in; **~r** Angreifer m, Eindringling m.

invalid¹ ['invəli:d] krank; Kranke m, f, Invalide m.

invalid² [in'vælid] (rechts)ungültig; **~ate** [~eit] (für) ungültig erklären; entkräften.

invaluable unschätzbar.

invariab|le unveränderlich; **~ly** beständig.

invasion [in'veiʒən] mil.: **~ (of)** Einfall m (in), Invasion f (in), Angriff m (auf).

invent [in'vent] erfinden; **~ion** Erfindung f; **~ive** erfinderisch; **~or** Erfinder(in).

invers|e ['in'və:s] umgekehrt; **~ion** Umkehrung f.

invert [in'və:t] umkehren, umdrehen, umstellen; **~ed commas** pl Anführungszeichen pl.

invest [in'vest] investieren, anlegen.

investigat|e [in'vestigeit] untersuchen; **~ion** Untersuchung f; **~or** Untersuchungsbeamte m.

investment [in'vestmənt] Kapitalanlage f.

in|vincible [in'vinsəbl] unbesiegbar; unüberwindlich; **~violable** [~'vaiə-ləbl] unverletzlich, unantastbar; **~visible** unsichtbar.

invit|ation [invi'teiʃən] Einladung *f*; Aufforderung *f*; **~e** [in'vait] einladen; auffordern.

invoice ['invois] *econ.* (Waren)Rechnung *f*.

in|voke [in'vəuk] anrufen; beschwören; **~voluntary** unfreiwillig; unwillkürlich; **~volve** [~'vɔlv] verwickeln, -stricken, hineinziehen; mit sich bringen; **~vulnerable** unverwundbar.

inward ['inwəd] inner (-lich); **~(s)** [~(z)]einwärts, nach innen.

iodine ['aiəudi:n] Jod *n*.

I O U ['aiəu'ju:](= **I owe you**) Schuldschein *m*.

irascible [i'ræsibl] jähzornig.

iridescent [iri'desnt] schillernd.

iris ['aiəris] *anat.* Iris *f*; *bot.* Schwertlilie *f*.

Irish ['aiəriʃ] irisch; Irisch *n*; **the ~** *pl* Iren *pl*; **~man** Ire *m*; **~woman** Irin *f*.

iron ['aiən] Eisen *n*; Bügeleisen *n*; eisern, Eisen...; bügeln, plätten.

ironic(al) [ai'rɔnik(əl)] ironisch, spöttisch.

iron|ing ['aiəniŋ] Bügeln *n*, Plätten *n*; Bügel..., Plätt...; **~ lung** *med.* eiserne Lunge; **~monger** Metallwarenhändler *m*; **~mo(u)ld** Rostfleck *m*; **~works** *sg*, *pl* Eisenhütte *f*.

irony ['aiərəni] Ironie *f*.

ir|radiate [i'reidieit] bestrahlen (*a. med.*); Gesicht aufheitern; *et.* erhellen; **~rational** unvernünftig; **~reconcilable** unversöhnlich; unvereinbar; **~recoverable** unersetzlich; **~redeemable** *econ.* nicht einlösbar; *fig.* unersetzlich; **~regular** unregelmäßig; ungleichmäßig; **~relevant** nicht zur Sache gehörig; **~removable** unabsetzbar; **~reparable** [i'repərəbl] nicht wiedergutzumachen(d); **~replaceable** unersetzlich; **~repressible** nicht zu unterdrücken(d); unbezähmbar; **~reproachable** untadelig; **~resistible** unwiderstehlich; **~resolute** unentschlossen; **~respective**: **~ of** ohne Rücksicht auf; unabhängig von; **~responsible** unverantwortlich; verantwortungslos; **~retrievable** unwiederbringlich; unersetzlich; **~reverent** [i'revərənt] respektlos; **~revocable** [i'revəkəbl] unwiderruflich, endgültig; [sern.]

irrigate ['irigeit] bewässern; **irrit|able** ['iritəbl] reizbar; **~ate** [~eit] reizen; (ver)ärgern; **~ation** Reizung *f*; Gereiztheit *f*.

is [iz] *3. sg* *pres von* **be**.

island ['ailənd] Insel *f*.

isle [ail] Insel *f*.

isn't ['iznt] = **is not;** ~ **it?** nicht wahr?

isolate ['aisəleit] isolieren; ~ed abgeschieden.
~**ion** Isolierung f.

issue ['iʃuː] Ausgabe f (Buch etc.); Nummer f (Zeitung); Nachkommen (-schaft f) pl; Ergebnis n, Ausgang m; (Streit)Frage f; **point at** ~ strittige Frage; vb: Befehle erteilen; ausgeben; Bücher etc. herausgeben; herausströmen, -kommen.

it [it] es; er, sie, es, ihn (für Sachen u. Tiere).

Italian [i'tæljən] italienisch; Italiener(in); Italienisch n.

itch [itʃ] Jucken n; jucken.

item ['aitəm] Punkt m, Posten m; Zeitungsnotiz f.

itinerary [ai'tinərəri] Reiseroute f; Reiseplan m; Reisebericht m.

its [its] von Sachen u. Tieren: sein(e), ihr(e); dessen, deren.

itself [it'self] sich; sich selbst; selbst; **by** ~ allein; von selbst.

ivory ['aivəri] Elfenbein n.

ivy ['aivi] Efeu m.

J

jab [dʒæb] stechen, stoßen.

jack [dʒæk] Wagenheber m; Karten: Bube m; ~(**up**) Auto aufbocken.

jackal ['dʒækɔːl] Schakal m.

jack|ass ['dʒækæs] Esel m; ['kɑːs] fig. Esel m, Dummkopf m; ~**daw** ['kdɔː] Dohle f.

jacket ['dʒækit] Jacke f, Jackett n; tech. Mantel m; Schutzumschlag m.

jack-in-the-box ['dʒæk-] Schachtelmännchen n; ~**knife** Klappmesser n; **♀ of all trades** Alleskönner m; ~**pot** Haupttreffer m.

jag [dʒæg] Zacken m; ~**ged** ['kgid] zackig.

jaguar ['dʒægjuə]Jaguar m.

jail [dʒeil], ~**er** s. **gaol** (-er).

jam¹ [dʒæm] Marmelade f.

jam² [dʒæm] quetschen, pressen; versperren, blockieren; Radio: stören; eingeklemmt sein, festsitzen; (sich ver)klemmen; Gedränge n; Stauung f, Stockung f; tech. Blockieren n; colloq. mißliche Lage, Klemme f.

janitor ['dʒænitə] Portier m; Am. Hausmeister m.

January ['dʒænjuəri] Januar m.

Japanese [dʒæpə'niːz] japanisch; Japaner(in); Japanisch n; **the** ~ **pl** die Japaner pl.

jar [dʒɑː] Krug m, Topf m, (Einmach)Glas n.

jaundice ['dʒɔːndis] Gelbsucht f.

javelin ['dʒævlin] Speer m.

156

jaw [dʒɔ:] Kinnbacken *m*, Kiefer *m*; *pl*: Rachen *m*; Maul *n*; **~bone** Kiefer (-knochen) *m*, Kinnlade *f*.

jay [dʒei] Eichelhäher *m*.

jealous [ˈdʒeləs] eifersüchtig; **~y** Eifersucht *f*.

jeer [dʒiə] Spott *m*, Stichelei *f*; spotten, höhnen.

jellied [ˈdʒelid] eingedickt (*Obst*); in Gelee.

jelly [ˈdʒeli] Gallert(e *f*) *n*; Gelee *n*; gelieren; zum Gelieren bringen; **~fish** Qualle *f*.

jeopardize [ˈdʒepədaiz] gefährden, aufs Spiel setzen.

jerk [dʒə:k] Ruck *m*; *med.* Zuckung *f*; (plötzlich) stoßen *od.* ziehen, (sich) ruckartig bewegen; werfen, schleudern; **~y** ruckartig; holperig.

jersey [ˈdʒə:zi] Wollpullover *m*.

jest [dʒest] Scherz *m*; scherzen; **~er** Spaßmacher *m*; Hofnarr *m*.

jet [dʒet] (*Wasser- etc.*) Strahl *m*; Düse *f*; *s.* **~ engine**, **~ liner**, **~ plane**; hervorschießen; ausstoßen; **~ engine** Strahl-, Düsentriebwerk *n*; **~ liner**, **~ plane** Düsenflugzeug *n*; **~-propelled** mit Düsenantrieb.

jetty [ˈdʒeti] Mole *f*; Anlegestelle *f*.

Jew [dʒu:] Jude *m*.

jewel [ˈdʒu:əl] Juwel *n*, *m*, Edelstein *m*; **~(l)er** Juwe-lier *m*; **~(le)ry** Juwelen *pl*; Schmuck *m*.

Jew|ess [ˈdʒu(:)is] Jüdin *f*; **~ish** jüdisch.

jiffy [ˈdʒifi] *colloq.* Augenblick *m*.

jiggle [ˈdʒigl] (leicht) rütteln *od.* schaukeln.

jingle [ˈdʒiŋgl] Klimpern *n*; klimpern (mit).

job [dʒɔb] ein Stück Arbeit *f*; *colloq.* Stellung *f*, Arbeit(splatz *m*) *f*, Beschäftigung *f*, Beruf *m*; Aufgabe *f*; Sache *f*; **by the ~** im Akkord; **out of ~** arbeitslos; **~work** Akkordarbeit *f*.

jockey [ˈdʒɔki] Jockei *m*.

jocular [ˈdʒɔkjulə] lustig; scherzhaft. [fröhlich.\

jocund [ˈdʒɔkənd] lustig,]

jog [dʒɔg] (an)stoßen, rütteln; **~ along**, **~ on** dahintrotten, -zuckeln.

join [dʒɔin] Verbindungsstelle *f*; verbinden, vereinigen, zs.-fügen (**to** mit); sich anschließen (an); eintreten in, beitreten; sich vereinigen (mit); **~ in** teilnehmen an, mitmachen bei; einstimmen in.

joiner [ˈdʒɔinə] Tischler *m*.

joint [dʒɔint] Verbindungsstelle *f*; Gelenk *n*; Braten *m*; *Am. sl.* Spelunke *f*; *sl.* Marihuanazigarette *f*; gemeinsam, Mit...; **~stock company** Aktiengesellschaft *f*.

joke [dʒəuk] scherzen; Scherz *m*, Spaß *m*; Witz

m; **practical** ~ Streich m; **play a** ~ **on s.o.** j-m e-n Streich spielen; **he cannot take a** ~ er versteht keinen Spaß; ~**r** Spaßvogel m; **Karten**: Joker m.

jolly ['dʒɔli] lustig, fidel; *colloq.*: nett; sehr.

jolt [dʒəult] stoßen; rütteln; holpern; Ruck m, Stoß m, Rütteln n.

jostle ['dʒɔsl] (an)rempeln.

jot [dʒɔt]: ~ **down** schnell notieren.

journal ['dʒə:nl] Tagebuch n; Journal n; Zeitung f; Zeitschrift f; ~**ism** ['~əlizəm] Journalismus m.

journey ['dʒə:ni] reisen; Reise f; Fahrt f; ~ **there** Hinfahrt f; ~**man** Geselle m. [vergnügt.]

jovial ['dʒəuvjəl] heiter,

joy [dʒɔi] Freude f; ~**ful**, ~**ous** freudig, erfreut; froh.

jubil|ant ['dʒu:bilənt] frohlockend; ~**ee** ['~li:] (fünfzigjähriges) Jubiläum.

judg|e [dʒʌdʒ] Richter m; Preis-, Schiedsrichter m; Kenner m; urteilen; ein Urteil fällen über; entscheiden; beurteilen; halten für; ~(**e)ment** Urteil n; Verständnis n, Einsicht f; Meinung f; göttliches (Straf)Gericht; **♀(e)ment Day, Day of ♀(e)ment** Jüngstes Gericht.

judici|al [dʒu(:)'diʃəl] gerichtlich, Justiz...; Gerichts...; kritisch; un-

parteiisch; klug. ~**ous** vernünftig, klug.]

jug [dʒʌg] Krug m, Kanne f

juggle ['dʒʌgl] Taschenspielerei f; Schwindel m; jonglieren; verfälschen; betrügen; ~**r** Jongleur m.

juic|e [dʒu:s] Saft m; ~**y** saftig.

juke-box ['dʒu:k-] Musikautomat m.

July [dʒu(:)'lai] Juli m.

jumble ['dʒʌmbl] Durcheinander n; ~**sale** Wohltätigkeitsbasar m.

jump [dʒʌmp] Sprung m; (über)springen; hüpfen; ~ **at** sich stürzen auf; ~**er** Springer m; ~**ing jack** Hampelmann m; ~**y** nervös.

junct|ion ['dʒʌŋkʃən] Verbindung f; *rail.* Knotenpunkt m; ~**ure** Verbindungsstelle f; (kritischer) Augenblick *od.* Zeitpunkt.

June [dʒu:n] Juni m.

jungle ['dʒʌŋgl] Dschungel m.

junior ['dʒu:njə] junior; jünger; untergeordnet; *Am.* Kinder..., Jugend...; Jüngere m, f; Junior m.

juris|diction [dʒuəris'dikʃən] Rechtsprechung f; Gerichtsbarkeit f; ~**prudence** ['~pru:dəns] Rechtswissenschaft f.

juror ['dʒuərə] Geschworene m, f.

jury ['dʒuəri] *die* Geschworenen *pl;* Jury f, Preisrichter *pl.*

just [dʒʌst] gerecht; berechtigt; genau, richtig; gerade, (so)eben; gerade (noch); ~ like that einfach so; ~ now gerade jetzt.

justice ['dʒʌstis] Gerechtigkeit f; Recht n; Richter m.

justific|ation [dʒʌstifi-'keiʃən] Rechtfertigung f; ~y ['~fai] rechtfertigen.

justly ['dʒʌstli] mit Recht.

jut [dʒʌt]: ~ out vorspringen, herausragen.

juvenile ['dʒu:vinail]jung, jugendlich; Jugend...; Jugendliche m, f.

K

kangaroo [kæŋɡə'ru:] Känguruh n.

keel [ki:l] Kiel m.

keen [ki:n] scharf (a. fig.); begeistert, eifrig; heftig, stark, groß; ~ on colloq. erpicht auf. versessen auf.

keep [ki:p] (Lebens)Unterhalt m; (irr) (auf-, ab-, [bei]be-, ein-, er-, fest-, unter)halten; (auf)bewahren; Versprechen halten; Buch, Ware etc. führen; Bett hüten; bleiben; sich halten; colloq. wohnen, weiter... (Handlung beibehalten); ~ doing immer wieder tun; ~ going weitergehen; ~ (on) talking weitersprechen; ~ s.o. company j-m Gesellschaft leisten; ~ s.o. waiting j-n warten lassen; ~ time richtig gehen (Uhr); ~ away (sich) fernhalten; wegbleiben; ~ from ab-, zurückhalten; et. vorenthalten; sich fernhalten von; sich enthalten von; ~ in Schüler nachsitzen lassen;

~ off (sich) fernhalten; ~ on Kleider anbehalten; Hut aufbehalten; Licht brennen lassen; ~ to bleiben in; sich halten an; ~ up aufrechterhalten; Mut nicht sinken lassen; sich halten; ~ up with Schritt halten mit.

keep|er ['ki:pə] Wächter m, Aufseher m, Wärter m; ~ing Verwahrung f, Obhut f, Pflege f; be in (out of) ~ing with ... (nicht) übereinstimmen mit ...; ~sake Andenken n (Geschenk).

keg [keg] kleines Faß.

kennel ['kenl] Hundehütte f; Hundezwinger m.

kept [kept] pret u. pp von keep. [Bordstein m.\]

kerb(stone) ['kə:b(-)] \]

kerchief ['kə:tʃif] (Kopf-) Tuch n.

kernel ['kə:nl] Kern m.

kettle ['ketl] Kessel m; ~drum (Kessel)Pauke f.

key [ki:] Schlüssel m (a. fig.); (Klavier- etc.)Taste f; (Druck)Taste f; mus.

Tonart *f*; *fig.* Ton *m*; Schlüssel...; **~board** Klaviatur *f*; Tastatur *f*; **~hole** Schlüsselloch *n*; **~note** *mus.* Grundton *m* (*a. fig.*).

kick [kik] (Fuß)Tritt *m*; Stoß *m*; *colloq.* (Nerven-)Kitzel *m*; (mit dem Fuß) stoßen *od.* treten; e-n Fußtritt geben; *Fußball:* schießen; ~ **off** *Fußball:* anstoßen; ~ **out** *colloq.* hinauswerfen.

kid [kid] Zicklein *n*; Ziegenleder *n*; *sl.* Kind *n*; *sl.* foppen; ~ **glove** Glacéhandschuh *m* (*a. fig.*).

kidnap ['kidnæp] entführen; **~(p)er** Kindesentführer *m*, Kidnapper *m*.

kidney ['kidni] Niere *f*; ~ **bean** Weiße Bohne.

kill [kil] töten; schlachten; vernichten; ~ **time** die Zeit totschlagen; Tötung *f*; Jagdbeute *f*, Strecke *f*; **~er** Mörder *m*.

kiln [kiln] Brenn-, Darrofen *m*.

kilo|gram(me) ['kiləgræm] Kilo(gramm) *n*; **~metre**, *Am.* **~meter** Kilometer *m*.

kilt [kilt] Kilt *m*, Schottenrock *m*.

kin [kin] Familie *f*; ~ *pl* (Bluts)Verwandtschaft *f*.

kind [kaind] gütig, freundlich, nett; Art *f*; Gattung *f*; **what ~ of ...?** was für ein ...?

kindergarten ['kində-

gɑ:tn] Kindergarten *m*.

kind-hearted gütig.

kindle ['kindl] anzünden, (sich) entzünden; *fig.* entflammen.

kind|ly ['kaindli] freundlich; **~ness** Güte *f*, Freundlichkeit *f*; Gefälligkeit *f*.

kindred ['kindrid] verwandt; Verwandtschaft *f*; Verwandte *pl*.

king [kiŋ] König *m*; **~dom** (König)Reich *n*; **~size** überlang, -groß.

kins|man ['kinzmən] Verwandte *m*, **~woman** Verwandte *f*.

kipper ['kipə] Räucherhering *m*. (küssen.)

kiss [kis] Kuß *m*; (sich)

kit[1] [kit] Kätzchen *n*.

kit[2] [kit] Ausrüstung *f*; Werkzeug *n*; Werkzeugtasche *f*.

kitchen ['kitʃin] Küche *f*; **~ette** [~'net] Kochnische *f*, Kleinküche *f*.   [*m*.)

kite [kait] (Papier)Drachen)

kitten ['kitn] Kätzchen *n*.

knack [næk] Kniff *m*, Dreh *m*.

knapsack ['næpsæk] Tornister *m*; Rucksack *m*.

knave [neiv] Schurke *m*; *Karten:* Bube *m*; **~ry** ['~əri] Schurkerei *f*.

knead [ni:d] kneten; massieren.

knee [ni:] Knie *n*; **~cap** Kniescheibe *f*; **~joint** Kniegelenk *n*.

kneel [ni:l] (*irr*) knien, (sich) hin- *od.* niederknien (**to** vor).

knelt [nelt] *pret u. pp von*
kneel. [**know.**\
knew [nju:] *pret von*
knicker|bockers ['nikə-
bɔkəz] *pl* Kniehosen
pl; **~s** *pl colloq. für*
knickerbockers; (Da-
men)Schlüpfer *m*.
knick-knack ['niknæk]
Tand *m*; Nippsache *f.*
knife [naif] *pl* **knives**
[~vz] Messer *n*; schneiden;
erstechen.
knight [nait] Ritter *m*;
Schach: Springer *m*; zum
Ritter schlagen.
knit [nit] (*irr*) stricken;
zs.-fügen, verbinden; **~**
the brows die Stirn runzeln; **~ting** Stricken *n*;
Strickzeug *n*; Strick...
knives [naivz] *pl von*
knife.
knob [nɔb] Knopf *m*,
Knauf *m*, *runder* Griff.
knock [nɔk] Schlag *m*,
Stoß *m*; Klopfen *n*, Pochen
n; **there is a ~** es klopft;
vb: schlagen; stoßen; (an-)
klopfen; pochen; **~ down**
niederschlagen; überfah-
ren; **~ out** *Boxen:* k.o.

schlagen; **~ over** um-
werfen, umstoßen; **~er**
Türklopfer *m*; **~out** *Boxen:* Knockout *m*, K.o. *m.*
knoll [nəul] kleiner (Erd-)
Hügel.
knot [nɔt] Knoten *m* (*a.
mar., bot.*); Schleife *f*;
Gruppe *f* (*Menschen*); *fig.*
Band *n*; Schwierigkeit *f*;
(ver)knoten, -knüpfen; **~ty**
knotig; knorrig; *fig.*
schwierig, verwickelt.
know [nəu] (*irr*) wissen;
(es) können *od.* verstehen;
kennen; (wieder)erken-
nen, unterscheiden; **~ all**
about it genau Bescheid
wissen; **~ German**
Deutsch können; **~**
one's business, ~ a
thing or two, ~ what's
what sich auskennen, Erfahrung haben; *jmg* klug;
schlau; verständnisvoll,
wissend; **~ingly** absichtlich; **~ledge** ['nɔlidʒ]
Kenntnis(se *pl*) *f*; Wissen
n; **to my ~ledge** meines
Wissens; **~n** *pp von* **know;**
bekannt.
knuckle ['nʌkl] Knöchel *m.*

L

label ['leibl] Zettel *m*, Etikett *n*, Schildchen *n*; etikettieren, beschriften.
laboratory [lə'bɔrətəri]
Labor(atorium) *n*; **~**
assistant Laborant(in).
laborious [lə'bɔːriəs]
mühsam; arbeitsam;

schwerfällig (*Stil*).
labor union ['leibə] *Am.
pol.* Gewerkschaft *f.*
labo(u)r ['leibə] (schwer)
arbeiten; sich be- *od.* abmühen; (schwere) Arbeit;
Mühe *f*; Arbeiter(schaft *f*)
pl; *med.* Wehen *pl*; Ar-

beiter...; Arbeits...; **Ministry of** ♀ Arbeitsministerium *n*; **~er** (*bsd.* ungelernter) Arbeiter; ♀ **Exchange** Arbeitsamt *n*; **Labour Party** *Brit. pol.* Labour Party *f.*

lace [leis] Spitze(n *pl*) *f*; Litze *f*, Schnur *f*; Schnürsenkel *m*; (zu)schnüren; mit Spitze *etc.* besetzen.

lack [læk] Fehlen *n*, Mangel *m*; nicht haben, Mangel haben an; be **~ing in** fehlen *od.* mangeln an.

laconic ['læk] lakonisch.

lacquer ['lækə] Lack *m*; lackieren. [*m.*]

lad [læd] Bursche *m*, Junge)

ladder ['lædə] Leiter *f*; Laufmasche *f*; **~proof** maschenfest (*Strumpf*).

lad|en ['leidn] beladen; **~ing** Ladung *f*, Fracht *f.*

ladle ['leidl] Schöpflöffel *m*, Kelle *f.*

lady ['leidi] Dame *f*; Lady *f*; **~ like** damenhaft.

lag [læg] **~ behind** zurückbleiben.

lager ['lɑ:gə] Lagerbier *n.*

lagoon [lə'gu:n] Lagune *f.*

laid [leid] *pret u. pp von* **lay³.**

lain [lein] *pp von* **lie².**

lair [lɛə] Lager *n* (*des Wildes*).

lake [leik] See *m.*

lamb [læm] Lamm *n.*

lame [leim] lahm; lähmen.

lament [lə'ment] (Weh-)

Klage *f*; jammern; (be-)klagen; **~able** ['læməntəbl] beklagenswert; erbärmlich; **~ation** [læmen'teiʃən] (Weh)Klage *f.*

lamp [læmp] Lampe *f*; **~post** Laternenpfahl *m*; **~shade** Lampenschirm *m.*

lance [lɑ:ns] Lanze *f*; *med.* aufschneiden, -stechen.

land [lænd] landen; Land *n*; Grundbesitz *m*, Grund *m und* Boden *m*; **by ~** auf dem Landweg; **~holder** Grundpächter *m*; Grundbesitzer *m.*

landing ['lændiŋ] *mar.* Anlegen *n*; *aer.* Landung *f*; Treppenabsatz *m*; **~field** *aer.* Landeplatz *m*; **~gear** *aer.* Fahrgestell *n*; **~stage** Landungssteg *m*, Anlegeplatz *m.*

land|lady ['lænleidi] Vermieterin *f*, Wirtin *f*; **~lord** ['læn-] Vermieter *m*; Wirt *m*; Haus-, Grundbesitzer *m*; **~lubber** ['lænd-] *mar.* Landratte *f*; **~mark** ['lænd-] Wahrzeichen *n*; **~owner** ['lænd-] Land-, Grundbesitzer *m*; **~scape** ['lænskeip] Landschaft *f*; **~slide** ['lænd-] Erdrutsch *m* (*a. pol.*); **~slip** ['lænd-] Erdrutsch *m.*

lane [lein] (Feld)Weg *m*; Gasse *f*; *mot.* Fahrbahn *f*, Spur *f.*

language ['læŋgwidʒ] Sprache *f.*

langu|id ['læŋgwid] matt;
träg(e); **~ish** ermatten;
schmachten; dahinsiechen;
~or ['læŋgə] Mattigkeit *f*;
Trägheit *f*; Stille *f*.

lank [læŋk] lang und dünn;
glatt (*Haar*); **~y** schlaksig.

lantern ['læntən] Laterne *f*.

lap [læp] Schoß *m*; (sich)
überlappen; plätschern;
(auf)lecken; schlürfen.

lapel [lə'pel] Rockauf-
schlag *m*, Revers *n*, *m*.

lapse [læps] Verlauf *m*
(*der Zeit*); Versehen *n*.

larceny ['lɑːsəni] Diebstahl *m*.

larch [lɑːtʃ] Lärche *f*.

lard [lɑːd] (Schweine-)
Schmalz *n*; **~er** Speise-
kammer *f*.

large [lɑːdʒ] groß; reichlich; weitgehend; groß-
zügig, -mütig; **at ~** auf
freiem Fuß; ausführlich;
~ly weitgehend; reichlich.

lark [lɑːk] Lerche *f*; *fig.*
Spaß *m*, Streich *m*.

larva ['lɑːvə] *zo.* Larve *f*.

larynx ['læriŋks] Kehl-
kopf *m*.

lascivious [lə'siviəs] lüstern; schlüpfrig.

lash [læʃ] Peitschen-
schnur *f*; (Peitschen)Hieb
m; Wimper *f*; peitschen
(mit); schlagen; (fest)bin-
den.

lass [læs] Mädchen *n*.

lasso [læ'suː] Lasso *n*, *m*.

last[1] [lɑːst] *adj* letzt;
vorig; äußerst; neuest;
~ night gestern abend;

~ but one vorletzt; *adv*
zuletzt; als letzte(r, -s); **~
(but) not least** nicht
zuletzt; *sub:* der, die, das
Letzte; **at ~** endlich.

last[2] dauern; (stand)halten;
(aus)reichen; **~ing** dauerhaft.

last|ly zuletzt; **~ name**
Familien-, Nachname *m*.

latch [lætʃ] Klinke *f*;
Schnappschloß *n*; ein-,
zuklinken.

late [leit] spät; ehemalig;
neuest; verstorben; **be ~**
(zu) spät kommen, sich
verspäten; **at (the) ~st**
spätestens; **as ~ as** erst,
noch; **of ~** kürzlich; **~r on**
später; **~ly** kürzlich.

lath [lɑːθ] Latte *f*.

lathe [leið] Drehbank *f*.

lather ['lɑːðə] (Seifen-)
Schaum *m*; einseifen;
schäumen.

Latin ['lætin] lateinisch;
Latein *n*. [Breite *f*.]

latitude ['lætitjuːd] *geogr.*

latter ['lætə] letzt; letzter.

lattice ['lætis] Gitter *n*.

laudable ['lɔːdəbl] lobenswert.

laugh [lɑːf] Lachen *n*,
Gelächter *n*; lachen; **~ at**
lachen über; *j–n* aus-
lachen; **make s.o. ~** *j–n*
zum Lachen bringen; **~ter**
Lachen *n*, Gelächter *n*.

launch [lɔːntʃ] Schiff vom
Stapel lassen; *Rakete* starten, abschießen; **~ing-
pad** (Raketen)Abschuß-
rampe *f*.

laund|erette [lɔːndəˈret] *f*; *(irr)* (an)führen; leiten;
Selbstbedienungswasch *Karte* ausspielen; vorsalon *m*; **~ry** [ˈ~dri] angehen.
Wäscherei *f*; Wäsche *f*. **lead²** [led] Blei *n*; Lot *n*;
laurel [ˈlɔrəl] Lorbeer *m*. **~en** bleiern (*a. fig.*), aus
lavatory [ˈlævətəri] Blei, Blei...
Waschraum *m*; Toilette *f*. **lead|er** [ˈliːdə] (An)Füh
lavender [ˈlævində] La rer(in); Leiter(in); Leitvendel *m*. artikel *m*; **~ing** leitend,
lavish [ˈlæviʃ] freigebig, Leit...; führend; erst.
verschwenderisch. **leaf** [liːf], *pl* **leaves** [~vz]
law [lɔː] Gesetz *n*; Recht Blatt *n*; (Tisch)Klappe *f*,
wissenschaft *f*) *a*; **~** Ausziehplatte *f*; **~let** [ˈ~
court Gericht(shof *m*) *n*; lit] Blättchen *n*; Flug
~ful gesetzlich; **~ blatt *n*; Prospekt *m*.
less** gesetzlos; **league** [liːg] Liga *f*; Bund
rechtswidrig. *m*; *mst poet.* Meile *f*.
lawn [lɔːn] Rasen *m*. **leak** [liːk] Leck *n*; leck
law|suit [ˈlɔːsjuːt] Prozeß sein; tropfen; **~ out** *fig.*
m; **~yer** [ˈ~jə] Jurist *m*; durchsickern; **~age** Lek
(Rechts)Anwalt *m*. ken *n*; **~y** leck, undicht.
lax [læks] locker; schlaff; **lean¹** [liːn] *(irr)* (sich)
~ative [ˈ~ətiv] abführend; lehnen; (sich) neigen.
Abführmittel *n*. **lean²** mager; mageres
lay¹ [lei] *pret von* **lie².** Fleisch.
lay² weltlich; Laien... **leant** [lent] *pret u. pp von*
lay³ Lage *f*; *(irr)* legen (*a.* **lean¹.**
fig.); *Tisch* decken; (Eier) **leap** [liːp] Sprung *m*; *(irr)*
legen; **~ out** ausbreiten; (über)springen; **~t** [lept]
auslegen; *Geld* ausgeben; *pret u. pp von* **leap**;
typ. gestalten; *Garten etc.* **~year** Schaltjahr *n*.
anlegen; **~ up** Vorräte hin **learn** [lɜːn] *(irr)* lernen;
legen; **be laid up** das erfahren, hören; **~ed** [~
Bett hüten müssen. nid] gelehrt; **~er** An
lay-by [ˈleibai] *Brit. mot.* fänger(in); Fahrschüler
Parkstreifen *m*. (-in); **~ing** Gelehrsamkeit
layer [ˈleiə] Lage *f*, *f*; **~t** [lɜːnt] *pret u. pp von*
Schicht *f*. **learn.**
layman [ˈleimən] Laie *m*. **lease** [liːs] Pacht *f*, Miete
lazy [ˈleizi] faul, träg(e). *f*; Pacht-, Mietvertrag *m*;
lead¹ [liːd] Führung *f*; (ver)pachten, (-)mieten.
thea. Hauptrolle *f*; *electr.* **leash** [liːʃ] (Hunde)Leine *f*.
Leitung *f*; (Hunde)Leine **least** [liːst] kleinst, ge

ringst, mindest; **at ~
mindestens**, wenigstens.
leather ['leðə] Leder n;
ledern; Leder...
leave [li:v] Erlaubnis f;
Abschied m; Urlaub m;
take (one's) ~ sich verabschieden; (irr) (hinter-,
über-, übrig-, ver-, zu-
rück)lassen; liegenlassen,
vergessen; vermachen;
(fort-, weg)gehen; abrei-
sen (von); abfahren.
leaven ['levn] Sauerteig
m; Hefe f.
leaves [li:vz] pl von **leaf**;
Laub n.
lecture ['lektʃə] Vortrag
m; Vorlesung f; Straf-
predigt f; e-n Vortrag od.
Vorträge halten; e-e Vor-
lesung od. Vorlesungen
halten; abkanzeln; **~r** Vor-
tragende m, f; univ. Do-
zent(in).
led [led] pret u. pp von
lead¹.
ledge [ledʒ] Leiste f,
Sims m, n; Riff n.
leech [li:tʃ] Blutegel m.
leek [li:k] Lauch m, Porree
m.
leer [liə] (lüsterner od.
finsterer) Seitenblick;
schielen (at nach).
left¹ [left] pret u. pp von
leave.
left² link(s); **turn ~** links
abbiegen; sub: Linke f; **on
the ~** links, auf der linken
Seite; **to the ~** nach links;
keep to the ~ sich links
halten; mot. links fahren;

~-hand link; **on the ~-
hand side** links; **~-
handed** linkshändig.
left-luggage office Gepäckaufbewahrung f.
leg [leg] Bein n; Keule f;
pull s.o.'s ~ fig. j-n auf
den Arm nehmen.
legacy ['legəsi] Ver-
mächtnis n.
legal ['li:gəl] gesetzlich;
gesetzmäßig; Rechts...
legation [li'geiʃən] Gesandtschaft f.
legend ['ledʒənd] Legende
f, Sage f; Beschriftung f,
Bildunterschrift f; **~ary**
sagenhaft.
legible ['ledʒəbl] leserlich.
legion ['li:dʒən] Legion f;
Unzahl f.
legislat|ion [ledʒis'leiʃən]
Gesetzgebung f; **~ive** ['~-
lətiv] gesetzgebend; **~or**
['~leitə] Gesetzgeber m.
legitimate [li'dʒitimit] le-
gitim, rechtmäßig.
leisure ['leʒə] Muße f;
~ly gemächlich.
lemon ['lemən] Zitrone f;
~ade [~'neid] Zitronen-
limonade f; **~ squash**
Zitronenwasser n.
lend [lend] (irr) (ver-,
aus)leihen.
length [leŋθ] Länge f;
(Zeit)Dauer f; **at ~** endlich; **~en** verlängern; länger werden; **~wise** ['~-
waiz] der Länge nach.
lenient ['li:njənt] mild(e),
nachsichtig.
lens [lenz] opt. Linse f.

lent [lent] *pret u. pp von*
lend; ♀ Fastenzeit *f.*

leopard ['lepəd] Leopard
m.

leprosy ['leprəsi] Lepra *f.*

less [les] kleiner, geringer;
weniger; minus; **~en** (sich)
vermindern; abnehmen;
herabsetzen; **~er** kleiner,
geringer.

lesson ['lesn] Lektion *f;*
Aufgabe *f;* (Unterrichts-)
Stunde *f; pl* Unterricht *m;*
fig. Lehre *f.*

lest [lest] damit nicht, daß
nicht; daß.

let [let] (*irr*) lassen; vermieten; sollen; **~ alone**
in Ruhe lassen; geschweige
denn; **~ down** j-n im
Stich lassen; **~ go** loslassen; **~ s.o. know** j-n
wissen lassen.

lethal ['li:θəl] tödlich.

letter ['letə] Buchstabe *f;*
Brief *m; pl* Literatur *f;*
~box Briefkasten *m;* **~
carrier** *Am.* Briefträger *m.*

lettuce ['letis] (Kopf-)
Salat *m.*

leuk(a)emia [lju(:)'ki:-
miə] Leukämie *f.*

level ['levl] Ebene *f,*
ebene Fläche; (gleiche)
Höhe, Niveau *n,* Stand *m;*
eben; waag(e)recht; gleich
(-mäßig); ebnen; gleich-
machen; zielen; **~ crossing** *Brit.* schienengleicher
Bahnübergang.

lever ['li:və] Hebel *m.*

levity ['leviti] Leichtfer-
tigkeit *f.*

levy ['levi] (Steuer)Erhe-
bung *f; Steuern* erheben.

lewd [lu:d] lüstern; un-
züchtig.

liability [laiə'biliti] Verpflichtung *f,* Verbindlichkeit *f;* Haftpflicht *f.*

liable ['laiəbl] verantwortlich, haftbar; ver-
pflichtet; **be ~ to** neigen
zu; *e-r Sache* ausgesetzt
sein *od.* unterliegen.

liar ['laiə] Lügner(in).

libel ['laibəl] *jur.* Verleumdung *f.*

liberal ['libərəl] liberal
(*a. pol.*); freigebig; reichlich.

liberat|e ['libəreit] be-
freien; freilassen; **~ion**
Befreiung *f;* **~or** Befreier *m.*

liberty ['libəti] Freiheit *f;*
be at ~ frei sein.

librar|ian [lai'brɛəriən]
Bibliothekar(in); **~y** ['lai-
brəri] Bibliothek *f;* Büche-
rei *f.*

lice [lais] *pl von* **louse.**

licen|ce, *Am.* **~se** ['laisəns]
Lizenz *f,* Konzession *f;*
lizenzieren, berechtigen;
~see [~'si:] Lizenzinhaber
m.

lichen ['laikən] Flechte *f.*

lick [lik] Lecken *n;* Salz-
lecke *f;* (be)lecken; *colloq.*
verdreschen; **~ing** *colloq.*
Dresche *f.*

lid [lid] Deckel *m;* (Augen)Lid *n.*

lie¹ [lai] Lüge *f;* lügen.

lie² Lage *f;* (*irr*) liegen; **~
down** sich hin- *od.* nieder-

legen; **~in: have a ~** sich gründlich ausschlafen.

lieutenant [lef'tenənt, *mar.* le'tenən, *Am.* lu:'tenənt] Leutnant *m*.

life [laif], *pl* **lives** [~vz] Leben *n*; Biographie *f*; **for ~** auf Lebenszeit, lebenslänglich; **~ assurance** Lebensversicherung *f*; **~belt** Rettungsgürtel *m*; **~boat** Rettungsboot *n*; **~guard** Rettungsschwimmer *m*; **~ insurance** Lebensversicherung *f*; **~jacket** Schwimmweste *f*; **~less** leblos; matt; **~like** lebensecht; **~ sentence** lebenslängliche Freiheitsstrafe; **~time** Leben(szeit *f*) *n*.

lift [lift] Heben *n*; *phys., aer.* Auftrieb *m*; Fahrstuhl *m*, Lift *m*, Aufzug *m*; **give s.o. a ~** j-n (im Auto) mitnehmen; **get a ~** (im Auto) mitgenommen werden; *vb:* (auf-, er-, hoch)heben; sich heben; **~off** *aer.* Start *m*, Abheben *n*.

ligature ['ligətʃuə] *med.:* Abbinden *n*; Verband *m*.

light[1] [lait] Licht *n* (*a. fig.*); Gesichtspunkt *m*, Aspekt *m*; **can you give me a ~, please?** haben Sie Feuer?; **put a ~ to** anzünden; *adj:* licht, hell; *vb* (*irr*): leuchten; **~ (up)** anzünden; be-, erleuchten; **~ up** aufleuchten (*Augen etc.*).

light[2] leicht; **~en** leichter machen *od.* werden; erhellen; sich aufhellen; blitzen; **~er** Feuerzeug *n*; *mar.* Leichter *m*; **~house** Leuchtturm *m*; **~ing** Beleuchtung *f*; **~minded** leichtfertig; **~ness** Leichtigkeit *f*.

lightning ['laitniŋ] Blitz *m*; **~-conductor, ~-rod** Blitzableiter *m*.

light-weight Leichtgewicht *n*.

like [laik] gleich; (so) wie; ähnlich; **feel ~** Lust haben zu; **~ that** so; **what is he ~?** wie sieht er aus?; wie ist er?; *der, die, das* gleiche; *vb:* gern haben, (gern) mögen; wollen; **how do you ~ it?** wie gefällt es dir?; **if you ~** wenn du willst.

like|lihood ['laiklihud] Wahrscheinlichkeit *f*; **~ly** wahrscheinlich; geeignet; **~ness** Ähnlichkeit *f*; (Ab-) Bild *n*; Gestalt *f*; **~wise** ['~waiz] gleich-, ebenfalls.

liking ['laikiŋ] Zuneigung *f*; Gefallen *n*, Geschmack *m*.

lilac ['lailək] lila; Flieder *f*.

lily ['lili] Lilie *f*; **~ of the valley** Maiglöckchen *n*.

limb [lim] (*Körper*)Glied *n*; Ast *m*; *pl* Gliedmaßen *pl*.

lime [laim] Kalk *m*; Limonelle *f*; Linde *f*; **~light** *thea.* Scheinwerferlicht *n*.

little

limit ['limit] Grenze *f*; **off
~s** *Am.* Zutritt verboten;
that's the ~t *colloq.* das
ist (doch) die Höhe!; *vb*:
begrenzen; beschränken
(**to** auf); **~ed liability
company** Gesellschaft *f*
mit beschränkter Haftung.

limp [limp] hinken; schlaff;
weich.

line [lain] Linie *f*; Strich
m; Reihe *f*; (Menschen-)
Schlange; Falte *f*, Runzel
f; Geschlecht *n*, Linie *f*;
Zeile *f*; Vers *m*; Fach *n*,
Branche *f*; (Eisenbahn-
etc.)Linie *f*; Strecke *f*;
(Verkehrs)Gesellschaft *f*;
teleph. Leitung *f*; Leine *f*;
(Angel)Schnur *f*; *pl* Umriß
m; **hold the ~** *teleph.* am
Apparat bleiben; **stand
in ~** anstehen; *vb*: linieren;
Gesicht zeichnen; einfassen, säumen; *Kleid* füt-
tern; **~ up** (sich) aufstellen.

lineaments ['liniəmənts]
pl Gesichtszüge *pl*.

linear ['liniə] geradlinig.

linen ['linin] Leinen *n*,
Leinwand *f*; (*Bett- etc.*)
Wäsche *f*; seinen; **~
closet** Wäscheschrank *m*.

liner ['lainə] Passagier-
dampfer *m*; Verkehrsflug-
zeug *n*.

linger ['liŋgə] zögern;
trödeln; verweilen.

lingerie ['læ:nʒəri:] Da-
menunterwäsche *f*.

lining ['lainiŋ] (*Kleider-
etc.*)Futter *n*.

link [liŋk] (Ketten)Glied

n; *fig.* (Binde)Glied *n*;
(sich) verbinden.

links [liŋks] *pl* Dünen *pl*;
sg Golfplatz *m*.

lion ['laiən] Löwe *m*; **~ess**
Löwin *f*.

lip [lip] Lippe *f*; **~stick**
Lippenstift *m*.

liquid ['likwid] flüssig;
Flüssigkeit *f*.

liquor ['likə] alkoholisches
Getränk; Flüssigkeit *f*, Saft
m.   [kritze *f*.⏋

liquorice ['likəris] La-⏌
lisp [lisp] Lispeln *n*;
lispeln.

list [list] Liste *f*, Verzeichnis *n*; (in e-e Liste)
eintragen; verzeichnen.

listen ['lisn] hören, horchen, lauschen; **~ in**
to Radio hören; **~ to** zu-,
anhören; hören auf; **~er**
Zuhörer(in); (Rundfunk-)
Hörer(in).

listless ['listlis] lustlos.

lit [lit] *pret u. pp von* **light**[1].

literal ['litərəl] wörtlich.

litera|ry ['litərəri] litera-
risch, Literatur...; **~ture**
['~ritʃə] Literatur *f*.

lithe [laið] geschmeidig.

lit|re, *Am.* **~er** ['li:tə]
Liter *m*, *n*.

litter ['litə] Tragbahre *f*;
Abfall *m*; *zo.* Wurf *m*;
~basket, **~bin** Abfall-
korb *m*.

little ['litl] klein; wenig; **a
~ bit** etwas; **~ one** Kleine
n (*Kind*); **a ~** ein wenig,
ein bißchen, etwas; **~ by
~** nach und nach.

live¹ [liv] leben; wohnen; ~ **on** leben von.

live² [laiv] lebend; lebendig; lebhaft; *Rundfunk, Fernsehen:* Direkt..., Original..., Live...

live|lihood ['laivlihud] Lebensunterhalt *m;* ~ **long: the** ~ **day** den lieben langen Tag; ~**ly** lebhaft, lebendig.

liver ['livə] Leber *f.*

livery ['livəri] Livree *f.*

live|s [laivz] *pl von* **life;** ~**stock** Vieh(bestand *m*) *n.*

livid ['livid] bläulich; fahl.

living ['liviŋ] lebend(ig); Leben *n;* Lebensweise *f;* Lebensunterhalt *m; eccl.* Pfründe *f;* ~**room** Wohnzimmer *n.*

lizard ['lizəd] Eidechse *f.*

load [ləud] Last *f;* Ladung *f;* Belastung *f;* (be-, ver-) laden; *fig.* überhäufen, -laden; ~ **up** aufladen; ~**ing** [ˈ] überhäufen; Ladung *f;* Lade...

loaf¹ [ləuf], *pl* **loaves** [~vz] (Brot)Laib *m.*

loaf² herumlungern; ~**er** Herumtreiber(in).

loam [ləum] Lehm *m.*

loan [ləun] Anleihe *f;* Darlehen *n;* (Ver)Leihen *n;* Leihgabe *f;* **on** ~ leihweise; *vb: bsd. Am.* verleihen.

loath [ləuθ] abgeneigt; ~**e** [ləuð] sich ekeln von; verabscheuen; ~**ing** [ˈ~ðiŋ] Ekel *m;* Abscheu *m;*

~**some** [ˈ~ðəsəm] ekelhaft, -erregend.

loaves [ləuvz] *pl von* **loaf**¹.

lobby [ˈlɔbi] Vorhalle *f; parl.* Wandelgang *m; thea.* Foyer *n.*

lobe [ləub] *anat.* Lappen *m;* Ohrläppchen *n.* [*m.*]

lobster [ˈlɔbstə] Hummer

local [ˈləukəl] örtlich, lokal, Orts...; *colloq.* Wirtshaus *n* (*am Ort*); ~**ity** [~ˈkæliti] Örtlichkeit *f;* Lage *f;* ~**ize** lokalisieren; ~ **train** Vorort(s)zug *m.*

locat|e [ləuˈkeit] unterbringen; ausfindig machen; **be** ~**ed** gelegen sein; ~**ion** Lage *f.*

loch [lɔk] *Scot.:* See *m;* Bucht *f.*

lock [lɔk] (Tür-, Gewehretc.)Schloß *n;* Schleuse(nkammer) *f;* Locke *f* (abver-, zu)schließen, (versperren; umschließen; *tech.* sperren; sich schließen (lassen); ~ **in** einschließen, -sperren; ~ **up** ver-, wegschließen; ~**er** schmaler Schrank;Schließfach *n;* ~**et** [ˈ] Medaillon *n;* ~**smith** Schlosser *m.*

locomotive [ˈləukəməutiv] Fortbewegungs...; Lokomotive *f.*

locust [ˈləukəst] Heuschrecke *f.*

lodg|e [lɔdʒ] Häuschen *n;* Sommerhaus *n;* Pförtnerhaus *n;* Jagdhütte *f;* aufnehmen; (für die Nacht) unterbringen; (in Untermiete) wohnen; **~er** (Unter)Mieter(in); **~ing** Unterkunft f; pl möbliertes Zimmer; **night's ~ing** Nachtquartier n; Übernachtung f.

loft [lɔft] (Dach)Boden m; Heuboden m; Empore f; **~y** hoch; erhaben; stolz.

log [lɔg] Klotz m, Block m; (gefällter) Baumstamm; **~book** Log-, Fahrtenbuch n; **~ cabin** Blockhaus n.

loggia ['lɔdʒə] Loggia f.

logic ['lɔdʒik] Logik f; **~al** logisch.

loin [lɔin] Lende f; Lenden- f

loiter ['lɔitə] schlendern, bummeln, trödeln.

loll [lɔl] (sich) rekeln.

lone|liness ['ləunlinis] Einsamkeit f; **~ly, ~some** einsam; abgelegen.

long¹ [lɔŋ] lang(e); langfristig; **be ~** lange brauchen; **so ~!** bis dann!, auf Wiedersehen! **no ~er, not any ~er** nicht mehr; nicht (mehr) länger; sub: Länge f; lange Zeit; **before ~** bald; für ~ lange (Zeit); **take ~** lange brauchen od. dauern.

long² sich sehnen (**for** nach).

long-distance Fern...; Langstrecken...; **~ call** Ferngespräch n.

longing ['lɔŋiŋ] sehnsüchtig; Sehnsucht f, Verlangen n.

longitude ['lɔndʒitju:d] geogr. Länge f.

long| jump Weitsprung m; **~shoreman** ['ʃɔːmən] Hafenarbeiter m; **~sighted** weitsichtig; **~term** langfristig; **~ winded** langatmig.

look [luk] Blick m; Aussehen n; **have a ~ at s.th.** sich et. ansehen; vb: sehen, blicken, schauen (**at** auf); aussehen; nachsehen; **~ after** nachblicken; aufpassen auf, sich kümmern um; **~ at** ansehen; **~ for** suchen; erwarten; **~ forward to** sich freuen auf; **~ into** untersuchen, prüfen; **~ on** zuschauen; betrachten, ansehen; **~ on (to)** hinausgehen nach (hinaus)gehen auf (Fenster etc.); **~ out** aufpassen, sich vorsehen; **~ over** et. durchsehen; j-n mustern; **~ round** sich umsehen (a. fig.); **~ up** et. nachschlagen.

look|er-on ['lukər'ɔn] Zuschauer(in); **~ing-glass** Spiegel m.

loom [lu:m] Webstuhl m; undeutlich zu sehen sein.

loop [lu:p] Schlinge f, Schleife f; Schlaufe f; Öse f; e-e Schleife machen; in Schleifen legen, schlingen.

loose [lu:s] los(e); locker; ungenau; liederlich; lösen; lockern; **~n** ['~sn] (sich) lösen; (sich) lockern.

loot [lu:t] plündern; Beute f.

lop [lɔp] schlaff herunterhängen; *Baum* beschneiden; ~ (off) abhauen.

lope [ləup]: at a ~ im Galopp, mit großen Sprüngen.

lord [lɔːd] Herr *m*, Gebieter *m*; Lord *m*; **House of** ♀s *Brit. parl.* Oberhaus *n*; the ♀ der Herr (*Gott*); ♀ **Mayor** *Brit.* Oberbürgermeister *m*; ♀'s **Prayer** Vaterunser *n*; ♀'s **Supper** Abendmahl *n*.

lorry ['lɔri] Last(kraft)wagen *m*; *rail.* Lore *f*.

lose [luːz] (*irr*) verlieren; verpassen; nachgehen (*Uhr*); ~ **o.s.** sich verirren.

loss [lɔs] Verlust *m*; Schaden *m*; **at a** ~ *econ.* mit Verlust; in Verlegenheit, außerstande.

lost [lɔst] *pret u. pp von* **lose**; verloren; *fig.* versunken, -tieft; ~-**property office** Fundbüro *n*.

lot [lɔt] Los *n* (*a. fig.*); Anteil *m*; Parzelle *f*; (Waren)Posten *m*; *colloq.* Menge *f*; **cast** ~**s, draw** ~**s** losen; **the** ~ alles; **a** ~ **of,** ~**s of** viel, e-e Menge; **a** ~ (sehr) viel.

loth [ləuθ] *s.* **loath**.

lotion ['ləuʃən] (*Haar-, Haut-, Rasier- etc.*)Wasser *n*.

lottery ['lɔtəri] Lotterie *f*.

lotto ['lɔtəu] Lotto *n*.

loud [laud] laut; *fig.* grell, auffallend; ~-**speaker** Lautsprecher *m*.

lounge [laundʒ] sich rekeln *od.* lümmeln; Bummel *m*; Wohnzimmer *n*; Hotelhalle *f*.

lous|e [laus], *pl* lice [lais] Laus *f*; ~y [-zi] verlaust; *colloq.* miserabel.

lout [laut] Tölpel *m*, Lümmel *m*.

love [lʌv] Liebe *f*; Liebling *m*, Schatz *m*; *sp.* null; **give my** ~ **to her** grüße sie herzlich von mir; **send one's** ~ **to** *j-n* grüßen lassen; ~ **from** herzliche Grüße von (*Brief*); **in** ~ **with** verliebt in; **fall in** ~ **with** sich verlieben in; *vb:* lieben; mögen; ~ **to do** gern tun; **we** ~**d having you with us** wir haben uns sehr über deinen Besuch gefreut; ~ly lieblich, wunderschön, entzückend, reizend; ~r Liebhaber(in) (*a. fig.*), Geliebte *m, f*; *pl* Liebespaar *n*. [liebevoll.]

loving ['lʌviŋ] liebend,]

low[1] [ləu] niedrig; tief; gering; leise (*Stimme, Ton*); *fig.* niedergeschlagen; *meteor.* Tief(druckgebiet) *n*.

low[2] brüllen, muhen (*Rind*).

lower ['ləuə] niedriger, tiefer; unter, Unter...; fallen, sinken; niedriger machen; senken; *Preis* herabsetzen; herunterlassen; *fig.* erniedrigen; ♀**House** *Brit. parl.*Unterhaus *n*.

low|lands *pl* Tiefland *n*; ~ly demütig; einfach; be-

scheiden; **~necked** (tief)
ausgeschnitten (*Kleid*);
~pressure area Tief
(-druckgebiet) n; **~ tide**
Ebbe f.   [Treue f.\
loyal ['lɔiəl] treu; **~ty**/
lozenge ['lɔzindʒ] Raute
f; Pastille f.

lubber ['lʌbə] Tölpel m.
lubric|ant ['lu:brikənt]
Schmier|mittel n; **~ate**
['~eit] (ab)schmieren, ölen;
~ation (Ab)Schmieren n,
Ölen n.   [lich.\
lucid ['lu:sid] klar; deut-/
luck [lʌk] Glück n; Schicksal n; **bad (hard, ill)** ~
Unglück n, Pech n; **good**
~ Glück n; **~ily** glücklicherweise; **~y** glücklich;
Glücks...; **be ~y** Glück
haben; **~y fellow** Glücks-
pilz m.
ludicrous ['lu:dikrəs] lächerlich.
lug [lʌg] zerren, schleppen.
luggage ['lʌgidʒ] (Reise-)
Gepäck n; **~-carrier** Gepäckträger m (*Fahrrad*);
~ (delivery) office Ge-
päckausgabe f; **~-rack**
Gepäcknetz n; **~ (regis-
tration) office** Gepäck-
annahme f; Gepäckausga-
be f; **~ticket** Gepäck-
schein m; **~van** Gepäckwagen m.
lukewarm ['lu:kwɔ:m] lau
(-warm); fig. lau.
lull [lʌl] einlullen; (sich)
beruhigen; sich legen;
(Ruhe)Pause f; **~aby**
['~əbai] Wiegenlied n.

lumbago [lʌm'beigəu]
Hexenschuß m.
lumber ['lʌmbə] Bau-,
Nutzholz n; Gerümpel n;
~jack, ~man Holzfäller
m; **~-arbeiter** m; **~room**
Rumpelkammer f.
luminous ['lu:minəs]
leuchtend; Leucht...; klar,
einleuchtend.
lump [lʌmp] Klumpen m;
fig. Kloß m; **~ of** Stück n
(*Zucker etc.*); **in the** ~
in Bausch und Bogen;
~ sugar Würfelzucker m;
~ sum Pauschalsumme f.
lunar ['lu:nə] Mond...;
~ module Mondfähre f.
lunatic ['lu:nətik] irr-,
wahnsinnig; Geisteskranke
m, f.
lunch [lʌntʃ] zu Mittag
essen; Lunch m, (leichtes)
Mittagessen n; **packed** ~
Lunchpaket n; **~hour**
Mittagspause f.
lung [lʌŋ] Lunge(nflügel
m) f; **the ~s** pl die Lunge.
lunge [lʌndʒ] losstürzen,
-fahren (**at** auf).
lurch [lə:tʃ] mar. schlingern; taumeln, torkeln.
lure [ljuə] Köder m; fig.
Lockung f; ködern, (an-)
locken.
lurk [lə:k] lauern; fig. ver-
borgen liegen, schlum-
mern.
luscious ['lʌʃəs] köstlich;
üppig; sinnlich.
lust [lʌst] Begierde f;
Gier f, Sucht f.
lust|re, *Am.* **~er** ['lʌstə]

Glanz *m*; Kronleuchter *m*.

lusty ['lʌsti] kräftig, robust.

lute [luːt] Laute *f*.

luxate ['lʌkseit] *med.* verrenken.

luxur|ious [lʌg'zjuəriəs] luxuriös, üppig, Luxus...;

~**y** ['lʌkʃəri] Luxus *m*; Luxusartikel *m*.

lying ['laiiŋ] *pres p von* **lie¹** *u.* **lie²**; lügnerisch.

lymph [limf] Lymphe *f*.

lynch [lintʃ] lynchen.

lynx [liŋks] Luchs *m*.

lyric ['lirik] lyrisch(es Gedicht); *pl* (Lied)Text *m*.

M

ma'am [mæm, məm] *colloq. s.* **madam.**

mac [mæk] *colloq. s.* **mackintosh.**

machin|e [mə'ʃiːn] Maschine *f*; ~**e-made** maschinell hergestellt; ~**ery** Maschinen *pl*; ~**ist** Maschinist *m*.

mack [mæk] *colloq.*, ~**intosh** ['~intɔʃ] Regenmantel *m*.

mad [mæd] wahnsinnig, verrückt, toll; *bsd. Am.* wütend; **drive s.o.** ~ j-n verrückt machen; **go** ~ verrückt werden.

madam ['mædəm] gnädige Frau, gnädiges Fräulein.

made [meid] *pret u. pp von* **make.**

mad|man Verrückte *m*; ~**ness** Wahnsinn *m*.

magazine [mægə'ziːn] Magazin *n*; Munitionslager *n*; Zeitschrift *f*.

maggot ['mægət] Made *f*.

magic ['mædʒik] Zauberei *f*; *fig.* Zauber *m*; ~(**al**) magisch, Zauber...; ~**ian**

[mə'dʒiʃən] Zauberer *m*; Zauberkünstler *m*.

magistrate ['mædʒistreit] (Polizei-, Friedens-) Richter *m*.

magnanimous [mæg'næniməs] großmütig.

magnet ['mægnit] Magnet *m*; ~**ic** [~'netik] magnetisch.

magni|ficence [mæg'nifisns] Großartigkeit *f*, Pracht *f*; ~**ficent** großartig, prächtig, herrlich; ~**fy** ['~fai] vergrößern.

magpie ['mægpai] Elster *f*.

maid [meid] (Dienst)Mädchen *n*, Magd *f*; Mädchen *n*; **old** ~ alte Jungfer; ~**en** unverheiratet; Jungfern..., Erstlings...; ~**enly** mädchenhaft; ~**en name** Mädchenname *m* (*e-r* Frau).

mail [meil] Post(dienst *m*) *f*; Post(sendung) *f*; *Am.* (mit der Post) schicken, aufgeben; ~**bag** Postsack *m*; ~**box** *Am.* Briefkasten *m*; ~**man** *Am.* Briefträger *m*; ~**order business**

(firm, house) Versandgeschäft n, -haus n.

maim [meim] verstümmeln.

main [mein] Haupt..., größt, wichtigst, hauptsächlich; *mst pl* Haupt(gas-, -wasser-, -strom-) leitung f; Stromnetz n; **~land** Festland n; **~ly** hauptsächlich; **~ road** Haupt(verkehrs)straße f; **~ street** Am. Hauptstraße f.

maintain [mein'tein] (aufrecht)erhalten; instand halten; unterstützen; unterhalten; behaupten; verteidigen.

maintenance ['meintənəns] Instandhaltung f; *tech.* Wartung f; Unterhalt m.

maize [meiz] Mais m.

majestic [mə'dʒestik] majestätisch; **~y** ['mædʒisti] Majestät f.

major ['meidʒə] größer; wichtig; volljährig; *mus.* Dur...; der ältere; Major m; Volljährige m, f; Am. Hauptfach n; *mus.* Dur n; **~ette** [~'ret] Tambourmajorin f; **~ity** [mə'dʒɔriti] Mehrheit f; Mehrzahl f; Volljährigkeit f; **~ road** Haupt-, Vorfahrt(s)straße f.

make [meik] Ausführung f; Fabrikat n; *tech.* Typ m, Bauart f; (irr) machen; anfertigen; herstellen, erzeugen; verarbeiten (**into** zu); bilden f; (er)geben; machen zu; ernennen zu; j-n veranlassen *od.* bringen *od.* zwingen zu; *Geld* verdienen; *colloq.* Strecke zurücklegen; *colloq. et.* erreichen *od.* schaffen; **~ for** zugehen auf; sich begeben zu; **~ out** Rechnung etc. ausstellen; erkennen, ausmachen; ausfindig machen, feststellen; entziffern; klug werden aus; **~ over** Eigentum etc. übertragen; **~ up** bilden, zs.-setzen, zs.-stellen; (sich) zurechtmachen; sich schminken; sich ausdenken, erfinden; **~ up for** ausgleichen, nachholen; wiedergutmachen; **~ up one's mind** sich entschließen; **~ it up** sich versöhnen; **~believe** So-tun-als-ob n; Verstellung f; **~r** Hersteller m; **2r** Schöpfer m (*Gott*); **~shift** Notbehelf m; behelfsmäßig; **~up** Schminke f, Make-up n.

malady ['mælədi] Krankheit f.

male [meil] männlich; Mann m; *zo.* Männchen n.

malediction [mæli'dikʃn] Fluch m; **~factor** ['~fæktə] Übeltäter m; **~volent** [mə'levələnt] übelwollend.

malice ['mælis] Bosheit f, Gehässigkeit f; Groll m; **~ious** [mə'liʃəs] boshaft; böswillig.

malignant [mə'lignənt] bösartig (*a. med.*).

malnutrition ['mælnju(:)-'triʃən] Unterernährung f.
malt [mɔːlt] Malz n.
maltreat [mæl'triːt] mißhandeln. [ma f.]
mam(m)a [mə'mɑː] Mama
mammal ['mæməl] Säugetier n.
man [mæn, in Zssgn: mən], pl **men** [men] Mann m; Mensch(en pl) m; Menschheit f; Diener m; männlich; bemannen.
manage ['mænidʒ] handhaben; verwalten; leiten; fertig werden mit; et. fertigbringen; Betrieb etc. leiten od. führen; auskommen; colloq. (es) schaffen; **~able** handlich; lenksam; **~ment** Verwaltung f, Leitung f; Geschäftsleitung f, Direktion f; **~r** Verwalter m, Leiter m; Manager m; Geschäftsführer m, Direktor m; **~ress** ['.~ə'res] Geschäftsführerin f.
mane [mein] Mähne f.
maneuver [mə'nuːvə] Am. für **manoeuvre**.
manger ['meindʒə] Krippe f.
mangle ['mæŋgl] Wäschemangel f; mangeln; übel zurichten; fig. verstümmeln.
manhood ['mænhud] Mannesalter n; Männlichkeit f; die Männer pl.
mania ['meinjə] Wahn (-sinn) m; Sucht f, Manie f; **~c** ['.~iæk] Wahnsinnige m, f.

manifest ['mænifest] offenbar; offenbaren; kundtun.
manifold ['mænifould] mannigfaltig; vervielfältigen.
manipulate [mə'nipjuleit] (geschickt) handhaben od. behandeln; manipulieren.
man|kind [mæn'kaind] die Menschheit f; ['.~kaind] die Männer pl; **~ly** männlich.
manner ['mænə] Art f, Weise f, Art und Weise f; pl Benehmen n, Manieren pl, Sitten pl.
manoeuvre [mə'nuːvə] Manöver n; manövrieren.
man-of-war ['mænəv-'wɔː] Kriegsschiff n.
manor ['mænə] Rittergut n; **lord of the ~** Gutsherr m; **~house** Herrenhaus n.
man|power Menschenpotential n; Arbeitskräfte pl; **~servant** Diener m.
mansion ['mænʃən] (herrschaftliches) Wohnhaus.
manslaughter jur. Totschlag m, fahrlässige Tötung.
mantelpiece ['mæntlpiːs] Kaminsims m.
manual ['mænjuəl] Hand...; Handbuch n.
manufacture [mænju-'fæktʃə] Herstellung f; herstellen, erzeugen; **~r** Hersteller m, Erzeuger m, Fabrikant m.
manure [mə'njuə] Dünger m, Mist m; düngen.

manuscript ['mænju-skript] Manuskript n; Handschrift f.

many ['meni] viel(e); manch; **a good** ~, **a great** ~ sehr od. ziemlich viel(e).

map [mæp] (Land- etc.) Karte f; (Stadt- etc.) Plan m.

maple ['meipl] Ahorn m.

marble ['ma:bl] Marmor m; Murmel f; marmorn.

March [ma:tʃ] März m.

march [ma:tʃ] Marsch m; marschieren.

mare [mɛə] Stute f.

margarine [ma:dʒə-'ri:n], ~e [m:dʒ] colloq. Margarine f.

margin ['ma:dʒin] Rand m; Grenze f; Spielraum m; (Gewinn)Spanne f.

marine [mə'ri:n] Marine f; Marineinfanterist m; See-...; Marine...; Schiffs...; **~r** ['mæərinə] Seemann m.

maritime ['mæritaim] See...; Küsten...

mark [ma:k] Markierung f, Bezeichnung f, Marke f; Zeichen n (a. fig.); (Kör-per)Mal n; Spur f; Merk-mal n; Zensur f, Note f; Ziel n; markieren, kenn-, bezeichnen; benoten, zen-sieren; sich er. merken; achtgeben; **~ out** abgren-zen, bezeichnen; **~ed** deut-lich; auffallend.

market ['ma:kit] Markt m (Handel, Absatzgebiet); Markt(platz) m; Am. (Le-bensmittel)Geschäft n; auf

den Markt bringen; ver-kaufen; einkaufen; **~gar-den** Handelsgärtnerei f; **~ing** econ. Marketing n, Absatzpolitik f; **~place** Marktplatz m.

marksman ['ma:ksmən] (guter) Schütze.

marmalade ['ma:mə-leid] (bsd. Orangen)Mar-melade f.

marmot ['ma:mət] Mur-meltier n.

marriage ['mæridʒ] Hei-rat f, Hochzeit f; Ehe (-stand m) f; **~able** hei-ratsfähig; ~ **articles** pl Ehevertrag m; ~ **certi-icate**, ~ **lines** pl Trau-schein m; ~ **portion** Mit-gift f.

married ['mærid] verhei-ratet; ~ **couple** Ehepaar n.

marrow ['mærəu] Mark n.

marry ['mæri] (ver)hei-raten; trauen; (sich ver)hei-raten.

marsh [ma:ʃ] Sumpf m.

marshal ['ma:ʃəl] Mar-schall m; Am. Bezirkspoli-zeichef m; ordnen; auf-stellen; (hinein)geleiten.

marshy ['ma:ʃi] sumpfig.

marten ['ma:tin] Marderm.

martial ['ma:ʃəl] Kriegs..., Militär...

martyr ['ma:tə] Märtyrer (-in).

marvel ['ma:vəl] Wunder n; sich wundern; **~(l)ous** wunderbar; fabelhaft.

mascot ['mæskət] Mas-kottchen n.

masculine ['mæskjulin] männlich.

mash [mæʃ] zerdrücken, -quetschen; **~ed pota-toes** pl Kartoffelbrei m.

mask [mɑːsk] Maske f; maskieren.

mason ['meisn] Steinmetz m; Maurer m; **~ry** Mauerwerk n.

masque [mɑːsk] Maskenspiel o n.

mass [mæs] eccl. Messe f; Masse f; Menge f; Massen...; (sich) (an)sammeln.

massacre ['mæsəkə] Blutbad n; niedermetzeln.

massage ['mæsɑːʒ] Massage f; massieren.

massif ['mæsiːf](Gebirgs-) Massiv n. [schwer.]

massive ['mæsiv] massiv;∫

mast [mɑːst] Mast m.

master ['mɑːstə] Meister m; Herr m; Gebieter m; Lehrer m; junger Herr (als Anrede); Rektor m (e-s College); Meister...; Haupt...; meistern; beherrschen; **~ly** meisterhaft; **2 of Arts** Magister m Artium; **~ of ceremonies** Am. Conférencier m; **~piece** Meisterstück n, -werk n; **~ship** Meisterschaft f; Herrschaft f; Lehramt n; **~y** Herrschaft f; Oberhand f; Beherrschung f.

mat [mæt] Matte f; Untersetzer m; mattieren, matt.

match[1] [mætʃ] Streichholz n.

match[2] Partie f; (Wett-)Spiel n, Wettkampf m; **be a ~ for** j-m gewachsen sein; **find** o.'s **meet one's ~** s-n Meister finden; vb: passen zu; zs.-passen; **to ~** dazu passend; **~less** unvergleichlich; **~maker** Ehestifter(in).

mate [meit] Kamerad m; Gehilfe m; Gatt|e m, -in f; zo. Männchen n, Weibchen n; mar. Maat m; zo. (sich) paaren.

material [mə'tiəriəl] materiell; körperlich; wesentlich; Material n; Stoff m.

matern|al [mə'təːnl] mütterlich; mütterlicherseits; **~ity** Mutterschaft f; **~ity hospital** Entbindungsanstalt f.

mathematic|ian [mæθimə'tiʃən] Mathematiker m; **~s** [~'mætiks] sg, pl Mathematik f.

maths [mæθs] colloq. abbr. für **mathematics.**

matriculate [mə'trikjuleit] immatrikulieren; sich immatrikulieren (lassen).

matrimony ['mætriməni] Ehe(stand m) f.

matron ['meitrən] ältere (verheiratete) Frau, Matrone f; Wirtschafterin f; Oberin f.

matter ['mætə] von Bedeutung sein; **it doesn't ~** es macht nichts (aus); Materie f, Material n, Stoff m; med. Eiter m; Sache f, Angelegenheit f;

Anlaß *m*; **a ~ of course**
e-e Selbstverständlichkeit;
a ~ of fact e-e Tatsache;
for that was die be-
trifft; **no ~** ganz gleich;
what's the ~? was ist
los?; **what's the ~ with
you?** was fehlt dir?; **~-of-
fact** sachlich. [tratze *f*.]

mattress ['mætris] Ma-

matur|e [mə'tjuə] reif;
reiflich (erwogen); *econ.*
fällig; zur Reife bringen;
reifen; *econ.* fällig werden;
~ing bedeutsam; Sinn *m*,
Bedeutung *f*; **~ingless**
keit *f*.

Maundy Thursday
['mɔːndi] Gründonnerstag
m.

mauve [məuv] hellviolett.

maw [mɔː] (Tier)Magen *m*.

maxim ['mæksim] Grundsatz *m*; **~um** ['~əm]
Maximum *n*; Höchst...

May [mei] Mai *m*.

may [mei]*v*/*aux ich, du etc.*:
kann(st) *etc.*, mag(st) *etc.*,
darf(st) *etc.*; **~ be** vielleicht.

may|-beetle, ~bug Mai-
käfer *m*; ⚥ **Day** der 1. Mai.

mayor [mɛə] Bürgermei-
ster *m*.

maypole Maibaum *m*.

maze [meiz] Irrgarten *m*,
Labyrinth *n*; **in a ~** verwirrt.

me [miː; mi] mir; mich;
colloq. ich; **it's ~** ich bin's.

meadow ['medəu] Wiese *f*.

meag|re, *Am.* **~er** ['miː-
gə] mager, dürr; spärlich.

meal [miːl] Mahl(zeit *f*) *n*;
Mehl *n*.

mean[1] [miːn] gemein; niedrig, gering; ärmselig;
geizig, knauserig.

mean[2] Mitte *f*; Mittel *n*;
pl (Geld)Mittel *pl*; **~s** *sg*
Mittel *n*; **by all ~s** gewiß;
auf alle Fälle; **by no ~s**
keineswegs; **by ~s of** mit-
tels, durch.

mean[3] (*irr*) meinen; beabsichtigen; bestimmen;
bedeuten; **~ well** *od.* **ill** es
gut *od.* schlecht meinen;
~ing bedeutsam; Sinn *m*,
Bedeutung *f*; **~ingless**
bedeutungs-, sinnlos.

meant [ment] *pret u. pp
von* **mean**[3].

mean|time, ~while in-
zwischen. [sern *pl.*]

measles ['miːzlz] *sg* Ma-}

measure ['meʒə] Maß *n*
(*a. fig.*); *mus.* Takt *m*;
Maßnahme *f*; **beyond ~**
über alle Maßen, außer-
ordentlich; **made to ~**
nach Maß gemacht; *vb*:
(ab-, aus-, ver)messen;
Maß nehmen; **~less** un-
ermeßlich; gemessen;
sung *f*; Maß *n*; *pl* Ab-
messungen *pl*; **~ of capacity** Hohlmaß *n*.

meat [miːt] Fleisch *n*.

mechanic [mi'kænik] Mecha-
niker *m*; **~al** mecha-
nisch; Maschinen...; **~s** *sg*
Mechanik *f*.

mechan|ism ['mekəni-
zəm] Mechanismus *m*; **~-
ize** mechanisieren.

medal ['medl] Medaille *f*;
Orden *m*.

meddle ['medl] sich einmischen (**with, in** in).

mediaeval [medi'i:vəl] s. **medieval**.

mediat|e ['mi:dieit] vermitteln; **~ion** Vermittlung f; **~or** Vermittler m.

medical ['medikəl] medizinisch, ärztlich; **~ certificate** ärztliches Attest.

medicated ['medikeitid] medizinisch.

medicin|al [me'disinl] medizinisch, Heil...; **~e** ['medsin] Medizin f; Arznei f.

medieval [medi'i:vəl] mittelalterlich.

mediocre [mi:di'oukə] mittelmäßig.

meditat|e ['mediteit] nachdenken, grübeln; im Sinn haben; **~ion** Nachdenken n; Meditation f; Betrachtung f; **~ive** ['~tətiv] nachdenklich.

Mediterranean [meditə'reinjən] Mittelmeer n; Mittelmeer...

medium ['mi:djəm] Mitte f; Mittel n; Medium n; mittler, Mittel...

medley ['medli] Gemisch n; mus. Potpourri n.

meek [mi:k] sanftmütig, demütig.

meet [mi:t] (irr) treffen (auf); stoßen auf; begegnen; j-n kennenlernen; bsd. Am. j-n vorstellen; j-n abholen; Verpflichtungen nachkommen; Wunsch etc. befriedigen; sich treffen; sich versammeln; **~ with** stoßen auf; erleiden, erfahren; **~ing** Begegnung f, Treffen n; Versammlung f, Sitzung f, Tagung f.

melancholy ['melənkəli] Schwermut f; schwermütig.

mellow ['melou] reif; weich; fig. abgeklärt.

melod|ious [mi'loudjəs] melodisch; f **~y** ['melədi] Melodie f; Lied n.

melon ['melən] Melone f.

melt [melt] (zer)schmelzen; fig.: erweichen; zerfließen; weich werden.

member ['membə] (Mit-)Glied n; Angehörige m, f; **~ship** Mitgliedschaft f; Mitgliederzahl f; Mitglieds...

membrane ['membrein] Membran(e)f; Häutchenn.

memo|ir ['memwa:] Denkschrift f; pl Memoiren pl; **~rable** ['~mərəbl] denkwürdig; **~rial** [mi'mɔ:riəl] Denk-, Ehrenmal n; ~rize ['meməraiz] auswendig lernen; **~ry** ['~əri] Gedächtnis n, Erinnerung f; Andenken n; **in ~ry of** zum Andenken an.

men [men] pl von **man**; Leute pl.

menace ['menəs] (be-)drohen; Drohung f.

mend [mend] ausbessern, flicken, reparieren; verbessern. [(Arbeit).]

menial ['mi:njəl] niedrig

mental ['mentl] geistig, Geistes...; ~ **arithmetic** Kopfrechnen *n*; ~ **home,** ~ **hospital** (Nerven)Heilanstalt *f*; ~**ity** [~'tæliti] Mentalität *f*.

mention ['menʃən] Erwähnung *f*; erwähnen; **don't** ~ **it** bitte!

menu ['menju:] Menü *n*; Speisekarte *f*.

meow [mi(:)'au] miauen.

mercantile ['mə:kəntail] kaufmännisch; Handels...

mercenary ['mə:sinəri] käuflich; gewinnsüchtig; Söldner *m*.

merchan|dise ['mə:tʃəndaiz] Waren *pl*; ~**t** ['~ənt] Kaufmann *m*; *Am. a.* Krämer *m*; Handels...

merci|ful ['mə:siful] barmherzig; ~**less** unbarmherzig.

mercury ['mə:kjuri] Quecksilber *n*.

mercy ['mə:si] Barmherzigkeit *f*, Gnade *f*.

mere [miə] bloß, rein; ~**ly** bloß, bloß, rein; nur.

merge [mə:dʒ] verschmelzen (**in** mit).

meridian [mə'ridiən] Meridian *m*.

merit ['merit] Verdienst *n*; Wert *m*; *fig.* verdienen; ~**orious** [~'tɔ:riəs] verdienstvoll.   [xe *f*.]

mermaid ['mə:meid] Ni-]

merriment ['merimənt] Lustigkeit *f*; Belustigung *f*.

merry ['meri] lustig, fröhlich; **make** ~ lustig sein;

~ **andrew** ['~'ændru:] Hanswurst *m*; ~**-go-round** Karussell *n*; ~**-making** Lustbarkeit *f*, Fest *n*.

mesh [meʃ] Masche *f*; *pl fig.* Netz *n*, Schlingen *pl*.

mess [mes] Unordnung *f*, *colloq.* Schweinerei *f*; Patsche *f*, Klemme *f*; **what a** ~**!** eine schöne Geschichte!; *vb*: ~ **up** beschmutzen; in Unordnung bringen; verpfuschen.

message ['mesidʒ] Botschaft *f*; Mitteilung *f*, Nachricht *f*; **give s.o. a** ~, **give a** ~ **to s.o.** j-m et. ausrichten *od.* bestellen.

messenger ['mesindʒə] Bote *m*.

met [met] *pret u. pp von* **meet.**

metal ['metl] Metall *n*; ~**lic** [mi'tælik] metallisch, Metall...

meteor ['mi:tjə] Meteor *m*; ~**ology** [~'rɔlədʒi] Meteorologie *f*.

meter ['mi:tə] Messer *m*, Zähler *m*; *Am. für* metre.

method ['meθəd] Methode *f*; ~**ical** [mi'θɔdikəl] methodisch.

meticulous [mi'tikjuləs] peinlich genau.

met|re, *Am.* ~**er** ['mi:tə] Meter *m, n*; Versmaß *n*.

metric system ['metrik] Dezimalsystem *n*.

metropolitan [metrə'pɔlitən] hauptstädtisch.

mew [mju:] miauen.

miaow [mi(:)'au] miauen.

mice [mais] *pl von* mouse.

micro|phone ['maikrə-fəun] Mikrophon *n*; **~scope** Mikroskop *n*.

mid [mid] mittler, Mittel...; **in ~ winter** mitten im Winter; **~day** Mittag *m*.

middle ['midl] Mitte *f*; mittler, Mittel...; **~aged** mittleren Alters; **2 Ages** *pl* Mittelalter *n*; **~ class (-es** *pl*) Mittelstand *m*; **~ name** zweiter Vorname; **~sized** mittelgroß; **~weight** Boxen: Mittelgewicht *n*.

middling ['midliŋ] mittelmäßig; leidlich.

midge [midʒ] Mücke *f*; **~t** ['~it] Zwerg *m*, Knirps *m*.

mid|land ['midlənd] binnenländisch; *the* 2**lands** *pl* Mittelengland *n*; **~night** Mitternacht *f*; **~st: in the ~ of** inmitten (*gen*); **~summer** Sommersonnenwende *f*; Hochsommer *m*; **~way** auf halbem Wege; **~wife** Hebamme *f*.

might [mait] *pret von* may; Macht *f*, Gewalt *f*; **~y** mächtig, gewaltig, groß.

migrat|e [mai'greit] (aus-) wandern, (fort)ziehen; **~ory** ['~ətəri] Zug..., Wander...

mild [maild] mild, sanft, leicht.

mildew ['mildju:] Mehltau *m*.

mildness ['maildnis] Milde *f*.

mile [mail] Meile *f* (*1,609 km*).

mil(e)age ['mailidʒ] zurückgelegte Meilenzahl *od.* Fahrtstrecke; Meilen-, Kilometergeld *n*.

milestone Meilenstein *m*.

military ['militəri] militärisch, Militär...

milk [milk] melken; Milch *f*; **it's no use crying over spilt ~** geschehen ist geschehen; **~ing-machine** Melkmaschine *f*; **~man** Milchmann *m*; **~shake** Milchmixgetränk *n*; **~sop** ['~sɔp] Weichling *m*; **~y** milchig; **Milch...**

mill [mil] Mühle *f*; Fabrik *f*; Spinnerei *f*; mahlen; *tech.* fräsen; **~er** Müller *m*.

millet ['milit] Hirse *f*.

milliner ['milinə] Putzmacherin *f*, Modistin *f*.

million ['miljən] Million *f*; **~aire** [~'nɛə] Millionär *m*; **~th** ['~nθ] millionste; Millionstel *n*.

milt [milt] *ichth.* Milch *f*.

mimic ['mimik] nachahmen, -äffen.

mince [mins] zerhacken; **~(d meat)** Hackfleisch *n*; **~emeat** *e-e* Pastetenfüllung; **~ pie** *mit* mincemeat *gefüllte Pastete*; **~r, ~ing-machine** Fleischwolf *m*.

mind [maind] Sinn *m*; Geist *m*, Verstand *m*; Meinung f; Absicht f, Neigung f, Lust f; Gedächtnis n; **to my ~** meiner Ansicht nach; **out of one's ~** von Sinnen, verrückt; **bear** od. **keep s.th. in ~** an et. denken; **change one's ~** sich anders besinnen; **give s.o. a piece of one's ~** j-m gründlich die Meinung sagen; **have s.th. on one's ~** et. auf dem Herzen haben; *vb:* merken, beachten, achtgeben auf, achten auf; sich kümmern um; **I don't ~ (it)** ich habe nichts dagegen, meinetwegen; **do you ~ if I smoke?, do you ~ my smoking?** stört es Sie, wenn ich rauche?; **would you ~ opening the window?** würden Sie bitte das Fenster öffnen?; **~ the step!** Achtung Stufe!; **~ your own business!** kümmern Sie sich um Ihre Angelegenheiten!; **~!** gib acht!; **never ~!** macht nichts!; **~ed** geneigt, gewillt; *in Zssgn:* gesinnt; **~ful: be ~ of** achten auf, denken an.

mine[1] [main] mein(er, -s), der, die, das mein(ig)e.

mine[2] Bergwerk n, Grube f; *mil.* Mine f; *fig.* Fundgrube f; graben; *Erz, Kohle* abbauen, gewinnen; *mil.* verminen; **~r** Bergmann m.

mineral ['minərəl] Mineral n; mineralisch.

mingle ['miŋgl] (ver)mischen; sich mischen od. mengen (**with** unter).

miniature ['minjətʃə] Miniatur(gemälde n) f; Miniatur..., Klein...; **~ camera** Kleinbildkamera f.

minimum ['miniməm] Minimum n; Mindest...

mining ['mainiŋ] Bergbau m.

miniskirt ['miniskə:t] Minirock m.

minister ['ministə] Geistliche m; Minister m; Gesandte m; helfen, unterstützen.

ministry ['ministri] geistliches Amt; Ministerium n.

mink [miŋk] Nerz m.

minor ['mainə] kleiner, geringer; unbedeutend; *mus.* Moll n; Minderjährige m, f; *Am.* Nebenfach n; **~ity** [~'nɔriti] Minderjährigkeit f; Minderheit f.

minster ['minstə] Münster n.

minstrel ['minstrəl] *mus. hist.* Spielmann m; Sänger, der als Neger geschminkt auftritt.

mint [mint] *bot.* Minze f; Münze f; münzen, prägen.

minus ['mainəs] minus, weniger; *colloq.* ohne.

minute[1] [mai'nju:t] sehr klein, winzig; sehr genau.

minute[2] ['minit] Minute f; Augenblick m; *pl* Protokoll n; **in a ~** gleich, sofort; **just a ~** e-n Augenblick;

to the ~ auf die Minute (genau).

mirac|le ['mirəkl] Wunder n; **~ulous** [mi'rækjuləs] wunderbar; **~ulously** wie durch ein Wunder.

mirage ['mirɑːʒ] Luftspiegelung f, Fata Morgana f.

mire ['maiə] Schlamm m, Sumpf m, Kot m.

mirror ['mirə] Spiegel m; (wider)spiegeln.

mirth [məːθ] Fröhlichkeit f, Heiterkeit f.

miry ['maiəri] schlammig.

mis- [mis-] miß..., falsch, schlecht.

misadventure Mißgeschick n; Unfall m.

misanthrop|e ['mizənθrəup], **~ist** [mi'zænθrəpist] Menschenfeind m.

mis|apply falsch anwenden; **~apprehend** mißverstehen; **~behave** sich schlecht benehmen; **~calculate** falsch berechnen; sich verrechnen.

miscarr|iage Mißlingen n; Fehlgeburt f; **~y** mißlingen; e-e Fehlgeburt haben.

miscellaneous [misi'leinjəs] ge~, vermischt; verschiedenartig.

mischie|f ['mistʃif] Unheil n, Schaden m; Unfug m; Übermut m; **~vous** ['~vəs] schädlich; boshaft, mutwillig; schelmisch.

mis|deed Missetat f, Ver-

brechen n; **~demeano(u)r** jur. Vergehen n.

miser ['maizə] Geizhals m. **miser|able** ['mizərəbl] elend, erbärmlich; unglücklich; **~y** Elend n, Not f.

mis|fortune Unglück(s-fall m) n; Mißgeschick n; **~giving** Befürchtung f; **~guided** fehl-, irregeleitet; **~hap** ['~hæp] Unglück n, Unfall m; **~inform** falsch unterrichten; **~lay** (irr lay) et. verlegen; **~lead** (irr lead) irreführen, täuschen; verleiten; **~manage** schlecht verwalten od. führen; **~place** et. verlegen; an e-e falsche Stelle legen od. setzen; fig. falsch anbringen; **~print** ['~print] verdrucken; ['~print] Druckfehler m; **~pronounce** falsch aussprechen; **~represent** falsch darstellen, verdrehen.

Miss [mis] mit folgendem Namen: Fräulein n.

miss [mis] Fehlschlag m, **~schuß** m; **~schuß** m, **~wurf** m; Versäumen n, Entrinnen n; verpassen, -säumen, -fehlen; überhören; übersehen; (ver)missen; entgehen; nicht treffen; mißlingen; **~ out** auslassen.

missile ['misail] (Wurf-)Geschoß n; **(ballistic)** Rakete f.

missing ['misiŋ] fehlend,

abwesend; vermißt; **be ~** fehlen.

mission ['miʃən] Auftrag *m*; *eccl.*, *pol.* Mission *f*; *mil.* Einsatz *m*; Berufung *f*; **~ary** ['-ʃnəri] Missionar(in).

mis-spell (*irr* **spell**) falsch buchstabieren *od.* schreiben.

mist [mist] (feiner) Nebel, feuchter Dunst.

mistake [mis'teik] (*irr* **take**) verwechseln (**for** mit); mißverstehen; sich irren (in); Mißverständnis *n*; Irrtum *m*, Versehen *n*; Fehler *m*; **by ~** aus Versehen; **~n** falsch; **be ~n** sich irren.

Mister ['mistə] *s.* **Mr.**

mistletoe ['misltəu] Mistel *f*.

mistress ['mistris] Herrin *f*; Lehrerin *f*; Geliebte *f*.

mistrust mißtrauen; Mißtrauen *n*.

misty ['misti] (leicht) neb(e)lig, dunstig; *fig.* unklar.

misunderstand (*irr* **stand**) mißverstehen; **~ing** Mißverständnis *n*.

misuse ['mis'ju:z] mißbrauchen; mißhandeln; ['-'ju:s] Mißbrauch *m*.

mite [mait] Milbe *f*.

mitigate ['mitigeit] mildern, lindern.

mitten ['mitn] Fausthandschuh *m*; Fäustling *m*; Halbhandschuh *m* (*ohne Finger*).

mix [miks] (sich) (ver)mischen; mixen; verkehren (**with** mit); **~ up** durch-ea.-bringen; verwechseln; **be ~ed up with** in *et.* verwickelt sein; **~ture** Mischung *f*.

moan [məun] Stöhnen *n*; stöhnen.

moat [məut] Burg-, Stadtgraben *m*.

mob [mɔb] Pöbel *m*.

mobile ['məubail] beweglich.

mock [mɔk] falsch, Schein...; (ver)spotten; trotzen; **~ery** Spott *m*, Hohn *m*.

mode [məud] (Art und) Weise *f*; Mode *f*.

model ['mɔdl] Modell *n*; Muster *n*; Mannequin *n*; *fig.* Vorbild *n*; Muster...; Modell...; modellieren; (ab)formen.

moderat|e ['mɔdərit] (mittel)mäßig; ['-eit] (sich) mäßigen; *et.* leiten; **~ion** Mäßigung *f*, Maß(halten) *n*.

modern ['mɔdən] modern, neu; **~ize** (sich) modernisieren.

modest ['mɔdist] bescheiden; **~y** Bescheidenheit *f*.

modi|fication [mɔdifi'keiʃən] Ab-, Veränderung *f*; Einschränkung *f*; **~fy** ['-fai] (ab)ändern; mäßigen.

modul|ate ['mɔdjuleit] modulieren; **~e** ['-u:l] *Raumfahrt*: Kapsel *f*.

moist [mɔist] feucht, naß;

~en ['~sn] an-, befeuchten; **~ure** ['~stʃə] Feuchtigkeit f.

molar (tooth) ['məulə] Backenzahn m.

mole [məul] zo. Maulwurf m; Muttermal n; Mole f, Hafendamm m.

molecule ['mɔlikju:l] Molekül n.

molest [məu'lest] belästigen.

mollify ['mɔlifai] besänftigen, beruhigen.

moment ['məumənt] Augenblick m, Moment m; Bedeutung f; **~ary** augenblicklich; vorübergehend.

monarch ['mɔnək] Monarch(in) m; **~y** Monarchie f.

monastery ['mɔnəstəri] (Mönchs)Kloster n.

Monday ['mʌndi] Montag m.

monetary ['mʌnitəri] Währungs...; Geld...

money ['mʌni] Geld n; **~ order** Postanweisung f.

monger ['mʌŋgə] in Zssgn: ...händler m, ...krämer m.

monk [mʌŋk] Mönch m.

monkey ['mʌŋki] Affe m; **~ business** fauler Zauber; **~wrench** Engländer m (Schraubenschlüssel).

mono|logue, Am. a. ~log ['mɔnəlɔg] Monolog m; **mono|polize** [mə'nɔpəlaiz] monopolisieren; fig. an sich reißen; **~poly** Monopol n (of auf); **~tonous** [~nəs] monoton, eintönig; **~tony** [~tni] Monotonie f.

monst|er ['mɔnstə] Ungeheuer n, Monstrum n; Riesen..., Monster...; **~rous** ungeheuer(lich); gräßlich.

month [mʌnθ] Monat m; **~ly** monatlich, Monats...; Monatsschrift f.

monument ['mɔnjumənt] Monument n, Denkmal n.

moo [mu:] muhen.

mood [mu:d] Stimmung f, Laune f; **~y** launisch; übellaunig; niedergeschlagen.

moon [mu:n] Mond m; **~light** Mondlicht n, **~shine** in; **~lit** mondhell.

Moor [muə] Maure m, Mohr m.

moor¹ [muə] Moor n, Heideland n.

moor² mar. vertäuen; **~ings** pl mar: Vertäuung f; Ankerplatz m.

moose [mu:s] Elch m.

mop [mɔp] Mop m; (Haar)Wust m; auf-, abwischen.

moral ['mɔrəl] Moral f; pl Moral f, Sitten f pl; moralisch; Moral..., Sitten...; **~e** [mɔ'rɑ:l] Moral f (e-r Truppe etc.); **~ity** [mə'ræliti] Moralität f; Moral f; **~ize** ['mɔrəlaiz] moralisieren.

morass [mə'ræs] Morast m, Sumpf m. [haft.]

morbid ['mɔ:bid] krank-]

more [mɔ:] mehr; noch; **no ~** nicht mehr; **once ~** noch einmal; **(all) the ~ so** (nur) um so mehr; **so**

much the ~ as um so mehr als.

morel [mɔˈrel] Morchel *f*.

moreover [mɔːˈrəuvə] außerdem, ferner.

morgue [mɔːg] Leichenschauhaus *n*.

morning [ˈmɔːniŋ] Morgen *m*; Vormittag *m*; **this** ~ heute morgen *od.* früh; **tomorrow** ~ morgen früh.

morose [məˈrəus] mürrisch.

morph|ia [ˈmɔːfjə], **~ine** [ˈ.fiːn] Morphium *n*.

morsel [ˈmɔːsəl] Bissen *m*; Stückchen *n*, das bißchen.

mortal [ˈmɔːtl] sterblich; tödlich; **~ity** [ˈ.tæliti] Sterblichkeit *f*.

mortar [ˈmɔːtə] Mörser *m*; Mörtel *m*.

mortgage [ˈmɔːgidʒ] Hypothek *f*; verpfänden.

mortician [mɔːˈtiʃən] *Am.* Leichenbestatter *m*.

morti|fication [mɔːtifiˈkeiʃən] Kränkung *f*; **~fy** [ˈ.fai] kränken, demütigen.

mortuary [ˈmɔːtjuəri] Leichenhalle *f*.

mosaic [məuˈzeiik] Mosaik *n*.

mosque [mɔsk] Moschee *f*.

mosquito [məsˈkiːtəu] Moskito *m*; (Stech)Mücke *f*.

moss [mɔs] Moos *n*; **~y** moosig, bemoost.

most [məust] meist; die meisten; am meisten; höchst, äußerst; *das* Äußerste; *das* meiste; **at**

(the) ~ höchstens; **~ly** hauptsächlich; meistens.

moth [mɔθ] Motte *f*; **~-eaten** mottenzerfressen.

mother [ˈmʌðə] Mutter *f*; **~ country** Vater-, Heimatland *n*; Mutterland *n*; **~hood** Mutterschaft *f*; **~-in-law** Schwiegermutter *f*; **~ly** mütterlich; **~-of-pearl** Perlmutter *f*, *n*; **~'s help** Hausangestellte *f*; **~ tongue** Muttersprache *f*.

motif [məuˈtiːf] (Leit)Motiv *n*.

motion [ˈməuʃən] Bewegung *f*; Gang *m* (*a. tech.*); *parl.* Antrag *m*; (*j-m* zu-)winken; *j-m* ein Zeichen geben; **~less** bewegungslos; **~ picture** Film *m*.

motiv|ate [ˈməutiveit] motivieren, begründen; **~e** Motiv *n*.

motor [ˈməutə] Motor *m*; Motor...; *im Auto* fahren; **~bicycle**, **~bike** Motorrad *n*; **~boat** Motorboot *n*; **~bus** Autobus *m*; **~car** Auto(mobil) *n*, (Kraft)Wagen *m*; **~coach** Reisebus *m*; **~cycle** Motorrad *n*; **~cyclist** Motorradfahrer *m*; **~ing** Autofahren *n*; **~ist** Autofahrer(in); **~ize** motorisieren; **~lorry** Last(kraft)wagen *m*; **~scooter** Motorroller *m*; **~way** Autobahn *f*.

motto [ˈmɔtəu] Motto *n*.

mo(u)ld [məuld] Schimmel *m*; (Guß)Form *f*; formen; gießen; **~er (away)**

zerfallen; ~y schimm(e)lig, mod(e)rig. ~ [mausern.]

mo(u)lt [məʊlt] (sich) **mound** [maʊnd] Erdhügel m, -wall m.

mount [maʊnt] Berg m; (Reit)Pferd n; be-, ersteigen; hinaufgehen; montieren; (auf-, hinauf)steigen; aufs Pferd steigen.

mountain ['maʊntin] Berg m; pl Gebirge n; Berg..., Gebirgs...; ~eer [,~'niə] Bergbewohner(in); Bergsteiger(in); ~ous bergig, gebirgig.

mourn [mɔːn] trauern (**for, over** um); betrauern, trauern um; ~er Leidtragende m, f; ~ful traurig; ~ing Trauer f.

mouse [maʊs], pl **mice** [mais] Maus f.

moustache [məs'tɑːʃ] Schnurrbart m.

mouth [maʊθ], pl ~s [maʊðz] Mund m; Maul n; Mündung f; ~ful Mundvoll m; ~organ Mundharmonika f; ~piece Mundstück n; fig. Sprachrohr n; ~wash Mundwasser n.

move [muːv] bewegen; (weg)rücken; fig. rühren; et. beantragen; sich (fort)bewegen; sich rühren; (um)ziehen (**to** nach); ~ **in** einziehen; ~ **out** ausziehen; Schach: ziehen; ~ **on** weitergehen; Schach: Zug m; Bewegung f; fig. Schritt m; ~**ment** Bewegung f.

movies ['muːviz] pl colloq. Kino n.

moving ['muːviɳ] beweglich; treibend; fig. rührend.

mow [məʊ] (irr) mähen; ~er Mäher(in); Mähmaschine f; ~n pp von **mow.**

Mr, Mr. ['mistə] abbr. von **Mister:** Herr m (vor Familiennamen od. Titeln).

Mrs, Mrs. ['misiz] mit folgendem Familiennamen: Frau f.

much [mʌtʃ] viel; sehr; fast; vor comp: viel; vor sup: bei weitem; **too** ~ zuviel; **very** ~ sehr; **I thought as** ~ das dachte ich mir; **make** ~ **of** viel Wesens machen von.

mucus ['mjuːkəs] biol. Schleim m.

mud [mʌd] Schlamm m; Schmutz m.

muddle ['mʌdl] verwirren; ~ (**up**), ~ (**together**) durcheinanderbringen; Durcheinander n.

mud|dy ['mʌdi] schlammig; trüb(e); ~**guard** Kotflügel m.

muff [mʌf] Muff m.

muffle ['mʌfl] ~ (**up**) einwickeln; Stimme etc. dämpfen; ~**r** Halstuch n, Schal m; Am. mot. Auspufftopf m.

mug [mʌg] Krug m; Becher m.

mulberry ['mʌlbəri] Maulbeerbaum m; Maulbeere f.

mule [mjuːl] Maultier n.

mute

mull [mʌl] Mull m.

mulled| claret [mʌld], ~ **wine** Glühwein m.

mullion ['mʌliən] Fensterpfosten m.

multi|ple ['mʌltipl] vielfach; mehrere, viele; ~**plication** [∼pli'keiʃən] Vermehrung f; Multiplikation f; ~**plication table** Einmaleins n; ~**ply** ['∼plai] (sich) vermehren; multiplizieren; ~**tude** ['∼tju:d] (Menschen)Menge f.

mumble ['mʌmbl] murmeln; mummeln (*mühsam essen*).

mummy[1] ['mʌmi] Mumie f.

mummy[2] Mami f, Mutti f.

mumps [mʌmps] sg Ziegenpeter m, Mumps m, f.

munch [mʌntʃ] mit vollen Backen kauen, mampfen.

municipal [mju:(:)'nisipəl] städtisch, Gemeinde..., Stadt...; **ity** [∼'pæliti] Stadtverwaltung f.

mural ['mjuərəl] Mauer..., Wand...

murder ['mə:də] Mord m; (er)morden; **er** Mörder m; **ess** Mörderin f; **ous** mörderisch; Mord...

murmur ['mə:mə] Murmeln n; Gemurmel n; Murren n; murmeln; murren.

muscle ['mʌsl] Muskel m; **le-bound: be** ~ Muskelkater haben; **ular** ['∼kjulə] muskulös.

muse [mju:z] (nach)sinnen, (-)grübeln.

museum[mju:(:)'ziəm] Museum n.

mush [mʌʃ] (*Am.* Mais-) Brei m.

mushroom ['mʌʃrum] Pilz m, *bsd.* Champignon m.

music ['mju:zik] Musik f; Noten pl; ~**al** Musical n; Musik...; musikalisch; wohlklingend; ~**al box** *Brit.*, ~ **box** *Am.* Spieldose f; ~**hall** Varieté(theater) n; ~**ian** ['∼'ziʃən] Musiker (-in); ~**stand** Notenständer m; ~**stool** Klavierstuhl m.

musk [mʌsk] Moschus m, Bisam m.

musket ['mʌskit] Muskete f.

musk-rat Bisamratte f.

Muslim ['muslim] mohammedanisch; Moslem m.

muslin ['mʌzlin] Musselin m.

musquash ['mʌskwɔʃ] Bisamratte f; Bisampelz m.

mussel ['mʌsl] (Mies-) Muschel f.

must[1] [mʌst] Muß n; v aux ich, du *etc.* muß(t) *etc.*, darf(st) *etc.*; pret mußte(st) *etc.*, durfte(st) *etc.*; I ~ **not** ich darf nicht.

must[2] Schimmel m, Moder m; Most m.

mustache ['mʌstæʃ] *Am.* Schnurrbart m.

mustard ['mʌstəd] Senf m.

muster ['mʌstə] versammeln; ~ **(up)** aufbieten.

musty ['mʌsti] mod(e)rig, muffig. [Stumme m, f.]

mute [mju:t] stumm; f

mutilate ['mju:tileit] verstümmeln.
mutin|eer [mju:ti'niə] Meuterer m; ~ous ['~nəs] meuternd, rebellisch; ~y ['~ni] Meuterei f; meutern.
mutter ['mʌtə] Gemurmel n; murmeln; murren.
mutton ['mʌtn] Hammel-, Schaffleisch n; ~ **chop** Hammelkotelett n.
mutual ['mju:tʃuəl] gegen-, wechselseitig; gemeinsam.
muzzle ['mʌzl] Maul n, Schnauze f; Maulkorb m;

(Gewehr)Mündung f; e-n Maulkorb anlegen; fig. den Mund stopfen.
my [mai] mein(e).
myrrh [mə:] Myrrhe f.
myrtle ['mə:tl] Myrte f.
myself [mai'self] (ich) selbst; mir, mich; mir od. mich selbst; **by** ~ allein.
myster|ious [mis'tiəriəs] geheimnisvoll; ~y ['~təri] Geheimnis n; Rätsel n.
mystify ['mistifai] verwirren, -blüffen.
myth [miθ] Mythos m, Mythe f, Sage f.

N

nag [næg] nörgeln; ~ **(at)** herumnörgeln an.
nail [neil] Nagel m; (an-, fest)nageln.
naked ['neikid] nackt; bloß; kahl.
name [neim] (be)nennen; erwähnen; ernennen; Name m; **what is your** ~? wie heißen Sie?; **my** ~ **is** ... ich heiße ...; **call s.o.** ~**s** j-n beschimpfen; ~**less** namenlos; unbekannt; ~**ly** nämlich.
nanny ['næni] Kindermädchen n; ~**goat** Ziege f.
nap [næp] Schläfchen n; **have** od. **take a** ~ ein Nickerchen machen.
nape (of the neck) [neip] Genick n, Nacken m.
nap|kin ['næpkin] Serviette f; Brit. Windel f; ~**py** Brit. colloq. Windel f.

narcosis [nɑ:'kəusis] Narkose f.
narcotic [nɑ:'kɔtik] Betäubungsmittel n; Rauschgift n.
narrat|e [næ'reit] erzählen; ~**ion** Erzählung f; ~**ive** ['~ətiv] Erzählung f; ~**or** [~'reitə] Erzähler m.
narrow ['nærəu] eng, schmal; beschränkt; fig. knapp; (sich) verengen; ~**-minded** engherzig, -stirnig.
nasty ['nɑ:sti] schmutzig; widerlich; unangenehm; böse; häßlich.
nation ['neiʃən] Nation f, Volk n.
national ['næʃənl] national, National..., Landes..., Volks..., Staats...; Staatsangehörige m, f; ~**ity** [~'næliti] Nationalität f,

Staatsangehörigkeit *f*; **~ity plate** *mot.* Nationalitätskennzeichen *n*; **~ize** ['~ʃənəlaiz] einbürgern; **verstaatlichen.**

native ['neitiv] Eingeborene *m, f*; angeboren; eingeboren; einheimisch; gebürtig; heimatlich, Heimat...; **~ language** Muttersprache *f*.

nativity [nə'tiviti] Geburt *f* (*bsd. eccl.*).

natural ['nætʃrəl] natürlich; angeboren; unehelich; **~ize** einbürgern; **~ science** Naturwissenschaft *f*.

nature ['neitʃə] Natur *f*.

naught [nɔ:t] Null *f*; **~y** frech, ungezogen, unartig.

nausea ['nɔ:sjə] Übelkeit *f*; Ekel *m*; **~ting** ['~ieitiŋ] ekelerregend.

nautical ['nɔ:tikəl] nautisch; **~ mile** Seemeile *f*.

naval ['neivəl] See..., Marine...; **~ base** Flottenstützpunkt *m*.

nave¹ [neiv] (Kirchen-) Schiff *n*.

nave² [~] (Rad)Nabe *f*.

navel ['neivəl] Nabel *m*; *fig.* Mittelpunkt *m*.

naviga|ble ['nævigəbl] schiffbar; fahrbar; lenkbar; **~te** ['~eit] (be)fahren; navigieren, steuern; **~tion** Schiffahrt *f*; Navigation *f*; **~tor** Steuermann *m*; Seefahrer *m*.

navy ['neivi] Kriegsmarine *f*.

nay [nei] nein; ja sogar.

near [niə] nahe; in der Nähe (von); nahe verwandt; eng befreundet; knapp; geizig; nahe an *od.* bei; sich nähern; **~by** *bsd. Am.* in der Nähe; nahe; **~ly** nahe; fast, beinahe; annähernd; **~ness** Nähe *f*; **~-sighted** kurzsichtig.

neat [ni:t] ordentlich; sauber; **~ness** Sauberkeit *f*.

necessary ['nesisəri] notwendig; **~itate** [ni'sesiteit] erfordern, verlangen; **~ity** [ni'sesiti] Notwendigkeit *f*; Bedürfnis *n*; Not *f*.

neck [nek] Hals *m*; Nacken *m*, Genick *n*; *sl.* (sich) (ab-) knutschen; **~erchief** ['~kətʃif] Halstuch *n*; **~lace** ['~lis] Halskette *f*; **~tie** Krawatte *f*.

née [nei] geborene.

need [ni:d] nötig haben, brauchen; müssen; Not *f*; Notwendigkeit *f*; Bedürfnis *n*; Mangel *m*; **in ~** in Not; **be** *od.* **stand in ~ of** dringend brauchen.

needle ['ni:dl] (Näh-, Strick)Nadel *f*; Zeiger *m*.

needy ['ni:di] bedürftig.

negat|e [ni'geit] verneinen; **~ion** Verneinung *f*; **~ive** ['negətiv] negativ; verneinen(d); Verneinung *f*; *phot.* Negativ *n*; **answer in the ~ive** verneinen.

neglect [ni'glekt] vernachlässigen.

negligent ['neglidʒənt] nachlässig.

negotiat|e [ni'gəuʃieit]

verhandeln (über); **~ion** Ver-, Unterhandlung f. **Negr|ess** ['ni:gris] Negerin f; **~o** ['~əʊ], pl **~oes** Neger m. [wiehern.]

neigh [nei] Wiehern n;| **neighbou(r)** ['neibə] Nachbar(in); **~hood** Nachbarschaft f, Umgebung f, Nähe f; **~ing** benachbart.

neither ['naiðə, Am. 'ni:ðə] kein(-e, -es) (von beiden); auch nicht; **~ ... nor ...** weder ... noch ...

neon ['ni:ɔn] Neon n; **~ sign** Neonreklame f.

nephew ['nevju(:)]Neffe m. **nerve** [nə:v] Nerv m; (Blatt)Rippe f; Mut m; **get on s.o.'s ~s** j-m auf die Nerven gehen.

nervous ['nə:vəs] nervös; Nerven...; **~ness** Nervosität f.

nest [nest] Nest n; **~le** ['nesl]: **~ (down)** sich behaglich niederlassen; **~ up to** sich anschmiegen an.

net¹ [net] Netz n. **net²** netto; Rein... **nettle** ['netl] bot. Nessel f; ärgern.

network ['netwə:k] (Straßen- etc.)Netz n; Radio: Sendernetz n, -gruppe f.

neurosis [njuə'rəusis] Neurose f.

neuter ['nju:tə] gr.: sächlich; Neutrum n.

neutral ['nju:trəl] neutral; unparteiisch; Neutrale m, f; mot. Leerlauf(stellung f)

m; **~ gear** mot. Leerlauf (-gang) m; **~ity** [~'træliti] Neutralität f; **~ize** neutralisieren. [tron n.]

neutron ['nju:trɔn] Neu-| **never** ['nevə] nie(mals); gar nicht; **~more** nie wieder; **~theless** nichtsdestoweniger, dennoch.

new [nju:] neu; frisch; unerfahren; **~born** neugeboren; **~comer** Neuankömmling m, Neuling m.

news [nju:z] sg Neuigkeit(en pl f), Nachricht(en pl) f; **~agent** Zeitungshändler m; **~cast** Radio: Nachrichtensendung f; **~paper** Zeitung f; Zeitungs...; **~reel** Film: Wochenschau f; **~stand** Zeitungskiosk m.

new year Neujahr n, das neue Jahr; 2 **Year's Day** Neujahrstag m; 2 **Year's Eve** Silvester m.

next [nekst] adj nächst; **(the) ~ day** am nächsten Tag; **~ door** nebenan; **~ to** neben; **~ but one** übernächst; adv als nächste(r, -s); das nächste Mal; prp gleich neben od. bei od. nach; sub: der, die, das nächste.

nibble ['nibl]: **~ (at)** nagen an, knabbern an.

nice [nais] nett; hübsch; schön; fein; angenehm; heikel; (peinlich) genau; **~ly** auf, ausgezeichnet; **~ty** ['~iti] Feinheit f; Genauigkeit f.

niche [nitʃ] Nische f.

nick [nik] Kerbe f; (ein-)kerben.

nickel ['nikl] *min.* Nickel n; *Am.* Nickel m (*Fünfcentstück*); vernickeln.

nick-nack ['niknæk] *s.* knick-knack.

nickname ['nikneim] Spitzname m; *j-m* den Spitznamen geben.

niece [ni:s] Nichte f.

niggard ['nigəd] Geizhals m.

night [nait] Nacht f; Abend m; **at ~, by ~, in the ~** bei Nacht, nachts; **~cap** Nachtmütze f; Schlaftrunk m; **~club** Nachtklub m, -lokal n; **~dress, ~gown** (Damen-)Nachthemd n; **~ingale** ['~iŋgeil] Nachtigall f; **~ly** nächtlich; jede Nacht *od.* jeden Abend (stattfindend); **~mare** ['~mɛə] Alptraum m; **~school** Abendschule f; **~shirt** (Herren)Nachthemd n; **~y** *colloq.* (Damen-, Kinder)Nachthemd n.

nil [nil] *bsd. sp.* null.

nimble ['nimbl] flink, behend(e).

nine [nain] neun; Neun f; **~pins** *sg* Kegel(spiel n) pl; **~teen(th)** ['~'ti:n(θ)] neunzehn(te); **~tieth** ['~tiiθ] neunzigste; **~ty** neunzig; Neunzig f.

ninth [nainθ] neunte; Neuntel n; **~ly** neuntens.

nip [nip] scharfer Frost;

Schlückchen n; kneifen, zwicken, klemmen; schneiden (*Kälte*); *sl.* flitzen; **~ nippen (an).

nipple ['nipl] Brustwarze f.

nit|re, *Am.* **~er** ['naitə] Salpeter m; **~rogen** ['~trodʒən] Stickstoff m.

no [nəu] nein; nicht; Nein n; kein(e); **~ one** keiner.

nobility [nəu'biliti] Adel m.

noble ['nəubl] adlig; edel; vornehm; Adlige m, f; **~man** Adlige m, Edelmann m.

nobody ['nəubədi] niemand, keiner.

nod [nɔd] nicken (mit); (*im Sitzen*) schlafen; sich neigen; Nicken n, Wink m.

noise [nɔiz] Lärm m; Geräusch n; Geschrei n; **~less** geräuschlos.

noisy ['nɔizi] geräuschvoll; laut; lärmend.

nomin|al ['nɔminl] nominell, nur dem Namen nach; **~ate** ['~eit] ernennen; nominieren, vorschlagen; **~ation** Ernennung f; Nominierung f.

nominative (case) ['nɔminətiv] *gr.* Nominativ m, 1. Fall.

non- [nɔn-] *in Zssgn:* nicht..., Nicht..., un...

non|-alcoholic alkoholfrei; **~-commissioned officer** Unteroffizier m; **~-committal** unverbindlich; **~conductor** *electr.* Nichtleiter m; **~conformist** Dissident(in), Freikirchler

(-in); **descript** ['ˌdi-skript] schwer zu beschreiben(d); nichtssagend.

none [nʌn] kein(e, -er, -es); keineswegs.

non|-existence Nicht(da)-sein n; das Fehlen; **fiction** Sachbücher pl.

nonsense ['nɔnsəns] Unsinn m.

non|-skid rutschfest, -sicher; **smoker** Nichtraucher(in); rail. Nichtraucher(abteil) n m; **stop** Nonstop..., rail. durchgehend, aer. ohne Zwischenlandung; **union** nicht organisiert (Arbeiter); **violence** (Politik f der) Gewaltlosigkeit f.

noodle ['nu:dl] Nudel f.

nook [nuk] Ecke f, Winkel m.

noon [nu:n] Mittag m; Mittags...; **at (high)** ~ um 12 Uhr mittags.

noose [nu:s] Schlinge f.

nor [nɔ:] noch; auch nicht.

norm [nɔ:m] Norm f, Regel f; **al** normal; **alize** normalisieren; normen.

Norman ['nɔ:mən] normannisch; Normann|e m, -in f.

north [nɔ:θ] Nord(en m); nördlich, Nord...; **east** Nordost; **east(ern)** nordöstlich; **erly** ['ˌð-], **ern** ['ˌð-] nördlich, Nord...; **erner** ['ˌð-] bsd. Am. Nordstaatler(in); ♀ **Pole** Nordpol m; ♀ **Sea**

Nordsee f; **ward(s)** ['ˌwəd(z)] nördlich, nordwärts; **west** Nordwest; **west(ern)** nordwestlich.

Norwegian [nɔ:'wi:dʒən] norwegisch; Norweger (-in); Norwegisch n.

nose [nəuz] Nase f; Spitze f; Schnauze f; riechen; schnüffeln; **gay** ['ˌgei] (Blumen)Strauß m.

nostril ['nɔstril] Nasenloch n, Nüster f.

nosy ['nəuzi] sl. neugierig.

not [nɔt] nicht; **a** kein(e).

notable ['nəutəbl] bemerkenswert.

notary ['nəutəri] oft ~ **public** Notar m.

notation [nəu'teiʃən] Bezeichnung(ssystem n) f.

notch [nɔtʃ] Kerbe f; Am. Engpaß m; (ein)kerben.

note [nəut] bemerken, be(ob)achten; **down** notieren; Zeichen n, Notiz f; Note f (a. mus.); Briefchen n, Zettel m; print. Anmerkung f; Banknote f; mus. Ton m; **take** ~s sich Notizen machen; **book** Notizbuch n; **d** bekannt; **paper** Briefpapier n; **worthy** bemerkenswert.

nothing ['nʌθiŋ] nichts; ~ **but** nichts als, nur; **for** ~ umsonst; **good for** ~ zu nichts zu gebrauchen; **say** ~ of geschwiege denn; **there is** ~ **like** es geht nichts über.

notice ['nəutis] bemerken, be(ob)achten; Notiz

f; Nachricht f, Bekannt-
machung f, Anschlag m;
Anzeige f, Ankündigung f;
Kündigung f; Aufmerk-
samkeit f; **at short ~**
kurzfristig; **without ~**
fristlos; **give ~ that** be-
kanntgeben, daß; **give (a
week's) ~** (acht Tage vorher) kündigen; **take ~ of**
Notiz nehmen von; **~able**
wahrnehmbar; beachtlich.

noti|**fication** [nəutifi'kei-
ʃən] Anzeige f, Meldung
f; Bekanntmachung f; **~fy**
['~fai] et. anzeigen, melden; benachrichtigen.

notion ['nəuʃən] Begriff m,
Vorstellung f; **~s** pl Am. Kurz-
waren pl.

notorious [nəu'tɔ:riəs] no-
torisch; berüchtigt.

notwithstanding [nɔt-
wið'stændiŋ] ungeachtet,
trotz. [f.\

nought [nɔ:t] nichts; Null]

noun [naun] gr. Substantiv n, Hauptwort n.

nourish ['nʌriʃ] (er)näh-
ren; fig. hegen; **~ing** nahr-
haft; **~ment** Ernährung f;
Nahrung(smittel n) f.

novel ['nɔvəl] neu; Roman
m; **~ist** Romanschriftstel-
ler(in) f; **~ty** Neuheit f.

November [nəu'vembə]
November m.

novice ['nɔvis] Neuling m;
eccl. Novize m.

now [nau] nun; jetzt;
eben; **just ~** soeben; **~
and again, (every) ~
and then** dann u. wann.

nowadays ['nauədeiz]
heutzutage. [gends.\

nowhere ['nəuwɛə] nir-]

noxious ['nɔkʃəs] schädlich. [Mundstück n.\

nozzle ['nɔzl] Düse f;]

nuclear ['nju:kliə] Kern...;
~ fission Kernspaltung f;
~ power plant od. **station** Atomkraftwerk n;
~ reactor Kernreaktor m.

nucleus ['nju:kliəs] Kern m.

nude [nju:d] nackt; paint.
Akt m.

nudge [nʌdʒ] j-n heimlich anstoßen; Rippen-
stoß m.

nugget ['nʌgit] (bsd. Gold-)
Klumpen m.

nuisance ['nju:sns] Ärger-
nis n, Unfug m, Plage f.

null [nʌl]: **~ and void**
null u. nichtig, ungültig.

numb [nʌm] starr, taub.

number ['nʌmbə] Num-
mer f; (An)Zahl f; Heft n,
Ausgabe f, Nummer f
(Autobus- etc.)Linie f; zählen; numerieren; **~less**
zahllos; **~ plate** mot.
Nummernschild n.

numer|al ['nju:mərəl] Zif-
fer f; ling. Numerale n,
Zahlwort n; **~ous** zahl-
reich.

nun [nʌn] Nonne f; **~nery**
(Nonnen)Kloster n.

nuptials ['nʌpʃəlz] pl Hochzeit f.

nurse [nə:s] Kindermädchen n, Säuglingsschwester
f; Amme f; Kranken-
pflegerin f, Kranken-

schwester *f*; stillen, nähren; großziehen; pflegen.

nursery ['nə:səri] Kinderzimmer *n*; Baum-, Pflanzschule *f*; **~rhyme** Kinderlied *n*, -reim *m*; **~school** Kindergarten *m*; **~school teacher** Kindergärtnerin *f*; **~ slope** Ski: Idiotenhügel *m*.

nursing ['nə:siŋ] Stillen *n*; Krankenpflege *f*; **~ home** Privatklinik *f*.

nut [nʌt] Nuß *f*; (Schrau-

ben)Mutter *f*; **be ~s** *sl.* verrückt sein; **~crackers** *pl* Nußknacker *m*; **~meg** ['~meg] Muskatnuß *f*.

nutri|ment ['nju:trimənt] Nahrung *f*; **~tion** Ernährung *f*; **~tious** nahrhaft.

nut|shell Nußschale *f*; **in a ~shell** in aller Kürze; **~ty** nußartig; *sl.* verrückt.

nylon ['nailən] Nylon *n*; *pl* Nylonstrümpfe *pl.*

nymph [nimf] Nymphe *f*.

O

o [əu] *int.* o(h)!, ach!; *bsd. teleph.* Null *f*.

oak(-tree) ['əuk(-)]Eiche *f*.

oar [ɔ:] Ruder *n*, Riemen *m*; rudern; **~sman** Ruderer *m*.

oas|is [əu'eisis], *pl* **~es** [~i:z] Oase *f (a. fig.)*.

oast [əust] Darre *f*; **~house** Darrhaus *n.*

oat [əut] *mst pl* Hafer *m*; **sow one's wild ~s** sich die Hörner abstoßen.

oath [əuθ], *pl* **~s** [əuðz] Eid *m*, Schwur *m*; Fluch *m*; **on ~** unter Eid.

oatmeal Hafermehl *n*, -flocken *pl.*

obedien|ce [ə'bi:djəns] Gehorsam *m*; **~t** gehorsam.

obey [ə'bei] gehorchen; *Befehl etc.* befolgen.

obituary [ə'bitjuəri] Todesanzeige *f*; Nachruf *m.*

object ['ɔbdʒikt] Gegen-

stand *m*; Ziel *n*, Zweck *m*, Absicht *f*; Objekt *n*; *gr.* Objekt *n*, Satzergänzung *f*; [əb'dʒekt]: **~ (to)** einwenden (gegen); protestieren (gegen); *et.* dagegen haben; **~ion** Einwand *m*, -spruch *m*; **~ive** objektiv, sachlich; Ziel *n*; *opt.* Objektiv *n.*

obligation [ɔbli'geiʃən] Verpflichtung *f*; Verbindlichkeit *f*; *econ.* Schuldverschreibung *f*; **be under an ~ to s.o.** j-m (zu Dank) verpflichtet sein.

oblig|e [ə'blaidʒ] (zu Dank) verpflichten; nötigen, zwingen; **much ~ed** sehr verbunden, danke bestens; **~ing** gefällig, zuvorkommend. [schräg.]

oblique [ə'bli:k] schief,∫

obliterate [ə'blitərit] auslöschen; ausstreichen.

oblivi|on [ə'bliviən] Ver-

gessenheit f; **~ous: be ~
of** s.th. et. vergessen
(haben).

oblong ['ɔblɔŋ] länglich;
rechteckig. [ständig.]

obscene [əb'si:n] unan-]

obscure [əb'skjuə] dunkel;
fig. dunkel, unklar; unbekannt; verdunkeln.

obsequies ['ɔbsikwiz] pl
Trauerfeierlichkeiten pl.

observ|ance [əb'zə:vəns]
Befolgung f, Einhaltung f;
Brauch m; **~ant** aufmerksam; **~ant of** befolgend;
~ation Beobachtung f;
Bemerkung f; Beobach-
tungs..., Aussichts...;
~atory [~tri] Observato-
rium n; Stern-, Wetter-
warte f; **~e** be(ob)achten;
sehen; (ein)halten; be-
folgen; bemerken; (sich)
äußern; **~er** Beobachter
(-in).

obsess [əb'ses] ~**ed by,
~ed with** besessen von;
~ion Besessenheit f.

obsolete ['ɔbsəli:t] veraltet. [dernis n.]

obstacle ['ɔbstəkl] Hin-]

obstina|cy ['ɔbstinəsi]
Eigensinn m; Hartnäckig-
keit f; **~te** [~it] eigensinnig; hartnäckig.

obstruct [əb'strʌkt] versperren, -stopfen, blok-
kieren; behindern.

obtain [əb'tein] erlangen,
erhalten, erreichen, bekommen; **~able** erhältlich.

obtrusive [əb'tru:siv] aufdringlich.

obvious ['ɔbviəs] offen-
sichtlich, augenfällig, klar.

occasion [ə'keiʒn] veranlassen, -ursachen; Ge-
legenheit f; Grund m, Ur-
sache f; Anlaß m; **~al**
of anläßlich; **~al** ge-
legentlich, Gelegenheits...;
~ of anläßlich, Gelegenheits...

Occident ['ɔksidənt] the ~
Okzident m, Abendland n.

occup|ant ['ɔkjupənt] Be-
wohner(in); Insass|e m,
-in f; **~ation** Besitznahme
f; mil. Besatzung f, Be-
setzung f; Beruf m; Be-
schäftigung f; **~y** ['~pai]
einnehmen, in Besitz neh-
men; bewohnen; mil. be-
setzen; besitzen; in An-
spruch nehmen; beschäfti-
gen.

occur [ə'kə:] vorkommen,
sich ereignen; **it ~red to
me** es fiel mir ein; **~rence**
[ə'kʌrəns] Vorkommen n;
Vorfall m, Ereignis n.

ocean ['əuʃən] Ozean m,
Meer n.

o'clock [ə'klɔk]: **(at) five
~** (um) fünf Uhr.

October [ɔk'təubə] Oktober m.

ocul|ar ['ɔkjulə] Augen...;
~ist Augenarzt m.

odd [ɔd] ungerade (Zahl);
einzeln; etwas darüber;
überzählig; gelegentlich;
sonderbar; **~s** pl (Gewinn-)
Chancen pl; Vorteil m;
Unterschied m; **the ~s
are that** es ist sehr wahrscheinlich, daß; **at ~s
with** im Streit mit, un-

einig mit; **~s** and ends
Krimskrams *m*; Reste *pl.*
odo(u)r ['əudə] Geruch *m.*
of [ɔv, əv] von; Ort: bei;
um (*cheat s.o.* **~** *s.th.*);
Herkunft: von, aus; *Material*: aus, von; von, an
(**die ~**); aus (**~** *charity*);
vor (*afraid* **~**); auf
(*proud* **~**); über (*glad*
~); nach (*smell* **~**); von,
über (*speak* **~** *s.th.*);
an (*think* **~** *s.th.*); **the
city ~** London die Stadt
London; **the works ~**
Dickens D's Werke; **your
letter ~** ... Ihr Schreiben
vom ...; **five minutes ~**
twelve *Am.* fünf Minuten
vor zwölf.

off [ɔf] *adv* fort, weg; ab,
herunter(...), los(...); entfernt; *Zeit*: bis, hin; aus(-),
ab(geschaltet) (*Licht etc.*),
zu (*Hahn etc.*); ab(-), los
(-gegangen) (*Knopf etc.*);
frei (*von Arbeit*); ganz, zu
Ende; *econ.* flau; verdorben (*Fleisch etc.*); *fig.* aus,
vorbei; **be ~** fort *od.* weg
sein; (weg)gehen; *prp* fort
von, weg von; von (... ab,
weg, herunter); abseits
von, entfernt von; frei von
(*Arbeit*); *adj* (weiter) entfernt; Seiten..., Neben...;
(arbeits-, dienst)frei; *econ.*
flau, still, tot; *int.* fort!,
weg!

offen|ce, *Am.* **~se** [ə'fens]
Vergehen *n*, Verstoß *m*;
Beleidigung *f*, Anstoß *m*;
Angriff *m*; **~d** beleidi-

gen, verletzen; verstoßen
(*against* gegen); **~der**
Übeltäter(in); Straffällige
m, *f*; **~sive** beleidigend;
anstößig; ekelhaft; Angriffs...; Offensive *f.*

offer ['ɔfə] Angebot *n*;
Anerbieten *n*; anbieten;
(sich) bieten; darbringen;
Widerstand leisten; **~ing**
Opfer(*n*) *n*; Angebot *n.*

office ['ɔfis] Büro *n*; Geschäftsstelle *f*; ♀ Amt *n*;
Ministerium *n*; **~r** Beamt|e *m*, -in *f*; Polizist *m*,
Polizeibeamte *m*; *mil.* Offizier *m.*

official [ə'fiʃəl] offiziell,
amtlich, Amts..., Dienst...;
Beamt|e *m*, -in *f.*

officious [ə'fiʃəs] aufdringlich.

off|-licence Schankerlaubnis *f* über die Straße;
~side *sp.* abseits (*a*).; **~spring**
Nachkomme(nschaft *f*) *m.*

often ['ɔfn] oft, häufig.

oh [əu] *int.* oh!, ach!

oil [ɔil] Öl *n*; Erdöl *n*;
ölen, schmieren; **~cloth**
Wachstuch *n*; **~y** ölig, fettig, schmierig. (*be f.*)

ointment ['ɔintmənt] Sal-)

O.K., OK, okay ['əu'kei]
colloq. richtig, gut, in Ordnung.

old [əuld] alt; **ten-year~,
zehnjährig; ~ age** (das)
Alter; **~-age** Alters...;
~-fashioned altmodisch;
~ town Altstadt *f.*

olive ['ɔliv] Olive *f*; Olivgrün *n*

Olympic Games [əu'lim-pik] *pl* Olympische Spiele *pl.* [lett(e *f*) *n.*]

omelet(te) ['ɔmlit] Ome-

ominous ['ɔminəs] unheilvoll.

omis|sion [ə'miʃən] Unterlassung *f*; Auslassung *f*; **~t** unterlassen; auslassen.

omni|potent [ɔm'nipətənt] allmächtig; **~scient** [~siənt] allwissend.

on [ɔn] *prp* auf, an, in; **~ the street** *Am.* auf der Straße; *Richtung, Ziel:* auf ... (hin), an; *fig.* auf ... (hin) (**~ demand**); *gehörig* zu, *beschäftigt bei; Zustand:* in, auf, zu (**~ duty, ~** beschäftigt sein); *Thema:* über; *Zeitpunkt:* an (**~ Sunday, ~ the 1st of April**); bei (**~ his arrival**); *adv* an(geschaltet) (*Licht etc.*), eingeschaltet, laufend, auf (*Hahn etc.*); auf(*legen, ~schrauben etc.*); *Kleidung:* an(*haben, -ziehen*), auf(*behalten etc.*); weiter(*gehen, -sprechen etc.*); **and so ~** und so weiter; **~ and ~** immer weiter; **~ to ...** auf ... (hinaus); **be ~** im Gange sein, los sein; *thea.* gespielt werden; laufen (*Film*).

once [wʌns] einmal (*pl* (-mals)); einst; sobald; **~ again, ~** more noch einmal; **~ in a while** dann u. wann; **~ (upon a time) there was es** war einmal *n*; **at ~** sofort;

zugleich; **all at ~** plötzlich; **for ~** diesmal, ausnahmsweise.

one [wʌn] ein; einzig; man; eins; Eins *f*; **~ Smith** ein gewisser Smith; **~ day** eines Tages; **~ of these days** demnächst; **~ by** einer nach dem andern; **~ another** einander; **the little ~s** die Kleinen; **~self** sich (selbst); (sich) selbst; **~-sided** einseitig; **~-way street** Einbahnstraße *f*.

onion ['ʌnjən] Zwiebel *f*.

onlooker ['ɔnlukə] Zuschauer(in).

only ['əunli] einzig; nur, bloß; erst.

onto ['ɔntu, ~ə] auf.

onward ['ɔnwəd] vorwärts gerichtet; **~(s)** vorwärts, weiter.

ooze [u:z] Schlamm *m*; sickern; ausströmen, -schwitzen. [durchsichtig.]

opaque [əu'peik] un-

open ['əupən] offen; geöffnet, auf; frei (*Feld etc.*); öffentlich; aufgeschlossen (**to** für); freimütig; freigebig; **in the ~ air** im Freien; *vb:* (er)öffnen; sich öffnen, aufgehen; führen, gehen (*Tür*) (**on** auf; **into** nach); beginnen; **~-air** im Freien, Freilicht...; **~-handed** freigebig; **~ing** (Er)Öffnung *f*; freie Stelle; Möglichkeit *f*; Eröffnungs...;

~-minded aufgeschlossen.

opera ['ɔpərə] Oper f; **~-glasses** pl Opernglas n.

operat|e ['ɔpəreit] arbeiten, funktionieren, laufen; *med.*, *mil.* operieren; *Maschine* bedienen; bewirken; **~ion** Operation f; **~ive** ['~] wirksam; *med.* operativ; **~or** *tech.* Bedienungsperson f; Telefonist(in).

opinion [ə'pinjən] Meinung f; Ansicht f; Gutachten n; **in my ~** meines Erachtens.

opponent [ə'pounənt] Gegner m, Gegenspieler m.

opportunity [ɔpə'tju:niti] (günstige) Gelegenheit.

oppos|e [ə'pouz] gegenüberstellen; entgegensetzen; sich widersetzen, bekämpfen; **be ~ed to** gegen *j-n od. et.* sein; **~ite** ['ɔpəzit] gegenüberliegend; entgegengesetzt; gegenüber; Gegenteil n, Gegensatz m; **~ition** ['~'zi∫ən] Widerstand m; Gegensatz m; Opposition f.

oppress [ə'pres] unterdrücken; bedrücken; **~ion** Unterdrückung f; Bedrücktheit f; **~ive** (be-, nieder)drückend.

optic|al ['ɔptikəl] optisch; **~ian** [ɔp'ti∫ən] Optiker m.

optimism ['ɔptimizəm] Optimismus m.

or [ɔ:] oder; **~ else** sonst.

oral ['ɔ:rəl] mündlich; Mund...

orange ['ɔrindʒ] Orange f, Apfelsine f; Orange n (*Farbe*); orange(farben); **~ade** ['~'eid] Orangenlimonade f.

orator ['ɔrətə] Redner m.

orbit ['ɔ:bit] (die Erde) umkreisen; Kreis-, Umlaufbahn f.

orchard ['ɔ:t∫əd] Obstgarten m.

orchestra ['ɔ:kistrə] Orchester n.

ordeal [ɔ:'di:l] schwere Prüfung, Qual f.

order ['ɔ:də] Ordnung f; Anordnung f, Reihenfolge f; Klasse f, Rang m; Orden m (*a. eccl.*); Befehl m; *econ.*: Bestellung f; (Zahlungs)Auftrag m; **in ~ to** um zu; **in ~ that** damit, um zu; **out of ~** nicht in Ordnung, außer Betrieb; *vb*: (an-, *med.* ver)ordnen; befehlen; bestellen; *j-m* schicken; **~ly** ordentlich; *fig.* ruhig; *mil.* Sanitätssoldat m.

ordinal number ['ɔ:dinl] Ordinal-, Ordnungszahl f.

ordinary ['ɔ:dnri] gewöhnlich; üblich; alltäglich.

ore [ɔ:] Erz n.

organ ['ɔ:gən] Orgel f; Organ n; **~ic** [ɔ:'gænik] organisch.

organiz|ation [ɔ:gənai'zei∫ən] Organisation f; **~e** ['~aiz] organisieren; **~er** Organisator(in).

Orient ['ɔ:riənt]: *the ~* Orient m, Morgenland n.

orient(ate) ['ɔ:rient(eit)] orientieren.

origin ['ɔridʒin] Ursprung *m*; Anfang *m*; Herkunft *f*; **~al** [ə'ridʒənl] ursprünglich; originell; Original...; Original *n*; **~ality** [ərɪdʒɪ'næliti] Originalität *f*; **~ate** [ə'ridʒineit] hervorbringen, schaffen; entstehen.

ornament ['ɔːnəmənt] Verzierung *f*; *fig.* Zierde *f*; ['~ment] verzieren, schmücken; **~al** schmückend, Zier...

orphan ['ɔːfən] Waise *f*; **~age** Waisenhaus *n*.

oscillate ['ɔsileit] schwingen; *fig.* schwanken.

ostrich ['ɔstritʃ] *orn.* Strauß *m*.

other ['ʌðə] ander; the **~ day** neulich; every **~ day** jeden zweiten Tag; **~wise** ['~waiz] anders; sonst.

ought [ɔːt] *v/aux* ich, du *etc.*: sollte(st) *etc.*; **you ~ to have done it** Sie hätten es tun sollen.

ounce [auns] Unze *f* (28,35 g).

our ['auə] unser; **~s** unsere(r, -s), der, die, das uns(e)re; **~selves** [~'selvz] uns (selbst); *wir* selbst.

oust [aust] vertreiben, entfernen; hinauswerfen.

out [aut] *adv* aus; hinaus; heraus; aus(...); außen, draußen; nicht zu Hause; *sp.* aus; aus der Mode; vorbei; erloschen; aus(gegangen), verbraucht; zu Ende; *prp:* **~ of** aus ... (heraus); hinaus; außer (-halb); (hergestellt) aus; aus *Furcht etc.*; **be ~ of s.th.** et. nicht mehr haben; *int.* hinaus!, 'raus!

out|balance überwiegen, **~treffen**; **~bid** (*irr* bid) überbieten; **~board** Außenbord...; **~break**, **~burst** Ausbruch *m*; **~cast** Ausgestoßene *m*, *f*; **~come** Ergebnis *n*; **~cry** Aufschrei *m*; **~door(s)** draußen, im Freien.

outer ['autə] Außen..., äußer; **~most** äußerst.

out|fit Ausrüstung *f*, Ausstattung *f*; **~going** weg-, abgehend; **~grow** (*irr* grow) herauswachsen aus; größer werden als; **~ing** Ausflug *m*; **~last** überdauern, -leben; **~law** Geächtete *m*, *f*; **~let** Abzug *m*, Abfluß *m*; *econ.* Absatzmarkt *m*; *fig.* Ventil *n*; **~line** Umriß *m*; Entwurf *m*; Abriß *m*; umreißen, skizzieren; **~live** überleben; **~look** Ausblick *m*, -sicht *f*; Auffassung *f*; **~number** an Zahl übertreffen; **~patient** ambulanter Patient; **~put** Produktion *f*, Ertrag *m*.

outrage ['autreidʒ] Ausschreitung *f*; Gewalttat *f*; gröblich verletzen; Gewalt antun; **~ous** abscheulich; empörend.

out|right [adj 'autrait, adv ~'rait] völlig; *fig.* glatt;

~run (irr run) schneller laufen als; übertreffen; ~side Außenseite f; Äußere n; äußer, Außen...; außerhalb, draußen; her- hinaus; ~side left sp. Linksaußen m; ~sider Außenseiter(in), -stehende m, f; ~side right sp. Rechtsaußen m; ~size Übergröße f; ~skirts pl Stadtrand m; ~spoken offen, unverblümt; ~spread ausgestreckt; ausgebreitet; ~standing hervorragend (a. fig.); ausstehend (Schuld); ~stretched s. outspread; ~ward ['ɔuwəd] äußer (-lich); nach (dr)außen gerichtet, Aus...; ~ward(s) (nach) auswärts, nach außen; ~weigh überwiegen; ~wit überlisten.

oval ['ɔuvəl] oval; Oval n.

oven ['ʌvn] Backofen m.

over ['ɔuvə] prp über; über ... hin(weg); im (~ the radio); all ~ the town durch die ganze od. in der ganzen Stadt, überall in der Stadt; adv hinüber; darüber; herüber; drüben; über(kochen etc.); um(fallen, -werfen etc.); herum(drehen etc.); von Anfang bis Ende, durch(lesen etc.), ganz, über und über; (gründlich) über(legen etc.); nochmals, wieder; übermäßig, über...; darüber, mehr; übrig; zu Ende, vorüber, vorbei, aus; (all) ~again nochmal, (ganz) von vorn; ~and ~ again immer wieder.

over|all ['ɔuvərɔ:l] Gesamt...; Kittel m; pl Arbeitsanzug m; ~board über Bord; ~burden überladen, -lasten; ~cast bewölkt, bedeckt; ~charge überfordern; Betrag zuviel verlangen; überbelasten, -laden; ~coat Mantel m; ~come (irr come) überwinden, -wältigen; ~crowd überfüllen; ~do (irr do) übertreiben; zu stark kochen od. braten; ~draw (irr draw) Konto überziehen; ~due überfällig; ~estimate überschätzen, -bewerten; ~flow ['ʌ'flɔu] überfluten; überlaufen, -fließen; ['ʌflɔu] Überschwemmung f; Überschuß m; ~grown überwuchert; übergroß; ~hang (irr hang) hängen über; überhängen; ~haul überholen; ~head ['ʌ'hed] adv oben, droben; ['ʌhed] adj Hoch..., Ober...; ~hear (irr hear) belauschen, hören; ~heat überhitzen; -heizen; ~joyed überglücklich; ~lap sich überschneiden; überlappen; ~load überladen, -lasten; ~look Fehler übersehen; überblicken; ~night Nacht..., Übernachtungs...; über Nacht; stay ~night übernachten; ~pass (Straßen)Überführung *f*; ⁓**rate** überschätzen; ⁓**rule** übestimmen; ablehnen; ⁓**run** (*irr* run) überschwemmen; überlaufen; überwuchern; ⁓**sea(s)** Übersee...; ⁓**seas** in *od.* nach Übersee; ⁓**see** (*irr* see) beaufsichtigen; ⁓**seer** Aufseher *m*; ⁓**shadow** überschatten; ⁓**sight** Versehen *n*; ⁓**sleep** (*irr* sleep) verschlafen; ⁓**strain** überanstrengen; ⁓**take** (*irr* take) einholen; überholen; **be** ⁓**taken by** überrascht werden von; ⁓**throw** [⁓'θrəu] (*irr* throw) (um)stürzen; ['⁓θrəu] Sturz *m*; ⁓**time** Überstunden *pl*; ⁓**top** überragen.

overture ['əuvətjuə] Ouvertüre *f*; Vorschlag *m*, Antrag *m*, Angebot *n*.

over|turn umstürzen; ⁓**weight** Übergewicht *n*; ⁓**whelm** [əuvə'welm] *fig.* überschütten; überwältigen; ⁓**work** ['⁓'wə:k] Überarbeitung *f*; ['⁓'wə:k] Mehrarbeit *f*, Überstunden *pl*; ['⁓'wə:k] sich überarbeiten.

owe [əu] schulden; verdanken.

owing ['əuiŋ]: ⁓ **be** zu zahlen sein; ⁓ **to** infolge, wegen.

owl [aul] Eule *f*.

own [əun] eigen; selbst; einzig, innig geliebt; besitzen; zugeben; anerkennen.

owner ['əunə] Eigentümer(in); ⁓**ship** Eigentum(srecht) *n*.

ox [ɔks], *pl* ⁓**en** [⁓'ən] Ochse *m*; Rind *n*.

oxid|ation [ɔksi'deiʃən] Oxydation *f*; ⁓**e** ['⁓aid] Oxyd *n*; ⁓**ize** ['⁓daiz] oxydieren.

oxygen ['ɔksidʒən] Sauerstoff *m*.

oyster ['ɔistə] Auster *f*.

ozone ['əuzəun] Ozon *n*.

P

pace [peis] Schritt *m*; Gang *m*; Tempo *n*; (ab-, durch)schreiten.

Pacific (Ocean) [pə'sifik] Pazifik *m*, Pazifischer *od.* Stiller Ozean.

pacify ['pæsifai] besänftigen; befrieden.

pack [pæk] Pack(en) *m*, Päckchen *n*, Paket *n*, Ballen *m*; Spiel *n* (*Karten*); *Am.* Packung *f* (*Zigaretten*); **a** ⁓ **of lies** lauter Lügen; ⁓ (**up**) (zs.-, ver-, ein)packen; ⁓**age** Paket *n*, Pack *m*, Ballen *m*; ⁓**er** Packer(in); ⁓**et** ['⁓it] Päckchen *n*; Paket *n* (*Zigaretten*); ⁓**ing** Packen *n*; Verpackung *f*; ⁓**thread** Bindfaden *m*. [Pakt *m*.]

pact [pækt] Vertrag *m*,]

pad [pæd] Polster *n*; Schreib-, Zeichenblock *m*;

Abschußrampe *f*; (aus-)polstern; **~ding** Polsterung *f*.

paddle ['pædl] Paddel *n*; paddeln; planschen.

paddock ['pædək] (Pferde)Koppel *f*.

padlock ['pædlɔk] Vorhängeschloß *n*.

pagan ['peigən] heidnisch; Heid|e *m*, -in *f*.

page [peidʒ] (Buch)Seite *f*; (Hotel)Page *m*.

pageant ['pædʒənt] historisches Festspiel; Festzug *m*. [*pay.*]

paid [peid] *pret u. pp von* |

pail [peil] Eimer *m*.

pain [pein] *j-n* schmerzen, *j-m* weh tun; Schmerz|en *pl*) *m*; Mühe *f*; **be in ~** Schmerzen haben; **take ~s** sich Mühe geben; **~ful** schmerzhaft; schmerzlich; peinlich; **~less** schmerzlos.

paint [peint] Farbe *f*; Schminke *f*; Anstrich *m*; (an-, be)malen; (an)streichen; (sich) schminken; **~box** Mal-, Tuschkasten *m*; **~brush** (Maler)Pinsel *m*; **~er** Maler(in); **~ing** Malen *n*, Malerei *f*; Gemälde *n*, Bild *n*.

pair [pɛə] Paar *n*; **a ~ of** ein Paar ...; ein(e) ...; *zo.* (sich) paaren.

pajamas [pə'dʒæməz] *pl Am.* Schlafanzug *m*.

pal [pæl] *colloq.* Kumpel *m*, Kamerad *m*, Freund *m*.

palace ['pælis] Palast *m*, Schloß *n*, Palais *n*.

palate ['pælit] Gaumen *m*.

pale[1] [peil] Pfahl.

pale[2] blaß, bleich, fahl; erbleichen; **~ness** Blässe *f*.

pallor ['pælə] Blässe *f*.

palm [pɑːm] Handfläche *f*; Palme *f*.

palpitation [pælpi'teiʃən] Herzklopfen *n*.

pamper ['pæmpə] verzärteln.

pamphlet ['pæmflit]Flugschrift *f*; Broschüre *f*.

pan [pæn] Pfanne *f*, Tiegel *m*; **~cake** Pfann-, Eierkuchen *m*.

pane [pein] (Fenster-)Scheibe *f*.

panel ['pænl](Tür)Füllung *f*, (Wand)Täfelung *f*; Gremium *n*; Diskussionsteilnehmer *pl*; täfeln.

pang [pæŋ] plötzlicher Schmerz; *fig.* Angst *f*.

panic ['pænik] panisch; Panik *f*.

pansy ['pænzi] Stiefmütterchen *n*.

pant [pænt] *nach Luft* schnappen, keuchen, schnaufen.

panther ['pænθə] Panther *m*.

panties ['pæntiz] *pl colloq.* (Damen)Schlüpfer *m*; Kinderhöschen *n od. pl.*

pantry ['pæntri] Speise-, Vorratskammer *f*.

pants [pænts] *pl* Hose *f*; Unterhose *f*.

pap [pæp] Brei *m*.

papa [pə'pɑː] Papa *m*.

paper ['peipə] Papier *n*;

Zeitung f; 'Prüfungsaufgabe f, -arbeit f; pl (Ausweis)Papiere pl; tapezieren; **~back** Taschenbuch n, Paperback n; **~bag** Tüte f; **~hanger** Tapezierer m; **~hangings** pl Tapete f; **~money** Papiergeld n; **~weight** Briefbeschwerer m.

parable ['pærəbl] Gleichnis n.

parachut|e ['pærəʃu:t] Fallschirm m; **~ist** Fallschirmspringer(in).

parade [pə'reid] Parade f; Zurschaustellung f, Vorführung f; (Strand)Promenade f; antreten (lassen), vorbeimarschieren; zur Schau stellen.

paradise ['pærədais] Paradies n.

paragraph ['pærəgrɑ:f] print. Absatz m; kurze Zeitungsnotiz.

parallel ['pærəlel] parallel; Parallele f.

paraly|se, Am. **~ze** ['pærəlaiz] lähmen; **~sis** [pə'rælisis] Lähmung f.

paramount ['pærəmaunt] übergeordnet, höchst; überragend.

parasite ['pærəsait] Schmarotzer m.

parcel ['pɑ:sl] Paket n; Päckchen n; **~ out** auf-, austeilen.

parch [pɑ:tʃ] rösten, (aus-) dörren; **~ment** Pergament n.

pardon ['pɑ:dn] verzeihen; begnadigen; Verzeihung f; Begnadigung f; **I beg your ~** entschuldigen Sie bitte!; Verzeihung!; wie bitte?; **~able** verzeihlich.

pare [pɛə] schälen; (be-) schneiden.

parent ['pɛərənt] Elternteil m; Vater m; Mutter f; pl Eltern pl; **~al** [pə'rentl] elterlich.

parenthe|sis [pə'renθisis], pl **~ses** [~si:z] (runde) Klammer.

parings ['pɛəriŋz] pl Schalen pl; Schnipsel pl.

parish ['pæriʃ] Kirchspiel n, Gemeinde f; Pfarr..., Gemeinde...; **~ioner** [pə'riʃənə] Gemeindemitglied n.

park [pɑ:k] Park m, Anlagen pl; Naturschutzgebiet n; parken.

parking ['pɑ:kiŋ] Parken n; **no ~** Parken verboten; **~ garage** Parkhaus n; **~ lot** Am. Parkplatz m; **~ meter** Parkuhr f.

parliament ['pɑ:ləmənt] Parlament n; **Houses of ⚥ Brit.** Parlament(sgebäude) n; **Member of ⚥** Brit. parl. Abgeordnete m, f; **~ary** [~'mentəri] parlamentarisch, Parlaments...

parlo(u)r ['pɑ:lə] Wohnzimmer n; Salon m; Empfangs-, Sprechzimmer n.

parquet ['pɑ:kei] Parkett n (Am. a. thea.).

parrot ['pærət] Papagei m.

parsley ['pɑ:sli]Petersilie f.

parson ['pɑ:sn] Pfarrer m, Pastor m; **~age**Pfarrhaus n.

part [pɑ:t] trennen; sich trennen (**with** von); (An-, Bestand)Teil m; Partei f; *thea.*, *fig.* Rolle f; *mus.* Stimme f; *pl* Gegend f; **~ take ~ in** teilnehmen an; **for my ~** ich für mein(en) Teil; **on the ~ of** von seiten, seitens.

partake [pɑ:'teik] (*irr take*) teilnehmen, haben.

partial ['pɑ:ʃəl] teilweise, Teil...; parteiisch; **~ity** [‿ʃi'æliti] Parteilichkeit f; Vorliebe f.

particip|ant [pɑ:'tisipənt] Teilnehmer(in); **~ate** [‿peit] teilhaben, -nehmen; **~ation** Teilnahme f.

participle ['pɑ:tisipl] *gr.* Partizip n, Mittelwort n.

particle ['pɑ:tikl] Teilchen n.

particular [pə'tikjulə] besonder; einzeln; genau, eigen; wählerisch; **in ~** besonders; Einzelheit f; *pl* Nähere n; (**personal**) **~s** *pl* Personalien *pl*; **~ity** [‿'læriti] Besonderheit f; Ausführlichkeit f; Eigenheit f; **~ly** besonders.

parting ['pɑ:tiŋ] (Haar-) Scheitel m; Trennung f; Abschieds...

partition [pɑ:'tiʃən] Teilung f; Trennwand f; Fach n; **~ off** abteilen.

partly ['pɑ:tli] zum Teil.

partner ['pɑ:tnə] Partner (-in); **~ship** Teilhaber-, Partnerschaft f.

partridge ['pɑ:tridʒ]Rebhuhn n.

part-time Teilzeit..., Halbtags...

party ['pɑ:ti] Partei f; Party f, Gesellschaft f; (Reise)Gruppe f.

pass [pɑ:s] (Gebirgs)Paß m; Ausweis m, Passierschein m; *Fußball:* Paß m; Bestehen n (*e-s Examens*); *et.* passieren, durchgehen an, -fahren an, -fließen an, -kommen an, -gehen an; überholen (a. *mot.*); überschreiten; durchqueren; reichen, geben; *Ball* abspielen; *Prüfung* bestehen; *Prüfling* durchkommen lassen; *Gesetz* verabschieden; *Urteil* fällen; *fig.* übersteigen; vorbeigehen, -fahren, -kommen, -ziehen (**by** an); übergehen (**to** auf; **in**)to an); (den Ball) zu-, abspielen; (die Prüfung) bestehen; *Karten:* passen; sich zutragen, geschehen; **~ (away)** *Zeit* verbringen; vergehen(*Zeit*, *Schmerz*); sterben; **~ for** gelten als; **~ out** *colloq.* ohnmächtig werden; **~ round** herumreichen; **~ through** hindurchgehen, -fahren, -kommen; **~able** passierbar; leidlich.

passage ['pæsidʒ] Durchgang m; Durchfahrt ‵, Korridor m, Gang m; m‥.

Passage *f*; (Text)Stelle *f*;
Reise *f*, (Über)Fahrt *f*,
Flug *m*.

passenger ['pæsindʒə]
Passagier *m*, Fahr-, Flug-
gast *m*, Reisende *m*, *f*,
Insasse *m*; Passagier...

passer-by ['pɑːsə'bai] Pas-
sant(in).

passion ['pæʃən] Leidenschaft *f*; (Gefühls)Aus-
bruch *m*; Zorn *m*; 2 *eccl.*
Passion *f*; ∼**ate** ['‿it] leidenschaftlich.

passive ['pæsiv] passiv (*a.*
gr.); teilnahmslos; un-
tätig; ∼ (**voice**) *gr.* Passiv
n, Leideform *f*.

pass|port ['pɑːspɔːt] (Rei-
se)Paß *m*; ∼**word** Parole *f*.

past [pɑːst] Vergangenheit *f* (*a. gr.*); vergangen,
vorüber; vorbei, vorüber;
nach (*zeitlich*); an ... vorbei; über ... hinaus; **half**
∼ **two** halb drei; ∼**hope**
hoffnungslos.

paste [peist] Teig *m*;
Paste *f*; Kleister *m*; (be-)
kleben; ∼**board** Pappe *f*.

pastime ['pɑːstaim] Zeitvertreib *m*.

pastry ['peistri] (Fein-)
Gebäck *n*; Blätterteig *m*.

past tense *gr.* Vergangenheit *f*.

pasture ['pɑːstʃə] Weide
(-land *n*) *f*; weiden.

pat [pæt] Klaps *m*; tätscheln, klopfen.

patch [pætʃ] Fleck *m*;
Flicken *m*; ∼ (**up**) (zs.-)
flicken;∼**work**Flickwerk *n*.

patent ['peitənt, *Am.* 'pæ-
tənt] patentiert; Patent *n*;
patentieren (lassen); ∼
leather Lackleder *n*.

patern|al [pə'tɜːnl] väter-
lich(erseits); ∼**ity** Vaterschaft *f*.

path [pɑːθ], *pl* ∼**s** [pɑːðz]
Pfad *m*; Weg *m*.

pathetic [pə'θetik] pathe-
tisch, rührend.

patien|ce ['peiʃəns] Ge-
duld *f*; ∼**t** geduldig; Pa-
tient(in).

patriot ['peitriət] Patriot
(-in), ∼**ic** [pætri'ɔtik] pa-
triotisch; ∼**ism** ['pætriə-
tizəm] Patriotismus *m*.

patrol [pə'trəul] Pa-
trouille *f*; (Polizei-)
Streife *f*; (ab)patrouillie-
ren; ∼**man** Polizist *m* auf
Streife; Pannenhelfer *m*.

patron ['peitrən] Förderer
m; Kunde *m*; ∼**age**
['pætrənidʒ] Schirmherr-
schaft *f*; Kundschaft *f*;
∼**ize** ['pætrənaiz] Kunde
sein bei; fördern.

patter ['pætə] trappeln
(*Füße*); prasseln (*Regen*).

pattern ['pætən] Muster *n*
(*a. fig.*); Modell *n*.

paunch [pɔːntʃ] (Dick-)
Bauch *m*.

pause [pɔːz] Pause *f*; e-e
Pause machen.

pave [peiv] pflastern; *fig.*
Weg bahnen; ∼**ment** Bürgersteig *m*; Pflaster *n*;
∼**ment café** Straßencafé *n*.

paw [pɔː] Pfote *f*, Tatze *f*;
scharren; *colloq.* betasten.

pawn [pɔ:n] Pfand *n*; verpfänden; **~broker** Pfandleiher *m*; **~shop** Leihhaus*n*.

pay [pei] (Be)Zahlung *f*; Lohn *m*; Sold *m*; (*irr*) (be)zahlen; (be)lohnen; sich lohnen (für); Besuch abstatten; *Aufmerksamkeit* schenken; **~ down**, **~ cash** bar bezahlen; **~ for** (für) *et.* bezahlen; **~able** zahlbar; fällig; **~day** Zahltag *m*; **~ee** [~'i:] Zahlungsempfänger(in); **~ment** (Be-, Ein-, Aus)Zahlung *f*; Lohn *m*.

pea [pi:] Erbse *f*.

peace [pi:s] Friede(n) *m*, Ruhe *f*; **~ful** friedlich.

peach [pi:tʃ] Pfirsich *m*.

peacock ['pi:kɔk] Pfau *m*.

peak [pi:k] Spitze *f*; Gipfel *m*; Mützenschirm *m*; Spitzen...; Haupt..., Höchst...; **~ hours** *pl* Hauptverkehrs-, Stoßzeit *f*.

peal [pi:l] (Glocken)Läuten *n*; Dröhnen *n*; läuten; dröhnen, krachen.

peanut ['pi:nʌt] Erdnuß *f*.

pear [pɛə] *bot.* Birne *f*.

pearl [pə:l] Perle *f*.

peasant ['pezənt] Bauer *m*; bäuerlich, Bauern...

peat [pi:t] Torf *m*.

pebble ['pebl] Kiesel(stein) *m*.

peck [pek] Viertelscheffel *m* (*9,1 Liter*); picken, hacken (**at** nach).

peculiar [pi'kju:ljə] eigen (-tümlich); besonders; seltsam; **~ity** [~li'æriti] Eigen-

heit *f*, Eigentümlichkeit *f*.

pedal ['pedl] Pedal *n*; (rad)fahren.

pedestal ['pedistl]Sockel *m*.

pedestrian [pi'destrian] Fußgänger(in); **~ crossing** Fußgängerübergang *m*; **~ precinct**, **~ zone** Fußgängerzone *f*.

pedigree ['pedigri:] Stammbaum *m*. [*m*.\

pedlar ['pedlə] Hausierer\

peel [pi:l] Schale *f*, Rinde *f*; (sich) (ab)schalen.

peep [pi:p] neugieriger *od.* verstohlener Blick; Piepen *n*; neugierig *od.* verstohlen blicken; piepen.

peer [piə] spähen, schauen.

peevish ['pi:viʃ] gereizt.

peg [peg] Pflock *m*; Zapfen *m*; Kleiderhaken *m*; (Wäsche)Klammer *f*. [*m*.\

pelican ['pelikən] Pelikan\

pelt [pelt] bewerfen; (nieder)prasseln.

pelvis ['pelvis] *anat.* Becken *n*.

pen [pen] (Schreib)Feder *f*; Federhalter *m*; Pferch *m*; (Schaf)Hürde *f*; **~ in**, **~ up** einpferchen.

penal ['pi:nl] Straf..., **~ servitude** Zuchthaus (-strafe *f*) *n*; **~ty** ['penlti] Strafe *f*; *sp.* Strafpunkt *m*; **~ty area** Strafraum *m*; **~ty kick** Strafstoß *m*.

penance ['penəns] Buße *f*.

pence [pens] *pl von* **penny**.

pencil ['pensl] (Blei-, Farb)Stift *m*; **~sharpener** Bleistiftspitzer *m*.

pend|ant ['pendənt] (*Schmuck*)Anhänger *m*; ~**ing** *jur.* schwebend; während; bis zu.

penetrat|e ['penitreit] durch-, vordringen, eindringen (in); ~**ion** Durch-, Eindringen *n*;Scharfsinn *m*.

pen-friend Brieffreund(in).

penguin ['peŋgwin] Pinguin *m*.

penholder Federhalter *m*.

peninsula [pi'ninsjulə] Halbinsel *f*.

penitent ['penitənt] reuig; ~**iary** [~'tenʃəri] Besserungsanstalt *f*; *Am.* Zuchthaus *n*.

penknife Taschenmesser *n*.

penniless ['penilis] ohne e-n Pfennig (Geld), mittellos.

penny ['peni], *pl mst* **pence** [pens]Penny *m*; ~**worth**: **a** ~ **für** e-n Penny.

pension ['penʃən] Pension *f*, Rente *f*; ~ **off** pensionieren. [denklich.]

pensive ['pensiv] nach-]

penthouse ['penthaus] Wetterdach *n*; Dachwohnung *f*, Penthouse *n*.

people ['pi:pl] Volk *n*, Nation *f*; ~ *pl* Leute *pl*; Angehörige *pl*; man; bevölkern.

pepper ['pepə] Pfeffer *m*; pfeffern; ~**mint** Pfefferminze *f*; Pfefferminzbonbon *m*, *n*.

per [pə:] per; pro, für.

perambulator ['præmbjuleitə] Kinderwagen *m*.

perceive [pə'si:v] (be-)

merken, wahrnehmen; erkennen.

per|cent [pə'sent] Prozent *n*; ~**centage** Prozentsatz *m*; Prozente *pl*.

percept|ible [pə'septəbl] wahrnehmbar; ~**ion** Wahrnehmung(svermögen *n*) *f*.

perch [pə:tʃ] *auf* el. Hohem sitzen.

percussion [pə'kʌʃən] Schlag *m*, Erschütterung *f*.

peremptory [pə'remptəri] entschieden, bestimmt.

perfect ['pə:fikt] vollkommen, vollendet, perfekt; ~ (**tense**) *gr.* Perfekt *n*; [pə'fekt] vervollkommnen; ~**ion** Vollendung *f*; Vollkommenheit *f*.

perforate ['pə:fəreit] durchbohren, -löchern.

perform [pə'fɔ:m] ausführen, tun; *thea.*, *mus.* aufführen, spielen, vortragen; ~**ance** *thea.*, *mus.* Aufführung *f*, Vorstellung *f*, Vortrag *m*; Leistung *f*; ~**er** Künstler(in).

perfume ['pə:fju:m] Duft *m*; Parfüm *n*; [pə'fju:m] parfümieren.

perhaps [pə'hæps, præps] vielleicht.

peril ['peril] Gefahr *f*; ~**ous** gefährlich.

period ['piəriəd] Periode *f* (*a. med.*); Zeitraum *m*; *ling.* Punkt *m*; (Unterrichts)Stunde *f*; ~**ic** [~'ɔdik] periodisch; ~**ical** periodisch; Zeitschrift *f*.

perish ['periʃ]umkommen;

~able leicht verderblich.

perjury ['pə:dʒəri] Meineid m.

perm [pə:m] colloq. Dauerwelle f; **~anent** (fortdauernd), ständig, dauerhaft, Dauer...; **~anent wave** Dauerwelle f.

permeable ['pə:mjəbl] durchlässig.

permission [pə'miʃən] Erlaubnis f; **~t** [~t] erlauben; ['~t] Erlaubnis f, Genehmigung f; Passierschein m.

perpendicular [pə:pən'dikjulə] senkrecht.

perpetual [pə'petʃuəl] fortwährend, ewig.

persecute ['pə:sikju:t] verfolgen; **~ion** Verfolgung f; **~or** Verfolger m.

persevere [pə:si'viə] beharren, aushalten.

persist [pə'sist] beharren (**in** auf); fortdauern, anhalten; **~ence**, **~ency** Beharrlichkeit f; **~ent** beharrlich.

person ['pə:sn] Person f; **~age** (hohe) Persönlichkeit; **~al** persönlich; Personen...; Personal...; **~ality** [~sə'næliti] Persönlichkeit f; **~ify** [~'sɔnifai] verkörpern; **~nel** [~sə'nel] Personal n, Belegschaft f; **~nel manager**, **~nel officer** Personalchef m.

perspiration [pə:spə'reiʃən] Schwitzen n; Schweiß m; **~e** [pəs'paiə] schwitzen.

persuade [pə'sweid] überreden; überzeugen; **~sion** [~ʒən] Überredung (-skunst) f; Überzeugung f; **~sive** [~siv] überredend; überzeugend.

pert [pə:t] frech, vorlaut.

perusal [pə'ru:zəl] sorgfältige Durchsicht f; **~e** (sorgfältig) durchlesen.

pervade [pə:'veid] durchdringen, -ziehen.

perverse [pə'və:s] verkehrt; verderbt; eigensinnig; pervers.

pessimism ['pesimizəm] Pessimismus m.

pest [pest] Plage f; **~er** belästigen, plagen.

pet [pet] Liebling(stier n) m; Lieblings...

petal ['petl] Blütenblatt n.

petition [pi'tiʃən] Bittschrift f, Eingabe f; bitten, ersuchen; ein Gesuch einreichen.

pet name Kosename m.

petrify ['petrifai] versteinern.

petrol ['petrəl] Benzin n, Kraft-, Treibstoff m; **~ station** Tankstelle f.

pet shop Zoohandlung f.

petticoat ['petikəut] Unterrock m.

petty ['peti] klein, geringfügig, unbedeutend.

pew [pju:] Kirchenbank f.

pharmacy ['fɑ:məsi] Apotheke f.

phase [feiz] Phase f.

pheasant ['feznt] Fasan m.

philanthropist [fi'lænθrəpist] Menschenfreund(in).

philolog|ist [fi'lɔlədʒist] Philolog|e m, -in f; **~y** Philologie f.

philosoph|er [fi'lɔsəfə] Philosoph m; **~ize** philosophieren; **~y** Philosophie f.

phone [fəun] colloq. für **telephone.**

phonetic [fəu'netik] phonetisch, Laut...

phon(e)y ['fəuni] sl. falsch, gefälscht, unecht.

photo ['fəutəu] colloq. für **~graph** ['təgra:f] Foto (-grafie f) n, Bild n, Aufnahme f; fotografieren.

photograph|er [fə'tɔgrəfə] Fotograf(in); **~y** Fotografie f.

phrase [freiz] Redewendung f, idiomatischer Ausdruck.

physic|al ['fizikəl] physisch, körperlich; physikalisch; **~ian** [fi'ziʃn] Arzt m; **~ist** ['fizisist] Physiker m; **~s** sg Physik f.

physique [fi'zi:k] Körper (-bau) m.

piano [pi'ænəu] Klavier n.

pick [pik] (Aus)Wahl f; hacken; (auf)picken; auflesen, -nehmen; pflücken; Knochen abnagen; bohren in, stochern in; aussuchen; **~ out** (sich) et. auswählen; heraussuchen; **~ up** aufhacken; aufheben, -nehmen, -picken; colloq. et. aufschnappen; (im Auto) mitnehmen; abholen.

picket ['pikit] Pfahl m;

Streikposten m; Streikposten stehen; Streikposten aufstellen vor.

pickle ['pikl] Lake f; pl Eingepökelte n, Pickles n; einlegen, (-)pökeln.

pick|pocket Taschendieb m; **~-up** Tonabnehmer m.

picnic ['piknik] Picknick n.

pictorial [pik'tɔ:riəl] illustriert; Illustrierte f.

picture ['piktʃə] Bild n; Gemälde n; bildschöne Sache od. Person; pl colloq. Kino n; Bilder...; darstellen; beschreiben; sich et. vorstellen; **~ postcard** Ansichtskarte f; **~sque** [~'resk] malerisch.

pie [pai] Pastete f.

piece [pi:s] Stück n; Teil n, m (e-s Services); **by the ~** im Akkord; **a ~ of advice** ein Rat; **a ~ of news** e-e Neuigkeit; **in ~s** entzwei; **take to ~s** auseinandernehmen; **~work** Akkordarbeit f.

pier [piə] Pfeiler m; Pier m, Landungsbrücke f.

pierce [piəs] durchbohren, -stoßen, -stechen; durchdringen.

piety ['paiəti] Frömmigkeit f.   [kel m.)

pig [pig] Schwein n; Fer-)

pigeon ['pidʒin] Taube f; **~hole** (Ablage)Fach n.

pig|-headed dickköpfig; **~skin** Schweinsleder n; **~sty** Schweinestall m; **~tail** (Haar)Zopf m.

pike [paik] Hecht m.

pile [pail] Haufen *m*; Stapel *m*, Stoß *m*; *oft* ~ **up**, ~ **on** (an-, auf)häufen; (auf)stapeln, aufschichten.

pilfer ['pilfə] stehlen.

pilgrim ['pilgrim] Pilger*m*; ~**age** Pilger-, Wallfahrt *f*.

pill [pil] Pille *f*, Tablette *f*.

pillar ['pilə] Pfeiler *m*, Ständer *m*; Säule *f*; ~**box** Briefkasten *m*. [*m*.]

pillion ['piljən] Soziussitz ƒ

pillory ['piləri] Pranger *m*.

pillow ['pilou] (Kopf-)Kissen *n*; ~**case**, ~**slip** (Kissen)Bezug *m*.

pilot ['pailət] Pilot *m*; Lotse *m*; lotsen, steuern.

pimple ['pimpl] Pickel *m*.

pin [pin] (Steck)Nadel *f*; Pflock *m*; Kegel *m*; (an-)heften, (an)stecken, befestigen.

pincers ['pinsəz] *pl* (*a.* **a pair of** ~) (e-e) (Kneif-)Zange.

pinch [pintʃ] Kneifen *n*; Prise *f* (*Salz etc.*); kneifen, zwicken; drücken; *colloq.* klauen.

pine [pain] Kiefer *f*, Föhre *f*; sich abhärmen; sich sehnen, schmachten; ~**apple** Ananas *f*.

pinion ['pinjən] Flügelspitze *f*; Schwungfeder *f*.

pink [piŋk] Nelke *f*; Rosa *n*; rosa(farben).

pinnacle ['pinəkl] Zinne *f*; Spitzturm *m*; (Berg)Spitze *f*; *fig.* Gipfel *m*.

pint [paint] 0,57 *od.* Am. 0,47 Liter.

pioneer [paiə'niə] Pionier *m*. [dächtig.]

pious ['paiəs] fromm; an-ƒ

pip [pip] (Obst)Kern *m*; *kurzer, hoher* Ton.

pipe [paip] Rohr *n*, Röhre *f*; Pfeife *f* (*a. mus.*); Flöte *f*; Luftröhre *f*; *Wasser etc.* leiten; pfeifen; piep(s)en; ~**line** Rohr-, Ölleitung *f*, Pipeline *f*; ~**r** Pfeifer *m*.

pirate ['paiərit] Seeräuber *m*; unerlaubt nachdrukken.

pistol ['pistl] Pistole *f*.

piston ['pistən] *tech.* Kolben *m*.

pit [pit] Grube *f*; *thea.* Parterre *n*; Am. (Obst)Stein *m*, Kern *m*.

pitch [pitʃ] *min.* Pech *n*; Wurf *m*; *mar.* Stampfen *n*; Neigung *f* (*e-s Daches*); *mus.* Tonhöhe *f*; Grad *m*, Stufe *f* (*a. fig.*); Zelt, Lager aufschlagen; werfen, schleudern; *mus.* stimmen; *mar.* stampfen (*Schiff*).

pitcher ['pitʃə] Krug *m*.

piteous ['pitiəs] mitleidregend.

pitfall ['pitfɔːl] Fallgrube *f*; *fig.* Falle *f*.

pith [piθ] Mark *n*.

pit|iable ['pitiəbl] erbärmlich; ~**iful** mitleidig; erbärmlich (*a. contp.*); ~**iless** unbarmherzig; ~**y** bemitleiden; Mitleid *n*; **it is a** ~**y** es ist schade; **what a** ~**y!** wie schade!

pivot ['pivət] *tech.*: (Dreh-)Punkt *m* (*a. fig.*); Zapfen *m*.

placard ['plæka:d] Plakat *n*; anschlagen.

place [pleis] Platz *m*; Ort *m*; Stelle *f*; Stätte *f*; (An-)Stellung *f*; Wohnsitz *m*, Wohnung *f*; **in ~ of** an Stelle von *od.* gen; **out of ~** fehl am Platz; **take ~** stattfinden; *vb*: stellen, legen, setzen; *Auftrag* erteilen; **be ~d** *sp.* sich placieren.   [ruhig.]

placid ['plæsid] sanft;| **plague** [pleig] Pest *m*; Plage *f*, plagen, quälen.

plaice [pleis] *ichth.* Scholle *f*.   [Plaid.]

plaid [plæd] *schottisches*|

plain [plein] einfach; unscheinbar; offen, ehrlich; einfarbig; klar, deutlich; *Am.* eben, flach; Ebene *f*; **~clothes man** Polizist *m od.* Kriminalbeamte *m* in Zivil.

plaint|iff ['pleintif] Kläger (-in); **~ive** klagend.

plait [plæt, *Am.* pleit] Flechte *f*, Zopf *m*; flechten.

plan [plæn] Plan *m*; planen.

plane [plein] flach, eben; (ein)ebnen; (ab)hobeln; Ebene *f*, (ebene) Fläche; *aer.* Tragfläche *f*; Flugzeug *n*, Maschine *f*; Hobel *m*; *fig.* Stufe *f*, Niveau *n*.

planet ['plænit] Planet *m*.

plank [plæŋk] Planke *f*, Bohle *f*, Diele *f*.

plant [pla:nt] Pflanze *f*; (Fabrik)Anlage *f*, Fabrik *f*; (an-, ein-, be)pflanzen; an-

legen; **~ation** [plæn'teiʃən] Pflanzung *f*, Plantage *f*; **~er** ['pla:ntə] Pflanzer *m*, Plantagenbesitzer *m*.   [tafel *f*.]

plaque [pla:k] Gedenk-|

plaster ['pla:stə] *med.* Pflaster *n*; (Ver)Putz *m*; bepflastern; verputzen; **~ cast** Gipsabdruck *m*; *med.* Gipsverband *m*; **~ of Paris** Gips *m*.

plastic ['plæstik] plastisch; Plastik...; **~s** *sg* Plastik *n*, Kunststoff *m*.

plate [pleit] Platte *f*; Teller *m*; (Bild)Tafel *f*; Schild *n*; plattieren; panzern.

platform ['plætfɔ:m] Plattform *f*; Bahnsteig *m*; Podium *n*; *pol.* Parteiprogramm *n*.   [Platin *n*.]

platinum ['plætinəm]|

platter ['plætə] (Servier-) Platte *f*.

plausible ['plɔ:zəbl] glaubhaft.

play [plei] Spiel *n*; Schauspiel *n*, (Theater)Stück *n*; Spielraum *m* (*a. fig.*); spielen (gegen); **~ off** *fig.* j-*n* ausspielen; **~back** Playback *n*, Abspielen *n*; **~bill** Theaterzettel *m*; **~er** (Schau)Spieler(in); **~fellow** Spielgefährte *m*, -in *f*; **~ful** verspielt; **~ground** Spielplatz *m*, Schulhof *m*; **~mate** *s.* **playfellow**; **~thing** Spielzeug *n*; **~time** Freizeit *f*, Zeit *f* zum Spielen; **~wright** ['~rait] Dramatiker *m*.

plea [pli:] Vorwand *m*; Gesuch *n*; *jur.*: Verteidigung *f*; Einspruch *m*.

plead [pli:d] *e-e Sache* vertreten; plädieren; sich einsetzen; **~ guilty** sich schuldig bekennen.

pleasant ['pleznt] angenehm, erfreulich; freundlich.

pleas|e [pli:z] *(j-m)* gefallen *od.* angenehm sein; zufriedenstellen; **~e !** bitte!; **~ed** erfreut, zufrieden; **~ing** angenehm, gefällig.

pleasure ['pleʒə] Vergnügen *n*, Freude *f*.

pleat [pli:t] (Plissee)Falte *f*; plissieren.

pledge [pledʒ] Pfand *n*; Versprechen *n*; verpfänden.

plent|iful ['plentiful] reichlich; **~y** Fülle *f*, Überfluß *m*; **~y of** reichlich, e-e Menge.

pliable ['plaiəbl] biegsam; *fig.* nachgiebig.

pliers ['plaiəz] *pl (a.* **a pair of ~)** (e-e) (Draht-, Kneif-) Zange.

plight [plait] schlechter Zustand, mißliche Lage.

plimsolls ['plimsɔlz] *pl* Turnschuhe *pl.*

plod [plɔd] sich abmühen; **~ (along, on)** sich dahinschleppen.

plot [plɔt] Stück *n* (Land); Plan *m*; Komplott *n*, Anschlag *m*; Handlung *f (e-s Romans, Dramas etc.)*; planen.

plough, *Am.* **plow** [plau] Pflug *m*; (um)pflügen; **~share** Pflugschar *f.*

pluck [plʌk] Ruck *m*; Mut *m*, Schneid *m*, *f*; pflücken; rupfen; (aus)reißen; **~ up courage** Mut fassen; **~y** mutig.

plug [plʌg] Pflock *m*, Dübel *m*, Stöpsel *m*, Zapfen *m*; *electr.* Stecker *m*; **~ in** *electr.* einstöpseln, -stecken; **~ up** zu-, verstopfen.

plum [plʌm] Pflaume *f*; Rosine *f (im Backwerk).*

plumage ['plu:midʒ] Gefieder *n.*

plumb [plʌm] Lot *n*, Senkblei *n*; loten; **~er** Klempner *m*, Installateur *m.* [chen *m.*]

plum cake Rosinenku-]

plume [plu:m] Feder *f* (~busch *m*) *f.*

plummet ['plʌmit] Lot *n.*

plump [plʌmp] drall, mollig; (hin)plumpsen (lassen). [pudding *m.*]

plum pudding Plum-]

plunder ['plʌndə] Plünderung *f*; plündern.

plunge [plʌndʒ] (ein-, unter)tauchen; (sich) stürzen.

plunk [plʌŋk] Saite zupfen.

pluperfect (tense) ['plu:-'pə:fikt] *gr.* Plusquamperfekt *n*, Vorvergangenheit *f.*

plural ['pluərəl] *gr.* Plural *m*, Mehrzahl *f.*

plus [plʌs] plus, und; positiv; Plus *n.*

plush [plʌʃ] Plüsch *m.*

ply [plai] (Garn)Strähne *f*; (Stoff-, Holz- *etc.*)Lage *f*; ~wood Sperrholz *n*.

pneumatic [nju(:)'mætik] pneumatisch, (Preß)Luft...

pneumonia [nju(:)'məunjə] Lungenentzündung *f*.

poach [pəut] wildern; ~ed egg verlorenes Ei; ~er Wilddieb *m*, Wilderer *m*.

pocket ['pɔkit] (Hosen-*etc.*)Tasche *f*; einstecken (*a. fig.*); Taschen...; ~book Notizbuch *n*; Brieftasche *f*; Taschenbuch *n*; ~knife Taschenmesser *n*; ~money Taschengeld *n*.

pod [pɔd] Hülse *f*, Schote *f*.

poem ['pəuim] Gedicht *n*.

poet ['pəuit] Dichter *m*; ~ess Dichterin *f*; ~ic(al) [~'etik(əl)] dichterisch; ~ry [~itri] Dichtkunst *f*; Dichtung *f*.

poignant ['pɔinənt] scharf; *fig.*: bitter; ergreifend.

point [pɔint] Spitze *f*; Punkt *m* (*a. ling.*); *math.* (Dezimal)Punkt *m*, Komma *n*; Kompaßstrich *m*; Punkt *m*, Stelle *f*, Ort *m*; springender Punkt; Pointe *f*; Zweck *m*, Ziel *n*; *pl* rail. Weichen *pl*; **beside the ~** nicht zur Sache gehörig; **on the ~ of** *ger* im Begriff zu *inf*; **to the ~** zur Sache (gehörig), sachlich; **win on ~s** nach Punkten siegen; *vb*: (zu-)spitzen; ~ **out** zeigen, hinweisen auf; ~ **at** *Waffe* richten auf; zeigen auf;

~ **to** nach *e-r Richtung* weisen *od.* liegen; zeigen auf; hinweisen auf; ~ed spitz; *fig.*: scharf; deutlich; ~er Zeiger *m*; Zeigestock *m*; Vorstehhund *m*; ~ **of view** Stand-, Gesichtspunkt *m*, Ansicht *f*.

poise [pɔiz] Gleichgewicht *n*; Haltung *f*; Kopf *etc.* halten; schweben.

poison ['pɔizn] Gift *n*; vergiften; ~ous giftig.

poke [pəuk] stoßen; schüren; stecken; stoßen, stechen; stochern; ~r Schürhaken *m*.

polar ['pəulə] polar, Polar...; ~ **bear** Eisbär *m*.

Pole [pəul] Pol|e *m*, -in *f*.

pole [pəul] Pol *m*; Stange *f*; Mast *m*; Deichsel *f*; (Sprung)Stab *m*.

police [pə'li:s] Polizei *f*; ~man Polizist *m*; ~-officer Polizeibeamte *m*, Polizist *m*; ~station Polizeiwache *f*, -revier *n*; ~woman Polizistin *f*.

policy ['pɔlisi] Politik *f*; Police *f*.

polio ['pəuliəu] spinale Kinderlähmung.

Polish ['pəuliʃ] polnisch; Polnisch *n*.

polish ['pɔliʃ] Politur *f*; Schuhcreme *f*; *fig.* Schliff *m*; polieren; *Schuhe* putzen.

polite [pə'lait] höflich; ~ness Höflichkeit *f*.

politic|al [pə'litikəl] politisch; ~ian [pɔli'tiʃən]

Politiker *m*; ~s ['politiks] *sg*, *pl* Politik *f*.

poll [paul] Umfrage *f*; *pol*. Wahl *f*; **go to the ~s** zur Wahl(urne) gehen. [*m*.]

pollen ['polin]Blütenstaub∫

pollut|e [pə'lu:t] beschmutzen, verunreinigen;~**ion**Verschmutzung *f*.

pomp [pomp] Pomp *m*; ~**ous** pompös; aufgeblasen; schwülstig.

pond [pond] Teich *m*, Weiher *m*.

ponder ['pondə] nachdenken (über); ~**ous** schwer (-fällig).

pony ['pəuni] Pony *n*.

poodle ['pu:dl] Pudel *m*.

pool [pu:l] Teich *m*; Pfütze *f*, Lache *f*; (Schwimm)Becken *n*; (Spiel)Einsatz *m*; (Fußball)Toto *n*.

poor [puə] arm(selig); dürftig; *fig*. schlecht; *sub*: **the ~** *pl* die Armen *pl*; ∫y kränklich; arm(selig),dürftig.

pop [pop] knallen (lassen); *Am*. Mais rösten; schnell *wohin* tun *od*. stecken; **~ in** vorbeikommen (*Besuch*); **~ out** hervorschießen; *sub*: Knall *m*; *colloq*. Schlager *m*; Schlager...

pope [pəup] Papst *m*.

poplar ['poplə] Pappel *f*.

poppy ['popi] Mohn *m*.

popul|ar ['popjulə] Volks...; volkstümlich; populär, beliebt; ~**arity** [ˌ'læriti] Popularität *f*;

~**ate** ['~eit] bevölkern; ~**ation** Bevölkerung *f*; ~**ous** dicht besiedelt.

porch [po:tʃ] Vorhalle *f*, Portal *n*; *Am*. Veranda *f*.

porcupine ['po:kjupain] Stachelschwein *n*.

pore [po:] Pore *f*; **~ over** *et*. eifrig studieren.

pork [po:k] Schweinefleisch *n*.

porous ['po:rəs] porös.

porpoise ['po:pəs] Tümmler *m*. [brei *m*.]

porridge ['poridʒ]Hafer-∫

port [po:t] Hafen(stadt *f*) *m*; *mar*. Backbord *n*; Portwein *m*.

portable ['po:təbl] transportabel; tragbar.

porter ['po:tə] Pförtner *m*, Portier *m*; (Gepäck)Träger *m*; Porter(bier *n*) *m*.

portion ['po:ʃən] (An)Teil *m*; Portion *f* (*Essen*); Erbteil *n*; **~ out** austeilen.

portly ['po:tli] stattlich.

portrait ['po:trit] Porträt *n*, Bild(nis) *n*.

pose [pəuz] *colloq*. Modell stehen; posieren; Pose *f*;

posh [poʃ] *colloq*. feudal.

position [pə'ziʃən] Position *f*; Lage *f*; (*fig*. Ein-)Stellung *f*; Stand(punkt) *m*.

positive ['pozətiv] bestimmt; sicher; *phot*. Positiv *n*.

possess [pə'zes] besitzen; beherrschen; ~**ed** besessen; **~ in** Besitz *m*; ~**ive** *gr*. possessiv, besitzanzeigend; ~**or** Besitzer(in).

possib|ility [pɔsə'biliti] Möglichkeit f; **~le** ['pɔsəbl] möglich; **~ly** möglich(erweise), vielleicht.

post [pəust] Pfosten m; Posten m; (An)Stellung f, Amt n; Post f; Plakat etc. anschlagen; postieren; Brief etc. einstecken, abschicken, aufgeben; **~age** Porto n; **~age stamp** Briefmarke f; **~al card** Postkarte f; **~al order** Postanweisung f; **~box** Briefkasten m; **~card** Postkarte f; **~code** Postleitzahl f.

poster ['pəustə] Plakat n.

poste restante [pəust 'restã:nt] postlagernd.

posterity [pɔs'teriti] Nachwelt f; Nachkommen pl.

post-free portofrei.

posthumous ['pɔstjuməs] post(h)um.

post|man Briefträger m, Postbote m; **~mark** Poststempel m; (ab)stempeln; **~master** Postmeister m; **~ office** Post(amt n) f; **~-office** Post Postfach n; **~-paid** frankiert.

postpone [pəust'pəun] ver-, aufschieben.

postscript ['pəusskript] Postskriptum n.

posture ['pɔstʃə] (Körper-) Haltung f, Stellung f.

post-war ['pəust'wɔ:] Nachkriegs...

posy ['pəuzi] Blumenstrauß m, Sträußchen n.

pot [pɔt] Topf m; Kanne f; einmachen; eintopfen.

potato [pə'teitəu], pl **~es** Kartoffel f; **~es** pl (boiled) **in their jackets** Pellkartoffeln pl.

potent ['pəutənt] stark.

potion ['pəuʃən] (Arznei-, Gift-, Zauber)Trank m.

potter¹ ['pɔtə]: **~ about** herumwerkeln, -hantieren.

potter² Töpfer m; **~y** Töpferei f; Töpferware(n pl) f, Steingut n.

pouch [pautʃ] Beutel m; Tasche f.

poulterer ['pəultərə] Geflügelhändler m.

poultice ['pəultis] Breiumschlag m, -packung f.

poultry ['pəultri] Geflügel n. **~zen (on auf.)**

pounce [pauns] sich stür- f

pound [paund] Pfund n ~ **(sterling)** Pfund n (Sterling) (abbr. £); hämmern, trommeln; (zer-) stampfen.

pour [pɔ:] strömen, rinnen; gießen, schütten; **~ (out)** Getränk eingießen.

pout [paut] Lippen aufwerfen; fig. schmollen.

poverty ['pɔvəti] Armut f.

powder ['paudə] Pulver n; Puder m; pulverisieren; (sich) pudern; **~room** Damentoilette f.

power ['pauə] Kraft f; Macht f; Gewalt f; jur. Vollmacht f; math. Potenz f; **~ful** mächtig, stark, kräftig; wirksam; **~less** macht-, kraftlos; **~plant**, **~station** Kraftwerk n.

practi|cable ['præktikəbl] durchführbar; begeh-, befahrbar; **~al** praktisch; **~ce** ['~tis] Praxis f; Gewohnheit f; Übung f; ~ce Am., **~se** ausüben, tätig sein als; (sich) üben; **~tioner** [~'tiʃnə]: **general ~** praktischer Arzt.

prairie ['prɛəri] Prärie f.

praise [preiz] Lob n; loben; **~worthy** lobenswert.

pram [præm] colloq. Kinderwagen m.

prance [prɑːns] sich aufbäumen, tänzeln (Pferd).

prank [præŋk] Streich m.

prattle ['prætl] plappern.

prawn [prɔːn] Garnele f.

pray [prei] beten; bitte(n); **~er** [prɛə] Gebet n; Andacht f; **~er-book** Gebetbuch n.

preach [priːtʃ] predigen; **~er** Prediger(in).

precarious [pri'kɛəriəs] unsicher, bedenklich.

precaution [pri'kɔːʃən] Vorsicht(smaßregel) f.

precede [pri(ː)'siːd] voraus-, vorangehen; **~nce** Vorrang m; **~nt** ['presidənt] Präzedenzfall m.

precept ['priːsept] Vorschrift f, Regel f.

precinct ['priːsiŋkt] Bezirk m; Bereich m, Grenze f; pl Umgebung f.

precious ['preʃəs] kostbar; edel; colloq. äußerst.

precipice ['presipis] Abgrund m.

precipit|ate [pri'sipiteit]

(hinab)stürzen; (plötzlich) herbeiführen; [~it] überstürzt; **~ation** meteor. Niederschlag(smenge f) m; Hast f; **~ous** steil, jäh.

précis ['preisiː]; pl ~ ['~siːz] (kurze) Zs.-fassung.

precis|e [pri'sais] genau; **~ion** [~'siʒən] Genauigkeit f.

precocious [pri'kəuʃəs] frühreif, altklug.

preconceived ['priːkən'siːvd] vorgefaßt.

predatory ['predətəri] räuberisch, Raub...

predecessor ['priːdisesə] Vorgänger(in).

predetermine ['priːdi'təːmin] vorherbestimmen.

predicament [pri'dikəmənt] (mißliche) Lage.

predicate ['predikit] gr. Prädikat n, Satzaussage f.

predict [pri'dikt] vorhersagen; **~ion** Vorhersage f.

predisposition ['priːdispə'ziʃən] Neigung f, Anfälligkeit f.

predomina|nt [pri'dɔminənt] vorherrschend; **~te** [~eit] vorherrschen.

preface ['prefis] Vorwort n.

prefect ['priːfekt] Vertrauens-, Aufsichtsschüler m.

prefer [pri'fəː] vorziehen, bevorzugen, lieber haben od. tun; **~able** ['prefərəbl] vorzuziehen(d) (dat); **~ably** vorzugsweise, lieber; **~ence** ['prefərəns] Vorliebe f; Vorzug m;

~ment [pri'fɔːmənt] Beförderung f.

prefix ['priːfiks] *ling.* Präfix n, Vorsilbe f.

pregnan|cy ['pregnənsi] Schwangerschaft f; **~t** schwanger.

prejudice ['predʒudis] Vorurteil n; **~** mit e-m Vorurteil erfüllen; beeinträchtigen, benachteiligen; **~d** (vor)eingenommen.

preliminary [pri'liminəri] vorläufig; einleitend.

prelude ['preljuːd] Vorspiel n.

premature [premə'tjuə] vorzeitig, Früh...; vorschnell.

premeditate [priː'mediteit] vorher überlegen.

premier ['premjə] Premierminister m.

premises ['premisiz] pl Anwesen n, Lokal n.

premium ['priːmjəm] Prämie f; (Versicherungs-) Prämie f.

preoccupied [priː'ɔkjupaid] beschäftigt; vertieft.

prepar|ation [prepə-'reiʃən] Vorbereitung f; Zubereitung f; **~ations** Vorbereitungen treffen; **~e** [pri'pɛə] (sich) vorbereiten; (zu)bereiten.

prepay [priː'pei] (*irr* **pay**) vorausbezahlen; frankieren.

preposition [prepə'ziʃən] *gr.* Präposition f, Verhältniswort n.

prepossess [priːpə'zes] günstig stimmen, einneh-

men; **~ing** einnehmend, anziehend.

preposterous [pri'pɔstərəs] absurd; lächerlich.

prescri|be [pris'kraib] vorschreiben; *med.* verschreiben; **~ption** [~'kripʃən] *med.* Rezept n.

presence ['prezns] Gegenwart f; Anwesenheit f; **~ of mind** Geistesgegenwart f.

present¹ ['preznt] gegenwärtig; jetzig; anwesend, vorhanden; Gegenwart f; Geschenk n; *gr. s.* **present tense;** at **~** jetzt.

present² [pri'zent] (*j-n*) be)schenken; (über)reichen; (vor)zeigen; präsentieren.

presentation [prezen'teiʃən] Vorstellung f; Überreichung f; Schenkung f; Darbietung f; Vorzeigen n.

presentiment [pri-'zentimənt] (*mst* böseVor-) Ahnung f.

presently ['prezntli] bald; *Am.* zur Zeit, jetzt.

present| *perfect gr.* Perfekt n, 2. Vergangenheit; **~ tense** *gr.* Präsens n, Gegenwart f.

preserv|ation [prezə(ː)-'veiʃən] Bewahrung f; Erhaltung f; **~e** [pri'zəːv] bewahren, behüten; erhalten; konservieren; einkochen, -machen; *pl* Eingemachte n.

preside [pri'zaid] den Vorsitz haben *od.* führen.

president ['prezidənt] Präsident(in).

press [pres] *(Hände)*Druck *m*; *(Wein- etc.)*Presse *f*; *(Drucker)*Presse *f*; Druckerei *f*; Druck(en *n*) *m*; *fig.* Druck *m*; **the ~** die Presse *(Zeitungswesen)*; (aus)pressen; drücken (auf); plätten, bügeln; (be)drängen; sich drängen; **~ for** dringen auf, fordern; **~ing** dringend; **~ure** ['~ʃə] Druck *m*.

prestige [pres'ti:ʒ] Prestige *n*.

presum|able [pri'zju:-məbl] vermutlich; **~e** annehmen, vermuten; sich *et.* herausnehmen, sich anmaßen; **~ing** anmaßend.

presumpt|ion [pri'zʌmpʃən] Vermutung *f*; Anmaßung *f*; **~uous** [~tjuəs] anmaßend.

presuppose [pri:sə'pəuz] voraussetzen.

preten|ce, *Am.* **~se** [pri'tens] Vorwand *m*; Anspruch *m*; **~d** vorgeben, vortäuschen; so tun als ob; Anspruch erheben (**to** auf); **~der** (Thron)Prätendent *m*; **~sion** Anspruch *m* (**to** auf); *pl* Ambitionen *pl*.

preterit(e) (tense) [pri'terit] *gr.* Präteritum *n*, 1. Vergangenheit.

pretext ['pri:tekst] Vorwand *m*.

pretty ['priti] hübsch, niedlich; schön; ziemlich.

prev|ail [pri'veil] (vor-) herrschen; **~alent** ['prevələnt] vorherrschend.

prevent [pri'vent] verhindern; *j—n* hindern; **~ion** Verhütung *f*; **~ive** vorbeugend.

previous ['pri:vjəs] vorhergehend, Vor...; **~ to** bevor, vor; **~ly** vorher.

pre-war ['pri:'wɔ:] Vorkriegs...

prey [prei] Raub *m*, Beute *f*; **bird of ~** Raubvogel *m*.

price [prais] Preis *m*; *Waren* auszeichnen; **~less** unschätzbar, unbezahlbar.

prick [prik] Stich *m*; (durch)stechen; **~ up one's ears** die Ohren spitzen; **~le** Stachel *m*, Dorn *m*; **~ly** stach(e)lig.

pride [praid] Stolz *m*, Hochmut *m*.

priest [pri:st] Priester *m*.

primar|ily ['praimərili] in erster Linie; **~y** ursprünglich; hauptsächlich; grundlegend, Grund...; **~y school** Grundschule *f*.

prime [praim] erst, wichtigst, Haupt...; erstklassig; *fig.* Blüte(zeit) *f*; **~ minister** Premierminister *m*, Ministerpräsident *m*; **~r** Elementarbuch *n*.

primitive ['primitiv] erst, Ur...; primitiv.

primrose ['primrəuz] Primel *f*, Schlüsselblume *f*.

prince [prins] Fürst *m*; Prinz *m*; **~ss** [~'ses, *attr*

'~ses] Fürstin *f*; Prinzessin *f*.

principal ['prinsəpl] erst, hauptsächlich, Haupt...; (Schul)Direktor *m*, Rektor *m*; (Grund)Kapital *n*.

principality [prinsi'pæliti] Fürstentum *n*.

principle ['prinsəpl] Prinzip *n*, Grundsatz *m*; **on ~** aus Prinzip.

print [print] (Ab)Druck *m*; bedruckter Kattun; Druck *m*, Stich *m*; *phot.* Abzug *m*; **out of ~** vergriffen; (ab-, auf-, be)drucken; in Druckbuchstaben schreiben; **~ (off)** *phot.* abziehen; **~ed matter** Drucksache *f*; **~er** (Buch- *etc.*) Drucker *m*; **~ing-ink** Druckerschwärze *f*; **~ing office** (Buch)Druckerei *f*.

prior ['praiə] früher, älter (**to** als); **~ to** vor; **~ity** [~'ɔriti] Priorität *f*, Vorrang *m*.

prison ['prizn] Gefängnis *n*; **~er** Gefangene *m*, *f*, Häftling *m*; **take s.o. ~er** j-n gefangennehmen.

privacy ['privəsi] Zurückgezogenheit *f*; Privatleben *n*.

private ['praivit] privat, Privat...; persönlich; vertraulich; geheim; (gemeiner) Soldat; **~ hotel** Hotelpension *f*.

privation [prai'veiʃən] Not *f*, Entbehrung *f*.

privilege ['privilidʒ] Privileg *n*; **~d** privilegiert.

prize [praiz] (Sieges)Preis *m*, Prämie *f*; (Lotterie-) Gewinn *m*; preisgekrönt; Preis...; (hoch)schätzen; **~ winner** Preisträger(in).

pro- [prau-] für, pro...

probability [prɔbə'biliti] Wahrscheinlichkeit *f*; **~le** ['~əbl] wahrscheinlich.

probation [prə'beiʃən] Probe(zeit) *f*; *jur.* Bewährungsfrist *f*.

probe [prəub] Sonde *f*; sondieren; untersuchen.

problem ['prɔbləm] Problem *n*; *math.* Aufgabe *f*.

procedure [prə'si:dʒə] Verfahren *n*.

proceed [prə'si:d] fortfahren; sich begeben (**to** nach); **~ from** ausgehen von; **~ings** *pl jur.* Verfahren *n*; **~s** ['prausi:dz] *pl* Erlös *m*.

process ['prauses] Fortgang *m*; Vorgang *m*; Prozeß *m*; Verfahren *n*; bearbeiten; **~ion** [prə'seʃən] Prozession *f*.

proclaim [prə'kleim] proklamieren, ausrufen; **~mation** [prɔklə'meiʃən] Proklamation *f*, Bekanntmachung *f*.

procure [prə'kjuə] be-, verschaffen.

prodigious [prə'didʒəs] ungeheuer; **~y** ['prɔdidʒi] Wunder *n* (*a.* Person); **mst infant ~y** Wunderkind *n*.

produce [prə'dju:s] produzieren; erzeugen, herstellen; hervorbringen;

(vor)zeigen; *fig.* hervor-rufen; ['prɔdju:s] (Natur-) Produkte *pl*; ~r [prɔ'dju:sə] Hersteller *m*; *Film, thea.*: Produzent *m*.

product ['prɔdʌkt] Pro-dukt *n*, Erzeugnis *n*; ~ion [prɔ'dʌkʃən] Produktion *f*, Erzeugung *f*; Herstellung *f*; Erzeugnis *n*; Vorlegen *n*; *thea.* Inszenierung *f*; ~ive [prɔ'dʌktiv] produk-tiv, fruchtbar.

profess [prɔ'fes] (sich) be-kennen (zu); erklären; ~ed erklärt; ~ion Beruf *m*; Be-teuerung *f*; ~ional Berufs..., beruflich; Berufs-sportler(in), -spieler(in), Profi *m*; ~or Professor(in).

proficien|cy [prɔ'fiʃənsi] Können *n*, Tüchtigkeit *f*; ~t tüchtig, erfahren.

profile ['prɔufail] Profil *n*.

profit ['prɔfit] Nutzen *m*, Gewinn *m*, Profit *m*; *j-m* nützen; ~ by Nutzen zie-hen aus; ~able gewinn-bringend.   [gründlich.]

profound [prɔ'faund] tief;]

profusion [prɔ'fju:ʒən] (Über)Fülle *f*, Überfluß *m*.

prognos|is [prɔg'nəusis], *pl* ~es [~si:z] Prognose *f*.

program(me) ['prɔu-græm] Programm *n*; *Radio: a.* Sendung *f*.

progress ['prɔugres] Fort-schritt(e *pl*) *m*; [~'gres] fortschreiten; ~ive pro-gressiv; fortschreitend; fortschrittlich.

prohibit [prɔ'hibit] ver-bieten; ~ion [prɔui'biʃən] Verbot *n*; Prohibition *f*.

project ['prɔdʒekt] Pro-jekt *n*, Vorhaben *n*; [prə-'dʒekt] planen, entwer-fen; projizieren; vorste-hen; ~ion Projektion *m*; Projektion *f*; ~or Projek-tor *m*.

pro|logue, *Am. a.* ~log ['prɔulɔg] Prolog *m*.

prolong [prɔu'lɔŋ] ver-längern, (aus)dehnen.

promenade [prɔmi'nɑ:d, *attr* '~] (Strand)Prome-nade *f*.

prominent ['prɔminənt] vorstehend; prominent.

promis|e ['prɔmis] Ver-sprechen *n*; versprechen; ~ing vielversprechend.

promontory ['prɔməntri] Vorgebirge *n*.

promo|te [prɔ'məut] (be-) fördern; *Am. ped.* ver-setzen; ~ter Förderer *m*; ~tion (Be)Förderung *f*.

prompt [prɔmpt] schnell; bereit; pünktlich; *j-n* ver-anlassen; *thea.* soufflieren; ~er Souffleur *m* ... -se *f*.

prong [prɔŋ] Zinke *f*.

pronoun ['prɔunaun] *gr.* Pronomen *n*, Fürwort *n*.

pron|ounce [prɔ'nauns] aussprechen; ~unciation [~nʌnsi'eiʃən] Ausspra-che *f*.

proof [pru:f] Beweis *n*; Probe *f*, Korrekturabzug *m*; *print.*, *phot.* Probeabzug *m*; fest, (*wasser*)dicht, (*ku-gel*)sicher.

prop [prɔp]: ~ **(up)** (ab-)stützen.

propaga|te ['prɔpəgeit] (sich) fortpflanzen; verbreiten; ~**tion** Fortpflanzung f; Verbreitung f.

propel [prə'pel] (an-, vorwärts)treiben; ~**ler** Propeller m.

proper ['prɔpə] eigen (-tümlich); passend, richtig; anständig, korrekt; colloq. ordentlich, gehörig; ~**ty** Eigentum n, (Grund-)Besitz m; Eigenschaft f.

prophe|cy ['prɔfisi] Prophezeiung f; ~**sy** ['~ai] prophezeien; ~**t** Prophet m.

proportion [prə'pɔːʃən] Verhältnis n; pl (Aus-)Maße pl; ~**al** angemessen.

proposal [prə'pəuzəl] Vorschlag m, Angebot n; (Heirats)Antrag m; ~**e** vorschlagen; e-n Heiratsantrag machen (**to** dat); ~**ition** [prɔpə'ziʃən] Vorschlag m; Behauptung f.

propriet|ary [prə'praiətəri] gesetzlich geschützt (Ware); ~**or** Eigentümer m.

propulsion [prə'pʌlʃən] Antrieb m.

prose [prəuz] Prosa f.

prosecut|e ['prɔsikjuːt] verfolgen; ~**ion** Verfolgung f; ~**or** (An)Kläger m.

prospect ['prɔspekt] Aussicht f (a. fig.); [prəs'pekt] min. schürfen od. bohren (**for** nach); ~**ive** [prəs-'pektiv] (zu)künftig; ~**us**

[prəs'pektəs] (Werbe)Prospekt m.

prosper ['prɔspə] Erfolg haben, gedeihen; ~**ity** [~'periti] Wohlstand m; ~**ous** ['~pərəs] erfolgreich; wohlhabend.

prostitute ['prɔstitjuːt] Prostituierte f, Dirne f.

prostrate ['prɔstreit] hingestreckt; fig.: erschöpft, daniederliegend; gebrochen.

protect [prə'tekt] (be-)schützen (**from** vor); ~**ion** Schutz m; ~**ive** (be)schützend, Schutz...; ~**or** Beschützer m.

protest ['prəutest] Protest m; [prə'test] protestieren; beteuern; **2ant** ['prɔtistənt] protestantisch; Protestant(in); ~**ation** [prəutes'teiʃən] Beteuerung f.

protract [prə'trækt] in die Länge ziehen, hinziehen.

protrude [prə'truːd] (her-)vorstehen; heraustrecken.

proud [praud] stolz (**of** auf).

prove [pruːv] be-, nachweisen; sich herausstellen od. erweisen (**als**).

proverb ['prɔvəːb] Sprichwort n; ~**ial** [prə'vəːbjəl] sprichwörtlich.

provide [prə'vaid] versehen, -sorgen; verschaffen, besorgen; ~ **for** sorgen für; ~**d (that)** vorausgesetzt, daß.

providence ['prɔvidəns] Vorsorge f; Vorsehung f.

provinc|e ['prɔvins] Provinz f; *fig.* Gebiet n; **.ial** [prə'vinʃəl] Provinz...; provinziell; kleinstädtisch.

provision [prə'viʒən] Vorkehrung f; *jur.* Bestimmung f; *pl* Lebensmittel)Vorrat m, Lebensmittel *pl*, Proviant m; **.al** provisorisch.

provo|cation [prɔvə'keiʃən] Herausforderung f; **.cative** [prə'vɔkətiv] herausfordernd; **.ke** [prə'vəuk] *j-n* reizen; bewegen, herausfordern; *et.* hervorrufen.

prowl [praul] herumschleichen; durchstreifen.

proxy ['prɔksi] Stellvertreter m; Vollmacht f.

prud|e [pru:d] Prüde f; **.ence** Klugheit f; Vorsicht f; **.ent** klug; vorsichtig; **.ish** prüde, zimperlich.

prune [pru:n] Backpflaume f; *Bäume etc.* beschneiden.

psalm [sɑ:m] Psalm m.

pseudonym ['psju:dənim] Pseudonym n, Deckname m.

psychiatr|ist [sai'kaiətrist] Psychiater m; **.y** Psychiatrie f.

psycholog|ical [saikə'lɔdʒikəl] psychologisch; **.ist** [.'kɔlədʒist] Psychologe m, -in f; **.y** [.'kɔlədʒi] Psychologie f.

pub [pʌb] *colloq.* Kneipe f.

puberty ['pju:bəti] Pubertät f.

public ['pʌblik] öffentlich; staatlich, Staats...; Volks...; allgemein bekannt; *das Publikum*; Öffentlichkeit f; **in .** öffentlich; **.ation** Bekanntmachung f; Veröffentlichung f; **. house** Wirtshaus n; **.ity** [.'lisiti] Öffentlichkeit f; Reklame f, Werbung f; **. school** Public School f.

publish ['pʌbliʃ] veröffentlichen; *Buch etc.* herausgeben, verlegen; **.er** Herausgeber m, Verleger m; **.ing house** Verlag m.

pudding ['pudiŋ] Pudding m, Süßspeise f.

puddle ['pʌdl] Pfütze f.

puff [pʌf] Zug m *(beim Rauchen)*; (Dampf-, Rauch-)Wölkchen n; Puderquaste f; schnaufen, keuchen; (auf)blasen; pusten; paffen; **. paste** Blätterteig m; **.y** kurzatmig; (an)geschwollen.

pull [pul] Zug m; Ruck m; ziehen; zerren; reißen; zupfen; rupfen; **. down** ab-, niederreißen; **. in** einfahren (*Zug*); **. out** hinaus-, abfahren (*Zug*); ausscheren (*Auto*); **. together** sich zs.-nehmen; **. up** *Auto* anhalten; (an)halten.

pulley ['puli] *tech.*: Rolle f; Flaschenzug m.

pullover ['puləuvə] Pullover m.

pulp [pʌlp] Brei m; Fruchtfleisch n.

pulpit ['pulpit] Kanzel f.

pulpy ['pʌlpi] breiig; fleischig.

puls|ate [pʌl'seit] pulsieren, pochen; **~e** Puls *m*.

pulverize ['pʌlvəraiz] pulverisieren, zermahlen.

pump [pʌmp] Pumpe *f*; Pumps *m*; pumpen; *j-n* aushorchen; **~attendant** Tankwart *m*.

pumpkin ['pʌmpkin] Kürbis *m*.

pun [pʌn] Wortspiel *n*.

punch [pʌntʃ] (Faust-) Schlag *m*; Lochzange *f*; Locher *m*; Punsch *m*; schlagen (*mit der Faust*), boxen; (ein)hämmern auf; (aus)stanzen; lochen.

Punch [pʌntʃ] Kasperle *n*, *m*, Hanswurst *m*; **~ and Judy show** ['dʒu:di] Kasperletheater *n*.

punctual ['pʌŋktjuəl] pünktlich.

punctuat|e ['pʌŋktjueit] interpunktieren; **~ion** Interpunktion *f*, Zeichensetzung *f*; **~ion mark** Satzzeichen *n*.

puncture ['pʌŋktʃə] (Ein-) Stich *m*; Reifenpanne *f*.

pungent ['pʌndʒənt] scharf, stechend, beißend.

punish ['pʌniʃ] (be)strafen; **~ment** Strafe *f*; Bestrafung *f*.

pupil ['pju:pl] Pupille *f*; Schüler(in); Mündel *m*, *n*.

puppet ['pʌpit] Marionette *f*, Puppe *f*; **~-play**, **~-show** Puppenspiel *n*.

puppy ['pʌpi] Welpe *m*, junger Hund.

purchase ['pɜ:tʃəs] (An-, Ein)Kauf *m*; Anschaffung *f*; (er)kaufen; **~r** Käufer *m*.

pure [pjuə] rein; **~bred** *Am.* reinrassig.

purgat|ive ['pɜ:gətiv] abführend; Abführmittel *n*; **~ory** Fegefeuer *n*.

purge [pɜ:dʒ] Abführmittel *n*; *pol.* Säuberung *f*; *mst fig.* reinigen; *pol.* säubern; *med.* abführen.

puri|fy ['pjuərifai] reinigen (*a. fig.*); **~ty** Reinheit *f*.

purloin [pɜ:'lɔin] stehlen.

purple ['pɜ:pl] purpurn, purpurrot; Purpur *m*.

purpose ['pɜ:pəs] beabsichtigen, vorhaben; Absicht *f*; Zweck *m*; **~** Entschlußkraft *f*; **on ~** absichtlich; **to no ~** vergeblich; **~ful** zielbewußt; **~less** zwecklos; ziellos; **~ly** absichtlich.

purr [pɜ:] schnurren (*Katze*); summen (*Motor etc.*).

purse [pɜ:s] Geldbeutel *m*; *Am.* Handtasche *f*; **~ (up)** Lippen spitzen.

pursu|e [pə'sju:] verfolgen (*a. fig.*); streben nach; fortsetzen; **~er** Verfolger(in); **~it** [-'sju:t] Verfolgung *f*; Streben *n* (*of* nach); *pl* Studien *pl*, Arbeiten *pl*.

purvey [pə'vei] liefern; **~or** Lieferant *m*.

pus [pʌs] Eiter *m*.

push [puʃ] (An-, Vor)Stoß m;Anstrengung f;Schwung m; Tatkraft f; stoßen, schieben, drücken; drängen; (an)treiben; **~ along, ~ on** weitergehen, -fahren; **~ on** weitermachen.

puss [pus] Katze f; Kätzchen n; **~y(-cat)** Katze f, Kätzchen n, Mieze f.

put [put] (irr) legen, setzen, stellen, stecken, tun; bringen (ins Bett etc.); werfen (Frage stellen; ausdrücken, sagen; **~ back** zurückstellen (a. Uhr); fig. aufhalten; **~ by** Geld zurücklegen; **~ down** hin-, niederlegen, -stellen, -setzen; aussteigen lassen; eintragen; aufschreiben; zuschreiben; **~ forth** Kraft aufbieten; Knospen etc. treiben; **~ forward** Uhr vorstellen; Meinung etc. vorbringen; **~ in** herein-, hineinlegen, -setzen, -stellen, -stecken; Wort einlegen; **~ off** auf-, verschieben; vertrösten; j-n abbringen; **~ on** Kleider anziehen, Hut etc. aufsetzen; Uhr vorstellen; an-, einschalten; vortäuschen; **~ on weight** zunehmen; **~ out** hinauslegen, -setzen, -stellen; herausstrecken; Feuer, Licht ausmachen, (-)löschen; aus der Fassung bringen; **~ through** teleph. j-n verbinden (**to** mit); **~ together** zs.-setzen; **~ up** hochheben, -schieben, -ziehen; Haar hochstecken; Schirm aufspannen; aufstellen, errichten; Gast unterbringen; Widerstand leisten; Ware anbieten; Preis erhöhen; **~ up at** absteigen od. einkehren in; **~ up with** sich abfinden mit.

putr|efy [ˈpjuːtrifai] (ver)faulen; **~id** [ˈ~id] faul, verdorben.

putty [ˈpʌti] Kitt m; **~ (up)** (ver)kitten.

puzzle [ˈpʌzl] Rätsel n; Geduld(s)spiel n; kniffliges Problem; Verwirrung f; verwirren; j-m Kopfzerbrechen machen; sich den Kopf zerbrechen.

pyjamas [pəˈdʒɑːməz] pl Schlafanzug m.

pyramid [ˈpirəmid] Pyramide f.

Q

quack [kwæk] quaken; Quaken n; **~ (doctor)** Quacksalber m.

quadrangle [ˈkwɔdræŋgl] Viereck n; Innenhof m.

quadrupled [ˈkwɔdruped]
Vierfüßer m; **~le** vierfach; (sich) vervierfachen; **~lets** [ˈ~lits] pl Vierlinge pl.

quail [kweil] Wachtel f.

quaint [kweint] wunderlich, drollig; anheimelnd.

quake [kweik] beben, zittern; Erdbeben n.

quali|fication [kwɔlifi-'keiʃən] Qualifikation f, Befähigung f; Einschränkung f; **~fied** ['~faid] qualifiziert; eingeschränkt; bedingt; **~fy** ['~fai] (sich) qualifizieren; befähigen; einschränken; mildern; **~ty** Qualität f; Eigenschaft f.

qualm [kwɑːm] Übelkeit f; pl Bedenken pl.

quandary ['kwɔndəri] verzwickte Lage, Verlegenheit f.

quantity ['kwɔntiti] Quantität f, Menge f.

quarantine ['kwɔrəntiːn] Quarantäne f; unter Quarantäne stellen.

quarrel ['kwɔrəl] Streit m; (sich) streiten; **~some** zänkisch.

quarry ['kwɔri] Steinbruch m; (Jagd)Beute f.

quarter ['kwɔːtə] vierteln, vierteilen; mil. einquartieren; Viertel n; Viertelpfund n; Viertelzentner m; Am. Vierteldollar m; Quartal n; (Stadt)Viertel n; Gegend f, Richtung f; pl Quartier n (a. mil.); pl Kreise pl; **a ~ (of an hour)** e-e Viertelstunde; **a ~ to** od. **past** Uhrzeit: (ein) Viertel vor od. nach; **~ly** vierteljährlich; Vierteljahresschrift f.

quartet(te) [kwɔː'tet] mus. Quartett n.

quarto ['kwɔːtəu] Quartformat n.

quaver ['kweivə] zittern.

quay [kiː] Kai m.

queen [kwiːn] Königin f; **~ bee** Bienenkönigin f.

queer [kwiə] sonderbar, seltsam; wunderlich.

quench [kwentʃ] Flammen, Durst löschen; Hoffnung zunichte machen.

querulous ['kweruləs] quengelig, verdrossen.

query ['kwiəri] Frage(zeichen n) f; (be)fragen; (be-, an)zweifeln.

quest [kwest] Suche f.

question ['kwestʃən] (be)fragen; jur. vernehmen, -hören; et. bezweifeln; Frage f; Problem n; **in ~** fraglich; **that is out of the ~** das kommt nicht in Frage; **~able** fraglich; fragwürdig; **~mark** Fragezeichen n; **~naire** [.ʌsti-'neə] Fragebogen m.

queue [kjuː] Schlange f, Reihe f; **~ up** anstehen, Schlange stehen, sich anstellen.

quick [kwik] schnell; rasch; flink; aufgeweckt; lebhaft; aufbrausend; scharf (Auge, Gehör); **be ~** beeil dich!; **~en** (sich) beschleunigen; anregen; **~ly** schnell; **~ness** Schnelligkeit f; (geistige) Gewandtheit f; Schärfe f (Gehör etc.); **~sand** Treibsand m; **~silver** Quecksilber n; **~**

witted schlagfertig, aufgeweckt.

quid [kwid] *sg, pl sl.* Pfund *n* (Sterling).

quiet ['kwaiət] ruhig, still; leise; Ruhe *f*; beruhigen; **~ down** sich beruhigen; **~ness, ~ude** ['~itjuːd] Ruhe *f*, Stille *f*.

quill [kwil] Federkiel *m*; Stachel *m* (*des Stachelschweins*); **~(-feather)** Schwung-, Schwanzfeder *f*.

quilt [kwilt] Steppdecke *f*.

quince [kwins] Quitte *f*.

quinine [kwi'niːn, *Am.* 'kwainain] Chinin *n*.

quintal ['kwintl] Doppelzentner *m*.

quintuple ['kwintjupl] fünffach; (sich) verfünffachen; **~ts** ['~lits] *pl* Fünflinge *pl*.

quit [kwit] frei; verlassen;

aufgeben; *Am.* aufhören mit; aufhören; ausziehen; **give notice to ~** kündigen.

quite [kwait] ganz, völlig; ziemlich, recht; wirklich; ganz; **~ (so)!** ganz recht.

quiver ['kwivə] zittern, beben; Zittern *n*; Köcher *m*.

quiz [kwiz] Prüfung *f*, Test *m*; Quiz *n*; ausfragen; *j-n* prüfen.

quota ['kwəutə] Quote *f*; Kontingent *n*.

quotation [kwəu'teiʃən] Zitat *n*; (Börsen-, Kurs-)Notierung *f*; **~ marks** *pl* Anführungszeichen *pl.*

quote [kwəut] zitieren, anführen; *Preis* berechnen; *Börse:* notieren.

quotient ['kwəuʃənt] Quotient *m.*

R

rabbi ['ræbai] Rabbi *m*; Rabbiner *m*.

rabbit ['ræbit] Kaninchen *n*. [Pöbel *m*.]

rabble ['ræbl] Pöbel *m*.]

rabid ['ræbid] wütend; tollwütig (*Tier*); **~es** ['reibiːz] Tollwut *f*.

raccoon [rə'kuːn] *s.* **racoon.**

race [reis] Geschlecht *n*; Rasse *f*; Volk *n*, Nation *f*; (Wett)Rennen *n*, Lauf *m*; Renn...; *fig.* Wettlauf *m*; **the ~s** *pl* das Pferderennen; rennen, rasen; um die

Wette laufen *od.* fahren (mit); **~r** Rennpferd *n*, -boot *n*, -wagen *m*.

racial ['reiʃəl] Rassen...

racing ['reisiŋ] (Pferde-)Rennsport *m*; Renn...

rack [ræk] Gestell *n*; (*Kleider- etc.*)Ständer *m*; (Gepäck)Netz *n*; (Futter-)Raufe *f*; *fig.* quälen; **one's brains** sich den Kopf zermartern.

racket ['rækit] (Tennis-)Schläger *m*; Lärm *m*; Trubel *m*; *colloq.* Schwindel *m.*

racoon [rə'ku:n] Waschbär m.

racy ['reisi] kraftvoll, lebendig; rassig; würzig.

radar ['reidə] Radar(gerät) n.

radia|nce ['reidjəns] Strahlen n; **~nt** strahlend; **~te** [~'i.eit] (aus)strahlen; **~tion** (Aus)Strahlung f; **~tor** Heizkörper m; mot. Kühler m.

radical ['rædikəl] bot., math. Wurzel...; radikal; pol. Radikale m, f.

radio ['reidiəu] funken, senden; Funk(spruch) m; Radio n, Rundfunk m; Radiogerät n; Funk...; **by ~** über Funk; **~active** radioaktiv; **~set** Radiogerät n; **~therapy** Strahlentherapie f.

radish ['rædiʃ] Rettich m; Radieschen n.

radius ['reidjəs] Radius m.

raffle ['ræfl] Tombola f, Verlosung f; verlosen.

raft [rɑːft] Floß n; **~er** (Dach)Sparren m.

rag [ræg] Lumpen m.

rage [reidʒ] toben, rasen; Wut(anfall m) f, Zorn m; Sucht f (**for** nach).

ragged ['rægid] zerlumpt; struppig, zottig; ausgefranst; zackig.

raid [reid] (feindlicher) Überfall m; (Luft)Angriff m; Razzia f; einbrechen in, plündern; überfallen.

rail¹ [reil] schimpfen.

rail² (Quer)Stange f; Geländer n; mar. Reling f; rail. Schiene f; (Eisen-)Bahn f; pl Gleis n; **by ~** mit der Bahn; **~ in** od. **off** mit e-m Geländer umgeben od. abtrennen; **~ing(s** pl) Geländer n; mar. Reling f; **~road** Am., **~way** Eisenbahn f; **~way guide** Kursbuch n; **~wayman** Eisenbahner m.

rain [rein] Regen m; regnen; **~bow** Regenbogen m; **~coat** Regenmantel m; **~drop** Regentropfen m; **~-proof** wasserdicht; **~y** regnerisch, Regen...; **save for a ~y day** für Notzeiten vorsorgen.

raise [reiz] (oft **~ up** auf-, hoch)heben; erheben; aufrichten; Kinder aufziehen; Familie gründen; züchten; errichten; erhöhen; Geld sammeln, beschaffen.

raisin ['reizn] Rosine f.

rak|e [reik] Rechen m, Harke f; Wüstling m, Lebemann m; (zs.-)rechen, (-)harken; **~ish** schnittig; ausschweifend; fig. verwegen.

rally ['ræli] Massenversammlung f; mot. Rallye f; (sich) sammeln od. scharen; sich erholen.

ram [ræm] zo. Widder m; tech. Ramme f; (fest)rammen.

ramble ['ræmbl] Streifzug m; umherstreifen.

ramify ['ræmifai] (sich) verzweigen.

ramp [ræmp] Rampe *f*; ~**art** ['~a:t] Wall *m*.

ran [ræn] *pret von* **run**.

ranch [ra:ntʃ, *Am.* ræntʃ] Ranch *f*, Viehfarm *f*; Farm *f*; ~**er** Rancher *m*, Viehzüchter *m*; Farmer *m*.

rancid ['rænsid] ranzig.

ranco(u)r ['ræŋkə] Groll *m*, Haß *m*.

random ['rændəm]: **at** ~ aufs Geratewohl.

rang [ræŋ] *pret von* **ring**.

range [reindʒ] Reihe *f*; (Berg)Kette *f*; Herd *m*; Schießstand *m*; Entfernung *f*; Reichweite *f*; Bereich *m*; *econ.* Kollektion *f*; offenes Weidegebiet; (ausgedehnte) Fläche; aufstellen; einreihen, (-)ordnen; durchstreifen; sich erstrecken, reichen; (umher)schweifen (*Blick*); ~**r** Aufseher *m* e-s Forsts *etc.*; *Am.*: Förster *m*; Angehöriger e-r berittenen Schutztruppe.

rank [ræŋk] Reihe *f*; Rang *m* (*a. mil.*), Stand *m*; *mil.* Glied *n*; (ein)ordnen, einreihen; rechnen, zählen; e-n Rang einnehmen; gehören, zählen (**among**, **with** zu); üppig; stinkend; scharf.

ransack ['rænsæk] durchwühlen, -stöbern; plündern.

ransom ['rænsəm] Lösegeld *n*; Auslösung *f*; loskaufen, auslösen.

rap [ræp] Klopfen *n*;

klopfen *od.* pochen (**an**, **auf**). [(hab)gierig.]

rapacious [rə'peiʃəs]↲

rape [reip] Vergewaltigung *f*; vergewaltigen.

rapid ['ræpid] schnell, rasch, rapid(e); steil; ~**ity** [rə'piditi] Schnelligkeit *f*; ~**s** *pl* Stromschnelle *f*.

rapt [ræpt] versunken; entzückt; ~**ure** Entzücken *n*.

rar|e [rɛə] selten; *colloq.* ausgezeichnet;dünn (*Luft*); halbgar; ~**ity** Seltenheit *f*.

rascal ['ra:skəl] Schuft *m*; ~**ly** schuftig.

rash[1] [ræʃ] hastig, überstürzt; unbesonnen.

rash[2] (Haut)Ausschlag *m*.

rasher ['ræʃə] Speckscheibe *f*.

rasp [ra:sp] Raspel *f*; raspeln; krächzen.

raspberry ['ra:zbəri] Himbeere *f*.

rat [ræt] Ratte *f*; **smell a** ~ Lunte *od.* den Braten riechen; ~**s!** *int sl.* Quatsch!

rate [reit] besteuern; (ein)schätzen; rechnen, zählen (**among** zu); gelten (**as** als); (Verhältnis)Ziffer *f*; Rate *f*; Verhältnis *n*; (Aus)Maß *n*; Preis *m*, Betrag *m*; Gebühr *f*; (Kommunal)Steuer *f*; Geschwindigkeit *f*; Klasse *f*, Rang *m*; **at any** ~ auf jeden Fall; ~ **of exchange** (Umrechnungs)Kurs *m*; ~ **of interest** Zinssatz *m*.

rather ['ra:ðə] eher, lieber; vielmehr, besser gesagt; ziemlich, fast.

ratify ['rætifai] bestätigen; ratifizieren.

ration ['ræʃən] Ration *f*, Zuteilung *f*; rationieren.

rational ['ræʃənl] vernünftig, rational; **~ize** ['~ʃnlaiz] rationalisieren.

rattle ['rætl] Gerassel *n*; Geklapper *n*; Klapper *f*; rasseln (mit); klappern; rütteln (an); röcheln; **~ off** herunterrasseln; **~snake** Klapperschlange *f*.

ravage ['rævidʒ] Verwüstung *f*; verwüsten; plündern.

rave [reiv] rasen, toben; schwärmen (**about, of** von).

raven ['reivn] Rabe *m*.

ravenous ['rævənəs] gefräßig; heißhungrig; gierig.

ravine [rə'vi:n] Schlucht *f*, Klamm *f*, Hohlweg *m*.

ravings ['reiviŋz] *pl* irres Gerede; Delirien *pl*.

ravish ['rævɪʃ] entzücken, hinreißen.

raw [rɔː] roh; Roh...; wund; rauh (*Wetter*); unerfahren.

ray [rei] Strahl *m* (*a. fig.*).

rayon ['reiɔn] Kunstseide *f*.

razor ['reizə] Rasiermesser *n*, -apparat *m*; **~blade** Rasierklinge *f*.

re- ['riː-] wieder, noch einmal, neu; zurück, wider.

reach [riːtʃ] (er)reichen;

(her)langen; sich erstrecken; **~ out** reichen, ausstrecken; Reichweite *f*; Bereich *m*; Fassungskraft *f*; **out of ~** unerreichbar; **within easy ~** leicht zu erreichen.

react [riː(:)'ækt] reagieren; einwirken; **~ion** Reaktion *f*; Rückwirkung *f*; **~ionary** [~ʃnəri] reaktionär; Reaktionär(in); **~or** (Kern-)Reaktor *m*.

read [riːd] (*irr*) lesen; deuten; (an)zeigen (*Thermometer*); lauten; **~ to s.o.** j-m vorlesen; [red] *pret u. pp von* **read**; **~er** (Vor)Leser(in); Lektor(in); Lesebuch *n*.

readi|**ly** ['redili] bereitwillig; **~ness** Bereitschaft *f*; Bereitwilligkeit *f*.

reading ['riːdiŋ] Lesen *n*; (Vor)Lesung *f*; Lektüre *f*; Lesart *f*; Auslegung *f*; Lese...

readjust ['riːə'dʒʌst] wieder in Ordnung bringen; wieder anpassen.

ready ['redi] bereit; fertig; im Begriff (**to do** zu tun); schnell, rasch; schlagfertig, gewandt; bar (*Geld*); **get ~** (sich) fertigmachen; **~-made** Konfektions...; **~ money** Bargeld *n*.

real [riəl] real, wirklich, tatsächlich; echt; **~ estate** Grundbesitz *m*, Immobilien *pl*; **~ism** Realismus *m*; **~istic** realistisch; **~ity** [riː(:)'æliti] Realität *f*, Wirklichkeit f; **~ization** Realisierung f (a. econ.); Verwirklichung f; Erkenntnis f; **~ize** erkennen, begreifen, einsehen; realisieren (a. econ.); verwirklichen; **~ly** wirklich, tatsächlich; **not ~ly!** nicht möglich!

realm [relm] (König-) Reich n.

realtor ['riəltə] Am. Grundstücksmakler m, Immobilienhändler m; **~y** jur. Grundbesitz m.

reap [ri:p] Getreide schneiden, mähen; fig. ernten; **~er** Schnitter(in); (Getreide)Mähmaschine f.

reappear ['ri:ə'piə] wieder erscheinen.

rear [riə] auf-, großziehen; (er)heben; sich aufbäumen; Rück-, Hinterseite f; Hintergrund m; Heck n; Hinter..., Rück...; **~guard** mil. Nachhut f; **~lamp**, **~light** mot. Rück-, Schlußlicht n.

rearm ['ri:'ɑ:m] (wieder-) aufrüsten; **~ament** (Wieder)Aufrüstung f.

rearmost hinterst.

rear-view mirror mot. Rückspiegel m.

reason ['ri:zn] Vernunft f; Verstand m; Grund m; Ursache f; **for this ~** aus diesem Grund; vb: logisch denken; **~ out** (logisch) durchdenken; **~ with** gut zureden; **~able** vernünftig; billig; angemessen.

reassure [ri:ə'ʃuə] j-n beruhigen.

rebate ['ri:beit] Rabatt m.

rebel ['rebl] Rebell m, Aufständische m; aufständisch; [ri'bel] rebellieren, sich auflehnen; **~lion** [~'beljən] Rebellion f; **~lious** [~'beljəs] aufständisch; aufsässig.

re-book ['ri:'buk] umbuchen. [rückprallen.]
rebound [ri'baund] zu-
rebuff [ri'bʌf] Abfuhr f.
rebuild ['ri:'bild] (irr build) wieder aufbauen.

rebuke [ri'bju:k] Tadel m; tadeln.

recall [ri'kɔ:l] abberufen; sich erinnern an; j-n erinnern (**to** an); widerrufen; Abberufung f; Widerruf m; **beyond ~**, **past ~** unwiderruflich.

recapture ['ri:'kæptʃə] wieder ergreifen; fig. wiederaufleben lassen.

recede [ri(:)'si:d] zurücktreten.

receipt [ri'si:t] Empfang m; Quittung f; pl Einnahmen pl.

receive [ri'si:v] empfangen, erhalten, bekommen; auf-, annehmen; **~r** Empfänger m; teleph. Hörer m.

recent ['ri:snt] neu, jüngst, frisch; **~ly** kürzlich, vor kurzem, neulich.

reception [ri'sepʃən] Empfang m (a. Funk); Annahme f; Aufnahme f; **~ desk** Empfangsschalter *m*, Rezeption *f* (*Hotel*); **~ist** Empfangsdame *f*, -chef *m*; Sprechstundenhilfe *f*.

recess [ri'ses] Nische *f*; *Am.* (Schul)Pause *f*; **~es** *pl fig.* Innere *n*; **~ion** Konjunkturrückgang *m*.

recipe ['resipi] Rezept *n*.

recipient [ri'sipiant] Empfänger(in).

reciprocal [ri'siprakal] wechsel-, gegenseitig.

recit|al [ri'saitl] Bericht *m*, Erzählung *f*; *mus.* (Solo)Vortrag *m*, Konzert *n*; **~e** vortragen; aufsagen; erzählen.

reckless ['reklis] unbekümmert; rücksichtslos.

reckon ['rekən] (be-, er-) rechnen; halten für; **~ up** zs.-zählen; **~ing** ['~kniŋ] (Ab-, Be)Rechnung *f*.

reclaim [ri'kleim] zurückfordern; bekehren; urbar machen.

recline [ri'klain] (sich) (zurück)lehnen; liegen.

recogni|tion [rekəg'niʃən] Anerkennung *f*; Wiedererkennen *n*; **~ze** anerkennen; (wieder)erkennen.

recoil [ri'kɔil] zurückschrecken.

recollect [rekə'lekt] sich erinnern an; **~ion** Erinnerung *f*.

recommend [rekə'mend] empfehlen; **~ation** Empfehlung *f*.

recompense ['rekəmpens] entschädigen; ersetzen.

reconcil|e ['rekənsail] aus-,

versöhnen; in Einklang bringen; **~iation** [~sili'eiʃən] Ver-, Aussöhnung *f*.

reconsider [ri:kən'sidə] nochmals überlegen.

reconstruct ['ri:kən'strʌkt] wieder aufbauen; rekonstruieren; *fig.* wiederaufbauen; **~ion** Wiederaufbau *m*.

record ['rekɔ:d] Aufzeichnung *f*; Protokoll *n*; Urkunde *f*; Register *n*, Verzeichnis *n*; (schriftlicher) Bericht; Ruf *m*, Leumund *m*; Leistung(en *pl*) *f*; (Schall)Platte *f*; *sp.* Rekord *m*; [ri'kɔ:d] auf-, verzeichnen; *auf Schallplatte etc.* aufnehmen; **~** [~'k~] Aufnahmegerät *n*; **~ing** [~'k~] Radio *etc.* Aufzeichnung *f*, Aufnahme *f*; **~-player** Plattenspieler *m*.

recourse [ri'kɔ:s]: **have ~ to** s-e Zuflucht nehmen zu.

recover [ri'kʌvə] wiedererlangen, -bekommen; bergen; wieder gesund werden; sich erholen; *fig.* sich fassen; **~y** Wiedererlangung *f*; Bergung *f*; Genesung *f*, Erholung *f*.

recreation [rekri'eiʃən] Erholung *f*.

recruit [ri'kru:t] Rekrut *m*.

rectangle ['rektæŋgl] Rechteck *n*.

rectify ['rektifai] berichtigen; *electr.* gleichrichten.

rector ['rektə] Pfarrer *m*; Rektor *m*; **~y** Pfarrhaus *n*.

recur [ri'kə:] wiederkeh-

ren; *fig.* zurückkommen
(**to** auf); **~rent** [ri'kʌrənt]
wiederkehrend.

red [red] rot; Rot *n*; **~
breast** Rotkehlchen *n*; ♀
Cross das Rote Kreuz; **~
deer** Rothirsch *m*; **~den**
(sich) röten; erröten; **~
dish** rötlich.

redeem [ri'di:m] freikau-
fen; einlösen; erlösen; ♀er
Erlöser *m*, Heiland *m*.

redemption [ri'dempʃən]
Einlösung *f*; Erlösung *f*.

red|-handed: catch ~
auf frischer Tat ertappen;
♀ **Indian** Indianer(in);
~letter day Festtag *m*;
fig. denkwürdiger Tag.

redouble [ri'dʌbl] (sich)
verdoppeln.

reduc|e [ri'dju:s] redu-
zieren; herabsetzen; ver-
ringern; ermäßigen; **~tion**
[~'dʌkʃən] Herabsetzung
f; Verringerung *f*; Er-
mäßigung *f*.

reed [ri:d] Schilfrohr *n*.

re-education [ri:edju(:)-
'keiʃən] Umschulung *f*.

reef [ri:f] (Felsen)Riff *n*.

reek [ri:k] stinken, (unangenehm) riechen (**of** nach).

reel [ri:l] (*Garn-, Film-
etc.*) Rolle *f*, (Spule *f*);
(**up** auf)wickeln, (-)spulen;
wirbeln; schwanken, tau-
meln.

re|-elect [ri:i'lekt] wieder-
wählen; **~enter** wieder
eintreten (a.); **~establish**
wiederherstellen.

refer [ri'fə:]: **~ (to)** verwei-

sen (auf, an); übergeben;
zurückführen (auf); sich
beziehen (auf); konsultieren.

referee [refə'ri:] Schiedsrichter *m*; *Boxen:* Ring-
richter *m*.

reference ['refrəns] Re-
ferenz *f*, Zeugnis *n*; Verweis *m*; Nachschlagen *n*;
~ book Nachschlagewerk
n; **~ library** Handbiblio-
thek *f*.

refill ['ri:fil] Ersatzfüllung
f, Nachfüllpackung *f*;
['~'fil] auf-, nachfüllen.

refine [ri'fain] raffinieren,
veredeln; (sich) läutern;
(sich) verfeinern (*a. fig.*);
fig. bilden; **~ment** Ver-
feinerung *f*; Feinheit *f*;
Bildung *f*; **~ry** Raffinerie *f*.

reflect [ri'flekt] reflektieren, zurückwerfen, (wider-)
spiegeln; nachdenken (**on,
upon** über); **~ion** Re-
flexion *f*; Reflex *m*; Spie-
gelbild *n*; Überlegung *f*.

reflex ['ri:fleks] Reflex...;
Reflex *m*.

reflexive [ri'fleksiv] *gr.* reflexiv, rückbezüglich.

reform [ri'fɔ:m] Reform *f*;
reformieren, verbessern;
(sich) bessern; **~ation**
[refə'meiʃən] Besserung *f*;
♀**ation** *eccl.* Reformation
f; **~er** *eccl.* Reformator *m*;
pol. Reformer *m*.

refract [ri'frækt] *Strahlen*
brechen; **~ory** widerspen-
stig; *med.* hartnäckig.

refrain [ri'frein] unterlassen (**from** acc); Refrain m.

refresh [ri'freʃ]: ~ (**o.s.** sich) erfrischen; auffrischen; **~ment** Erfrischung f.

refrigerator [ri'fridʒəreitə] Kühlschrank m; Kühl... [tanken.)

refuel [ˈriːˈfjuəl] (auf-)

refuge [ˈrefjuːdʒ] Zuflucht (-stätte) f; **~e** [~ˌu(ː)ˈdʒiː] Flüchtling m.

refund [riːˈfʌnd] zurückzahlen.

refus|**al** [riˈfjuːzəl] Ablehnung f; (Ver)Weigerung f; **~e** verweigern; abweisen; ablehnen; sich weigern; [ˈrefjuːs] Abfall m, Müll m.

refute [riˈfjuːt] widerlegen.

regain [riˈɡein] wiedergewinnen, -erlangen.

regard [riˈɡɑːd] Achtung f; Rücksicht f; **with ~ to** hinsichtlich; **kind ~s** herzliche Grüße; vb: ansehen; (be)achten; betreffen; **~ as** halten für; **as ~** as ... betrifft; **~ing** hinsichtlich; **~less: ~ of** ohne Rücksicht auf. [(-in).)

regent [ˈriːdʒənt] Regent)

regiment [ˈredʒimənt] Regiment n.

region [ˈriːdʒən] Gegend f, Gebiet n, Bereich m.

regist|**er** [ˈredʒistə] Register n (a. mus.), Verzeichnis n; (sich) eintragen (lassen), einschreiben (lassen) (a. Postsache); (an-)zeigen; Gepäck aufgeben; sich (an)melden (**with** bei

der Polizei etc.); **~ered letter** Einschreibebrief m; **~ration** Eintragung f; Anmeldung f.

regret [riˈɡret] Bedauern n; bedauern; beklagen; **~table** bedauerlich.

regular [ˈreɡjulə] regelmäßig; regulär (a. mil.), normal; richtig; **~ity** [~ˈlæriti] Regelmäßigkeit f.

regulat|**e** [ˈreɡjuleit] regeln; regulieren; **~ion** Regulierung f; pl Vorschrift f; vorgeschrieben.

rehears|**al** [riˈhəːsəl] Probe f; **~e** thea. proben; wiederholen.

reign [rein] Regierung f; Herrschaft f (a. fig.); herrschen.

rein [rein] oft pl Zügel m.

reindeer [ˈreindiə] sg, pl Ren(tier) n.

reinforce [ˌriːinˈfɔːs] verstärken.

reject [riˈdʒekt] wegwerfen; ablehnen; **~ion** Ablehnung f.

rejoic|**e** [riˈdʒɔis] erfreuen; sich freuen (**at** über); **~ing** Freude f; pl (Freuden)Fest n.

rejoin [riˈdʒɔin] wieder zurückkehren zu; [riˈdʒɔin] erwidern.

relapse [riˈlæps] Rückfall m; wieder fallen (**into** in); rückfällig werden.

relate [riˈleit] erzählen; sich beziehen (**to** auf); **~d** verwandt (**to** mit).

relation [riˈleiʃən] Bericht

m, Erzählung *f*; Verhältnis *n*; Verwandte *m*, *f*; *pl* Beziehungen *pl*; **in ~ to** in bezug auf; **~ship** Beziehung *f*; Verwandtschaft *f*.

relative ['relativ] relativ; verhältnismäßig; bezüglich; Verwandte *m*, *f*; **~ (pronoun)** *gr*. Relativpronomen *n*, bezügliches Fürwort.

relax [ri'læks] lockern; (sich) entspannen.

relay ['ri:lei] Relais *n*; *Radio*: Übertragung *f*; *Radio*: übertragen; **~ race** ['ri:lei] Staffellauf *m*.

release [ri'li:s] Freilassung *f*; Befreiung *f*; Freigabe *f*; *tech., phot.* Auslöser *m*; freilassen; befreien; freigeben; *tech., phot.* auslösen.

relent [ri'lent] sich erweichen lassen; **~less** unbarmherzig.

relevant ['relivant] sachdienlich; zutreffend.

reliab|ility [rilaiə'biliti] Zuverlässigkeit *f*; **~le** zuverlässig.

reliance [ri'laiəns] Vertrauen *n*; Verlaß *m*.

relic ['relik] (Über)Rest *m*; Reliquie *f*.

relie|f [ri'li:f] Relief *n*; Erleichterung *f*; Abwechslung *f*; Unterstützung *f*, Hilfe *f*; Ablösung *f*; *mil.* Entsatz *m*; **~ve** [.v] erleichtern, lindern; unterstützen; ablösen; befreien; *mil.* entsetzen.

religi|on [ri'lidʒən] Religion *f*; **~ous** religiös, Religions...; gewissenhaft.

relinquish [ri'liŋkwiʃ] aufgeben; loslassen.

relish ['reliʃ] (Wohl)Geschmack *m*; *fig.* Reiz *m*; gern essen; Geschmack finden an.

reluctan|ce [ri'lʌktəns] Widerstreben *n*; **~t** widerstrebend, widerwillig.

rely [ri'lai]: **~ (up)on** sich verlassen auf.

remain [ri'mein] (übrig-) bleiben; *pl*: (Über)Reste *pl*; *die* sterblichen Überreste *pl*; **~der** Rest *m*.

remand [ri'mɑːnd] (in die Untersuchungshaft) zurückschicken; **detention on ~** Untersuchungshaft *f*.

remark [ri'mɑːk] Bemerkung *f*; bemerken; (sich) äußern; **~able** bemerkenswert.

remedy ['remidi] (Heil-, *jur.* Rechts)Mittel *n*; Abhilfe *f*; heilen; abhelfen.

rememb|er [ri'membə] sich erinnern an; denken an; **~er me to her** grüße sie von mir; **~rance** Erinnerung *f*; Andenken *n*.

remind [ri'maind] erinnern (**of** an); **~er** Mahnung *f*. (sich) erinnernd.

reminiscent [remi'nisnt] sich erinnernd.

remiss [ri'mis] nachlässig.

remit [ri'mit] *Schuld etc.* erlassen; überweisen; **~tance** (Geld)Überweisung *f*.

represent

remnant[ˈremnənt](Über-) Rest *m*.

remodel [ˈriːˈmɔdl] umbilden, -formen.

remonstrate [ˈremənstreit] protestieren; einwenden.

remorse [riˈmɔːs] Gewissensbisse *pl*, Reue *f*; **⁓less** unbarmherzig.

remote [riˈmout] fern, entlegen.

remov|al [riˈmuːvəl] Entfernen *n*, Beseitigung *f*; Umzug *m*; **⁓al van** Möbelwagen *m*; **⁓e** entfernen; wegräumen; beseitigen; (aus-, um-, ver)ziehen; *Schule:* Versetzung *f*; **⁓er** (Flecken- *etc.*)Entferner *m*; (Möbel)Spediteur *m*.

Renaissance [rəˈneisɔns] *die* Renaissance. **reißen.**}

rend [rend] (*irr*) (zer-)}

render [ˈrendə] berühmt, möglich *etc.* machen; wiedergeben; *Dienst etc.* leisten; *Dank* abstatten; übersetzen; *mus.* vortragen; *thea.* gestalten, interpretieren; *Rechnung* vorlegen.

renew [riˈnjuː] erneuern; **⁓al** Erneuerung *f*.

renounce [riˈnauns] entsagen; verzichten auf; verleugnen.

renovate [ˈrenəuveit] renovieren; erneuern.

renown [riˈnaun] Ruhm *m*, Ansehen *n*; **⁓ed** berühmt.

rent¹ [rent] *pret u. pp von* **rend**; Riß *m*; Spalte *f*.

rent² [rent] Miete *f*; Pacht *f*;

(ver)mieten; (ver)pachten.

repair [riˈpɛə] reparieren, ausbessern; Reparatur *f*; **in good ⁓** in gutem Zustand; **⁓ shop** Reparaturwerkstatt *f*.

reparation [repəˈreiʃən] Wiedergutmachung *f*.

repartee [repɑːˈtiː] schlagfertige Antwort.

repay [riˈpei] (*irr* **pay**) zurückzahlen; *et.* vergelten.

repeat [riˈpiːt] (sich) wiederholen.

repel [riˈpel] Feind *etc.* zurückschlagen; *fig.*: abweisen; *j-n* abstoßen.

repent [riˈpent] bereuen; **⁓ance** Reue *f*; **⁓ant** reuig.

repetition [repiˈtiʃən] Wiederholung *f*.

replace [riˈpleis] wieder hinstellen *od.* -legen; ersetzen; *j-n* ablösen; **⁓ment** Ersatz *m*.

replenish [riˈpleniʃ] (wieder) auffüllen, ergänzen.

reply [riˈplai]: **⁓ (to)** antworten (auf), erwidern (auf); Antwort *f*.

report [riˈpɔːt] Bericht *m*; Nachricht *f*; Gerücht *n*; Knall *m*; (Schul)Zeugnis *n*; berichten (über); (sich) melden; anzeigen; berichten; **⁓er** Reporter(in), Berichterstatter(in).

repose [riˈpouz] Ruhe *f*; (sich) ausruhen; ruhen.

represent [repriˈzent] darstellen (*a. fig., thea.*); vertreten; *thea.* aufführen; **⁓ation** Darstellung *f* (*a.*

thea.); Vertretung *f*; *thea.*
Aufführung *f*; **~ative** darstellend; (stell)vertretend;
repräsentativ; typisch; Vertreter(in); *Am. parl.* Abgeordnete *m*; **House of**
~atives *Am. parl.* Repräsentantenhaus *n*.

repress [ri'pres] unterdrücken. [Aufschub *m*.]
reprieve [ri'pri:v] Frist *f*.
reprimand ['reprima:nd]
Verweis *m*; *j-m* e-n Verweis erteilen.
reproach [ri'prəutʃ] Vorwurf *m*; vorwerfen (**s.o.**
with s.th. *j-m* et.); Vorwürfe machen; **~ful** vorwurfsvoll.
reproduc|e [ri:prə'dju:s]
(sich) fortpflanzen; wiedergeben, reproduzieren; **~tion** [~'dʌkʃən] Fortpflanzung *f*; Reproduktion *f*.
reproof [ri'pru:f] Vorwurf *m*, Tadel *m*.
reprove [ri'pru:v] tadeln.
reptile ['reptail] Reptil *n*.
republic [ri'pʌblik] Republik *f*; **~an** republikanisch; Republikaner(in).
repugnan|ce [ri'pʌgnəns]
Widerwille *m*; **~t** widerlich.
repuls|e [ri'pʌls] Abfuhr
f, Zurückweisung *f*; zurück-, abweisen; **~ive** abstoßend, widerwärtig.
reput|able ['repjutəbl] angesehen; anständig; **~ation** (guter) Ruf; **~e**
[ri'pju:t] Ruf *m*.
request [ri'kwest] Gesuch

n, Bitte *f*; Nachfrage *f*; **by
~, on ~** auf Wunsch; *vb:*
bitten (um); ersuchen um;
~ stop Bedarfshaltestelle *f*.
require [ri'kwai] verlangen; (er)fordern; brauchen; **~d** erforderlich;
~ment (An)Forderung *f*;
Erfordernis *n*; *pl* Bedarf *m*.
requisite ['rekwizit] erforderlich; (Bedarfs-, Gebrauchs)Artikel *m*.
requite [ri'kwait] vergelten; belohnen.
rescue ['reskju:] Rettung
f; Befreiung *f*; Rettungs...;
retten; befreien.
research [ri'sə:tʃ] Forschung *f*, Untersuchung *f*;
~er Forscher *m*.
resembl|ance [ri'zembləns] Ähnlichkeit *f* (**to**
mit); **~e** gleichen, ähnlich
sein.
resent [ri'zent] übelnehmen; **~ful** übelnehmerisch;
ärgerlich; **~ment** Groll *m*.
reservation [rezə'veiʃən]
Reservierung *f*, Vorbestellung *f*; *Am.* (Indianer-)
Reservation *f*; Vorbehalt *m*.
reserve [ri'zə:v] Reserve *f*;
Vorrat *m*; Ersatz *m*; *sp.*
Ersatzmann *m*; Reservat
n; Zurückhaltung *f*; (sich)
aufsparen *od.* -bewahren;
(sich) zurückhalten mit;
reservieren (lassen), vorbestellen, vormerken; vorbehalten; **~d** *fig.* zurückhaltend, reserviert.
reservoir ['rezəvwa:] Staubecken *n*.

reside [ri'zaid] wohnen, ansässig sein; **~nce** ['rezidəns] Wohnsitz *m*; **~nce permit** Aufenthaltsgenehmigung *f*; **~nt** wohnhaft; Einwohner(in).

residue ['rezidju:] Rest *m*.

resign [ri'zain] zurücktreten; aufgeben; verzichten auf; *Amt* niederlegen; überlassen; **~ o.s.** to sich ergeben in, sich abfinden mit; **~ation** [rezig'neiʃən] Verzicht *m*; Rücktritt (-sgesuch *n*) *m*; Resignation *f*; **~ed** resigniert.

resin ['rezin] Harz *n*.

resist [ri'zist] widerstehen; Widerstand leisten; beständig sein gegen; **~ance** Widerstand *m*; *tech.* Festigkeit *f*; Beständigkeit *f*; **~ant** widerstehend; widerstandsfähig, beständig (**to** gegen).

resolute ['rezəlu:t] entschlossen; **~ion** Entschluß *m*; Entschlossenheit *f*; Resolution *f*.

resolve [ri'zɔlv] auflösen; *Zweifel* zerstreuen; beschließen; **~ (up)on** sich entschließen zu; **~d** entschlossen.

resonan|ce ['reznəns] Resonanz *f*; **~t** nach-, widerhallend.

resort [ri'zɔ:t] (Aufenthalts-, Erholungs)Ort *m*; Zuflucht *f*; **~ to** oft besuchen; seine Zuflucht nehmen zu.

resound [ri'zaund] widerhallen (lassen).

resource [ri'sɔ:s] Hilfsmittel *n*; Zuflucht *f*; Findigkeit *f*; Zeitvertreib *m*, Entspannung *f*; *pl* natürliche Reichtümer *pl*, Mittel *pl*; **~ful** findig.

respect [ris'pekt] Beziehung *f*, Hinsicht *f*; Achtung *f*, Respekt *m*; Rücksicht *f*; **one's ~s** *od* s-e Grüße *od.* Empfehlungen *pl*; achten; schätzen; respektieren; **~able** ansehnlich; ehrbar; anständig; **~ful** respektvoll, ehrerbietig: **yours ~ly** hochachtungsvoll; **~ing** hinsichtlich; **~ive** jeweilig, entsprechend; **~ively** beziehungsweise.

respiration [respə'reiʃən] Atmen *n*, Atmung *f*; Atemzug *m*.

respite ['respait] Frist *f*, Aufschub *m*; Pause *f*.

resplendent [ris'plendənt] glänzend, strahlend.

respon|d [ris'pɔnd] antworten, erwidern; **~d to** reagieren auf, empfänglich sein für; **~dent** *jur.*: Beklagte *m*; **~dent to** empfänglich für; **~se** [~ns] Antwort *f*, Erwiderung *f*; *fig.* Reaktion *f*.

responsib|ility [risponsə-'biliti] Verantwortung *f*; **~le** verantwortlich; verantwortungsvoll.

rest [rest] Rest *m*; Ruhe (-pause) *f*; Rast *f*; *tech.*

Stütze *f*; (aus)ruhen lassen; ruhen; (sich) ausruhen, rasten; (sich) stützen *od.* lehnen; ~ (up)on *fig.* beruhen auf.

restaurant ['rest*ərɔ*:], '~rɔnt] Restaurant *n*, Gaststätte *f*.

rest|ful ruhig; erholsam; **~house** Rasthaus *n*, -stätte *f*; **~less** ruhe-, rastlos; unruhig; **~lessness** Ruhe-, Rastlosigkeit *f*; Unruhe *f*.

restor|ation [restə'reiʃən] Wiederherstellung *f*; Wiedereinsetzung *f*; Restaurierung *f*; **~e** [ris'tɔ:] wiederherstellen; wiedereinsetzen (**to** in); zurückerstatten, -bringen, -legen; restaurieren.

restrain [ris'trein] zurückhalten; unterdrücken; **~t** Zurückhaltung *f*; Beschränkung *f*, Zwang *m*.

restrict [ris'trikt] be-, einschränken; **~ion** Be-, Einschränkung *f*.

result [ri'zʌlt] Ergebnis *n*, Resultat *n*; Folge *f*; sich ergeben (**from** aus); ~ **in** zur Folge haben.

resum|e [ri'zju:m] wieder-aufnehmen; *Sitz* wieder einnehmen; **~ption** [~'zʌmpʃən] Wiederaufnahme *f*.

resurrection [rezə'rekʃən] Wiederaufleben *n*; the Ǫ *eccl. die* Auferstehung.

retail [ri:'teil] Einzelhandel *m*; Einzelhandels...; [~'teil] im kleinen ver-

kaufen; **~er** [~'t-] Einzelhändler(in).

retain [ri'tein] behalten; zurückhalten.

retaliat|e [ri'tælieit] sich rächen; **~ion** Vergeltung *f*.

retell [ri:'tel] nacherzählen.

retention [ri'tenʃən] Zurückhalten *n*. [ge *n*.]

retinue [ri'tinju:] Gefol-]

retire [ri'taiə] (sich) zurückziehen; pensionieren; sich zur Ruhe setzen; in den Ruhestand treten; **~d** pensioniert, im Ruhestand (lebend); zurückgezogen; **~ment** Ausscheiden *n*; Ruhestand *m*; Zurückgezogenheit *f*.

retort [ri'tɔ:t] erwidern.

retrace [ri'treis] zurückverfolgen; rekonstruieren

retract [ri'trækt] (sich) zurückziehen; widerrufen.

retreat [ri'tri:t] sich zurückziehen; Rückzug *m*; **beat a** ~ *fig.* es aufgeben.

retribution [retri'bju:ʃən] Vergeltung *f*.

retrieve [ri'tri:v] wiederbekommen; *hunt.* apportieren.

retrospect ['retrəuspekt] Rückblick *m*; **~ive** (zu-)rückblickend; rückwirkend.

return [ri'tə:n] zurückgehen, -kehren, -kommen; erwidern; antworten; vergelten; zurückerstatten, -geben, -senden; zurückstellen, -bringen, -tun;

Rück-, Wiederkehr *f*; Rückgabe *f*; *pl* Umsatz *m*; Gegenleistung *f*; Erwiderung *f*; amtlicher Bericht; Rück...; **by** ~ umgehend; **in** ~ dafür; **on my** ~ bei m-r Rückkehr; **many happy ~s of the day** herzlichen Glückwunsch zum Geburtstag; ~ **flight** Rückflug *m*; ~ **(ticket)** Rückfahrkarte *f*.

reunification [ˈriːjuːnifiˈkeiʃən] Wiedervereinigung *f*.

reunion [ˈriːˈjuːnjən] Wiedervereinigung *f*; Treffen *n*.

revaluation [riːvæljuˈeiʃən] *econ.* Aufwertung *f*.

reveal [riˈviːl] enthüllen, zeigen; offenbaren.

revel [ˈrevl] feiern, ausgelassen sein; schwelgen; zechen.

revelation [reviˈleiʃən] Enthüllung *f*; Offenbarung *f*.

revenge [riˈvendʒ] Rache *f*; Revanche *f*; rächen; ~**ful** rachsüchtig.

revenue [ˈrevinjuː] Einkommen *n*; *pl* Einkünfte *pl*; ~ **office** Finanzamt *n*.

revere [riˈviə] (ver)ehren; ~**nce** [ˈrevərəns] Verehrung *f*; Ehrfurcht *f*; (ver)ehren; ~**nd** ehrwürdig; Geistliche *m*.

reverse [riˈvəːs] Gegenteil *n*; Rückseite *f*; *fig.* Rückschlag *m*; umgekehrt; umkehren; *Meinung etc.* ändern; *Urteil* aufheben; ~

gear *mot.* Rückwärtsgang *m*; ~ **side** Rückseite *f*; linke (Stoff)Seite.

review [riˈvjuː] *mil.* Parade *f*; *Zeitschrift:* Rundschau *f*; Rezension *f*; Rückblick *m*; (über-, nach)prüfen; *mil.* mustern; rezensieren; *fig.* zurückblicken auf; ~**er** Rezensent(in).

revis|e [riˈvaiz] revidieren; überarbeiten; ~**ion** [~iʒən] Revision *f*; Überarbeitung *f*.

reviv|al [riˈvaivəl] Wiederbelebung *f*; ~**e** wiederbeleben.

revoke [riˈvouk] widerrufen; aufheben.

revolt [riˈvoult] Revolte *f*, Aufstand *m*; revoltieren, sich auflehnen; *fig.* abstoßen.

revolution [revəˈluːʃən] Umdrehung *f*; *fig.* Revolution *f*, Umwälzung *f*; ~**ary** revolutionär; Revolutionär(in); ~**ize** revolutionieren.

revolv|e [riˈvɔlv] sich drehen; ~**ing** sich drehend; Dreh...

reward [riˈwɔːd] Belohnung *f*; belohnen.

rheumatism [ˈruːmətizəm] Rheumatismus *m*.

rhubarb [ˈruːbɑːb] Rhabarber *m*.

rhyme [raim] Reim *m*; Vers *m*; (sich) reimen.

rhythm [ˈriðəm] Rhythmus *m*; ~**ic(al)** rhythmisch.

rib [rib] Rippe *f*.

ribbon ['riban] Band *n*.

rice [rais] Reis *m*.

rich [ritʃ] reich (**in** an); kostbar; fruchtbar; voll (*Ton*), schwer, kräftig (*Speise etc.*); *sub*: **the ~** die Reichen *pl*; **~es** ['~iz] *pl* Reichtum *m*; Reichtümer *pl*; **~ness** Reichtum *m*, Fülle *f*.

rick [rik] (Heu)Schober *m*.

ricket|s ['rikits] *sg*, *pl* Rachitis *f*; **~y** rachitisch; wack(e)lig, klapp(e)rig.

rid [rid] (*irr*) befreien (of von); **get ~** of loswerden.

ridden ['ridn] *pp von* ride.

riddle ['ridl] Rätsel *n*; grobes Sieb; sieben; durchlöchern, -sieben.

ride [raid] Ritt *m*; Fahrt *f*; Reitweg *m*; (*irr*) reiten; fahren; **~r** Reiter(in *f*).

ridge [ridʒ] (Gebirgs-) Kamm *m*, Grat *m*; (Dach-) First *m*.

ridicul|e ['ridikju:l] Verspottung *f*, Spott *m*; verspotten; **~ous** [~'dikjuləs] lächerlich. [Reit...]

riding ['raidiŋ] Reiten *n*;

rifle ['raifl] Gewehr *n*, Büchse *f*.

rift [rift] Riß *m*, Sprung *m*; Spalte *f*.

right [rait] *adj* recht; recht, richtig; *colloq*. richtig, in Ordnung; **all ~** in Ordnung; gut!; **that's all ~** das macht nichts!, schon gut!, bitte!; **I am perfectly all ~** mir geht

es ausgezeichnet; **that's ~** richtig!, ganz recht!, stimmt!; **be ~** recht haben; **put ~**, **set ~** in Ordnung bringen; *adv* rechts; recht, richtig; gerade(wegs), sofort; direkt; völlig, ganz; genau; **~ ahead**, **~ on** geradeaus; **~ away** sofort; **turn ~** (sich) nach rechts wenden, rechts abbiegen; *vb* (aus-, auf-) richten; *j–m zu* s–m Recht verhelfen; Recht *n*; rechte Hand, Rechte *f*; **on the ~** rechts; **to the ~** (nach) rechts; **~eous** ['~ʃəs] rechtschaffen; gerecht(fertigt); **~ful** rechtmäßig; gerecht; **~-hand** rechts; **~-handed** rechtshändig; **~ of way** Vorfahrt(srecht *n*) *f*.

rigid ['ridʒid] starr, steif; *fig*. streng.

rig|orous ['rigərəs] rigoros, streng, hart; **~o(u)r** Strenge *f*, Härte *f*.

rim [rim] Rand *m*; Felge *f*.

rind [raind] Rinde *f*, Schale *f*; (Speck)Schwarte *f*.

ring [riŋ] Ring *m*; Kreis *m*; Manege *f*; Arena *f*; Geläut(e) *n*; Glockengeläuten *n*; Klang *m*; Klingeln *n*; **give s.o. a ~** *j–n* anrufen; (*irr*) läuten; klingeln; klingen; **~ the bell** klingeln; **~ off** (den Hörer) auflegen *od*. einhängen; **~ s.o. up** *j–n* anrufen, bei *j–m* anrufen; **~leader** Rädelsführer *m*; **~-master** Zirkusdirektor *m*.

rink [riŋk] Eisbahn f; Rollschuhbahn f.

rinse [rins] ~ (out) (aus-, ab)spülen.

riot ['raiət] Aufruhr m; Krawall m, Tumult m; randalieren, toben; schwelgen; ~ous aufrührerisch; lärmend.

rip [rip] Riß m; auftrennen; (zer)reißen.

ripe [raip] reif; ~n reifen (lassen); ~ness Reife f.

ripple ['ripl] kleine Welle; Kräuselung f; (sich) kräuseln; rieseln.

rise [raiz] (An-, Auf)Steigen n; Anhöhe f; (Preis-, Gehalts)Erhöhung f; Ursprung m; fig. Aufstieg m; (irr) sich erheben; aufstehen; (an-, auf)steigen; aufgehen (Sonne, Samen); entspringen (Fluß); ~n ['rizn] pp von rise; ~r: early ~ Frühaufsteher m.

rising ['raiziŋ] ast. Aufgang m; Aufstand m.

risk [risk] riskieren, wagen; Gefahr f, Risiko n; **run the ~ of** Gefahr laufen zu; ~y riskant, gewagt.

rite [rait] Ritus m.

rival ['raivəl] Rival|e m, -in f, Konkurrent(in); rivalisierend; wetteifern mit; ~ry Rivalität f.

river ['rivə] Fluß m, Strom m; ~boat Flußdampfer m; ~side Flußufer n.

rivet ['rivit] tech. Niet m; (ver)nieten; fig. heften.

rivulet ['rivjulit] Flüßchen n.

road [roud] (Auto-, Land-) Straße f, Weg m; ~ map Straßenkarte f; ~ sign Verkehrsschild n, -zeichen n.

roam [roum] umherstreifen, (-)wandern; durchstreifen.

roar [rɔ:] brüllen; brausen, toben; Gebrüll n; Brausen n, Toben n; ~(s pl of laughter) schallendes Gelächter.

roast [roust] rösten, braten, schmoren, Braten m; geröstet; gebraten, Röst..., Brat...; ~ beef Rinderbraten m; ~ meat Braten m.

rob [rɔb] (be)rauben; ~ber Räuber m; ~bery Raub(-überfall) m.

robe [roub] (Amts)Robe f, Talar m.

robin (redbreast) ['rɔbin] Rotkehlchen n.

robot ['roubɔt] Roboter m.

robust [rou'bʌst] robust, kräftig.

rock [rɔk] Fels(en) m; Klippe f; Gestein n; schaukeln; wiegen.

rocker ['rɔkə] Kufe f; Am. Schaukelstuhl m; Rocker m, Halbstarke m.

rocket ['rɔkit] Rakete f; Raketen...; ~-powered mit Raketenantrieb; ~ry Raketentechnik f.

rocking-chair Schaukelstuhl m.

rocky ['rɔki] felsig, Felsen...

rod [rɔd] Rute *f*; Stab *m*; Stange *f*.

rode [roud] *pret von* **ride**.

rodent ['roudənt] Nagetier *n*.

roe[^1] [rou] Reh *n*.

roe[^2] *ichth*.: (**hard**) ~ Rogen *m*; **soft** ~ Milch *f*.

rogu|**e** [roug] Schurke *m*; Schelm *m*; **~ish** schurkisch; schelmisch.

role, rôle [roul] *thea.* Rolle *f* (*a. fig.*).

roll [roul] Rolle *f*; Walze *f*; Brötchen *n*, Semmel *f*; (Namens)Liste *f*; (Donner)Rollen *n*; (Trommel-)Wirbel *m*; Schlingern *n*; rollen; fahren; schlingern; (g)rollen, dröhnen; (sich) wälzen; walzen; drehen; ~ **up** zs.-aufrollen; **~er** Rolle *f*, Walze *f*; **~er coaster** *Am.* Achterbahn *f*; **~er-skate** Rollschuh *m*; ~ **film** Rollfilm *m*; **~ing mill** Walzwerk *n*.

Roman ['roumən] römisch; Römer(in).

roman|**ce** [rou'mæns] Abenteuer-, Liebesroman *m*; Romanze *f*; Romantik *f*; **~tic** romantisch.

romp [rɔmp] Range *f*, Wildfang *m*; Tollen *n*; umhertollen, sich balgen; **~er(s** *pl*) Spielanzug *m*.

roof [ru:f] Dach *n*; ~ **over** überdachen.

rook [ruk] Saatkrähe *f*.

room [rum] Raum *m*; Zimmer *n*; Platz *m*; *pl* Wohnung *f*; *pl* Fremdenzimmer *pl*; **~mate** Zimmergenoss|e *m*, -in *f*; **~y** geräumig.

roost [ru:st] Schlafplatz *m* (*von Vögeln*); Hühnerstange *f*; Hühnerstall *m*; **~er** (Haus)Hahn *m*.

root [ru:t] Wurzel *f*; (ein-)wurzeln; einpflanzen; (auf-)wühlen; ~ **up** ausgraben, -reißen; ~ **out** ausrotten.

rope [roup] Tau *n*, Seil *n*, Strick *m*; Lasso *n*, *m*; festbinden; anseilen; ~ **off** (durch ein Seil) absperren.

ros|**e** [rouz] Rose *f*; Brause *f* (*e-r Gießkanne*); *pret von* **rise**; **~y** rosig.

rot [rɔt] Fäulnis *f*; faulen lassen; (ver)faulen.

rota|**ry** ['routəri] sich drehend; Rotations...; **~te** [~'teit] (sich) drehen; rotieren (lassen); **~tion** Umdrehung *f*.

rotor ['routə] *aer.* Drehflügel *m*, Rotor *m*.

rotten ['rɔtn] verfault, faul; morsch; *sl.* saumäßig.

rotund [rou'tʌnd] rundlich; voll (*Stimme*).

rough [rʌf] rauh; roh; grob; ungefähr; **~ness** Rauheit *f*; Roheit *f*; Grobheit *f*.

round [raund] Rund *n*, Kreis *m*; (Leiter)Sprosse *f*; Runde *f*; Rundgang *m*; Kanon *m*; *adj* rund; voll; *adv* überall; *e-e* Zeit lang *od.* hindurch; ~ (**about**) rund-, rings(her)um; *prp*

rump

rund (um); um *od.* in ...
(herum); *vb* rund machen
od. werden; **~ off** abrunden; **~ up** zs.-treiben; **~
about** weitschweifig;
Karussell *n*; (Platz *m* mit)
Kreisverkehr *m*; **~ trip** *Am.*
Hin- u. Rückfahrt *f*.
rouse [rauz] aufwachen;
wecken; ermuntern; **~ o.s.**
sich aufraffen.
route[ru:t] (Reise-,/Fahrt-/
Route/,(-/Wegm; Streckef.
routine [ru:'ti:n] Routine
f; üblich; Routine...
rove [rouv] umherstreifen.
row¹ [rau] *colloq.* Krach *m*.
row² [rou] (Häuser-, Sitz-
etc.)Reihe *f*; Ruderpartie
f; rudern; **~boat** Ruderboot *n*; **~er** Ruderer *m*;
~ing-boat Ruderboot *n*.
royal ['rɔiəl] königlich;
~ty Königswürde *f*; Mitglied *n* e-s Königshauses;
(Autoren)Tantieme *f*.
rub [rʌb] reiben; (ab)wi-
schen; **~ down** abreiben;
~ in einreiben; **~ off** abreiben; **~ out** ausradieren.
rubber ['rʌbə] Gummi *n*,
m; Radiergummi *m*; *pl*
Am. Gummischuhe *pl*;
Gummi...; **~ plant** Gum-
mibaum *m*.
rubbish ['rʌbiʃ] Abfall *m*,
Müll *m*; Schund *m*; **~!**
Unsinn!
rubble ['rʌbl] Schutt *m*.
ruby ['ru:bi] Rubin(rot *n*)*m*.
rucksack ['ruksæk] Rucksack *m*.
rudder ['rʌdə] *mar.* (Steu-

er)Ruder *n*; *aer.* Seiten-
ruder *n*.
ruddy ['rʌdi] rot(backig).
rude [ru:d] unhöflich;
heftig; grob; roh; unge-
bildet.
ruff [rʌf] Halskrause *f*.
ruffian ['rʌfjən] Rohling
m; Schurke *m*.
ruffle ['rʌfl] Krause *f*,
Rüsche *f*; kräuseln; *Federn
etc.* sträuben; (ver)ärgern.
rug [rʌg] (Reise-, Woll-)
Decke *f*; Vorleger *m*.
Rugby (football) ['rʌgbi]
Rugby *n*. [eben.]
rugged ['rʌgid] rauh; un-
rugger ['rʌgə] *colloq.* s.
Rugby (football).
ruin [ruin] Ruin *m*, Zs.-
bruch *m*; *pl* Ruine(n *pl*)
f, Trümmer *pl*; vernichten; ruinieren.
rule [ru:l] Regel *f*; Vorschrift *f*; Herrschaft *f*;
Maßstab *m*; **as a ~** in der
Regel; (be)herrschen; herrschen
herrschen über; leiten; verfügen; liniieren; **~ out**
ausschließen; **~r** Herr-
scher(in); Lineal *n*.
rum [rʌm] Rum *m*.
rumble ['rʌmbl] rumpeln;
grollen (*Donner*).
ruminant ['ru:minənt]
Wiederkäuer *m*.
rummage ['rʌmidʒ]
Durchsuchung *f*; Ramsch
m; durchsuchen; (durch-)
wühlen. [rücht *n*.]
rumo(u)r ['ru:mə] Ge-
rump [rʌmp] Steiß *m*,
Hinterteil *n*; *fig.* Rumpf *m*.

rumple ['rʌmpl] zerknittern, -knüllen; zerzausen.

run [rʌn] Lauf(en n) m; Rennen n; Spazierfahrt f; Am. Laufmasche f; Serie f; econ. Ansturm m; thea., Film: Laufzeit f; (irr) (aus-, durch-, ver-, zer-)laufen; rennen; eilen; fließen; fahren, verkehren (Bus etc.); lauten (Text); gehen (Melodie); tech. arbeiten, gehen; sp. (um die Wette) laufen (mit); laufen lassen; Geschäft betreiben, leiten; ~ **across** zufällig treffen, stoßen auf; ~ **after** hinterherlaufen; ~ **away** davonlaufen; ~ **down** ablaufen (Uhr); umrennen; überfahren; herunterwirtschaften; j-n schlecht machen; ~ **in** Auto einfahren; ~ **into** hineinlaufen in, prallen gegen; j-n zufällig treffen; geraten in (Schulden etc.); ~ **off** weglaufen; ~ **out** zu Ende gehen, knapp werden, ausgehen; ~ **out of s.th.** j-m geht et. aus od. wird et. knapp; ~ **over** überfließen; überfliegen, durchlesen; überfahren; ~ **short (of)** s. **run out (of)**; ~ **through** durchbohren; (rasch) überfliegen; ~ **up** to sich belaufen auf.

rung[1] [rʌŋ] pp von **ring**.
rung[2] (Leiter)Sprosse f.

runner ['rʌnə] Läufer m; (Schlitten- etc.)Kufe f; bot. Ausläufer m; ~**up** sp. Zweite m, f.

running Rennen n; laufend; fließend; for **two days** = zwei Tage hintereinander; ~**board** Trittbrett n.

runway ['rʌnwei] aer. Start-, Lande-, Rollbahn f.

rupture ['rʌptʃə] Bruch m, Riß m (beide a. med.).

rural ['ruərəl] ländlich, Land...

rush [rʌʃ] Hetzen n, Stürmen n; Eile f; Andrang m; stürmische Nachfrage; stürzen; jagen, hetzen; stürmen; drängen; ~ **at** sich stürzen auf; ~ **hours** pl Hauptverkehrs-, Stoßzeit f.

Russian ['rʌʃən] russisch; Russ|e m, -in f; Russisch n.

rust [rʌst] Rost m; rosten; verrosten lassen.

rustic ['rʌstik] ländlich, Bauern..., rustikal.

rustle ['rʌsl] rascheln (mit); rauschen; Rascheln n.

rusty ['rʌsti] rostig, verrostet; fig. eingerostet.

rut [rʌt] (Wagen)Spur f; Brunst f, Brunft f.

ruthless ['ruːθlis] unbarmherzig; rücksichts-, skrupellos.

rutt|ed ['rʌtid], ~**y** ausgefahren (Weg).

rye [rai] Roggen m.

S

sable ['seibl] Zobel(pelz) m.

sabotage ['sæbətɑ:ʒ] Sabotage f; sabotieren.

sabre ['seibə] Säbel m.

sack [sæk] Plünderung f; Sack m; **give (get) the ~** colloq. entlassen (werden); vb: plündern; colloq. entlassen, rausschmeißen.

sacrament ['sækrəmənt] Sakrament n.

sacred ['seikrid] heilig.

sacrifice ['sækrifais] Opfer n; opfern.

sad [sæd] traurig; schlimm; **~den** traurig machen od. werden.

saddle ['sædl] Sattel m; satteln.

sadness ['sædnis] Traurigkeit f.

safe [seif] sicher (**from** vor); unversehrt, heil; Safe m, n, Geldschrank m; **~guard** Schutz m; sichern, schützen.

safety ['seifti] Sicherheit f; Sicherheits...; **~belt** Sicherheitsgurt m; **~lock** Sicherheitsschloß n; **~pin** Sicherheitsnadel f; **~ razor** Rasierapparat m.

sag [sæg] durchsacken; tech. durchhängen.

sagacity [sə'gæsiti] Scharfsinn m. [**say.**\]

said [sed] pret u. pp von\]

sail [seil] Segel n; segeln, fahren; auslaufen (Schiff); **~boat** Am., **~ing-boat**

Segelboot n; **~ing-ship**, **~ing-vessel** Segelschiff n; **~or** Seemann m, Matrose m.

saint [seint] Heilige m, f; [vor Namen: snt] Sankt ...

sake [seik]: **for the ~ of** um ... willen, wegen; **for my ~** meinetwegen.

salad ['sæləd] Salat m.

salary ['sæləri] Gehalt n.

sale [seil] (Aus-, Schluß-) Verkauf m; econ. Ab-, Umsatz m; **for ~, on ~** zum Verkauf, zu verkaufen; **~s department** Verkaufsabteilung f; **~sman** Verkäufer m; **~s manager** Verkaufsleiter m; **~swoman** Verkäuferin f.

saliva [sə'laivə] Speichel m.

sallow ['sælou] gelblich.

sally ['sæli]: **~ forth, ~ out** sich aufmachen.

salmon ['sæmən] Lachs m, Salm m.

saloon [sə'lu:n] Salon m; Am. Kneipe f.

salt [sɔ:lt] Salz n; fig. Würze f; Salz..., salzig; (ein)gesalzen, Salz..., Pökel...; (ein)salzen; pökeln; **~cellar** Salzfäßchen n; **~y** salzig.

salut|ation [sælju(:)'teiʃən] Gruß m, Begrüßung f; **~e** [sə'lu:t] Gruß m; Salut m; grüßen; salutieren.

salvation [sæl'veiʃən] Erlösung f; (Seelen)Heil n; **S Army** Heilsarmee f.

salve [sɑːv] Salbe *f*.

same [seim] selb, gleich; **the** ~ der-, die-, dasselbe; **all the** ~trotzdem; **it is all the** ~ **to me** es ist mir ganz gleich.

sample ['sɑːmpl] Probe *f*, Muster *n*; probieren.

sanatorium [sænə'tɔːriəm] (Lungen)Sanatorium *n*.

sanct|ify ['sæŋktifai] heiligen; weihen; ~**ion** Sanktion *f*; Billigung *f*; ~**uary** ['~tjuəri] Heiligtum *n*; Asyl *n*.

sand [sænd] Sand *m*.

sandal ['sændl] Sandale *f*.

sandwich ['sænwidʒ] Sandwich *n*; ~**man** Plakatträger *m*.

sandy ['sændi] sandig, Sand...; sandfarben; ~ **beach** Sandstrand *m*.

sane [sein] geistig gesund, normal; vernünftig.

sang [sæŋ] *pret von* **sing**.

sanitarium [sæni'tɛəriəm] *Am. für* **sanatorium**.

sanit|ary ['sænitəri] hygienisch, Gesundheits...; ~**ary napkin,** ~**ary towel** Damenbinde *f*; ~**ation** sanitäre Einrichtungen *pl*; ~**y** gesunder Verstand.

sank [sæŋk] *pret von* **sink**.

Santa Claus [sæntə'klɔːz] Nikolaus *m*, Weihnachtsmann *m*.

sap [sæp] *bot.* Saft *m*; *fig.* Lebenskraft *f*; ~**py** saftig; *fig.* kraftvoll.

sarcasm [sɑːkæzəm] Sarkasmus *m*, beißender Spott.

sardine [sɑː'diːn] Sardine *f*.

sash [sæʃ] Schärpe *f*; ~ **window** Schiebefenster *n*.

sat [sæt] *pret u. pp von* **sit**.

Satan ['seitən] Satan *m*.

satchel ['sætʃəl] Schulmappe *f* [*m*.

satellite ['sætəlait] Satellit]

satin ['sætin] Satin *m*.

satir|e ['sætaiə] Satire *f*; ~**ize** ['~əraiz] verspotten.

satis|faction [sætis'fækʃən] Befriedigung *f*; Genugtuung *f*; Zufriedenheit *f*; ~**factory** befriedigend, zufriedenstellend; ~**fy** ['~fai] befriedigen, zufriedenstellen; überzeugen.

Saturday ['sætədi] Sonnabend *m*, Samstag *m*.

sauce [sɔːs] Soße *f*, Tunke *f*; *Am.* Kompott *n*; ~**pan** Kochtopf *m*; ~**r** Untertasse *f*.

saucy ['sɔːsi] frech.

saunter ['sɔːntə] schlendern, bummeln.

sausage ['sɔsidʒ] Wurst *f*; Würstchen *n*.

savage ['sævidʒ] wild; grausam; Wilde *m*, *f*.

save [seiv] retten; bewahren; erlösen; (er)sparen; außer; ~ **for** bis auf; ~**r** Retter(in); Sparer(in).

saving ['seiviŋ] rettend; sparsam; ...ersparend; *pl* Ersparnisse *pl*; ~**s-bank** Sparkasse *f*.

savio(u)r ['seiviə] Retter *m*; ♀ *eccl.* Heiland *m*, Erlöser *m*.

savo(u)r ['seivə] (Wohl-

Geschmack *m*; *fig.* Beigeschmack *m*; **~y** schmackhaft; pikant.

saw¹ [sɔ:] *pret von* **see**.

saw² (*irr*) sägen; Säge *f*; **~-
dust** Sägespäne *pl*; **~mill**
Sägewerk *n*; **~n** *pp von*
saw².

Saxon ['sæksn] sächsisch;
Sachse *m*, Sächsin *f*.

say [sei] (*irr*) (auf)sagen;
berichten; *Gebet* sprechen;
meinen; **as if to ~** als ob *er*
sagen wollte; **that is to ~**
das heißt; **he is said to
be …** er soll … sein; **no
sooner said than done**
gesagt, getan; **I ~ !** sag(en
Sie) mal!; ich muß schon
sagen!; **~ing** Sprichwort *n*,
Redensart *f*; **it goes without ~ing** es versteht sich
von selbst.

scab [skæb] Schorf *m*.

scaffold ['skæfəld] (Bau-)
Gerüst *n*; Schafott *n*; **~ing**
(Bau)Gerüst *n*.

scald [skɔ:ld] verbrühen;
Milch abkochen.

scale [skeil] Schuppe *f*;
Tonleiter *f*; Skala *f*; Maßstab *m*; Waagschale *f*; **(a
pair of) ~s** (*e-e*) Waage;
(sich) abschuppen *od.* ablösen.

scalp [skælp] Kopfhaut *f*;
Skalp *m*; skalpieren.

scan [skæn] absuchen, -ta-
sten; *fig.* überfliegen.

scandal ['skændl] Skandal
m; Klatsch *m*; **~ous**
['~dələs] skandalös, an-
stößig.

Scandinavian [skændi-
'neivjən] skandinavisch;
Skandinavier(in).

scant [skænt] knapp; **~y**
knapp, spärlich, dürftig.

scapegoat ['skeipgəut]
Sündenbock *m*.

scar [skɑ:] Narbe *f*;
schrammen; **~ over** ver-
narben.

scarc|e [skeəs] knapp; sel-
ten; **~ely** kaum; **~ity** Mangel *m*, Knappheit *f* (**of** an).

scare [skeə] erschrecken; **~
away** verjagen, -scheu-
chen; **be ~d of** Angst haben vor; **~crow** Vogel-
scheuche *f*.

scarf [skɑ:f], *pl* **~s** [~fs],
scarves [~vz] Schal *m*,
Hals-, Kopf-, Schulter-
tuch *n*.

scarlet ['skɑ:lit] scharlach-
rot; **~ fever** Scharlach *m*.

scarred [skɑ:d] narbig.

scarves [skɑ:vz] *pl von*
scarf.

scathing ['skeiðiŋ] *fig.* ver-
nichtend.

scatter ['skætə] (sich) zerstreuen; aus-, verstreuen.

scavenge ['skævindʒ]
Straßen etc. reinigen.

scene [si:n] Szene *f*; Schauplatz *m*; **~ry** Szenerie *f*.

scent [sent] (Wohl)Geruch
m, Duft *m*; Parfüm *n*;
Fährte *f*; wittern; parfümieren.

sceptic ['skeptik] Skepti-
ker(in); **~al** skeptisch.

schedule ['ʃedju:l, *Am.*
'skedʒu:l] festsetzen; pla-

scheme 248

nen; Verzeichnis *n*; *Am.*
Fahr-, Flugplan *m*; **on ~**
(fahr)planmäßig.

scheme [skiːm] Schema *n*;
Plan *m*; planen.

scholar ['skɔlə] Gelehrte
m; Stipendiat(in); **~ship**
Stipendium *n*.

school [skuːl] *ichth.*
Schwarm *m*; Schule *f* (*a.*
fig.); **at ~** auf *od.* in der
Schule; *vb:* schulen; **~boy**
Schüler *m*; **~fellow** Mit-
schüler(in); **~girl** Schüle-
rin *f*; **~ing** (Schul)Ausbil-
dung *f*; **~master** Lehrer
m; **~mate** Mitschüler(in);
~mistress Lehrerin *f*; **~of**
motoring Fahrschule *f*.

schooner ['skuːnə] Scho-
ner *m*; *Am.* Planwagen *m*.

scien|ce ['saiəns] Wissen-
schaft *f*; Naturwissen-
schaft(en *pl*) *f*; **~tific** [-
'tifik] (natur)wissenschaft-
lich; **~tist** (Natur)Wissen-
schaftler(in).

scissors ['sizəz] *pl* (*a.* **a**
pair of ~) (e-e) Schere.

scoff [skɔf] spotten (**at**
über).

scold [skəuld] (aus)schel-
ten, auszanken; schimpfen.

scone [skɔn] weiches Tee-
gebäck.

scoop [skuːp] Schöpfkelle
f; schöpfen, schaufeln.

scooter ['skuːtə] (Kinder-)
Roller *m*; (Motor)Roller *m*.

scope [skəup] Bereich *m*;
Spielraum *m*.

scorch [skɔːtʃ] versengen,
-brennen.

score [skɔː] Kerbe *f*; Zeche
f, Rechnung *f*; *sp.* Spiel-
stand *m*, Punktzahl *f*,
(Spiel)Ergebnis *n*; 20
Stück; **four ~** achtzig;
(ein)kerben; *sp.* Punkte erzielen, *Tore* schießen.

scorn [skɔːn] Verachtung *f*;
Spott *m*; verachten; **~ful**
verächtlich.

Scot [skɔt] Schott|e *m*, -in *f*.

Scotch [skɔtʃ] schottisch;
sub: **the ~** die Schotten
pl; **~man**, **~woman** s.
Scotsman, **Scotswom-**
an. [straf.]

scot-free ['skɔt'friː] unge-⌐

Scots [skɔts] Schottische
n; **~man** Schotte *m*; **~**
woman Schottin *f*.

scoundrel ['skaundrəl]
Schurke *m*, Schuft *m*.

scour ['skauə] scheuern;
reinigen.

scout [skaut] Späher *m*,
Kundschafter *m*; Pannen-
helfer *m* (*e-s Automobil-*
klubs); (aus)kundschaften;
erkunden; **~master** Pfad-
finderführer *m*.

scowl [skaul] finster blik-
ken; finsterer Blick.

scramble ['skræmbl] klettern; sich balgen (**for** um);
~d eggs *pl* Rührei *n*.

scrap [skræp] Stückchen *n*,
Fetzen *m*; Abfall *m*;
Schrott *m*.

scrape [skreip] Kratzen *n*,
Scharren *n*; *fig.* Klemme *f*;
kratzen; scharren; **~ off**
abkratzen; **~ out** auskrat-
zen.

scrap-iron Schrott *m*.

scratch [skrætʃ] Kratzer *m*, Schramme *f*; (zer)kratzen.

scrawl [skrɔːl] Gekritzel *n*; kritzeln.

scream [skriːm] Schrei *m*; Gekreisch *n*; schreien, kreischen.

screech [skriːtʃ] *s.* **scream**.

screen [skriːn] (Schutz-) Schirm *m*; (Film)Leinwand *f*; Bildschirm *m*; (Fliegen)Gitter *n*; (ab-, be)schirmen, (be)schützen; verfilmen; *j-n* überprüfen.

screw [skruː] Schraube *f*; schrauben; **~driver** Schraubenzieher *m*.

scribble ['skribl] Gekritzel *n*; kritzeln.

script [skript] Manuskript *n*; Drehbuch *n*; **~ure** Bibel...; **the Holy ~ures** *pl* die Bibel, die Heilige Schrift.

scroll [skrəul] Schriftrolle *f*.

scrub [skrʌb] Gestrüpp *n*; schrubben, scheuern.

scrup|le ['skruːpl] Skrupel *m*, Bedenken *n*; Bedenken haben; **~ulous** ['~pjuləs] gewissenhaft.

scrutin|ize ['skruːtinaiz] (genau) prüfen; **~y** (genaue) Prüfung.

scuffle ['skʌfl] raufen.

sculpt|or ['skʌlptə] Bildhauer *m*; **~ure** Bildhauerei *f*; Skulptur *f*, Plastik *f*; (heraus)meißeln, formen.

scum [skʌm] (Ab)Schaum *m*; *fig.* Abschaum *m*.

scurf [skəːf] (Kopf)Schuppen *pl*.

scurvy ['skəːvi] Skorbut *m*.

scuttle ['skʌtl] Kohleneimer *m*.

scythe [saið] Sense *f*.

sea [siː] *die* See, *das* Meer; **at ~** auf See; **go to ~** zur See gehen; **~faring** ['~fɛəriŋ] seefahrend; **~food** Meeresfrüchte *pl*; **~gull** (See)Möwe *f*.

seal [siːl] Seehund *m*, Robbe *f*; Siegel *n*; *tech.* Dichtung *f*; (ver-, *fig.* besiegeln; **~ up** (fest) verschließen *od.* abdichten.

sea level Meeresspiegel *m*.

seam [siːm] Saum *m*, Naht *f*.

seaman ['siːmən] Seemann *m*, Matrose *m*.

seamstress ['semstris] Näherin *f*.

sea|plane Wasserflugzeug *n*; **~port** Hafenstadt *f*; **~power** Seemacht *f*.

search [səːtʃ] durch-, untersuchen; erforschen; suchen, forschen (**for** nach); fahnden; Suche *f*, Forschen *n*; Durchsuchung *f*; **in ~ of** auf der Suche nach.

sea|shore See-, Meeresküste *f*; **~sick** seekrank; **~side** Küste *f*; **~side resort** Seebad *n*.

season ['siːzn] Jahreszeit *f*; Saison *f*; **dead ~, off ~** Vor-, Nachsaison *f*; reifen (lassen); würzen; abhärten (**to** gegen); ablagern; **~able** rechtzeitig; **~al** Saison...; **~ing** Würze *f*.

ticket *rail.* Zeitkarte *f*; *thea.* Abonnement *n*.

seat [si:t] Sitz *m*; Sessel *m*, Stuhl *m*, Bank *f*; (Sitz-)Platz *m*; Landsitz *m*; **take a ~** sich setzen; nehmen Sie Platz!; *vb*: (hin)setzen; fassen, Sitzplätze haben für; **be ~ed** sitzen; nehmen Sie Platz!; **~belt** Sicherheitsgurt *m*.

sea|ward(s) ['si:wəd(z)] seewärts; **~weed** (See-)Tang *m*; **~worthy** seetüchtig.

secession [si'seʃən] Lossagung *f*, Abfall *m*.

seclu|de [si'klu:d] abschließen, absondern; **~ded** abgelegen; **~sion** [~ʒən] Abgeschiedenheit *f*.

second ['sekənd] zweite; der, die, das Zweite; Sekunde *f*; **~ary** sekundär; untergeordnet; **~ary school** höhere Schule; **~floor** *Am.* erster Stock; **~hand** aus zweiter Hand; gebraucht; antiquarisch; **~ly** zweitens; **~rate** zweitklassig.

secre|cy ['si:krisi] Heimlichkeit *f*; Verschwiegenheit *f*; **~t** ['~it] geheim, heimlich; Geheimnis *f*; verschwiegen; Geheimnis *n*.

secretary ['sekrətri] Sekretär(in); **2 of State** *Brit.* Minister *m*; *Am.* Außenminister *m*.

secret|e [si'kri:t] *med.* absondern; **~ion** *med.* Absonderung *f*.

section ['sekʃən] Teil *m*; (Ab)Schnitt *m*; Abteilung *f*; Gruppe *f*.

secular ['sekjulə] weltlich.

secur|e [si'kjuə] sicher; sichern; schützen; sich beschaffen; befestigen; **~ity** Sicherheit *f*; Kaution *f*; *pl* Wertpapiere *pl*.

sedan [si'dæn] Limousine *f*.

sedative ['sedətiv] beruhigend; Beruhigungsmittel *n*.

sediment ['sedimənt] (Boden)Satz *m*.

seduc|e [si'dju:s] verführen; **~tion** [~'dʌkʃən] Verführung *f*; **~tive** verführerisch.

see [si:] (*irr*) sehen; (sich) ansehen, besichtigen; besuchen; zu j-m gehen, j-n aufsuchen *od.* konsultieren; sich überlegen; **live to ~** erleben; **~ s.o. home** j-n nach Hause bringen *od.* begleiten; **I ~!** ich verstehe!; **~ off** *Besuch* fortbegleiten; **~ out** *Besuch* hinausbegleiten; **~ through** durchschauen; j-m über *et.* hinweghelfen; durchhalten; **~ to** sich kümmern um, für sorgen (,daß).

seed [si:d] Samen *m*; Saat (-gut *n*) *f*; *fig.* Keim *m*.

seek [si:k] (*irr*) suchen; trachten nach.

seem [si:m] (er)scheinen; **~ing** anscheinend; scheinbar; **~ly** schicklich.

seen [si:n] *pp von* see.

seep [si:p] (durch)sickern, tropfen.

seesaw ['si:sɔ:] Wippe *f*, Wippschaukel *f*; wippen.

segment ['segmənt] Abschnitt *m*; Segment *n*.

segregat|e ['segrigeit] absondern, trennen; **~ion** Absonderung *f*; (Rassen-) Trennung *f*.

seiz|e [si:z] (er)greifen, fassen; nehmen; *fig.* erfassen; **~ure** ['~ʒə] Ergreifung *f*; *jur.* Beschlagnahme *f*.

seldom ['seldəm] selten.

select [si'lekt] auswählen, -suchen; erlesen; **~ion** Auswahl *f*, -lese *f*.

self [self], *pl* **selves** [~vz] Selbst *n*, Ich *n*; *myself, etc. ich selbst etc.*; **~-command** Selbstbeherrschung *f*; **~-confidence** Selbstvertrauen *n*; **~-conscious** befangen, gehemmt; **~-control** Selbstbeherrschung *f*; **~-defence** Selbstverteidigung *f*; Notwehr *f*; **~-employed** selbständig (*Handwerker etc.*); **~-government** Selbstverwaltung *f*, Autonomie *f*; **~-interest** Eigennutz *m*; **~-ish** selbstsüchtig; **~-made** selbstgemacht; **~-possession** Selbstbeherrschung *f*; **~-reliant** selbstbewußt; **~-respect** Selbstachtung *f*; **~-righteous** selbstgerecht; **~-service** mit Selbstbedienung, Selbstbedienungs...

sell [sel] (*irr*) verkaufen; gehen (*Ware*); **be sold out** ausverkauft sein; **~er** Ver-

käufer(in), Händler(in); *gut- etc.* gehende Ware.

selves [selvz] *pl von* **self.**

semblance ['sembləns] Anschein *m*; Ähnlichkeit *f*.

semi|colon ['semi'kəulən] Semikolon *n*, Strichpunkt *m*; **~final** *sp.* Halbfinale *n*.

senat|e ['senit] Senat *m*; **~or** ['~ətə] Senator *m*.

send [send] (*irr*) senden, schicken; **~ for** kommen lassen, holen (lassen); **~ in** einsenden, -schicken, -reichen; **~er** Absender(in) *f*.

senior ['si:njə] älter; rang-, dienstälter; Ältere *m*; Rang-, Dienstälteste *m*.

sensation [sen'seiʃən] Empfindung *f*, Gefühl *n*; Sensation *f*; **~al** sensationell, Sensations...

sense [sens] Sinn *m*; Gefühl *n*; Verstand *m*; Vernunft *f*; **in a ~** in gewissem Sinne; **in (out of) one's ~s** bei (von) Sinnen; **talk ~** vernünftig reden; **~less** bewußtlos; gefühllos; sinnlos.

sensibil|ity [sensi'biliti] Sensibilität *f*, Empfindungsvermögen *n*; Empfindlichkeit *f*; **~le** spür-, fühlbar; vernünftig; **be ~le** of sich *e-r* *S.* bewußt sein.

sensitive ['sensitiv] empfindlich (**to** gegen); sensibel, feinfühlig.

sensu|al ['sensjuəl] sinnlich; **~ous** sinnlich.

sent [sent] *pret u. pp von* **send.**

sentence ['sentəns] *jur.* Urteil *n*; *gr.* Satz *m*; verurteilen.

sentiment ['sentimənt] (seelische) Empfindung, Gefühl *n*; *pl* Meinung *f*; **~al** ['~mentl] sentimental, gefühlvoll; **~ality** ['~men'tæliti] Sentimentalität *f*.

sentry ['sentri] *mil.* Posten *m*.

separa|ble ['sepərəbl] trennbar; **~te** ['~eit] (sich) trennen; absondern; [seprit] getrennt, (ab)gesondert; **~tion** Trennung *f*.

September [sep'tembə] September *m*.

septic ['septik] septisch.

sepul|chre, *Am.* **~cher** ['sepəlkə] Grab(stätte *f*, -mal *n*) *n*.

sequel ['si:kwəl] Folge *f*; (Roman- *etc.*) Fortsetzung *f*.

sequence ['si:kwəns] (Aufeinander-, Reihen) Folge *f*.

serene [si'ri:n] heiter; klar; ruhig; gelassen.

sergeant ['sɑ:dʒənt] *mil.* Feldwebel *m*; (Polizei-) Wachtmeister *m*.

seri|al ['siəriəl] fortlaufend; serienmäßig; Serien-..., Fortsetzungs...; Fortsetzungsroman *m*; Folge *f*, Serie *f*; **~es** ['~ri:z], *pl* **~** Reihe *f*, Serie *f*, Folge *f*.

serious ['siəriəs] ernst.

sermon ['sə:mən] (Straf-) Predigt *f*.

serpent ['sə:pənt] Schlange *f*.

serum ['siərəm] Serum *n*.

servant ['sə:vənt] Diener (-in); Dienstbote *m*; Dienstmädchen *n*, Hausangestellte *m*, *f*.

serve [sə:v] dienen; (*j-n*) bedienen; *Speisen* servieren, auftragen; *Tennis:* aufschlagen; *Zweck* erfüllen; nützen; genügen; **~ (out)** aus-, verteilen.

service ['sə:vis] Dienst (-leistung *f*) *m*; Gefälligkeit *f*; Bedienung *f*; Betrieb *m*; *tech.* Wartung *f*, Kundendienst *m*; (*Zug- etc.*) Verkehr *m*; Gottesdienst *m*; Service *n*; *Tennis:* Aufschlag *m*; *Nutzen m*; warten, pflegen; **~able** brauchbar, nützlich; **~ station** (Reparatur) Werkstatt *f*; Tankstelle *f*.

session ['seʃən] Sitzung(speriode) *f*.

set [set] Satz *m*, Garnitur *f*; Service *n*; Sammlung *f*, Reihe *f*, Serie *f* (*Radio- etc.*) Gerät *n*; Clique *f*; *poet.* (Sonnen) Untergang *m*; fest(gelegt, -gesetzt); bereit; entschlossen; (*irr*) setzen, stellen, legen; *Wecker, Aufgabe* stellen; *Knochenbruch* einrichten; *Tisch* decken; *Haar* legen; *Edelstein* fassen; *Zeitpunkt* festsetzen; *Beispiel* geben; untergehen (*Sonne*); erstarren; **~ eyes on** erblicken; **~free** freilassen; **~at ease** beruhigen; **~ about doing s.th.** sich daranmachen, et. zu tun; **~ off** aufbrechen; starten; hervorheben; ~ out aufbrechen; ~ to sich daranmachen; ~ up aufstellen; errichten; **~back** Rückschlag m; ~ **dinner,** ~ **lunch** Menü n, Gedeck n.

settee [se'ti:] *kleines* Sofa.

setting ['setiŋ] Fassung f (*e-s Edelsteins*); Hintergrund m, Umgebung f; (*Sonnen*)Untergang m.

settle ['setl] Sitzbank f; (sich) ansiedeln; besiedeln; *Rechnung* begleichen; klären, entscheiden; regeln; *Streit* beilegen; vereinbaren; *vermachen* (**on** *dat*); beruhigen; sich (ab)setzen; ~ **(o.s., down)** sich niederlassen; **~ment** (An-, Be)Siedlung f; Bezahlung f; Klärung f; Schlichtung f; Abmachung f; **~r** Siedler m.

seven ['sevn] sieben, Sieben f; **~teen(th)** ['~'ti:n(θ)] siebzehn(te); **~th** ['~θ] sieb(en)te; Sieb(en)tel n; **~thly** sieb(en)tens; **~tieth** ['~tiiθ] siebzigste; **~ty** siebzig; Siebzig f.

sever ['sevə] (zer)reißen; (sich) trennen; *fig.* lösen.

several ['sevrəl] mehrere; verschieden; einige.

sever|e [si'viə] streng; hart; scharf; rauh (*Wetter*); heftig (*Schmerz, Sturm*); schwer (*Krankheit*); **~ity** [~'eriti] Strenge f, Härte f.

sew [səu] (*irr*) nähen.

sew|age ['sju(:)idʒ] Abwasser n; **~er** Abwasser-

kanal m; **~erage** Kanalisation f.

sew|ing ['səuiŋ] Nähen n; Näherei f; Näh...; **~n** *pp von* **sew.**

sex [seks] Geschlecht n; (der) Sex.

sexton ['sekstən] Küster m (u. Totengräber m).

sexual ['seksjuəl] geschlechtlich, Geschlechts-..., sexuell, Sexual...

shabby ['ʃæbi] schäbig; gemein.

shack [ʃæk] Hütte f, Bude f.

shade [ʃeid] Schatten m; (*Lampen-* etc.)Schirm m; *Am.* Rouleau n; Schattierung f; abschirmen, schützen.

shadow ['ʃædəu] Schatten m; beschatten.

shady ['ʃeidi] schattig; *fig.* fragwürdig.

shaft [ʃɑ:ft] Schaft m; Stiel m; Deichsel f; Schacht m.

shaggy ['ʃægi] zottig, struppig.

shak|e [ʃeik] Schütteln n; Beben n; (*irr*) (sch)wanken; beben; zittern; schütteln, rütteln; **~e hands** sich die Hand geben; **~en** *pp von* **shake;** erschüttert; **~y** wack(e)lig; zitt(e)rig.

shall [ʃæl] *v/aux* ich, du *etc.*: soll(st) *etc.*; *ich werde, wir werden.*

shallow ['ʃæləu] seicht; flach; *fig.* oberflächlich; Untiefe f.

sham [ʃæm] vortäuschen; sich verstellen; **~ ill(ness)** sich krank stellen.

shame [ʃeim] beschämen; *j-m* Schande machen; Scham *f*; Schande *f*; **for ~!**, **on you!** pfui!, schäme dich!; **~ful** schändlich; **~less** schamlos.

shampoo [ʃæm'pu:] Haare waschen; Shampoo *n*; Haarwäsche *f*; **a ~ and set** waschen und legen.

shank [ʃæŋk] Unterschenkel *m*.

shape [ʃeip] gestalten, formen, bilden; Gestalt *f*; Form *f*; **in good ~** in guter Verfassung; **~d** geformt; **...förmig**; **~less** formlos; **~ly** wohlgeformt.

share [ʃɛə] teilen; teilhaben (**in** an); Pflugschar *f*; (An)Teil *m*; Aktie *f*; **go ~s** teilen; **~holder** Aktionär(in).

shark [ʃɑːk] Hai(fisch) *m*.

sharp [ʃɑːp] scharf; spitz; schneidend; stechend; schlau; pünktlich, genau; **~en** (ver)schärfen; schleifen; spitzen; **~ener** ['~pnə] (Bleistift)Spitzer *m*; **~ness** Schärfe *f*; **~-witted** scharfsinnig.

shatter ['ʃætə] zerschmettern; zerstören, -rütten.

shave [ʃeiv] (*irr*) (sich) rasieren; haarscharf vorbeikommen an; Rasur *f*; **have (get) a ~** sich rasieren (lassen); **~n** *pp von* **shave**.

shaving ['ʃeiviŋ] Rasieren

n; Rasier...; *pl* (Hobel-) Späne *pl*.

shawl [ʃɔːl] Schal *m*, Umhängetuch *n*.

she [ʃiː] sie; *in Zssgn*: zo. ...weibchen *n*.

sheaf [ʃiːf], *pl* **sheaves** [~vz] Garbe *f*; Bündel *n*.

shear [ʃiə] (*irr*) scheren.

sheath [ʃiːθ] Scheide *f*; Futteral *n*, Hülle *f*.

sheaves [ʃiːvz] *pl von* **sheaf**.

shed [ʃed] (*irr*) *Blätter etc.* abwerfen; *Kleider etc.* ablegen; vergießen; verbreiten; Schuppen *m*; Stall *m*.

sheep [ʃiːp], *pl* **sheep** *el pl* *n*; **~dog** Schäferhund *m*; **~ish** einfältig.

sheer [ʃiə] rein; bloß; glatt; steil; senkrecht.

sheet [ʃiːt] Bett-, Leintuch *n*, Laken *n*; (*Glas- etc.*) Platte *f*; Blatt *n*, Bogen *m* (*Papier*); **~ iron** Eisenblech *n*; **~ lightning** Wetterleuchten *n*.

shelf [ʃelf], *pl* **shelves** [~vz] Brett *n*, Regal *n*, Fach *n*.

shell [ʃel] Schale *f*, Hülse *f*, Muschel *f*; Granate *f*; schälen; enthülsen; beschießen; **~fish** Schalentier *n*.

shelter ['ʃeltə] Schutzhütte *f*; Zuflucht(sort) *m*; Obdach *n*; Schutz *m*; (be)schützen.

shelves [ʃelvz] *pl von* **shelf**.

shepherd ['ʃepəd] Schäfer *m*, Hirt *m*.

shield [ʃiːld] (Schutz-)

Schild *m*; (be)schützen **(from** vor).

shift [ʃift] (um-, aus)wechseln; verändern; (sich) verlagern *od.* -schieben; Wechsel *m*; Verschiebung *f*, -änderung *f*; (Arbeits-) Schicht *f*; Ausweg *m*, Notbehelf *m*; Kniff *m*, List *f*; **make** ~ sich behelfen; *~y* unzuverlässig; verschlagen.

shilling ['ʃiliŋ] *alte Währung:* Schilling *m*.

shin(-bone) ['ʃin(-)] Schienbein *n*.

shine [ʃain] Schein *m*; Glanz *m*; (*irr*) scheinen, leuchten, glänzen, strahlen; *colloq.* (*pp* ~**d**) polieren, putzen.

shingle ['ʃiŋgl] Schindel *f*.

shiny ['ʃaini] blank, glänzend, strahlend.

ship [ʃip] Schiff *n*; verschiffen; *~ment* Verschiffung *f*; Schiffsladung *f*; *~owner* Reeder *m*; *~ping* Verschiffung *f*; Versand *m*; *~ping company* Reederei *f*; *~wreck* Schiffbruch *m*; *~wrecked* schiffbrüchig; *~yard* Werft *f*.

shire ['ʃaiə, *in Zssgn:* ...ʃiə] Grafschaft *f*. (vor). }

shirk [ʃəːk] sich drücken}

shirt [ʃəːt] (Herren)Hemd *n*; *~sleeve* Hemdsärmel *m*.

shiver ['ʃivə] Splitter *m*; Schauer *m*, Zittern *n*; zittern; frösteln.

shock [ʃɔk] Erschütterung *f*, Schlag *m*, Stoß *m*; (Nerven)Schock *m*; schockie-

ren, empören; *j-n* erschüttern; *~absorber* Stoßdämpfer *m*; *~ing* schockierend, empörend, anstößig.

shoe [ʃuː] Schuh *m*; *~horn* Schuhanzieher *m*; *~lace* Schnürsenkel *m*; *~maker* Schuhmacher *m*, Schuster *m*; *~string* Schnürsenkel *m*. [shine.}

shone [ʃɔn] *pret u. pp von*]

shook [ʃuk] *pret von* shake.

shoot [ʃuːt] *bot.* Schößling *m*; (*irr*) (ab)schießen; erschießen; *Film* aufnehmen, drehen; *Knospen etc.* treiben; (dahin-, vorbei)schießen; *bot.* sprießen; filmen; *~er* Schütze *m*.

shooting [ʃuːtiŋ] Schießen *n*; Schießerei *f*; Jagd (-recht *n*) *f*; *Film:* Dreharbeiten *pl*; *~gallery* Schießstand *m*; *~ star* Sternschnuppe *f*.

shop [ʃɔp] Laden *m*, Geschäft *n*; Werkstatt *f*; *~ talk* fachsimpeln; *vb:* **go** ~**ping** einkaufen gehen; *~assistant* Verkäufer(in); *~girl* Verkäuferin *f*; *~keeper* Ladeninhaber(in); *~lifter* Ladendieb(in); *~man* Verkäufer *m*; *~ping* Einkauf *m*, Einkaufen *n*; **do one's** ~**ping** (s-e) Einkäufe machen; *~ping centre* Einkaufszentrum *n*; *~steward* *appr.* Betriebsrat *m*; *~walker* Aufsichtsherr *m*, -dame *f*; *~window* Schaufenster *n*.

shore [ʃɔ:] Küste *f*, Ufer *n*; Strand *m*; **on ~** an Land.
shorn [ʃɔ:n] *pp von* shear.
short [ʃɔ:t] *adj* kurz; klein; knapp; kurz angebunden; mürbe (*Gebäck*); **make it ~** sich kurz fassen; **~ of** knapp an; *adv* abgesehen von; *sub*: **in ~** kurz(um); **~age** Knappheit *f*; **~coming** Unzulänglichkeit *f*; **~ cut** Abkürzung(sweg *m*) *f*; **~en** (ab-, ver)kürzen; kürzer werden; **~hand** Kurzschrift *f*, Stenographie *f*; **~hand typist** Stenotypistin *f*; **~ly** kurz; bald; **~ness** Kürze *f*; Mangel *m*; **~s** *pl* Shorts *pl*, kurze Hose; kurze Unterhose; **~ story** Kurzgeschichte *f*; **~sighted** kurzsichtig; **~-term** kurzfristig; **~-winded** kurzatmig.
shot [ʃɔt] *pret u. pp von* shoot; Schuß *m*; Schrot (-kugeln *pl*) *m*, *n*; *guter etc.* Schütze *m*; (Film-) Aufnahme *f*; **~-gun** Schrotflinte *f*.
should [ʃud] *pret u. cond von* shall.
shoulder ['ʃouldə] Schulter *f*, Achsel *f*; schultern.
shout [ʃaut] lauter Schrei *od.* Ruf; Geschrei *n*; (laut) rufen, schreien.
shove [ʃʌv] *colloq.* schieben, stoßen.
shovel ['ʃʌvl] Schaufel *f*; schaufeln.
show [ʃou] (*irr*) (vor)zeigen; ausstellen; führen;

sich zeigen; **~ (a)round** herumführen; **~ off** angeben, prahlen; **~ up** auftauchen, erscheinen; Zurschaustellung *f*; Vorführung *f*, -stellung *f*, Schau *f*; Ausstellung *f*; **~ business** Unterhaltungsindustrie *f*, Schaugeschäft *n*.
shower ['ʃauə] (*Regenetc.*)Schauer *m*; Dusche *f*; *fig. j-n mit et.* überschütten *od.* -häufen; **~-bath** Dusche *f*.
show|n ['ʃəun] *pp von* show; **~y** prächtig; protzig.
shrank [ʃræŋk] *pret von* shrink.
shred [ʃred] Fetzen *m*; (*irr*) zerfetzen.
shrew [ʃru:] zänkisches Weib; **~d** [~d] schlau; klug.
shriek [ʃri:k] Schrei *m*; Gekreisch(e) *n*; kreischen, schreien.
shrill [ʃril] schrill, gellend.
shrimp [ʃrimp] Garnele *f*.
shrine [ʃrain] Schrein *m*.
shrink [ʃriŋk] (*irr*) (ein-, zs.-)schrumpfen (lassen); einlaufen; zurückschrecken (**from** vor).
shrivel ['ʃrivl] (ein-, zs.-) schrumpfen (lassen).
Shrove|tide ['ʃrouvtaid] Fastnachtszeit *f*; **~ Tuesday** Fastnachtsdienstag *m*.
shrub [ʃrʌb] Strauch *m*, Busch *m*; **~bery** Gebüsch *n*.
shrug [ʃrʌg] *die Achseln* zucken; Achselzucken *n*.

shrunk [ʃrʌŋk] *pp von*
shrink; **~en** (ein)ge-
schrumpft; eingefallen.
shudder [ʃʌdə] schau-
dern; Schauder *m.*
shuffle [ʃʌfl] *Karten:* mischen; schlurfen.
shun [ʃʌn] (ver)meiden.
shut [ʃʌt] (*irr*) (ver)schlie-
ßen, zumachen; sich schließen; **~ down** *Betrieb*
schließen; **~ up** ein-, verschließen; einsperren; **~
up!** *colloq.* halt den Mund!;
~ter Fensterladen *m; phot.*
Verschluß *m.*
shy [ʃai] scheu; schüchtern; **~ness** Scheu *f;*
Schüchternheit *f.*
sick [sik] krank; übel;
überdrüssig; **be ~** sich
übergeben; **be ~ of** genug
haben von; **I feel ~** mir
ist schlecht od. übel; **~-
benefit** Krankengeld *n;*
~en erkranken, krank werden; anekeln.
sickle [sikl] Sichel *f.*
sick|-leave Krankenurlaub
m; **~ly** kränklich; **~ness**
Krankheit *f;* Übelkeit *f;* **~-
room** Krankenzimmer *n.*
side [said] Seite *f;* Seiten-
...; Neben...; **~ by ~** Seite
an Seite; **take ~s with,**
with Partei ergreifen für;
~board Anrichte *f,* Büfett
n, Sideboard *n;* **~-car** *mot.*
Beiwagen *m;* **~d** *in Zssgn:*
...seitig; **~-dish** Beilage *f;*
~-road Nebenstraße *f;* **~-
walk** *Am.* Bürgersteig *m;*
~walk café *Am.* Straßen-

café *n;* **~ward(s)** [ˈ~-
wəd(z)], **~ways** seitlich;
seitwärts.
siege [si:dʒ] Belagerung *f.*
sieve [siv] Sieb *n;* sieben.
sift [sift] sieben; *fig.* sichten, prüfen. [zen.\
sigh [sai] Seufzer *m;* seuf-/
sight [sait] sichten, erblik-
ken; Sehvermögen *n,* -kraft
f; Anblick *m;* Sicht *f;*
pl Sehenswürdigkeiten *pl;*
catch ~ of erblicken;
know by ~ vom Sehen
kennen; **(with)in ~** in
Sicht(weite); **~ed** *in Zssgn:*
...sichtig; **~seeing** Besichtigung *f* (von Sehens-
würdigkeiten); Besichti-
gungs...; **~seeing tour**
(Stadt)Rundfahrt *f;* **~seer**
Tourist(in).
sign [sain] Zeichen *n;*
Wink *m;* Schild *n;* Zeichen
geben; unterzeichnen, un-
terschreiben.
signal [signl] Signal *n;*
signalisieren, Zeichen geben.
signature [signitʃə] Un-
terschrift *f;* **~ tune** *Radio:*
Kennmelodie *f.*
signboard (Firmen-, Aus-
hänge)Schild *n.*
signet [signit] Siegel *n.*
significa|nce [signifikəns]
Bedeutung *f;* **~nt** bedeutsam; bezeichnend (**of** für);
~tion Bedeutung *f.*
signify [signifai] andeuten; ankündigen; bedeuten.
signpost Wegweiser *m.*
silence [sailəns] (Still-)

Schweigen *n*; Stille *f*, Ruhe *f*; ~! Ruhe!; zum Schweigen bringen; ~r Schalldämpfer *m*; *mot.* Auspufftopf *m*.

silent ['sailənt] still; schweigend; schweigsam; stumm.

silk [silk] Seide *f*; Seiden...; ~en seiden; ~y seidig.

sill [sil] Fensterbrett *n*.

silly ['sili] dumm; albern; töricht.

silver ['silvə] Silber *n*; silbern, Silber...; versilbern; ~y silb(e)rig.

similar ['similə] ähnlich, gleich; ~ity [~'læriti] Ähnlichkeit *f*.

simmer ['simə] leicht kochen, sieden, brodeln.

simple ['simpl] einfach; simpel; schlicht; einfältig.

simpli|city [sim'plisiti] Einfachheit *f*; Einfalt *f*; ~fication Vereinfachung *f*; ~fy ['~fai] vereinfachen.

simply ['simpli] einfach; bloß, nur.

simulate ['simjuleit] vortäuschen; simulieren.

simultaneous [siməl'teinjəs] gleichzeitig.

sin [sin] Sünde *f*; sündigen. ~ da (ja), weil.]

since [sins] seit; seit(dem);

sincer|e [sin'siə] aufrichtig; Yours ~ely Ihr ergebener; ~ity [~'seriti] Aufrichtigkeit *f*.

sinew ['sinju:] Sehne *f*; ~y sehnig; *fig.* kräftig.

sing [siŋ] (*irr*) (be)singen.

singe [sindʒ] (ver-, an)sengen.

singer ['siŋə] Sänger(in).

single ['siŋgl] einzig; einzeln, Einzel...; einfach; allein; ledig; ~ out aussuchen, -wählen; *sub:* einfache Fahrkarte; *mst pl Tennis:* Einzel *n*; ~-handed eigenhändig, allein; ~ room Einzel-, Einbettzimmer *n*; ~ ticket einfache Fahrkarte.

singular ['siŋgjulə] einzigartig; eigentümlich, seltsam; *gr.* Singular *m*, Einzahl *f*; ~ity [~'læriti] Einzigartigkeit *f*; Eigentümlichkeit *f*.

sinister ['sinistə] unheilvoll, böse; finster.

sink [siŋk] (*irr*) (ein-, herab-, ver)sinken, untergehen; sich senken; (ver-)senken; Ausguß *m*, Spülbecken *n*; ~ing (Ein-, Ver)Sinken *n*; Versenken *n*.

sinner ['sinə] Sünder(in).

sip [sip] Schlückchen *n*; schlürfen, nippen an *od.* von.

sir [sə:] (mein) Herr (*Anrede*); 2 Sir (*Titel*).

sirloin ['sə:lɔin] Lendenstück *n*.

sister ['sistə] Schwester *f*; ~-in-law Schwägerin *f*.

sit [sit] (*irr*) sitzen; e-e Sitzung (ab)halten, tagen; setzen; sitzen auf; ~ down sich (hin)setzen; ~ up aufrecht sitzen; sich aufrichten; aufbleiben.

slack

site [sait] Lage f; Stelle f; Bauplatz m.

sitting ['sitiŋ] Sitzung f; **~-room** Wohnzimmer n.

situat|ed ['sitjueitid] gelegen; **be ~ed** liegen; **~ion** Lage f; Stellung f; Situation f.

six [siks] sechs; Sechs f; **~pence** alte Währung: Sixpence m; **~teen(th)** ['~'ti:n(θ)] sechzehn(te); **~th** [~sθ] sechste; Sechstel n; **~thly** sechstens; **~tieth** ['~tiiθ] sechzigste; **~ty** sechzig; Sechzig f.

size [saiz] Größe f; Format n; **~d in** Zsgn: ...groß, von ... od. in ... Größe.

sizzle ['sizl] colloq. zischen, brutzeln.

skate [skeit] Schlittschuh m; Schlitt- od. Rollschuh laufen; **~r** Schlittschuh-, Rollschuhläufer(in).

skeleton ['skelitn] Skelett n.

skeptic ['skeptik] bsd. Am. für **sceptic**.

sketch [sketʃ] Skizze f; Entwurf m; skizzieren; entwerfen; **~-block,** **~book** Skizzenbuch n.

ski [ski:], pl **~(s)** Schi m, Ski m; Schi od. Ski laufen.

skid [skid] Bremsklotz m; aer. Kufe f; mot. Rutschen n, Schleudern n; rutschen, schleudern.

ski|er ['ski:ə] Schi-, Skiläufer(in); **~ing** Schi-, Skilauf(en n) m.

skilful ['skilful] geschickt.

skill [skil] Geschick(lich-

keit f) n, Fertigkeit f; **~ed** geschickt; gelernt, Fach...; **~ed worker** Facharbeiter m; **~ful** Am. für **skilful.**

skim [skim] abschöpfen; entrahmen; **~ (through)** fig. überfliegen; **~(med) milk** Magermilch f.

skin [skin] Haut f; Fell n; Schale f; (ent)häuten; abbalgen; schälen; **~-deep** oberflächlich; **~-diving** Sporttauchen n; **~mager.**

skip [skip] Hüpfen n, Sprung m; hüpfen, springen.

skipper ['skipə] mar. Schiffer m, Kapitän m; aer., sp. Kapitän m.

skirt [skə:t] (Damen)Rock m; pl Rand m, Saum m; sich entlangziehen (an).

skittles ['skitlz] sg Kegeln n; **play (at)** **~** kegeln.

skull [skʌl] (Toten)Schädel m.

sky [skai], oft pl Himmel m; **~jacker** ['~dʒækə] Luftpirat m; **~lark** Feldlerche f, **~light** Oberlicht n; Dachfenster n; **~line** Horizont m; (Stadt- etc.)Silhouette f; **~scraper** Wolkenkratzer m, Hochhaus n; **~ward(s)** ['~wəd(z)] himmelwärts.

slab [slæb] Platte f, Fliese f.

slack [slæk] schlaff; locker; (nach)lässig; econ. flau; **~en** nachlassen (in); (sich) lockern; (sich) verlangsamen; **~s** pl (lange Damen-) Hose f.

slain [slein] *pp von* slay.

slake [sleik] *Durst, Kalk* löschen; *fig.* stillen.

slam [slæm] *Tür etc.* zuschlagen, zuknallen; *et. auf den Tisch etc.* knallen.

slander ['slɑːndə] Verleumdung *f*; verleumden.

slang [slæŋ] Slang *m*; lässige Umgangssprache.

slant [slɑːnt] schräge Fläche; Abhang *m*; sich neigen; schräg liegen *od.* legen.

slap [slæp] Klaps *m*, Schlag *m*; schlagen; ~**stick** *comedy thea.* derbe Posse.

slash [slæʃ] Hieb *m*; klaffende Wunde; Schlitz *m*; (auf)schlitzen; (los)schlagen.

slate [sleit] Schiefer *m*; Schiefertafel *f*; ~**pencil** Griffel *m*.

slattern ['slætə(ː)n] Schlampe *f*.

slaughter ['slɔːtə] Schlachten *n*; Gemetzel *n*; schlachten; niedermetzeln.

slave [sleiv] Sklav|e *m*, -in *f*; schuften; ~**ry** ['~əri] Sklaverei *f*.

slay [slei] (*irr*) *poet.* erschlagen, ermorden.

sled(ge) [sled(ʒ)] Schlitten *m*; Schlitten fahren.

sledge(-hammer) Schmiedehammer *m*.

sleek [sliːk] glatt, glänzend; *fig.* geschmeidig.

sleep [sliːp] (*irr*) schlafen; ~ **on**, ~ **over** *et.* beschlafen; Schlaf *m*; **have a**

good, etc. ~ *gut etc.* schlafen; **go to** ~ einschlafen; ~**er** Schläfer(in); (Eisenbahn)Schwelle *f*; Schlafwagen(platz) *m*; ~**ing-bag** Schlafsack *m*; ♀**ing Beauty** Dornröschen *n*; ~**ing-car** Schlafwagen *m*; ~**ing partner** stiller Teilhaber; ~**ing-pill** Schlaftablette *f*; ~**less** schlaflos; ~**walker** Schlafwandler(in); ~**y** schläfrig; verschlafen.

sleet [sliːt] Schneeregen *m*.

sleeve [sliːv] Ärmel *m*; Plattenhülle *f*; *tech.* Muffe *f*.

sleigh [slei] (*bsd.* Pferde-) Schlitten *m*; (im) Schlitten fahren.

slender ['slendə] schlank; schmächtig; dürftig.

slept [slept] *pret u. pp von* sleep.

slew [sluː] *pret von* slay.

slice [slais] Schnitte *f*, Scheibe *f*, Stück *n*; **a ~ of bread** e-e Scheibe Brot; in Scheiben schneiden, aufschneiden.

slick [slik] *colloq.* glatt; geschickt, raffiniert; ~**er** *Am.* (langer) Regenmantel.

slid [slid] *pret u. pp von* slide.

slide [slaid] (*irr*) gleiten (lassen); rutschen; schlittern; schieben; Gleiten *n*; Rutschbahn *f*, Rutsche *f*; Erd-, Felsrutsch *m*; *tech.* Schieber *m*; phot. Diapositiv *n*; ~**rule** Rechenschieber *m*.

slight [slait] schmächtig; schwach; gering(fügig); Geringschätzung f; geringschätzig behandeln.

slim [slim] schlank, dünn; schlank(er) werden; e-e Schlankheitskur machen.

slim|e [slaim] Schleim m; **~y** schleimig.

sling [sliŋ] Schleuder f; Tragriemen m; (med. Arm-) Schlinge f; (irr) schleudern; auf-, umhängen.

slip [slip] (aus)gleiten, (aus-, ver)rutschen; (hinein-, ent)schlüpfen; gleiten lassen; **have ~ped s.o.'s memory** od. **mind** j-m entfallen sein; **~ on** od. **off** Kleid etc. über- od. abstreifen; **~ (up)** (e-n) Fehler machen; (Aus)Gleiten n, (-)Rutschen n; (Flüchtigkeits)Fehler m; Unterkleid n; (Kissen)Bezug m; Streifen m, Zettel m, Abschnitt m; **~per** Pantoffel m, Hausschuh m; **~pery** schlüpfrig, glatt.

slit [slit] Schlitz m; Spalte f; (irr) (auf-, zer)schlitzen; reißen.

slobber [ˈslɔbə] sabbern.

slogan [ˈslougən] Schlagwort n, (Werbe)Slogan m.

sloop [sluːp] Schaluppe f.

slop [slɔp] Pfütze f; pl Spül-, Schmutzwasser n; **~ (over)** verschütten; überlaufen.

slop|e [sloup] (Ab)Hang m; Neigung f, Gefälle n; abfallen, schräg verlaufen,

sich neigen; **~ing** schräg, abschüssig, abfallend.

sloppy [ˈslɔpi] naß, schmutzig; colloq.: schlampig; sentimental.

slot [slɔt] Schlitz m.

sloth [slouθ] zo. Faultier n.

slot-machine (Waren-, Spiel)Automat m.

slough [slau] Sumpf(loch n) m.

sloven [ˈslʌvn] unordentlicher Mensch, Schlampe f; **~ly** liederlich, schlampig.

slow [slou] langsam; schwerfällig; träg(e); **be ~** nachgehen (Uhr); **~ down** verlangsamen; et. verzögern; langsamer machen; **~motion** Zeitlupe f; **~worm** Blindschleiche f.

sluggish [ˈslʌgiʃ] träg(e).

sluice [sluːs] Schleuse f.

slums [slʌmz] pl Elendsviertel m, Slums pl.

slumber [ˈslʌmbə] oft pl Schlummer m; schlummern; **{sling.}**

slung [slʌŋ] pret u. pp von{

slush [slʌʃ] Schlamm m; (Schnee)Matsch m.

slut [slʌt] Schlampe f; Nutte f.

sly [slai] schlau, verschlagen; verschmitzt.

smack [smæk] (Bei)Geschmack m; Klatsch m, Klaps m; Schmatzen n; schmecken (**of** nach); j-m e-n Klaps geben; **~ one's lips** schmatzen.

small [smɔːl] klein; unbedeutend; niedrig; wenig;

bescheiden; **~ change**
Kleingeld *n; the ~* **hours**
pl die frühen Morgen-
stunden *pl;* **~ish** ziemlich
klein; **~ of the back** *anat.*
Kreuz *n;* **~pox** ['~pɔks]
Pocken *pl;* **~s** *pl colloq.*
Unterwäsche *f;* **~ talk**
oberflächliche Konversa-
tion.

smart [smɑːt] klug, gescheit; schlagfertig; gerissen; geschickt; elegant,
schick; forsch; flink; hart;
scharf.

smash [smæʃ] krachen;
zerschlagen, -trümmern;
(zer)schmettern; *fig.* vernichten; **~ing** *sl.* toll.

smattering ['smætəriŋ]
oberflächliche Kenntnis.

smear [smiə] (be)schmie-
ren; *fig.* beschmutzen;
Fleck *m.*

smell [smel] Geruch *m;*
(*irr*) riechen; duften.

smelt[1] [smelt] *pret u. pp*
von **smell.**

smelt[2] Erz schmelzen.

smile [smail] Lächeln *n;*
lächeln.

smith [smiθ] Schmied *m;*
~y ['~ði] Schmiede *f.*

smitten ['smitn] betrof-
fen; *fig.* hingerissen (**with**
von).

smock [smɔk] Kittel *m.*

smog [smɔg] Smog *m,*
Dunstglocke *f.*

smoke [sməuk] Rauch *m;*
have a ~ *v/i.* rauchen
(*Zigarette etc.*); *v/t:* rauchen; räuchern; **~dried**

geräuchert; **~r** Raucher(in);
rail. Raucherabteil *n.*

smoking ['sməukiŋ] Rauchen *n;* Rauch...; **~car,**
~carriage, ~compart-
ment Raucherabteil *n.*

smoky ['sməuki] rauchig;
verräuchert.

smooth [smuːð] glatt; ruhig (*a. tech.*); sanft, weich;
(sich) glätten; *fig.* ebnen;
~ down glattstreichen.

smother ['smʌðə] ersti-
ken. [schwelen.]

smo(u)lder ['sməuldə]

smudge [smʌdʒ] (be-)
schmieren; Fleck *m.*

smuggle ['smʌgl] schmuggeln; **~r** Schmuggler(in).

smut [smʌt] Ruß(fleck) *m;*
Zote(n *pl*) *f;* beschmutzen;
~ty schmutzig.

snack [snæk] Imbiß *m;* **~**
bar Imbißstube *f.*

snail [sneil] Schnecke *f.*

snake [sneik] Schlange *f.*

snap [snæp] schnappen
(**at** nach); knallen (mit);
zuschnappen (lassen)
(*Schloß*); (zer)brechen,
zerreißen; *phot.* knipsen;
schnappen nach; schnell
greifen nach; schnalzen
mit; Knacken *n;* Knall *m;*
(Zer)Brechen *n;* **cold ~**
Kältewelle *f;* **~fastener**
Druckknopf *m;* **~pish** bissig; schnippisch; **~shot**
Schnappschuß *m.*

snare [snɛə] Schlinge *f;*
Falle *f.*

snarl [snɑːl] wütend

knurren; Knurren *n*, Zähnefletschen *n*.

snatch [snætʃ] schneller Zugriff; *pl* Bruchstücke *pl*; schnappen; an etw. reißen.

sneak [sni:k] schleichen; **~ers** *pl Am*. leichte (Segeltuch)Schuhe *pl*.

sneer [sniə] Hohn(lächeln *n*) *m*, Spott *m*; höhnisch grinsen; spotten. [sen *n*.]

sneeze [sni:z] niesen; Nie-]

sniff [snif] schnüffeln, schnuppern; die Nase rümpfen.

snipe [snaip], *pl* **~(s)** (Sumpf)Schnepfe *f*; **~r** Scharf-, Heckenschütze *m*.

snivel ['snivl] greinen, plärren.

snoop [snu:p] Schnüffler (-in); **~ around** herumschnüffeln.

snooze [snu:z] *colloq.*: Nikkerchen *n*; dösen.

snore [snɔ:] schnarchen; Schnarchen *n*.

snort [snɔ:t] schnauben.

snout [snaut] Schnauze *f*; (*Schweine*)Rüssel *m*.

snow [snəu] Schnee *m*; schneien; **~-capped**, **~clad**, **~-covered** schneebedeckt; **~drift** Schneewehe *f*; **~drop** Schneeglöckchen *n*; **~y** schneeig, Schnee...; schneebedeckt, verschneit.

snub [snʌb] verächtlich behandeln; Abfuhr *f*; **~-nosed** stupsnasig.

snuff [snʌf] Schnupftabak *m*; schnupfen.

snug [snʌg] behaglich; **~gle** sich schmiegen *od*. kuscheln.

so [səu] so; deshalb; also; **I hope ~** ich hoffe es; **~ am I** ich auch; **~ far** bisher.

soak [səuk] sickern; einweichen; durchnässen, -tränken; **~ up** aufsaugen.

soap [səup] Seife *f*; abeinseifen; **~-box** Seifenkiste *f*; improvisierte Rednerbühne.

soar [sɔ:] sich erheben, (hoch) aufsteigen.

sob [sɔb] Schluchzen *n*; schluchzen.

sober ['səubə] nüchtern; ernüchtern; **~ up** nüchtern machen *od*. werden.

so-called sogenannt.

soccer ['sɔkə] *colloq.* (Verbands)Fußball *m*.

sociable ['səuʃəbl] gesellig.

social ['səuʃəl] gesellig; gesellschaftlich; sozial(istisch); Sozial...; **~ insurance** Sozialversicherung *f*; **~ism** Sozialismus *m*; **~ist** Sozialist(in); **~istic** sozialistisch; **~ize** sozialisieren, verstaatlichen.

society [sə'saiəti] Gesellschaft *f*; Verein *m*.

sock [sɔk] Socke *f*; Einlegesohle *f*.

socket ['sɔkit] (Augen-, Zahn)Höhle *f*; *electr.*: Fassung *f*; Steckdose *f*.

sod [sɔd] Grasnarbe *f*; Rasenstück *n*.

sofa ['səufə] Sofa *n*.

soft [sɔft] weich; mild(e); sanft; leise; *colloq.* einfältig; ~**drink** *colloq.* alkoholfreies Getränk; ~**en** ['sɔfn] weich werden *od.* machen; *j~n* rühren.

soil [sɔil] Boden *m*, Erde *f*; (be)schmutzen.

sojourn ['sɔdʒə:n] Aufenthalt *m*; sich aufhalten.

sold [sɔuld] *pret u. pp von* **sell.**

soldier ['sɔuldʒə] Soldat *m.*

sole¹ [sɔul] einzig, Allein...

sole² *ichth.* Seezunge *f*; Sohle *f*; besohlen.

solemn ['sɔləm] feierlich; ernst.

solicit [sə'lisit] dringend bitten; ~**or** Anwalt *m*...; ~**ous** besorgt; bestrebt, eifrig bemüht; ~**ude** [~tju:d] Besorgnis *f.*

solid ['sɔlid] fest; kompakt; stabil; massiv; *fig.* gründlich, solid(e).

solid|**arity** [sɔli'dæriti] Solidarität *f*; ~**ity** Festigkeit *f*, Solidität *f.*

soliloquy [sə'liləkwi] Selbstgespräch *n*, Monolog *m.*

solit|**ary** ['sɔlitəri] einsam; einzeln; ~**ude** ['~tju:d] Einsamkeit *f.*

solo ['sɔuləu] Solo *n*; allein; ~**ist** Solist(in).

solu|**ble** ['sɔljubl] löslich; (auf)lösbar; ~**tion** [sə'lu:-ʃən] (Auf)Lösung *f.*

solve [sɔlv] lösen; ~**nt** (auf)lösend; zahlungsfähig; Lösungsmittel *n.*

sombre, *Am.* ~**er** ['sɔmbə] düster.

some [sʌm, səm] (irgend-) ein; etwas; *vor pl:* einige, ein paar; manche; etwa; ~ **more** noch et.; ~**body** ['sʌmbədi] jemand; ~**day** eines Tages; ~**how** irgendwie; ~**one** jemand.

somersault ['sʌməsɔ:lt] Salto *m*; Purzelbaum *m*; **turn a** ~ e-n Purzelbaum schlagen.

some|**thing** (irgend) etwas; ~**time** irgendwann; ehemalig; ~**times** manchmal; ~**what** etwas, ziemlich; ~**where** irgendwo (-hin).

son [sʌn] Sohn *m.*

song [sɔŋ] Lied *n*; ~-**bird** Singvogel *m*; ~-**book** Liederbuch *n*; ~**ster** ['~stə] Singvogel *m.*

sonic ['sɔnik] Schall...

son-in-law Schwiegersohn *m.*

sonnet ['sɔnit] Sonett *n.*

soon [su:n] bald; früh; **as** ~ **as** sobald (als, wie); ~**er** eher, früher; lieber; **no** ~**er ... than** kaum ... als; **no** ~**er said than done** gesagt, getan; [rußen.\]

soot [sut] Ruß *m*; ver-\}

soothe [su:ð] beruhigen, besänftigen; lindern.

sooty ['suti] rußig.

sophisticated [sə'fistikeitid] kultiviert; intellektuell; anspruchsvoll; blasiert.

soporific [sɔpə'rifik] Schlafmittel *n.*

sorcer|er ['sɔːsərə] Zauberer *m*; **~ess** Zauberin *f*, Hexe *f*; **~y** Zauberei *f*.

sordid ['sɔːdid] schmutzig; schäbig.

sore [sɔː] schlimm, entzündet; weh(e), wund; **~ throat** Halsweh *n*.

sorrow ['sɔrəu] Kummer *m*, Leid *n*; Reue *f*; **~ful** traurig.

sorry ['sɔri] bekümmert; traurig; **(I am) (so) ~!** es tut mir (sehr) leid!, (ich) bedaure!, Verzeihung!

sort [sɔːt] sortieren, (ein-) ordnen; Sorte *f*, Art *f*.

sought [sɔːt] *pret u. pp von* **seek.**

soul [səul] Seele *f*.

sound [saund] gesund; *econ.* stabil; vernünftig; gründlich; fest, tief (*Schlaf*); *mar.* loten; sondieren; (er)tönen; (er-) schallen *od.* (-)klingen (lassen); *fig.* klingen; *med.* abhorchen; (aus)sondern; Meerenge *f*; Schall *m*, Laut *m*, Ton *m*, Klang *m*; **~less** lautlos; **~proof** schalldicht; **~wave** Schallwelle *f*.

soup [suːp] Suppe *f*.

sour ['sauə] sauer; *fig.* bitter, mürrisch.

source [sɔːs] Quelle *f*; Ursprung *m*.

south [sauθ] Süd(en *m*); südlich, Süd...; **~east** Südost; **~east(ern)** südöstlich.

souther|ly ['sʌðəli], **~n** südlich, Süd...; **~ner** *Am.*

Südstaatler(in); **~nmost** südlichst.

southward(s) ['sauθwəd(z)] südwärts, nach Süden.

southwest Südwest; südwestlich; **~erly** nach südl. *od.* aus Südwesten; südwestlich; **~ern** südwestlich.

souvenir ['suːvəniə] (Reise)Andenken *n*, Souvenir *n*.

sovereign ['sɔvrin] Souverän *m*, Monarch(in); **~ty** ['~rənti] Souveränität *f*.

Soviet ['sɔuviet] Sowjet *m*; sowjetisch, Sowjet...

sow¹ [sau] Sau *f*, (Mutter-) Schwein *n*.

sow² [sɔu] (*irr*) (aus)säen; **~n** *pp von* **sow**².

spa [spɑː] (Heil)Bad *n*.

space [speis] (Welt)Raum *m*; Platz *m*; Zwischenraum *m*, Abstand *m*; Zeitraum *m*; **~craft**, **~ship** Raumschiff *n*; **~suit** Raumanzug *m*.

spacious ['speiʃəs] geräumig; weit, umfassend.

spade [speid] Spaten *m*; **~s** (*pl*) Karten: Pik *n*.

span [spæn] Spanne *f*; Spannweite *f*; um-, überspannen; *pret von* **spin.**

spangle ['spæŋgl] Flitter *m*; **~d** *fig.* übersät.

Spani|ard ['spænjəd] Spanier(in); **~sh** spanisch; Spanisch *n*.

spank [spæŋk] verhauen; **~ing** Tracht *f* Prügel.

spanner ['spænə] Schraubenschlüssel *m*.

spare [spɛə] (ver)schonen;

entbehren; (übrig) haben; sparen mit; spärlich, sparsam; übrig; Ersatz..., Reserve...; ~ **(part)** Ersatzteil n; ~ **room** Gästezimmer n; ~ **time** Freizeit f; ~ **wheel** Reserverad n.

sparing ['spɛəriŋ] sparsam.

spark [spɑːk] Funke(n) m; Funken sprühen; ~**ing-plug** Zündkerze f; ~**le** Funke(n) m; Funkeln n; funkeln, blitzen; schäumen, perlen; ~**plug** Zündkerze f.

sparrow ['spærəu] Sperling m, Spatz m.

sparse [spɑːs] spärlich, dünn.

spasm ['spæzəm] Krampf m; ~**odic** [~'mɔdik] krampfhaft, -artig.

spat [spæt] pret u. pp von **spit**.

spatter ['spætə] (be)spritzen. [laichen.]

spawn [spɔːn] Laich m;]

speak [spiːk] (irr) sprechen, reden (**to** mit, zu); sagen; (aus)sprechen; ~ **out**, ~ **up** laut(er) sprechen; offen reden; ~**er** Sprecher(in), Redner(in).

spear [spiə] Speer m; Spieß m; aufspießen.

special ['speʃəl] besonder; speziell; Spezial...; Sonder...; Sonderausgabe f; Sonderzug f; Am. (Tages)Spezialität f; ~**ist** Spezialist m; ~**ity** [~i'æliti] Besonderheit f; Spezialität f;

~**ize** (sich) spezialisieren; ~**ty** Spezialität f.

species ['spiːʃiːz] pl ~ Art f, Spezies f.

speci|fic [spi'sifik] spezifisch; bestimmt; ~**fy** ['spesifai] spezifizieren, einzeln angeben; ~**men** ['spesimin]Exemplar n; Muster n.

spectacle ['spektəkl] Schauspiel n; Anblick m; **(a pair of)** ~**s** Pl(e–e)Brille.

spectacular [spek'tækjulə] eindrucksvoll.

spectator [spek'teitə] Zuschauer m.

speculat|e ['spekjuleit] Vermutungen anstellen; econ. spekulieren; ~**ion** Spekulation f.

sped [sped] pret u. pp von **speed**.

speech [spiːtʃ] Sprache f; Rede f; **make a** ~ e–e Rede halten; ~**day** Schule: (Jahres)Schlußfeier f; ~**less** sprachlos.

speed [spiːd] Geschwindigkeit f, Schnelligkeit f; Eile f; tech. Drehzahl f; (irr) schnell fahren, rasen, (dahin)eilen; ~ **up** (pret. u. pp ~**ed**) beschleunigen; ~**limit** Geschwindigkeitsbeschränkung f; ~**ometer** [spi'dɔmitə] Tachometer m, n; ~**y** schnell.

spell [spel] (Arbeits)Schicht f; Zeit(abschnitt m) f, meteor. a. Periode f; Zauber(spruch) m; (irr) buchstabieren; richtig schreiben; ~**bound** (wie) gebannt; **~ing** Rechtschreibung f. [spell.\]

spelt [spelt] *pret. u. pp von* **spell.**

spend [spend] (*irr*) *Geld etc.* ausgeben, verbrauchen; verschwenden; verbringen; verwenden.

spent [spent] *pret. u. pp von* **spend**; erschöpft; verbraucht.

sperm ['spə:m] Sperma *n*.

sphere [sfiə] (Erd-, Himmels)Kugel f; fig. Sphäre f.

spic|e [spais] Gewürz(e *pl*) *n*; fig. Würze f; **~y** würzig; fig. pikant.

spider ['spaidə] Spinne f.

spike [spaik] bot. Ähre f; Stift *m*, Spitze f, Dorn *m*, Stachel *m*; *pl* Spikes *pl*.

spill [spil] (*irr*) verschütten; überlaufen (lassen).

spilt [spilt] *pret. u. pp von* **spill.**

spin [spin] (*irr*) spinnen; (herum)wirbeln; sich drehen; Drehung f. [m.\]

spinach ['spinidʒ] Spinat

spinal ['spainl] Rückgrat-...; **~ column** Wirbelsäule f; **~ cord** Rückenmark *n*.

spindle ['spindl] Spindel f.

spine [spain] anat. Rückgrat *n*, Wirbelsäule f; Stachel *m*.

spinning-mill Spinnerei f.

spinster ['spinstə] unverheiratete Frau; alte Jungfer.

spiny ['spaini] stach(e)lig.

spiral ['spaiərəl] Spirale f; gewunden.

spire ['spaiə] (Kirch-) Turmspitze f.

spirit ['spirit] Geist *m*; Gesinnung f; Schwung *m*, Elan *m*, Mut *m*; *pl* Spirituosen *pl*, alkoholische Getränke *pl*; **in high** *od.* **low ~s** *pl* gehobener *od.* gedrückter Stimmung; **~ed** temperamentvoll, lebhaft; mutig; **~ual** ['~tjuəl] geistig; geistlich; mus. Spiritual *m* (*n*).

spit [spit] (Brat)Spieß *m*; Speichel *m*, Spucke f; (*irr*) (aus)spucken; fauchen.

spite [spait] Bosheit f; Groll *m*; **in ~ of** trotz; **~ful** gehässig, boshaft.

spittle ['spitl] Speichel *m*, Spucke f.

splash [splæʃ] Spritzer *m*; Platschen *n*; (be)spritzen; platschen, planschen; **~ down** wassern (*Raumfahrzeug*); **~down** Wasserung f.

spleen [spli:n] anat. Milz f; schlechte Laune, Ärger *m*.

splend|id ['splendid] glänzend, großartig, prächtig; **~o(u)r** Glanz *m*, Pracht f, Herrlichkeit f.

splint [splint] med. Schiene f; schienen; **~er** Splitter *m*; (zer)splittern.

split [split] Spalt *m*, Riß *m*; fig. Spaltung f; gespalten; (*irr*) (zer-, auf)spalten; (zer)teilen; sich (in *et.*) teilen; sich (auf)spalten; (zer)platzen; **~ting** heftig, rasend (*Kopfschmerz*).

splutter ['splʌtə] Worte heraussprudeln, -stottern.

spoil [spɔil] *mst pl* (*fig.* Aus)Beute *f*; ~ (*irr*) verderben; verwöhnen; *Kind a.* verziehen; ~**-sport** Spielverderber(in); ~**t** *pret u. pp von* **spoil**.

spoke[1] [spəuk] Speiche *f*; (Leiter)Sprosse *f*.

spoke[2] *pret*, ~*n pp von* **speak**; ~**sman** Wortführer *m*.

spong|e [spʌndʒ] Schwamm *m*; (mit e-m Schwamm) (ab)wischen; *colloq.* schmarotzen; ~**e-cake** Biskuitkuchen *m*; ~**y** schwammig; locker.

sponsor ['spɔnsə] Bürg|e *m*, -in *f*; Pat|e *m*, -in *f*; Förderer *m*; bürgen für.

spontaneous [spɔn'teinjəs] spontan; freiwillig; Selbst...

spook [spu:k] Spuk *m*.

spool [spu:l] Spule *f*; (auf)spulen.

spoon [spu:n] Löffel *m*; ~ **up**, ~ **out** auslöffeln; ~**ful** (*ein*) Löffel(voll) *m*.

spore [spɔ:] Spore *f*.

sport [spɔ:t] Vergnügen *n*; Spiel *n*; Spaß *m*; *colloq.* feiner Kerl; *pl* Sport *m*; *colloq.* protzen mit; ~**sman** Sportler *m*; ~**swoman** Sportlerin *f*.

spot [spɔt] Fleck(en) *m*; Tupfen *m*; Tropfen *m*; Pickel *m*; Stelle *f*; Makel *m*; **on the** ~ auf der Stelle, sofort; zur Stelle; (be-)flecken; ausfindig machen, entdecken, erkennen; ~-

~**less** fleckenlos; ~**light** *thea.* Scheinwerfer(licht *n*) *m*.

spout [spaut] Tülle *f*, Schnabel *m*; (Wasser-)Strahl *m*; (heraus)spritzen.

sprain [sprein] Verstauchung *f*; sich *et.* verstauchen.   [sprung.]

sprang [spræŋ] *pret von*

sprat [spræt] Sprotte *f*.

sprawl [sprɔ:l] sich rekeln, ausgestreckt daliegen.

spray [sprei] Gischt *m*, *f*; Spray *m*, *n*; zerstäuben; (ver)sprühen; besprühen.

spread [spred] (*irr*) (sich) aus- *od.* verbreiten; (sich) ausdehnen; *Butter etc.* aufstreichen; *Brot* streichen; Aus-, Verbreitung *f*; (Flügel)Spannweite *f*; (*Bett-etc.*)Decke *f*; (Brot)Aufstrich *m*.

sprig [sprig] kleiner Zweig.

sprightly ['spraitli] lebhaft, munter.

spring [spriŋ] Sprung *m*, Satz *m*; (Sprung)Feder *f*; Quelle *f*; *fig.* Ursprung *m*; Frühling *m*; (*irr*) springen; ~ **from** entspringen; ~**board** Sprungbrett *n*; ~**time** Frühling *m*.

sprinkle ['spriŋkl] (be-)streuen; (be)sprengen; ~**r** Berieselungsanlage *f*; Rasensprenger *m*.

sprint [sprint] sprinten; spurten; Sprint *m*; Endspurt *m*; ~**er** Sprinter(in).

sprout [spraut] sprießen; wachsen lassen; Sproß *m*.

spruce [spru:s] schmuck, adrett; ~ (**fir**) Fichte f, Rottanne f. [spring.\

sprung [sprʌŋ] pp von \
spun [spʌn] pret u. pp von **spin.**

spur [spɔː] Sporn m (a. zo., bot.); fig. Ansporn m; ~ **on** j-n anspornen.

sputter ['spʌtə] (hervor-) sprudeln; spritzen; zischen; stottern (Motor).

spy [spai] Spion m; (er-) spähen; (aus)spionieren.

squabble ['skwɔbl] sich zanken.

squad [skwɔd] Gruppe f.

squall [skwɔːl] Bö f.

squander ['skwɔndə] verschwenden.

square [skwεə] quadratisch, Quadrat...; viereckig; rechtwink(e)lig; breit, stämmig (Person); quitt; ehrlich (Person); Quadrat n; Viereck n; öffentlicher Platz; quadratisch machen; Zahl ins Quadrat erheben; Schultern straffen; in Einklang bringen od. stehen.

squash [skwɔʃ] Gedränge n; (Zitronen-, Orangen-) Saft m; (zer-, zs.-)quetschen, (-)drücken.

squat [skwɔt] untersetzt; hocken, kauern.

squeak [skwiːk] quieken; quietschen.

squeal [skwiːl] grell schreien; quieken.

squeamish ['skwiːmiʃ] empfindlich; heikel; penibel.

squeeze [skwiːz] (aus-, zs.-)drücken, (-)pressen, (aus)quetschen; sich zwängen od. quetschen; ~**r** (Frucht)Presse f.

squid [skwid] Tintenfisch m. [blinzeln.\

squint [skwint] schielen; \

squire ['skwaiə] Landedelmann m, a. Großgrundbesitzer m. [winden.\

squirm [skwɔːm] sich \

squirrel ['skwirəl, Am. 'ʃwɔːrəl] Eichhörnchen n.

squirt [skwɔːt] spritzen.

stab [stæb] Stich m, (Dolch)Stoß m; (er)stechen.

stabili|ty [stə'biliti] Stabilität f; Beständigkeit f; ~**ze** ['steibilaiz] stabilisieren.

stable[1] ['steibl] stabil, fest.

stable[2] Stall m.

stack [stæk] Schober m; Stapel m; (auf)stapeln.

stadium ['steidjəm] Stadion n.

staff [stɑːf] Stab m, Stock m; (Mitarbeiter)Stab m; Personal n, Belegschaft f; Lehrkörper m; (mit Personal) besetzen.

stag [stæg] Hirsch m.

stage [steidʒ] Bühne f; fig. Schauplatz m; (Fahr-) Strecke f; Abschnitt m; (Raketen)Stufe f; Stadium n; inszenieren; ~**coach** Postkutsche f; ~**manager** Inspizient m.

stagger ['stægə] (sch)wanken, taumeln; erschüttern.

stagnant ['stægnənt] stehend (*Wasser*); stagnierend.

stain [stein] Fleck *m*; *fig.* Makel *m*; beschmutzen; beflecken; **~ed** fleckig; befleckt; bunt, bemalt (*Glas*); **~less** rostfrei; *fig.* fleckenlos.

stair [steə] Stufe *f*; *pl* Treppe *f*; **~case**, **~way** Treppe(nhaus *n*) *f*.

stake [steik] wagen, aufs Spiel setzen; Pfahl *m*; (Spiel)Einsatz *m*; **be at ~** auf dem Spiel stehen.

stale [steil] alt; schal, abgestanden; verbraucht.

stalk [stɔ:k] Stengel *m*, Stiel *m*, Halm *m*.

stall [stɔ:l] (Pferde)Box *f*; (Verkaufs)Stand *m*, (Markt)Bude *f*; *thea.* Sperrsitz *m*; *Motor* abwürgen; aussetzen (*Motor*).

stallion ['stæljən] (Zucht-) Hengst *m*.

stalwart ['stɔ:lwət] stramm, stark; treu.

stammer ['stæmə] stottern, stammeln; Stottern *n*.

stamp [stæmp] Stempel *m*; (Brief)Marke *f*; stampfen; aufstampfen (mit); prägen; stempeln; frankieren; trampeln.

stanch [stɑ:ntʃ] s. **staunch**.

stand [stænd] stehen; stellen; aushalten, (v)ertragen; sich *et.* gefallen lassen; *Probe* bestehen; **~ (still)** stehenbleiben, still-

stehen; **~ back** zurücktreten; **~ by** dabeistehen; sich bereithalten; zu *j-m* halten *od.* stehen; **~ off** zurücktreten; **~ (up)on** bestehen auf; **~ out** hervortreten; *fig.* sich abheben; **~ up** aufstehen; **~ up for** eintreten für; *sub*: Stehen *n*, Stillstand *m*; (Stand)Platz *m*; (Taxi)Stand(platz) *m*; Ständer *m*; Gestell *n*; Tribüne *f*; (Verkaufs)Stand *m*.

standard ['stændəd] Standarte *f*; Standard *m*, Norm *f*; Maßstab *m*; Niveau *n*; Normal...; **~ize** normen.

standing ['stændiŋ] stehend; (be)ständig; Stehen *n*; Stellung *f*, Rang *m*, Ruf *m*; **of long ~** alt; **~ room** Stehplatz *m*.

stand-offish ['stænd'ɔfiʃ] reserviert, ablehnend; **~point** Standpunkt *m*; **~still** Stillstand *m*.

stank [stæŋk] *pret von* **stink**.

star [stɑ:] Stern *m*; *thea.* Star *m*; *thea.*, *Film*: die Hauptrolle spielen.

starboard ['stɑ:bəd] Steuerbord *n*.

starch [stɑ:tʃ] (Wäsche-) Stärke *f*; stärken.

stare [steə] starrer Blick; (**~ at** an)starren.

stark [stɑ:k] völlig.

star|ling ['stɑ:liŋ] *orn.* Star *m*; **~lit** sternenklar; **~ry** Stern(en)...; strahlend; **~s and Stripes** Sternenbanner *n*; **~-spangled**

sternenbesät; ‿**Spangled Banner** Sternenbanner n.

start [stɑːt] Start m; Anfang m; Aufbruch m, Abreise f, Abfahrt f, aer. Abflug m; fig. Abflug m; Zs.-fahren n; anfangen(**doing** zu tun); sp. starten; mot. anspringen; aufbrechen; abfahren (Zug); auslaufen (Schiff), aer. abfliegen, starten; auffahren, zs.-fahren,zs.-zucken;stutzen; et. in Gang setzen; tech. a. anlassen; aufmachen, gründen; ‿ **on a journey** e-e Reise antreten;‿**er** sp. Starter m; Läufer(in); mot. Anlasser m.

startl|e ['stɑːtl] er-, aufschrecken; ‿**ing** bestürzend; überraschend.

starv|ation [stɑː'veiʃən] (Ver)Hungern n; Hungertod m; ‿**e** (ver)hungern (lassen).

state [steit] Zustand m; Stand m, Lage f; (pol. 2) Staat m; staatlich, Staats...; darlegen; angeben; feststellen; jur. aussagen; 2 **Department** Am. Außenministerium n; ‿**ly** stattlich; würdevoll; ‿**ment** Erklärung f; Behauptung f; Aussage f; Angabe(n pl) f; Darstellung f; econ. Bericht m; ‿**room** mar. Einzelkabine f; ‿**side** Am.: amerikanisch, Heimat...; in od. nach den Staaten m; ‿**sman** Staatsmann m.

static ['stætik] statisch.

station ['steiʃən] Platz m; Station f; Bahnhof m; mil. Stützpunkt m; Australien: Schaffarm f; fig. Rang m, Stellung f; aufstellen; mil. stationieren; ‿**ary** fest (-stehend); gleichbleibend; ‿**er** Schreibwarenhändler m; ‿**ery** Schreib-, Papierwaren pl; ‿**master** Stationsvorsteher m; ‿**waggon** Kombiwagen m.

statistics [stə'tistiks] sg,pl Statistik f.

statue ['stætjuː] Statue f.

statute ['stætjuːt] Statut n, Satzung f; Gesetz n.

staunch [stɔːntʃ] Blut(ung) stillen; treu, zuverlässig; standhaft.

stay [stei] Strebe f, Stütze f; Aufenthalt m; pl Korsett n; bleiben (**with** bei); sich aufhalten, wohnen (**with** bei); ‿ **away** wegbleiben; ‿ **up** aufbleiben.

stead [sted]: **in his** ‿ an s-r Statt; ‿**fast** ['‿fəst] treu; unverwandt.

steady ['stedi] fest; gleichmäßig, stetig, (be-)ständig; zuverlässig; ruhig, sicher; fest od. sicher machen od. werden; ‿ **o.s.** sich stützen.

steal [stiːl] (irr) stehlen; sich stehlen, schleichen.

stealth [stelθ]: **by** ‿ heimlich; ‿**y** verstohlen.

steam [stiːm] Dampf m; Dunst m; Dampf...; dämpfen; Speisen dünsten, dämpfen; ‿ **up** (sich) beschlagen(*Glas*); ~er, ~ship Dampfer *m*.

steel [sti:l] Stahl *m*; stählern; Stahl...; ~-works *sg*, *pl* Stahlwerk *n*.

steep [sti:p] steil, jäh; steiler Abhang; einweichen, -tauchen; einlegen.

steeple ['sti:pl] (spitzer) Kirchturm.

steer [stiə] steuern, lenken; ~ing-gear Lenkung *f*; ~ing-wheel Steuerrad *n*; *mot. a.* Lenkrad *n*.

stem [stem] (Baum-, Wort-) Stamm *m*; Stiel *m*; Stengel *m*.

stench [stentʃ] Gestank *m*.

stenographer [ste'nɔgrəfə] Stenograph(in).

step[1] [step] Schritt *m*; (Treppen)Stufe *f*; schreiten; treten, gehen.

step[2] *in Zssgn*: Stief...; ~father Stiefvater *m*; ~mother Stiefmutter *f*.

stereo ['stiəriəu] Stereo *n*.

steril|e ['sterail] unfruchtbar; steril; ~ize ['~ilaiz] sterilisieren.

sterling ['stə:liŋ] Sterling *m* (*Währung*).

stern [stə:n] streng; *mar.* Heck *n*; ~ness Strenge *f*.

stew [stju:] schmoren; Schmor-, Eintopfgericht *n*; *colloq.* Aufregung *f*.

steward [stjuəd] Verwalter *m*; Steward *m*; ~ess Stewardeß *f*.

stick [stik] Stock *m*; (Besen- *etc.*)Stiel *m*; Stange *f*; (dünner) Zweig; (*irr*) ste-

chen mit; (an)stecken; (an)kleben; *colloq.* ertragen; hängenbleiben; stekkenbleiben; ~ out ab-, hervorstehen; heraus-st(r)ecken; ~ to bei *j-m od. et.* bleiben; ~ing-plaster Heftpflaster *n*; ~y klebrig.

stiff [stif] steif, starr; mühsam; stark (*alkoholisches Getränk*); ~en (sich) versteifen; erstarren.

stifle ['staifl] ersticken.

stile [stail] Zauntritt *m*.

still [stil] still; (immer) noch; doch; dennoch; stillen; beruhigen; ~ness Stille *f*, Ruhe *f*.

stilt [stilt] Stelze *f*; ~ed geschraubt (*Stil*).

stimul|ant ['stimjulənt] Anregungsmittel *n*; Anreiz *m*; ~ate ['~eit] anregen; ~ating anregend; ~ation Anreiz *m*; *med.* Reiz(ung *f*) *m*; ~us ['~əs] (An)Reiz *m*.

sting [stiŋ] Stachel *m* (*e-s Insekts*); Stich *m*, Biß *m*; (*irr*) stechen; brennen; schmerzen.

stingy ['stindʒi] geizig.

stink [stiŋk] Gestank *m*; (*irr*) stinken.

stipulate ['stipjuleit] ausbedingen, vereinbaren.

stir [stə:] (sich) rühren *od.* bewegen; umrühren; *fig.* erregen; |bügel *m*.|

stirrup ['stirəp] Steig-|

stitch [stitʃ] Stich *m*; Masche *f*; nähen; heften.

stock [stɔk] Griff *m*; Rohstoff *m*; (Fleisch-, Gemüse)Brühe *f*; Waren(lager *n*) *pl*; Vorrat *m*; Vieh(bestand *m*) *n*; Herkunft *f*; *pl*: Effekten *pl*; Aktien *pl*; Staatspapiere *pl*; **in (out of)** ~ (nicht) vorrätig; **take** ~ Inventur machen; vorrätig; gängig, Standard... (*Größe*); ausstatten, versorgen; *Waren*führen, vorrätig haben; **~breeder** Viehzüchter *m*; **~broker** Börsenmakler *m*; ~ **exchange** Börse *f*; **~farmer** Viehzüchter *m*; **~holder** Aktionär(in).

stocking ['stɔkiŋ] Strumpf *m*.   [**~y** stämmig.]

stock|-market Börse *f*;]

stole [stəul] *pret*, **~n** *pp von* **steal**.

stomach ['stʌmək] Magen *m*; Leib *m*, Bauch *m*; *fig.* (v.)ertragen.

ston|e [stəun] Stein *m*; (*Obst*)Kern *m*; steinern, Stein...; steinigen; entkernen; **~eware** Steinzeug *n*; **~y** steinig; *fig.* steinern.

stood [stud] *pret u. pp von* **stand**.

stool [stuːl] Schemel *m*, Hocker *m*; *med.* Stuhlgang *m*.   [krumm gehen.]

stoop [stuːp] sich bücken;]

stop [stɔp] aufhören (mit); *Zahlungen etc.* einstellen; an-, aufhalten, stoppen; hindern; *Zahn*plombieren; *Blut* stillen; (an)halten, stehenbleiben, stoppen; *aer.* zwischenlanden; *colloq.* bleiben; ~ **over** die Fahrt

unterbrechen; ~ **(up)** verzustopfen; Halt *m*; Pause *f*; Aufenthalt *m*; Station *f*, Haltestelle *f*; *tech.* Anschlag *m*; *ling.* Punkt *m*; ~ **page** *tech.* Hemmung *f*; (Zahlungs- *etc.*) Einstellung *f*; ~ **per** Stöpsel *m*; ~ **ping** *med.* Plombe *f*.

storage ['stɔːridʒ] Lagerung *f*; Lager(geld) *n*.

store [stɔː] Vorrat *m*; *Am.* Laden *m*, Geschäft *n*; *pl* Kauf-, Warenhaus *n*; versorgen; ~ **up** (auf)speichern, lagern; ~ **house** Lagerhaus *n*; ~ **keeper** *Am.* Ladenbesitzer(in).

stor|ey ['stɔːri] Stock(werk *n*) *m*; **~eyed**, **~ied** ...stöckig.

stork [stɔːk] Storch *m*.

storm [stɔːm] Sturm *m*; Gewitter *n*; stürmen; toben; **~y** stürmisch.

story ['stɔːri] Geschichte *f*; Erzählung *f*; *s.* **storey**.

stout [staut] kräftig; dick; *starkes* Porterbier.

stove [stəuv] Ofen *m*, Herd *m*; Treibhaus *n*.

stow [stəu] verstauen, packen; **~away** blinder Passagier.

straggling ['strægliŋ] verstreut (liegend); lose (*Haar*).

straight [streit] *adj* gerade; glatt (*Haar*); ehrlich; **put** ~ in Ordnung bringen; *adv* gerade(aus); direkt, geradewegs; ehrlich, anständig; **~away**, **~ off** sofort; **~ ahead**, **~ on** geradeaus; **~en** gerademachen, gerade de wider; (gerade)richten; **~forward** ehrlich, einfach.

strain [strein] (an)spannen; verstauchen, *Muskel etc.* zerren; überanstrengen; durchseihen, filtern; sich anstrengen (*at* an); abmühen; Spannung *f*; Belastung *f*; *med.* Zerrung *f*; Überanstrengung *f*, Anspannung *f*; **~er** Seiher *m*, Sieb *n*.

strait [streit] (*in Eigennamen oft*: **2s** *pl*) Meerenge *f*, Straße *f*; *pl* Not(lage) *f*; **~ed circumstances** in beschränkten Verhältnissen.

strand [strænd] Strand *m*; Strang *m*; Strähne *f*; *fig.* stranden (lassen).

strange [streindʒ] fremd; seltsam, merkwürdig; **~r** Fremde *m*, *f*.

strangle ['stræŋgl] erwürgen, erdrosseln.

strap [stræp] Riemen *m*, Gurt *m*, Band *n*; Träger *m* (*Kleid*); fest-, umschnallen.

strateg|ic [strə'ti:dʒik] strategisch; **~y** ['strætidʒi] Strategie *f*; *fig.* Taktik *f*.

straw [strɔː] Stroh(halm *m*) *n*; Stroh...; **~berry** Erdbeere *f*.

stray [strei] sich verirren; verirrt; streunend; vereinzelt.

streak [striːk] streifen;

Strich *m*, Streifen *m*; *fig.* Ader *f*, Spur *f*; **~** **of lightning** Blitzstrahl *m*; **~y** durchwachsen (*Speck*).

stream [striːm] Strom *m*, Fluß *m*, Bach *m*; Strömung *f*; strömen; flattern.

street [striːt] Straße *f*; **~car** *Am.* Straßenbahn *f*.

strength [streŋθ] Stärke *f*, Kraft *f*; **~en** (sich) stärken.

strenuous ['strenjuəs] rührig; tüchtig; anstrengend.

stress [stres] Nachdruck *m*; Betonung *f* (*a. ling.*); Belastung *f*, Streß *m*; betonen.

stretch [stretʃ] (sich) strecken; (sich) dehnen; sich erstrecken; (an)spannen; **~out** ausstrecken; (Sich-) Strecken *n*; (Weg)Strecke *f*, Fläche *f*; Zeit(raum *m*) *f*; **~er** (Trag)Bahre *f*.

strew [struː] *irr* (be-) streuen; **~n** *pp von* strew.

stricken ['strikən] *pp von* strike; heimgesucht; ergriffen.

strict [strikt] streng; genau.

strid|den ['stridn] *pp von* **stride**; **~e** [straid] (*irr*) über-, durchschreiten; ausschreiten; großer Schritt.

strife [straif] Streit *m*; Kampf *m*.

strike [straik] Schlag *m*, Stoß *m*; (Luft)Angriff *m*; *fig.* Treffer *m*; *econ.* Streik *m*; **be on ~** streiken; (*irr*) (an-, zu)schlagen; (an-, zu)stoßen; treffen; *Streichholz, Licht* anzünden; stoßen auf; einschlagen in

(*Blitz etc.*); *Zelt* abbrechen; *die Stunde etc.* schlagen (*Uhr*); *j-m* einfallen *od.* in den Sinn kommen; *j-m* auffallen; streiken; **~ off, ~ out** (aus-)streichen; **~r** Streikende *m, f.*

striking ['straikiŋ] Schlag-...; auffallend, eindrucksvoll; verblüffend.

string [striŋ] Schnur *f,* Bindfaden *m;* Band *n;* Faden *m,* Draht *m;* Reihe *f,* Kette *f; bot.* Faser *f; (Bogen)*Sehne *f;* Saite *f; pl* Streichinstrumente *pl;* (be)spannen; *Perlen* aufreihen; *n;* **~y** ['~ŋi] zäh (-flüssig); sehnig.

strip [strip] entkleiden (*a. fig.*), (sich) ausziehen; abziehen, abstreifen; Streifen *m.* **[~d** gestreift.**]**

stripe [straip] Streifen *m;* **strive** [straiv] (*irr*): **~** (for) streben (nach), ringen (um); **~n** ['strivn] *pp von* **strive.**

strode [stroud] *pret von* **stride.**

stroke [strouk] streichen über; streicheln; Schlag *m;* Stoß *m; med.* Schlag(anfall) *m;* **~ of luck** Glücksfall *m.*

stroll [stroul] schlendern; Bummel *m,* Spaziergang *m;* **~er** Spaziergänger(in) *f; Am.* Faltsportwagen *m.*

strong [stroŋ] stark; kräftig; fest; scharf (*Geschmack etc.*); **~box** Stahl-

kassette *f;* **~room** Tresor (-raum) *m.* **[strive.]**

strove [strouv] *pret von*

struck [strʌk] *pret u. pp von* **strike.**

structure ['strʌktʃə] Bau (-werk *n*) *n;* Struktur *f.*

struggle ['strʌgl] sich (ab-)mühen; kämpfen, ringen; sich sträuben; Kampf *m,* Ringen *n.* **[(auf.)]**

strum [strʌm] klimpern **]**

strung [strʌŋ] *pret u. pp von* **string; highly ~** (über)empfindlich, nervös.

strut [strʌt] stolzieren; Strebe(balken *m*) *f.*

stub [stʌb] (Baum)Stumpf *m;* Stummel *m.*

stubble ['stʌbl] Stoppel(n *pl*) *f.*

stubborn ['stʌbən] eigensinnig; stur; hartnäckig.

stuck [stʌk] *pret u. pp von* **stick.**

stud [stʌd] Beschlagnagel *m;* Kragenknopf *m;* Gestüt *n;* besetzen, übersäen.

student ['stjuːdənt] Student(in); Schüler(in).

studio ['stjuːdiəu] Atelier *n;* Studio *n;* Aufnahme-, Senderaum *m;* **~ couch** Bettcouch *f.*

studious ['stjuːdjəs] fleißig; sorgfältig; peinlich.

study ['stʌdi] Studium *n;* Studier-, Arbeitszimmer *n;* Studie *f;* (ein)studieren.

stuff [stʌf] Stoff *m,* Material *n;* Zeug *n;* (aus)stopfen; vollstopfen; **~ing** Füllung *f;* **~y** muffig; *colloq.* spießig.

stumble ['stʌmbl] stolpern, straucheln; **Stumble** *n.*

stump [stʌmp] Stumpf *m*, Stummel *m*; (daher)stampfen.

stun [stʌn] betäuben.

stung [stʌŋ] *pret u. pp von* **sting.**

stunk [stʌŋk] *pret u. pp von* **stink.**

stunning ['stʌnıŋ] *colloq.* toll, hinreißend.

stup|efy ['stjuːpıfai] betäuben; **~id** dumm; **~idity** Dummheit *f*; **~or** Erstarrung *f*, Betäubung *f.*

sturdy ['stɜːdı] robust, kräftig.

stutter ['stʌtə] stottern; Stottern *n.*

sty¹ [stai] Schweinestall *m.*

sty², **~e** *med.* Gerstenkorn *n.*

styl|e [stail] Stil *m*; Mode *f*; **~ish** stilvoll; elegant.

suave [swɑːv] verbindlich.

subdivision ['sʌbdıvıʒən] Unterteilung *f*; Unterabteilung *f.*

subdue [səb'djuː] unterwerfen; dämpfen.

subject ['sʌbdʒıkt] Thema *n*, Gegenstand *m*; (Lehr-, Schul-, Studien)Fach *n*; Untertan(in) *m*; Staatsbürger (-in), **~**angehörige *m*, *f*; *gr.* Subjekt *n*, Satzgegenstand *m*; **~** to vorbehaltlich [səb-'dʒekt]: **~** to unterwerfen *od.* aussetzen (*dat*); **~ion** Unterwerfung *f.*

subjunctive (mood) [səb-'dʒʌŋktıv] *gr.* Konjunktiv *m*, Möglichkeitsform *f.*

sublime [sə'blaim] erhaben.

submachine-gun ['sʌbmə'ʃiːŋgʌn] Maschinenpistole *f.*

submarine [sʌbmə'riːn] Unterseeboot *n*, U-Boot *n.*

submerge [səb'mɜːdʒ] (ein-, unter)tauchen.

submiss|ion [səb'mıʃən] Unterwerfung *f*; **~ive** unterwürfig.

submit [səb'mıt] **~** (to) (sich) unterwerfen (*dat*); unterbreiten (*dat*, in); sich fügen (*dat*, in).

subordinate [sə'bɔːdnit] Untergebene *m, f*; untergeordnet; **~ clause** *gr.* Nebensatz *m.*

subscribe [səb'skraib] spenden; unterschreiben (mit); **~ for** Buch vorbestellen; **~ to** Zeitung abonnieren; **~r** Abonnent(in); *teleph.* Teilnehmer(in); Spender(in).

subscription [səb'skrıpʃən] Unterzeichnung *f*; Abonnement *n*, Subskription *f*; (Mitglieds)Beitrag *m*; Spende *f.*

subsequent ['sʌbsıkwənt] (nach)folgend, später; **~ly** hinterher.

subsid|e [səb'said] sich senken; (ein)sinken; sich legen (*Wind*); **~iary** [~'sıdjərı] Hilfs...; untergeordnet, Neben...; **~iary (company)** Tochtergesellschaft *f*; **~ize** ['sʌbsıdaiz] subventionieren.

['sʌbsidi] Subvention f.

subsist [səb'sist] leben (**on** von); **~ence** (Lebens)Unterhalt m, Existenz f.

substance ['sʌbstəns] Substanz f; das Wesentliche.

substandard [sʌb'stændəd] unter der Norm; **~film** Schmalfilm m.

substantial [səb'stænʃəl] wirklich; reichlich (*Mahlzeit*); namhaft (*Summe*); wesentlich.

substantive ['sʌbstəntiv] gr. Substantiv n, Hauptwort n.

substitut|e ['sʌbstitju:t] an die Stelle setzen od. treten (**for** von); (Stell)Vertreter (-in); Ersatz m; **~ion** Ersatz m. |titel m.|

subtile ['sʌbtaitl] Unter-}
subtle ['sʌtl] fein(sinnig); subtil; scharf(sinnig).

subtract [səb'trækt] abziehen, subtrahieren.

suburb ['sʌbə:b] Vorstadt f, -ort m; **~an** [sə'bə:bən] vorstädtisch, Vorort(s)...

subway ['sʌbwei] (*bsd.* Fußgänger)Unterführung f; *Am.* Untergrundbahn f.

succeed [sək'si:d] Erfolg haben; glücken, gelingen; (nach)folgen (**to** *dat.*).

success [sək'ses] Erfolg m; **~ful** erfolgreich; **~ion** (Nach-, Erb-, Reihen)Folge f; **~ive** aufeinanderfolgend; **~or** Nachfolger(in).

succumb [sə'kʌm] erliegen.

such [sʌtʃ] solche(r, -s); derartig; **~ a man** ein solcher Mann; **~ as** die, welche; wie (zum Beispiel).

suck [sʌk] saugen (an); aussaugen; lutschen (an); **~le** säugen, stillen; **~ling** Säugling m.

sudden ['sʌdn] plötzlich; **all of a ~** ganz plötzlich; **~ly** plötzlich.

suds [sʌdz] *pl* Seifenschaum m.

sue [sju:] (ver)klagen.

suède [sweid] Wildleder n.

suet [sjuit] Talg m.

suffer ['sʌfə] leiden (**from** an, unter); (er)leiden; büßen; dulden; **~er** Leidende m, f.

suffice [sə'fais] genügen; **it to say** es sei nur gesagt.

sufficien|cy [sə'fiʃənsi] genügende Menge; **~t** genügend, genug, ausreichend.

suffix ['sʌfiks] *ling.* Suffix n, Nachsilbe f.

suffocate ['sʌfəkeit] ersticken.

sugar ['ʃugə] Zucker m; zuckern; **~cane** Zuckerrohr n.

suggest [sə'dʒest] vorschlagen, anregen; hinweisen auf; andeuten; **~ion** Vorschlag m, Anregung f; Hinweis m; Andeutung f; **~ive** anregend; andeutend (**of** *acc*); vielsagend; zweideutig.

suicide ['sjuisaid] Selbstmord m; Selbstmörder(in).

suit [sju:t] Anzug m; Kostüm n; *Karten:* Farbe f; *jur.* Prozeß m; passen; j-m

zusagen, bekommen; j-n
kleiden, j-m stehen, passen
zu; sich eignen für od. zu;
~ **yourself** tu, was dir gefällt; **~able** passend, geeignet; **~case** (Hand)Kof-
fer m.

suite [swiːt] Gefolge n;
(Zimmer)Einrichtung f;
Zimmerflucht f.

suitor ['sjuːtə] Freier m;
jur. Kläger(in).

sulfur ['sʌlfə] Am. für **sulphur.**

sulk [sʌlk] schmollen; **~y**
verdrießlich, mürrisch.

sullen ['sʌlən] verdrossen,
mürrisch; düster.

sulphur ['sʌlfə] Schwefel m.

sultry ['sʌltri] schwül; fig.
heftig, hitzig.

sum [sʌm] Summe f; Betrag m; Rechenaufgabe f;
do ~ rechnen; vb: ~ **up**
zs.-zählen, addieren; j-n
abschätzen; fig. zs.-fassen.

summar|ize ['sʌməraiz]
(kurz) zs.-fassen; **~y** (kurze) Inhaltsangabe, Zs.-fas-
sung f, Übersicht f.

summer ['sʌmə] Sommer
m; ~ **resort** Sommerfri-
sche f; ~ **school** Ferien-
kurs m.

summit ['sʌmit] Gipfel m.

summon ['sʌmən] auffor-
dern; (zu sich) bestellen;
jur. vorladen; ~ **(up)** Mut
etc. zs.-nehmen; **~s** [~z],
pl **~s(es)** ['~ziz] Aufforderung f; jur. Vorladung f.

sun [sʌn] Sonne f; Sonnen-
...; (sich) sonnen; **~bath**

Sonnenbad n; **~beam**
Sonnenstrahl m; **~burn**
Sonnenbrand m, -bräune f.

Sunday ['sʌndi] Sonntag m.

sundial Sonnenuhr f.

sundr|ies ['sʌndriz] pl Ver-
schiedenes; **~y** verschie-
dene.

sung [sʌŋ] pp von **sing.**

sun-glasses pl (a. **a pair
of ~**) (e-e) Sonnenbrille.

sunk [sʌŋk] pp von **sink;
~en** versunken; fig. eingefallen.

sun|ny ['sʌni] sonnig; **~-
rise** Sonnenaufgang m; **~-
set** Sonnenuntergang m;
~shade Sonnenschirm m;
~shine Sonnenschein m;
~stroke Sonnenstich m.

super- ['sjuːpə-] übermäßig, Über..., über...; übergeordnet, Ober..., ober...;
Super... [reichlich.]

superabundant über-

superb [sjuː'pəːb] herrlich; ausgezeichnet.

super|ficial [sjuːpə'fiʃl]
oberflächlich; **~fluous**
[~'pəːfluəs] überflüssig; **~-
highway** Am. Autobahn
f; **~human** übermensch-
lich; **~intend** beaufsichti-
gen, überwachen; **~in-
tendent** Leiter m, Direktor m; Inspektor m.

superior [sjuː'piəriə] höher;
vorgesetzt; besser,
hervorragend; überlegen;
Vorgesetzte, m f; **~ity** [~-
'ɔriti] Überlegenheit f.

superlative [sjuː(ː)'pəːlə-
tiv] höchst; überragend

(degree) gr. Superlativ m. **super|man** Übermensch m; **~market** Supermarkt m; **~natural** übernatürlich; **~numerary** [⌐'nju:- mərəri] überzählig; **~ scription** Über-, Aufschrift f; **~sonic** Überschall...; **~stition** [⌐'stiʃən] Aberglaube m; **~stitious** abergläubisch; **~vise** ['⌐vaiz] beaufsichtigen, überwachen; **~visor** Aufseher m, Leiter m.

supper ['sʌpə] Abendessen n, -brot n; **the Lord's ℒ** das Heilige Abendmahl.

supple ['sʌpl] geschmeidig, biegsam.

supplement ['sʌplimənt] Ergänzung f; Nachtrag m; (Zeitungs-)Beilage f; ['⌐ment] ergänzen; **~ary** Ergänzungs..., zusätzlich, Nachtrags...

supplication [sʌpli'keiʃən] demütige Bitte, Flehen n.

suppl|ier [sə'plaiə] Lieferant(in) f; **~y** [⌐ai] liefern; versorgen; Lieferung f; Versorgung f; econ. Angebot n; Vorrat m.

support [sə'pɔ:t] Stütze f; tech. Träger m; Unterstützung f; (Lebens)Unterhalt m; (unter)stützen; unterhalten, sorgen für (Familie etc.).

suppos|e [sə'pəuz] annehmen, voraussetzen; vermuten; halten für; sollen; **~ed** vermeintlich, angeblich; **~edly** [⌐idli] vermutlich;

~ition [sʌpə'ziʃən] Voraussetzung f, Annahme f; Vermutung f.

suppress [sə'pres] unterdrücken; **~ion** Unterdrückung f.

suppurate ['sʌpjuəreit] eitern.

suprem|acy [sju'preməsi] Oberhoheit f; Vorherrschaft f; Überlegenheit f; Vorrang m; **~e** [⌐'pri:m] höchst, oberst, Ober...

surcharge [sə:'tʃa:dʒ] überlasten; Zuschlag od. Nachgebühr erheben für; ['⌐] Überlastung f; Zuschlag m; Nachgebühr f; Überdruck m (auf Briefmarken).

sure [ʃuə] adj: **~ (of)** sicher, gewiß, überzeugt (von); **feel ~ of** sicher od. überzeugt sein, daß; **make ~ that** sich (davon) überzeugen, daß; adv: **~!** klar!, bestimmt!; **~ly** sicher(lich); **~ty** ['⌐rəti] Bürge m; Bürgschaft f, Kaution f.

surf [sə:f] Brandung f.

surface ['sə:fis] Oberfläche f; auftauchen (U-Boot).

surf-riding Wellenreiten n.

surge [sə:dʒ] Woge f, (hohe) Welle; wogen.

surg|eon ['sə:dʒən] Chirurg m; **~ery** Chirurgie f; Sprechzimmer n; **~ery hours** pl Sprechstunde(n pl) f; **~ical** chirurgisch.

surly ['sə:li] mürrisch.

surmise ['sə:maiz] Vermutung *f*; ['sə:maiz] vermuten.

surmount [sə:'maunt] überwinden; **~ed by** überragt *m*.

surname ['sə:neim] Familien-, Nach-, Zuname *m*.

surpass [sə:'pɑ:s] *fig.* übersteigen, -treffen; **~ing** unübertrefflich.

surplus ['sə:pləs] Überschuß *m*, Mehr *n*; überschüssig, Über(schuß)...

surprise [sə'praiz] Überraschung *f*; überraschen; **~d** überrascht, erstaunt.

surrender [sə'rendə] Übergabe *f*; Kapitulation *f*; Aufgaben *n*; übergeben; aufgeben; sich ergeben (**to** *dat.*).

surround [sə'raund] umgeben; **~ings** *pl* Umgebung *f*.

survey [sə:'vei] überblicken; begutachten; *Land* vermessen; ['~vei] Überblick *m*; (Land)Vermessung *f*; (Lage)Karte *f*; **~or** ['~v~] Land-, Feldvermesser *m*, (amtlicher) Inspektor.

surviv|al [sə'vaivəl] Überleben *n*; **~e** überleben; bestehen bleiben; **~or** Überlebende *m, f*.

suscept|ible [sə'septəbl] leicht zu beeindrucken; empfänglich (**to** für); empfindlich (**to** gegen).

suspect [səs'pekt] verdächtigen; vermuten; befürchten; ['sʌspekt] Verdächtige

m, f; verdächtig; **~ed** [~'pektid] verdächtig.

suspend [səs'pend] (auf-)hängen; aufschieben; *Zahlung* einstellen; suspendieren, sperren; **~ed** hängend, Hänge...; schwebend; **~er** Strumpf-, Sockenhalter *m*; *pl Am.* Hosenträger *pl*.

suspens|e [səs'pens] Ungewißheit *f*; Spannung *f*; **~ion** Aufhängung *f*; Aufschub *m*; Einstellung *f*; Suspendierung *f*; *sp.* Sperre *f*; **~ion bridge** Hängebrücke *f*.

suspici|on [səs'piʃən] Verdacht *m*; **~ous** verdächtig; mißtrauisch.

sustain [səs'tein] stützen, tragen; aushalten; erleiden; unterhalten, versorgen; stärken.

sustenance ['sʌstinəns] (Lebens)Unterhalt *m*; Nahrung *f*; Nährwert *m*.

swab [swɔb] Mop *m*; *med.*: Tupfer *m*; Abstrich *m*; **~ up** aufwischen.

swagger ['swægə] stolzieren; prahlen, renommieren.

swallow ['swɔləu] Schwalbe *f*; (hinunter-, ver-)schlucken; verschlingen.

swam [swæm] *pret von* **swim.**

swamp [swɔmp] Sumpf *m*; überschwemmen (*a. fig.*); **~y** sumpfig.

swan [swɔn] Schwan *m*.

swap [swɔp] *s.* **swop.**

swarm [swɔ:m] Schwarm

switch

m; Schar *f*; schwärmen; wimmeln.

swarthy ['swɔːði] dunkel (-häutig).

swathe [sweið] (ein-, um-) wickeln.

sway [swei] schwanken; (sich) wiegen; schaukeln; beeinflussen.

swear [sweə] *(irr)* (be-) schwören; fluchen; **~ s.o. in** j-n vereidigen.

sweat [swet] Schweiß *m*; Schwitzen *n*; *(irr)* (aus-) schwitzen; **~er** Sweater *m*, Pullover *m*; **~y** verschwitzt.

Swed|e [swiːd] Schwed|e *m*, -in *f*; (ohne pl.) Schwedisch; Schwedisch *n*.

sweep [swiːp] *(irr)* fegen (*a. fig.*), kehren; gleiten *od.* schweifen über (*Blick*); (majestätisch) einherschreiten *od.* (dahin)rauschen; schwungvolle Bewegung; Schornsteinfeger *m*; **~er** (Straßen)Kehrer *m*; Kehrmaschine *f*; **~ing** schwungvoll; umfassend; **~ings** *pl* Kehricht *m*, Müll *m*.

sweet [swiːt] süß; frisch; lieb, reizend; Bonbon *m*, *n*; süßer Nachtisch; *pl* Süßigkeiten *pl*; *Anrede:* Liebling *m*; **~en** (ver)süßen; **~heart** Schatz *m*, Liebste *m*, *f*; **~ness** Süße *f*; Sanftheit *f*; Lieblichkeit *f*; **~ pea** Gartenwicke *f*.

swell [swel] *(irr)* (an-) schwellen (lassen); sich (auf)blähen; sich bauschen; *Am.* pri-

ma; **~ing** Schwellung *f*, Geschwulst *f*.

swept [swept] *pret u. pp von* **sweep.**

swerve [swəːv] (plötzlich) ab- *od.* ausbiegen.

swift [swift] schnell; eilig; flink; **~ness** Schnelligkeit *f*.

swim [swim] *(irr)* (durch-) schwimmen; **my head ~s** mir ist schwind(e)lig; Schwimmen *n*; **~mer** Schwimmer(in); **~ming** Schwimmen *n*; Schwimm...; **~ming-bath** (*bsd.* Hallen)Schwimmbad *n*; **~ming-pool** Schwimmbecken *n*; Freibad *n*; **~suit** Badeanzug *m*.

swindle ['swindl] betrügen; beschwindeln; Schwindel *m*. [*n*.]

swine [swain] *pl* Schwein **swing** [swiŋ] *(irr)* schwingen; schwenken; schlenkern; baumeln (lassen); schaukeln; sich drehen (*Tür*); *colloq.* baumeln; hängen; Schwingen *n*; Schwung *m*; Schaukel *f*; **~boat** Schiffsschaukel *f*; **~ bridge** Drehbrücke *f*; **~door** Drehtür *f*.

swirl [swəːl] (herum)wirbeln; Wirbel *m*, Strudel *m*.

Swiss [swis] schweizerisch; Schweizer...; Schweizer (-in); **the ~** *pl* die Schweizer *pl*.

switch [switʃ] *rail.* Weiche *f*; *electr.* Schalter *m*; *rail.* rangieren; *electr.* (um-) schalten; *fig.* wechseln; **~**

off ab-, ausschalten; **~ on** an-, einschalten; **~board** Schaltbrett *n*, -tafel *f*.

swollen ['swoulən] *pp von* **swell**.

swoon [swu:n] Ohnmacht *f*; in Ohnmacht fallen.

swoop [swu:p]: **~ down on** herabstoßen auf, sich stürzen auf.

swop [swɔp] *colloq.* (ein-, aus)tauschen; Tausch *m*.

sword [sɔ:d] Schwert *n*, Degen *m*.

swore [swɔ:] *pret*, **~n** *pp von* **swear**. **[swim.]**

swum [swʌm] *pp von*

swung [swʌŋ] *pret u. pp von* **swing**.

syllable ['siləbl] Silbe *f*.

symbol ['simbəl] Symbol *n*, Sinnbild *n*; **~ic(al)** [~'bɔlik(əl)] symbolisch, sinnbildlich; **~ism** Symbolik *f*.

symmetr|ic(al) [si'metrik(əl)] symmetrisch, ebenmäßig; **~y** ['simitri] Sym-

metrie *f*; *fig. a.* Ebenmaß *n*.

sympath|etic [simpə-'θetik] mitfühlend; **~ize** sympathisieren, mitfühlen; **~y** Sympathie *f*; Mitgefühl *n*.

symphony ['simfəni] Symphonie *f*.

symptom ['simptəm] Symptom *n*.

synchronize ['siŋkrənaiz] synchronisieren.

synonym ['sinənim] Synonym *n*; **~ous** [si'nɔniməs] synonym, sinnverwandt.

syntax ['sintæks] *ling.* Syntax *f*, Satzbau *m*, -lehre *f*.

synthe|sis ['sinθisis], *pl* **~ses** ['~si:z] Synthese *f*; **~tic** [~'θetik] synthetisch.

syringe [si'rindʒ] Spritze *f*; (ein)spritzen.

syrup ['sirəp] Sirup *m*.

system ['sistim] System *n*; (Eisenbahn-, Straßen- *etc.*) Netz *n*; Organismus *m*, Körper *m*; **~atic** systematisch.

T

tab [tæb] (Mantel- *etc.*) Aufhänger *m*.

table ['teibl] Tisch *m*; Tafel *f*; Tabelle *f*, Verzeichnis *n*; **at ~** bei Tisch; **~cloth** Tischtuch *n*, -decke *f*; **~land** Plateau *n*, Hochebene *f*; **~spoon** Eßlöffel *m*; **~spoonful** (*ein*) Eßlöffel(voll) *m*.

tablet ['tæblit] Täfelchen *n*; Stück *n* (*Seife*); Tablette *f*.

tacit ['tæsit] stillschweigend; **~urn** ['~ə:n] schweigsam.

tack [tæk] Stift *m*, Zwecke *f*; Heftstich *m*; heften.

tackle ['tækl] Gerät *n*, Ausrüstung *f*; Flaschenzug *m*; (an)packen.

tact [tækt] Takt *m*, Feingefühl *n*; **~ful** taktvoll; **~ics** *sg*, *pl* Taktik *f*; **~less** taktlos.

tadpole ['tædpəul] Kaulquappe *f*.

tag [tæg] Anhänger *m*, Schildchen *n*; Etikett *n*; etikettieren, auszeichnen; anhängen (**to** an).

tail [teil] Schwanz *m*, Schweif *m*; (hinterer) Ende, Schluß *m*; Rückseite *f* (*e-r* Münze); **~coat** Frack *m*; **~light** Rück-, Schlußlicht *n*.

tailor ['teilə] Schneider *m*; schneidern; **~made** Schneider..., Maß...

taint [teint] (verborgene) Anlage (*zu e-r* Krankheit); **~ed** verdorben.

take [teik] (*irr*) (an-, ein-, entgegen-, heraus-, hin-, mit-, weg)nehmen; ergreifen; fangen; (hin-, weg-) bringen; halten (**for** für); *Speisen zu* sich nehmen; *Platz* einnehmen; *Fahrt, Spaziergang, Ferien* machen; *Zug, Bus etc.* nehmen, benutzen; *Temperatur* messen; *phot. Aufnahme* machen; *Prüfung* machen, ablegen; *Preis* gewinnen; *Gelegenheit, Maßnahmen* ergreifen; *Vorsitz etc.* übernehmen; *Eid* ablegen; *Zeit, Geduld* erfordern, brauchen; *Zeit* dauern; **~ along** mitnehmen; **~ from** *j-m et.* wegnehmen; **~ in** *Gast* aufnehmen; *Zeitung* halten; *et.* kürzer od. enger machen; *fig.*: *et.* in sich aufnehmen; *Lage* überschauen; *colloq. j-n*

reinlegen; **be ~ in** reingefallen sein; **~ off** *j-n* fortbringen; *Hut etc.* abnehmen; *Kleidungsstück* ablegen, ausziehen; *e-n Tag etc.* Urlaub machen; *aer.* aufsteigen, abfliegen, starten; **~ out** heraus-, entnehmen, entfernen; *zum Essen* ausführen; **~ over** *Amt, Aufgabe etc.* übernehmen; **~ to** Gefallen finden an, sich hingezogen fühlen zu; **~ up** auf-, hochheben; aufnehmen; sich befassen mit; *Idee* aufgreifen; *Platz, Zeit etc.* in Anspruch nehmen; **~ pp** *von* **take**; besetzt; **~off** *aer.* Start *m*.

tale [teil] Erzählung *f*, Geschichte *f*; Märchen *n*.

talent ['tælənt] Talent *n*, Begabung *f*; **~ed** begabt.

talk [tɔːk] Gespräch *n*; Unterhaltung *f*; Unterredung *f*; Vortrag *m*; sprechen, reden; **~ to** sich unterhalten mit; **~ative** ['ɔtiv] geschwätzig.

tall [tɔːl] groß, hochgewachsen; lang; hoch.

tallow ['tæləu] Talg *m*.

talon ['tælən] *orn.* Kralle *f*, Klaue *f*.

tame [teim] zahm; folgsam; harmlos; zähmen.

tamper ['tæmpə]: **~ with** sich (unbefugt) zu schaffen machen an.

tan [tæn] Lohfarbe *f*; (Sonnen)Bräune *f*; lohfarben,

gelbbraun; gerben; bräunen. [gente f.]

tangent ['tændʒənt] Tan-|

tangerine [tændʒə'riːn] Mandarine f.

tangle ['tæŋgl] Gewirr n; Verwicklung f, Durcheinander n; verwirren, verwickeln.

tank [tæŋk] Tank m (a. mil.); Zisterne f, Wasserbecken n, -behälter m.

tankard ['tæŋkəd] (Bier-) Krug m.

tanner ['tænə] Gerber m.

tantalizing ['tæntəlaiziŋ] quälend, verlockend.

tantrum ['tæntrəm] Wut (-anfall m) f.

tap [tæp] leichtes Klopfen, Zapfen m; (Wasser-, Gas-, Zapf)Hahn m; pl mil. Am. Zapfenstreich m; klopfen, pochen; an-, abzapfen.

tape [teip] schmales Band, Streifen m; sp. Zielband n; (Ton)Band n; **~-measure** Bandmaß n.

taper ['teipə]: **~ off** spitz zulaufen.

tape| recorder Tonbandgerät n; **~ recording** (Ton)Bandaufnahme f.

tapestry ['tæpistri] Gobelin m.

tapeworm Bandwurm m.

tar [tɑː] Teer m; teeren.

target ['tɑːgit] (Schieß-) Scheibe f; mil. Ziel n; fig. Zielscheibe f.

tariff ['tærif] Zolltarif m; Preisliste f (im Hotel).

tarnish ['tɑːniʃ] matt od.

blind machen; anlaufen (Metall).

tart [tɑːt] sauer, herb; fig. scharf; (Obst)Torte f.

tartan ['tɑːtən] Tartan m, Schottentuch n, -muster n.

task [tɑːsk] Aufgabe f; Arbeit f; **take to ~** j-n ins Gebet nehmen (for vergen). [Quaste f.]

tassel ['tæsl] Troddel f,|

tast|e [teist] Geschmack m; kosten, probieren; (heraus)schmecken; fig. kennenlernen, erleben; **~eful** geschmackvoll; **~eless** geschmacklos; **~y** schmackhaft; geschmackvoll.

ta-ta ['tæ'tɑː] int. colloq. auf Wiedersehen!

tattoo [tə'tuː] mil. Zapfenstreich m; Tätowierung f; tätowieren. [teach.]

taught [tɔːt] pret u. pp von|

taunt [tɔːnt] Spott m; verhöhnen, -spotten.

tax [tæks] Steuer f, Abgabe f; besteuern; **~ation** Besteuerung f; Steuern pl; **~-collector** Steuereinnehmer m.

taxi(-cab) ['tæksi(-)] Taxe f, Taxi n, (Auto-) Droschke f; **~-driver** Taxifahrer m; **~ rank** Taxistand m.

tax|payer Steuerzahler m; **~-return** Steuererklärung f.

tea [tiː] Tee m.

teach [tiːtʃ] (irr) lehren, unterrichten; j-m et. beibringen; **~er** Lehrer(in).

tea|cup Teetasse f; **~-ket-**

tempt

tle Tee-, Wasserkessel *m*.
team [ti:m] Team *n*, (Arbeits)Gruppe *f*; Gespann *n*; *sp.* Team *n*, Mannschaft *f*; **~work** Zs.-arbeit *f*, Zs.-spiel *n*, Teamwork *n*.
teapot Teekanne *f*.
tear¹ [tɛə] (*irr*) zerren; (aus-, zer)reißen; Riß *m*.
tear² [tiə] Träne *f*.
tearoom Tearoom *m*, Teestube *f*.
tease [ti:z] necken, hänseln; ärgern; quälen.
tea|spoon Teelöffel *m*; **~spoonful** (*ein*) Teelöffel (-voll) *m*.
teat [ti:t] Zitze *f*.
techni|cal ['teknikəl] technisch; Fach...; **~cian** [~'niʃən] Techniker(in); **~que** [~'ni:k] Technik *f*, Verfahren *n*.
tedious ['ti:djəs] langweilig; ermüdend.
teens [ti:nz] *pl* Jugendjahre *pl* (*von 13–19*).
teeny ['ti:ni] winzig.
teeth [ti:θ] *pl von* **tooth**; **~e** [ti:ð] zahnen.
teetotal(l)er [ti:'təutl̩] Abstinenzler(in).
telegram ['teligræm] Telegramm *n*.
telegraph ['teligrɑ:f] Telegraf *m*; telegrafieren; **~ic** [~'græfik] telegrafisch; **~y** [ti'legrəfi] Telegrafie *f*.
telephone ['telifoun] Telefon *n*, Fernsprecher *m*; telefonieren; anrufen; **~ booth** Telefonzelle *f*; **~ call** Telefongespräch *n*,

Anruf *m*; **~ directory** Telefonbuch *n*; **~ exchange** Fernsprechamt *n*; **~ kiosk** [~'ki:ɔsk] Telefonzelle *f*.
tele|printer ['teliprintə] Fernschreiber *m*; **~scope** ['~skəup] Fernrohr *n*; **~typewriter** ['~taip-]Fernschreiber *m*.
televise ['telivaiz] im Fernsehen übertragen.
television ['telivi3ən] Fernsehen *n*; **on ~** im Fernsehen; **watch ~** fernsehen; **~ set** Fernsehapparat *m*.
tell [tel] (*irr*) sagen; erzählen; erkennen; unterscheiden; sagen, befehlen; **~er** (Bank)Kassierer *m*; **~tale** verräterisch.
temper ['tempə] mäßigen, mildern; Charakter *m*; Laune *f*; Wut *f*; **keep one's ~** sich beherrschen; **lose one's ~** in Wut geraten; **~ament** Temperament *n*; **~ance** Enthaltsamkeit *f*; **~ate** ['~rit] gemäßigt; zurückhaltend; **~ature** ['~pritʃə] Temperatur *f*; Fieber *n*.
tempest ['tempist] Sturm *m*; **~uous** [~'pestjuəs] stürmisch.
temple ['templ] Tempel *m*; *anat.* Schläfe *f*.
tempor|al ['tempərəl] zeitlich; weltlich; **~ary** vorläufig, zeitweilig, vorübergehend; Not..., Behelfs...
tempt [tempt] *j–n* versu-

chen; verleiten; verlocken; **~ation** Versuchung f; **~ing** verführerisch.

ten [ten] zehn; Zehn f.

tenacious [ti'neiʃəs] zäh, hartnäckig.

tenant ['tenənt] Pächter m; Mieter m.

tend [tend] sich bewegen (**to** nach, auf ... zu); fig. tendieren, neigen (**to** zu); pflegen; hüten; **~ency** Tendenz f, Richtung f; Neigung f.

tender ['tendə] zart; weich; empfindlich; zärtlich; (formell) anbieten; **~loin** Filet n; **~ness** Zartheit f; Zärtlichkeit f.

tendon ['tendən] Sehne f.

tendril ['tendril] Ranke f.

tenement-house ['tenimənthaus] Mietshaus m.

tennis ['tenis] Tennis (-spiel) n; **~-court** Tennisplatz m.

tense [tens] gr. Tempus n, Zeitform f; (an)gespannt (a. fig.); straff; **~ion** Spannung f.

tent [tent] Zelt n.

tentacle ['tentəkl] zo. Fangarm m.

tenth [tenθ] zehnte; Zehntel n; **~ly** zehntens.

tepid ['tepid] lau(warm).

term [tə:m] (bestimmte) Zeit, Dauer f; Amtszeit f; Frist f; Termin m; Sitzungsperiode f; Semester n, Quartal n, Trimester n; (Fach)Ausdruck m, Bezeichnung f; pl: (Ver-

trags- etc.)Bedingungen pl; Beziehungen pl; **be on good** od. **bad ~s with** gut od. schlecht stehen mit; (be)nennen,bezeichnen als.

termina|l ['tə:minl] End-station f; **~te** ['~eit] begrenzen; (be)enden; **~tion** Beendigung f; Ende n.

terminus ['tə:minəs] End-station f.

terrace ['terəs] Terrasse f; **~d** terrassenförmig (angelegt).

terri|ble ['terəbl] schrecklich; **~fic** [tə'rifik] schrecklich; colloq. phantastisch; **~fy** ['terifai] erschrecken.

territor|ial [teri'tɔ:riəl] territorial; Land...; **~y** ['~təri] Territorium n, (Hoheits-, Staats)Gebiet n.

terror ['terə] Schrecken m, Entsetzen n; Terror m; **~ize** terrorisieren.

test [test] Probe f; Untersuchung f; Test m; (Eignungs)Prüfung f; prüfen, testen. [Testament n.]

testament ['testəmənt]}

testify ['testifai] bezeugen; (als Zeuge) aussagen.

testimon|ial [testi'məunjəl] (Führungs- etc.)Zeugnis n; **~y** ['~məni] Zeugenaussage f.

testy ['testi] gereizt.

text [tekst] Text m; Bibelstelle f; **~book** Lehrbuch n.

textile ['tekstail] Textil..., Gewebe...; pl Textilien pl.

texture ['tekstʃə] Gewebe n; Struktur f, Gefüge n.

thing

than [ðæn,ðən] als.

thank [θæŋk] danken;
(no,) ~ you (nein,) danke;
pl Dank *m*; **~s** to dat., **~s!**
vielen Dank!, danke!; **~ful**
dankbar; **~less** undankbar;
2sgiving (Day) *Am.*
(Ernte)Dankfest *n*.

that [ðæt, ðət], *pl* **those**
[ðouz] *pron, adj:* das; je-
ne(r,-s), der, die, das, der-,
die-, dasjenige; solche(r,
-s); *adv colloq.* so; *rel
pron* (*pl* **that**): der, die,
das, welche(r, -s); *conj*
daß; damit; weil; da, als.

thatch [θætʃ] Dachstroh *n*;
Strohdach *n*; mit Stroh
decken.

thaw [θɔː] Tauwetter *n*;
(auf)tauen, schmelzen.

the [*vor Konsonanten* ðə;
vor Vokalen ði; *betont* ðiː]
der, die, das; *bei* desto,
um so; **~ ... ~** je ... desto.

theat|re, *Am.* **~er** ['θiətə]
Theater *n*; **~rical** [θi-
'ætrikəl] Theater... [dir.\
thee [ðiː] *Bibel, poet.* dich;\
theft [θeft] Diebstahl *m*.

their [ðɛə] *pl* ihr(e); **~s** [ˌ~z]
der, die, das ihr(ig)e.

them [ðem, ðəm] *pl* sie
(*acc*);ihnen.

theme [θiːm] Thema *n*.

themselves [ðəm'selvz] *pl*
sie selbst; sich (selbst).

then [ðen] dann; damals;
denn; damalig; **by ~** bis
dahin, inzwischen.

theolog|ian [θiə'ləudʒiən]
Theologe *m*; **~y** [θi'ɔlədʒi]
Theologie *f*.

theor|etic(al) [θiə'ret-
ik(əl)] theoretisch; **~y** ['~ri]
Theorie *f*; Lehre *f*. [pie *f*.\
therapy ['θerəpi] Thera-\
there [ðɛə] da, dort; darin;
(da-,dort)hin; *int.* da!, na!;
~ is, *pl* **~ are** es gibt, es ist,
es sind; **~about(s)** da her-
um; so ungefähr; **~after**
danach; **~by** dadurch; **~**
fore darum, deshalb; **~**
upon darauf(hin); **~with**
damit.

thermo|meter [θə'mɔmi-
tə] Thermometer *n*; **~s**
(bottle, flask) ['θɔːməs]
Thermosflasche *f*.

these [ðiːz] *pl von* **this**.

thes|is ['θiːsis], *pl* **~es** ['~
iːz] These *f*; Dissertation *f*.

they [ðei] *pl* sie; man.

thick [θik] dick; dicht;
dick(flüssig); legiert (*Suppe*); **~en** (sich) verdicken,
(sich) verstärken; legieren;
(sich) verdichten; dick(er)
werden; **~et** ['~it] Dik-
kicht *n*; **~ness** Dicke *f*,
Stärke *f*; Dichte *f*.

thief [θiːf], *pl* **thieves** [~vz]
Dieb(in). [kel *m*.\
thigh [θai] (Ober)Schen-\
thimble ['θimbl] Finger-
hut *m*.

thin [θin] dünn; mager;
schwach; *fig.* spärlich; verdünnen; (sich) lichten; abnehmen.

thine [ðain] *Bibel, poet.*
der, die, das dein(ig)e;
dein.

thing [θiŋ] Ding *n*; Sache
f; Gegenstand *m*.

think [θiŋk] (*irr*) denken (**of** an); sich vorstellen; halten für; meinen, glauben; überlegen, nachdenken (**about, over** über); ~ **of** sich erinnern an; sich *et.* (aus)denken; daran denken; halten von; ~ **s.th. over** sich *et.* überlegen.

third [θɜ:d] dritte; Drittel *n*; ~ly drittens; ~**-party insurance** Haftpflichtversicherung *f*; ~**-rate** drittklassig.

thirst [θɜ:st] Durst *m*; ~y durstig; **be** ~y Durst haben.

thirt|een(th) [θɜ:'ti:n(θ)] dreizehn(te); ~**ieth** ['~tiiθ] dreißigste; ~y dreißig; Dreißig *f*.

this [ðis] (*pl* **these** [ði:z] diese(r, ~s); dies, das; der, die, das (da).

thistle ['θisl] Distel *f*.

thorn [θɔ:n] Dorn *m*; ~y dornig, stach(e)lig.

thorough ['θʌrə] gründlich; vollkommen; ~**bred** Vollblut(pferd) *n*; Vollblut...; ~**fare** Durchfahrt *f*; Durchgangsstraße *f*.

those [ðouz] *pl von* **that**.

thou [ðau] *Bibel, poet.* du.

though [ðou] obgleich, obwohl, wenn auch; (je)doch; **as** ~ als ob.

thought [θɔ:t] *pret u. pp von* **think**; Gedanke *m*; Denken *n*; Überlegung *f*; ~**ful** nachdenklich; rücksichtsvoll; ~**less** ge-

kenlos, unüberlegt; rücksichtslos.

thousand ['θauznd] tausend; Tausend *n*; ~**th** ['~tθ] tausendste; Tausendstel *n*.

thrash [θræʃ] verdreschen, -prügeln; (um sich) schlagen; sich hin u. her werfen; *s.* **thresh**; ~**ing** (Tracht *f*) Prügel *pl*.

thread [θred] Faden *m* (*a. fig.*); Zwirn *m*, Garn *n*; *tech.* Gewinde *n*; einfädeln; durchziehen; sich (hindurch)schlängeln; ~**bare** fadenscheinig.

threat [θret] Drohung *f*; ~**en** (be-, an)drohen; ~**ening** drohend; bedrohlich.

three [θri:] drei; Drei *f*; ~**fold** dreifach; ~**pence** ['θrepəns] *alte Währung:* Dreipencestück *n*; ~**score** sechzig; ~**stage** dreistufig, Dreistufen...

thresh [θreʃ] dreschen; ~**er** Drescher *m*; Dreschmaschine *f*; ~**ing** Dreschen *n*; ~**ing-machine** Dreschmaschine *f*.

threshold ['θreʃhəuld] Schwelle *f*.

threw [θru:] *pret von* **throw**.

thrice [θrais] dreimal.

thrifty ['θrifti] sparsam.

thrill [θril] erregen, packen; (er)beben, erschauern; Schauer *m*; (Nerven-) Kitzel *m*, Sensation *f*; ~**er** *colloq.* Reißer *m*, Thriller *m*; ~**ing** spannend.

thrive [θraiv] (*irr*) gedei-

hen; *fig.* pp *von* blühen; **~n**
['θrivn] pp *von* **thrive.**

throat [θrəut] Kehle *f*,
Gurgel *f*, Schlund *m*; Hals
m.

throb [θrɔb] pochen, klopfen, hämmern (*Herz etc.*).

throne [θrəun] Thron *m*.

throng [θrɔŋ] Gedränge *n*;
(Menschen)Menge *f*; sich
drängen (in).

throstle ['θrɔsl] Drossel *f*.

throttle ['θrɔtl] (ab-, er-)
drosseln; **~(-valve)** *tech.*
Drosselklappe *f*.

through [θru:] durch;
durchgehend,Durchgangs-
...; **~ carriage** Kurswagen *m*; **~ out** überall in;
durch u. durch, ganz u.
gar; **~ train** durchgehender Zug. **[thrive.**

throve [θrəuv] *pret von*\

throw [θrəu] Wurf *m*; (*irr*)
(ab)werfen; schleudern;
würfeln; **~ up** hochwerfen;
(sich) erbrechen; **~n** pp *von*
throw.

thru [θru:] *Am. für*

thrum [θrʌm] klimpern
(auf).

thrush [θrʌʃ] Drossel *f*.

thrust [θrʌst] Stoß *m*;
tech.: Druck *m*; Schub *m*;
(*irr*) stoßen.

thud [θʌd] dumpf (auf-)
schlagen; dumpfer (Auf-)
Schlag.

thumb [θʌm] Daumen *m*;
Buch etc. abgreifen *od.*
durchblättern; **~ a lift** per
Anhalter fahren; **~tack**
Am. Reißzwecke *f*.

thump [θʌmp] (dumpfer)
Schlag; schlagen (hämmern, pochen) gegen *od.*
auf; (auf)schlagen; pochen
(*Herz*).

thunder ['θʌndə] Donner
m; donnern; **~storm** Gewitter *n*; **~struck** wie vom
Donner gerührt.

Thursday ['θə:zdi] Donnerstag *m*.

thus [ðʌs] so; also, somit.

thwart [θwɔ:t] durchkreuzen.

thy [ðai] *Bibel, poet.* dein(e).

tick [tik] *zo.* Zecke *f*; Inlett *n*; Matratzenbezug *m*;
Ticken *n*; (*Vermerk*)Häkchen *n*; ticken; anhaken; **~
off** abhaken.

ticket ['tikit] (Eintritts-,
Theater- *etc.*)Karte *f*;
Fahrkarte *f*, -schein *m*;
Flugkarte *f*; (*Preis- etc.*)
Schildchen *n*, Etikett *n*;
etikettieren, *Ware* auszeichnen; **(automatic) ~
machine** Fahrkartenautomat *m*; **~ office** *Am.*
Fahrkartenschalter *m*.

tickl|e ['tikl] kitzeln; **~ish**
kitz(e)lig (*a. fig.*).

tid|al wave ['taidl] Flutwelle *f*; **~e** [taid] Gezeiten *pl*, Ebbe *f* u. Flut *f*;
fig. Strom *m*, Strömung *f*.

tidy ['taidi] ordentlich,sauber; **~ up** aufräumen.

tie [tai] Band *n* (*a. fig.*);
Krawatte *f*, Schlips *m*;
rail. Am. Schwelle *f*; *sp.*
Unentschieden *n*; *fig.* Fessel *f*, Last *f*; (an-, fest)bin-

den; ~ **up** (an-, zs.-, zu-)
binden.

tier [tiə] Reihe *f*, Lage *f*;
thea. (Sitz)Reihe *f*.

tiger ['taigə] Tiger *m*.

tight [tait] dicht; fest; eng;
knapp (sitzend); straff;
fig. zs.-gepreßt; ~**en** enger
machen; (sich) straffen;
fester werden; ~**en** (**up**)
(sich) zs.-ziehen; fest-, anziehen; ~**rope** (Draht)Seil
n (*der Artisten*); ~**s** *pl*
Trikot *n*; Strumpfhose *f*.

tigress ['taigris] Tigerin *f*.

tile [tail] (Dach)Ziegel *m*;
Kachel *f*, Fliese *f*; (mit
Ziegeln) decken; kacheln,
fliesen.   [erst (als).]

till¹ [til] bis| bis zu; bis zu; **not** ~|

till² Ladenkasse *f*.

till³ Boden bestellen, bebauen.   [kippen.]

tilt [tilt] Plane *f*; (um-)|

timber ['timbə] (Bau-,
Nutz)Holz *n*; Balken *m*;
Baumbestand *m*, Bäume *pl*.

time [taim] Zeit *f*; Uhrzeit *f*; Frist *f*; *mus.* Takt
m; Mal *n*; *pl* mal, ~mal;
~ **is up** die Zeit ist um *od.*
abgelaufen; **for the** ~
being vorläufig; **have a**
good ~ sich gut unterhalten *od.* amüsieren;
what's the ~**?**, **what**
~ **is it?** wieviel Uhr ist
es?, wie spät ist es?; ~
and again immer wie-
der; **all the** ~ ständig,
immer; **at a** ~ auf einmal,
zusammen; **at any** ~, **at**
all ~**s** jederzeit; **at the**

same ~ gleichzeitig, zur
selben Zeit; **in** ~ rechtzeitig; **in no** ~ im Nu, im
Handumdrehen; **on** ~
pünktlich; *vb*: messen; (ab-)
stoppen; zeitlich abstim-
men; den richtigen Zeit-
punkt wählen *od.* bestimmen für; ~**ly** rechtzeitig;
~**table** Fahr-, Flugplan
m; Stundenplan *m*.

tim|id ['timid], ~**orous**
['~ərəs] furchtsam; schüchtern.

tin [tin] Zinn *n*; (Blech-,
Konserven)Büchse *f*, (-)
Dose *f*; verzinnen; (in
Büchsen) einmachen, ein-
dosen; ~**foil** Aluminium-
folie *f*, Stanniol(papier) *n*.

tinge [tindʒ] Färbung *f*;
fig. Anflug *m*, Spur *f*;
(leicht) färben.

tingle ['tiŋgl] prickeln.

tinkle ['tiŋkl] hell (er)klin-
gen; klirren; klingeln mit.

tin|ned Büchsen..., Do-
sen...; ~**opener** Büch-
sen-, Dosenöffner *m*.

tint [tint] (Farb)Ton *m*,
Schattierung *f*; (leicht)
färben.

tiny ['taini] winzig.

tip [tip] Spitze *f*; Mundstück *n*; Trinkgeld *n*; Tip
m, Wink *m*; (um)kippen;
j-m ein Trinkgeld geben;
~ (**off**) *j-m* e-n Wink geben; ~**ped** mit Mund-
stück (*Zigarette*).

tipsy ['tipsi] *colloq.* be-
schwipst, angeheitert.

tiptoe ['tiptou] auf Zehenspitzen gehen; **on ～** auf Zehenspitzen.

tire[1] ['taiə] s. **tyre.**

tire[2] ['taiə] ermüden; müde werden; **～d** müde; erschöpft; fig. überdrüssig (**of** gen); **～some** ermüdend; lästig.

tissue ['tiʃuː] Gewebe n; **～-paper** Seidenpapier n.

tit[1] [tit] Meise f.

tit[2]: **～ for tat** wie du mir, so ich dir. [sen m.]

titbit ['titbit] Leckerbissen.]

titillate ['titileit] kitzeln.

title ['taitl] (Buch)Titel m; (Adels-, Ehren-, Amtsetc.)Titel m; Überschrift f; (Rechts)Anspruch m; **～d** betitelt; adliig.

titmouse ['titmaus] Meise f.

to [tuː, tu, tə] prp zu, an, auf, für, gegen, in, mit, nach, vor, (um) zu; bis, (bis) zu, (bis) an; zeitlich: bis, bis zu, auf, vor; adv zu, geschlossen; **pull ～** Tür zuziehen; **come ～** (wieder) zu sich kommen; **～ and fro** hin und her, auf und ab.

toad [təud] Kröte f.

toast [təust] Toast m, geröstetes Brot; Trinkspruch m; toasten, rösten; fig. trinken auf.

tobacco [tə'bækəu] Tabak m; **～nist** [-ənist] Tabak(waren)händler m.

toboggan [tə'bɔgən] Toboggan m; Rodelschlitten m; rodeln.

today [tə'dei] heute.

toddle ['tɔdl] unsicher gehen, watscheln.

toe [təu] Zehe f; Spitze f.

toffee, ～y ['tɔfi] Sahnebonbon m, n, Toffee n.

together [tə'geðə] zusammen; gleichzeitig; Tage etc. hintereinander.

toil [tɔil] Mühe f, Plackerei f; sich plagen.

toilet ['tɔilit] Toilette f; **～-paper** Toilettenpapier n.

toils [tɔilz] pl fig. Schlingen pl, Netz n.

token ['təukən] Zeichen n; Andenken n.

told [təuld] pret u. pp von **tell.**

tolera|ble ['tɔlərəbl] erträglich; leidlich; **～nce** Toleranz f; **～nt** tolerant (**of** gegen); **～te** ['-eit] dulden; ertragen; **～tion** Duldung f.

toll[1] [təul] schlagen, läuten.

toll[2] Straßenbenutzungsgebühr f, Maut f; fig. Tribut m, Todesopfer pl; **～-bar, ～-gate** Schlagbaum m.

tomato [tə'mɑːtau, Am. tə'meitəu], pl **～es** Tomate f.

tomb [tuːm] Grab(mal) n; **～stone** Grabstein m.

tomcat ['tɔm'kæt] Kater m.

tomorrow [tə'mɔrəu] morgen; **the day after ～** übermorgen. [wicht).]

ton [tʌn] Tonne f (Ge-]

tone [təun] Ton m, Klang m, Laut m.

tongs [tɔŋz] pl (a. **a pair of ～**)(e-e) Zange f.

tongue [tʌŋ] Zunge *f*; Sprache *f*.

tonic ['tɔnik] Tonikum *n*.

tonight [tə'nait] heute abend; heute nacht.

tonnage ['tʌnidʒ] Tonnengehalt *m*.

tonsil ['tɔnsl] *anat.* Mandel *f*; ~**itis** [~si'laitis] Mandelentzündung *f*.

too [tu:] zu, allzu; *nachgestellt:* auch, noch dazu, ebenfalls.

took [tuk] *pret von* **take.**

tool [tu:l] Werkzeug *n*, Gerät *n*.

tooth [tu:θ], *pl* **teeth** [ti:θ] Zahn *m*; ~**ache** Zahnschmerzen *f/pl*; ~**brush** Zahnbürste *f*; ~**less** zahnlos; ~**paste** Zahnpasta *f*, -creme *f*; ~**pick** Zahnstocher *m*.

top [tɔp] Kreisel *m*; oberstes Ende; Oberteil *n*, -seite *f*; Spitze *f* (*a. fig.*); Gipfel *m* (*a. fig.*); Wipfel *m*; Kopf(ende *n*) *m*; *mot.* Verdeck *n*; Stülpe *f* (*am Stiefel etc.*); **at the ~ of** oben an; **on (the) ~ of** oben auf; *adj* oberst; höchst, Höchst...; Spitzen...; ~ **secret** streng geheim; *vb* bedecken; überragen; an der Spitze stehen; ~ **up** (auf-, nach)füllen.

topic ['tɔpik] Thema *n*.

topple ['tɔpl]: ~ (**down, over** um)kippen.

topsy-turvy ['tɔpsi'tə:vi] auf den Kopf (gestellt); drunter und drüber.

torch [tɔ:tʃ] Fackel *f*; Taschenlampe *f*.

tore [tɔ:] *pret von* tear¹.

torment [ˈtɔ:ment] Qual *f*; [~ˈment] quälen.

torn [tɔ:n] *pp von* tear¹.

tornado [tɔ:ˈneidəu], *pl* ~**es** Wirbelsturm *m*.

torrent ['tɔrənt] Sturzbach *m*; reißender Strom; *fig.* Strom *m*, Schwall *m*.

tortoise ['tɔ:təs] (Land-) Schildkröte *f*.

torture ['tɔ:tʃə] Folter(ung) *f*; foltern.

toss [tɔs] (Hoch)Werfen *n*, Wurf *m*; Zurückwerfen *n* (*Kopf*); werfen, schleudern; ~ **about** (*sich* hin u. herwerfen); ~ **up** hochwerfen.

total ['təutl] ganz, gesamt; Gesamt...; total; Gesamtbetrag *m*; sich belaufen auf; ~**itarian** [~tæli'tɛəriən] totalitär.

totter ['tɔtə] (sch)wanken, törkeln.

touch [tʌtʃ] Berührung *f*; Verbindung *f*, Kontakt *m*; leichter Anfall; Anflug *m* (*sich*) berühren; anrühren, anfassen; *fig.* rühren; ~ **down** *aer.* landen; ~ **down** *aer.* Landung *f*; ~**ing** rührend; ~**y** empfindlich; heikel.

tough [tʌf] zäh (*a. fig.*); grob, brutal.

tour [tuə] (Rund)Reise *f*, Tour(nee) *f* (be)reisen.

tourist ['tuərist] Tourist (-in); Touristen..., Frem-

den(verkehrs)...; **~ agen-cy, ~ bureau, ~ office**
Reisebüro n; Verkehrs-verein m.

tournament ['tuənəmənt]
Turnier n.

tousle ['tauzl] (zer)zausen.

tow [təu] Schleppen f;
give s.o. a ~ j-n ab-schleppen; **have** od. **take in ~** ins Schlepptau neh-men; vb: (ab)schleppen.

toward(s) [tə'wɔ:d(z)] ge-gen; auf ... zu, nach ... zu;
(als Beitrag) zu.

towel ['tauəl] Handtuch n.

tower ['tauə] Turm m;
(hoch)ragen, sich erheben.

town [taun] Stadt f; Stadt-...; **~ council** Stadtrat m
(Versammlung); **~ coun-cil(l)or** Stadtrat m (Per-son); **~ hall** Rathaus n.

tow-rope Schlepptau n;
Abschleppseil n.

toy [tɔi] Spielzeug n; pl
Spielsachen pl, -waren pl;
Spielzeug..., Kinder...;
spielen.

trace [treis] Spur f; nach-spüren; verfolgen.

track [træk] Spur f, Fährte
f; rail. Gleis n; sp. (Renn-,
Aschen)Bahn f; Pfad m;
nachspüren, verfolgen; **~ down,** aufspüren; **~-and-field events** pl
Leichtathletik f; **~ events**
pl Laufdisziplinen pl.

tract|ion-engine ['træk-ʃənendʒin] Zugmaschine
f; **~or** Traktor m.

trade [treid] Handel m;

Gewerbe n, Handwerk n;
Handel treiben, handeln
(**in** mit); **~mark** Waren-zeichen n; **~r** Händler m,
Kaufmann m; **~(s) union**
Gewerkschaft f; **~union-ist** Gewerkschaftler(in).

tradition [trə'diʃən] Tra-dition f; **~al** traditionell.

traffic ['træfik] Verkehr m;
Handel m; handeln (**in**
mit); **~ island** Verkehrs-insel f; **~ jam** Verkehrs-stauung f; **~ light(s** pl)
Verkehrsampel f; **~ reg-ulations** pl Verkehrsvor-schriften pl; **~ sign** Ver-kehrszeichen n; **~ warden**
mot. appr. Politesse f.

trag|edy ['trædʒidi] Tra-gödie f; **~ic(al)** tragisch.

trail [treil] Spur f; Pfad
m, Weg m; fig. Streifen m;
hinter sich herziehen; ver-folgen; schleifen; **~er** mot.:
Anhänger(m)/Wohnwagen m.

train [trein] (Eisenbahn-)
Zug m; Reihe f, Kette f;
Schleppe f (am Kleid);
schulen; ausbilden; aus-bilden; trainieren; **~er**
Ausbilder m; Trainer m;
~ing Ausbildung f; Trai-ning n.　　　　[Zug m.]

trait [trei] (Charakter-)}

traitor ['treitə] Verräter m.

tram(-car) [træm(-)] Stra-ßenbahn(wagen m) f.

tramp [træmp] Getram-pel n; Wanderung f; Land-streicher m; trampeln;
(durch)wandern; **~le** (her-um-, zer)trampeln.

tranquil ['træŋkwil] ruhig; **~(l)ity** Ruhe *f*; **~(l)ize** beruhigen; **~(l)izer** Beruhigungsmittel *n*.

transact [træn'zækt] erledigen, abwickeln; **~ion** Durchführung *f*; Geschäft *n*, Transaktion *f*.

trans|alpine ['trænz'ælpain] transalpin(isch); **~atlantic** transatlantisch.

transcend [træn'send] *fig.*: überschreiten, -steigen; übertreffen.

transcribe [træns'kraib] abschreiben; *Kurzschrift* übertragen.

transcript ['trænskript] Abschrift *f*; **~ion** Abschrift *f*; Umschrift *f*.

transfer [træns'fə:] versetzen; verlegen; übertragen; abtreten; verlegt *od.* versetzt werden; umsteigen; ['~] Übertragung *f*; Versetzung *f*; Verlegung *f*; Umsteigefahrschein *m*; **~able** [~'fə:rəbl] übertragbar.

transform [træns'fɔ:m] umformen, um-, verwandeln; **~ation** Umformung *f*, Um-, Verwandlung *f*.

transfus|e [træns'fju:z] *Blut* übertragen; **~ion** [~ʒən] (Blut)Transfusion *f*.

transgress [træns'gres] überschreiten; übertreten, verletzen; **~ion** Überschreitung *f*; Übertretung *f*; Vergehen *n*; **~or** Missetäter(in).

transient ['trænziənt] ver-

gänglich, flüchtig; *Am.* Durchreisende *m*, *f*.

transistor [træn'sistə] Transistor *m*.

transit ['trænsit] Durchgang(sverkehr) *m*; *econ.* Transport *m*; **~ion** [~'si-ʒən] Übergang *m*.

transitive ['trænsitiv] *gr.* transitiv.

translat|e [træns'leit] übersetzen; **~ion** Übersetzung *f*; **~or** Übersetzer(in).

translucent [trænz'lu:snt] lichtdurchlässig.

transmi|ssion [trænz'miʃən] Übermittlung *f*; Übertragung *f*; *Radio etc.*: Sendung *f*; **~t** übermitteln; übertragen; senden; **~tter** Sendegerät *n*; Sender *m*.

transparent [træns'peərənt] durchsichtig.

transpire [træns'paiə] schwitzen; *fig.* durchsickern.

transplant [træns'plɑ:nt] um-, verpflanzen; **~(a-tion)** Verpflanzung *f*.

transport [træns'pɔ:t] befördern, transportieren; ['~] Beförderung *f*, Transport *m*; Beförderungsmittel *n*; **~ation** Beförderung *f*, Transport *m*.

trap [træp] (in e-r Falle) fangen; Falle *f* (*a. fig.*); **set a ~ for** *j-m* e-e Falle stellen; **~door** Falltür *f*.

trapeze [trə'pi:z] Trapez *n*.

trapper ['træpə] Trapper *m*, Fallensteller *m*, Pelztierjäger *m*.

trick

trash [træʃ] *bsd. Am.* Abfall *m*; *fig.* Plunder *m*.

travel ['trævl] (be)reisen; *das* Reisen; *pl* Reisen *pl*; **~ agency** Reisebüro *n*; **~(l)er cheque** (*Am.* **check**) Reisescheck *m*; **~(l)er's cheque** (*Am.* **check**) Reisescheck *m*; **~(l)ing bag** Reisetasche *f*.

traverse ['trævə(:)s] durch-, überqueren.

trawl [trɔ:l] (Grund-) Schleppnetz *n*; mit dem Schleppnetz fischen; **~er** Trawler *m*. [lage *f*.]

tray [trei] Tablett *n*; Ab-]

treacher|ous ['tretʃərəs] verräterisch, treulos, trügerisch; **~y** Verrat *m*.

treacle ['tri:kl] Sirup *m*.

tread [tred] (*irr*) treten; schreiten; Tritt *m*, Schritt *m*; *die* Pedal *n*; **~mill** Tretmühle *f* (*a. fig.*).

treason ['tri:zn] Verrat *m*.

treasure ['treʒə] Schatz *m* (*a. fig.*); Reichtum *m*; (hoch)schätzen; **~ up** sammeln; **~r** Schatzmeister *m*.

treasury ['treʒəri] Schatzkammer *f*; Staatsschatz *m*; Staatskasse *f*; **2 Department** *Am.* Finanzministerium *n*.

treat [tri:t] behandeln; betrachten; bewirten (**to** mit); **~ s.o. to s.th.** j-m et. spendieren; *of* handeln von; *sub*:Vergnügen *n*, (Hoch)Genuß *m*; **~ise** ['~iz] Abhandlung *f*; **~ment** Behandlung *f*; **~y** Vertrag *m*.

treble ['trebl] dreifach; (sich) verdreifachen.

tree [tri:] Baum *m*.

trefoil ['trefɔil] Klee *m*.

trellis ['trelis] *agr.* Spalier *n*; am Spalier ziehen.

tremble ['trembl] zittern (**with** vor).

tremendous [tri'mendəs] gewaltig; enorm.

trem|or ['tremə] Zittern *n*; Beben *n*; **~ulous** ['~juləs] zitternd, bebend.

trench [trentʃ] (Schützen-) Graben *m*.

trend [trend] Richtung *f*; *fig.* Tendenz *f*, Trend *m*.

trespass ['trespəs] Übertretung *f*, Vergehen *n*; unbefugt eindringen (**on**, **upon** in); **~er** Unbefugte *m*, *f*.

tress [tres] Haarlocke *f*, -flechte *f*.

trestle ['tresl] Gestell *n*, Bock *m*.

trial ['traiəl] Versuch *m*, Probe *f*, Prüfung *f* (*a. fig.*); *jur.* Verhandlung *f*, Prozeß *m*; **on** *~* auf Probe.

triang|le ['traiæŋgl] Dreieck *n*; **~ular** ['~æŋgjulə] dreieckig.

tribe [traib] (Volks)Stamm *m*.

tribun|al [trai'bju:nl] Gericht(shof *m*) *n*; **~e** ['tribju:n] Tribun *m*; Tribüne *f*.

tribut|ary ['tribjutəri] Nebenfluß *m*; **~e** ['~ju:t] Tribut *m* (*a. fig.*).

trick [trik] betrügen; Kniff *m*, List *f*, Trick *m*; Kunststück n; Streich m; **play a ⁓ on s.o.** j-m e-n Streich spielen.

trickle ['trikl] tröpfeln; rieseln; sickern.

tricycle['traisikl]Dreirad n.

trident ['traidənt] Dreizack m.

trifl|e ['traifl] Kleinigkeit f; spielen; spaßen; **⁓ing** geringfügig, unbedeutend.

trigger ['trigə] Abzug m (e-r Feuerwaffe).

trill [tril] Triller m; trillern.

trillion ['triljən] Trillion f; Am. Billion f.

trim [trim] schmuck, gepflegt; zurechtmachen; (⁓ **up** heraus)putzen, schmükken; Hut etc. besetzen; stutzen, (be)schneiden; trimmen; **⁓mings** pl Besatz m; Zutaten pl, Beilagen pl (e-r Speise).

Trinity ['triniti] eccl. Dreieinigkeit f.

trinket ['triŋkit] (wertloses) Schmuckstück.

trip [trip] (kurze) Reise, Fahrt f; Ausflug m, (Spritz)Tour f; Stolpern n; fig. Fehler m; trippeln; stolpern.

tripe [traip] Kaldaunen pl.

triple ['tripl] dreifach; **⁓ts** ['⁓lits] pl Drillinge pl.

tripod ['traipɔd] Dreifuß m; phot. Stativ n.

triumph ['traiəmf] Triumph m; triumphieren; **⁓al** [⁓'ʌmfl] Triumph...; **⁓ant** triumphierend.

trivial ['triviəl] unbedeu-

tend; trivial, alltäglich.

trod [trɔd] pret, **⁓den** pp von **tread**.

troll(e)y ['trɔli] Karren m; Tee-, Servierwagen m.

trombone[trɔm'boun]Posaune f.

troop [tru:p] Schar f, Haufe(n) m; pl mil. Truppe(n pl) f; sich scharen od. sammeln; (herein- etc.)strömen.

trophy ['troufi] Trophäe f.

tropic ['trɔpik] geogr. Wendekreis m; pl Tropen pl; **⁓al** tropisch.

trot [trɔt] Trott m, Trab m; traben (lassen); trotten.

trouble ['trʌbl] (sich) beunruhigen; j-m Sorgen machen; j-n bitten (**for** um); (sich) bemühen; j-m Mühe machen; plagen; Mühe f, Plage f; Störung f (a. tech.); Unannehmlichkeiten pl; Schwierigkeit f; Not f, Sorge(n pl) f; Leiden n, Beschwerden pl; pol. Unruhe f; **ask** od. **look for ⁓** das Schicksal herausfordern; **take the ⁓** sich die Mühe machen; **what's the ⁓?** was ist los?; **⁓some** lästig.

trough [trɔf] Trog m.

trousers ['trauzəz] pl (a. **a pair of ⁓**) (e-e) (lange) Hose, Hosen pl.

trousseau ['tru:səu] Aussteuer f.

trout [traut], pl **⁓(s)** Forelle f.

truant ['tru(:)ənt] Schulschwänzer(in); **(play)**

(bsd. die Schule) schwänzen. [stand *m.]*

truce [tru:s] Waffenstill-

truck [trʌk] (offener) (Güter-
wagen; Last(kraft)wa-
gen *m; Am.* Gemüse *n.*

trudge [trʌdʒ] sich (dahin)schleppen, stapfen.

true [tru:] wahr; echt,
wirklich; genau; treu; **(it
is)** ~ gewiß, freilich, zwar;
come ~ sich erfüllen.

truly ['tru:li] wirklich; aufrichtig; **yours** ~ Hochachtungsvoll *(Briefschluß).*

trump [trʌmp] Trumpf *m;*
übertrumpfen; ~ **up** er-
dichten.

trumpet ['trʌmpit] Trompete *f;* trompeten; ~**er**
Trompeter *m.*

truncheon ['trʌntʃən] (Polizei)Knüppel *m.*

trunk [trʌŋk] (Baum-)
Stamm *m;* Rumpf *m;* Rüssel *m;* (Schrank)Koffer *m;
Am. mot.* Kofferraum *m; pl*
Bade-, Turnhose(n *pl) f;*
~**call** Ferngespräch *n;* ~
exchange Fernamt *n;* ~
line *rail.* Hauptstrecke *f;
teleph.* Fernleitung *f.*

trust [trʌst] Vertrauen *n;*
Glaube *m; jur.* Treuhand
(-vermögen *n) f; econ.*
Trust *m;* Konzern *m;* vertrauen; hoffen;(ver)trauen,
sich verlassen auf; ~**ee** [ʌ-
'ti:] Sach-, Verwalter *m,*
Treuhänder *m;* ~**ful, ~ing**
vertrauensvoll; ~**worthy**
vertrauenswürdig.

truth [tru:θ], *pl* ~**s** [-ðz]

Wahrheit *f;* ~**ful** wahr
(-heitsliebend).

try [trai] versuchen, probieren; vor Gericht stel-
len; ~ **on** anprobieren;
~ **out** ausprobieren; *sub:*
Versuch *m;* **have a** ~ e-n
Versuch machen; ~**ing** anstrengend.

tub [tʌb] Faß *n;* Zuber *m,*
Kübel *m;* Badewanne *f.*

tube [tju:b] Rohr *n;* (*Am.
bsd. Radio)*Röhre *f;* Tube
f; (Gummi)Schlauch *m;*
Tunnel *m;* die (Londoner)
Untergrundbahn.

tuberculosis [tju(:)bə:kju-
'ləusis] Tuberkulose *f.*

tuck [tʌk] stecken; ~ **in,** ~
up (warm) zudecken, *ins*
Bett packen; ~ **up** hoch-
schürzen, aufkrempeln.

Tuesday ['tju:zdi] Dienstag *m.*

tuft [tʌft] Büschel *n,* Busch
m; (*Haar)*Schopf *m.*

tug [tʌg] Zug *m,* Ruck *m;
mar.* Schlepper *m;* ziehen,
zerren; *mar.* schleppen.

tuition [tju(:)'iʃən] Unterricht *m;* Schulgeld *n.*

tulip ['tju:lip] Tulpe *f.*

tumble ['tʌmbl] fallen,
stürzen, purzeln, taumeln;
sich wälzen; ~**r** Becher *m.*

tummy ['tʌmi] *colloq.:*
Bäuchlein *n;* Magen *m.*

tumo(u)r ['tju:mə] Tumor
m.

tumult ['tju:mʌlt] Tumult
m; ~**uous** [ˌ'mʌltjuəs]
stürmisch.

tun [tʌn] Tonne *f,* Faß *n.*

tuna ['tuːnə], *pl* ~(s) Thunfisch *m*.

tune [tjuːn] Melodie *f*, Weise *f*; **out of** ~ verstimmt; *vb*: stimmen; ~ **in** (das Radio) einstellen (**to** auf); ~ **up** die Instrumente stimmen.

tunnel ['tʌnl] Tunnel *m*.

turbine ['tɜːbin] Turbine *f*.

turbot ['tɜːbət] Steinbutt *m*.

turbulent ['tɜːbjulənt] ungestüm, stürmisch, turbulent.

turf [tɜːf] Rasen *m*; Torf *m*; *the* ~ (Pferde)Rennbahn *f*; (Pferde)Rennsport *m*; *mit* Rasen bedecken.

Turk [tɜːk] Türk|e *m*, -in *f*.

turkey ['tɜːki] Truthahn *m*, -henne *f*, Pute(r *m*) *f*.

Turkish ['tɜːkiʃ] türkisch; Türkisch *n*.

turmoil ['tɜːmɔil] Aufruhr *m*; Durcheinander *n*.

turn [tɜːn] (Um)Drehung *f*; Reihe(nfolge) *f*; Biegung *f*, Kurve *f*; Wende *f*; Dienst *m*, Gefallen *m*; Zweck *m*; *colloq.* Schrecken *m*; **it is my** ~ ich bin an der Reihe; **by** ~s abwechselnd; **take** ~s sich abwechseln (**at** in, bei); *vb*: (sich) (um-, herum)drehen; wenden; zukehren, -wenden; drechseln; lenken, richten; (sich) verwandeln; (sich) verfärben (*Laub*); sich (ab-, hin-, zu-) wenden; ab-, einbiegen; e-e Biegung machen (*Straße*); grau *etc.* werden; ~

away (sich) abwenden; abweisen; ~ **back** zurückkehren; ~ **down** Kragen umschlagen; *Decke* zurückschlagen; *Gas* kleiner stellen; *Radio* leiser stellen; ablehnen; ~ **off** *Wasser*, *Gas* abdrehen; *Licht*, *Radio etc.* ausschalten, -machen; einstellen; ~ **on** *Gas*, *Wasser etc.* aufdrehen; *Gerät* anstellen; *Licht*, *Radio* anmachen, einschalten; ~ **out** hinauswerfen; abdrehen, ausschalten, -machen; *gut etc.* ausfallen *od.* ausgehen; sich herausstellen; ~ **over** *Ware* umsetzen; (sich) umdrehen; umwerfen; übergeben (**to** *dat*); ~ **round** (sich) (herum)drehen; ~ **to** nach *rechts etc.* abbiegen; sich zuwenden; sich an *j-n* wenden; ~ **up** nach oben drehen *od.* biegen, *Kragen* hochschlagen; *Gas etc.* aufdrehen; *Radio etc.* lauter stellen; *fig.* auftauchen; ~**coat** *pol.* Überläufer(in).

turning Querstraße *f*, Abzweigung *f*; ~**point** *fig.* Wendepunkt *m*.

turnip ['tɜːnip] (*bsd.* Weiße) Rübe.

turn|**-out** Gesamtproduktion *f*; ~**over** *econ.* Umsatz *m*; ~**pike** *Am.* gebührenpflichtige Schnellstraße; ~**stile** Drehkreuz *n*; ~**up** *Brit.* Hosenaufschlag *m*.

turret ['tʌrit] Türmchen *n*.

turtle ['tɜːtl] (See)Schildkröte f; ~-dove Turteltaube f.   [Hauer m.]

tusk [tʌsk] Stoßzahn m; f

tutor ['tju:tə] Privat-, Hauslehrer m, Erzieher m; univ. Tutor m; ~ial [~'tɔ:riəl] univ. Tutorenkurs m.

TV ['ti:'vi:] Fernsehen n; Fernsehapparat m.

twang [twæŋ] Schwirren n; näselnde Aussprache; Saiten zupfen, klimpern auf; schwirren; näseln.

tweet [twi:t] zwitschern.

tweezers ['twi:zəz] pl (a. a pair of ~) (e-e) Pinzette.

twelfth [twelfθ] zwölfte.

twelve [twelv] zwölf; Zwölf f.

twent|ieth ['twentiiθ] zwanzigste; ~y zwanzig; Zwanzig f.

twice [twais] zweimal.

twiddle ['twidl] (herum-) drehen; spielen (mit).

twig [twig] (dünner) Zweig.

twilight ['twailait] Zwielicht n; Dämmerung f.

twin [twin] Zwillings..., Doppel...; pl Zwillinge pl.

twine [twain] Schnur f; (sich) schlingen od. winden.

twin-engined zweimotorig.

twinkle ['twiŋkl] funkeln, blitzen; huschen; zwinkern; Blitzen n; (Augen-) Zwinkern n, Blinzeln n.

twirl [twə:l] Wirbel m; wirbeln.

twist [twist] Drehung f; Windung f; Verdrehung f;

(Gesichts)Verzerrung f; Garn n, Twist m; (sich) drehen od. winden; wikkeln; verdrehen; (sich) verzerren od. -ziehen.

twitch [twitʃ] zupfen (an); zucken (mit).

twitter ['twitə] zwitschern.

two [tu:] Zwei f; put ~ and ~ together es sich zs.-reimen; adj zwei; ... in ~ entzwei...; ~fold zweifach; ~-pence ['tʌpəns] zwei Pence pl; ~-piece zweiteilig; ~-stroke mot. Zweitakt...; ~-way adapter Doppelstecker m; ~-way traffic Gegenverkehr m.

type [taip] Typ m; Vorbild n, Muster n; Art f; print. Type f, Buchstabe m; ~ (-write) (irr write) mit der Maschine schreiben; maschineschreiben; ~writer Schreibmaschine f.

typhoid (fever) ['taifɔid] Typhus m.

typhoon [tai'fu:n] Taifun m.   [ber n.]

typhus ['taifəs] Fleckfie- f

typical ['tipikəl] typisch.

typist ['taipist] Stenotypist (-in).

tyrann|ical [ti'rænikəl] tyrannisch; ~ize ['tirənaiz] tyrannisieren; ~y Tyrannei f.   [(-in).]

tyrant ['taiərənt] Tyrann f

tyre ['taiə] (Rad-, Auto-) Reifen m.

Tyrole|an [ti'rəuliən], ~se [tirə'li:z] Tiroler(in); Tiroler...

U

udder ['ʌdə] Euter *n.*

ugly ['ʌglɪ] häßlich; schlimm.

ulcer ['ʌlsə] Geschwür *n.*

ultimate ['ʌltɪmɪt] äußerst, letzt; endgültig; End...

ultimat|**um** [ʌltɪ'meɪtəm], *pl a.* **~a** [~ə] Ultimatum *n.*

umbrella [ʌm'brelə] Regenschirm *m.*

umpire ['ʌmpaɪə] Schiedsrichter *m.*

un- [ʌn-] un..., Un...; nicht-..., Nicht...; ent..., auf..., los...

un|**abashed** unverfroren, unerschrocken; **~abated** unvermindert; **~able** unfähig, außerstande; **~acceptable** unannehmbar; **~accountable** unerklärlich, seltsam; **~accustomed** ungewohnt; nicht gewöhnt (**to** an); **~acquainted**: **~** mit unerfahren in, nicht vertraut mit; **~affected** ungerührt; ungekünstelt, natürlich.

unanimous [ju(:)'nænɪməs] einmütig, -stimmig.

un|**approachable** unnahbar; **~ashamed** schamlos; **~asked** ungebeten; **~assisted** ohne Hilfe *od.* Unterstützung; **~assuming** anspruchslos, bescheiden; **~authorized** unberechtigt; unbefugt; **~avoidable** unvermeidlich.

unaware ['ʌnə'wɛə]: **be ~**

of *et.* nicht bemerken; **~s** ['~z] unversehens; versehentlich.

un|**balanced** unausgeglichen; gestört (*Geist*); **~bar** aufriegeln; **~bearable** unerträglich; **~becoming** unkleidsam; unschicklich.

unbeliev|**able** unglaublich; **~ing** ungläubig.

un|**bending** unbeugsam; **~bias(s)ed** unbefangen, unparteiisch; **~bidden** unaufgefordert; ungebeten; **~born** (noch) ungeboren; **~bounded** *fig.* grenzenlos; **~broken** ungebrochen; unversehrt; ganz; ununterbrochen; **~button** aufknöpfen; **~called-for** unerwünscht; unpassend; **~canny** [~'kænɪ] unheimlich; **~cared-for** vernachlässigt; **~ceasing** unaufhörlich; **~certain** unsicher, ungewiß; unzuverlässig; unbeständig; **~challenged** unangefochten.

unchange|**able** unveränderlich; **~d** unverändert.

unchecked ungehindert.

un|**civil** unhöflich; **~ized** unzivilisiert.

unclaimed nicht beansprucht; unzustellbar (*bsd. Brief*).

uncle ['ʌŋkl] Onkel *m.*

un|**clean** unrein; **~comfortable** unbehaglich, ungemütlich; **~common** ungewöhnlich; **~communicative** wortkarg, verschlossen; **~complaining** ohne Murren, geduldig.

unconcern Unbekümmertheit f; Gleichgültigkeit f; **~ed** unbeteiligt; unbekümmert; gleichgültig.

un|conditional bedingungslos; **~confirmed** unbestätigt.

unconscious unbewußt; bewußtlos; **~ness** Bewußtlosigkeit f.

un|constitutional verfassungswidrig; **~controllable** unkontrollierbar; unbeherrscht; **~conventional** unkonventionell.

unconvinc|ed nicht überzeugt; **~ing** nicht überzeugend.

un|couth [ʌnˈkuːθ] ungeschlacht; **~cover** aufdecken, freilegen; entblößen; **~cultivated**, **~cultured** unkultiviert; **~damaged** unbeschädigt, unversehrt; **~decided** unentschieden; unentschlossen; **~deniable** unleugbar.

under [ˈʌndə] prp unter; in (dat); adv unten; darunter, unter; adj in Zssgn: unter, Unter...; **~bid** (irr bid) unterbieten; **~carriage** aer. Fahrwerk n; mot. Fahrgestell n; **~clothes** pl, **~clothing** Unterwäsche f; **~developed** unterentwickelt; **~done** nicht gar;

~estimate unterschätzen; **~fed** unterernährt; **~go** (irr go) durchmachen; sich unterziehen; **~graduate** Student(in); **~ground** unterirdisch; Untergrund...; Untergrundbahn f; pol. Untergrund (-bewegung f) m; **~growth** Unterholz n; **~line** unterstreichen; **~mine** unterminieren; fig. untergraben; **~most** (zu)unterst; **~neath** [ˌ'niː0] unter (-halb); unten, darunter; **~pass** Unterführung f; **~privileged** benachteiligt; **~shirt** Unterhemd n; **~signed** Unterzeichnete m, f; **~sized** zu klein; **~staffed** unterbesetzt; **~stand** (irr stand) verstehen; (als sicher) annehmen; erfahren, hören; **~standable** verständlich; **~standing** verständnisvoll; Verstand m; Verständnis n; Einigung f; Bedingung f; **~statement** Understatement n, Untertreibung f; **~take** (irr take) unternehmen; übernehmen; **~taker** Leichenbestatter m, Bestattungsinstitut n; **~taking** Unternehmung f; Unternehmen n; **~value** unterschätzen; **~wear** Unterwäsche f; **~wood** Unterholz n; **~world** Unterwelt f.

un|deserved unverdient; **~desirable** unerwünscht; **~developed** unentwickelt; unerschlossen; **~dig-**

nified würdelos; ~**diminished** unvermindert; ~**disciplined** undiszipliniert; ~**disputed** unbestritten; ~**disturbed** ungestört; ~**do** (*irr do*) aufmachen; vernichten machen; vernichten; ~**dreamt-of** ungeahnt.

undress (sich) entkleiden *od.* ausziehen; ~**ed** unbekleidet.

un|due ungehörig; übermäßig; ~**dutiful** pflichtvergessen; ~**easy** unbehaglich; unruhig; ~**educated** ungebildet.

unemploy|ed arbeitslos; *the* ~**ed** *pl* Arbeitslose *pl*; ~**ment** Arbeitslosigkeit *f*. **unendurable**unerträglich.

unequal ungleich; nicht gewachsen (**to** *dat*); ~**(l)ed** unerreicht.

un|erring unfehlbar; ~**even** uneben; ungleich (-mäßig); ungerade (*Zahl*); ~**eventful** ereignislos; ~**expected** unerwartet; ~**failing** unfehlbar; unerschöpflich; ~**fair** ungerecht; unfair; ~**faithful** un(ge)treu, treulos; ~**familiar** unbekannt; nicht vertraut; ~**fashionable** unmodern; ~**favo(u)rable** ungünstig; ~**feeling** gefühllos; ~**finished** unfertig; unvollendet; ~**fit** ungeeignet, untauglich; ~**fold** (sich) entfalten *od.* öffnen; enthüllen; ~**foreseen** unvorhergesehen; ~**forget-**

table unvergeßlich; ~**forgiving** unversöhnlich; ~**forgotten** unvergessen.

unfortunate unglücklich; ~**ly** unglücklicherweise, leider.

un|founded unbegründet; ~**friendly** unfreundlich; ungüstig; ~**furnished** unmöbliert; ~**generous** nicht freigebig; kleinlich; ~**gentle** unsanft; ~**get-at-able** ['~get'ætəbl] unzugänglich; ~**governable** zügellos; wild; ~**graceful** ungraziös; unbeholfen; ~**gracious** ungnädig, unfreundlich; ~**grateful** undankbar; ~**guarded** unvorsichtig; ~**happy** unglücklich; ~**harmed** unversehrt; ~**healthy** ungesund; ~**heard-of** unerhört.

unheed|ed unbeachtet; ~**ing** sorglos.

un|hesitating ohne Zögern; ~**hoped-for** unverhofft; ~**hurt** unverletzt.

unicorn ['ju:niko:n] Einhorn *n*.

unification [ju:nifi'keiʃən] Vereinigung *f*.

uniform ['ju:nifɔ:m] gleich; einheitlich; Uniform *f*. ~ [einseitig.

unilateral ['ju:ni'lætərəl]]

unimagina|ble unvorstellbar; ~**tive** einfallslos. **unimportant** unwichtig.

uninhabit|able unbewohnbar; ~**ed** unbewohnt.

un|injured unbeschädigt;

303

unpractical

unverletzt; **~intelligible**
unverständlich; **~inten-
tional** unabsichtlich; **~
interesting** uninteres-
sant; **~interrupted** ununterbrochen.

uninvit|ed un(ein)geladen;
~ing nicht od. wenig ein-
ladend.

union ['ju:njən] Vereini-
gung f; Verbindung f;
Einigkeit f; Verband m,
Verein m; pol. Union f;
Gewerkschaft f; **~ist** Ge-
werkschaftler(in); **♀ Jack**
Union Jack m (britische Na-
tionalflagge).

unique [ju:'ni:k] einzigartig, einmalig.   [m.\]

unison ['ju:nizn] Einklang∫

unit ['ju:nit] Einheit f; **~e**
[~'nait] (sich) vereinigen;
verbinden; **~ed** vereint,
-einigt; **~y** Einheit f; Einigkeit f.

univers|al [ju:ni'və:səl]
allgemein; allumfassend,
universal, Universal...; **~e**
['~ə:s] Weltall n, Universum n; **~ity** [~'və:siti]Uni-
versität f.

un|just ungerecht; **~
kempt** [~'kempt] unge-
pflegt; ungekämmt; **~kind**
unfreundlich; lieblos; **~
known** unbekannt; **~lace**
aufschnüren; **~lawful** un-
gesetzlich; **~learn** (irr
learn) verlernen.

unless [ən'les] wenn ...
nicht; außer.

unlike ungleich; anders
als; **~ly** unwahrscheinlich.

un|limited unbegrenzt,
unbeschränkt; **~load** ab-,
aus-, entladen.

unlock aufschließen; **~ed**
unverschlossen.

un|looked-for unerwar-
tet; **~loose(n)** lösen, losmachen; **~lucky** unglücklich; **be ~lucky** Pech haben; **~manageable**
schwer zu handhaben(d);
schwierig; **~manly** un-
männlich; **~married** unverheiratet,ledig; **~mistak-
able** unverkennbar; un-
mißverständlich; **~moved**
unbewegt, ungerührt; **~
natural** unnatürlich; anomal; **~necessary**unnötig;
~noticed, ~observed un-
bemerkt; **~obtrusive** un-
aufdringlich; bescheiden;
~occupied unbesetzt, un-
bewohnt; **~offending**
harmlos; **~official** nicht-
amtlich, inoffiziell; **~pack**
auspacken; **~paid** unbe-
zahlt; **~paralleled** bei-
spiellos, ohnegleichen; **~
pardonable** unverzeih-
lich; **~perceived** unbe-
merkt; **~perturbed** ['~
pə(:)'tə:bd] ruhig, gelassen; **~pleasant** unangenehm, unerfreulich; **~
polished** unpoliert; fig.
ungehobelt; **~polluted**
nicht verschmutzt od. ver-
seucht.

unpopular ['ʌn'pɔpjulə]
unpopulär, unbeliebt; **~ity**
[~'læriti] Unbeliebtheit f.

unpracti|cal unpraktisch;

~sed, *Am.* ~ced ungeübt.

un|precedented beispiellos, noch nie dagewesen; ~prejudiced unbefangen, unvoreingenommen; ~premeditated unbeabsichtigt; ~prepared unvorbereitet; ~principled ohne Grundsätze, gewissenlos; ~productive unfruchtbar; unergiebig; unproduktiv; ~profitable unrentabel; nutzlos; ~provided: ~ for unversorgt, mittellos; ~qualified ungeeignet; unberechtigt; uneingeschränkt.

unquestion|able unzweifelhaft, fraglos; ~ed ungefragt; unbestritten.

unreal unwirklich; ~istic unrealistisch.

un|reasonable unvernünftig; unmäßig; ~recognizable nicht wiederzuerkennen(d); ~refined ungeläutert, Roh...; *fig.* ungebildet; ~reliable unzuverlässig; ~reserved uneingeschränkt; offen(herzig); ~resisting widerstandslos; ~rest Unruhe *f*; ~restrained ungehemmt; hemmungslos; ~restricted uneingeschränkt, unbeschränkt; ~ripe unreif; ~rival(l)ed unerreicht; ~roll ent-, aufrollen; ~ruffled glatt; *fig.* gelassen; ~ruly ungebärdig; ~safe unsicher; ~sanitary unhygienisch.

unsatisfactory unbefriedigend, unzulänglich; ~ied unbefriedigt; unzufrieden.

un|savo(u)ry widerlich, -wärtig; ~screw ab-, los-, aufschrauben; ~scrupulous bedenken-, gewissen-, skrupellos; ~seen ungesehen; ~selfish selbstlos; ~settled unsicher; unbeständig; unerledigt; unbesiedelt; (geistig) gestört.

unshave|d, ~n unrasiert.

unshrink|able nicht einlaufend (*Stoff*); ~ing unverzagt.

unskil|(l)ful ungeschickt; ~led ungelernt.

unsoci|able ungesellig; ~al unsozial.

unsolv|able unlösbar; ~ed ungelöst.

un|sound ungesund; nicht stichhaltig; verkehrt; ~speakable unsagbar.

unspoil|ed, ~t unverdorben; nicht verzogen (*Kind*).

unspoken un(aus)gesprochen; ~ of unerwähnt.

un|stable nicht fest, unsicher; unbeständig; labil; ~steady unsicher; schwankend; unbeständig; ~stressed unbetont; ~successful erfolglos, ohne Erfolg; ~suitable unpassend; ungeeignet; ~sure unsicher; ~surpassed unübertroffen.

unsuspect|ed unverdächtig(t); unvermutet; ~ing nichts ahnend, ahnungslos.

unsuspicious nicht arg-
wöhnisch; unverdächtig.
unthink|able undenkbar;
~**ing** gedankenlos.
un|tidy unordentlich; ~**tie**
aufbinden; aufknoten.
until [ən'til] bis; **not** ~
erst (als, wenn).
un|timely vorzeitig; un-
gelegen, unpassend; ~**tiring**
unermüdlich; ~**told** unermeßlich; ~**touched** unberührt; *fig.* ungerührt;
~**tried** unversucht; ~
troubled ungestört; ruhig; ~**true** unwahr; un-
treu; ~**trustworthy** unzuverlässig.
unus|ed ['ʌn'juːzd] unbe-
nutzt, ungebraucht; ['ʌst]
nicht gewöhnt (**to** an); ~
ual ungewöhnlich; unge-
wohnt.
un|utterable unaussprech-
lich; ~**varying** unverän-
derlich; ~**voiced** *ling.*
stimmlos; ~**wanted** un-
erwünscht; ~**warranted**
[ˌ'wɒrəntid] unbefugt;
['ˌ'wɒrəntid] unverbürgt;
~**wholesome** ungesund,
schädlich; ~**willing** un-
widerwillig, abgeneigt; ~
wind (*irr* **wind**) auf-, los-
wickeln; (sich) abwickeln;
~**wise** unklug; ~**worthy**
unwürdig (**of** *gen*); ~**wrap**
auswickeln, -packen; ~
yielding unnachgiebig.
up [ʌp] *adv* (her-, hin)auf,
aufwärts; in die Höhe, hoch,
in die Höhe; empor; oben;
auf ... zu; ~ **to** bis (zu);

be ~ **to** *et.* vorhaben; *j-s*
Sache *et.*, abhängen von;
prp auf ... (hinauf), hinauf, empor; oben an *od.*
auf; in das Innere (*e-s
Landes*); *adj* oben; hoch;
gestiegen; auf(gestanden);
aufgegangen (*Sonne*); abgelaufen, um (*Zeit*); ~ **and
about** wieder auf den
Beinen; **what's** ~? *colloq.* was ist los?; ~ **train**
Zug *m* nach der Stadt;
sub: **the** ~**s and downs**
die Höhen und Tiefen
(*des Lebens*).
up|bringing Erziehung *f*;
~**hill** bergan, -auf; *fig.*
mühsam; ~**holster** [~-
'həʊlstə] Möbel polstern;
~**holsterer** Polsterer *m*;
~**holstery** Polstermate-
rial *n*; ~**keep** Instandhal-
tung(skosten *pl*) *f*.
upon [ə'pɒn] *s.* **on.**
upper ['ʌpə] ober, Ober...,
höher; ~ **House** *Brit. parl.*
Oberhaus *n*; ~**most** oberst,
höchst.
up|right auf-, senkrecht,
gerade; ~**rising** Aufstand
m; ~**roar** Aufruhr *m*; ~
set (*irr* **set**) umwerfen,
-stoßen; *Plan etc.* durcheinanderbringen; *Magen*
verderben; *j-n* aus der
Fassung bringen, bestür-
zen; **be** ~**set** aufgeregt *od.*
aus der Fassung *od.* durcheinander sein; ~**side-
down** das Oberste zu-
unterst; verkehrt (herum);
~**stairs** die Treppe hin-

auf, (nach) oben; **~start** Emporkömmling m; **~stream** stromaufwärts; gegen den Strom; **~-to-date** modern; auf dem laufenden; **~ward(s)** ['~wəd(z)] aufwärts; nach oben.

uranium [ju'reinjəm] Uran n. [Stadt..]

urban ['ə:bən] städtisch,]

urchin ['ə:tʃin] Bengel m.

urge [ə:dʒ] drängen; **~ on** (an)treiben; Drang m, Trieb m; **~nt** dringend, dringlich, eilig.

urine ['juərin] Urin m, Harn m.

urn [ə:n] Urne f.

us [ʌs, əs] uns.

usage ['ju:sidʒ] (Sprach-) Gebrauch m; Behandlung f; Brauch m.

use [ju:s] Gebrauch m; Benutzung f, Verwendung f; Nutzen m; **(of) no ~** nutz-, zwecklos; [~z] gebrauchen, benutzen, an~, verwenden; **~ up** auf~, verbrauchen; **~d** [~zd] gebraucht; [~st] ge-

wöhnt **(to** an); gewohnt **(to** zu, acc); **~d to** pflegte zu; **get ~d to** sich gewöhnen an; **~ful** brauchbar, nützlich; **~less** nutz-, zwecklos, unnütz.

usher ['ʌʃə] Gerichtsdiener m; Platzanweiser m; **~ in** (hinein)führen; **~ette** [~'ret] Platzanweiserin f.

usual ['ju:ʒuəl] gewöhnlich, üblich; **as ~** wie gewöhnlich; **~ly** gewöhnlich, meist(ens).

usur|er ['ju:ʒərə] Wucherer m; **~y** ['~ʒuri] Wucher m.

utensil [ju:(')tensl] Gerät n.

utili|ty [ju:(')tiliti] Nützlichkeit f, Nutzen m; **~ze** (aus)nutzen, sich zunutze machen.

utmost ['ʌtməust] äußerst.

utter ['ʌtə] äußerst, völlig; äußern; *Seufzer etc.* ausstoßen; **~ance** Äußerung f, Ausdruck m; Aussprache f.

uvula ['ju:vjulə] anat. (Gaumen)Zäpfchen n.

V

vacan|cy ['veikənsi] Leere f; Lücke f; freie od. offene Stelle; **~t** leer; frei, unbesetzt (*Zimmer*, *Sitzplatz etc.*); frei, offen (*Stelle*).

vacate [və'keit, Am. 'veikeit] räumen; *Platz* frei machen; **~ion** (Schul- etc.) Ferien pl; bsd. Am. Urlaub m.

vaccin|ate ['væksineit]

impfen; **~ation** (*bsd.* Pocken)Schutzimpfung f; **~e** ['~i:n] Impfstoff m.

vacuum ['vækjuəm] Vakuum n; **~ bottle** Thermosflasche f; **~ cleaner** Staubsauger m; **~ flask** Thermosflasche f.

vagabond ['vægəbɔnd] Landstreicher(in).

vagary ['veigəri] Laune f.

venal

vague [veig] vag(e), unklar.

vain [vein] eitel; vergeblich; in ~ vergebens, vergeblich, umsonst.

vale [veil] Tal *n*.

valerian [və'liəriən] Baldrian *m*. (Diener *m*.)

valet ['vælit] (Kammer-)

valiant ['væljənt] tapfer.

valid ['vælid] (rechts)gültig; stichhaltig.

valley ['væli] Tal *n*.

valo(u)r ['vælə] Tapferkeit *f*.

valu|able ['væljuəbl] wertvoll; ~ables *pl* Wertsachen *pl*; ~ation Bewertung *f*; Schätzungswert *m*; ~e ['~u:] Wert *m*; (ab)schätzen; ~eless wertlos.

valve [vælv] Ventil *n*; Klappe *f*; (Radio)Röhre *f*.

van [væn] Möbelwagen *m*; Lieferwagen *m*; rail. Güter-, Gepäckwagen *m*.

vane [vein] Wetterfahne *f*; (Windmühlen-, Propeller)Flügel *m*.

vanilla [və'nilə] Vanille *f*.

vanish ['væniʃ] verschwinden.

vanity ['væniti] Eitelkeit *f*; ~ bag, ~ case Kosmetikkoffer *m*.

vantage ['vɑ:ntidʒ] *Tennis*: Vorteil *m*.

vap|orize ['veipəraiz] verdampfen, -dunsten (lassen); ~orous dunstig; ~o(u)r Dampf *m*; Dunst *m*.

varia|ble ['vɛəriəbl] veränderlich; ~nce Uneinig-

keit *f*; be at ~nce uneinig sein; ~nt abweichend; Variante *f*; ~tion Schwankung *f*, Abweichung *f*; Variation *f*.

varicose vein ['værikəus] Krampfader *f*.

varie|d ['vɛərid] bunt, mannigfaltig; ~ty [və'raiəti] Mannigfaltigkeit *f*, Vielzahl *f*; ~ty show Varietévorstellung *f*.

various ['vɛəriəs] verschieden(artig); mehrere.

varnish ['vɑ:niʃ] Firnis *m*; Lack *m*; firnissen, lackieren.

vary ['vɛəri] (sich) (ver-)ändern; verschieden (mit *et*.).

vase [vɑ:z, *Am.* veis, veiz] Vase *f*.

vat [væt] Faß *n*, Bottich *m*.

vault [vɔ:lt] (Keller)Gewölbe *n*; Gruft *f*; (Bank-)Tresor *m*; *sp.* Sprung *m*; (über)springen; ~inghorse Pferd *n* (*Turngerät*).

veal [vi:l] Kalbfleisch *n*.

vegeta|ble ['vedʒitəbl] *ein* Gemüse; *pl* Gemüse *n*, Gemüse *n*; ~rian [~'tɛəriən] Vegetarier(in) *m*; vegetarisch.

vehemen|ce ['vi:iməns] Heftigkeit *f*; ~t heftig.

vehicle ['vi:ikl] Fahrzeug *n*.

veil [veil] Schleier *m*; (sich) verschleiern.

vein [vein] Ader *f*.

velocity [vi'lɔsiti] Geschwindigkeit *f*.

velvet ['velvit] Samt *m*; Samt..., samten, aus Samt.

venal ['vi:nl] käuflich.

vend [vend] verkaufen; **~er** (Straßen)Händler *m*, Verkäufer *m*; **~ing machine** ['~iŋ məˈʃiːn] (Verkaufs)Automat *m*; **~or** *s.* vender, **vending machine**.

venera|ble ['venərəbl] ehrwürdig; **~te** ['~eit] verehren. [schlechts...]

venereal [viˈniəriəl] Ge-

Venetian [viˈniːʃən] venetianisch; Venetianer(in); **~ blind** (Stab)Jalousie *f*.

vengeance ['vendʒəns] Rache *f*; **with a ~** *colloq.* mächtig, gehörig. [*n.*]

venison ['venzn] Wildbret

venom ['venəm] (Schlangen)Gift *n*; Gehässigkeit *f*; **~ous** giftig.

vent [vent] (Abzugs)Öffnung *f*, (Luft)Loch *n*; Schlitz *m*; **give ~ to** *s-m* Zorn *etc.* Luft machen.

ventilat|e ['ventileit] ventilieren, (be-, ent-, durch-) lüften; **~ion** Ventilation *f*, Lüftung *f*; **~or** Ventilator *m*.

ventriloquist [venˈtriləkwist] Bauchredner *m*.

venture ['ventʃə] Wagnis *n*, Risiko *n*; riskieren; (sich) wagen.

veranda(h) [vəˈrændə] Veranda *f*.

verb [vəːb] *gr.* Verb(um) *n*, Zeitwort *n*; **~al** wörtlich; mündlich.

verdict ['vəːdikt] *jur.* Urteil *n* (*a.* *fig.*).

verdure ['vəːdʒə] Grün *n*.

verge [vəːdʒ] Rand *m*,

Grenze *f*; **on the ~ of** am Rande (*gen*); *vb*: **~ on** grenzen an.

verify ['verifai] (nach)prüfen; bestätigen.

vermicelli [vəːmiˈseli] Fadennudeln *pl*.

vermiform appendix ['vəːmifɔːm] Wurmfortsatz *m*, Blinddarm *m*.

vermin ['vəːmin] Ungeziefer *n*; *hunt.* Raubzeug *n*.

vernacular [vəˈnækjulə] Landessprache *f*.

versatile ['vəːsətail] vielseitig, wendig.

vers|e [vəːs] Vers(e *pl*) *m*; Strophe *f*; **~ed** bewandert; **~ion** Übersetzung *f*; Fassung *f*; Lesart *f*.

vertebra ['vəːtibrə], *pl* **~e** ['~iː] *anat.* Wirbel *m*.

vertical ['vəːtikəl] vertikal, senkrecht.

very ['veri] sehr; *vor sup:* aller...; genau; bloß; der, die, das gleiche; **the ~ best** das allerbeste; **the ~ thing** genau das (richtige); **the ~ thought** der bloße Gedanke.

vessel ['vesl] Gefäß *n* (*a.* anat., bot.); Schiff *n*.

vest [vest] Unterhemd *n*; *bsd. Am.* Weste *f*.

vestry ['vestri] *eccl.*: Sakristei *f*; Gemeindesaal *m*.

vet [vet] *colloq.* Tierarzt *m*.

veteran ['vetərən] alt-; ausgedient; erfahren; Veteran *m*.

veterinary (surgeon) ['vetərinəri] Tierarzt *m*.

virtual

veto ['vi:təu], pl ~es Veto n; ablehnen.

vex [veks] ärgern; ~ation Ärger m; ~atious ärgerlich.

via ['vaiə] über, via.

vibrat|e [vai'breit] vibrieren; zittern; ~ion n, Vibrieren n; Schwingung f.

vicar ['vikə] Vikar m, Pfarrer m; ~age Pfarrhaus n.

vice [vais] Laster n; Schraubstock m; Vize...

vice versa ['vaisi'və:sə] umgekehrt.

vicinity [vi'siniti] Nachbarschaft f, Nähe f.

vicious ['viʃəs] lasterhaft; bösartig, boshaft.

victim ['viktim] Opfer n.

victor ['viktə] Sieger(in); ℒian [~'tɔ:riən] Viktorianisch; ~ious siegreich; Sieges...; y Sieg m.

victuals ['vitlz] pl Lebensmittel pl, Proviant m.

Viennese [viə'ni:z] wienerisch, Wiener...; Wiener (-in).

view [vju:] (sich) ansehen; betrachten; Sicht f; Aussicht f, (Aus)Blick m; Ansicht f, Bild n; Meinung f; in ~ of angesichts (gen); on ~ zu besichtigen; ~er Zuschauer(in); ~point Gesichts-, Standpunkt m.

vigil ['vidʒil] Wachen n; Nachtwache f; ~ance Wachsamkeit f; ~ant wachsam.

vigo|rous ['vigərəs] kräf-tig; energisch; ~(u)r Kraft f, Vitalität f; Energie f.

vile [vail] gemein; abscheulich.

village ['vilidʒ] Dorf n; ~r Dorfbewohner(in).

villain ['vilən] Schurke m, Schuft m; ~ous schurkisch; ~y Niederträchtigkeit f.

vindicat|e ['vindikeit] rechtfertigen; verteidigen; ~ion Rechtfertigung f.

vindictive [vin'diktiv] rachsüchtig.

vine [vain] Wein(stock) m, Rebe f; ~gar ['vinigə] (Wein)Essig m; ~yard ['vinjəd] Weinberg m.

vintage ['vintidʒ] Weinlese f; Jahrgang m (Wein).

violat|e ['vaiəleit] verletzen; Eid etc. brechen; vergewaltigen; ~ion Verletzung f; (Eid- etc.)Bruch m; Vergewaltigung f.

violen|ce ['vaiələns] Gewalt(tätigkeit) f; Heftigkeit f; ~t heftig; gewalttätig, -sam.

violet ['vaiəlit] Veilchen n; violett. [Geige f.]

violin [vaiə'lin] Violine f.]

viper ['vaipə] Viper f, Otter f, Natter f.

virgin ['və:dʒin] Jungfrau f; jungfräulich; Jungfern-...; ~ity Jungfräulichkeit f.

viril|e ['virail] männlich; ~ity [~'riliti] Männlichkeit f.

virtu|al ['və:tʃuəl] eigentlich; ~ally praktisch; ~e

virus 310

['ˌjuː, 'ˌʃuː] Tugend *f*;
Wirksamkeit *f*; **by** *od*. **in**
~e of auf Grund (*gen*); **~**
ous ['ˌʃuəs] tugendhaft.

virus [ˈvaɪərəs] Virus *n, m*.

visa [ˈviːzə] Visum *n*.

vise [vais] *Am*. Schraubstock *m*.

visib|ility [vizi'biliti] Sicht-
barkeit *f*; *meteor*. Sicht
(-weite) *f*; **~le** sichtbar;
fig. (er)sichtlich.

vision [ˈviʒən] Sehvermögen *n*, Sehkraft *f*; Vision *f*.

visit [ˈvizit] besuchen; besichtigen; e-n Besuch *od*.
Besuche machen; Besuch
m; Besichtigung *f*; **pay a**
~ to *j-n* besuchen; **~or** Be-
sucher(in), Gast *m*.

visual [ˈvizjuəl] Seh...; Gesichts...; visuell; **~ize** sich
vorstellen.

vital [ˈvaitl] Lebens...; le-
benswichtig; **~ity** [ˈtæ-
liti] Lebenskraft *f*, Vitali-
tät *f*. [amin *n*.]

vitamin [ˈvitəmin] Vit-]

vivaci|ous [vi'veiʃəs] leb-
haft; **~ty** [ˈvæsiti] Leb-
haftigkeit *f*. [bendig.]

vivid [ˈvivid] lebhaft, le-]

vixen [ˈviksn] Füchsin *f*;
zänkisches Weib.

vocabulary [vəuˈkæbju-
ləri] Wörterverzeichnis *n*;
Wortschatz *m*.

vocal [ˈvəukəl] stimmlich,
Stimm...; *mus*. Vokal...,
Gesang(s)...; **~ist** Sänger
(-in).

vocation [vəuˈkeiʃən] (innere) Berufung *f*; Beruf *m*.

vogue [vəug] Mode *f*; Be-
liebtheit *f*.

voice [vois] Stimme *f*; **~d**
ling. stimmhaft.

void [void] leer; *jur*. ungültig; **~ of** ohne.

volatile [ˈvolətail] *chem*.
flüchtig. [**~es** Vulkan *m*.]

volcano [vol'keinəu], *pl*]

volley [ˈvoli] Salve *f*,
(Pfeil-, Stein- *etc*.)Hagel
m; *Tennis*: Flugball *m*; *fig*.
Schwall *m*.

volt [vəult] *electr*. Volt *n*;
~age *electr*. Spannung *f*.

voluble [ˈvoljubl] rede-
gewandt; fließend (Rede).

volume [ˈvoljum] Band *m*
(e-s Buches); Volumen *n*;
electr. Lautstärke *f*.

volunt|ary [ˈvoləntəri]
freiwillig; **~eer** [ˈtiə]
Freiwillige *m, f*; sich freiwillig melden; sich e-e
anbieten; sich *e-e Bemerkung* erlauben.

voluptuous [vəˈlʌptjuəs]
sinnlich; üppig.

vomit [ˈvomit] (er)bre-
chen; (sich er)brechen.

voracious [vəˈreiʃəs] gefräßig, gierig.

vote [vəut] (Wahl)Stimme
f; Abstimmung *f*, Wahl *f*;
Wahlrecht *n*; Beschluß *m*;
abstimmen (über); wäh-
len; s-e Stimme abgeben;
~ for stimmen für; **~r**
Wähler(in).

voting [ˈvəutiŋ] Abstimmung *f*; Stimm(en)...,
Wahl...; **~paper** Stimm-
zettel *m*.

vouch [vautʃ]: ~ **for** sich verbürgen für; ~**er** Beleg m; Unterlage f; Gutschein m; ~**safe** [⹂'seif] gewähren; geruhen.

vow [vau] Gelübde n; Schwur m; geloben; schwören.

vowel ['vauəl] *ling.* Vokal m, Selbstlaut m.

voyage ['vɔiidʒ] *längere* (See-, Flug)Reise.

vulgar ['vʌlgə] gewöhnlich, vulgär.

vulnerable ['vʌlnərəbl] verwundbar.

vulture ['vʌltʃə] Geier m.

W

wad [wɔd] (*Watte*)Bausch m, Polster n; wattieren, auspolstern; zustopfen; ~**ding** Wattierung f, Polsterung f.

waddle ['wɔdl] watscheln.

wade [weid] (durch)waten.

wafer ['weifə] Waffel f; Oblate f.

waffle ['wɔfl] Waffel f n.

waft [wɑːft] wehen; Hauch m. [wedeln (mit).]

wag [wæg] wackeln *od.*

wage|-earner ['weidʒɜː-nə] Lohnempfänger(in); ~**s** ['⹂iz] *pl* Lohn m.

wager ['weidʒə] Wette f; wetten.

wag(g)on ['wægən] (*offener Güter*)Wagen.

wail [weil] (Weh)Klagen n; (weh)klagen, jammern.

wainscot ['weinskət] (*bsd. untere*) (Wand)Täfelung.

waist [weist] Taille f; ~**coat** ['weiskout] Weste f; ~**line** Taille f.

wait [weit] warten (**for** auf); abwarten; warten; ~ **at** (*Am.* **on**) **table** bedienen; ~ (**up**)**on**

j-n bedienen; ~**er** Kellner m, Ober m; ~**ing** Warten n; **no** ~**ing** *mot.* Halteverbot n; ~**ing-room** Wartezimmer n; *rail.* Wartesaal m; ~**ress** Kellnerin f.

wake [weik] Kielwasser n (*a. fig.*); ~ (**up**) aufwachen; (auf)wecken; ~**ful** schlaflos [*in* s. wake (vb).]

walk [wɔːk] gehen; spazierengehen; (durch)wandern; ~ **about** umhergehen, -wandern; ~ **out** *colloq.* streiken; ~ **out** *sl.* j-n im Stich lassen; (Spazier)Gang m; (Spazier)Weg m; ~**er** Spaziergänger(in).

walkie-talkie ['wɔːki-'tɔːki] *colloq.* tragbares Funksprechgerät.

walking| papers *pl colloq.* Entlassung(spapiere *pl*) f; ~**-stick** Spazierstock m; ~**-tour** Wanderung f.

walk-out *colloq.* Streik m.

wall [wɔːl] Wand f; Mauer f; ~ **up** zumauern.

wallet ['wɔlit] Brieftasche f.

wall|-flower *fig.* Mauerblümchen *n*; **~paper** Tapete *f.*

wall|nut ['wɔ:lnʌt] Walnuß(baum *m*) *f*; **~rus** ['~rəs] Walroß *n.*

waltz [wɔ:ls] Walzer *m*; Walzer tanzen.

wan [wɔn] blaß, bleich, fahl. [Stab *m.*]

wand [wɔnd] (Zauber-)⌐

wander ['wɔndə] wandern; *fig.*: abschweifen; phantasieren; **~er** Wanderer *m.*

wane [wein] abnehmen (*Mond*); *fig.* schwinden.

want [wɔnt] Mangel *m* (**of** an); *pl* Bedürfnisse *pl*; bedürfen, brauchen; müssen; wünschen, (haben) wollen, mögen; ermangeln; **it ~s** *s.th.* es fehlt an; **~ed** gesucht; **~ing: be ~** fehlen; es fehlen lassen (**in** an).

war[wɔ:] Krieg *m*; Kriegs-.

warble ['wɔ:bl] trillern, singen.

ward [wɔ:d] Mündel *n*; Abteilung *f*; (Krankenhaus)Station *f*; (Stadt)Bezirk *m*; **~ off** abwehren; **~en** Aufseher *m*; Herbergsvater *m*; **~er** (Gefangenen)Wärter *m.*

wardrobe ['wɔ:drəub] Garderobe *f*; Kleiderschrank *m.*

ware [wɛə] Geschirr *n*; *in Zssgn*: ...waren *pl*; *pl* Waren; **~house** Lager(haus) *n*; Warenlager *n.*

warm [wɔ:m] warm (*a. fig.*); heiß; *fig.* hitzig; **~ (up)** (auf-, an-, er)wärmen; sich erwärmen, warm werden; **~th** [~θ] Wärme *f.*

warn [wɔ:n] warnen (**of**, **against** vor); **~ing** Warnung *f*; Kündigung *f.*

warp [wɔ:p] (sich) verziehen (*Holz*).

warrant ['wɔrənt] *et.* rechtfertigen; garantieren, verbürgen; Vollmacht *f*; Rechtfertigung *f*; **~ of arrest** Haftbefehl *m*; **~y** Garantie *f*; Berechtigung *f.*

warrior ['wɔriə] Krieger *m.*

wart [wɔ:t] Warze *f.*

wary ['wɛəri] vorsichtig, wachsam.

was [wɔz, wəz] *1. u. 3. sg pret von* **be**; *pass von* **be**.

wash [wɔʃ] (sich) waschen; um-, überspülen; *e~n* Teller *etc.* (ab)waschen; **~n away** weg-, fortspülen; **~ up** Geschirr spülen; *sub*: Waschen *n*; Wäsche *f*; Wasch...; **~ and wear** pflegeleicht; **~basin**, *Am.* **~bowl** Waschbecken *n*; **~cloth** *Am.* Waschlappen *m*; **~er** Waschmaschine *f*; **~ing** Waschen *n*; Wäsche*f*; Wasch...; **~ing-machine** Waschmaschine *f*; **~ing powder** Waschpulver *n*; **~ing-up** Geschirr(spülen *n*) *n.*

wasp [wɔsp] Wespe *f.*

waste [weist] wüst, öde; überflüssig; Abfall...; Verschwendung *f*; Wüste *f*, (Ein)Öde *f*; Abfall *m*; verschwenden; verwüsten; ~away dahinsiechen, verfallen; ~paper-basket Papierkorb m; ~pipe Abflußrohr n.

watch [wɔtʃ] (Armband-, Taschen)Uhr f; Wache f; keep ~ Wache halten, aufpassen; vb: (be)wachen; beobachten; zuschauen; ~ for warten auf; ~ out colloq. aufpassen; ~dog Wachhund m; ~ful wachsam; ~maker Uhrmacher m; ~man (Nacht-)Wächter m.

water ['wɔːtə] Wasser n; pl Gewässer pl; bewässern; sprengen; (be)gießen; tränken; wässern (Mund); tränen (Augen); ~(down) verwässern (a. fig.); ~bottle Wasserflasche f; Feldflasche f; ~closet (Wasser)Klosett n; ~colo(u)r Aquarell (-malerei f) n; ~course Wasserlauf m; ~cress Brunnenkresse f; ~dog Wasserratte f (Schwimmer); ~fall Wasserfall m.

watering|-**can** Gießkanne f; ~place Wasserloch n, Tränke f; Bad(eort m) n; Seebad n.

water|-**level** Wasserspiegel m; Wasserstand(slinie f) m; ~proof wasserdicht; Regenmantel m; ~shed Wasserscheide f; ~side Küste f, Fluß-, Seeufer n; ~tight wasserdicht; fig. unangreifbar; ~way

Wasserstraße f; ~works sg, pl Wasserwerk(e pl) n; ~y wässerig.

watt [wɔt] electr. Watt n.

wave [weiv] Welle f; Woge f; Winken n; wellen; schwingen, schwenken; wogen, wehen, flattern; winken (mit); ~ to j-m zuwinken.

waver ['weivə] (sch)wanken; flackern.　[wellt.]

wavy ['weivi] wellig, ge-∫

wax [wæks] Wachs n; bohnern; zunehmen (Mond).

way [wei] Weg m; Strecke f; Richtung f; Art u. Weise f; (Eigen)Art f; (Aus)Weg m; Hinsicht f; this ~ hierher, hier entlang; the other ~ round umgekehrt; by the ~ übrigens; by ~ of durch; on the ~, on one's ~ unterwegs; out of the ~ abgelegen; ungewöhnlich; give ~ (zurück)weichen; nachgeben; mot. die Vorfahrt lassen (to dat); have one's own ~ s-n Willen durchsetzen; lead the ~ vorangehen; ~back Rückweg m, -fahrt f; ~ in Eingang m; ~ of life Lebensart f, -weise f; ~ out Ausgang m; ~side Wegrand m; (by the) ~side am Wege; ~ward ['~wəd] eigensinnig.

we [wi:, wi] wir.

weak [wiːk] schwach; dünn (Getränk); ~en schwächen; schwach werden; ~ling

Schwächling *m*; **~ly**
schwächlich; **~minded**
schwachsinnig; **~ness**
Schwäche *f*.

wealth [welθ] Reichtum
m; **~y** reich, wohlhabend.

wean [wi:n] entwöhnen.

weapon ['wepən] Waffe *f*.

wear [wɛə] (*irr*) *am Körper*
tragen, anhaben, *Hut etc.*
aufhaben; halten, haltbar
sein; sich *gut etc.* tragen;
~ (away, down, off, out)
(sich) abnutzen *od.* abtragen; **~ off** sich verlieren;
~ out erschöpfen; *sub:*
Tragen *n*; (Be)Kleidung *f*;
Abnutzung *f*.

wear|iness ['wiərinis] Mü-
digkeit *f*; *fig.* Überdruß *m*;
~y müde; ermüden(d).

weasel ['wi:zl] Wiesel *n*.

weather ['weðə] Wetter *n*,
Witterung *f*; **~beaten**
verwittert; vom Wetter ge-
gerbt (*Gesicht*); **~chart**
Wetterkarte *f*; **~forecast**
Wetterbericht *m*, -vorher-
sage *f*.

weave [wi:v] (*irr*) weben;
flechten; **~r** Weber *m*.

web [web] Gewebe *n*; Netz
n; *zo.* Schwimmhaut *f*.

wed [wed] heiraten; **~-
ding** Hochzeit *f*; *Hoch-
zeits...*; **~ding-ring** Ehe-,
Trauring *m*.

wedge [wedʒ] Keil *m*;
(ein)keilen, (-)zwängen.

Wednesday ['wenzdi]
Mittwoch *m*.

weed [wi:d] Unkraut *n*;
jäten; **~killer** Unkraut-

vertilgungsmittel *n*.

week [wi:k] Woche *f*; **~
in, ~ out** Woche für Wo-
che; **this day ~, today ~**
heute in 8 Tagen; **~day**
Wochentag *m*; **~end** Wo-
chenende *n*; **~ly** wöchentlich.

weep [wi:p] (*irr*) weinen;
tropfen; **~ing willow**
Trauerweide *f*.

weigh [wei] (*a.* **~ out** ab-)
wiegen; *fig.* ab-, erwägen;
~t Gewicht *n*; *fig.:* Last
f; Bedeutung *f*; **~tless**
leicht; schwerelos; **~t-
lifting** *n* Gewichtheben
n; **~ty** schwer(wiegend);
wichtig.

weir [wiə] Wehr *n*.

weird [wiəd] unheimlich;
colloq. sonderbar.

welcome ['welkəm] Empfang *m*; willkommen (heißen); *fig.* begrüßen; **you
are ~ to ...** Sie können
gern ...; **(you are) ~!**
gern geschehen!, bitte sehr!

weld [weld] (zs.-)schwei-
ßen.

welfare ['welfɛə] Wohl-
fahrt *f*; **~ state** Wohl-
fahrtsstaat *m*; **~ work**
Fürsorge *f*; **~ worker** Für-
sorger(in).

well¹ [wel] Brunnen *m*;
tech. Quelle *f* (*a. fig.*), Bohr-
loch *n*.

well² *gut*; wohl; gesund;
~ off wohlhabend; **I am**
od. **feel ~** ich fühle mich
wohl, es geht mir gut; *int.*
nun!, na!, gut!, schön!;

whiff

very ~ (na) gut!; ~**being** Wohl(ergehen) *n*; ~**born** aus guter Familie!; ~**bred** wohlerzogen.

wellingtons ['welintənz] *pl* Schaft-, Gummistiefel *pl*. **well**-**known** wohlbekannt; ~**mannered** mit guten Manieren; ~**timed** rechtzeitig, im richtigen Augenblick; ~**to-do** wohlhabend; ~**wisher** Gönner *m*, Freund *m*; ~**worn** abgetragen; *fig.* abgedroschen.

Welsh [welʃ] walisisch; Walisisch *n*; **the** ~ *pl* die Waliser *pl*; ~ **rabbit**, ~ **rarebit** [~ˈrɛəbit] überbackene Käseschnitte.

wench [wentʃ] *veraltet:* Mädchen *n*.

went [went] *pret von* **go**.

wept [wept] *pret u. pp von* **weep**.

were [wɜː, wə] *pret of u. 2. sg von* **be**; *pret pass von* **be**; *subj pret von* **be**.

west [west] West(en *m*); westlich, West...; nach Westen; ~**erly**, ~**ern** westlich; ~**ward(s)** [ˈ~wəd(z)] westwärts.

wet [wet] naß, feucht; ~ **through** durchnäßt; Nässe *f*; Feuchtigkeit *f*; (*irr*) naß machen, anfeuchten; ~**nurse** Amme *f*.

whack [wæk] schlagen; (knallender) Schlag.

whale [weil] Wal *m*.

whar|**f** [wɔːf], *pl a.* ~**ves** [~vz] Kai *m*, Anlegeplatz *m*.

what [wɔt] was; wie; was für ein(e), welche(r, ~s); (das,) was; was!, was!; was?, wie?; ~ **about ...?** wie steht's um ...?; ~ **is all this about?** worum handelt es sich eigentlich?; ~ **for?** wofür?, wozu?; ~ **next?** was sonst noch?; **so** ~? na, wenn schon?; ~(**so**)**ever** was (immer); alles was; was auch; welche(r, ~s) ... auch (immer).

wheat [wiːt] Weizen *m*.

wheel [wiːl] Rad *n*; Steuer (-rad) *n*; fahren, rollen, schieben; (sich) drehen; ~**barrow** Schubkarren *m*; ~**chair** Rollstuhl *m*.

whelp [welp] Welpe *m*.

when [wen] wann?; wann; wenn; als; ~(**so**)**ever** immer *od.* jedesmal wenn.

where [wɛə] wo; wohin; ~ **... from?** woher?; ~ **... to?** wohin?; ~**about(s)** wo ungefähr; Aufenthalt(s-ort) *m*; ~**as** während; ~**by** wodurch, womit; ~**fore** weshalb; ~**in** worin; ~**(up)on** worauf; ~**ver** wo (-hin) auch immer.

whet [wet] wetzen, schärfen.

whether [ˈweðə] ob.

which [witʃ] welche(r, ~s); der, die, das; was; ~(**so**)**ever** welche(r, ~s) ...(auch) immer.

whiff [wif] Hauch *m*; Geruch *m*; Zug *m* (*beim Rauchen*).

while [wail] während; Weile *f*, Zeit *f*; **for a ~ e-e** Zeitlang; *vb*: **~ away** sich *die Zeit* vertreiben.

whim [wim] Schrulle *f*, Laune *f*. [mern.\]

whimper ['wimpǝ] wim-\

whims|ical ['wimzikǝl] launenhaft, wunderlich; **~y** Laune *f*, Grille *f*.

whine [wain] winseln; wimmern; greinen, jammern.

whinny ['wini] wiehern.

whip [wip] Peitsche *f*; peitschen; verprügeln; schlagen; **~ped cream** Schlagsahne *f*; **~ping** Prügel *pl*; **~ping-top** Kreisel *m*.

whirl [wǝːl] wirbeln, sich drehen; Wirbel *m*; Strudel *m*; **~pool** Strudel *m*.

whir(r) [wǝː] schwirren.

whisk [wisk] (Staub-, Fliegen)Wedel *m*; *Küche:* Schneebesen *m*; schlagen; **~ away, ~ off** (ab-, weg-) wischen; *j-n* schnell wegbringen; **~ (away** weg-) huschen, (-)flitzen.

whiskers ['wiskǝz] *pl* Backenbart *m*.

whisper ['wispǝ] flüstern; Geflüster *n*, Flüstern *n*.

whistle ['wisl] pfeifen; Pfeife *f*; Pfiff *m*.

white [wait] weiß; Weiß(e) *n*; Weiße *m*, *f*; **~ coffee** Milchkaffee *m*; **~-collar worker** Angestellte *m*, *f*; **~ frost** (Rauh)Reif *m*; **~ heat** Weißglut *f*; **~ lie** fromme Lüge *f*; **~n** worden.

machen *od.* werden; **~ness** Weiße *f*; Blässe *f*; **~wash** Tünche *f*; weißen; *fig.* reinwaschen.

Whit|monday ['wit'mʌndi] Pfingstmontag *m*; **~sun** ['~sʌn] Pfingst...; **~suntide** Pfingsten *n*, *pl*.

whiz(z) [wiz] zischen, sausen, schwirren.

who [huː, hu] wer?; *colloq.* wem?, wen?; wer; welche(r, -s), der, die, das.

whodunit [huː'dʌnit] *sl.* Krimi *m*.

whoever [hu(ː)'evǝ] wer (auch) immer; jeder, der.

whole [hǝul] ganz; heil, unversehrt; Ganze *n*; **(up-) on the ~** im ganzen; **~meal bread** Vollkornbrot *n*; **~sale dealer**, **~saler** Großhändler *m*; **~sale trade** Großhandel *m*; **~some** gesund.

wholly ['hǝuli] ganz.

whom [huːm] *acc von* who.

whoop [huːp] Schrei *m*, Geschrei *n*; laut schreien; **~ing cough** Keuchhusten *m*.

whore [hɔː] Hure *f*.

whose [huːz] *gen sg u. pl von* who: wessen?; dessen, deren (*a. gen von* which).

why [wai] warum, weshalb; **~ so?** wieso?; **that is ~** deshalb; *int.:* nun (gut); aber (... doch).

wick [wik] Docht *m*.

wicked ['wikid] böse; schlecht; schlimm; **~ness** Bosheit *f*, Gemeinheit *f*.

wipe

wicker| basket ['wikə] Weidenkorb m; **~ chair** Korbstuhl m.

wicket ['wikit] Pförtchen n; *Kricket:* Dreistab m, Tor n.

wide [waid] weit; ausgedehnt; breit; **~ awake** hellwach; *fig.* aufgeweckt; **~n** (sich) verbreitern; (sich) erweitern; **~spread** weitverbreitet.

widow ['widəu] Witwe f; **~er** Witwer m.

width [widθ] Breite f, Weite f.

wife [waif], *pl* **wives** [~vz] (Ehe)Frau f, Gattin f.

wig [wig] Perücke f.

wild [waild] wild; **run ~** wild aufwachsen, verwildern; **~cat** wild (*Streik*); Schwindel...; **~erness** ['wildənis] Wildnis f, Wüste f; **~fire: like ~** wie ein Lauffeuer.

wil(l)ful ['wilful] eigensinnig; vorsätzlich.

will [wil] Wille m; Wunsch m; Testament n; *v/aux* **ich, du etc.:** will(st) etc.; **ich, du etc.:** werde, wirst etc.; **~ing** gewillt, willens, bereit.   [de f.]

willow ['wiləu] *bot.* Wei-\

wilt [wilt] (ver)welken.

win [win] (*irr*) gewinnen; erlangen; siegen; *sp.* Sieg m.

wince [wins] (zs.-)zucken.

winch [wintʃ] *tech.* Winde f.

wind¹ [wind] Wind m; Blähung f; wittern; **be ~ed** außer Atem sein.

wind² [waind] (*irr*) sich winden od. schlängeln; winden, wickeln; **~ up** Uhr aufziehen; **~ing** Windung f; sich windend; **~ing staircase** Wendeltreppe f.

wind-instrument Blasinstrument n.   [Winde f.]

windlass ['windləs] *tech.*\

windmill ['winmil] Windmühle f.

window ['windəu] Fenster n; Schaufenster n; **~shade** Am. Rouleau n, Jalousie f; **~shopping: go ~** e-n Schaufensterbummel machen; **~sill** Fensterbrett n.

wind|pipe Luftröhre f; **~screen,** Am. **~shield** Windschutzscheibe f; **~screen wiper,** Am. **~shield wiper** Scheibenwischer m; **~y** windig.

wine [wain] Wein m.

wing [wiŋ] Flügel m; Schwinge f; *mot.* Kotflügel m; *aer.* Tragfläche f.

wink [wiŋk] Blinzeln n, Zwinkern n; blinzeln od. zwinkern (mit).

winn|er ['winə] Gewinner (-in) f; Sieger(in) f; siegreich; *fig.* einnehmend; **~ing-post** *sp.* Ziel n; **~ings** *pl* Gewinn m.

winter ['wintə] Winter m; überwintern; **~ry** ['~tri] winterlich; *fig.* frostig.

wipe [waip] (ab-, auf-) wischen; (ab)trocknen; **~ off** ab-, wegwischen; tilgen; **~ out** auswischen; tilgen; (völlig) vernichten.

wire ['waɪə] Draht *m*; *colloq.* Telegramm *n*; Draht...; *s.o. colloq.* telegraphieren; **~less** drahtlos, Funk...; **~less (set)** Radio(apparat *m*) *n*; **~ netting** Drahtgeflecht *n*.

wiry ['waɪərɪ] drahtig.

wisdom ['wɪzdəm] Weisheit *f*; **~tooth** Weisheitszahn *m*.

wise [waɪz] weise, klug; [erfahren.] **~** well *od.* **ill** j-m Gutes *od.* Böses wünschen; **~ for** (sich) *et.* wünschen.

wistful ['wɪstful] (sich) sehnsüchtig, wehmütig.

wit [wɪt] Witz *m*; *sg*, *pl* Verstand *m*; **be at one's ~'s end** mit s-r Weisheit am Ende sein.

witch [wɪtʃ] Hexe *f*; **~craft**, **~ery** Hexerei *f*.

with [wɪð] mit; bei; für; von; durch, vor.

withdraw [wɪð'drɔː] (*irr draw*) (sich) zurückziehen; *Truppen etc.* abziehen; *Geld* abheben.

wither ['wɪðə] (ver)welken; verdorren (lassen).

with|hold [wɪð'həʊld] (*irr hold*) zurückhalten; *et.* vorenthalten; **~in** [~'ðɪn] in(nerhalb); **~in call** in Rufweite; **~out** [~'ðaʊt] ohne; **~stand** (*irr stand*) widerstehen.

witness ['wɪtnɪs] Zeug|e *m*, -in *f*; Zeugnis *n*, Beweis *m*; (be)zeugen; Zeuge sein

von; **~box**, *Am.* **~ stand** Zeugenstand *m*, -bank *f*.

witty ['wɪtɪ] witzig, geistreich.

wives [waɪvz] *pl von* **wife**.

wizard ['wɪzəd] Zauberer *m*; Genie *n*.

wobble ['wɒbl] schwanken; wackeln (mit); schlottern (*Knie*).

woe [wəʊ] Weh *n*, Leid *n*; **~begone** ['~bɪgɒn] jammervoll; **~ful** jammervoll, elend.

woke [wəʊk] *pret u. pp.*, **~n** *pp von* **wake**.

wolf [wʊlf], *pl* **wolves** [~vz] Wolf *m*; **~ (down)** (gierig) verschlingen.

woman ['wʊmən], *pl* **women** ['wɪmɪn] Frau *f*; weiblich; **~ doctor** Ärztin *f*; **~hood** Frau*pl*; Weiblichkeit *f*; **~kind** Frauen *pl*; **~ly** fraulich, weiblich.

womb [wuːm] Gebärmutter *f*, Mutterleib *m*; *fig.* Schoß *m*.

women ['wɪmɪn] *pl von* **woman**. [win.]

won [wʌn] *pret u. pp von* **win**.

wonder ['wʌndə] Wunder *n*; Verwunderung *f*; sich wundern; gern wissen mögen, sich fragen; **~ful** wunderbar, -voll.

won't [wəʊnt] *für* **will not**.

wont [wəʊnt] Gewohnheit *f*, gewohnt; **be ~ to** do zu tun pflegen; **~ed** gewohnt; üblich.

woo [wuː] werben um.

wood [wʊd] *oft pl* Wald *m*,

Gehölz n; Holz n; **~cut** Holzschnitt m; **~cutter** Holzfäller m; **~ed** bewaldet, waldig; **~en** hölzern (a. fig.); Holz...; **~pecker** Specht m; **~wind** Holzblasinstrument n; **~work** Holzwerk n; Holzarbeit(en pl) f; **~y** waldig; holzig.

wool [wul] Wolle f; **~(l)en** wollen, Woll...; pl Wollsachen pl; **~(l)y** wollig; Woll...

word [wə:d] (in Worten) ausdrücken, formulieren; Wort n; Nachricht f; pl: (Lied)Text m; fig. Wortwechsel m; **have a ~ with** mit j-m sprechen; **~ing**Wortlaut m, Fassung f.

wore [wɔ:] pret von **wear**.

work [wə:k] Arbeit f; Werk n; pl (Räder-, Trieb-, Uhr)Werk n; pl als sg **construiert:** Werk n, Fabrik f, Betrieb m; **at ~** bei der Arbeit; **out of ~** arbeitslos; **set to ~** an die Arbeit gehen; (a. irr) arbeiten (**at**, **on** an); tech. funktionieren, gehen; wirken; fig. gelingen, klappen; verbearbeiten; Maschine etc. bedienen; (an-, be)treiben; fig. bewirken; **~ off** aufarbeiten; Gefühle abreagieren; **~ out** ausrechnen, Aufgabe lösen; Plan ausarbeiten; **~day** Werk-, Arbeitstag m; **~er** Arbeiter (-in); **~house** Armenhaus f, Am. Besserungsanstalt f, Arbeitshaus n.

working arbeitend; Arbeits...; Betriebs...; **~class** Arbeiterklasse f; **~ day** Werk-, Arbeitstag m; **~ hours** pl Arbeitszeit f.

workman (Fach)Arbeiter m; **~ship** Kunstfertigkeit f; gute etc. Ausführung.

work| of art Kunstwerk n; **~s council** Betriebsrat m; **~shop** Werkstatt f.

world [wə:ld] Welt f; **~ly** weltlich; irdisch; **~power** pol. Weltmacht f; **~war** Weltkrieg m; **~wide** weltweit, auf der ganzen Welt, Welt...

worm [wə:m] Wurm m; **~eaten** wurmstichig.

worn [wɔ:n] pp von **wear**; **~out** abgenutzt, abgetragen; verbraucht; erschöpft.

worr|ied besorgt, beunruhigt; **~y** quälen, plagen; (sich) beunruhigen; (sich) Sorgen machen; Sorge f; Ärger m.

worse [wə:s] comp von **bad, evil, ill.**

worship [ˈwə:ʃip] Anbetung f, Verehrung f; Gottesdienst m; verehren, anbeten; **~(p)er** Kirchgänger m.

worst [wə:st] sup von **bad, evil, ill.**

worsted [ˈwustid] Kammgarn n; Woll...

worth [wə:θ] Wert m; Verdienst n; wert; **~ reading** lesenswert; **~ seeing** sehenswert; **~less** wertlos.

~while der Mühe wert; ~y ['⌣ði] würdig.

would [wud] *pret u. cond von* **will**; pflegte(st, -n, -t).

wound[1] [wuːnd] Wunde *f*, Verletzung *f*; verwunden, -letzen (*a. fig.*).

wound[2] [waund] *pret u. pp von* **wind**[2].

wove [wəuv] *pret,* **~n** *pp von* **weave**.

wrangle ['ræŋgl] (sich) streiten *od.* zanken; Streit *m*, Zank *m*.

wrap [ræp] wickeln, hüllen; ~ **up** (ein)wickeln, (-)packen, (-)hüllen; **be ~ped up in** *fig.* ganz in Anspruch genommen sein von, ganz aufgehen in; Decke *f*; Schal *m*; Mantel *m*; ~**per** Hülle *f*, Verpackung *f*; (Buch)Umschlag *m*; ~**ping** Verpackung *f*.

wrath [rɔθ] Zorn *m*.

wreath [riːθ], *pl* **~s** [⌣ðz] (*Blumen*)Gewinde *n*, Kranz *m*.

wreck [rek] Wrack *n*; Schiffbruch *m*; vernichten, zerstören; **be ~ed** Schiffbruch erleiden; ~**age** Trümmer *pl*; Wrack(teile *pl*) *n*; ~**ed** gestrandet, gescheitert; schiffbrüchig.

wrecking | **company** *Am.* Abbruchfirma *f*; ~ **service** *Am. mot.* Abschleppdienst *m*.

wren [ren] Zaunkönig *m*.

wrench [rentʃ] reißen, zerren, ziehen; *med.* verren-

ken, -stauchen; ~ **open** aufreißen; *sub:* Ruck *m*; *med.*Verrenkung *f*, -stauchung *f*; Schraubenschlüssel *m*.

wrest [rest] reißen; ~**from** *j-m* entreißen *od. fig.* abringen; ~**le** ringen (mit); ~**ling** Ringkampf *m*, Ringen *n*.

wretch [retʃ] armer Kerl; Schuft *m*; ~**ed** ['⌣id] elend; erbärmlich, schlecht.

wriggle ['rigl] sich winden *od.* schlängeln; zappeln (mit).

wring [riŋ] (*irr*) (~ **out** aus)wringen; *Hände* ringen.

wrinkle ['riŋkl] Runzel *f*; Falte *f*; sich runzeln, runz(e)lig werden; knittern; ~ **up** *Stirn* runzeln.

wrist [rist] Handgelenk *n*; ~ **watch** Armbanduhr *f*.

writ [rit] Erlaß *m*; *jur.* Verfügung *f*.

write [rait] (*irr*) schreiben; ~ **down** auf-, niederschreiben; ~ **out** (ganz) ausschreiben; *Scheck etc.* ausstellen; ~**r** Schreiber(in); Verfasser(in), Autor(in), Schriftsteller(in).

writhe [raið] sich krümmen.

writing ['raitiŋ] Schreib...; Schreiben *n*; Schrift *f*; Stil *m*; *pl* literarische Werke *pl*; **in** ~ schriftlich; ~**desk** Schreibtisch *m*; ~**paper** Schreib-, Briefpapier *n*.

written ['ritn] *pp von*

your

write; schriftlich.
wrong [rɒŋ] unrichtig; falsch, verkehrt; **be ~** falsch sein; nicht in Ordnung sein, nicht stimmen; falsch gehen (*Uhr*); unrecht haben; **what is ~ with you?** was ist los mit dir?; *sub*: Unrecht *n*; *vb*:

j-m Unrecht tun.
wrote [rəut] *pret von* **write**.
wrought [rɔːt] *pret u. pp von* **work**; ~**-iron** schmiedeeisern; ~**-up** erregt.
wrung [rʌŋ] *pret u. pp von* **wring**.
wry [rai] schief, verzerrt.

X, Y

Xmas ['krisməs] *für* **Christmas**.
X-ray ['eks'rei] Röntgenaufnahme *f*; Röntgen...; röntgen.
xylophone ['zailəfəun] Xylophon *n*.

yacht [jɒt] (Segel-, Motor-)Jacht *f*; Segelboot *n*; ~**ing** Segeln *n*; Segelsport *m*.
yap [jæp] kläffen.
yard [jɑːd] Yard *n* (= *0,914 m*); Hof *m*.
yarn [jɑːn] Garn *n*; *colloq*. Seemannsgarn *n*.
yawn [jɔːn] gähnen; Gähnen *n*.
ye¹ [jiː] *alte Form für* **you.**
ye² [jiː, ðiː] *alte Form für* **the.**
yea [jei] *veraltet*: ja.
yeah [jei] *sl*. ja.
year [jəː] Jahr *n*; ~**ly** jährlich.
yearn [jəːn] sich sehnen.
yeast [jiːst] Hefe *f*.
yell [jel] (gellend) schreien; (gellender) Schrei.
yellow ['jeləu] gelb; Gelb *n*.
yelp [jelp] kläffen, jaulen.

yeoman ['jəumən] freier Bauer.
yes [jes] ja; doch; Ja *n*.
yesterday ['jestədi] gestern; **the day before ~** vorgestern.
yet [jet] noch; bis jetzt; schon; (*j*)doch; dennoch, trotzdem; **as ~** bis jetzt, **not ~** noch nicht.
yew [juː] Eibe *f*.
yield [jiːld] (ein-, hervor-)bringen; *agr*. tragen; nachgeben, weichen; Ertrag *m*; ~**ing** *fig*. nachgiebig.
yoke [jəuk] Joch *n* (*a. fig.*); ~ *of* (*Ochsen*)Gespann *n*; (an)spannen.
yolk [jəuk] (Ei)Dotter *m, n*, Eigelb *n*.
yonder ['jɒndə] *lit*. dort drüben.
you [juː, ju] du, ihr, Sie; dir, euch, Sie; man.
young [jʌŋ] jung; (Tier-)Junge *pl*; ~**ster** ['~stə] Junge *m*.
your [jɔː] dein(e), euer(e), Ihr(e); ~**s** [~z] deine(r, -s), euer, euere(s), Ihre(r, -s),

der, die, das dein(ig)e *od.*
eur(ig)e *od.* Ihr(ig)e; **~self**,
pl **~selves** (du, ihr, Sie)
selbst; dir (selbst), dich,
sich, euch, sich; **by ~self**
allein.
youth [ju:θ], *pl* **~s** [~ðz]

Jugend *f*; junger Mann;
Jugend...; **~ful** jung; jugendlich; **~ hostel** Jugendherberge *f*.
Yugoslav ['ju:gəu'slɑːv]
jugoslawisch; Jugoslaw|e
m, -in *f*; Jugoslawisch *n*.

Z

zeal [ziːl] Eifer *m*; **~ous**
['zeləs] eifrig; eifrig bedacht (**to do** zu tun).
zebra ['ziːbrə] Zebra *n*; **~ crossing** Fußgängerübergang *m*, Zebrastreifen *m*.
zenith ['zeniθ] Zenit *m*;
fig. Höhepunkt *m*.
zero ['ziərəu] Null(punkt
m) *f*.
zest [zest] Begeisterung *f*,
Schwung *m*; Reiz *m*.

zigzag ['zigzæg] Zickzack
m.
zip| code [zip] *Am.* Postleitzahl *f*; **~fastener,~per**
Reißverschluß *m*.
zodiac ['zəudiæk] Tierkreis *m*.
zone [zəun] Zone *f*.
zoo [zuː] Zoo *m*.
zoolog|ical [zəuə'lɔdʒikəl]
zoologisch; **~y** [~'ɔlədʒi]
Zoologie *f*.

Deutsch-Englisches Wörterverzeichnis

A

Aal *m* eel.

Aas *n* carrion, carcass.

ab *prep* from; from ... (on); from ... on(ward[s]); *adv colloq.* off; ~ **und zu** now and then; **von jetzt** ~ from now on.

abändern alter, modify.

Abart *f* variety.

Abbau *m* reduction; *Bergbau:* exploitation, working; **2en** reduce; *Maschinen etc.:* dismantle; *Bergbau:* exploit.

ab|beißen bite off; **~bekommen** get off; **~s-n Teil od. et. ~bekommen** get one's share; **~berufen** recall; **~bestellen** countermand; *Zeitung etc.:* cancel one's subscription to; **~biegen** turn off; **nach rechts ~, links ~biegen** turn right *od.* left.

Abbildung *f* picture, illustration.

ab|binden untie, undo; *med.* ligature, tie; **~blenden** *Scheinwerfer:* dim *od.* dip (*v/i:* the headlights); **2blendlicht** *n* dimmed headlight(s *pl*); **~brechen** break off (*a. fig.*); *Gebäude:* demolish; *Zelt:* strike; *fig.* stop; **~bremsen** slow down *od.* up, brake; **~brennen** burn down; **~**

bringen: j-n ~ von dissuade s.o. from; **~bröckeln** crumble; **~bürsten** brush (off).

Abc *n* ABC, alphabet.

ab|danken resign; *Herrscher:* abdicate; **~decken** uncover; *Tisch:* clear; **zudecken:** cover (up, over); **~dichten** make *s.th.* water-, *etc.* tight.

Abdruck *m* impression, (im)print; **2en** print; *Artikel:* publish.

abdrücken fire.

Abend *m* evening, night; **Guten ~!** Good evening!; **am** ~ in the evening; **heute** ~ tonight; **morgen** *od.* **gestern** ~ tomorrow *od.* last night; **2** *n* ~ in **Abendessen**; **~dämmerung** *f* (evening) twilight, dusk; **~essen** *n* evening meal; dinner; *bsd.* **spätabends:** supper; **~kleid** *n* evening dress *od.* gown; **~kurs** *m* evening classes *pl*; **2s** in the evening; **~brot** *n* s. **Abendessen;** **~land** *n* the Occident; **~mahl** *n eccl. the* (Holy) Communion, *the* Lord's Supper; **2s** in the evening; **~zeitung** *f* evening paper.

Abenteuer *n* adventure; **2lich** *fig.* wild, fantastic.

aber but; **oder** ~ otherwise.

Aber|glaube m superstition; **2gläubisch** superstitious.

abermals again, once more.

abfahr|en leave, depart, start; *Schiff:* sail; carry *öd.* cart away; **2t** f departure; *mar.* sailing; **2tslauf** m downhill (race).

Abfall m: *oft* **Abfälle** pl waste, refuse, Am. a. garbage; **∼eimer** m dustbin, Am. garbage *od.* trash can; **2en Blätter** etc.: fall (off); *Gelände:* slope (down).

abfällig unfavo(u)rable; disparaging.

Abfallprodukt n by-product; waste product.

ab|fangen catch; *Brief* etc.: intercept; *mot.*, *aer.* right; **∼färben** *Farbe:* run; **∼fassen** write, compose, pen; **∼fertigen** dispatch; *Zoll:* clear; *Kunden:* serve, attend to; **∼feuern** fire (off), discharge.

abfind|en satisfy; *entschädigen:* compensate; **∼en mit** resign o.s. to; **2ung** f satisfaction; compensation.

ab|fliegen leave (by plane); *aer.* take off, start; **∼fließen** drain *od.* flow off.

Abflug m take-off, start; departure.

Abfluß m flowing off; drain; *See:* outlet; **∼rohr** n waste-pipe, drain-pipe.

Abfuhr f *fig.* rebuff.

abführ|en lead away; *Geld:*

pay; **∼end** *med.* laxative, purgative; **2mittel** n laxative. **[schen ∼ bottle.]**

abfüllen decant; **in Fla-]**

Abgabe f *Ball:* pass; *econ.* sale; *Steuer:* tax.

Abgang m departure; *thea.* exit; leaving; **∼szeugnis** n (school-)leaving certificate, Am. a. diploma.

Abgas n waste gas; *mot.* exhaust (gas).

abgearbeitet worn-out.

abgeben deliver; leave; give; *Arbeit:* hand in; *Ball:* pass; *Erklärung:* make; **sich ∼ mit** occupy o.s. with.

abge|bildet in the picture; **∼brannt** *fig. colloq.* hard up, *sl.* broke; **∼griffen** *Buch:* well-thumbed; **∼härtet** hardened.

abgehen leave, depart, start; *Brief* etc.: be dispatched; *Weg:* branch off; *Knopf* etc.: come off; *fig.* go *od.* pass off.

abge|hetzt exhausted; **∼legen** remote, distant; **∼macht** ∼! it's a deal!; **∼magert** emaciated; **∼neigt** disinclined, averse; **∼nutzt** worn-out.

Abgeordnete m, f deputy, delegate; *Deutschland:* member of the Bundestag *od.* Landtag; *Brit.* Member of Parliament, Am. representative.

abge|schlossen *fig.* complete; **∼sehen: ∼ von** apart (Am. a. aside) from;

~spannt *fig.* exhausted, tired; ~standen stale, flat; ~storben numb; dead; ~stumpft *fig.* indifferent; ~tragen threadbare, shabby.

ab|gewöhnen: j-m et. ~ break *od.* cure s.o. of s.th.; sich das Rauchen ~ give up smoking; ~grenzen mark off; *fig.* define.

Abgrund *m* precipice, chasm.

ab|hacken chop *od.* cut off; ~haken *Liste*: tick off; ~halten hold; j-n von et. ~halten keep s.o. from doing s.th.; ~kommen get lost.

Abhandlung *f* treatise.

Abhang *m* slope, incline.

abhängen *Bild etc.*: take down; *rauchl.* uncouple; ~ von depend (up)on.

abhängig: ~ von dependent (up)on; 2keit *f* dependence.

ab|härten harden (gegen to); sich ~härten harden o.s.; ~hauen cut *od.* chop off; *colloq.* be off; ~heben *teleph.* lift (*v/i*: the receiver); cut (the cards); lift *od.* take off; *Geld*: (with)draw; sich ~heben von stand out against; ~heilen heal (up); ~hetzen: sich ~ rush, hurry.

Abhilfe *f* remedy.

ab|holen fetch; call *od.* come for; ~holen lassen send for; j-n von der Bahn ~holen go to meet

s.o. at the station; ~horchen *med.* sound; ~hören *teleph.* listen in to; intercept; e-n Schüler ~hören hear a pupil's lesson.

Abitur *n* school-leaving examination.

ab|kaufen buy *od.* purchase from; ~kehren sweep off; sich ~kehren von turn away from; ~klingen *Schmerz*: ease off; ~klopfen *Staub*: knock off; *Mantel*: dust; *med.*: sound; ~knicken snap off; break off; ~kochen boil; *Milch*: scald.

abkommen: ~ von get off; *Thema*: digress from; vom Wege ~ lose one's way; 2 *n* agreement.

ab|koppeln uncouple; ~kratzen scrape off; ~kühlen cool; sich ~kühlen cool; *fig.* cool down.

abkürz|en shorten; *Wort etc.*: abbreviate; den Weg ~en take a short cut; 2ung *f* abbreviation; short cut.

abladen unload; *Schutt*: dump.

Ablage *f* files *pl.*

ab|lagern: sich ~ settle; be deposited; ~lassen drain (off), run off; *Dampf*: let off.

Ablauf *m Verlauf*: course; expiration, end; nach ~ von at the end of; 2en *v/t Absätze*: wear down; *v/i* run off; drain off; *Frist, Paß*: expire; *Uhr*: run down.

Ableben n death, jur. demise.

ab|lecken lick (off); **~legen** v/t Kleidung: take off; Akten etc.: file; Geständnis: make; Eid, Prüfung: take; v/i Schiff: sail; take off one's (hat and) coat.

Ableger m layer, shoot.

ablehn|en decline, refuse; Antrag etc.: turn down; **~end** negative; **2ung** f refusal; rejection.

ableiten divert; fig. derive.

ablenk|en divert (von from); distraction. [f delivery.)

abliefer|n deliver; **2ung** f

ablös|en detach, remove; take off; mil. relieve; Amtsvorgänger: supersede; **sich ~en** come off; Person: alternate, take turns; **2ung** f relief.

abmach|en remove, detach; fig. settle, arrange, agree on; **2ung** f arrangement, settlement, agreement.

abmagern lose weight, grow lean od. thin.

Abmarsch m start; mil. marching off.

abmelden: sich ~ give notice of one's departure.

abmes|sen measure; **2sung** f measurement.

ab|montieren take down, dismantle; **~mühen: sich ~** drudge, toil; **~nagen** gnaw off; Knochen: pick.

Abnahme f decrease, diminution.

abnehme|n v/i Mond: wane; lose weight; decrease; diminish; v/t take off, remove; teleph. Hörer: lift; med. amputate; econ. buy, purchase; j-m et. **~n** take s.th. from s.o.; **2r** m econ. buyer; customer.

Abneigung f aversion, dislike. [(sich) ~ wear out.)

ab|nutzen, ~nützen:

Abonn|ement n subscription (auf to); **~ent** m subscriber; **2ieren** subscribe to, take in.

Abordnung f delegation.

ab|pfeifen: das Spiel ~ stop the game; **~pflücken** pick, pluck, gather; **~plagen: sich ~** toil; **~prallen** rebound; **~putzen** clean; wipe off; **~rasieren** shave off; **~raten: ~ von** dissuade from, advise against; **~räumen** clear (away).

abrechn|en deduct; **mit j-m ~en** get even with s.o.; **2ung** f settlement (of accounts); deduction.

abreiben rub off; Körper: rub down; polish.

Abreise f departure; **2n** depart, leave, start.

abreiß|en v/t tear od. pull off; Gebäude: pull down; v/i break off; Knopf etc.: come off; **2kalender** m tear-off calendar.

ab|richten Tier: train; Pferd: break (in); **~riegeln** s. **verriegeln**.

Abriß m outline, summary.

ab|rollen unroll; uncoil; unwind; **~rücken** move away; *mil.* march off.

Abruf *m*: **auf ~** on call.

abrunden round (off).

abrupt abrupt.

Abrüstung *f* disarmament.

abrutschen slip off.

Absage *f* cancellation; **~n** cancel, call off.

absägen saw off.

Absatz *m* Schuh: heel; Treppe: landing; print. paragraph; econ. sale.

ab|schaffen abolish; **~schälen** peel (off), pare; **~schalten** switch off, turn off od. out, disconnect; **~schätzen** estimate, value.

Abschaum *m* scum; *fig. a.* dregs *pl.*

Abscheu *m* horror, abhorrence; **2lich** abominable, horrid.

abschicken send off, dispatch; post, bsd. Am. mail.

Abschied *m* parting, leave-taking; **~ nehmen** take leave (**von** of); **~sfeier** *f* farewell party.

ab|schießen shoot off; hunt. shoot, kill; Waffe: discharge; Rakete: launch; aer. (shoot, bring) down; **~schirmen** ~ (**gegen**) shield (from); screen (from).

Abschlag *m* econ. discount, rebate; **2en** knock (beat, strike) off; Kopf: cut off; Angriff: beat off, repulse; Bitte etc.: refuse;

~(s)zahlung *f* instal(l)-ment.

abschleifen grind off.

Abschlepp|dienst *m* breakdown (Am. wrecking) service; **2en** mot. tow; **sich 2en** mit trail od. toil along with; **~seil** *n* tow(ing)-rope; **~wagen** *m* breakdown lorry, Am. wrecking car.

abschließen lock (up); end, finish, complete; Versicherung: effect; Vertrag etc.: conclude; **e-n Handel ~** strike a bargain; **~d** final; in conclusion.

Abschluß *m* conclusion; **~prüfung** *f* final examination, finals *pl*; **~zeugnis** *n* leaving certificate.

ab|schmieren lubricate, grease; **~schnallen** unbuckle; Skier: unstrap; **~schneiden** cut (off); slice off; **gut** od. **schlecht ~schneiden** come off well od. badly.

Abschnitt *m* math. segment; print. section, paragraph; Kontroll2: counterfoil, Am. a. stub; Reise: stage; Entwicklung: phase; Zeit: period.

ab|schöpfen skim (off); **~schrauben** screw off; **~schrecken** deter; **~schreiben** copy; Schule: crib; **2schrift** *f* copy, duplicate; **~schürfen** graze, abrade.

Abschuß *m* Rakete: launching; aer. shooting down,

downing; ~rampe f launching pad od. platform.

ab|schüssig steep; ~schütteln shake off; ~schwächen weaken; ~schweifen digress; ~segeln set sail, sail off.

abseh|bar: in ~er Zeit in the not-too-distant future; ~en foresee; es abgesehen haben auf aim at; ~en von refrain from; disregard.

abseits aside, apart; sp. off side; ~ (gen) od. von off.

absende|n send off, dispatch; post, Am. mail; 2r m sender.

absetzen v/t set od. put down; j-n: remove, dismiss; Passagier: drop, put down; Waren: sell; Theaterstück: take off; v/i stop, pause.

Absicht f intention; 2lich intentional; on purpose.

absolut absolute.

ab|sondern separate; med. secrete; sich ~sondern seclude o.s.; ~sorbieren absorb; ~spenstig: ~machen entice away (dat from); ~sperren lock (up); Wasser, Gas: cut od. shut off; Straße: block; ~spielen play; Tonband a. play back; sich ~spielen happen, take place.

Absprung m jump.

ab|spülen wash off od. away; Geschirr: wash up.

abstamm|en be descended; 2ung f descent.

Abstand m distance.

abstauben dust.

absteche|n contrast (von, gegen with); 2r m excursion, trip.

ab|stehen stick out; ~steigen descend; Pferd: dismount, alight; Fahrrad: dismount; ~stellen put up (in at); ~stellen put down; Gas etc.: turn off; Auto: park; ~stempeln stamp.

Abstieg m descent; fig. decline.

abstimm|en vote (über on); harmonize (auf with); balance; 2ung f voting; vote.

abstoppen stop.

ab|stoßen push off; j-n: repel; ~d repulsive.

abstreiten deny.

Ab|sturz m fall; aer. crash. 2stürzen fall; aer. crash.

absuchen search (nach for). [terous.]

absurd absurd, prepos-]

Abszeß m abscess.

Abtei f abbey.

Abteil n compartment; 2en divide; arch. partition off; ~ung f department; Krankenhaus: ward; ~ungsleiter m head of a department.

abtragen Gebäude: pull down; Hügel: level; Kleidung: wear out.

abtreib|en med. procure (an) abortion; 2ung f med. abortion.

abtrennen detach, separate; sever.

abtrete|n *Absätze:* wear down; *Gebiet:* cede; *fig.* retire; **2r** *m* doormat.

ab|trocknen dry; wipe (dry); **~tupfen** mop (up); dab; **~wägen** consider carefully, weigh; **~wälzen** shift; **~wandeln** vary, modify; **~warten** wait for.

abwärts down, downward(s).

abwasch|bar washable; **2becken** *n* sink; **~en** *s.* **abspülen**.

Abwässer *pl* sewage *sg*; *Industrie:* waste water *sg*.

abwechs|eln alternate; **einander** *od.* **sich ~eln** take turns; **~elnd** alternate; **2(e)lung** *f* change; *Zerstreuung:* diversion; **zur 2(e)lung** for a change.

Abwehr *f* defen|ce, *Am.* -se; **2en** ward off; *Angriff, Feind:* repel, repulse.

abweichen deviate.

abweisen refuse, reject; rebuff; **~d** unfriendly, cool.

ab|wenden turn away (*a.* **sich**); *Unheil, Blick:* avert; **~werfen** throw off; *Bomben:* drop; *Gewinn:* yield.

abwer|ten devaluate; **2-tung** *f* devaluation.

abwesen|d absent; **2heit** *f* absence.

ab|wickeln unwind, wind off; **~wiegen** weigh (out); **~wischen** wipe (off); **~würgen** *mot.* stall; **~zahlen** pay off; **~zählen** count; **2zahlung** *f* instal(l)ment.

Abzeichen *n* badge.

ab|zeichnen copy; draw; *Schriftstück:* initial; **~ziehen** take off, remove; *math.* subtract; deduct; *Bett:* strip; *Schlüssel:* take out; *mil.* withdraw; go away; *Rauch:* clear away.

Abzug *m* *mil.* withdrawal; *Waffe:* trigger; *math.* deduction; *phot.* print; *print.* proof.

abzüglich less, minus.

abzweig|en: (sich) ~ branch off; **2ung** *f* turning, bifurcation.

ach *int.* oh!, ah!; **~ so!** oh, I see!

Achse *f* axis (*a. pol.*); *tech.* axle(-tree).

Achsel *f* shoulder; **die** *od.* **mit den ~n zucken** shrug one's shoulders; **~höhle** *f* armpit.

acht eight; **in ~ Tagen** today week, this day week; **vor ~ Tagen** a week ago.

Acht *f* attention; **außer 2 lassen** disregard; **sich in 2 nehmen** be careful.

achte eighth; **2l** *n* eighth (part).

achten respect; **~ auf** pay attention to; **~ darauf, daß** take care (that).

achtens eighth(ly).

Achter *m* (figure) eight; *Rudern:* eight; **~bahn** *f* switchback (railway), *Am.* roller coaster.

acht|geben be careful; pay attention (**auf** to); **gib acht!** look out!,

watch out!; s. **aufpassen**
auf; **~los** careless.
Achtung f attention; respect; **~!** attention!, caution!; **~, Stufe!** mind the step!
acht|zehn(te) eighteen(th);
~zig eighty; **~zigste** eightieth.
ächzen groan, moan.
Acker m field; **~bau** m agriculture; farming.
addieren add (up).
Adel m nobility, aristocracy; **2ig** noble.
Ader f vein; artery.
adieu int. farewell, colloq. cheerio.
Adjektiv n gr. adjective.
Adler m eagle.
adlig noble; **2e** m nobleman; peer.
Admiral m admiral.
adoptieren adopt.
Adreßbuch n directory.
Adress|e f address; **2ieren** address, direct.
Advent m Advent.
Adverb n gr. adverb.
Affäre f (love) affair; matter, business.
Affe m monkey; Menschen**2**: ape.
affektiert affected.
Afrika|ner m African; **2nisch** African.
After m anus.
Agent m (pol. secret) agent; **~ur** f agency.
Aggress|ion f aggression; **2iv** aggressive.
Ägyp|ter m Egyptian; **2tisch** Egyptian.

ah int. ah!
aha int. aha!, I see!
Ahle f awl.
ähneln be like; resemble.
Ahnen f ancestors pl, forefathers pl.
ahnen guess; suspect.
ähnlich similar (dat to); like; **2keit** f likeness, resemblance, similarity.
Ahnung f presentiment, foreboding; notion, idea; **2slos** unsuspecting.
Ahorn m maple(-tree).
Ähre f ear.
Akademi|e f academy; **~ker** m university man, bsd. Am. university graduate; **2sch** academic.
akklimatisieren: sich ~ acclimatize.
Akkord m mus. chord; **im ~** econ. by the piece; **~arbeit** f piece-work; **~lohn** m piece-wages pl.
Akku(mulator) m battery.
Akkusativ m gr. accusative (case).
Akrobat m acrobat.
Akt m act(ion), deed; thea. act; paint. nude.
Akte f document; abgelegte: file; **~n** pl a. papers pl; **~nmappe** f, **~ntasche** f briefcase.
Aktie f share, Am. stock; **~ngesellschaft** f joint-stock company, Am. stock corporation.
Aktion f action; mil. operation.
aktiv active; **2** n gr. active (voice); **2ität** f activity.

aktuell current; up-to-date.

Akusti|k f acoustics pl (*Lehre*: *sg*); **2sch** acoustic.

akut acute.

Akzent m accent; *Betonung*: a. stress (*a. fig.*).

akzeptieren accept.

Alarm m alarm; **2ieren** alarm.

albern silly, foolish.

Album n album.

Alge f alga; seaweed.

Algebra f algebra.

Alibi n alibi.

Alimente pl support *sg*.

Alkohol m alcohol; **2frei** non-alcoholic, *bsd. Am.* soft; **2isch** alcoholic.

all all; *jeder*: every; **vor ~em** most of all.

All n the universe.

Allee f avenue.

allein alone; only; **~stehend** *Person*: alone in the world; single; *Gebäude etc.*: isolated; detached.

allemal: **ein für ~** once (and) for all.

aller|best very best; **~dings** indeed; *int.* certainly!; **~erst** very first; **zu ~erst** first of all.

Allergie f allergy.

aller|hand, ~lei all kinds od. sorts of; **~letzt** very last; **~meist** most; **am ~meisten** most of all; **~nächst** very next; **~neu(e)st** very latest; **~wenigst: am ~en** least of all.

allgemein general; *üblich*:

common; **im ~en** in general, generally; **2heit** f general public.

Alliierte m ally.

all|jährlich annual(ly); **~mählich** gradual(ly); **2tag** m everyday life, daily routine; **~täglich** daily; *fig.* common; **~zu** (much) too; **~zuviel** too much.

Alm f alpine pasture, alp.

Almosen pl alms pl.

Alpen pl the Alps pl.

Alphabet n alphabet; **2isch** alphabetical.

Alptraum m nightmare.

als *nach comp*: than; *ganz so wie*: as; *nach Negation*: but; *zeitlich*: when, as; **~ ob** as if, as though.

also therefore.

alt old; *aged*; *ancient*; *schal*: stale; second-hand.

Altar m altar.

Alte m od. f old man od. woman; **die ~n** pl the old people pl.

Alter n age; **im ~ von** at the age of; **er ist in meinem ~** he is my age.

älter older; senior; **der ~e Bruder** the elder brother; **~e Dame** elderly lady.

altern grow old, age.

Altersheim n old people's home.

Alter|tum n antiquity; **~tümer** pl antiquities pl.

ältest oldest; *Schwester etc.*: eldest.

alt|klug precocious; **~modisch** old-fashioned; **2papier** n waste paper; **2-**

stadt f old (part of a) town od. city.
Aluminium n aluminium, Am. aluminum; **~folie** f tin foil.
Amateur m amateur.
Amboß m anvil.
ambulan|t: **~er Patient** outpatient; **2z** f ambulance.
Ameise f ant.
Amerikan|er m American; **2isch** American.
Amme f (wet-)nurse.
Amnestie f amnesty.
Ampel f hanging lamp; traffic light(s pl).
Ampulle f ampoule.
amputieren amputate.
Amsel f blackbird.
Amt n office; Aufgabe: duty; (telephone) exchange; **2lich** official.
Amulett n amulet, charm.
amüs|ant amusing, entertaining; **~ieren** amuse; **sich ~ieren** enjoy o.s., have a good time.
an on; at; upon; in; against; to; by; **am 1. März** on March 1st; **von ~** from on.
Analyse f analysis.
Ananas f pineapple.
Anarchie f anarchy.
anatomisch anatomical.
Anbau m agr. cultivation; arch. annex(e), extension; **2en** grow; arch. add.
anbehalten keep on.
anbei enclosed.
an|beißen bite into; Fisch: bite; **~beten** adore, worship.

Anbetracht m: **in ~** considering.
an|bieten offer; **~binden** bind, tie (up).
Anblick m sight; spectacle; **2en** look at; glance at.
an|brechen v/t Vorräte: break into; Flasche: open; v/i begin; Tag: break, dawn; **~brennen** burn; **~bringen** bring; fix, attach; **~brüllen** roar at.
An|dacht f devotion; prayers pl; **2dächtig** devout.
andauern continue, go on; **~d** continual, constant.
Andenken n memory, remembrance; keepsake, souvenir; **zum ~ an** in memory of.
ander other; verschieden: different; folgend: next; **ein ~er** another; **nichts ~es** nothing else; **unter ~em** among other things; **~erseits** on the other hand. [change.]
ändern: (sich) ~ alter,
andernfalls otherwise, (or) else.
anders otherwise; different(ly); else; **~ werden** change; **~wo** elsewhere.
anderthalb one and a half.
Änderung f change; alteration.
andeuten hint; imply.
Andrang m rush, run.
an|drehen Gas etc.: turn on; Licht: a. switch on; **~eignen: sich ~** appro-

priate, seize; *Kenntnisse:* acquire.

aneinander together; **~geraten** clash.

anekeln disgust, nauseate, sicken.

anerkenn|en acknowledge, recognize; *lobend:* appreciate; **Qung** f acknowledg(e)ment, recognition; appreciation.

anfahren start; **j–n ~** run into s.o.; *fig.* snap at s.o.

Anfall m fit, attack; **Qen** attack.   [to).

anfällig susceptible (**für**)

Anfang m beginning, start; **Qen** begin, start.

Anfänger m beginner; learner.

anfangs at the beginning.

Anfangsbuchstabe m initial (letter); **großer ~** capital (letter).

an|fassen *packen:* seize; *berühren:* touch; **mit ~fassen** lend a hand; **~fechten** contest, dispute; **~fertigen** make, manufacture; **~feuchten** moisten, wet; **~feuern** sp. cheer; **~flehen** implore.

Anflug m *aer.* approach (flight); *fig.* touch.

anforder|n demand; request; **Qung** f demand; request; **Qungen** pl requirements pl.

Anfrage f inquiry.

an|freunden: sich ~ make friends; **~fühlen: sich ~** feel.

anführ|en lead; *zitieren:*

quote; *täuschen:* dupe, fool; **Qer** m (ring)leader; **Qungszeichen** pl quotation marks pl, inverted commas pl.

Angabe f declaration, statement; *colloq.* bragging, showing off; **~n** pl information sg; directions pl.

angeb|en declare, state; *einzeln:* specify; *Namen, Grund:* give; *colloq.* brag, show off; **Qer** m colloq. braggart; **~lich** supposed.

angeboren innate, inborn; *med.* congenital.

Angebot n offer; *Auktion:* bid; *econ.* supply.

ange|bracht appropriate, suitable; **~bunden: kurz ~bunden** curt, short; **~heitert** colloq. slightly tipsy.

angehen colloq.: go on; begin, start; **j–n:** concern; **das geht dich nichts an** that is no business of yours.

angehör|en belong ~ to; **Qige** f/m relations pl, relatives pl.

Angeklagte m, f the accused, defendant.

Angel f *Tür:* hinge; fishing-rod.

Angelegenheit f business, concern, affair, matter.

angelehnt: ~ sein be ajar.

Angel|gerät n fishingtackle; **~haken** m fishhook; **Qn** m fish; **~rute** f fishing-rod; **~schnur** f fishing-line.

ange|messen suitable; adequate (*dat* to); **~nehm**

pleasant; ~regt animated, lively; ~sehen respected.

Angesicht n face, countenance; 2s in view of.

angespannt fig. tense.

Angestellte m, f employee; **die ~n** pl the staff sg.

ange|wandt applied; ~wiesen: ~ auf dependent (up)on.

ange|wöhnen: sich ~ take to; 2wohnheit f habit.

Angina f angina, tonsillitis.

Angler m angler.

anglikanisch Anglican.

angreife|n touch; feindlich: attack; Gesundheit: affect; chem. corrode; 2r m aggressor.

angrenzen border (an on).

Angriff m attack, assault.

Angst f fear (vor of); **ich habe ~** I am afraid.

ängst|igen frighten, alarm; **~lich** fearful, timid.

anhaben have on.

anhalt|en continue, last; stop; **den Atem ~en** hold one's breath; **~end** continuous; 2er m hitchhiker; **per** 2er fahren hitchhike; 2spunkt m clue.

Anhang m appendix, supplement; followers pl.

anhäng|en attach; 2er m adherent, follower; Schmuck: pendant; Schild: label, tag; Wagen: trailer; **~lich** devoted, attached.

an|häufen (sich) accumulate; **~heben** lift, raise.

Anhöhe f rise, hill.

anhören listen to; **sich ~** sound.

Ankauf m purchase.

Anker m anchor; 2n anchor.

Anklage f accusation, charge; 2n (gen, wegen) accuse (of), charge (with).

anklammern clip s.th. on; **sich ~** cling (an to).

Anklang: ~ finden meet with approval.

an|kleben stick on; mit Leim: glue on; mit Kleister: paste on; **~kleiden** dress (a. sich); **~klopfen** knock (an at); **~knipsen** switch on; **~kommen** arrive; **~kommen auf** depend (up)on; **~kreuzen** tick.

ankündig|en announce; 2ung f announcement.

Ankunft f arrival.

an|lächeln, ~lachen smile at.

Anlage f Bau: construction, building; Vorrichtung: installation; Werk: plant; Anordnung: plan, layout; zu e-m Schreiben: enclosure; econ. investment; Fähigkeit: talent; ~n pl grounds pl, park.

anlangen arrive (in, an at); fig. concern.

Anlaß m occasion; cause.

anlasse|n Kleidung: leave od. keep on; Licht etc.: leave on; tech. start; 2r m mot. starter.

anläßlich on the occasion of.

Anlauf *m* start; *sp.* run; **2en** start (up); run up; *Metall:* tarnish; *Spiegel etc.:* cloud over; *mar.* call at.

anlege|n put (**an** to, against); *Garten:* lay out; *Straße:* build; *Verband:* apply; *Vorräte:* lay in; *Geld:* invest; *mar.* land; **2stelle** *f* landing-stage.

anlehnen *Tür:* leave *od.* set ajar; (**sich**) **~ an** lean against *od.* on.

anleit|en instruct; **2ung** *f* instruction.

anliegen fit close *od.* tight(ly); **2** *n* request.

an|machen *colloq.* fasten, fix; *Feuer:* make, light; *colloq. Licht:* switch on; *Salat:* dress; **~malen** paint; **~maßend** arrogant.

Anmeld|eformular *n* registration form; application form; **~egebühr** *f* registration fee; **2en** announce; notify; **sich 2en bei** make an appointment with; **~ung** *f* registration; appointment.

anmerk|en mark; see, notice; **laß dir nichts ~en!** don't give yourself away; **2ung** *f* note; *Fußnote: a.* footnote.

Anmut *f* grace, charm; **2ig** charming, graceful.

an|nageln nail on; **~nähen** sew on; **~nähernd** approximate.

Annahme *f* acceptance (*a. fig.*); *fig.* assumption.

annehm|bar acceptable;

Preis: reasonable; **~en** accept (*a. v/i*); take; *fig.* suppose, assume, *Am.* guess; **sich ~en** *e-r Sache od. j-s:* take care of *s.th. od. s.o.*; **2lichkeit** *f* amenity.

Annonce *f* advertisement.

anonym anonymous.

Anorak *m* anorak.

anordn|en arrange; order; **2ung** *f* arrangement; order.

an|packen seize, grasp; **~passen** adapt, adjust; **~pflanzen** cultivate, plant; **~probieren** try *od.* fit on; **~rechnen** charge; credit.

Anrecht *n* right, title, claim (**auf** to).

Anrede *f* address; **2n** address, speak to.

anregen stimulate; suggest; **~d** stimulating.

Anreiz *m* incentive.

Anrichte *f* sideboard; **2n** *Speisen:* prepare, dress; *Schaden:* cause.

Anruf *m* call; **2en** call; *teleph.* ring up, *colloq.* phone, *Am.* call (up).

anrühren touch; mix.

Ansage *f* announcement; **2n** announce; **~r(in** *f)* *m* announcer.

an|schaffen procure; get; purchase; **~schalten** switch *od.* turn on.

anschau|en look at; view; **~lich** clear, vivid, graphic.

Anschein *m* appearance; **allem ~ nach = 2end** apparently.

anschicken: sich ~, et. zu

tun get ready to do s.th.

Anschlag m touch; *tech.* stop; notice; *Plakat:* placard, poster, bill; (criminal) attempt; *brett n* notice-board, *Am.* bulletin board; **2en** touch; strike, knock (**an** against); *Plakat:* post *od.* put up.

anschließen connect; **sich** *j-m:* join; **d** subsequent (-ly); afterwards.

Anschluß m connection, *a.* connexion; **finden an** make friends with; **haben an** rail., *Boot:* connect with; **zug** m connection.

an|schmiegen: sich an nestle up to; **schmieren** (be)smear; *fig. colloq.* cheat; **schnallen: sich fasten** one's seat-belt; **schnauzen** *colloq.* snap at; **schneiden** cut; *Thema:* broach; **schrauben** screw on; **schreien** shout at.

Anschrift f address.

an|schuldigen accuse; **schwellen** swell (*a. fig.*); *Fluß:* rise; *fig.* increase; **schwemmen** wash ashore.

ansehen (take a) look at; see; regard, consider; 2 *n* prestige; respect.

ansehnlich considerable; good-looking.

an|sengen singe; **setzen** put (**an** to); **anstücken** add (**an** to); *Termin:* fix, appoint.

Ansicht f sight, view; *fig.* **s. Meinung; karte** f picture postcard; **ssache** f matter of opinion.

ansied|eln: (sich) settle; 2**lung** f settlement.

anspann|en stretch; harness (to the carriage); *fig.* strain; 2**ung** f *fig.* strain.

anspielen: auf allude to, hint at. [spur on.]

Ansporn m spur; 2**en**]

Ansprache f address, speech.

ansprechen speak to, address; **d** appealing.

anspringen leap at; *Motor:* start.

Anspruch m claim (**auf** to); 2**slos** modest; simple; 2**svoll** hard to please, fastidious. [institution.]

Anstalt f establishment;]

An|stand m good manners *pl*; decency, propriety; 2**ständig** decent; respectable; *Preis:* reasonable; 2**standslos** readily, without hesitation.

anstarren stare *od.* gaze at.

anstatt instead of.

ansteck|en pin on; fasten on; *Ring:* put on; *med., fig.* infect; **end** *med.* infectious (*a. fig.*), *Berührung:* contagious; *fig.* catching; 2**ung** f infection, contagion.

an|stehen queue (up), line up; **steigen** rise, ascend; *fig.* increase; **stellen** employ; *colloq.* **tun:** do; *s.* **an-, einschalten; sich stel-**

len queue (up), line up.

Anstieg *m* ascent; rise.

an|stiften instigate; **~stimmen** strike up.

Anstoß *m Fußball:* kick-off; *fig.* initiative; **~ erregen** give offence; **~nehmen** an take offence at; **2en** push; knock; nudge; **auf j-s Gesundheit 2en** drink (to) s.o.'s health.

anstößig shocking.

anstrahlen illuminate; *j-n:* beam at.

anstreiche|n paint; *Fehler etc.:* mark, underline; **2r** *m* house-painter.

anstreng|en exert; strain; *Augen:* try; *j-m:* fatigue; **sich ~en** exert o.s.; **~end** strenuous; trying (**für** to); **2ung** *f* exertion, strain, effort.

Anstrich *m* (coat of) paint.

Anteil *m* share, portion; **~nehmen** an take an interest in; sympathize with; **~nahme** *f* interest; sympathy.

Antenne *f* aerial. [otic.]

Antibiotikum *n* antibi-}

antik antique.

Antilope *f* antelope.

Antiquar|iat *n* second-hand bookshop; **2sch** second-hand.

Antiquität|en *pl* antiques *pl*; **~laden** *m* antique shop.

antiseptisch antiseptic.

Antlitz *n* face, countenance.

Antrag *m* offer, proposal;

parl. motion; **~steller** *m* applicant.

an|treffen find; **~treiben** drift ashore; drive (on); **~treten** line up; *Amt, Erbe:* enter upon; *Reise:* set out on.

Antrieb *m* drive, propulsion; *fig.* impulse, drive.

antun: *j-m et.* **~** do s.th. to s.o.; **sich et. ~** lay hands on o.s.

Antwort *f* answer, reply; **2en** answer, reply.

an|vertrauen (en)trust; confide; **~wachsen** take root; *fig.* increase.

Anwalt *m s.* **Rechtsanwalt.**   [aspirant.]

Anwärter *m* candidate,}

anweis|en *zuweisen:* assign; *anleiten:* instruct; *befehlen:* direct, order; **2ung** *f* assignment; instruction; direction, order.

anwend|en use; apply; **2ung** *f* application; use.

anwesen|d present; **2heit** *f* presence.

anwidern *s.* **anekeln.**

Anzahl *f* number, quantity.

anzahl|en pay on account; **2ung** *f* first instal(l)ment, deposit.

anzapfen tap.   [sign.]

Anzeichen *n* symptom,}

Anzeige *f* notice; *Zeitung:* advertisement; **2n** notify; advertise; *Instrument:* indicate; *Thermometer:* read; report *s.o.* to the police.

anziehen *Schraube:* tighten; *Kleidung:* put on; *j-n:* dress (*a.* **sich**) *fig.* attract; **~d** attractive.

Anzug *m* suit.

anzüglich personal.

anzünden light, kindle; *Streichholz:* strike; *Gebäude:* set on fire.

apathisch apathetic.

Apfel *m* apple; **~mus** *n* apple-sauce; **~saft** *m* apple juice; **~sine** *f* orange; **~wein** *m* cider.

Apostel *m* apostle.

Apostroph *m* apostrophe.

Apotheke *f* chemist's shop, pharmacy, *Am.* drugstore; **~r** *m* chemist, *Am.* druggist.

Apparat *m* apparatus; telephone; **am ~!** speaking!; **am ~ bleiben** hold the line.

Appartement *n* flat, *Am.* apartment. [to).}

appellieren appeal (**an**)}

Appetit *m* appetite; **2an-regend, 2lich** appetizing.

applau|dieren applaud; **2s** *m* applause.

Aprikose *f* apricot.

April *m* April.

Aquarell *n* water-colo(u)r.

Aquarium *n* aquarium.

Äquator *m* equator.

Arab|er *m* Arab; **2isch** Arabian, Arab(ic).

Arbeit *f* work; labo(u)r; job; **2en** work; labo(u)r; **~er(in** *f)* *m* worker; **~geber** *m* employer; **~nehmer** *m* employee.

Arbeits|amt *n* labo(u)r exchange; **~kraft** *f* worker, hand; **2los** out of work, unemployed; **~lose** *m, f* unemployed person; **die ~losen** *pl* the unemployed *pl*; **~losenunterstützung** *f* unemployment benefit, *colloq.* dole; **~losigkeit** *f* unemployment; **~pause** *f* break; **~platz** *m* job; **~tag** *m* workday; **2unfähig** incapable of working; *ständig:* disabled; **~zeit** *f* working time; working hours *pl*; **~zimmer** *n* study.

Archäolog|e *m* arch(a)eologist; **~ie** *f* arch(a)eology.

Architekt *m* architect; **~ur** *f* architecture.

Archiv *n* archives *pl*; record office.

Arena *f* arena; bullring.

arg bad.

Ärger *m Verdruß:* vexation, annoyance; *Zorn:* anger; **2lich** vexed, angry; annoying, vexatious; **2n** annoy, vex; **sich 2n** be angry.

Arg|wohn *m* suspicion; **2-wöhnisch** suspicious.

Arie *f* aria.

arm poor.

Arm *m* arm; *Fluß:* branch.

Armaturenbrett *n* dashboard.

Armband *n* bracelet; **~uhr** *f* wrist watch.

Armee *f* army.

Ärmel *m* sleeve; **~kanal** *m* the (English) Channel.

ärmlich *s.* **armselig.**

armselig poor; wretched, miserable; *schäbig*: shabby.

Armut *f* poverty.

Aroma *n* flavo(u)r.

Arrest *m* arrest; ~ **bekommen** be kept in.

arrogant arrogant.

Art *f* kind, sort; *bot., zo.* species; *Weise*: manner, way.

Arterie *f* artery.

artig good, well-behaved; civil, polite.

Artikel *m* article (*a. gr.*); *econ. a.* commodity.

Artillerie *f* artillery.

Artist *m* performer, artiste.

Arznei *f*, ~**mittel** *n* medicine.

Arzt *m* doctor; physician.

Ärzt|in *f* (woman od. lady) doctor; **Qlich** medical.

As *n* ace.

Asche *f* ash(es *pl*); ~**nbahn** *f* cinder-track, *mot.* dirttrack; ~**nbecher** *m* ashtray; ~**rmittwoch** *m* Ash Wednesday.

Asiat *m* Asian, Asiatic; **Qisch** Asian, Asiatic.

asozial antisocial; asocial.

Asphalt *m* asphalt.

Assistent *m*, ~**in** *f* assistant.

Ast *m* branch, bough.

Aster *f* aster.

Asthma *n* asthma.

Astro|naut *m* astronaut; ~**nomie** *f* astronomy.

Asyl *n* asylum.

Atelier *n* studio.

Atem *m* breath; *außer* ~ out of breath; ~ **holen**

draw *od.* take breath; **Qlos** breathless; ~**zug** *m* breath.

Äther *m* ether.

Athlet *m*, ~**in** *f* athlete; **Qisch** athletic.

atlantisch Atlantic.

atmen breathe.

Atmosphäre *f* atmosphere.

Atmung *f* breathing.

Atom *n* atom; *in Zssgn*: atomic, nuclear; **Qar** atomic; ~**bombe** *f* atomic *od.* atom bomb, A-bomb; ~**energie** *f* atomic *od.* nuclear energy; ~**forschung** *f* atomic *od.* nuclear research; ~**kraftwerk** *n* nuclear power station; ~**reaktor** *m* s. **Reaktor**; ~**waffe** *f* nuclear weapon.

Attent|at *n* (criminal) attempt; (attempted) assassination; ~**äter** *m* assassin.

Attest *n* certificate.

Attrappe *f* dummy.

Attribut *n* attribute; *gr. a.* attributive.

ätzend corrosive, caustic (*a. fig.*); fig. biting.

au *int.* oh!; ouch!

auch also, too; even; ~ **nicht** neither, nor.

Audienz *f* audience.

auf *prp* (*dat*) (up)on; in; at; *prp* (*acc*) on; in; at; to; up; ~ (... **zu**) towards; ~ **deutsch** in German; *adv* open; ~ **und ab gehen** walk up and down, walk to and fro; *int.*: ~ !up!

aufatmen breathe again.

Aufbau *m* building; construction; 2en erect, build; construct.

auf|bekommen *Tür*: get open; *Aufgabe*: be given; ~bewahren keep; preserve; ~bieten summon (up); ~binden untie; ~blasen blow up, inflate; ~bleiben sit up; *Tür etc.*: remain open; ~blenden *mot.* turn up the headlights; ~blicken look up; ~blühen blossom (out); ~brausen fly into a passion; ~brechen break *od.* force open; burst open; *fig.* set out; 2bruch *m* departure, start; ~brühen *s.* aufgießen; ~bügeln press, iron; ~decken uncover; *Bettdecke*: turn down; *fig.*: expose; disclose; ~drängen force *od.* obtrude (up)on; ~drehen turn on; ~dringlich obtrusive; 2druck *m* imprint; *Briefmarken*: surcharge.

aufeinander one upon the other; *fig.*/~fahren turn on; ~folgend successive; consecutive; ~prallen collide.

Aufenthalt *m* stay; delay; ~ haben *rail.* stop; 2sgenehmigung *f* residence permit; 2sraum *m* lounge.

Auferstehung *f* resurrection.

auf|essen eat up; ~fahren *Person*: start up; ~fahren **auf** *mot.* run into; 2fahrt *f* drive, *Am.* driveway; ~fallen be conspicuous; j—m ~fallen strike s.o.;

~fallend, ~fällig striking; *Kleider*: flashy; ~fangen catch.

auffass|en comprehend; ~deuten: interpret; 2ung *f* interpretation; view.

auffinden find, discover.

aufforder|n ask; invite; 2ung *f* invitation; request.

auffrischen freshen (up).

aufführ|en *thea.* (re)present, perform; *eintragen*: list, enter; **sich ~en** behave; 2ung *f thea.* performance.

auffüllen fill up.

Aufgabe *f* task; duty; problem; *homework*; *Preisgabe*: abandonment; *Geschäfts*2: giving up.

Aufgang *m ast.* rising; staircase.

auf|geben give up; abandon; *Anzeige*: insert; *Brief*: post, *Am.* mail; *Telegramm*: send; *Gepäck*: register, *Am.* check; *Hausaufgabe*: set, *Am.* assign; ~gehen open; *Naht*: come open; *hochgehen*: rise.

aufge|legt disposed; in the mood; **gut** *od.* **schlecht ~legt sein** in a good *od.* bad humo(u)r; ~schlossen *fig.* open-minded; ~weckt *fig.* bright.

auf|gießen *Tee*: infuse, brew, make; ~greifen *fig.* take up; ~haben *colloq.* *Hut*: have on; *Aufgabe*: have to do; *Geschäft*: be open; ~halten keep open; *anhalten*: stop, detain; *Ver-*

kehr: hold up; **sich ~hal-ten** stay.

aufhänge|n hang (up); *tech.* suspend; **2r** *m* tab.

auf|heben lift (up); raise; pick up; *aufbewahren:* keep, preserve; *abschaffen:* abolish; *Versammlung:* break up; **sich ~heitern** cheer up; **sich ~heitern** brighten(en); **~hellen: (sich) ~** brighten (up); **~het-zen** incite, instigate; **~holen** make up for; gain (**gegen** on); **~hören** cease, stop, *Am.* quit; **~kaufen** buy up; **~klären** clear up (*a.* **sich**); *enlighten* (**über** on); **~kleben** paste up; **~knöpfen** unbutton; **~kochen** boil up; **~krem-peln** turn *od.* roll up; **~la-den** load; *electr.* charge.

Auflage *f Buch:* edition; *Zeitung:* circulation.

auflassen *colloq.:* leave open; *Hut:* keep on.

Auflauf *m* crowd; *Speise:* soufflé; baked sweet *od.* savo(u)ry pudding; **2en** *Zinsen:* accrue; *Schiff:* run aground.

auf|legen apply; *Platte:* put on; *Buch:* print, publish; *teleph.* hang up; **~lehnen: sich ~** rebel, revolt; **~lesen** gather, pick up; **~leuchten** flash (up).

auflös|en undo, loosen; *Versammlung:* break up; *Ehe, Geschäft etc.:* dissolve; *Rätsel:* solve; **(sich) ~en** *chem.* dissolve; **2ung** *f*

(dis)solution; disintegration.

aufmachen open; *Knoten:* undo; *Schirm:* put up.

aufmerksam attentive; **j-n ~ machen auf** call s.o.'s attention to; **2keit** *f* attention.

aufmuntern cheer up.

Aufnahme *f Empfang:* reception; *Zulassung:* admission; *phot.* photograph; **e-e ~ machen** take a photograph; **~gebühr** *f* admission fee; **~prüfung** *f* entrance examination.

auf|nehmen take up; *Diktat etc.:* take down; *geistig:* take in; admit; receive; *Verhandlungen etc.:* enter into; *phot.* take; *filmen:* shoot; *mus. etc.:* record; **~passen** *Schule:* be attentive; *vorsichtig sein:* look out; **~passen auf** look after; pay attention to; **~platzen** burst (open).

Aufprall *m* impact; **2en: ~ auf** crash into.

Aufpreis *m* extra charge.

auf|pumpen pump *od.* blow up; **~räumen** clean up, tidy (*v/i* up).

aufrecht upright (*a. fig.*), erect; **~erhalten** maintain, uphold.

aufreg|en excite; **sich ~en** get upset (**über** about); **2ung** *f* exoitement.

auf|reiben *Haut:* chafe; *fig.* wear out; **~reißen** *v/t* rip *od.* tear open; *Straße:* tear up; *Tür:* fling open;

Augen: open wide; *v/i* split, burst; **~richten** set up, erect; **sich ~richten** sit up; **~richtig** sincere; candid; **~rollen** roll up; unroll; **~rücken** move up.

Aufruf *m* call, summons; **2en** *j~n*: call s.o.'s name.

Aufruhr *m* uproar, tumult; riot, rebellion. [ment.\]

Aufrüstung *f* (re)arma-

aufsagen recite, repeat.

Aufsatz *m* essay; *Schul2*: composition; *tech.* top.

auf|saugen absorb; **~schieben** slide open; *fig.* put off, postpone, adjourn.

Aufschlag *m* impact; extra charge; *Mantel*: lapel; *Hose*: turn-up; *Ärmel*: cuff; *Tennis*: service; **2en** *v/t* open; *Zelt*: pitch; *v/i* strike, hit; *Tennis*: serve.

auf|schließen unlock, open; **~schneiden** cut open; *Fleisch*: cut up; *colloq.* brag, boast.

Aufschnitt *m* (slices *pl* of) cold meat, *Am.* cold cuts *pl*.

auf|schnüren untie; *Schuh*: unlace; **~schrau-ben** unscrew; **~schrecken** start (up).

Aufschrei *m* shriek, scream. **aufschrei|ben** write down; **~en** cry out, scream.

Aufschrift *f* inscription; *Brief*: address; label.

Aufschub *m* delay.

aufschürfen *Haut*: graze.

Aufschwung *m* *econ.* boom.

aufsehen look up; **2** *n*

sensation; **2 erregen** cause a sensation; **~er-regend** sensational.

Aufseher *m* overseer, supervisor.

aufsetzen put on; *Dokument*: draw up; **sich ~** sit up.

Aufsicht *f* inspection, supervision; **~srat** *m* board of directors.

auf|spannen *Schirm*: put up; **~sparen** save; reserve; **~sperren** unlock; **~spie-ßen** pierce; *mit Hörnern*: gore; **~springen** jump up; *Tür*: fly open; *Haut*: chap; **~stacheln** goad, incite; **~stampfen** stamp (one's foot).

Auf|stand *m* insurrection, uprising, revolt; **~stän-dische** *m* rebel.

auf|stapeln pile up; **~stecken** pin up; *Haar*: put up; **~stehen** stand up; rise, get up; stand open; **~steigen** rise, ascend; *Reiter*: mount.

aufstell|en set *od.* put up; *Kandidaten*: nominate; *Rechnung*: draw up; *Rekord*: set up, establish; **2ung** *f* nomination; list.

Aufstieg *m* ascent; *fig.* rise.

auf|stoßen push open; *Essen*: repeat; *Person*: belch; **2strich** *m* spread; **~stützen**: sich **~** lean (auf on); **~suchen** *Ort*: visit; go to see; **~tanken** fill up; (re)fuel; **~tauchen**

emerge; *fig.* turn up; **~tauen** thaw; **~teilen** divide (up).

Auftrag *m* commission; order (*a. econ.*), instruction; **2en Speisen:** serve; *Farbe:* lay on.

auf|treffen strike, hit; **~trennen** undo; **2treten** tread; *thea. etc.:* appear; behave; *Schwierigkeiten:* arise. [impetus, drive.)

Auftrieb *m* buoyancy;)

Auftritt *m thea.* scene (*a. fig.*); *Schauspieler:* appearance.

auf|wachen wake (up); **~wachsen** grow up.

Aufwand *m* expense, expenditure; extravagance.

aufwärmen warm up.

Aufwartefrau *f* charwoman, *Am. a.* cleaning woman.

aufwärts upward(s).

aufwasch|en wash up; **2-wasser** *n* dishwater.

auf|wecken wake (up); **~weichen** soak; soften; become soft; **~weisen** show.

aufwert|en revalue; **2ung** *f* revaluation.

auf|wickeln: (sich) wind *od.* roll up; **~wiegeln** stir up, incite; **~wiegen** *fig.* make up for; **~wirbeln** whirl up; *Staub:* raise; **~wischen** wipe up; **~zählen** enumerate.

aufzeichn|en draw; note down; record; **2ung** *f* note; record.

aufziehen draw *od.* pull

up; *öffnen:* (pull) open; *Uhr etc.:* wind (up); *Kind:* bring up; **j~n** ~ tease s.o.

Aufzug *m* lift, *Am.* elevator; *thea.* act.

aufzwingen: j~m et. ~ force s.th. upon s.o.

Augapfel *m* eyeball.

Auge *n* eye; *Sehkraft:* sight; *bot.* eye, bud; **im** ~ **behalten** keep an eye on; **aus den** ~**n verlieren** lose sight of.

Augen|arzt *m* oculist; **~blick** *m* moment, instant; **2blicklich** *adj* instantaneous; *vorübergehend:* momentary; *gegenwärtig:* present; *adv* instant(aneous)ly; at present; **~braue** *f* eyebrow; **~licht** *n* eyesight; **~lid** *n* eyelid; **~zeuge** *m* eye-witness.

August *m* August.

Auktion *f* auction.

Aula *f* (assembly) hall, *Am.* auditorium.

aus *prp* out of; from; of; for; by; in; ~ **dem** ~ **Grunde** for this reason; *adv* out; over; *auf* Geräten: **an -** ~ on - off.

aus|arbeiten work out; *sorgsam:* elaborate; **~atmen** breathe out; **~bauen** extend; develop; **~bessern** mend, repair.

Ausbeute *f* profit; *Ertrag:* yield; *Bergbau:* output; **2n** exploit (*a. fig.*).

ausbild|en develop; train, instruct; educate; *mil.* drill; **2ung** *f* development;

training, instruction; education; *mil.* drill.

ausbleiben stay away, fail to appear.

Ausblick *m* outlook, view.

aus|brechen break out; **breiten** spread (out); stretch; **sich breiten** spread.

Ausbruch *m* outbreak (*a. fig.*); *Vulkan:* eruption; *Flucht:* escape; *Gefühl:* outburst.

aus|brüten hatch (*a. fig.*); **bürsten** brush.

Ausdauer *f* perseverance; **2nd** persevering.

ausdehn|en: (sich) ~ extend; expand; **2ung** *f* extension; expansion.

aus|denken think *s.th.* out; devise, invent; *vorstellen:* imagine; **drehen** *s.* **ausschalten.**

Ausdruck *m* expression.

ausdrück|en press, squeeze (out); *Zigarette:* stub out; express; **lich** express.

ausdrucks|los expressionless; *leer:* blank; **voll** expressive; **2weise** *f* mode of expression; style.

Ausdünstung *f* odo(u)r, smell.

auseinander asunder, apart; broken up; **bringen** separate; **fallen** fall apart; *fig.* break up; **gehen** *Versammlung:* break up; *Meinungen:* differ; *Freunde:* part; *Menge:* disperse; **nehmen** take apart; *tech.* dismantle.

auseinandersetz|en: sich ~ mit *Problem:* grapple with; *j-m:* argue with; **2ung** *f* discussion; argument.   [choice.]

auserlesen exquisite,

ausfahr|en *go od.* take for a drive; *Baby:* take out (in the pram); **2t** *f* departure; *Ausflug:* drive, ride; gateway, drive; exit, way out.

ausfall|en fail od.: *Maschine etc.:* break down; *nicht stattfinden:* be cancel(l)ed; *Ergebnis:* turn out; **end** insulting; **2straße** *f* arterial road.

aus|fegen sweep (out); **findig: ~ machen** find out; **fließen** flow od. run out.

Ausflucht *f:* **Ausflüchte machen** make excuses.

Ausflug *m* excursion, trip, outing.

ausfragen question (*über* about), sound (*über* od.)

Ausfuhr *f* export(ation).

ausführen execute, carry out; *econ.* export; *j-n:* take out.

Ausfuhrgenehmigung *f* export permit *od.* licen|ce (*Am.* -se).

ausführlich *adj* detailed; *umfassend:* comprehensive; *adv* in detail, at (some) length.

Ausführung *f* execution; workmanship; model, make.

Ausfuhr|verbot *n* export ban; **zoll** *m* export duty.

ausfüllen fill in (*bsd. Am.* out).

Ausgabe *f* distribution; *Buch:* edition; *Geld:* expense, expenditure.

Ausgang *m* exit, way out; end; result; **~spunkt** *m* starting-point.

ausgeben give out; *Geld:* spend; **sich ~ für** pass o.s. off for.

ausge|beult baggy; **~bucht** booked up; **~dehnt** extensive, vast.

ausgehen go out; *Haare:* fall out; *Geld, Vorräte:* run out; end.

ausge|lassen frolicsome; **~nommen** except; **~rechnet:** *f* for all people; **~ heute** today of all days; **~schlossen** impossible; **~schnitten** low-necked; **~sucht** exquisite; choice; **~zeichnet** excellent.

ausgiebig abundant, plentiful; *Mahlzeit:* substantial.

aus|gießen pour out; **~gleichen** equalize (*a. sp.*); *Verlust:* compensate; **~gleiten** slip; **~graben** dig out *od.* up; excavate.

Ausguß *m* sink.

aus|halten endure, bear, stand; **~händigen** deliver up, hand over.

Aushang *m* notice.

aus|hängen hang *od.* put out; *Tür:* unhinge; **~harren** hold out; **~helfen** help out; **~höhlen** hollow out;

~holen: (mit der Hand) ~ raise one's hand; **~horchen** sound, pump; **~kehren** sweep (out); **~kennen: sich ~ in** (*dat*) know a place; know all about *s.th.*; **~kleiden** line, coat; **~klopfen** beat (out); *Pfeife:* knock out; **~knipsen** *colloq.* s. **ausschalten; ~kommen: ~ mit** *et.:* manage with; *j-m:* get on with.

Auskunft *f* information; = **~sbüro** *n* inquiry office, *Am.* information desk.

aus|kuppeln declutch; **~lachen** laugh at; **~laden** unload.

Auslage *f* display, show; **~n** *pl* expenses *pl.*

Ausland *n:* **das ~** foreign countries *pl*; **ins** *od.* **im ~** abroad.

Ausländ|er *m,* **~erin** *f* foreigner; **2isch** foreign.

Auslands|aufenthalt *m* stay abroad; **~korrespondent** *m* foreign correspondent; **~reise** *f* journey abroad.

auslass|en *Fett:* render down; *Saum:* let down; *Wort:* leave out, omit; miss out; **2ungszeichen** *n* apostrophe.

aus|laufen leak; end; *mar.* (set) sail; **~leeren** empty.

ausleg|en lay out; *Waren:* a. display; *deuten:* interpret; *Geld:* advance; **2ung** *f* interpretation.   [loan.)

ausleihen lend, *Am. a.*╴

Auslese f selection; 2n pick out, select; *Buch*: finish reading.

ausliefer|n deliver; *Verbrecher*: extradite; 2ung f delivery; extradition.

aus|löschen *Licht*: put out, switch off; *Feuer etc.*: extinguish (*a. fig.*); wipe out (*a. fig.*); ~losen draw lots.

auslöse|n *tech.* release; *Gefangene*: redeem, ransom; *Pfand*: redeem; *fig.* start; 2r m release.

aus|lüften air; ~machen *betragen*: amount to; *Feuer*: put out; *Licht etc. s.* **ausschalten**; *vereinbaren*: agree on, arrange; **würde es Ihnen et.** ~**machen zu ...?** would you mind (*ger*) ...?

Ausmaß n extent.

ausmessen measure.

Ausnahme f exception; 2slos without exception; 2sweise (just) for once.

aus|nutzen utilize; *Gelegenheit*: take advantage of; *j-n, et.*: exploit; ~packen unpack; ~pressen squeeze (out); ~probieren try, test.

Auspuff m exhaust; ~gase pl exhaust fumes pl; ~topf m silencer, *Am.* muffler.

aus|radieren erase; ~rangieren discard; ~rasieren: **den Nacken** ~ shave the neck clean; ~rauben rob; ~räumen empty, clear out; ~rechnen calculate.

Ausrede f excuse; 2n finish speaking; 2n lassen hear s.o. out.

ausreichen suffice, be enough; 2d sufficient.

Ausreise f departure; 2n leave (a country); ~visum n exit visa.

aus|reißen pull out, tear out; *colloq.* run away; ~renken dislocate; ~richten *Botschaft*: give; *erreichen*: accomplish, achieve; ~rotten exterminate.

Ausruf m cry; exclamation; *ling.* interjection; 2en cry out, exclaim; ~ezeichen n, ~ungszeichen n exclamation mark (*Am. a.* point).

ausruhen (sich) ~ rest.

ausrüst|en fit out, equip; 2ung f outfit; equipment.

ausrutschen slip.

Aussage f statement; declaration; *jur.* evidence; *gr.* predicate; 2n state, declare; *jur.* give evidence.

aus|saugen suck (out); ~schalten *Licht*: switch off; *Gas etc.*: turn off *od.* out; ~scheiden eliminate; *med.* secrete; retire (**aus** from); *sp.* drop out; ~scheren jump the queue; ~schimpfen scold; ~schlafen get enough sleep; sleep late.

Ausschlag m *med.* rash; *Zeiger*: deflection; 2en *v/i Pferd*: kick; *Zeiger*: deflect; *v/t* knock out; *fig.*

reject; Ⴒ**gebend** decisive.
ausschließ|en shut *od.*
lock out; *fig.:* exclude;
ausstoßen: expel; **~lich** ex-
clusive.
Ausschluß *m* exclusion;
expulsion.
aus|schmücken decorate;
fig. embellish; **~schneiden**
cut out.
Ausschnitt *m Kleid:* (low)
neck; *Zeitung:* cutting,
clipping; *fig.* section.
ausschreiben write out;
Rechnung etc.: make out;
Stelle: advertise.
Ausschreitung *f* excess.
Ausschuß *m* substandard
goods *pl; Vertretung:* committee.
aus|schütteln shake out;
~schütten pour out; spill;
~schweifend dissolute.
aussehen look; Ⴒ *n* look(s
pl), appearance.
aussein *colloq.:* be out; be
over.
außen (on the) outside;
nach ~ outward(s).
Außen|bordmotor *m* out-
board motor; **~handel** *m*
foreign trade; **~minister**
m foreign minister, *Brit.*
Foreign Secretary, *Am.*
Secretary of State; **~poli-
tik** *f* foreign policy; **~seite**
f outside; **~seiter** *m* outsi-
der; **~welt** *f* outer *od.*
outside world.
außer *prp.* except; besides; **~ wenn** unless; **~
dem** besides, moreover.
äußere exterior, outer, out-

ward; Ⴒ *n* exterior, outside;
outward appearance.
außer|gewöhnlich excep-
tional; **~halb** outside, out
of; *jenseits:* beyond.
äußerlich external, outward.
äußern utter, express.
außerordentlich extraordinary.
äußerst outermost; *fig.* utmost; extreme(ly).
außerstande unable.
Äußerung *f* utterance, remark.
aussetzen *v/t Belohnung:*
offer; *et., j-n, sich:* expose
(*dat* to); **et. auszusetzen
haben an** find fault with;
v/i stop; *Motor: a.* fail;
mit et. ~ interrupt s.th.
Aussicht *f* view (**auf** *of*);
fig. chance; Ⴒ**slos** hopeless, desperate.
aus|söhnen: sich ~ (mit)
become reconciled (with);
~sortieren sort out;
~spannen *fig.* (take a)
rest, relax; **~sperren** shut
out; lock out; **~spielen** *v/t
Karte:* play; *v/i* lead.
Aus|sprache *f* pronuncia-
tion, accent; talk, discussion; Ⴒ**sprechen** pro-
nounce; express; finish
speaking; **~spruch** *m* remark.
aus|spucken spit out; **~
spülen** rinse.
ausstatten *v/t* furnish, supply; Ⴒ**ung** *f* equipment;
furnishings *pl; Buch:* get-
up.

aus|stehen be outstanding; endure, bear; **~steigen** get out *od.* off, alight.

ausstell|en exhibit, display; *Rechnung, Scheck:* make out; *Paß:* issue; **2er** *m* exhibitor; **2ung** *f* exhibition, show.

aussterben die out.

Aussteuer *f* trousseau.

aus|stopfen stuff, pad; **~stoßen** eject; *Schrei:* utter; *Seufzer:* heave; *fig.* expel; **~strahlen** radiate; **~strecken** stretch (out); **~streichen** strike out *od.* off; **~strömen** stream out; *Gas, Dampf:* escape; *Geruch:* exhale; **~suchen** choose, select.

Austausch *m* exchange; **2en** exchange.

austeilen distribute.

Auster *f* oyster.

austragen *Briefe etc.:* deliver; *Wettkampf:* hold.

Australi|er *m* Australian; **2sch** Australian.

aus|treiben drive out; *vertreiben: a.* expel; **~treten** tread *od.* stamp out; *Stufen etc.:* wear down; **~treten aus** leave, resign from; **~trinken** drink up; finish; **~trocknen** dry (up); *Boden, Kehle:* parch; **~üben** exercise; *Beruf:* practi[se, *Am.* -ce, follow; *Einfluß, Druck:* exert.

Ausverkauf *m* sale; **2t** sold out; *thea. a.* full house.

Auswahl *f* choice, selection; *econ.* assortment.

auswählen choose, select.

Auswander|er *m* emigrant; **2n** emigrate; **~ung** *f* emigration.

auswärts out of town; **von ~** from another place *od.* town.

aus|waschen wash out; **~wechseln** (gegen) (ex-)change (for), replace (by).

Ausweg *m* way out.

Ausweiche *f* road widening, *Am.* turnout; **2n** make way (*dat* for); evade, avoid (*a. fig.*); **2nd** evasive.

Ausweis *m* identity card; **2en** expel; *sich* **2en** prove one's identity; **~papiere** *pl* identification papers *pl*; **~ung** *f* expulsion.

aus|weiten (*sich*) ~ widen, stretch, expand; **~wendig** by heart; **~werten** evaluate; *verwerten:* exploit; **~wickeln** unwrap; **~wirken: sich ~ auf** affect; **~wischen** wipe out; **~wringen** wring out; **~zahlen** pay (out); pay *s.o.* off; *sich* **~zahlen** pay; **~zählen** count (out); **2zahlung** *f* payment.

auszeichn|en mark; *fig.* distinguish (*sich o.s.*); **2ung** *f* marking; *fig.* distinction, hono(u)r; *Orden:* decoration; award, prize.

ausziehen *od. Kleid:* take off; undress (*a. sich*); *aus e-r Wohnung:* move (out).

Auszug *m* departure; removal; *Buch etc.:* extract,

excerpt; *Konto*: statement (of account).

Auto n (motor-)car; ~**fahren** drive, motor.

Autobahn f motorway, *Am.* superhighway, freeway; ~**ausfahrt** f (motorway) exit, slip-road; ~**einfahrt** f access road, sliproad; ~**gebühr** f toll; ~**zubringer** m feeder road.

Autobiographie f autobiography.

Autobus m (motor-)bus; (motor-)coach; ~**bahnhof** m bus terminal; ~**haltestelle** f bus stop.

Auto|fähre f car ferry; ~**fahrer** m motorist, driver.

Autogramm n autograph.

Auto|händler m car dealer; ~**hilfe** f breakdown service; ~**karte** f road map; ~**kino** n drive-in cinema.

Automat m slot-machine, vending-machine; ~**enrestaurant** n automat; ~**ion** f automation; ²**isch** automatic.

Auto|mechaniker m car mechanic; ~**mobil** n s. **Auto**; ~**mobilklub** m automobile association.

Autor m author. [rier.]

Autoreisezug m car-car-]

Autorin f author(ess).

autori|sieren authorize; ~**tär** authoritarian; ²**tät** f authority.

Auto|straße f (motor) road; ~**verkehr** m (motor) traffic; ~**verleih** m car hire (*Am.* car rental) service; ~**zubehör** n (car) accessories *pl.*

Axt f ax(e).

B

Baby n baby.

Bach m brook.

Backbord n port.

Backe f cheek.

backen bake.

Backen|bart m (side-)whiskers *pl, Am.* sideburns *pl;* ~**zahn** m molar (tooth).

Bäcker m baker; ~**ei** f baker's shop; bakery.

Back|hähnchen n fried chicken; ~**obst** n dried fruit; ~**ofen** m oven; ~**stein** m brick.

Bad n bath; s. **Badeort.**

Bade|anstalt f baths *pl;* ~**anzug** m bathing-costume, bathing-suit; ~**hose** f (swimming- od. bathing-) trunks *pl;* ~**kappe** f bathing-cap; ~**mantel** m bathrobe; ~**meister** m bath attendant; ~**n** v/t bath; *Augen, Wunde:* bathe; v/i have od. take a bath; *im Freien:* bathe; ²**n** gehen go swimming; ~**ort** m spa; seaside resort; ~**strand** m (bathing) beach; ~**tuch** n bath-towel; ~**wanne** f bath(tub).

~zimmer n bathroom.

Bagger m excavator; ~n excavate.

Bahn f course; railway, Am. railroad; mot. lane; ast. orbit; sp. track; Eis~: rink; Kegel~: alley; **mit der ~** by train; **~damm** m railway (Am. railroad) embankment; **~en: sich e-n Weg ~** force one's way; **~hof** m (railway, Am. railroad) station; **~steig** m platform; **~übergang** m level (Am. grade) crossing.

Bahre f stretcher.

Bai f bay; kleine: creek.

Bakterie f bacterium, germ.

bald soon; fast: almost, nearly; **so ~ wie** as soon as.　　　　[rafter.}

Balken m beam; Dach:}

Balkon m balcony.

Ball m ball, dance.

ballen Faust: clench.

Ballen m bale; anat. ball.

Ballett n ballet.

Ballon m balloon.

Ball|saal m ballroom; **~spiel** n ball-game.

Bambus m bamboo.

banal commonplace, banal.

Banane f banana.

Band[1] m volume.

Band[2] n band; ribbon; Meß~, Ton~, Ziel~: tape; anat. ligament; fig. bond, tie.

bandagieren bandage.

Bande f gang, band.

bändigen tame; subdue (a. fig.); fig. restrain.

Bandscheibe f interverte-bral disc.

bang(e) anxious, uneasy; **mir ist ~** I am afraid.

Bank f bench; Schul~: desk; econ. bank; **~beamte** m bank clerk od. official; **~ier** m banker; **~konto** n bank(ing) account; **~note** f (bank)note, Am. (bank) bill.

bankrott bankrupt.

Bann m ban; fig. spell.

Banner n banner.

bar: (in) ~ (in) cash.

Bar[1] f bar; nightclub.

Bär m bear.

Baracke f barrack, hut.

barfuß barefoot.

Bargeld n cash, ready money.

barmherzig merciful.

Barometer n barometer.

Barren m metall. bar, ingot; sp. parallel bars pl.

Barriere f barrier.

Barrikade f barricade.

barsch rude, gruff, rough.

Bart m beard; Schlüssel: bit.

bärtig bearded.

Barzahlung f cash payment.

Basar m bazaar.

Basis f base; fig. basis.

Baskenmütze f beret.

Bast m bast; Geweih: velvet.

basteln build.

Batterie f battery.

Bau m building, Tier~: burrow, den, Fuchs: earth.

Bauarbeite|n pl construc-

bedienen

tion work; **~r** *m* construction worker.

Bauch *m* abdomen, belly; *Schmer2:* paunch; **~schmerzen** *pl,* **~weh** *n* belly-ache *sg,* gripes *pl,* stomach-ache *sg.*

bauen build; construct.

Bauer[1] *m* farmer.

Bauer[2] *n, m* (bird-)cage.

Bäuer|in *f* farmer's wife; **2lich** rustic.

Bauern|haus *n* farmhouse; **~hof** *m* farm.

bau|fällig *adj* out of repair, dilapidated; **2gerüst** *n* scaffold(ing); **2herr** *m* owner; **2holz** *n* timber, *Am.* lumber; **2jahr** *n:* **~ 1973** 1973 model *od.* make.

Baum *m* tree.

baumeln *v/i:* **~ mit** dangle *od.* swing *s.th.*

Baum|stamm *m* (tree-)trunk; **~wolle** *f* cotton.

Bauplatz *m* building plot *od.* site.

Bausch *m* wad, pad, **2en:** **sich ~** bulge, swell out.

Bau|stein *m* brick; *Spielzeug:* a. (building) block; **~stelle** *f* building site; **~unternehmer** *m* building contractor; **~werk** *n* building.

Bayer *m* Bavarian, **2isch** Bavarian.

Bazillus *m* bacillus, germ.

beabsichtigen intend, mean.

beacht|en pay attention to; *befolgen:* observe; **~lich** considerable.

Beamt|e *m,* **~in** *f* official, officer; civil servant.

be|ängstigend alarming; **~anspruchen** claim, demand; *Zeit, Raum:* take up; *tech.* stress; **~anstanden** object to; **~antragen** apply for; **~antworten** answer, reply to; **~arbeiten** work (on); **~aufsichtigen** supervise; *Kind:* look after; **~auftragen** commission; *bauen:* bauen build on; *agr.* cultivate, till.

beben shake, tremble; *Erde:* quake.

Becher *m* cup.

Becken *n* basin, *Am. a.* bowl; *anat.* pelvis.

bedächtig deliberate.

bedanken: sich bei j-m ~ thank s.o.

Bedarf *m:* **~ (an)** need (of); *econ.* demand (for); **~shaltestelle** *f* request stop.

bedauerlich deplorable.

bedauern *j-n:* feel sorry for, pity; *et.:* regret; **2** *n* regret; pity; **~swert** pitiable.

bedeck|en cover; **~t** *Himmel:* overcast.

bedenk|en consider; **~lich** doubtful; dangerous.

bedeuten mean; *j-n* important; *beträchtlich:* considerable.

Bedeutung *f* meaning; *Wichtigkeit:* importance; **2slos** insignificant; **2svoll** significant.

bedien|en *v/t* serve; wait on; *tech.* operate; *Tele-*

fon: answer; **sich ~en** help o.s.; *v/i* serve; *bei Tisch*: wait at (*Am.* on) table; *Karten*: follow suit; **2ung** *f* service; **waiter, waitress; shop assistant(**pl.**)**.

Bedingung *f* condition; **2slos** unconditional.

bedrängen press hard, beset.

bedroh|en threaten; **~lich** threatening; [ject.]

bedrücken depress, de-

Bedürf|nis *n* need, want; **~nisanstalt** *f* public convenience, *Am.* comfort station; **2tig** needy, poor.

be|eilen: sich ~ hasten, hurry; **~eindrucken** impress; **~einflussen** influence; **~einträchtigen** impair, injure; **~end(ig)en** end, finish; **~erben: j~n ~** be s.o.'s heir.

beerdig|en bury; **2ung** *f* funeral; **2ungsinstitut** *n* undertakers *pl.*

Beere *f* berry.

Beet *n* bed.

be|fahrbar passable, practicable; **~fangen** embarrassed; **~fassen: sich ~ mit** engage in, occupy o.s. with; deal with.

Befehl *m* command; order; **2en** command; order.

be|festigen fasten, fix, attach (**an** to); *mil.* fortify; **~feuchten** moisten.

befinden: sich ~ be; **2** *n* (state of) health.

befolgen follow; obey.

beförder|n convey, carry; transport; *spedieren*: forward; *promote* (**zum Major** [to] major); **2ung** *f fig.* promotion.

be|fragen question, interview; **~freien** free, rescue; **~freundet: ~ sein** be friends.

befriedi|gen satisfy; **~gend** satisfactory; **2gung** *f* satisfaction.

befruchten fertilize.

befugt authorized. [*pl.*]

Befund *m* result; findings

be|fürchten fear; **~fürworten** support, advocate.

begab|t gifted, talented; **2ung** *f* gift, talent.

begegn|en: (sich) ~ meet; **2ung** *f* meeting.

be|gehen *Verbrechen*: commit; *Fehler*: make; **~gehren** desire.

begeister|n: sich ~ für become enthusiastic over; **~t sein** be delighted; **2ung** *f* enthusiasm.

Begier|de *f* desire; **2ig** eager, desirous.

begießen water; *Braten*: baste.

Beginn *m*, **2en** *s.* **Anfang, anfangen.**

be|glaubigen attest, certify; **~gleichen** pay, settle.

begleit|en accompany; **j~n nach Hause ~** see s.o. home; **2er** *m* companion; **2ung** *f* company; *mus.* accompaniment.

be|glückwünschen congratulate; **~gnadigen** pardon; **~gnügen: sich ~ mit** be content with; **~graben** bury; **~gräbnis** n funeral; **~greifen** comprehend, understand; **~greiflich: j-m et. ~ machen** make s.o. understand s.th.; **~grenzen** bound; limit, restrict.

Begriff m idea, notion; **im ~ sein zu** be about to, be going to.

begründen establish, found; give reasons for.

begrüß|en greet, welcome; **Qung** f greeting, welcome.

be|günstigen favo(u)r; **~haart** hairy; **~haglich** comfortable, cosy, snug; **~halten** retain; keep (**für sich** to o.s.); remember.

Behälter m container; box; *Flüssigkeit:* tank.

behand|eln treat (a. med.); *Thema:* deal with; **Qlung** f treatment.

beharren persist (**auf** in).

behaupt|en assert (**sich o.s.**); maintain; **Qung** f assertion.

be|heben remove; *Schaden:* repair; **~helfen: sich ~ mit** make shift with; **sich ~ ohne** do without; **~helfsmäßig** temporary, makeshift; **~hend(e)** nimble, agile.

beherrsch|en rule (over), govern; *Lage etc.:* be in control of; *Sprache:* have command of; **sich ~en** control o.s.; **Qung** f command, control.

be|hilflich: j-m ~ sein help s.o. (**bei** in); **~hindern** hinder; obstruct.

Behörde f *mst* authorities pl. [tle.\

behutsam cautious; gen-\

bei *räumlich:* by, near; at, with; *zeitlich:* by, in, during; on; (present) at; **~ Schmidt** care of (*abbr.* c/o) Schmidt; **~ j-m** at s.o.'s (house *etc.*), with s.o.; **~Tag** by day; **~ s-r Ankunft** on his arrival; **~ Tisch** at table; **j-n ~m der Arbeit** at work; **j-n ~m Namen nennen** call s.o. by his name; **~ günstigem Wetter** weather permitting.

bei|behalten keep up, retain; **~bringen** teach; *Niederlage, Wunde etc.:* inflict (**dat** on).

Beichte f confession; **Qn** confess.

beide both; *unbetont:* two; **alle ~** both; **e-r von ~n** either of them; **nur wir ~** just the two of us.

beieinander together.

Beifahrer m (front-seat) passenger; assistant driver; *sp.* co-driver.

Beifall m approval; applause.

beifügen *Brief:* enclose.

Beigeschmack m slight flavo(u)r; taste.

Beihilfe f aid; allowance; *Stipendium:* grant.

Beil n hatchet; chopper; ax(e).

Beilage f Zeitung: supplement; Speisen: vegetables pl, side-dish, colloq. trimmings pl.

beiläufig casual.

beilegen enclose; Streit: settle.

Beileid n condolence.

beimessen attach (dat to).

Bein n leg.

beinah(e) almost, nearly.

beisammen together.

Beisein n presence.

beiseite aside, apart.

beisetz|en bury; 2ung f funeral.

Beispiel n example; **zum ~** for example; 2haft exemplary; 2los unexampled.

beißen bite; **~d** biting, pungent.

Bei|stand m assistance; 2stehen assist, help.

Beitrag m contribution; share; Mitglieds2: subscription; Zeitung: article; 2en contribute.

beitreten join.

Beiwagen m side-car.

bejahen answer in the affirmative; **~d** affirmative.

bejahrt aged.

bekämpfen fight (against); fig. oppose.

bekannt known (dat to); **j-n mit j-m ~ machen** introduce s.o. to s.o.; 2e m, f acquaintance, mst friend; **~geben** announce; **~lich** as is generally known; 2machung f publication; public notice; 2schaft f acquaintance.

bekennen admit; confess; **sich schuldig ~** jur. plead guilty.

beklag|en lament; **sich ~en** complain (über of, about); 2te m, f defendant, the accused.

bekleid|en clothe, dress; 2ung f clothing, clothes pl.

be|kommen get; receive; obtain; Zug etc.: catch; Kind: be going to have; Krankheit: get, catch; Hunger etc.: get; j-m: agree with; **~kräftigen** confirm; **~laden** load; fig. burden.

Belag m covering; coat (-ing); Zunge: fur; Brot: filling, spread. [f siege.]

belager|n besiege; 2ung f

be|langlos unimportant; **~lasten** load; Konto: charge, debit; jur. incriminate; fig. burden; **~lästigen** molest; trouble, bother; 2lastung f load; fig. burden; **~laufen: sich auf** amount to; **~lebt** Straße: busy, crowded.

Beleg m document; **~schein** voucher; 2enPlatz: reserve; beweisen: prove; Vorlesungen: enrol(l) for; **ein Brötchen mit et.** 2en put s.th. on a roll, fill a roll with s.th.; **~schaft** f personnel, staff; 2t engaged, occupied; Platz: taken; Hotel etc.: full; Stimme: thick, husky; Zunge: coated, furred.

belehren teach; inform.

beleibt corpulent, stout.

beleidig|en offend, *stärker*: insult; **~end** offensive, insulting; **Qung** f offen|ce, *Am.* -se, insult.

beleucht|en light (up), illuminate; **Qung** f light (-ing); illumination.

Belgi|er m Belgian; **Qsch** Belgian.

belicht|en *phot.* expose; **Qung** f *phot.* exposure; **Qungsmesser** m exposure meter; **Qungszeit** f (time of) exposure.

belieb|ig any; **jeder ~ige** anyone; **~t** popular (**bei** with); **Qtheit** f popularity.

beliefern supply.

bellen bark. [f reward.)

belohn|en reward; **Qung**)

be|lügen: j-n **~** lie to s.o.; **~malen** paint; **~mängeln** find fault with.

bemer|ken notice, perceive; *äußern*: remark; **~kenswert** remarkable(**wegen** for); **Qkung** f remark.

bemitleiden pity; **~swert** pitiable.

bemüh|en trouble; **sich ~en** trouble (o.s.); endeavo(u)r; **Qung** f trouble; endeavo(u)r, effort.

benachrichtig|en inform, notify; *econ.* advise; **Qung** f information; notification; *econ.* advice.

benachteilig|en place *s.o.* at a disadvantage; **Qung** f disadvantage.

benehmen: sich ~ behave (o.s.); **Q** n behavio(u)r, conduct.

beneiden envy (**j-n um et.** s.o. s.th.); **~swert** enviable.

benennen name.

Bengel m (little) rascal, urchin.

benommen stunned.

benötigen need, want, require.

benutz|en use, make use of; *Bus etc.*: take; **Qer** m user; **Qung** f use.

Benzin n *chem.* benzine; *mot.* petrol, *Am.* gasoline, *colloq.* gas.

beobacht|en observe; *genau*: watch; **Qer** m observer; **Qung** f observation.

bepacken load.

bequem convenient; easy; comfortable; *Person*: easygoing; *faul*: lazy.

berat|en j-n: advise; *et.*: discuss (**über et.** s.th.); **sich ~en** confer; **Qer** m adviser; **Qung** f consultation, conference.

berauben deprive (*gen* of).

berechn|en calculate; *econ.* charge; **~end** calculating; **Qung** f calculation.

berechtig|en entitle; authorize; **~t** entitled; qualified; *Anspruch*: legitimate.

Bereich m area; reach; *fig.* scope, sphere; *Wissenschaft etc.*: field, province; **Qern** enrich (**sich** o.s.).

Bereifung f tyres pl, (*Am.* nur) tires pl.

bereit ready; to prepare; *Freude etc.*: give; **~halten** hold *s.th.* ready; **~s** al-

ready; 2schaft *f* readiness;
~stellen place *s.th.* ready;
provide; ~willig ready.
bereuen repent (of).

Berg *m* mountain; die
Haare standen ihm zu
~e his hair stood on end;
2ab downhill (*a. fig.*); 2-
auf uphill; ~bahn *f*
mountain railway; ~bau
m mining.   [cue.}
bergen recover; *j-n*: res-
berg|ig mountainous; 2-
mann *m* miner; 2rutsch
m landslide; 2steiger *m*
mountaineer, climber.
Bergung *f* recovery; *Menschen*: rescue.

Bergwerk *n* mine.

Bericht *m*: ~ (über) report
(on), account (of); 2en
report; *Presse*: *a.* cover
(über *et. s.th.*); ~erstat-
ter *m* reporter; corre-
spondent.
berichtigen correct.
bersten burst (vor with).
berüchtigt notorious (wegen for).
berücksichtigen consider.
Beruf *m* calling; *Gewerbe*:
trade; vocation, occupa-
tion, *colloq.* job; *höherer* ~:
profession; 2en: such ~
auf refer to; 2lich professional.
Berufs|ausbildung *f* vo-
cational *od.* professional
training; ~beratung *f* vocational guidance; ~klei-
dung *f* working clothes *pl*;
~schule *f* vocational
school; ~sportler *m* pro-

fessional; 2tätig working;
~tätige *m*, *f* employed
person; die ~tätigen *pl*
the working people *pl*.
Berufung *f* *Ernennung*:
appointment; reference
(auf to); ~ einlegen *jur.*
appeal.
beruhen ~ auf be based
on; et. auf sich ~ lassen
let a matter rest.
beruhig|en quiet, calm;
soothe; **sich** ~en calm
down; 2ungsmittel *n*
sedative.   [brated.}
berühmt famous, cele-
berühr|en touch; 2ung *f*
contact, touch.
Besatzung *f* crew; *mil.* occupation troops *pl*.
beschädig|en damage;
2ung *f* damage (*gen* to).
beschaffen procure; provide; *Geld*: raise; 2heit
f state, condition.
beschäftig|en employ, oc-
cupy; keep busy; 2ung *f*
employment; occupation.
beschämen make *s.o.* feel
ashamed; ~d shameful;
humiliating.
Bescheid *m*: ~ bekom-
men be informed; ~ geben let *s.o.* know; ~ wis-
sen know.
bescheiden modest; 2-
heit *f* modesty.
bescheinig|en certify, at-
test; acknowledge; 2ung *f*
certification; *Schein*: certificate; *Quittung*: receipt;
Bestätigung: acknowl-
edg(e)ment.

be|scheren: j~n ~ give
s.o. presents; **~scheiben**
fire *od.* shoot at *od.* on;
bombard; **~schimpfen**
abuse, insult.

Beschlag m metal fitting(s
pl); **mit ~belegen** seize;
monopolize *s.o.'s* attention; **~en** *tech.* fit, mount;
Pferd: shoe; *Fenster, Wand:*
steam up; *Spiegel:* cloud
over; **~nahmen** seize;
confiscate; *mil.* requisition.

beschleunig|en hasten,
speed up; *mot.* accelerate;
~ung f acceleration.

beschl|ießen end; close;
sich entscheiden: resolve,
decide; **~uß** m decision.

be|schmieren (be)smear;
~schmutzen soil, dirty;
~schneiden cut, clip; *Haare, Hecke etc.:* trim, clip;
fig. cut down, curtail; **~
schönigen** gloss over.

beschränk|en confine, lim-
it, restrict; **sich ~en auf**
confine o.s. to; **~ung** f limi-
tation, restriction.

beschreib|en *Papier:* write
on; *fig.* describe; account;
~ung f description; account.

beschrift|en inscribe; la-
bel; **~ung** f inscription.

beschuldig|en (of [*doing*] s.th.,
bsd. jur.
charge (with); **~te** m, f the
accused; **~ung** f accusation, charge.

beschützen protect.

Beschwer|de f complaint
(*a.med.*); **~en** burden; **~en**
(**über** about,
~en complain (**über** about,

of; **bei** to); **~lich** tedious.

be|schwichtigen appease,
calm (down); **~schwingt**
elated, elevated; **~
schwipst** *colloq.* tipsy; **~
schwören** *et.:* take an oath
on; j~n: implore, entreat;
~seitigen remove; do away
with.

Besen m broom. [by).\]

besessen obsessed (**von**\)

besetz|en occupy (*a. mil.*);
Stelle: fill; *thea.* cast;
Kleid: trim; **~t** engaged,
occupied; *Platz:* taken; *Bus
etc.:* full up; *teleph.* engaged, *Am.* busy; **~ung** f
thea. cast; *mil.* occupation.

besichtig|en visit, see; in-
spect (*a. mil.*); **~ung** f visit
(**gen** to); inspection (*a. mil.*);
sightseeing.

besied|eln settle; *bevöl-
kern:* populate; **~lung** f
settlement. [beat.\]

besiegen conquer; defeat.\]

Besinnung f reflection; *Bewußtsein:* consciousness;
~slos unconscious.

Besitz m possession; **~en**
possess; **~er** m possessor,
owner, proprietor.

besohlen (re)sole.

Besoldung f pay; *Beamte:*
salary.

besonder particular, special; **~s** especially; *hauptsächlich:* chiefly.

besonnen prudent, calm.

besorg|en get, procure; do,
manage; **~nis** f apprehen-
sion, fear, anxiety; **~niser-
regend** alarming; **~t** un-

easy, worried (**um** about);
♀ung *f;* **～en machen** go
shopping.

besprech|en discuss, talk
s.th.over; *Buch etc.*: review;
♀ung *f* discussion; conference; review.

bespritzen splash, (be-)
spatter.

besser better; superior;
um so ～ all the better; **～n**
(make) better, improve;
sich ～n get *od.* become better, improve; ♀ung *f* improvement; **gute ♀ung!**
I wish you a speedy recovery!

best best; **für Dank** thank
you very much; **am ～en**
best.

Bestand *m* (continued) existence; *Vorrat*: stock; **～
haben** last.

beständig constant,
steady; *dauerhaft*: lasting;
Wetter: settled.

Bestandteil *m* part; component; *Mischung*: ingredient.   [strengthen.]

bestärken confirm,}
bestätig|en confirm; at-
test; *Behauptung etc.*: verify; *Empfang*: acknowl-
edge; **sich ～en** prove (to be)
true; ♀ung *f* confirmation;
attestation;verification;ac-
knowledg(e)ment.

Beste *m, f the* best (one);
～ n *the* best (thing).

bestechen bribe.

Besteck *n* knife, fork and
spoon; cutlery.

bestehen *Prüfung*: pass;

exist; **～auf** insist (up)on; **～
aus** consist of.

be|stehlen steal from; **～
steigen** *Berg*: climb (up);
Pferd: mount; *Thron*: ascend.

bestell|en order; *Zimmer
etc.*: book, *bsd. Am.* reserve;
j-n: make an appointment
with; *Boden*: cultivate, till;
Grüße: give; **zu sich ～en**
ask to come; ♀ung *f* order;
booking, *bsd. Am.* reservation.

Bestie *f* beast; *fig. a.* brute.

bestimm|en determine,
decide; *Preis*: fix; *Termin,
Ort*: a. appoint; **～en für**
mean for; **～t** determined,
firm; *Absicht etc.*: definite;
certain(ly); ♀ungsort *m*
destination.

bestraf|en punish (**we-
gen, für** for); ♀ung *f*
punishment.

bestrahlen *med.* irradiate.

Bestreb|en *n,* **～ung** *f* effort.

be|streichen spread; **～
streiten** deny.

bestürz|t dismayed; ♀ung
f consternation, dismay.

Besuch *m* visit; call; *Besuch*: visitor(s *pl*); ♀**er**
m visit; call on; *Schule etc.*:
attend; **～er** *m* visitor, caller;
～szeit *f* visiting hours *pl.*

be|tasten touch, feel, fin-
ger; **～tätigen** *tech.* operate; *Bremse*: apply; **sich ～
tätigen** work, busy o.s.

betäub|en stun (*a. fig.*),
daze; *med.* an(a)esthetize;
♀ung *f med.*: an(a)estheti-

zation; *Zustand:* an(a)esthesia; *fig.* stupefaction; **Qungsmittel** *n* narcotic, an(a)esthetic.

Bete *f:* **~rote** ~beetroot, red beet.

beteilig|en give a share (**an** in); **sich ~en (an)** take part (in), participate (in); **Qte** *m, f* person *od.* party concerned; **Qung** *f* participation; share.

beten pray.

beteuern protest.

Beton *m* concrete.

beton|en stress; *fig. a.* emphasize; **Qung** *f* stress; *fig.* emphasis.

be|trachten look at; *fig.* consider; **~trächtlich** considerable.

Betrag *m* amount, sum; **Qen** amount to; **sich Qen** behave (o.s.); **~en** *n* behavio(u)r, conduct.

betreffen concern; **was ...** **betrifft** as for, as to; **~d** concerning; concerned, in question.

be|treten step on; *eintreten:* enter; *verlegen:* embarrassed; **~treuen** look after.

Betrieb *m* business, firm; *Fabrik:* plant, works *sg;* workshop, *Am. a.* shop; *fig.* bustle; **außer ~** out of order; **in ~** working.

Betriebs|ferien *pl* works holidays *pl;* **~leitung** *f* management; **~rat** *m* works council; **~unfall** *m* industrial accident.

be|trinken: sich ~ get

drunk; **~troffen** hit (**von** by); *fig.* disconcerted.

Be|trug *m* fraud; deceit; **Qtrügen** deceive, cheat; **~trüger** *m* cheat, fraud; impostor.

betrunken drunken; *pred* drunk; **Qe** *m, f* drunk.

Bett *n* bed; **~bezug** *m* plumeau case; **~couch** *f* studio couch; **~decke** *f* blanket.

betteln beg (**um** for).

Bett|gestell *n* bedstead; **Q-lägerig** bedridden, confined to bed; **~laken** *n* sheet.

Bettler *m* beggar.

Bett|uch *n* sheet; **~vorleger** *m* bedside rug; **~wäsche** *f* bed-linen; **~zeug** *n* bedding, bed-clothes *pl.*

betupfen dab.

beugen bend, bow; **sich ~** bend; *fig.* bow (**dat** to).

Beule *f* bump, swelling; *im Blech:* dent.

be|unruhigen make *s.o.* anxious; **sich ~unruhigen** worry; **~urlauben** give *s.o.* time off; *vom Amt:* suspend; **~urteilen** judge.

Beute *f* booty, spoil(s *pl*); *e-s Tieres:* prey (*a. fig.*).

Beutel *m* bag; *zo., Tabaks~:* pouch.

Bevölkerung *f* population.

bevollmächtig|en authorize; **Qte** *m, f* authorized person *od.* agent, proxy, deputy.

bevor before.

bevor|stehen be approaching, be near; *Gefahr:* be imminent; **j-m ~stehen** await s.o.; **~zugen** prefer.

bewach|en guard, watch; **2ung** f guard; escort.

bewaffn|en arm; **2ung** f armament|*Waffen:* arms *pl.*

bewahren keep, preserve; **~ vor** save from.

bewähr|en: sich ~ stand the test; **sich ~ als** prove to be; **sich nicht ~** prove a failure; **2ungsfrist** f *jur.* probation.

be|waldet wooded,woody; **~wältigen** overcome,master; **~wandert** (well) versed.

bewässer|n water; *Land etc.:* irrigate; **2ung** f watering; irrigation.

beweg|en: (sich) ~ move, stir; **j-n zu ~** induce or.get s.o. to; **2grund** m motive; **~lich** movable; *Person, Geist etc.:* agile, active; **~t** *Meer:* rough; *Leben:* eventful; *fig.* moved, touched; **2ung** f movement; motion (*a. phys.*); **in 2ung setzen** set in motion; **~ungslos** motionless.

Beweis m proof (**für** of); **~(e** *pl*) evidence (*bsd. jur.*); **2en** prove; **~material** n evidence; **~stück** n (piece of) evidence; **2en:** exhibit.

bewerb|en: sich ~ um apply for; *kandidieren:* stand for, *Am.* run for; **2er** m applicant; **2ung** f application; candidature;

2ungsschreiben n (letter of) application.

be|werten rate; **~willigen** grant, allow; **~wirken** cause, bring about.

bewirt|en entertain; **~schaften** *agr.* cultivate, farm; *Gut etc.:* manage, run; *Waren:* ration; *Devisen:* control; **2ung** f entertainment.

bewohne|n inhabit, live in, occupy; **2r** m inhabitant, occupant.

bewölk|en: sich ~ cloud over; **~t** clouded, cloudy, overcast; **2ung** f clouds *pl.*

bewunder|n admire (**wegen** for); **2ung** f admiration.

bewußt deliberate, intentional; **sich ~ sein** be aware of; **~los** unconscious; **2-sein** n consciousness.

bezahl|en pay; *Ware:* pay for; *Schuld:* pay off, settle; **2ung** f payment; settlement. [*enchanting.*]

bezaubernd charming,

bezeichn|en mark; describe; call; **~end** characteristic; **2ung** f name.

bezeugen testify (to).

bezieh|en cover|*Wohnung:* move into; *Waren, Zeitung:* get; **ein Kissen ~en** put a clean case on a pillow; **das Bett ~en** put clean sheets on the bed; **sich ~en** cloud over; **sich ~en auf** refer to; **2ung** f relation; **in dieser 2ung** in this respect; **~ungsweise** respectively; or rather.

Bezirk m district, Am. a. precinct.

Bezug m cover(ing), case; Kissen: a. slip; ~ **nehmen auf** refer to.

Bezüge pl earnings pl.

be|**zwecken** aim at, intend; ~**zweifeln** doubt, question.

Bibel f Bible.

Biber m beaver.

Bibliothek f library; ~**ar** m librarian.

biblisch biblical.

bieg|en: (sich) ~ bend; **um** e-e **Ecke** ~ turn (round) a corner; ~**sam** flexible; **2ung** f bend.

Biene f bee; ~**nkönigin** f queen bee; ~**nkorb** m, ~**nstock** m (bee)hive.

Bier n beer; **helles** ~ pale beer, ale; **dunkles** ~ dark beer; stout, porter; ~**deckel** m beer-mat; ~**krug** m beer-mug.

Biest n beast, brute.

bieten offer; Auktion: bid; **sich** ~ offer itself, arise.

Bilanz f balance; Aufstellung: balance-sheet.

Bild n picture; photograph; illustration; ~ Gemälde: painting; fig. idea.

bilden: (sich) ~ form; fig. educate (o.s.).

Bild|erbuch n picturebook; ~**hauer** m sculptor; **2lich** figurative; ~**nis** n portrait; ~**röhre** f (television) tube; ~**schirm** m screen.

Bildung f forming, formation; Aus2: education.

Billard n billiards sg.

billig cheap, inexpensive; ~**en** approve of; **2ung** f approval.

Binde f band; med. bandage; s. **Damenbinde**; ~**glied** n connecting link; ~**haut** f anat. conjunctiva; ~**hautentzündung** f conjunctivitis; **2n** bind; tie; Krawatte: knot; **2nd** binding; ~**r** m (neck)tie; ~**strich** m hyphen.

Bindfaden m string; stärker: pack-thread.

Bindung f binding (a. Ski); fig. tie, link, bond.

Binnen|land n inland, interior; ~**schiffahrt** f inland navigation.

Biographie f biography.

Biologie f biology.

Birke f birch(-tree).

Birne f pear; electr. bulb.

bis räumlich: to, as far as; zeitlich: till, until (a. zu), to, by; **zwei** ~ **drei** two or three; **alle** ~ **auf** all but, all except.

Bischof m bishop.

bisher until now, so far.

Biß m bite.

bißchen: ein ~ adj a little, a (little) bit of; adv a little (bit). [morsel.]

Bissen m bite; mouthful.

bissig biting (a. fig.); **Achtung,** ~**er Hund!** beware of the dog.

Bitte f request (um for); **2n:** ~ **um** ask for; **bitte**

please; **(wie) bitte?** (I beg your) pardon?; **bitte (sehr)!** not at all, you're welcome.

bitter bitter.

Bittschrift f petition.

bläh|en med. cause flatulence; Segel: swell; **sich ~en Segel:** swell out; **2ungen** pl flatulence, wind.

Blam|age f disgrace, shame; **2ieren: sich ~** make a fool of o.s.

blank shining, shiny, bright.

Bläschen n small blister.

Blase f Luft: bubble; Haut: blister (a. tech.); anat. bladder; **2n** blow.

Blas|instrument n wind-instrument; **~kapelle** f brass band.

blaß pale **(vor** with); **~ werden** turn pale.

Blässe f paleness.

Blatt n leaf; Papier2 etc.: sheet; Säge: blade; Karten: hand; (news)paper.

blättern: **~ in** leaf through.

Blätterteig m puff pastry.

blau blue; colloq. drunk, tight; **~er Fleck** bruise; **~es Auge** black eye; **2-beere** f bilberry.

bläulich bluish.

Blausäure f prussic acid.

Blech n sheet metal; plate; Back2: baking-sheet; fig. colloq. rubbish; **~büchse** f, **~dose** f tin, Am. can; **~schaden** m mot. body-work damage.

Blei n lead.

bleiben remain, stay; **am Apparat ~** hold the line; **~d** lasting; **~lassen** leave s.th. alone; stop s.th.

bleich pale **(vor** with); **~en** bleach; blanch.

blei|ern (of) lead, leaden (a. fig.); **2stift** m (lead) pencil; **2stiftspitzer** m pencil-sharpener.

Blende f blind; phot. diaphragm, (f-)stop; **~ 8** f-8; **2n** blind, dazzle.

Blick m look, glance; Aussicht: view; **auf den ersten ~** at first sight; **2en** look, glance; **sich 2en lassen** show o.s.

blind blind; Spiegel etc.: dull; **~ werden** go blind; **~er Passagier** stowaway.

Blinddarm m (vermiform) appendix; **~entzündung** f appendicitis.

Blinde m od. f blind man od. woman.

Blinden|anstalt f institute for the blind; **~hund** m guide dog; **~schrift** f braille.

blinke|n shine; Licht: twinkle; signal, flash; Sterne, **2r** m mot. trafficator, indicator.

blinzeln blink, wink.

Blitz m lightning; **~ableiter** m lightning-conductor; **2en** flash; sparkle; **es blitzt** it is lightening; **~licht** n flashlight; **~schlag** m (stroke of) lightning; **~schnell** with lightning speed, like lightning;

~würfel *m* flash cube.

Block *m* block; *Schreib*2: pad; ~ade *f* blockade; ~haus *n* log cabin; 2ieren block (up); *Räder*: lock; *Bremsen*: jam; ~schrift *f* block letters *pl*.

blöd(e) imbecile; *dumm*: stupid; 2sinn *m* rubbish, nonsense; ~sinnig idiotic, stupid, foolish.

blöken bleat. [(-haired).⟩

blond blond(e), fair⟨

bloß bare, naked; *mere*; only; ~legen lay bare, expose; ~stellen expose.

blühen blossom, bloom; *fig.* flourish, thrive.

Blume *f* flower; *Wein*: bouquet; *Bier*: froth.

Blumen|geschäft *n* florist's (shop); ~händler *m* florist; ~kohl *m* cauliflower.

Bluse *f* blouse.

Blut *n* blood; 2arm bloodless, *med.* an(a)emic; ~bad *n* massacre; ~druck *m* blood pressure.

Blüte *f* blossom, bloom, flower; *fig.* prime, heyday.

Blut|egel *m* leech; 2en bleed.

Blütenblatt *n* petal.

Blut|erguß *m* effusion of blood; ~gruppe *f* blood group; 2ig bloody; ~kreislauf *m* (blood) circulation; ~probe *f* blood test; ~spender *m* blood donor; 2stillend styptic, sta(u)nching; ~verwandte *m*, *f* blood relation; ~transfusion *f* blood trans-

fusion; ~ung *f* bleeding, h(a)emorrhage); ~vergießen *n* bloodshed; ~vergiftung *f* blood-poisoning; ~verlust *m* loss of blood; ~wurst *f* black pudding.

Bö *f* gust, squall.

Bock *m* buck; *Ziegen*2: he-goat, billygoat; *Widder*: ram; *Turngerät*: buck; *Gestell*: trestle; 2ig stubborn, obstinate.

Boden *m* ground; *agr.* soil; *Gefäß, Meer*: bottom; *Fuß*2: floor; *Dach*: loft; ~kammer *f* garret, attic; 2los bottomless; *fig.* unbounded; ~schätze *pl* mineral resources *pl*.

Bogen *m* curve, bend; sweep; *Waffe, Geige*: bow; arch; *Papier*: sheet; 2förmig arched; ~gang *m* arcade; ~schießen *n* archery; ~schütze *m* archer.

Bohle *f* thick plank, board.

Bohne *f* bean; ~nkaffee *m* coffee.

bohnern polish, wax.

bohre|n bore, drill; 2r *m* borer, drill.

böig squally, gusty; *aer.* bumpy.

Boiler *m* boiler, heater.

Boje *f* buoy.

Bolzen *m* bolt.

bombardieren bomb, bombard (*a. fig.*).

Bombe *f* bomb; ~nangriff *m* air raid; ~r *m* bomber.

Bonbon *m*, *n* sweet, *Am.* candy.

Boot n boat; ~fahrt f boat trip; ~verleih m boat hire.

Bord¹ n shelf.

Bord² m mar., aer.: **an** ~ on board, aboard; **von** ~ **gehen** go ashore; ~stein m kerb, Am. curb.

borgen et.: borrow; j-m et.: lend, Am. a. loan.

Borke f bark.

Börse f stock exchange; Geld2: purse; ~nkurs m quotation; ~nmakler m stockbroker.

Borste f bristle.

Borte f border; Besatz: braid.

bösartig malicious, vicious; med. malignant.

Böschung f slope, bank.

böse bad, evil, wicked; zornig: angry; 2 n evil.

boshaft wicked, malicious.

Botani|k f botany; 2sch botanical.

Bote m messenger.

Botschaft f message; Amt: embassy; ~er m ambassador.

Bottich m tub; tun, vat.

Bouillon f beef tea.

box|en box; 2en n boxing; 2er m boxer; 2kampf m boxing-match, fight.

boykottieren boycott.

Branche f line (of business).

Brand m fire, conflagration; med. gangrene; bot. blight, mildew; **in** ~ **geraten** catch fire; ~blase f blister; 2en surge, break;

~salbe f burn ointment; ~stiftung f arson; ~ung f surf, breakers pl.

braten roast; Rost: grill; Pfanne: fry; Apfel: bake; 2 m roast (meat); Keule: joint; 2fett n dripping; 2soße f gravy.

Brat|... fried od. grilled ...; ~huhn n roast chicken; ~kartoffeln pl fried potatoes pl; ~pfanne f frying-pan; ~röhre f oven.

Brauch m custom; 2bar useful; 2en need, want; erfordern: require; Zeit: take.

Braue f eyebrow.

brau|en brew; 2rei f brewery. [get a tan.)

braun brown; ~ **werden**)

Bräun|e f (sun) tan; 2en brown; Sonne: tan.

Brause f rose; ~(bad n) f shower(-bath); ~(limonade) f fizzy lemonade; 2n roar; have a shower.

Braut f fiancée; am Hochzeitstag: bride.

Bräutigam m fiancé; am Hochzeitstag: bridegroom.

Braut|jungfer f bridesmaid; ~kleid n wedding dress; ~paar n engaged couple; am Hochzeitstag: bride and bridegroom.

brav honest; artig: good.

brechen break; Strahlen etc.: refract; erbrechen: vomit.

Brei m pulp; Mus: mash; Kinder2: pap; 2ig pulpy, pappy.

breit broad, wide; 2e f breadth, width; geogr. latitude.

Brems|belag m brake lining; ~e f zo. gadfly, horsefly; tech. brake; 2en brake; slow down od. up; ~spur f skid marks pl; ~weg m braking distance.

brenn|bar combustible, inflammable; ~en burn; be on fire; Wunde, Augen: smart; Nessel: sting; 2er m burner; 2essel f stinging nettle; 2holz n firewood; 2material n fuel; 2punkt m focus; 2stoff m fuel.

Brett n board; shelf.

Brezel f pretzel.

Brief m letter; ~bogen m (sheet of) notepaper; ~kasten m letter-box, pillarbox, Am. mailbox; 2lich by letter; ~marke f (postage) stamp; ~papier n notepaper; ~tasche f wallet; ~träger m postman, Am. mailman; ~umschlag m envelope; ~wechsel m correspondence.

Brillant m brilliant, cut diamond; 2 brilliant.

Brille f (e—e a pair of) glasses pl od. spectacles pl; Schutz2: goggles pl.

bringen bring; fort~, hin~: take; zu Bett ~ put to bed; nach Hause ~ see s.o. home; in Ordnung ~ put in order; zur Welt ~ give birth to.

Brise f breeze.

Brit|e m Briton; die ~en pl the British pl; 2isch British.

bröckeln crumble.

Brocken m piece; Erde, Stein: lump.

Brombeere f blackberry.

Bronchitis f bronchitis.

Bronze f bronze.

Brosche f brooch.

Broschüre f booklet, brochure.

Brot n bread; Laib: loaf; belegtes ~ (open) sandwich; ~aufstrich m spread.

Brötchen n roll.

Brotrinde f crust.

Bruch m Knochen: fracture; med. hernia; math. fraction; Versprechen: breach; Eid, Gesetz: violation.

brüchig brittle.

Bruch|landung f crashlanding; ~rechnung f fractional arithmetic, fractions pl; ~stück n fragment; ~teil m fraction.

Brücke f bridge; Teppich: rug; ~npfeiler m pier.

Bruder m brother; eccl. (lay) brother, friar.

Brühe f broth; klare: beef tea; Suppengrundlage: stock.

brüllen roar, bellow; Rinder: low.

brumm|en Tier: growl; Motor: purr; fig. grumble; ~ig grumbling.

brünett brunette.

Brunft f s. Brunst.

Brunnen m well; *Quelle:* spring; *Spring♀:* fountain.
Brunst f *männliches Tier:* rut, *weibliches Tier:* heat; rutting season. [short.]
brüsk brusque, abrupt;♀
Brust f breast; chest, *anat.* thorax; (woman's) breast (-s *pl*), bosom; **~korb** m chest, *anat.* thorax; **~schwimmen** n breast-stroke; **~warze** f nipple.
Brut f brood, hatch; *Fische:* fry. [brutality.]
brutal brutal; **2ität** f♀
brüten brood, sit (on eggs); **~ über** brood over.
brutto gross.
Bube m *Karten:* knave, jack.
Buch n book; **~druckerei** f printing office.
Buche f beech(-tree).
buchen book.
Bücher|brett n bookshelf; **~ei** f library; **~schrank** m bookcase.
Buch|fink m chaffinch; **~halter** m book-keeper; **~haltung** f book-keeping; **~händler** m bookseller; **~handlung** f bookshop, *Am.* bookstore.
Büchse f box, case; *Blech♀:* tin, *Am.* can; *Gewehr:* rifle; **~nfleisch** n tinned (*Am.* canned) meat; **~nöffner** m tin-opener, *Am.* can opener.
Buchsta|be m letter; **2-bieren** spell.
Bucht f bay; *kleine:* creek.
Buchung f booking, reservation.

Buck|el m *Höcker:* hump, hunch; humpback, hunchback; **2(e)lig** hump-backed, hunchbacked.
bücken: sich ~ bend (down), stoop.
Bückling m bloater; *fig.* bow. [place.]
Bude f stall; *colloq.* den,♀
Büfett n sideboard, buffet; **kaltes ~** buffet supper *od.* lunch.
Büffel m buffalo.
Bug m *mar.* bow; *aer.* nose.
Bügel m *Brille:* bow; *Tasche:* handle; *Kleider:* coat-hanger, clothes-hanger, *Steig♀:* stirrup; **~brett** n, ironing-board; **~eisen** n iron; **~falte** f crease; **2frei** non-iron; drip-dry; **2n** iron, press.
Bühne f platform; *thea.* stage; **~nbild** n stage design; setting, décor.
Bullauge n porthole, bull's-eye.
Bulle m bull.
Bummel m stroll; **2n** stroll, saunter; *trödeln:* dawdle, waste time; **~zug** m *colloq.* slow train.
Bund¹ m (waist-, neck-, wrist-)band); *pol.* union, federation, confederacy.
Bund² n bundle; *Radieschen:* bunch; n, m *Schlüssel:* bunch.
Bündel n bundle, bunch.
Bundes|... *in Zssgn:* federal ...; **~genosse** m ally; **~kanzler** m Federal Chancellor; **~republik** f Fed-

eral Republic; ~staat *m* federal state; ~wehr *f* German Federal Armed Forces *pl.*

Bündnis *n* alliance.

Bungalow *m* bungalow.

Bunker *m* air-raid shelter.

bunt colo(u)rful; bright, gay; ~stift *m* colo(u)red pencil, crayon.

Burg *f* castle.

Bürge *m jur.*: guarantor; surety; *für Einwanderer:* sponsor; 2n: ~ **für** vouch for; stand surety *od.* bail for; sponsor *s.th.*; guarantee *s.th.*

Bürger *m* citizen; ~krieg *m* civil war; ~meister *m* mayor; ~steig *m* pavement, *Am.* sidewalk.

Büro *n* office; ~angestellte *m, f* clerk; ~stunden *pl* office hours *pl.*

Bursche *m* boy, lad, *colloq.* chap, *Am. a.* guy.

Bürste *f* brush; 2n brush.

Bus *m s.* Autobus.

Busch *m* bush, shrub.

Büschel *n* bunch; *Haare:* tuft; *Stroh, Haare etc.:* wisp.

buschig bushy.

Busen *m* bosom, breast(s *pl*).

Bushaltestelle *f* bus stop.

Bussard *m* buzzard.

Buß|e *f* Sühne: atonement, penance; = ~geld *n* fine.

büßen atone for.

Büste *f* bust; ~nhalter *m* brassière, *colloq.* bra.

Butter *f* butter; ~blume *f* buttercup; ~brot *n* (slice *od.* piece of) bread and butter; ~brotpapier *n* greaseproof paper; ~milch *f* buttermilk.

C

Café *n* café, coffee-house.

Camping *n* camping; ~platz *m* camping-ground, camping-site.

Cello *n* (violon)cello, 'cello.

Celsius: 5 Grad ~ (*abbr.* 5° C) five degrees centigrade. [pagne.]

Champagner *m* champagne.

Champignon *m* champignon, (common) mushroom.

Chance *f* chance.

Chaos *n* chaos.

Charakter *m* character; 2isieren characterize;

2istisch characteristic; ~zug *m* trait.

charm|ant charming; 2e *m* charm, grace.

Charter|flug *m* charter flight; ~maschine *f* charter plane.

Chauffeur *m* chauffeur, driver.

Chef *m* head, chief, *colloq.* boss; ~arzt *m* head *od.* chief physician.

Chemi|e *f* chemistry; ~kalien *pl* chemicals *pl*; ~ker *m* chemist; 2sch chemical.

Chiffre f code, cipher; _Anzeige_: box number.

Chines|e m Chinese; **2isch** Chinese.

Chinin n quinine.

Chirurg m surgeon.

Chlor n chlorine; **~oform** n chloroform.

Cholera f cholera.

Chor m chancel, choir; _Sänger_: choir; _Gesangsstück_: chorus.

Christ m Christian; **~-**

baum m Christmas-tree; **~entum** n Christianity; **~kind** n the infant Jesus; **2lich** Christian.

Chrom n chromium.

chronisch chronic.

circa about, approximately.

Conférencier m compère, _Am._ master of ceremonies.

Couch f couch.

Coupé n coupé.

Cousin m, **~e** f cousin.

Creme f cream.

D

da _adv räumlich_: there; here; _zeitlich_: then; _cj begründend_: as, since, because.

dabei near it _od._ them; with; _im Begriff_: about, going (**zu** to); _außerdem_: besides; **~ bleiben** stick to one's point; **~sein** be present _od._ there.

dableiben stay, remain.

Dach n roof; **~decker** m roofer; **~garten** m roofgarden; **~kammer** f attic, garret; **~rinne** f gutter, eaves _pl._

Dachs m badger.

Dachziegel m tile.

Dackel m dachshund.

dadurch for this reason, thus; by it, by that; **~, daß** because.

dafür for it _od._ them; instead, in return, in exchange; **~ sein** be in favo(u)r of it; **er kann nichts ~** it is not his fault.

dagegen _adv_ against it _od._ them; _Vergleich_: by comparison; **ich habe nichts ~** I have no objection (to it); _cj_ however.

daheim at home.

daher _adv_ from there; _bei Verben der Bewegung_: ... along; _fig._ hence; _cj_ that is why.

dahin _räumlich_: there, to that place; _bei Verben der Bewegung_: ... along; **bis ~** till then.

dahinter behind it _od._ them; **~kommen** find out about it; **~stecken** be behind it.

damal|ig that, of that time; **~s** then, at that time.

Dame f lady; _beim Tanz_: partner; _Karten, Schach_: queen.

Damen|binde f sanitary towel (_Am._ napkin); **~friseur** m hairdresser; **2haft** ladylike; **~toilette** f ladies' room, powder-room.

damit *adv* with it *od.* them; *cj* so that; **~ nicht** lest. [*Deich:* dike, dyke.]

Damm *m* Stau♀: dam;}

dämmer|ig dim; **~n** dawn (*a. fig. colloq.*): **j—m** (on s.o.); grow dark; ♀ung } twilight, dusk; *morgens:* dawn.

Dampf *m* steam, vapo(u)r; ♀en steam.

dämpfen Lärm, Stoß etc.: deaden; *Stimme:* lower; *Licht:* soften; *s.* **dünsten**.

Dampf|er *m* steamer; **~ maschine** *f* steam-engine.

danach after it *od.* them; *später:* afterwards; *entsprechend:* accordingly; **ich fragte ihn ~** I asked him about it.

Däne *m* Dane.

daneben next to it *od.* them; beside it *od.* them; *außerdem:* besides, moreover.

dänisch Danish.

Dank *m* thanks *pl;* **~barkeit:** gratitude; **Gott sei ~!** thank God!; ♀ owing *od.* thanks to; ♀**bar** thankful, grateful; *lohnend:* rewarding; ♀en thank; ♀en (**schön**) thank you (very much); **nichts zu** ♀en don't mention it.

dann then; **~ und wann** (every) now and then.

daran at (by, in, of, on, to) it *od.* them; **nahe ~ sein zu** be on the point of *ger.*

darauf *räumlich:* on it *od.*

them; *zeitlich:* after (that); **~hin** thereupon.

daraus out of it *od.* them; from it *od.* them; **was ist ~ geworden?** what has become of it?

Darbietung *f* performance. [there.]

darin in it *od.* them; in}

darlegen explain.

Darleh(en) *n* loan.

Darm *m* intestine(s *pl*); bowel(s *pl*), gut(s *pl*).

darstell|en describe; show; ♀ung *f* representation.

darüber over it *od.* them; *quer:* across it *od.* them; *davon:* about it; **~ hinaus** beyond it; in addition.

darum *adv* (a)round it *od.* them; for it *od.* them; *cj* therefore.

darunter under it *od.* them; beneath it *od.* them; *dazwischen:* among them; *weniger:* less; **was verstehst du ~?** what do you understand by it?

das *s.* **der; ~ heißt** that is (to say).

dasein be there *od.* present; exist; ♀ *n* existence, being, life.

dasjenige *s.* **derjenige**.

daß that.

dasselbe *s.* **derselbe**.

dastehen stand (there).

Daten *pl* data *pl* (*a. tech.*), facts *pl;* particulars *pl;* **~ verarbeitung** *f* data processing.

datieren date.

Dativ *m gr.* dative (case).

Dattel f date.

Datum n date.

Dauer f duration; Fort̲: continuance; period; von̲ **sein** last; ̲haft lasting; durable; ̲n continue, last; Zeitaufwand: take; ̲nd lasting; permanent; constant; ̲welle f permanent wave, colloq. perm.

Daumen m thumb.

Daunendecke f eiderdown (quilt).

davon of it od. them; fort, weg: off, away; darüber: about it.

davor before it od. them, in front of it od. them; **er fürchtet sich** ̲ he is afraid of it.

dazu to it od. them; Zweck: for it od. them; about it; überdies: moreover; ̲gehören belong to it od. them; ̲kommen arrive; join; be added; ̲tun add.

dazwischen between them, (in) between; ̲kommen happen.

Debatte f debate.

Deck n deck.

Decke f cover(ing); blanket; (travel[l]ing) rug; Zimmer: ceiling; ̲l m lid, cover; (book) cover; Qn cover; **den Tisch** Qn lay the table.

Deckung f cover.

defekt defective, faulty; Q m defect, fault.

defini|eren define; Qtion f definition.

Defizit n deficit, deficiency;

Degen m sword; Fechten: épée.

dehn|bar elastic; ̲en extend; stretch.

Deich m dike, dyke.

Deichsel f pole, shaft(s pl).

dein your; **der, die, das** ̲e yours; ̲etwegen for your sake; because of you.

Dekan m dean.

Deklin|ation f gr. declension; Qieren gr. decline.

Dekor|ateur m decorator; window-dresser; ̲ation f decoration; (window-)dressing; thea. scenery; Qieren decorate; dress.

delikat köstlich: delicious; delicate; Qesse f delicacy; Leckerbissen: a. dainty; Qessengeschäft n delicatessen.

Delphin m dolphin.

dementieren deny.

dem|entsprechend accordingly; ̲nach according to that; therefore; ̲nächst soon, shortly.

Delle f colloq. dent.

Demokrat m democrat; ̲ie f democracy; Qisch democratic.

demolieren demolish.

Demonstr|ation f demonstration; Qieren demonstrate.

demontieren dismantle.

Demut f humility.

demütig humble; ̲en humble, humiliate.

denk|bar conceivable, imaginable; ̲en think; ̲en **an** think of; remember;

sich et. ~en imagine s.th.;
2mal n monument; *Eh-*
renmal: memorial; ~wür-
dig memorable; 2zettel
m *fig.* lesson.

denn for, because; es sei ~,
daß unless, except.

deponieren deposit.

dennoch yet, still, nevertheless. [against.]

denunzieren inform⌡

der, die, das the; dem
pron that, this; he, she, it;
die pl these, those, they;
rel pron who, which, that.

derartig such.

derb coarse, rough; *Schu-*
he: stout; *Person:* sturdy;
Ausdrucksweise: blunt.

dergleichen: nichts ~
nothing of the kind.

der-, die-, dasjenige he,
she, that; diejenigen pl
those.

der-, die-, dasselbe the
same; he, she, it.

desertieren desert.

deshalb therefore; ~, weil
because.

desinfizieren disinfect.

Dessert n dessert, sweet.

destillieren distil.

desto (all, so much) the; ~
besser (all) the better;
~ mehr (all) the more.

deswegen s. deshalb.

Detail n detail.

Detektiv m detective.

deuten interpret; *Sterne,*
Traum: read; ~auf point at.

deutlich clear, distinct.

deutsch German; 2e m, f
German.

Devisen *pl* foreign exchange
sg od. currency *sg.*

Dezember m December.

dezimal decimal.

Dia n s. **Diapositiv.**

Diagnose f diagnosis.

diagonal diagonal.

Dialekt m dialect.

Dialog m dialog(ue).

Diamant m diamond.

Diapositiv n slide.

Diät f diet. [self.⌡

dich you; ~ (selbst) your-⌡

dicht thick; *Verkehr:* heavy;
(water)tight; ~ an od. bei
close to.

dichte|n compose od. write
poetry, *etc.;* 2r m poet;
author.

Dichtung¹ f poetry; *Prosa:*
fiction; poem, poetic work.

Dichtung² f tech. gasket,
seal.

dick thick; *Person:* fat,
stout; 2icht n thicket; ~
köpfig stubborn.

die s. der; *Artikel:* the.

Dieb m thief; ~stahl m
theft, *jur. mst* larceny.

diejenige s. derjenige.

Diele f board, plank; *Vor-*
raum: hall, *Am. a.* hallway.

dien|en serve (j-m s.o.);
2er m (man-, domestic)
servant; 2erin f (woman-
servant, maid); im ~ in service; 2st haben be on
duty; im ~ od. außer 2st
on od. off duty.

Dienstag m Tuesday.

Dienst|bote m (domestic)
servant; domestic; 2frei
off duty; 2freier Tag day

off; **~leistung** f service; **~lich** official; **~mädchen** n maid(servant), help; **~stunden** pl office hours pl; **~tuend** on duty.

dies, ~er, ~e, ~es this (one); he, she, it; **~e** pl these; they.

dieselbe s. derselbe.

dies|mal this time; for (this) once; **~seits** on this side (gen of)

Differenz f difference.

Diktat n dictation; **~or** m dictator; **~ur** f dictatorship.

diktieren dictate.

Ding n thing; **vor allen ~en** above all.

Diphtherie f diphtheria.

Diplom n diploma, certificate.

Diplomat m diplomat, diplomatist; **2isch** diplomatic (a. fig.). [yourself.}

dir (to) you; **~ (selbst)}**

direkt direct; **2ion** f management; board of directors; **2or** m director, head, manager; Schule: headmaster, Am. principal; **2orin** f headmistress, Am. principal; **2rice** f manageress; **2übertragung** f live broadcast.

Dirig|ent m conductor; **2ieren** conduct.

Dirne f prostitute.

Diskont m discount.

Diskothek f discotheque.

diskret discreet; **2ion** f discretion.

Diskus m sp. discus.

Disku|ssion f discussion;

2tieren discuss (**über** et. s.th.). [qualify.}

disqualifizieren

Distanz f distance (a. fig.); **2ieren: sich ~ von** dissociate o.s. from.

Distel f thistle.

Distrikt m district.

Disziplin f discipline.

dividieren divide (**durch** by).

doch but, though; however, yet; **also ~!** I knew it!; **komm ~ herein!** do come in!; **nicht ~!** don't!; **nach negativer Frage: ~!** yes, ...

Docht m wick.

Dock n dock.

Dogge f Great Dane.

Dohle f (jack)daw.

Doktor m doctor.

Dokument n document; **~arfilm** m documentary (film).

Dolch m dagger. [preter.}

Dolmetscher m interpreter}

Dom m cathedral.

Donner m thunder; **2n** thunder; **es donnert** it is thundering; **~stag** m Thursday.

Doppel n duplicate; Tennis: doubles pl; **~bett** n double bed; **~decker** m doubledecker; **~gänger** m double; **~punkt** m colon; **~stecker** m two-way adapter; **2t** adj double; adv twice; **~zentner** m quintal, 100 kilogram(me)s pl; **~zimmer** n double room.

Dorf n village.

Dorn m thorn (a. fig.);

Schnalle: tongue; *Renn-*
schuhe: spike; 2ig thorny.
Dorsch *m* cod(fish).
dort (over) there; ~her from
there; ~hin there.
Dose *f* box; *Konserven*2: tin,
Am. can; ~nöffner *m* tin-
opener, *Am.* can opener.
Dosis *f* dose (*a. fig.*).
Dotter *m, n* yolk.
Dozent *m* (university) lec-
turer.   [kite.)
Drache *m* dragon; ~n *m*)
Draht *m* wire; 2los wireless; ~seilbahn *f s.* Seilbahn.
drall plump, buxom.
Drama *n* drama; ~tiker *m*
dramatist, playwright; 2-
tisch dramatic.
dran *colloq. s.* daran; ich
bin ~ it's my turn.
Drang *m* pressure; *fig.* urge.
drängen *v/i* be pressing *od.*
urgent; *v/t* press (*a. fig.*),
push; *fig.* urge; sich ~
crowd, throng.
drauf *colloq. s.* darauf; ~
und dran sein zu be on
the point of *ger.*   [doors.)
draußen outside; out of)
Dreck *m colloq.*: dirt; filth;
2ig *colloq.*: dirty; filthy.
dreh|bar revolving, rotat-
ing; 2bleistift *m* propel-
ling pencil; 2bühne *f* re-
volving stage; ~en turn;
Film: shoot; 2stuhl *m*
swivel-chair; 2tür *f* revolv-
ing door; 2ung *f* turn; um
Achse: rotation.
drei three; 2eck *n* triangle;
~eckig triangular; ~fach

threefold, treble, triple; 2-
rad *n* tricycle.   [tieth.)
dreißig thirty; ~ste thir-)
dreist bold; *frech*: saucy.
dreizehn(te) thirteen(th).
dreschen thresh; *colloq.*
prügeln: thrash.
dressieren train.
Drillinge *pl* triplets *pl.*
drin *colloq. s.* darin.
dringen: ~ auf insist on; ~
aus *Geräusch*: come from
od. through; ~durch penetrate, pierce; ~ in pene-
trate into; 2d urgent,
pressing; *Verdacht*: strong.
drinnen inside; indoors.
dritte third; 2l *n* third; ~ns
thirdly.
Drog|e *f* drug; ~erie *f*
chemist's shop, *Am.* drugstore; ~ist *m* chemist, *Am.*
druggist.
drohen threaten, menace.
dröhnen roar; boom.
Drohung *f* threat, menace.
drollig amusing, comical.
Dromedar *n* dromedary.
Droschke *f s.* Taxi.
Drossel *f* thrush; 2n *tech.*
throttle.
drüben over there, yonder.
drüber *colloq. s.* darüber.
Druck *m* pressure; *Hände*2:
squeeze; *print.* print(ing);
~buchstabe *m* block let-
ter; 2en print.
drücken *v/t* press, push;
Hand etc.: squeeze; *Schuh*:
~ vor *colloq. Arbeit etc.*:
shirk; *v/i Schuh*: pinch; ~d
Wetter: oppressive, close.
Druck|er *m* printer; ~erei

f printing office; **~knopf** *m* snap-fastener; **~sache** *f* printed matter; **~schrift** *f* block letters *pl.*

drum *colloq. s.* **darum.**

drunter *colloq. s.* **darunter; es geht ~ und drüber** everything is topsyturvy.

Drüse *f* gland.

Dschungel *m* jungle.

du you.

ducken: sich ~ crouch.

Dudelsack *m* bagpipes *pl.*

Duft *m* scent, fragrance, perfume; **2en** smell (**nach** of); **2end** sweet-smelling, fragrant.

dulden endure; suffer; tolerate, put up with.

dumm stupid; **2heit** *f* stupidity; stupid *od.* foolish action; **2kopf** *m* fool.

dumpf musty, stuffy; *Ton, Schmerz:* dull.

Düne *f* dune, sand-hill.

Dung *m* dung, manure.

düngen dung, manure; *bsd. künstlich:* fertilize; **2r** *m s.* **Dung;** *Kunstdünger:* fertilizer.

dunkel dark; *trüb:* dim; *fig.* obscure; *Vorstellung etc.:* faint, vague; **es wird ~** it is growing *od.* getting dark; **2 n** = **2heit** *f* dark(ness).

dünn thin; *Luft:* rare.

Dunst *m* haze, mist.

dünsten steam; *Fleisch, Obst etc.:* stew.

dunstig hazy, misty.

Dur *n* major (key).

durch through; by; **~aus** absolutely, quite; **~aus nicht** not at all; **~blättern** leaf through.

Durchblick *m:* **~ auf** view of; **2en** look through.

durch|bohren pierce; *durchlöchern:* perforate; **~brechen** break through; break apart *od.* in two; **~brennen** *Sicherung:* blow; **~dringen** penetrate; pierce.

durcheinander in confusion *od.* disorder; **2 n** mess, confusion; **~bringen** confuse; *Begriffe:* mix up.

durchfahr|en go (pass, drive) through; **2t** *f* passage (through); *Tor:* gate(way); **2t verboten!** no thoroughfare.

Durchfall *m* diarrh(o)ea; **2en** fall through; *Examen:* fail; *thea.* be a failure.

durchführen lead *od.* take through; *vollenden:* carry out *od.* through; *verwirklichen:* realize.

Durchgang *m* passage; **kein ~!** no thoroughfare; private; **~sverkehr** *m* through traffic.

durchgebraten well done.

durchgehen go through; *Pferd:* bolt; *prüfen:* go od. look through; **~d** continuous; **~der Zug** through train.

durchgreifen *fig.* take drastic measures *od.* steps; **~d** drastic; radical.

durch|halten keep up; hold out; **~hauen** chop

through; *fig.* give *s.o.* a good hiding; ~**kommen** come *od.* pass through; *Kranker:* pull through; *Examen:* pass; ~**kreuzen** *Plan etc.:* cross, thwart; ~**lassen** let pass *od.* through; ~**lässig** pervious (to *light, etc.*), permeable (to *water, etc.*); ~**laufen** run *od.* pass through; *Schuhe etc.:* wear out; *Stufen, Abteilungen etc.:* pass through; ~**lesen** read through; ~**leuchten** shine through; *med.* X-ray; ~**löchern** perforate; ~**machen** go through; ♀**messer** *m* diameter; ~**näßt** soaked, drenched; ~**queren** cross, traverse.

Durchreise *f* journey *od.* way through; ♀**n** travel *od.* pass through; ♀**nde** *m, f* person travel(l)ing through, *Am. a.* transient.

durch|reißen tear (asunder *od.* in two); ♀**sage** *f* announcement; ~**schauen** look through; *fig.* see through.

durchscheinen shine through; ~**d** translucent.

Durchschlag *m* carbon (copy); ♀**en** pierce; *Kugel:* penetrate; ♀**papier** *n* carbon(-paper). [through.⌉
durchschneiden cut∫

Durchschnitt *m* average; **im** ~ on an average; ♀**lich** *adj* average; ordinary; *adv* on an average; normally.

durch|sehen see *od.* look through; look *s.th.* over, go

over *s.th.;* ~**setzen** put through; *mit Gewalt:* force through; **sich** ~**setzen** get one's way; be successful; ~**sichtig** transparent; clear; *fig.* see through; ~**sickern** seep through; ~**sieben** sieve, sift; ~**sprechen** discuss, talk over; ~**stöbern** ransack, rummage; ~**streichen** strike *od.* cross out; ~**suchen** search; ~**wachsen** *Speck:* streaky; ~**weg** throughout, without exception; ~**wühlen** ransack, rummage; ♀**zug** *m* draught, *Am.* draft; ~**zwängen:** **sich** ~ squeeze o.s. through.

dürfen: ich darf I am allowed to; I may; **du darfst nicht** you must not.

dürftig poor; scanty.

dürr dry; *Boden etc.:* barren, arid; *mager:* lean, skinny; ♀**e** *f* dryness; barrenness.

Durst *m* thirst (**nach** for); ~ **haben** be thirsty; ♀**ig** thirsty.

Dusche *f* shower(-bath); ♀**n** have a shower(-bath).

Düse *f* nozzle; *aer.* jet; ~**nflugzeug** *n* jet aircraft *od.* plane, *colloq.* jet; ~**njäger** *m aer.* jet fighter.

düster dark, gloomy (*a. fig.*); *Licht:* dim.

Dutzend *n* dozen.

dynamisch dynamic(al).

Dynamit *n* dynamite.

Dynamo *m* dynamo, generator.

D-Zug *m* express (train).

E

Ebbe f ebb(-tide), low tide.

eben adj even; flach: plain, level; math. plane; adv exactly; just.

Ebene f plain; math. plane; fig. level.

eben|falls also, likewise; ~ so just as; ~soviel just as much od. many; ~sowenig just as little od. few.

Eber m boar.

ebnen level; fig. smooth.

Echo n echo.

echt genuine; Farbe: fast; Dokument: authentic.

Eck|ball m sp. corner-kick; ~e f corner; Kante: edge; s. **Eckball**; 2ig angular; ~platz m corner-seat; ~zahn m canine tooth.

edel noble; 2stein m precious stone; jewel, gem.

Efeu m ivy.

egal colloq. s. **gleich**.

Egge f harrow; 2n harrow.

egoistisch selfish.

ehe before.

Ehe f marriage; Ehestand: a. matrimony; ~bruch m adultery; ~frau f wife; 2lich conjugal; Kind: legitimate. [old.]

ehemalig former, ex-...;)

Ehe|mann m husband; ~paar n married couple.

eher sooner; lieber: rather; je ~ desto besser the sooner the better.

Ehe|ring m wedding ring; ~scheidung f divorce; ~

schließung f marriage.

Ehre f hono(u)r; 2n hono(u)r.

Ehren|bürger m honorary citizen; ~gast m guest of hono(u)r; ~mitglied n honorary member; ~wort n word of hono(u)r.

ehr|erbietig respectful; 2furcht f: ~ (vor) respect (for); awe (of); 2gefühl n sense of hono(u)r; 2geiz m ambition; ~geizig ambitious. [honesty.]

ehrlich honest; 2keit f)

Ehrung f hono(u)r.

Ei n egg; physiol. ovum.

Eiche f oak(-tree); ~l f acorn.

Eichhörnchen n squirrel.

Eid m oath.

Eidechse f lizard.

eidesstattlich: ~e Erklärung statutory declaration.

Eidotter m, n (egg) yolk.

Eier|becher m egg-cup; ~kuchen m omelet(te), pancake; ~schale f egg-shell.

Eifer m zeal, eagerness; ~sucht f jealousy; 2süchtig jealous (auf of).

eifrig eager; keen.

Eigelb n (egg) yolk.

eigen own; besonder: particular; peculiar; ~artig peculiar; ~händig with one's own hands; ~mächtig arbitrary; without authority; 2name m proper name; ~s expressly; specially.

Eigenschaft f quality; *Sachen*: property; **in s-r ~ als** in his capacity as.

eigensinnig obstinate.

eigentlich actual; proper.

Eigen|tum n property; **~tümer** m owner, proprietor. **[self-willed.]**

eigenwillig individual;}

eignen: sich ~ für od. **zu** be suited for.

Eil|bote m express (messenger); **~brief** m express letter.

Eile f haste, hurry; **2n** hasten, hurry; *Brief, Angelegenheit*: be urgent.

eilig hasty, speedy; *dringend*: urgent; **es ~ haben** be in a hurry.

Eilzug m fast train.

Eimer m bucket, pail.

ein one; a, an; **~ander** one another, each other.

ein|äschern burn to ashes; *Leiche*: cremate; **~atmen** breathe, inhale.

Ein|bahnstraße f one-way street; **~band** m binding, cover.

ein|bauen build in; **~berufen** call; *mil.* call up, *Am.* draft.

Einbettzimmer n single room.

einbiegen: ~ in turn into; **~ nach** turn to.

einbild|en: sich et. **~** imagine, think; **2ung** f imagination; *Dünkel*: conceit.

einbreche|n break through; break in a; **~n in** *Haus*: break into; **2r** m

nachts: burglar; **tagsüber**: housebreaker.

Einbruch m housebreaking; burglary.

ein|bürgern naturalize; **~büßen** lose; **~deutig** clear.

eindring|en: ~ in enter; penetrate (into); **~lich** urgent.

Ein|druck m impression; **2drücken** push in; **2druckvoll** impressive.

ein|er, ~e, ~(e)s one.

einerlei s. **gleich**; **2 n** monotony, humdrum.

einerseits on the one hand.

einfach simple, plain; *Mahlzeit*: frugal; *Fahrkarte*: single, *Am.* one-way; **2heit** f simplicity.

Einfahrt f entry; entrance; s. **Autobahneinfahrt.**

Einfall m *mil.* invasion; *fig.* idea, inspiration; **2en** fall in, collapse; **2en in** *mil.* invade; **j-m 2en** occur to s.o.

ein|fangen catch, capture, seize; **~farbig** *Stoff*: self-colo(u)red, plain; **~fassen** edge, border; **~fetten** grease.

Einfluß m influence; **2reich** influential.

einfrieren freeze (in).

Ein|fuhr f import(ation); **2führen** *econ.* import; introduce; **in ein Amt**: install(l).

Eingang m entrance; *von Waren*: arrival.

einge|bildet imaginary; *dünkelhaft*: conceited; **2-**

borene m, f native; **~fallen** sunken, hollow.

eingehen come in, arrive; *bot.*, *zo.* die; *Material:* shrink; **~ auf** agree to; *Einzelheiten:* enter into.

Eingemachte n preserved fruit; preserves pl.

eingeschrieben registered.

Eingeweide pl intestines pl, bowels pl; *Tiere:* entrails pl.

eingewöhnen: sich ~ acclimatize, settle down.

ein|gießen pour (out); **~gießen** in pour into; **~greifen** intervene; interfere.

Eingriff m *med.* operation.

einhängen hang up.

einheimisch native; **2e** m, f native; resident.

Einheit f unity; *phys.*, *math.*, *mil.* unit; **2lich** uniform.

einholen catch up with; *Zeitverlust:* make up for; buy.

einig united; **~ sein** agree; **sich nicht ~ sein** differ; **~e** some, several; **~en** unite; **sich ~** come to an agreement; **~ermaßen** to some extent; somewhat; **~es** something; **2ung** f union; agreement. [one year's...]

einjährig one-year-old; f

Einkauf m purchase; **2en** buy, purchase; **2en gehen** go shopping; **~stasche** f shopping bag; **~szentrum** n shopping cent|re (*Am.* -er).

ein|kehren put up *od.* stop (in at); **~kleiden** clothe.

Einkommen n income; **~steuer** f income-tax.

Einkünfte pl income sg.

einlad|en load (in); invite; **2ung** f invitation.

Einlaß m admission; *Zutritt:* admittance.

einlassen let in, admit.

Einlauf m *med.* enema; **2en** *Zug:* pull in; *Schiff:* enter the harbo(u)r; *Material:* shrink.

einleg|en pickle; *Film* **~n** load a camera; **2sohle** f insole, sock.

Einleitung f introduction.

ein|liefern in ein Krankenhaus **~** take to hospital; **~lösen** *Wechsel:* hono(u)r; *Scheck:* cash; **~machen** preserve; *in Dosen:* tin, *Am.* can.

einmal once; one day; **auf ~** all at once; **nicht ~** not even; **~ig** *fig.* unique.

einmischen: sich ~ meddle, interfere.

Einmündung f junction.

Ein|nahme f taking; **~nahmen** pl takings pl, receipts pl; **2nehmen** take; *Geld:* earn, make, *bei Geschäften etc.:* take; *Platz:* take up, occupy.

ein|ordnen put in its place; *Briefe etc.:* file; **~packen** pack (up); *einwickeln:* wrap up; **~pflanzen** plant; **~reiben** rub (*s.th.* in); **~reichen** send *od.* hand in.

Einreise f entry; **~geneh-**

migung f entry permit; **~visum** n entrance visa.

ein|reißen tear; *Haus:* pull down; *~renken med.* set; *fig.* put *od.* set right.

einricht|en equip, fit up; *Wohnung:* furnish; *fig.* arrange; **2ung** f establishment; equipment; furniture; institution.

eins one.

einsam lonely, solitary; **2~keit** f loneliness, solitude.

einsammeln collect.

Einsatz m inset, insertion; *Spiel2:* stake.

ein|schalten switch *od.* turn on; **sich ~schalten** intervene; **~schenken** pour (out); **~schicken** send in; **~schlafen** fall asleep; **~schläfern** lull to sleep; *Tier:* put to sleep; **~schlagen** *Nagel:* drive in; *zerbrechen:* break, smash; **~schließen** lock in *od.* up; *umgeben:* enclose; *mil.* surround; *fig.* include; **~schließlich** including; **~schmieren** grease; **~schneiden:** **~ in** cut into; **~schneidend** *fig.* drastic.   [notch.]

Einschnitt m cut; *Kerbe:* **einschränk|en** restrict, confine; *Ausgaben:* reduce, cut down; **sich ~** economize.

Einschreibe|brief m registered letter; **2n** enter; *Mitglied:* enrol(l); *Post:*

register; **sich 2n** enter one's name.

ein|schreiten intervene; **~schüchtern** intimidate; **~sehen** *fig.* see, understand; **~seitig** one-sided; *pol.* unilateral; **~senden** send in; **~setzen** begin; *Kälte etc.:* set in; put in, insert; *Geld:* stake; use; *Leben:* risk; **sich ~setzen für** stand up for; support.

Einsicht f *fig.* insight, judiciousness; **2ig** judicious, sensible.   [*fig.* taciturn.]

einsilbig monosyllabic;

ein|sinken sink (in); **~sparen** save; **~sperren** shut *od.* up; imprison.

Einspruch m objection, protest; *jur.* appeal; **~ erheben (gegen)** object (to), protest (against).

einspurig single-lane.

einst once.

ein|stecken pocket (*a. fig.*); *Brief:* post, *Am.* mail; **~steigen:** **~ in** get into; *Bus:* get on; **alles ~!** all aboard!

einstell|en *Arbeitskräfte:* engage, employ, hire; *aufgeben:* give up; *Zahlungen etc.:* stop, cease; *Mechanismus:* adjust (to); *Radio:* tune in (to); **die Arbeit ~en** strike, *colloq.* down tools; **sich ~en** appear; **sich ~en auf** be prepared for; adapt to s.o.; **2ung** f engagement; *Zahlungen:* stoppage; adjustment; *innere:* attitude.

ein|stimmig unanimous;

~stöckig one-stor|eyed, -ied.

ein|studieren study; *thea.* rehearse; **2sturz** *m* collapse; **2stürzen** fall in, collapse. [being.⟩

einstweilen for the time⟩

ein|tauchen: **~** in dip *od.* plunge into; **~tauschen** exchange (**gegen** for).

einteil|en divide (**in** into); classify; **~ig** one-piece; **2ung** *f* division; classification.

eintönig monotonous.

Eintracht *f* harmony.

eintragen enter; *amtlich:* register; **sich ~** sign.

einträglich profitable.

ein|treffen arrive; *sich erfüllen:* come true; **~treten** enter; *fig.* happen; **~treten in** join.

Eintritt *m* entry, entrance; *Einlaß:* admittance; **~ frei!** admission free; **~ verboten!** no admittance; **~s-geld** *n* entrance fee, admission (fee); **~skarte** *f* admission ticket.

ein|trocknen dry up; **~verstanden:** **~ sein** agree.

Einwand *m* objection.

Einwander|er *m* immigrant; **2n** immigrate; **~ung** *f* immigration.

einwandfrei perfect.

ein|weichen soak; **~weihen** inaugurate; **j-n ~weihen in** initiate s.o. in; **~wenden** object (**gegen** to); **~werfen** throw in (*a. fig.*); *Fenster:* smash, break;

Brief: post, *Am.* mail; *Münze:* insert.

einwickel|n wrap (up); **2papier** *n* wrapping-paper.

einwilli|gen consent; **2-gung** *f* consent.

einwirken: **~ auf** act (up-) on; *beeinflussen:* influence.

Einwohner *m*, **~in** *f* inhabitant; resident.

Einwurf *m* sp. throw-in; *Briefkasten:* slit; *Automat:* slot; *Einwand:* objection.

Einzahl *f gr.* singular.

einzahl|en pay in; **2ung** *f* payment; *Bank:* deposit.

einzäunen fence (in).

Einzel *n Tennis:* ~s singles *pl;* **~handel** *m* retail trade; **~heiten** *pl* particulars *pl,* details *pl;* **2n** single; *für sich allein:* individual; *abgetrennt:* separate; *Schuh etc.:* odd; **im 2nen** in detail; **~zimmer** *n* single room.

einziehen draw in; *Erkundigungen:* make (**über** on, about); *Mieter:* move in; **~ in Mieter:** move into.

einzig only; single; *alleinig:* sole; **~artig** unique.

Eis *n* ice, **Speise2:** ice-cream; **~bahn** *f* skating-rink; **~bär** *m* polar bear; **~diele** *f* ice-cream parlo(u)r.

Eisen *n* iron.

Eisenbahn *f* railway, *Am.* railroad; **~er** *m* railway-man.

Eisenwaren *pl* ironmongery *sg, bsd. Am.* hardware *sg.*

eisern iron, of iron.

eis|gekühlt iced; chilled; **2hockey** *n* ice hockey; **~ig** icy (*a. fig.*); **~kalt** ice-cold, icy; **2kunstlauf** *m* figure-skating; **2lauf(en)** *m* skating; **2läufer** *m* skater; **2würfel** *m* ice cube; **2zapfen** *m* icicle.

eitel vain; **2keit** *f* vanity.

Eit|er *m* matter, pus; **2(e)-rig** purulent; **2ern** fester, suppurate.

Eiweiß *n* white of egg; *biol.*, *chem.*: protein; albumen.

Ekel *m* disgust, loathing; **2erregend** nauseating, sickening; **2haft** disgusting, repulsive; **2n: sich ~ (vor)** be nauseated (at); *fig.* be disgusted (with), feel disgust (at).

Ekzem *n* eczema.

elastisch elastic.

Elch *m* elk, moose.

Elefant *m* elephant.

elegant elegant, smart.

Elektri|ker *m* electrician; **2sch** electric(al).

Elektrizität *f* electricity; **~swerk** *n* power-station, power-house.

Elektro|gerät *n* electric appliance; **2nisch** electronic.

Element *n* element.

Elend *n* misery; *Not: a.* need, distress; **2** miserable, wretched; needy, distressed; **~sviertel** *n* slums *pl.*

elf eleven.

Elfenbein *n* ivory.

elfte eleventh.

Ellbogen *m* elbow.

Elster *f* magpie.

Eltern *pl* parents *pl*; **~teil** *m* parent.

Email *n*, **~le** *f* enamel.

Emigrant *m*, **~in** *f* emigrant.

Empfang *m* reception (*a. Radio*); *Erhalt:* receipt; **2en** receive.

Empfänger *m* receiver (*a. Radio*); *Geld2:* payee; *Brief2:* addressee.

empfänglich susceptible (**für** to).

Empfangs|bestätigung *f* (acknowledg[e]ment of) receipt; **~chef** *m*, **~dame** *f* receptionist; **~schalter** *m* reception desk.

empfehl|en recommend (**j-m et.** s.th. to s.o.); **2ung** *f* recommendation; *Gruß:* compliments *pl.*

empfind|en feel; **~lich** sensitive (**gegen** to); *Person:* touchy; **2ung** *f* sensation, feeling.

empor|ragen tower, rise; **~steigen** rise, ascend.

empör|t indignant, shocked; **2ung** *f* indignation.

emsig busy, industrious.

Ende *n* end; **am ~** at *od.* in the end; eventually; **zu ~ sein** be at an end; be over; **zu ~ gehen** *od.* *knapp werden:* run short; **2n** end.

End|ergebnis *n* final re-

sult; 2gültig final; 2lich
finally, at last; 2los endless; ~runde f, ~spiel n
sp. final; ~station f terminus, terminal; ~summe
f (sum) total; ~ung f gr.
ending.

Energie f energy; 2isch
vigorous, energetic.

eng narrow; Kleidung:
tight; dicht: close; innig:
intimate.

Engel m angel.

Engländer m Englishman;
die ~ pl the English pl.

englisch English.

Engpaß m defile, narrow
pass; fig. bottle-neck.

engstirnig narrow-minded.

Enkel m grandchild; grandson; ~in f granddaughter.

enorm enormous.

Ensemble n mus. ensemble; thea. company.

entbehr|en do without,
spare; vermissen: miss; ~lich dispensable; überflüssig: superfluous; 2ung f
want, privation.

Entbindung f med. delivery, confinement; ~sheim
n maternity hospital.

entdeck|en discover; 2er
m discoverer; 2ung f discovery.

Ente f duck.

ent|eignen expropriate,
dispossess; ~erben disinherit; ~fallen: j-m ~ fig.
escape s.o.; ~falten unfold (a. sich); Fähigkeiten:
develop.

entfern|en remove; sich
~en withdraw; ~t distant,
remote; 2ung f removal;
distance; 2ungsmesser m
phot. range-finder.

entfliehen flee, escape.

entführ|en kidnap; Flugzeug: hijack; 2er m kidnap(p)er; Flugzeug: hijacker; 2ung f kidnap-
(p)ing.

entgegen prp contrary to;
against; adv towards; ~gehen go to meet; ~gesetzt opposite; fig. contrary; ~kommen come to
meet; fig. meet s.o.('s wishes); ~kommend obliging;
~nehmen accept, receive;
~sehen look forward to;
~strecken hold od. stretch
out (dat to).

ent|gegnen reply; ~gehen
escape; ~gleisen be derailed; ~gleiten: j-m ~
slip from s.o.'s hands.

enthalt|en contain; hold;
sich ~en (gen) abstain od.
refrain from; ~sam abstinent; 2ung f abstention.

enthüllen uncover; Denkmal: unveil; fig. reveal,
disclose.   [astic.]

enthusiastisch enthusi-}

ent|kleiden: (sich) ~ undress; ~kommen escape;
get away; ~laden unload;
(sich) ~laden discharge.

entlang along.

entlass|en dismiss, discharge; 2ung f dismissal,
discharge.

ent|lasten relieve; exonerate; ~**laufen** run away (*dat* from); ~**legen** remote, distant; ~**lüften** ventilate; ~**mutigen** discourage; ~**nehmen** take (*dat* from); ~**nehmen aus** *fig.* gather from; ~**reißen** snatch away (*dat* from); ~**rinnen** escape (*dat* from).

entrüst|en fill with indignation; **sich ~en** be indignant (**über** at *s.th.*, with *s.o.*); ~**et** indignant; 2**ung** *f* indignation.

entschädig|en compensate; 2**ung** *f* compensation.

entscheid|en: (sich) ~ decide; ~**end** decisive; *kritisch:* crucial; 2**ung** *f* decision.

ent|schließen: sich ~ decide, make up one's mind; ~**schlossen** resolute, determined; 2**schluß** *m* resolution, decision, determination.

entschuldig|en excuse; **sich ~en** apologize (**bei** to); 2**ung** *f* excuse; apology; *int.* sorry!, (I beg your) pardon!

Entsetz|en *n* horror; 2**lich** horrible, terrible.

entsinnen: sich ~ remember.

entspann|en: sich ~ relax; *pol.* ease (off); 2**ung** *f* relaxation; *pol.* easing.

entsprechen (*dat*) correspond (to, with); *Beschreibung:* answer (to); *Anforderungen etc.:* meet; ~**d** cor-

responding; *angemessen:* appropriate (*dat* to).

entspringen *Fluß:* rise.

entsteh|en arise, originate; 2**ung** *f* origin. [distort.}

entstellen disfigure; *fig.}*

enttäusch|en disappoint; 2**ung** *f* disappointment.

entweder: ~ ... **oder** either ... or.

ent|weichen escape; ~**wenden** steal, pilfer; ~**werfen** *Vertrag:* draft; *Muster:* design; *flüchtig:* sketch, outline; *Garten:* plan.

entwert|en devaluate; *Briefmarke, Fahrkarte:* cancel; 2**er** *m* cancel(l)ing machine; 2**ung** *f* devaluation; cancel(l)ation.

entwick|eln: (sich) ~ develop; 2**lung** *f* development.

ent|wirren disentangle; ~**wischen** *colloq.:* **j-m** ~ give s.o. the slip.

Entwurf *m* draft; design; sketch; plan.

ent|ziehen deprive (**j-m et.** s.o. of s.th.); ~**ziffern** make out.

entzück|end delightful, charming; ~**t** delighted.

entzünd|en light, kindle; **sich ~en** *med.* become inflamed; ~**et** inflamed; 2**ung** *f* inflammation.

entzwei asunder, in two.

Epidemie *f* epidemic.

Epilog *m* epilog(ue).

Episode *f* episode.

Epoche *f* epoch.

er he; *Sache*: it.

Erbarmen n pity, mercy.

erbärmlich pitiful; *elend*: miserable.

erbarmungslos merciless, relentless.

erbaue|n build, construct; 2r m builder, constructor.

Erbe[1] m heir.

Erbe[2] n inheritance, heritage; 2n inherit.

erbeuten capture.

Erb|in f heiress; 2lich hereditary.

er|blicken see; ~blinden go blind; ~brechen: sich ~ vomit.

Erbschaft f inheritance.

Erbse f pea.

Erd|beben n earthquake; ~beere f strawberry; ~boden m earth, ground; ~e f earth; *Bodenart*: ground, soil; *zu ebener* ~: on the ground; ~geschoß n ground (*Am.* first) floor; ~kugel f globe; ~kunde f geography; ~nuß f peanut; ~öl n (mineral) oil; ~reich n ground, earth.

erdrosseln strangle.

erdrücken crush to death; ~d *fig.* overwhelming.

Erd|rutsch m landslide (*a. pol.*), landslip; ~teil m continent.

er|dulden suffer, endure; ~eignen: sich ~ happen.

Ereignis n event; 2reich eventful.

erfahr|en learn, hear; *erleben*: experience; *adj* experienced, expert; 2ung f experience.

erfassen seize, grasp.

erfind|en invent; 2er m inventor; 2ung f invention.

Erfolg m success; *Ergebnis*: result; 2los unsuccessful; 2reich successful.

erforder|lich necessary; ~n require, demand.

Erforschung f exploration.

erfreu|en please; *entzükken*: delight; ~lich pleasant; delightful.

erfrier|en freeze to death; 2ung f frost-bite.

erfrischen refresh; 2ung f refreshment.

er|froren frost-bitten; ~füllen** fulfil(l); *Pflicht*: perform; *Bitte*: comply with; *Forderungen*: meet; ~gänzen complete; *nachträglich hinzufügen*: supplement; *Warenlager*: replenish; ~geben show, prove; yield; *sich* ~geben surrender; *sich* ~geben in resign o.s. to.

Ergebnis n result, outcome; *sp.* result, score; 2los unsuccessful.

ergehen: über sich ~ lassen suffer; **wie ist es ihm ergangen?** how did he fare?

ergiebig productive, rich.

ergreif|en seize, grasp; *Verbrecher*: capture; *Gelegenheit, Maßnahme*: take; *Flucht*: take to; *Beruf*: take up; *fig.* move, touch;

℥ung f capture, seizure.

erhalten get, obtain; *Nachricht etc.*: receive; *bewahren*: preserve, keep; *unterstützen*: support; **gut ~ in** good repair *od.* condition.

erheb|en lift, raise; **sich ~en** rise; **~lich** considerable.

er|hellen light (up); **~hitzen** heat; **~hoffen** hope for.

erhöh|en raise; *fig. a.* increase; **℥ung** f elevation; *fig.* increase; *Preise, Lohn:* rise.

erhol|en: sich ~ recover; *(take a) rest*, relax; **℥ung** f recovery; *Entspannung:* relaxation, rest.

erinner|n: j-n ~ an remind s.o. of; **sich ~ an** remember; **℥ung** f remembrance (**an** of), recollection.

erkält|en: sich (stark) ~ catch (a bad) cold; **℥ung** f cold.

erkenn|en recognize; *wahrnehmen:* perceive (*a. fig.*), see; *fig.* realize; **℥tnis** f perception, realization.

Erker m bay.

erklär|en explain; *aussprechen:* declare, state; **℥ung** f explanation; statement; declaration.

erkrank|en fall ill, be taken ill (**an** with); **℥ung** f falling ill; illness, sickness.

erkundig|en: sich ~ make inquiries; inquire (**nach**

j-m: after, for, *et.:* about); **℥ung** f inquiry.

Er|laß m decree; **℥lassen** remit; dispense (**j-m et.** s.o. from s.th.); *Verordnung:* issue; *Gesetz:* enact.

erlaub|en allow, permit; **℥nis** f permission.

erläutern explain.

erleb|en experience, have; see; *Schlimmes:* go through; **℥nis** n experience; adventure.

erledigen settle; manage; finish.

erleichter|n ease, lighten; *fig.* make easy; *Not, Schmerz:* relieve; **℥ung** f relief.

er|leiden suffer; endure; **~lernen** learn; **~lesen** choice; excellent.

Erlös m proceeds *pl.*

erloschen extinct.

er|lösen release, deliver (**von** from); **℥ung** f release, deliverance; *eccl.* redemption.

er|mächtigen authorize; **~mahnen** admonish.

ermäßig|en reduce; **℥ung** f reduction.

ermessen estimate; judge; **℥** n judg(e)ment; discretion.

ermittel|n ascertain, find out; *jur.* investigate; **℥lungen** pl jur. investigations *pl*, inquiries *pl.*

ermöglichen make possible.

ermord|en murder; *meuchlerisch:* assassinate; **℥ung**

f murder; assassination.

er|müden tire; get tired
od. fatigued; **~muntern**
encourage.

ermuti|gen encourage; 2-
gung *f* encouragement.

ernähr|en feed; *unterhal-
ten:* support; **sich ~en von**
live on; 2**ung** *f* food,
nourishment, nutrition.

ernennen|en appoint; 2**ung**
f appointment.

erneu|ern renew; **~t** *adj*
renewed; *adv* once more.

ernst serious, grave; 2 *m*
seriousness; **im 2 in** earnest; **~haft**, **~lich** serious.

Ernte *f* harvest; *Ertrag:*
crop; **~dankfest** *n* harvest
festival; 2**n** harvest, gather, reap (*a. fig.*).

erober|n conquer; 2**ung** *f*
conquest.

eröffn|en open; 2**ung** *f*
opening.

erpress|en blackmail; 2**er**
m blackmailer; 2**ung** *f*
blackmail.

erraten guess.

erreg|en excite; *verursa-
chen:* cause; 2**ung** *f* ex-
citement.

erreich|bar within reach;
fig. attainable, available;
~en reach; *Zug etc.:* catch;
fig. achieve, attain.

er|richten set up, erect,
raise; build, construct; **~-
röten** blush.

Ersatz *m* replacement;
substitute; *Schaden2:* compensation, damages *pl*; **~-
teil** *n* spare (part).

erschaffen create.

erschein|en appear; 2**en** *n*
appearance; 2**ung** *f* appearance; phenomenon.

er|schießen shoot (dead);
~schlagen kill; **~schlie-
ßen** *Bauland:* develop.

erschöp|fen exhaust; 2-
fung *f* exhaustion.

erschrecken frighten,
scare; be frightened.

erschütter|n shake; *fig.*
move; 2**ung** *f fig.* shock.

erschweren make (more)
difficult.

erschwinglich reasonable.

ersetzen replace; *substitute; Auslagen:* refund;
Schaden: compensate.

erspar|en save; **j~m et.
~en** spare s.o. s.th.; 2**nisse**
pl savings *pl*.

erst first; *nicht früher als:*
not till *od.* until; *nicht mehr
als:* only.

erstarr|en grow stiff, stiff-
en; **~t** *Finger:* stiff, numb.

erstatten *Auslagen:* refund; **Bericht ~** report.

Erstaufführung *f* first
night *od.* performance,
première.

Erstaun|en *n* astonish-
ment; 2**lich** astonishing,
amazing; 2**t** astonished.

erst|e, **~er**, **~es** first; 2**e
Hilfe** first aid; *s.* **Mal.**

erstechen stab.

erstens first(ly).

ersticken suffocate, choke.

erstklassig first-class.

er|strecken: sich ~ ex-
tend, stretch; **sich ~ über**

a. cover; ~**suchen** request; ~**teilen** give.

Ertrag *m* yield; *Einnahmen:* proceeds *pl*, returns *pl*; **2en** bear, endure, stand.

erträglich tolerable.

er|tränken drown; ~**trinken** be drowned, drown; ~**wachen** wake (up).

erwachsen grown-up, adult; **2e** *m*, *f* grown-up, adult.

er|wägen consider; ~**wähnen** mention; ~**wärmen** warm, heat.

erwart|en await, wait for; expect; **2ung** *f* expectation.

er|weisen prove; *Achtung:* show, pay; *Dienst:* render; *Gefallen:* do; **sich ~weisen als** prove (to be); ~**weitern (sich)** ~ expand, enlarge, extend, widen.

erwerb|en acquire; ~**slos** unemployed.

erwidern *Besuch etc.:* return; answer, reply.

erwünscht desired; *wünschenswert:* desirable.

erwürgen strangle.

Erz *n* ore.

erzähl|en tell; narrate; **2ung** *f* narration; *Literatur:* (short) story, narrative.

Erz|bischof *m* archbishop; ~**engel** *m* archangel.

erzeug|en produce; make, manufacture; **2nis** *n* product; *agr. a.* produce.

erzie|hen bring up; educate; *Tier:* train; **2her** *m*

educator; teacher; **2hung** *f* upbringing; education; *Lebensart:* breeding; **2hungsanstalt** *f* approved school, reformatory.

erzielen obtain; *Preis:* realize; *sp.* score; *Einigung:* reach, arrive at.

es it; he; she.

Esche *f* ash(-tree).

Esel *m* donkey; *fig.* ass; ~**sohr** *n fig.* dog-ear.

eßbar eatable, edible.

Esse *f* chimney.

essen eat; **zu Mittag** (have) lunch; *Hauptmahlzeit:* dine, have dinner; **zu Abend** ~ dine, have dinner; *bsd. spätabends:* sup, have supper; **auswärts** ~ eat *od.* dine out; **zu Mittag** *etc.* ~ have s.th. for lunch, *etc.*; **2** *n* eating; *Kost:* food; *Mahlzeit:* meal; lunch, dinner, supper.

Essig *m* vinegar.

Eß|löffel *m* soup-spoon; ~**tisch** *m* dining-table; ~**waren** *pl* victuals *pl*; food; ~**zimmer** *n* dining-room.

Etage *f* floor, stor(e)y; ~**nbett** *n* bunk bed.

Etat *m* budget.

Etikett *n* label, ticket.

etliche some, several.

Etui *n* case.

etwa *vielleicht:* perhaps, by any chance; *ungefähr:* about, *Am. a.* around.

etwas *indef pron* something; *verneinend, fragend:* anything; *adj* some; *adv* a little; somewhat.

euch you.

eu|er your; **~(e)re** your.

Eule f owl.

Europä|er m European; **Qisch** European.

Euter n udder.

evangeli|sch evangelic(al); Protestant, _Deutschland_: a. Lutheran; **Qum** n gospel.

eventuell possible; possibly, perhaps.

ewig eternal; everlasting, perpetual; **auf ~** for ever; **Qkeit** f eternity.

exakt exact.

Examen n exam(ination).

Exemplar n specimen; _Buch_: copy.

exerzieren drill.

Exil n exile.

Exist|enz f existence; **Qieren** exist; subsist.

Expedition f expedition.

Experiment n experiment; **Qieren** experiment.

explo|dieren explode, burst; **Qsion** f explosion; **~siv** explosive.

Export m export(ation); **Qieren** export.

extra extra.

extrem extreme.

F

Fabel f fable; **Qhaft** marvel(l)ous.

Fabrik f factory, works sg, pl; **~at** n make; _Erzeugnis_: product.

...fach in Zssgn: ...fold.

Fach n compartment, partition, shelf; _Schub_**Q**: drawer; _ped._ subject; **~arbeiter** m skilled worker; **~arzt** m specialist (**für** in).

Fächer m fan.

Fach|gebiet n branch, field, province; **~kenntnisse** pl specialized knowledge sg; **~mann** m expert.

Fackel f torch.

fad(e) ohne Geschmack: insipid, tasteless; _schal_: stale; _fig._ dull, boring.

Faden m thread (a. fig.).

fähig capable, able; **Qkeit** f (cap)ability; talent, faculty.

fahl pale, pallid.

fahnd|en **~ nach** search for; **Qung** f search.

Fahne f flag; banner; _mil._ a. colo(u)rs pl.

Fahrbahn f roadway.

Fähre f ferry(-boat).

fahren v/i _Person, Fahrzeug_: drive, go; _Radfahrer_: ride, cycle; _mar._ sail; **mit der Bahn ~** go by train; v/t _Wagen_: drive; _Fahrrad_: ride.

Fahrer m driver; **~flucht** f hit-and-run driving.

Fahr|gast m passenger; _Taxi_: fare; **~geld** n fare; **~gestell** n _mot._ chassis; _aer._ s. **Fahrwerk**; **~karte** f ticket; **~kartenautomat** m (automatic) ticket(-vending) machine; **~kartenschalter** m booking-office, _Am._ ticket office; **Qlässig** careless; **~lehrer** m driving instructor; **~plan** m timetable, *Am. a.* schedule; **Ƨplanmäßig** on time *od.* schedule; **~preis** m fare; **~rad** n bicycle, *colloq.* bike; **~schein** m ticket; **~schule** f driving school, school of motoring; **~stuhl** m lift, *Am.* elevator; **~stunde** f driving lesson.

Fahrt f ride, drive; *Reise:* journey; *Vergnügungsƨ:* trip.

Fährte f track (*a. fig.*).

Fahr|werk n *aer.* undercarriage, landing-gear; **~zeug** n vehicle.

Fakultät f *univ.* faculty.

Falke m hawk, falcon.

Fall m fall; *gr., jur., med.* case; **auf alle Fälle** at all events; **auf jeden ~** in any case; **auf keinen ~** on no account.

Falle f trap.

fallen fall, drop; *mil.* be killed; *Flut:* subside; **~ lassen** drop.

fällen *Baum:* fell, cut down; *Urteil:* pass.

fallenlassen drop.

fällig due.

falls if, in case.

Fallschirm m parachute.

falsch false; *verkehrt:* wrong; *Geld:* counterfeit; *Person:* deceitful; **~ gehen** *Uhr:* be wrong; **~ verbunden!** *teleph.* sorry, wrong number.

fälschen forge, fake; *Geld:* counterfeit. [money.)

Falschgeld n counterfeit)

Fälschung f forgery; counterfeit; fake.

Falt|e f fold; *Rock etc.:* pleat; *Hose:* crease; *Gesicht:* wrinkle; **Ƨen** fold; **dieHände Ƨen** clasp one's hands; **~er** m butterfly; moth; **Ƨig** wrinkled.

familiär familiar; informal.

Familie f family.

Familien|angehörige m, f member of a family; **~name** m surname, family name, *Am. a.* last name; **~stand** m marital status.

fanatisch fanatic(al).

Fang m catch; **Ƨen** catch.

Farb|... colo(u)r ...; **~e** f colo(u)r; *Malerfarbe:* paint; *Farbstoff:* dye; *Gesicht:* complexion; *Karten:* suit; **Ƨecht** colo(u)r-fast.

färben colo(u)r; *Stoff, Haare etc.:* dye.

farb|ig colo(u)red; *Glas:* tinted, stained; *fig.* colo(u)rful; **~los** colo(u)rless; **Ƨstift** m s. **Buntstift; Ƨton** m shade.

Färbung f colo(u)ring; *leichte Tönung:* shade.

Farn m, **~kraut** n fern.

Fasan m pheasant.

Fasching m carnival.

Fas|er f fib|re, *Am.* -er; **Ƨ(e)rig** fibrous; **Ƨern** fray (out).

Faß n cask, barrel; *Bottich:* tub, vat; **~bier** n draught beer.

Fassade f façade, front.

fassen seize, take hold of; catch; *enthalten:* hold;

Schmuck: set; *fig.* grasp, understand; **sich** compose o.s.; **sich kurz ~ be** brief.

Fassung *f Edelsteine:* setting; *Brille:* frame; *electr.* socket; *schriftlich:* draft (-ing); *Wortlaut:* wording, version; **die ~ verlieren** lose one's self-control; **aus der ~ bringen** disconcert; ⚠slos disconcerted.

fast almost, nearly.

fasten fast.

Fastnacht *f* Shrove Tuesday, Mardi gras.

fauchen spit.

faul rotten; bad; *Person:* lazy; **~en** rot, go bad, decay.

faulenze|n idle, laze, loaf; **⚠r** *m* sluggard, lazy-bones.

Faulheit *f* laziness.

Fäulnis *f* rottenness, decay.

Faul|pelz *m s.* **Faulenzer;** **~tier** *n* sloth.

Faust *f* fist; **~handschuh** *m* mitt(en); **~schlag** *m* blow with the fist, punch.

Favorit *m* favo(u)rite.

Februar *m* February.

fechten fence.

Feder *f* feather; *Schreib⚠:* pen; *tech.* spring; **~ball-spiel** *n* badminton; **~bett** *n* eiderdown; **~gewicht** *n* featherweight; **~halter** *m* penholder; **⚠nd** springy, elastic; **~ung** *f mot.* springs *pl;* **~vieh** *n* poultry.

Fee *f* fairy.

fegen sweep.

fehlen be absent; be miss-

ing; lack, be lacking; **sie fehlt uns** we miss her; **was fehlt Ihnen?** what is the matter with you?

Fehler *m* mistake, error; *tech.* defect, flaw; **⚠frei** faultless, perfect; *tech.* flawless; **⚠haft** faulty, defective; incorrect.

Fehl|geburt *f* miscarriage, abortion; **~schlag** *m fig.* failure; **⚠schlagen** *fig.* fail, miscarry; **~zündung** *f mot.* misfire, backfire.

Feier *f* ceremony; celebration; **~abend** *m:* **~ machen** finish; **⚠lich** solemn; **⚠n** celebrate; **~tag** *m* holiday.

feig(e) cowardly.

Feige *f* fig.

Feig|heit *f* cowardice; **~ling** *m* coward.

Feile *f* file; **⚠n** file.

feilschen haggle.

fein fine; delicate; *Qualität:* high-grade; choice; *Unterschied:* subtle.

Feind *m* enemy; **⚠lich** hostile; **⚠schaft** *f* enmity, *stärker:* animosity; **⚠selig** hostile.

fein|fühlig sensitive; **⚠heit** *f* fineness; delicacy; **⚠kost** *f* delicatessen *sg, pl;* **⚠schmecker** *m* gourmet.

Feld *n Schach:* square; **~flasche** *f* water-bottle, *Am.* canteen; **~stecher** *m s.* **Fernglas; ~webel** *m* sergeant; **~weg** *m* (field) path.

Felge *f* felloe; *mot.* rim.

Fell n skin, fur; *lebender Tiere*: coat; *Schaf 2*: fleece.

Fels m rock; **~block** m rock, boulder; **~en** m rock; **2ig** rocky.

Fenster n window; **~brett** n window-sill; **~laden** m shutter; **~rahmen** m window-frame; **~scheibe** f (window-)pane.

Ferien pl holiday(s pl), Am. vacation sg; parl. recess; jur. vacation, recess; **~dorf** n holiday village; **~wohnung** f holiday flat.

Ferkel n young pig; fig. pig.

fern far, distant, remote; **2amt** n trunk (Am. long-distance) exchange; **~bleiben** remain od. stay away (dat from); **2e** f distance; remoteness; **~er** further (-more), in addition; **2gespräch** n trunk (Am. long-distance) call; **~gesteuert** Rakete: guided; Flugzeug etc.: remote-controlled; **2glas** n (ein a pair of) field-glasses pl; binoculars pl; **2heizung** f district heating; **2licht** n mot. full (headlight) beam; **2rohr** n telescope; **2schreiber** m teleprinter, Am. teletypewriter; **2sehapparat** m s.

Fernseher; **2sehen** n television; **~sehen** watch television; **2seher** m television set; **2sehzuschauer** m television viewer; **2sicht** f view; **2sprechamt** n telephone exchange, Am. a. central; **2sprechzelle** f telephone kiosk (Am. booth); **2verkehr** m long-distance traffic.

Ferse f heel.

fertig ready; finished; Kleidung: ready-made; **~bringen** manage; **~machen** finish, complete; **(sich) ~machen** get ready; **2stellung** f completion.

Fessel f chain, fetter; anat. ankle; Pferd: pastern; fig. bond, fetter, tie; **2n** chain; fig. fascinate; **2nd** fascinating.

fest firm (a. fig.); solid; Schlaf: sound. [feast.]

Fest n celebration; eccl.

fest binden fasten, tie (an to); **~halten** hold on (an to); **~halten** an fig. cling to; **sich ~halten** an hold on to; **2land** n mainland, continent; **~legen: sich ~auf** commit o.s. to; **~lich** festive; **~machen** fix, fasten; mar. moor (alle: an to); **2nahme** f arrest; **~nehmen** arrest; **~schnallen** strap down, tie, set; **2setzen** fix, set; **2spiele** pl festival sg; **~stehen** stand firm; fig. be certain; **~stellen** find out; see, perceive; **2tag** m festive day; holiday; **2ung** f fortress; **2zug** m procession.

fett fat; Boden: rich; **2** n fat; grease (a. tech.); **2fleck** m grease-spot; **~ig** fat; Haut: oily; Haare, Finger: greasy.

Fetzen m shred; Lumpen: rag.

feucht damp, moist; _Luft:_ humid; ҁigkeit _f_ moisture; dampness; _Luft:_ humidity.

Feuer _n_ fire; _fig._ ardo(u)r; ∼alarm _m_ fire-alarm; ∼bestattung _f_ cremation; ҁfest fire-proof, fire-resistant; ҁgefährlich inflammable; ∼leiter _f_ fire-escape; ∼löscher _m_ fire-extinguisher; ∼melder _m_ fire-alarm; ҁn shoot, fire; ∼wehr _f_ fire-brigade, _Am. a._ fire department; _Fahrzeug:_ fire-engine; ∼wehrmann _m_ fireman; ∼werk _n_ (display of) fireworks _pl;_ ∼zeug _n_ (cigarette-)lighter.

feurig fiery; _fig. a._ ardent.

Fibel _f_ primer.

Fichte _f_ spruce; ∼nnadel _f_ pine needle.

Fieber _n_ temperature, fever; ∼ **haben** _s._ **fiebern;** ҁhaft feverish; ҁn have od. run a temperature; ∼thermometer _n_ clinical thermometer.

fiebrig feverish.

Figur _f_ figure; _Schach:_ chessman, piece.

Filet _n_ fillet.

Filiale _f_ branch.

Film _m Überzug:_ film, thin coating; _phot._ film; _Spielҁ:_ film, (moving) picture, _Am. a._ motion picture, _colloq._ movie; ∼aufnahme _f Vorgang:_ filming, shooting; _Einzelszene:_ shot; ҁen film, shoot; ∼kamera _f_ cine-camera, film (_Am._ motion-picture od. movie) camera;

∼schauspieler(in _f_) _m_ film od. screen actor (od. actress), _Am. colloq._ movie actor (od. actress); ∼theater _n_ cinema, _Am._ motion-picture theater.

Filter _m, tech. n_ filter; ҁn filter; ҁzigarette _f_ filter-tipped cigarette.

Filz _m_ felt.

Finale _n sp._ final(s _pl_); _mus., thea._ finale.

Finanz|amt _n_ tax od. revenue office; _England: a._ office of the Inspector of Taxes; ∼en _pl_ finances _pl;_ ҁiell financial; ҁieren finance; ∼minister _m_ Minister of Finance, _Brit._ Chancellor of the Exchequer, _Am._ Secretary of the Treasury.

finden find; discover; _der Ansicht sein:_ think.

Finger _m_ finger; ∼abdruck _m_ fingerprint; ∼hut _m_ thimble; _bot._ foxglove.

Fink _m_ finch.

Finn|e _m_ Finn; ҁisch Finnish. [_f_ darkness.]

finster dark; gloomy; ҁnis _f_⎫

Firma _f_ firm, business, company.

firmen _eccl._ confirm.

First _m arch._ ridge.

Fisch _m_ fish; ∼dampfer _m_ trawler; ҁen fish; ∼er _m_ fisherman; ∼erdorf _n_ fishing-village; ∼fang _m_ fishing; ∼gräte _f_ fishbone; ∼händler _m_ fishmonger, _Am._ fish dealer.

fix quick; clever; smart.
flach flat; *seicht*: shallow.
Fläche *f* surface; *geom.* area; *ebene* ~ plane.
Flachland *n* plain.
Flachs *m* flax.
flackern flicker.
Flagge *f* flag.
Flamme *f* flame; *lodernde*: blaze.
Flanell *m* flannel; *~hose f* flannels *pl.*
Flanke *f* flank.
Flasche *f* bottle; *Taschen⁓*: flask.
Flaschen|bier *n* bottled beer; *~öffner m* bottle-opener; *~zug m* pulley.
flattern flutter; *Haare etc.*: stream, fly.
flau weak, feeble, faint; *econ.* dull, slack.
Flaum *m* down, fluff, fuzz.
Flaute *f* dead calm; *econ.* dullness, slack period.
Flechte *f Haar*: braid, plait; *bot., med.* lichen; **⁓n** braid, plait; *Korb, Kranz*: weave.
Fleck *m Schmutz, zo.*: mark, spot; *Öl*: smear; *Blut, Wein, Kaffee*: stain; *Tinte*: stain, blot; *Stelle, Ort*: place, spot; *Flicken*: patch; *fig.* blemish, spot, stain; *~enwasser n* spot *od.* stain remover; **⁓ig** spotted; stained.
Fledermaus *f* bat.
Flegel *m* flail; *Person*: lout, boor.
flehen: *~ um* plead for.
Fleisch *n* flesh; *Schlacht⁓*: meat; *Frucht⁓*: pulp; *~*

brühe *f* meat-broth; *klare*: beef tea; *~er m* butcher; *~erei f* butcher's shop; **⁓ig** fleshy; *bot.* pulpy; *~konserven pl* tinned (*Am.* canned) meat *sg.*
Fleiß *m* diligence, industry; **⁓ig** diligent, industrious, hard-working.
fletschen: **die Zähne ~** *Tier*: bare its teeth.
Flick|en *m* patch; **⁓en** patch; *Schuhe, Dach etc.*: mend, repair; *~werk n* patchwork.
Flieder *m* lilac. [bowtie.}
Fliege *f* fly; *Krawatte*: \
fliegen fly.
Fliegen|gewicht *n* fly-weight; *~pilz m* fly agaric.
Flieger *m* airman, pilot.
fliehen flee, run away (**vor** from).
Fliese *f* tile.
Fließ|band *n* assembly line; *Förderband*: conveyor-belt; **⁓en** flow; *Leitungswasser etc.*: run; **⁓end** *Wasser*: running; *Verkehr*: moving; *Rede*: fluent.
flimmern glimmer, glitter; *Film*: flicker.
flink quick, nimble, brisk.
Flinte *f* shot-gun.
Flirt *m* flirtation; **⁓en** flirt.
Flitter *m* spangles *pl*, sequins *pl*; *~wochen pl* honeymoon *sg.*
Flock|e *f* flake; *Wolle*: flock; **⁓ig** fluffy, flaky.
Floh *m* flea.
Floß *n* raft.
Flosse *f* fin; *Robbe*: flipper.

Flöte f flute.

flott quick, brisk; gay, lively; *Kleidung*: smart, stylish.

Flotte f fleet; *Kriegs*: navy; **~nstützpunkt** m naval base.

Fluch m curse; *Schimpfwort*: curse, swear-word; **2en** swear, curse.

Flucht f flight (**vor** from); escape (**aus** from).

flücht|en flee (**nach, zu** to); run away; *Gefangener*: escape; **~ig** fugitive (*a. fig.*); *kurz*: fleeting; *oberflächlich*: careless, superficial; *chem.* volatile; **2ling** m fugitive; *pol.* refugee; **2-lingslager** n refugee camp.

Flug m flight; **im ~(e)** rapidly, quickly.

Flügel m wing; *Propeller etc.*: blade, vane; *mus.* grand piano.

Fluggast m (air) passenger.

flügge fully-fledged.

Flug|gesellschaft f airline (company); **~hafen** m airport; **~kapitän** m captain; **~karte** f ticket; **~linie** f airline; **~lotse** m air traffic controller; **~platz** m airfield; **~sicherung** f air traffic control; **~steig** m gate, channel; **~verkehr** m air traffic; **~zeit** f flying time.

Flugzeug n aircraft, aeroplane, *colloq.* plane, *Am. a.* airplane; **~kanzel** f cockpit; **~rumpf** m fuselage, body; **~träger** m aircraft

carrier; **~unglück** n air crash *od.* disaster.

Flunder f flounder.

flunkern fib, tell a fib.

Flur m hall.

Fluß m river, stream; flow (-ing); *fig.* fluency, flux; **2-ab(wärts)** downstream; **2auf(wärts)** upstream; **~bett** n river bed.

flüssig fluid, liquid; *Metall*: molten, melted; *Stil*: fluent; **2keit** f fluid, liquid.

flüstern whisper.

Flut f flood; high tide, (flood-)tide; *fig.* flood, torrent; **~licht** n floodlight; **~welle** f tidal wave.

Fohlen n foal; *männliches*: colt; *weibliches*: filly.

Föhre f pine.

Folg|e f sequence, succession; *Hörfunkserie*: instal(l)-ment, part; *Reihe*: series; *Ergebnis*: consequence, result; **2en** follow; *als Nachfolger*: succeed (**j-m** s.o.; **auf** to); *sich ergeben*: follow, ensue (**aus** from); *gehorchen*: obey (**j-m** s.o.); **2lich** therefore; **2sam** obedient.

Folie f foil.

Folter f torture; **2n** torture.

Fön m electric hair-dryer.

Fonds m fund(s pl).

Fontäne f fountain.

Förderband n conveyorbelt.

fordern demand; *Entschädigung*: claim; *Preis*: ask.

fördern further, advance; *Bergbau*: haul, raise.

Forderung f demand; *Anspruch:* claim.

Forelle f trout.

Form f form; *Gestalt:* figure, shape; *tech.* mo(u)ld; *sp.* form, condition; **♀al** formal; **♀alität** f formality; **♁at** n size; **♁el** f formula; **♀en** form; *Material:* shape, fashion.

förmlich formal.

formlos formless, shapeless; *fig.* informal.

Formular n form, Am. a. blank.

formulieren formulate; *Frage etc.:* word, phrase.

forsch vigorous, energetic; *draufgängerisch:* smart, dashing.

forsch|en: ~ nach search for; **♁er** m researcher, research worker; *Entdecker:* explorer; **♀ung** f research (work).

Forst m forest.

Förster m forester.

fort *weg:* away, gone; *weiter:* on; *verloren:* gone, lost; **♁bestehen** continue; **~fahren** depart, leave; *mit dem Auto etc.:* a. drive off; *fig.* continue, keep on; **~führen** continue, carry on; **~gehen** go (away), leave; **~geschritten** advanced; **~laufend** consecutive, continuous; **~pflanzen: sich ~** propagate, reproduce; **~schaffen** take away, remove; **~schreiten** advance, proceed, progress; **♀schritt** m progress; **~**

schrittlich progressive; **~setzen** continue, pursue; **♀setzung** f: **~ folgt** to be continued; **~während** adj continuous; **~**adv constantly, always.

Foto n colloq. photo; **~apparat** m camera; **♁graf** m photographer; **~grafie** f photography; photo (-graph); **♀grafieren** photograph; take a photo (-graph) of.

Fotokopie f photostat.

Foyer n bsd. thea. foyer.

Fracht f goods pl; freight; *mar. a.* cargo; *Gebühr:* carriage, aer., mar., Am. freight; **~er** m freighter.

Frack m dress coat, tailcoat.

Frage f question; *gr., rhet.* interrogation; *Problem:* problem, point; **~bogen** m questionnaire; *für Antragsteller:* form; **♀n** ask; *ausfragen:* question; **~zeichen** n question-mark.

fraglich doubtful, uncertain; *betreffend:* in question.

Fragment n fragment.

fragwürdig doubtful, dubious.

frankieren stamp.

Franse f fringe.

Franz|ose m Frenchman; **die ~osen** pl the French pl; **♀ösisch** French.

Frau f woman; *Dame:* lady; *Ehe♁:* wife; **~ X** Mrs X; **~enarzt** m gyn(a)ecologist.

Fräulein n young lady; teacher; shop-assistant; waitress; ~ **X** Miss X.

frech impudent, *colloq.* saucy; 2**heit** f impudence, *colloq.* sauciness.

frei free (**von** from, of); *nicht besetzt:* vacant; *Feld:* open; ~**er Tag** day off. **Frei|bad** n outdoor swimming pool; ~**e** n: **im** ~**n** in the open (air), outdoors; **ins**~ into the open(air), outdoors; 2**geben** release; **j~m** 2**geben** give s.o. time off; ~**gepäck** n free luggage (allowance); 2**haben** have a holiday; *im Büro etc.* have a day off; ~**hafen** m free port; ~**handel** m free trade; ~**heit** f liberty, freedom; ~**karte** f free ticket; 2**lassen** release, set free *od.* at liberty; **gegen Kaution** 2**lassen** *jur.* release on bail; ~**lassung** f release; ~**lauf** m freewheel.

freilich admittedly; *bejahend:* certainly, of course. **Frei|lichtbühne** f open-air theat|re (*Am.* -er); ~**lichtkino** n open-air cinema, *bsd. Am.* outdoor *od.* drive-in theater; 2**machen** *Post:* prepay, stamp; ~**maurer** m freemason; 2**mütig** frank; 2**sprechen** acquit; ~**stoß** m *Fußball:* free kick; ~**tag** m Friday; 2**willig** voluntary; ~**willige** m volunteer; ~**zeit** f free (spare, leisure) time.

fremd strange; *ausländisch:* foreign, alien (*a. fig.*). **Fremde**[1] f distant *od.* foreign parts; **in der** ~ abroad.

Fremde[2] m, f stranger; *Ausländer:* foreigner.

Fremden|führer m guide; ~**heim** n boarding house; ~**verkehr** m tourism; ~**verkehrsbüro** n tourist office (bureau, agency); ~**zimmer** n room.

fremd|ländisch foreign, exotic; 2**sprache** f foreign language; 2**wort** n foreign word.

Frequenz f frequency.

fressen eat; *colloq.* devour.

Freud|e f joy; *Vergnügen:* pleasure; 2**estrahlend** radiant with joy; 2**ig** joyful; happy; 2**los** cheerless.

freuen: es freut mich I am glad *od.* pleased; **sich** ~ **über** be pleased about *od.* with, be glad about; **sich** ~ **auf** look forward to.

Freund m (boy)friend; ~**in** f (girl)friend; 2**lich** friendly, kind, nice; *Zimmer:* cheerful; ~**schaft** f friendship.

Friede(n) m peace.

Fried|hof m cemetery, graveyard, churchyard; 2**lich** peaceful.

frieren freeze; *Fenster etc.:* freeze over; **mich friert** I am cold, I feel cold.

frisch fresh; *Eier:* new-laid; *Wäsche:* clean; *Brot:*

new; **~ gestrichen!** wet (*Am.* fresh) paint!

Friseu|r *m* hairdresser; **Herren~:** barber; **~se** *f* (woman) hairdresser.

frisier|en: j~n ~ do *od.* dress s.o.'s hair; **sich** ~ do one's hair; **2salon** *m* hairdressing saloon.

Frist *f* (fixed, limited) period of time; term; *jur.* respite.

Frisur *f* hair-style, hair-do.

froh glad, cheerful, gay.

fröhlich cheerful, happy.

fromm pious; *Gebet:* devout.

Frömmigkeit *f* piety.

Front *f arch.* front, façade; *mil.* front, line; **2al** frontal; *Zusammenstoß:* head-on; **~antrieb** *m mot.* front-wheel drive.

Frosch *m* frog.

Frost *m* frost; **~beule** *f* chilblain.

frösteln feel chilly.

frostig frosty; *fig.* cold.

frottier|en rub down; **2-tuch** *n* Turkish towel.

Frucht *f* fruit; **2bar** fertile, fruitful.

früh early; **am ~en Morgen** in the early morning; **~ aufstehen** rise early; **heute ~** this morning; **2aufsteher** *m* early riser, *colloq.* early bird; **~er** earlier; former; formerly, in former times; **~estens** at the earliest; **2geburt** *f* premature birth; premature baby *od.* animal; **2jahr**

n, **2ling** *m* spring; **~morgens** early in the morning; **~reif** precocious.

Frühstück *n* breakfast; **Zimmer mit** ~ bed and breakfast; **2en** (have) breakfast.

Fuchs *m* fox; *Pferd:* sorrel.

Füchsin *f* she-fox, vixen.

Fuge *f tech.* joint.

fügen: sich ~ submit to.

fühl|bar *fig.* sensible, noticeable; **~en: (sich)** ~ feel; **2er** *m* feeler.

führen *v/t* lead, guide, conduct, show; *Geschäft etc.:* run; *Waren etc.:* keep; *Krieg:* make, wage; *v/i Pfad etc.:* lead, go (**nach, zu** to); *sp.* (hold the) lead; **~zu** lead to, result in; **~d** leading, prominent.

Führer *m* leader (*a. pol.*); *Fremden2:* guide; *Reise2:* guide(-book); **~schein** *m mot.* driving licence, *Am.* driver's license.

Führung *f* leadership; management; *Besichtigung:* conducted tour; *Benehmen:* conduct, behavio(u)r; *sp.* lead; **in ~ liegen** lead; **~szeugnis** *n* certificate of good conduct.

Fuhrunternehmer *m* carrier.

füllen fill; *Zahn:* stop, fill; *Kissen, Geflügel etc.:* stuff.

Füllen *n s.* Fohlen.

Füll|er *m colloq.,* **~feder (-halter** *m***)** *f* fountain-pen;

~ung *f* filling; *Zahn*: stopping, filling; stuffing; *Tür*: panel.

Fundament *n* foundation; *fig.* basis.

Fund|büro *n* lost-property office; **~sachen** *pl* lost property *sg.*

fünf five; **2eck** *n* pentagon; **2kampf** *m sp.* pentathlon; **2linge** *pl* quintuplets *pl*; **~te** fifth; **2tel** *n* fifth (part); **~tens** fifthly, in the fifth place; **~zehn(te)** fifteen(th); **~zig** fifty; **~zigste** fiftieth.

Funk *m* radio, wireless.

Funke *m* spark; *fig. a.* glimmer; **2ln** sparkle, glitter; *Stern*: twinkle, sparkle; **~n** *m bsd. fig. s.* **Funke**.

funk|en radio, transmit; **2er** *m* radio *od.* wireless operator; **2gerät** *n* radio-set; **2signal** *n* radio signal; **2spruch** *m* radio *od.* wireless message; **2station** *f* radio *od.* wireless station; **2streifenwagen** *m* radio patrol car.

Funktion *f* function; **~är** *m* functionary, official; **2ieren** work; **nicht 2ieren** *Lift*: be out of order.

für for; in exchange *od.* return for; **Schritt ~ Schritt** step by step; **Tag ~ Tag** day after day.

Furche *f* furrow; *Wagenspur*: rut.

Furcht *f* fear, dread; **aus ~ vor** for fear of; **2bar** terrible, dreadful.

fürcht|en fear, dread; **sich ~en vor** be afraid *od.* scared of; **~erlich** terrible.

furcht|los fearless; **~sam** timid, timorous.

Fürsorge *f* care; **öffentliche ~** public welfare (work); **soziale ~** social welfare (work); **~erziehung** *f* corrective training; **~r(in** *f*) *m* (social) welfare worker.

Für|sprache *f* intercession; **~sprecher** *m* intercessor.

Fürst *m* prince; **~entum** *n* principality.

Furt *f* ford.

Furunkel *m* boil, furuncle.

Fuß *m* foot; **zu ~** on foot; **zu ~ gehen** walk; **~abstreifer** *m* door-scraper, door-mat.

Fußball *m* football; (association) football, *colloq. u. Am.* soccer; **~platz** *m* football ground; **~spiel** *n* football match; **~spieler** *m* football player, footballer.

Fuß|boden *m* floor(ing); **~bremse** *f mot.* footbrake.

Fußgänger *m* pedestrian; **~übergang** *m* pedestrian crossing; **~unterführung** *f* subway; **~zone** *f* pedestrian precinct *od.* zone.

Fuß|gelenk *n* ankle joint; **~note** *f* footnote; **~pfad** *m* footpath; **~sohle** *f* sole of the foot; **~spur** *f* foot-

print; *mehrere*: track; ~
tritt *m* kick; ~**weg** *m* foot-
path.

Futter[1] *n* food; *Vieh*2:
feed; *Trocken*2: fodder.

Futter[2] *n* lining.

Futteral *n Brille etc.*: case;
Schirmhülle: cover; *Messer*:
sheath.

fütter|n food; *Kleid*: line;
2**ung** *f* feeding.

Futur *n gr.* future (tense).

G

Gabe *f* gift, present; *Al-*
mosen: alms.

Gabel *f* fork; 2**n**: sich ~
fork, bifurcate.

gackern cackle.

gaffen gape; stare.

Gage *f* salary.

gähnen yawn.

Galerie *f* gallery.

Galgen *m* gallows *sg.*

Galle *f* bile; gall; ~**nstein**
m gall-stone, bile-stone.

Gallert *n*, ~**e** *f* jelly.

Galopp *m* gallop; *kurzer*:
canter; 2**ieren** gallop;
canter.

Gang *m* walk; *tech.* running, working; *Boten*2: errand; *Verlauf*, *Mahlzeit*:
course; *Flur*: corridor;
zwischen Sitzreihen: gangway, *bsd. Am.* aisle; *mot.*
gear; **erster (zweiter,**
dritter, vierter) ~ low *od.*
bottom (second, third, top)
gear; **in** ~ **bringen** *od.*
setzen set going *od.* in
motion; ~**art** *f* gait, walk;
Pferd: pace; ~**schaltung**
f gear-change.

Gans *f* goose.

Gänse|blümchen *n* daisy;
~**braten** *m* roast goose;
~**haut** *f fig.* goose-flesh,

Am. a. goose pimples *pl*;
~**rich** *m* gander.

ganz *adj* all; *ungeteilt*: entire, whole; *vollständig*:
complete, total, full; **den**
~**en Tag** all day (long);
adv quite; entirely.

gänzlich complete, total,
entire.

Ganztagsbeschäftigung
f full-time job *od.* employment.

gar *Speisen*: done; ~ **nicht**
not at all; ~ **nichts** nothing
at all.

Garage *f* garage.

Garantie *f* guarantee, *jur.*
guaranty; 2**ren** guarantee.

Garbe *f* sheaf.

Garde *f* guard.

Garderobe *f* wardrobe,
cloakroom, *Am.* check-
room; *thea.* dressing-room;
~**nmarke** *f* check.

Gardine *f* curtain.

gären ferment.

Garn *n* yarn; thread; cotton.

Garnele *f* shrimp, prawn.

garnieren garnish.

Garnison *f* garrison.

Garnitur *f* set.

garstig nasty.

Garten *m* garden.

Gärtner m gardener; ⁓ei f market-garden; nursery.

Gas n gas; ⁓ **geben** mot. accelerate; ⁓ **wegnehmen** mot. decelerate; ⁓**förmig** gaseous; ⁓**hahn** m gas-tap; ⁓**heizung** f gas-heating; ⁓**herd** m gas-stove, Am. gas range; ⁓**leitung** f gas-mains pl; ⁓**ofen** m gas-oven; ⁓**pedal** n accelerator (pedal), Am. gas pedal.

Gasse f lane, alley.

Gast m guest; visitor; Wirtshaus: customer; ⁓**arbeiter** m foreign worker.

Gästezimmer n guestroom; spare (bed)room.

gast|freundlich hospitable; ⁓**freundschaft** f hospitality; ⁓**geber** m host; ⁓**geberin** f hostess; ⁓**haus** n, ⁓**hof** m restaurant, inn, (small) hotel; ⁓**lich** hospitable; ⁓**spiel** n thea. guest performance; ⁓**stätte** f, ⁓**stube** f restaurant; ⁓**wirt** m innkeeper, landlord; ⁓**wirtschaft** f restaurant; public house, colloq. pub.

Gas|werk n gas-works sg; ⁓**zähler** m gas-meter.

Gatt|e m husband; ⁓**in** f wife.

Gattung f bot., zo. genus; fig. kind, sort, type.

Gaul m (old) nag.

Gaumen m anat. palate.

Gauner m scoundrel, sl. crook.

Gaze f gauze.

Gazelle f gazelle.

Geächtete m, f outlaw.

Gebäck n feines: pastry, fancy cakes pl; s. **Plätzchen.**

gebären give birth to.

Gebäude n building, edifice.

geben give; Karten: deal; **es gibt** there is, there are; **was gibt es?** what is the matter?; **gegeben werden** thea. be on.

Gebet n prayer.

Gebiet n territory; Bezirk: district; Fläche: area; Fach⁓: field; Wissens⁓: province; Interessen⁓: sphere.

Gebilde n shape; structure.

gebildet educated; cultured, cultivated.

Gebirg|e n mountains pl; ⁓**ig** mountainous; ⁓**skette** f, ⁓**szug** m mountain chain od. range.

Gebiß n (set of) teeth; künstliches: (set of) artificial od. false teeth, denture; Zaum: bit.

geboren born; ⁓**er Deutscher** German by birth; ⁓**e Smith** née Smith.

geborgen safe.

Gebot n order, command; **die Zehn** ⁓**e** pl eccl. the Ten Commandments pl; ⁓**sschild** n mandatory sign.

Gebrauch m use; ⁓**en** use; **2t** second-hand; ⁓**sanweisung** f directions pl od. instructions pl for use; ⁓**twagen** m used od. second-hand car.

gefrieren

Gebrech|en n defect; **2-lich** fragile; *schwach:* infirm. [lowing.)
Gebrüll n roaring; *Rind:*)
Gebühr f *Kosten:* charge; *Post:* rate; *amtliche:* fee; **2en** be due (*dat* to); **2enfrei** free of charge; **2enpflichtig** liable to charges.
Geburt f birth; **~enkontrolle** f birth-control.
gebürtig: ~aus a native of.
Geburts|datum n date of birth; **~jahr** n year of birth; **~ort** m place of birth, birth-place; **~tag** n birthday; **~urkunde** f birth certificate.
Gebüsch n bushes pl, undergrowth.
Gedächtnis n memory.
Gedanke m thought; idea; **2nlos** thoughtless; **~nstrich** m dash; **2nvoll** thoughtful.
Ge|därme pl entrails or bowels pl, intestines pl; **~deck** n cover; menu; **2-deihen** thrive, prosper.
gedenk|en think of; intend; *ehrend:* commemorate; **2tafel** f (commemorative) plaque.
Gedicht n poem.
Gedräng|e n crowd, throng; **2t** crowded, packed.
gedrückt fig. depressed.
Geduld f patience; **2en: sich ~** have patience; **2ig** patient.
ge|ehrt hono(u)red; *Brief:* **Sehr ~ehrter Herr N.!**

Dear Sir, Dear Mr N.; **~eignet** fit; suitable.
Gefahr f danger, peril; risk; **auf eigene ~** at one's own risk.
gefähr|den endanger; risk; **~lich** dangerous.
Gefährt|e m, **~in** f companion. [gradient.)
Gefälle n fall, descent;)
Gefallen[1] m favo(u)r.
Gefallen[2] n: **~ finden an** take (a) pleasure in, take a fancy to od. for; **2** please; **es gefällt mir** I like it; **sich et. 2 lassen** put up with s.th.
gefällig pleasing, agreeable; obliging; kind; **2keit** f kindness; favo(u)r.
gefangen captive; imprisoned; **2e** m, f prisoner, captive; **~nehmen** take prisoner; fig. captivate; **2schaft** f captivity, imprisonment.
Gefängnis n prison, jail, gaol; **~strafe** f sentence od. term of imprisonment.
Gefäß n vessel (a. anat.).
gefaßt composed; **~ auf** prepared for.
Ge|fecht n mil. engagement, action; **~fieder** n plumage, feathers pl.
gefleckt spotted.
Geflügel n fowl, poultry.
gefräßig greedy, voracious.
gefrier|en freeze; **2fach** n deep-freeze; **2fleisch** n frozen meat; **2punkt** m

freezing-point; **2truhe** f deep-freeze.

gefügig pliable.

Gefühl n feel; *Empfindung:* feeling (a. fig.), sensation; *Gemütsregung:* emotion; **2los** unfeeling; insensible; **2voll** sentimental.

gegen towards; against; *jur., sp.* versus; *vergleichend:* compared with; *als Entgelt:* (in exchange) for; *Medikament:* for; *ungefähr:* about, *Am.* around.

Gegenangriff m counter-attack.

Gegend f region, area.

gegeneinander against one another *od.* each other.

Gegen|gewicht n counter-balance, counterpoise; **~gift** n antidote, antitoxin; **~leistung** f return (service), equivalent; **~licht** n: **bei** *od.* **im ~** *phot.* against the light; **~lichtblende** f *phot.* lens hood; **~maßnahme** f counter-measure; **~mittel** n remedy, antidote; **~satz** m contrast; opposition; **im ~satz zu** in contrast to *od.* with, in opposition to; **~seite** f opposite side; **2seitig** mutual, reciprocal; **~spieler** m opponent, antagonist; **~stand** m object; *fig.* subject, topic; **~stück** n counterpart; **~teil** n contrary, reverse; **im ~teil** on the contrary.

gegenüber opposite; **~stehen** be faced with, face.

Gegen|wart f presence; *jetzige Zeit:* present time; *gr.* present (tense); **2wärtig** (at) present; **~wert** m equivalent; **~wind** m head wind; **~zug** m corresponding train. [ponent.)

Gegner m adversary, op-)

Gehackte n minced meat.

Gehalt[1] m content.

Gehalt[2] n salary; **~serhöhung** f rise (in salary), *Am.* raise. [ful.)

gehässig malicious, spite-)

Gehäuse n box; case.

geheim secret; **2dienst** m secret service; **2nis** n secret; mystery; **~nisvoll** mysterious.

gehen go; *zu Fuß:* walk; *weg.:* leave; *Maschine:* go, work; *Uhr:* go; *Ware:* sell; *Wind:* blow; **wie geht es Ihnen?** how are you?

Geheul n howling.

Gehilfe m, **-in** f assistant.

Gehirn n brain(s pl); **~erschütterung** f concussion (of the brain).

Gehöft n farm.

Gehölz n wood, coppice.

Gehör n hearing; ear.

gehorchen obey.

gehör|en belong (*dat,* **zu** to); **~ig** adj proper, right; *colloq.* good; *adv colloq.* thoroughly. [rel. 2 m)

gehorsam obedient; **2 m)**

Geh|steig m, **~weg** m pavement, *Am.* sidewalk.

Geier m vulture.

Geige f violin, *colloq.* fiddle; **~r(in** f) m violinist.

Geisel f hostage.

Geiß f (she-, nanny-)goat; **~bock** m he-goat, billy-goat.

Geist m spirit; mind, intellect; wit; *Gespenst:* ghost.

geistes|abwesend absent-minded; **~gegenwärtig: ~ sein** have the presence of mind; *schlagfertig:* be quick-witted; **~gestört** mentally disturbed; **~krank** insane, mentally ill; **2zustand** m state of mind.

geistig intellectual, mental; **~e Getränke** pl spirits pl.

geistlich spiritual; **2e** m clergyman; minister.

geistreich witty; ingenious; spirited.

Geiz m avarice; **~hals** m miser; **~ig** niggardly, stingy.

Ge|jammer n lamentation(s pl); **~kreisch** n screaming, shrieking; **~lächter** n laughter.

gelähmt paralysed, crippled.

Gelände n area; *Boden:* ground; *Landschaft:* country; *mil.* terrain; **~lauf** m cross-country run.

Geländer n railing(s pl), banisters pl; *Balkon:* balustrade.

gelassen calm, composed.

Gelatine f gelatin(e).

ge|läufig common; familiar; **~launt: gut** od. **schlecht ~ sein** be in a

good od. bad humo(u)r od. mood.

Geläut(e) n ringing; *Kirchenglocken:* chimes pl.

gelb yellow; **2sucht** f jaundice.

Geld n money; **~anlage** f investment; **~ausgabe** f expense; **~buße** f fine; **~schein** m banknote, Am. bill; **~schrank** m strongbox, safe; **~sendung** f remittance; **~strafe** f fine; **~stück** n coin; **~wechsel** m exchange of money.

Gelee n, m jelly.

gelegen situated; *passend:* convenient.

Gelegenheit f occasion; *günstige:* opportunity; **~skauf** m bargain.

gelegentlich occasional.

gelehr|ig docile; **~t** learned; **2te** m learned man, scholar.

Geleise n s. Gleis.

Geleit n escort; **2en** accompany, conduct; *bsd. schützend:* escort; **~zug** m mar. convoy.

Gelenk n joint; **2ig** supple.

gelernt skilled, trained.

Geliebte m lover; f mistress. [it mildly.]

gelinde: ~ gesagt to put }

gelingen succeed; **es gelingt mir zu** I succeed in ger.

gellend shrill, piercing.

geloben vow, promise.

gelten be valid; *Geld:* be current; **~ als** pass for; **~ für** apply to; **~ lassen** let pass; ~d: ~ **machen** *Anspruch*, *Recht*: assert.

Gelübde *n* vow.

gelungen successful.

gemächlich leisurely, comfortable, easy.

Gemahl *m* husband; ~**in** *f* wife.

Gemälde *n* painting, picture; ~**galerie** *f* picturegallery.

gemäß according to; ~**igt** moderate; temperate (*a. geogr.*).

gemein common; mean.

Gemeinde *f* community; *eccl.* parish; *in der Kirche*: congregation; ~**rat** *m* municipal council; *Person*: municipal council(l)or.

Gemein|heit *f* meanness; mean trick; **2sam** common; ~**schaft** *f* community. [mal; grave.]

gemessen measured; for-⌐

Gemisch *n* mixture; ~**warenhandlung** *f* grocery.

Gemse *f* chamois.

Gemurmel *n* murmur(ing).

Gemüse *n* vegetable(s *pl*); *grünes*: greens *pl*; ~**händler** *m* greengrocer.

gemütlich good-natured; comfortable, snug, cosy; **2keit** *f* snugness; cosiness.

Gemüts|bewegung *f* emotion; ~**verfassung** *f*, ~**zustand** *m* state of mind.

genau exact, accurate; precise; just; **2igkeit** *f* accuracy, exactness; precision.

genehmig|en approve; grant; **2ung** *f* grant; approval; licen|ce, *Am.* ~se; permit; *Erlaubnis*: permission.

geneigt inclined (**zu** to).

General *m* general; ~**bevollmächtigte** *m econ.*: universal agent; general manager; ~**direktor** *m* managing director; ~**konsul** *m* consul-general; ~**konsulat** *n* consulate-general; ~**probe** *f* dress rehearsal; ~**streik** *m* general strike; ~**vollmacht** *f* full power of attorney.

Generation *f* generation.

Generator *m* generator.

genes|en recover (**von** from); **2ung** *f* recovery.

genial brilliant.

Genick *n* nape of the neck, (back of the) neck.

genieren: sich ~ feel *od.* be embarrassed.

genieß|bar eatable; drinkable; ~**en** enjoy.

Genitiv *m gr.* genitive (case).

genormt standardized.

Genosse *m pol.* comrade; ~**nschaft** *f* association; co(-)operative (society).

genug enough, sufficient.

genüg|en be enough; ~**end** sufficient; ~**sam** *Essen*: frugal; *bescheiden*: modest.

Genugtuung *f* satisfaction.

Genus *n gr.* gender.

Genuß *m von Nahrung:*

consumption; *Essen:* eating, *Trinken:* drinking; *Vergnügen:* enjoyment, pleasure; *Hoch*2: treat; **~mittel** *n* semi-luxury.

Geo|graphie *f* geography; **~logie** *f* geology; **~metrie** *f* geometry.

Gepäck *n* luggage, *Am.* baggage; **~annahme** *f* luggage (registration) office *od.* counter; **~aufbewahrung** *f* left-luggage office *od.* counter, *Am.* checkroom; **~ausgabe** *f* luggage office *od.* counter; **~kontrolle** *f* luggage inspection, *Am.* baggage check; **~netz** *n* luggage-rack, *Am.* baggage rack; **~schein** *m* luggage receipt (slip, ticket), *Am.* baggage check; **~schließfach** *n* luggage locker; **~stück** *n* piece of luggage; **~träger** *m* porter; *Fahrrad:* carrier; **~wagen** *m* luggage-van, *Am.* baggage car.

gepflegt neat; *Garten:* well-kept.

Ge|plapper *n* babble, chatter(ing); **~plauder** *n* chat(ting), small talk; **~polter** *n* rumble.

gerade *adj* straight (*a. fig.*); *Zahl etc.:* even; *direkt:* direct; *Haltung:* upright, erect; *adv* straight; just; **~ dabei sein, et. zu tun** be just doing s.th.; **~ an dem Tage** on the very day; 2 *f* straight line; **~aus** straight on *od.* ahead; **~**

heraus frankly; **~(n)wegs** straight, directly; **~zu** almost, really.

Gerät *n* tool, implement, utensil; *Radio:* set; *Apparat:* apparatus.

geraten come, fall, get; **(gut ~)** turn out well.

Geratewohl *n:* **aufs ~** at random.

geräumig spacious.

Geräusch *n* noise; 2**los** noiseless; 2**voll** noisy.

gerben tan.

gerecht just; *rechtschaffen:* righteous; 2**igkeit** *f* justice; righteousness.

Gerede *n* talk; gossip; *Gerücht:* rumo(u)r.

gereizt irritable.

Gericht *n Küche:* dish, course; *jur. s.* **Gerichtshof;** 2**lich** legal.

Gerichts|barkeit *f* jurisdiction; **~hof** *m* law-court, court of justice; **~saal** *m* court-room; **~verhandlung** *f* trial; **~vollzieher** *m* bailiff.

gering little, small; *s.* **geringfügig; ~er** inferior, less, minor; **~fügig** insignificant, trifling, slight; **~schätzig** contemptuous; 2**schätzung** *f* contempt; **~st** least.

gerinnen clot; *Milch:* curdle; *Blut:* coagulate, congeal.

Gerippe *n* skeleton.

gern(e) willingly, gladly; **~ haben** *od.* **mögen** be fond of, like.

Geröll n scree, detritus.

Gerste f barley; **~nkorn** n med. sty(e).

Geruch m smell, odo(u)r; *angenehmer:* scent; **2los** odo(u)rless; scentless.

Gerücht n rumo(u)r.

geruhsam peaceful, quiet.

Gerümpel n lumber, junk.

Gerund(ium) n gr. gerund.

Gerüst n scaffold(ing).

gesamt whole, entire, total, all; **2ausgabe** f complete edition; **2betrag** m sum total; **2schule** f comprehensive school.

Gesandt|e m envoy; **~schaft** f legation.

Gesang m singing; *Lied:* song.

Gesäß n seat, buttocks pl.

Geschäft n business; *Laden:* shop, Am. store; **2ig** busy, active; **2lich** adj business...; adv on business.

Geschäfts|... business...; **~führer** m manager; **~mann** m businessman; **~partner** m (business) partner; **~räume** pl business premises pl; **~reise** f business trip; **~schluß** m closing-time; **nach ~schluß** a. after business hours; **~zeit** f office od. business hours pl.

geschehen happen, occur, take place; **2** n events pl.

gescheit clever, intelligent, bright.

Geschenk n present, gift;

~packung f gift-box.

Geschicht|e f story; tale; *Wissenschaft:* history; **2lich** historical.

Geschick n fate, destiny; skill; **~lichkeit** f skill; **2t** skil(l)ful.

Geschirr n dishes pl; *Porzellan:* china; *Steingut:* earthenware, crockery; *Pferde:* harness.

Geschlecht n sex; kind, species; *Familie:* family; gr. gender; **2lich** sexual.

Geschlechts|krankheit f venereal disease; **~teile** pl genitals pl; **~verkehr** m sexual intercourse.

geschliffen cut; fig. polished.

Geschmack m taste (a. fig.); *Aroma:* flavo(u)r; **2los** tasteless; pred fig. in bad taste; **2voll** tasteful; pred fig. in good taste.

geschmeidig supple, lithe.

Geschnatter n cackle, cackling.

Geschöpf n creature.

Geschoß n projectile, missile; *Stockwerk:* stor(e)y, floor.

Geschrei n cries pl; shouting; fig. noise, fuss.

Geschütz n gun, cannon.

Geschwader n mil.: mar. squadron; aer. wing, Am. group.

Geschwätz n idle talk; *Klatsch:* gossip; **2ig** talkative.

geschweige: **~** (denn) let alone.

geschwind fast, quick, swift.

Geschwindigkeit f quickness; *Tempo:* speed; ~s-**beschränkung** f speed limit; ~**überschreitung** f speeding.

Geschwister pl brother(s pl) and sister(s pl).

Geschworene m, f juror; **die** ~**n** the jury sg.

Geschwulst f swelling; tumo(u)r.

Geschwür n abscess, ulcer.

Gesell|e m journeyman; **2en: sich zu j-m** ~ join s.o.; **2ig** social, sociable.

Gesellschaft f society; company (a. econ.); party; **j-m** ~ **leisten** keep s.o. company; ~**er(in** f) m econ. partner; **2lich** social.

Gesellschafts|reise f conducted tour, package(d) tour; ~**spiel** n party od. round game.

Gesetz n law; ~**buch** n code; statute-book; ~**entwurf** m bill; ~**geber** m legislator; ~**gebung** f legislation; **2lich** lawful, legal; **2lich geschützt** patent, registered.

gesetzt ernst: sedate; ~ **den Fall** ~ supposing ...

gesetzwidrig unlawful, illegal.

Gesicht n face; *Miene:* countenance.

Gesichts|ausdruck m expression, countenance; ~**farbe** f complexion; ~**punkt** m point of view;

~**züge** pl features pl, lineaments pl.

Gesindel n rabble, mob.

Gesinnung f mind; sentiment(s pl).

gespannt tense (a. fig.); *Seil:* tight, taut; fig. intent, eager; *Aufmerksamkeit:* close; *Verhältnis:* strained.

Gespenst n ghost; **2isch** ghostly.

Gespräch n talk, conversation; teleph. call; **2ig** talkative.

Gestalt f form, shape; *Körperbau:* figure; **2en** form, shape (a. fig.); arrange, organize.

geständ|ig: ~ **sein** confess; **2nis** n confession.

Gestank m stench.

gestatten allow, permit; ~ **Sie!** allow me!, excuse me!

gestehen confess.

Ge|stein n rock, stone; ~**stell** n stand, rack, shelf; *Rahmen:* frame.

gest|ern yesterday; ~**rig** of yesterday, yesterday's.

Gesträpp n brush(wood), undergrowth.

Gestüt n stud (farm).

Gesuch n application; *Bittschrift:* petition.

gesund sound; healthy; ~ **werden** get well; ~**er Menschenverstand** common sense.

Gesundheit f health.

Gesundheits|amt n public health department; **2-schädlich** unhealthy, unwholesome; **~zustand** m state of health.

Getränk n drink, beverage.

Getreide n corn, grain.

Getriebe n mot. gear; **automatisches ~** automatic transmission; **~schaden** m gear defect.

Ge|tue n fuss; **~tümmel** n turmoil.

getupft dotted, spotted.

Gewächs n growth (a. med.); Pflanze: plant; **~haus** n greenhouse, hothouse.

ge|wachsen: j-m ~ sein be a match for s.o.; **e-r Sache ~ sein** be equal to s.th.; **~wagt** risky; bold.

Gewähr f guarantee, security; **2en** grant, allow; **2leisten** guarantee.

Gewahrsam m custody, safe-keeping.

Gewalt f power; authority; Zwang: force; violence; **mit ~** by force; **2ig** powerful, mighty; **2sam** adj violent; adv a. forcibly; **2sam öffnen** force open, open by force; **2tätig** violent.

Gewand n garment; wallendes: robe; bsd. eccl. vestment. [clever.]

gewandt agile, nimble;}

Gewässer n water(s pl).

Gewebe n fabric; feines: tissue (a. anat., fig.); Webart: texture.

Gewehr n gun; rifle.

Geweih n horns pl, antlers pl.

Gewerbe n trade, business; **2lich** commercial, industrial; **2smäßig** professional.

Gewerkschaft f trade(s) union, Am. labor union; **~ler** m trade-unionist; **2lich** trade-union.

Gewicht n weight; fig. importance; **~heben** n weight-lifting; **2ig** weighty.

gewillt willing.

Ge|wimmel n throng; **~winde** n thread.

Gewinn m gain; econ. gains pl, profit; Lotterie: prize; Spiel2: winnings pl; **2bringend** profitable; **2en** win; fig. gain; **~er** m winner.

gewiß certain; **~!** certainly! Am. sure!

Gewissen n conscience; **2haft** conscientious; **2los** unscrupulous; **~sbisse** pl remorse sg.

Gewißheit f certainty.

Gewitter n (thunder-) storm; **2n: es gewittert** there is a thunderstorm.

gewöhnen accustom (**an** to); **sich ~ an** get used to.

Gewohnheit f habit.

gewöhnlich ordinary, usual; unfein: common, vulgar.

gewohnt customary, habitual.

Gewölbe n vault.

gewunden winding.

Gewürz n spice; **~gurke** f pickled gherkin.

Gezeiten pl tide(s pl).

geziert affected.

Gezwitscher n chirping, twittering. [strained.⟩
gezwungen forced, con-⟩
Gicht f gout.
Giebel m gable.
Gier f greed; **⟨ig** greedy.
gieß|en pour; *tech.* cast, found; *Blumen:* water; **es ~t** it is pouring (with rain); **⟨erei** f foundry; **⟨-kanne** f watering-can.
Gift n poison; *Schlangen⟨:* venom (a. fig.); **⟨ig** poisonous; venomous (a. fig.); **~pilz** m poisonous mushroom, toadstool; **~schlange** f venomous snake; **~zahn** m poison-fang.
Gipfel m summit, top; *Spitze:* peak; **~konferenz** f summit meeting.
Gips m plaster (of Paris); **~abdruck** m, **~verband** m med. plaster cast.
Giraffe f giraffe.
Girlande f garland.
Girokonto n current account. [drift.⟩
Gischt m, f spray; spin-⟩
Gitarre f guitar.
Gitter n lattice; *Fenster:* grating.
Glanz m brightness; lust|re, *Am.* -er; *fig.* splendo(u)r.
Gläser pl s. **Brille**; **⟨n** vitreous; glassy.
glasieren glaze; *Kuchen:* ice, frost.
glasig glassy. [glass.⟩
Glasscheibe f pane of⟩
glatt smooth (a. fig.); glitschig: slippery.

Glätte f smoothness (a. fig.); slipperiness. [Am. glaze.⟩
Glatteis n glazed frost,⟩
glätten smooth.
glattrasiert clean-shaven.
Glatze f bald head.
Glaube m faith, belief (**an** in); **⟨n** believe; *meinen:* think, suppose, *Am. a.* guess; **~nsbekenntnis** n creed.
glaubhaft plausible.
Gläubiger m creditor.
glaubwürdig credible.
gleich *adj* equal; same; *eben:* even, level; **zur ~en Zeit** at the same time; *adv* alike, equally; *so~:* immediately, directly, at once; **~ groß** the same height; **~ gegenüber** just opposite; **es ist ~ acht (Uhr)** it is close on *od.* nearly eight (o'clock); **~altrig** (of) the same age; **~berechtigt** having equal rights; **~bleibend** constant, steady; **~en** equal; *ähneln:* resemble; **~falls** also, likewise; **⟨gültig** indifferent (**gegen** to); **es ist mir ~gültig** I don't care; **⟨gültigkeit** f indifference; **~lautend** identical; **~mäßig** regular; *Verteilung etc.:* equal; **~namig** of the same name; **⟨strom** m direct current; **⟨ung** f math. equation; **~wertig** of the same value, of equal value; **~zeitig** simultaneous.

Gleis n rails pl, line(s pl), track(s pl).

gleit|en glide, slide; 2**flug** m glide.

Gletscher m glacier; **~spalte** f crevasse.

Glied n anat. limb; Kette: link (a. fig.); 2**ern** arrange; divide; **~maßen** pl limbs pl, extremities pl.

glimmen smo(u)lder.

glimpflich: ~ davonkommen get off lightly.

glitschig slippery.

glitzern glitter, glisten.

Globus m globe.

Glocke f bell.

Glocken|spiel n carillon, chime(s pl); **~turm** m belfry, bell tower.

glotzen colloq. stare.

Glück n fortune; good luck; happiness; **auf gut ~** on the off chance; **~ haben** be lucky; **viel ~!** good luck!; **zum ~** fortunately.

Glucke f sitting hen.

glücken s. **gelingen**.

gluckern gurgle.

glücklich fortunate; happy; **~erweise** fortunately.

glucksen gurgle.

Glück|sspiel n game of chance; 2**strahlend** radiant(ly happy); **~wunsch** m congratulation(s pl); good wishes pl; **herzlichen ~wunsch zum Geburtstag!** many happy returns (of the day)!

Glüh|birne f bulb; 2**en** glow; 2**end** glowing; Eisen: red-hot; Kohle: live;

fig. ardent; 2**(end)heiß** burning hot; **~lampe** f bulb; **~wein** m mulled wine od. claret; **~würmchen** n glow-worm.

Glut f heat; glow (a. fig.); embers pl; fig. ardo(u)r.

Gnade f grace; favo(u)r; mercy; **~ngesuch** n petition for mercy.

gnädig gracious; merciful; Anrede: **~e Frau** Madam.

Gold n gold (a. attr); **~barren** m gold bar od. ingot; 2**en** gold; fig. golden; 2**ig** fig. sweet, lovely, Am. a. cute; **~schmied** m goldsmith; **~währung** f gold standard.

Golf[1] m geogr. gulf.

Golf[2] n golf; **~platz** m golf-course, (golf-)links pl; **~schläger** m (golf-)club; **~spiel** n golf; **~spieler** m golfer.

Gondel f gondola; car.

gönne|n: j-m et. ~ allow s.o. s.th.; neidlos: not to (be)grudge s.o. s.th.; **~rhaft** patronizing.

Gorilla m gorilla.

Gosse f gutter (a. fig.).

Gott m God; **~heit:** god, deity; **~ sei Dank!** thank God!; **um ~es willen!** for God's sake!

Gottes|dienst m (divine) service; **~lästerung** f blasphemy.

Gottheit f deity, divinity.

Gött|in f goddess; 2**lich** divine.

Götze m idol.

Gouvern|ante f governess; **~eur** m governor.

Grab n grave; tomb.

Graben m ditch; mil. trench; 2 dig; Tier: burrow.

Grab|gewölbe n vault, tomb; **~inschrift** f epitaph; **~mal** n monument; tomb, sepulchre; Am. -er: **~stein** n tombstone; gravestone.

Grad m degree; mil. etc.: grade, rank; **15 ~ Kälte** od. **minus 15 degrees** below zero; **~einteilung** f graduation. [earl.]

Graf m count; in England: }

Gräfin f countess.

Grafschaft f county.

Gram m grief, sorrow.

Gramm n gram(me).

Grammati|k f grammar; 2**sch** grammatical.

Granate f mil. shell; Gewehr2, Hand2: grenade.

Granit m granite.

graphisch graphic.

Gras n grass; 2**en** graze.

gräßlich hideous, atrocious.

Grat m ridge, edge.

Gräte f (fish)bone.

Gratifikation f gratuity, bonus. [charge.]

gratis gratis, free of }

gratulieren congratulate; **j-m zum Geburtstag ~** wish s.o. many happy returns (of the day).

grau grey, Bsd. Am. gray.

grauen: mir graut vor I shudder at, I dread; 2 n

horror; **~haft** horrible.

Graupe|n pl pot-barley; **~ln** pl soft hail sg.

grausam cruel; **2keit** f cruelty. [horrible.)

graus|en s. **grauen; ~ig** }

graziös graceful.

greifen seize, grasp, catch hold of; **um sich ~** spread.

Greis m old man; **~in** f old woman.

grell Licht: glaring; Farbe, Muster: loud.

Grenze f boundary; Staats2: frontier, border; 2**n**: **~ an** border on; fig. a. verge on; 2**nlos** boundless.

Grenzübergang m frontier od. border crossing (-point).

Griech|e m Greek; 2**isch** Greek; arch. Grecian.

griesgrämig morose, sullen.

Grieß m semolina.

Griff m grip, grasp; Tür, Messer etc.: handle; Schwert: hilt.

Grille f cricket; fig. whim.

Grimasse f grimace; **~n schneiden** pull faces.

grimmig grim; fierce.

grinsen: ~ (über) grin (at); höhnisch: sneer (at); 2 n grin; sneer.

Grippe f influenza, colloq. flu. [rough; rude.)

grob coarse (a. fig.);}

grölen colloq. bawl.

Groll m grudge, ill will; 2**en: j-m ~** bear s.o. a grudge od. ill will.

Groschen m penny.

groß large; *dick, weit, erwachsen:* big; *hochgewachsen:* tall; *fig.* great, grand; *Hitze:* intense; *Kälte:* severe; *Verlust:* heavy; **im ~en (und) ganzen** on the whole; **~er Buchstabe** capital (letter); **~artig** great, grand; **2aufnahme** *f Film:* close-up.

Größe *f* size; *Körper2:* height; *bsd. math.* quantity; *Bedeutung:* greatness; *Person:* celebrity; *thea.* star. **Groß|eltern** *pl* grandparents *pl;* **~handel** *m* wholesale trade; **~händler** *m* wholesale dealer, wholesaler; **2jährig** of age; **2jährig werden** come of age; **~jährigkeit** *f* majority; **~macht** *f* great power; **~mutter** *f* grandmother; **2spurig** arrogant; **~stadt** *f* large town *od.* city; **2städtisch** *of od.* in a large town *od.* city.

Groß|vater *m* grandfather; **~wild** *n* big game; **2ziehen** *Kind:* bring up; *Kind, Tier:* rear, raise; **2zügig** liberal, generous.

grotesk grotesque.

Grotte *f* grotto.

Grübchen *n* dimple.

Grube *f* pit; *Bergbau: a.* mine.   [over].)

grübeln brood (**über** on,)

Gruft *f* tomb, vault.

grün green; **2anlage** *f* (public) park(s *pl*).

Grund *m* soil; *Gewässer:* bottom (*a. fig.*); *Beweg2:*

motive; reason (*gen, für* of, for); **~ausbildung** *f* basic training; **~bedingung** *f* basic *od.* fundamental condition; **~begriffe** *pl* rudiments *pl;* **~besitz** *m* (landed) property; **~besitzer** *m* landowner.

gründe|n found, establish; **2r** *m* founder.

Grund|fläche *f math.* base; *Zimmer etc.:* area; **~gebühr** *f* basic fee; *teleph.* rental; **~gedanke** *m* basic *od.* fundamental idea; **~lage** *f* foundation; **2legend** fundamental, basic.

gründlich thorough; *Kenntnisse:* profound.

grund|los *fig.* unfounded; **2mauer** *f* foundation.

Gründonnerstag *m* Maundy Thursday.

Grund|regel *f* fundamental rule; **~riß** *m* groundplan; **~satz** *m* principle; **2sätzlich** on principle; **~schule** *f* primary school; **~stein** *m* foundation-stone; **~stück** *n* plot (of land) (building) site; premises *pl;* **~stücksmakler** *m* estate agent, *Am.* realtor.

Gründung *f* foundation, establishment.

grundverschieden entirely different.

grunzen grunt.

Gruppe *f* group; **2ieren** group.

grus(e)lig creepy, weird.

Gruß *m* greeting; *bsd. mil., mar.* salute.

Grüße pl regards pl; respects pl, compliments pl; **2n** greet; bsd. mil. salute; **2n Sie ihn von mir** remember me to him.

Grütze f grits pl, groats pl.

gucken look; peep, peer.

Gulasch n goulash.

gültig valid; legal; Münze: current; Fahrkarte: valid, available; **2keit** f validity; currency; availability.

Gummi m, n gum; m Radier2: (India)rubber; **2band** n elastic (band); **2eren** gum; **2knüppel** m truncheon, Am. club; **2sohle** f rubber sole; **2stiefel** m wellingtons pl, Am. rubbers pl.

günstig favo(u)rable; **im 2sten Fall** at best.

Gurgel f throat; **2n** gargle; gurgle.

Gurke f cucumber; Gewürz2: gherkin. [strap.⌐

Gurt m girdle, belt; Trage2: ⌐

Gürtel m belt, girdle.

Guß m tech. founding, casting; Regen: downpour, shower; **2eisern** cast-iron.

gut adj good; **2es Wetter** fine weather; **~ werden** get well; fig. turn out well; **ganz ~** not bad; **schon ~!** never mind!, all right!; adv well; **~ aussehen** be good-looking.

Gut n possession, property; Land2: estate.

Gut|**achten** n (expert) opinion; **2achter** m expert; **2artig** good-natured; med. benign.

Gute n: **~s tun** do good; **alles ~!** all the best!

Güte f goodness, kindness; econ. quality; in **~** amicably; **meine ~!** good gracious!

Güter pl goods pl; **~bahnhof** m goods station, Am. freight depot od. yard; **~wagen** m (goods) waggon, Am. freight car; **~zug** m goods (Am. freight) train.

gut|**gelaunt** good-humo(u)red; **2haben** n credit (balance); **2heißen** approve (of); **2herzig** kind (-hearted).

Gutsbesitzer m owner of an estate.

Gutschein m credit note; coupon, Beleg: voucher.

Guts|**haus** n farm-house; **~hof** m estate, farm.

gutwillig willing.

Gymnasi|**ast** m appr. grammar-school boy; **~um** n appr. grammar-school.

Gymnasti|**k** f gymnastics pl; **2sch** gymnastic.

Gynäkologe m gyn(a)ecologist.

H

Haar n, **~e** pl hair sg; **sich die ~e schneiden lassen**

have one's hair cut; **~bürste** f hairbrush; **~**

festiger m setting-lotion; **ℒig** hairy; in Zssgn: ...-haired; **⁓klemme** f hair grip, Am. bobby pin; **⁓nadel** f hairpin; **⁓nadelkurve** f hairpin bend; **⁓schnitt** m haircut; **⁓spray** m, n hair spray od. lacquer; **⁓wäsche** f shampoo; **⁓waschmittel** n shampoo; **⁓wasser** n hair-lotion. [ings pl.⟩

Habe f property; belong-⟩

haben have.

habgierig avaricious.

Habicht m (gos)hawk.

Hack|e f hoe; Ferse: heel; **ℒen** hack; Fleisch: mince; Holz: chop; **⁓fleisch** n mince(d meat).

Hafen m harbo(u)r, port; **⁓arbeiter** m docker, long-shoreman; **⁓stadt** f (sea-)port.

Hafer m oats pl; **⁓brei** m (oatmeal) porridge; **⁓flokken** pl oat flakes pl, rolled oats pl; **⁓schleim** m gruel.

Haft f Gewahrsam: custody; Gefängnis: imprisonment, confinement; **ℒbar** responsible, jur. liable; **ℒen** stick, adhere (an to); **ℒen für** answer for, be liable for.

Häftling m prisoner.

Haft|pflichtversicherung f third-party insurance; **⁓ung** f jur. liability.

Hagel m hail; fig. a. volley; **⁓korn** n hailstone; **ℒn** hail; **⁓schauer** m (brief) hailstorm.

hager lean, gaunt.

Hahn m orn., tech. cock; Haus⒉: rooster; Wasser⒉: tap, Am. a. faucet.

Hai(fisch) m shark.

häkeln crochet.

Haken m hook; Kleider⒉: a. peg; fig. hitch, catch.

halb half; **e-e ⁓e Stunde** half an hour; **ein ⁓es Jahr** six months pl; **um ⁓ vier** at half past three; **ℒfinale** n sp. semifinal; **⁓gar** underdone, rare; **⁓ieren** halve; **ℒinsel** f peninsula; **ℒkreis** m semicircle; **ℒkugel** f hemisphere; **⁓laut** adj low, subdued; adv in an undertone; **ℒmond** m half-moon, crescent; **ℒpension** f dinner, bed and breakfast; **ℒschuh** m shoe; **ℒtagsarbeit** f part-time job od. employment; **⁓wüchsig** adolescent; **ℒzeit** f sp. half (-time).

Hälfte f half.

Halfter m, n halter.

Halle f hall; Hotel: lobby, lounge.

hallen resound, ring.

Hallenbad n indoor swimming-pool.

Halm m blade; Getreide: stem, stalk; Stroh: straw.

hallo int. hallo!

Hals m neck; Kehle: throat; **⁓ über Kopf** head over heels; **⁓band** n necklace; Tier: collar; **⁓entzündung** f sore throat; **⁓kette** f necklace; **⁓schlag-**

ader f carotid; ~schmer-
zen pl: ~ haben have a
sore throat; 2starrig
stubborn, obstinate; ~tuch
n neckerchief; Schal:scarf.

Halt m hold; Stütze: sup-
port; 2bar durable, last-
ing.

halten v/t hold; keep;
Rede: make, deliver; ~ für
take for; viel od. wenig ~
von think highly od. little
of; sich ~ last; v/i stop.

Halt|er m keeper, owner;
für Geräte etc.: holder; ~e-
stelle f stop; 2machen
stop; ~ung f deportment,
carriage; fig. attitude (gegenüber towards).

Halteverbot n no stop-
ping; eingeschränktes ~
no waiting.

Hammel m wether;
~fleisch n mutton.

Hammer m hammer;
~werfen n hammer throw.

hämmern hammer.

Hampelmann m jumping
jack.

Hamster m hamster.

Hand f hand; j-m die ~
geben od. schütteln shake
hands with s.o.; ~arbeit
f manual labo(u)r od.work;
needlework; ~ball m hand-
ball; ~brause f hand-
shower; ~bremse f hand-
brake.

Händedruck m handshake.

Handel m commerce; Ge-
schäftsverkehr: trade; traffic; abgeschlossener: bargain; 2n act; feilschen:

bargain (um for); 2n mit
deal od. trade in; 2n von
deal with, be about.

Handels|beziehungen pl
trade relations pl; ~ge-
sellschaft f (trading) company; ~schule f commer-
cial school, business college od. school.

Hand|feger m hand-brush;
~fläche f palm; 2gear-
beitet hand-made; ~ge-
lenk n wrist; ~gemenge
n scuffle; ~gepäck n
hand-luggage, Am. hand
baggage; 2haben handle,
manage; ~koffer m suit-
case.

Händler m dealer.

handlich handy.

Handlung f act(ion), deed;
thea. action, plot; econ.
shop, Am. store; ~sweise
f conduct.

Hand|schellen pl hand-
cuffs pl; ~schrift f hand-
writing; manuscript; 2-
schriftlich handwritten;
~schuh m glove; ~tasche
f handbag, Am. purse; ~
tuch n towel; ~voll hand-
ful; ~werk n (handi)craft;
~werker m workman; ~
werkzeug n tools pl.

Hanf m hemp.

Hang m slope, incline; fig.
inclination, tendency.

Hänge|brücke f suspen-
sion bridge; ~matte f hammock.

hängen hang (an on); an
j-m ~ be attached od. de-
voted to s.o.; ~bleiben

get caught (**an** on, in).

Happen *m* morsel, bite; snack.

Harfe *f* harp. [offensive.)

harmlos harmless, in-}

Harmoni|e *f* harmony; 2e-**ren** harmonize; 2sch harmonious.

Harn *m* urine; ~**blase** *f* (urinary) bladder.

Harpune *f* harpoon.

hart hard; *fig.*: *a.* harsh; severe.

Härte *f* hardness; *fig.*: Unbill: *a.* hardship; Strenge: severity.

Hart|geld *n* coin(s *pl*); 2**näckig** obstinate, stubborn.

Harz *n* resin.

Hase *m* hare.

Haselnuß *f* hazelnut.

Hasenscharte *f* harelip.

Haß *m* hatred.

hassen hate.

häßlich ugly; *fig. a.* nasty.

hastig hasty, hurried.

Haube *f* bonnet; cap, hood; *mot.* bonnet, *Am.* hood.

Hauch *m* breath; *fig.* touch; 2en breathe.

Haue *f* colloq. hiding, spanking; 2n hew; chop; *verhauen*: beat.

Haufen *m* heap, pile, *fig.* colloq. crowd.

häuf|en heap, pile (up), accumulate; **sich** ~ pile up, accumulate; *fig.* increase; ~**ig** frequent.

Haupt *n* head; *fig. a.* leader; ~**bahnhof** *m* main *od.* central station; ~**darstel-**

ler(in *f*) *m* lead(ing man *od.* lady); ~**eingang** *m* main entrance; ~**fach** *n* main subject, *Am.* major; ~**film** *m* feature (film); ~**gewinn** *m* first prize.

Häuptling *m* chief(tain).

Haupt|mann *m* captain; ~**merkmal** *n* characteristic feature; ~**quartier** *n* headquarters *pl*; ~**rolle** *f* lead (-ing part); ~**sache** *f* main thing; 2**sächlich** main; ~**satz** *m* gr. main clause; ~**stadt** *f* capital; ~**straße** *f* high street, *Am.* main street; *Hauptverkehrs.straße:* main road *od.* street; ~**verkehrszeit** *f* rush *od.* peak hours *pl*.

Haus *n* house; home; **nach ~e** home; **zu ~e** at home; ~**angestellte** *f* domestic (servant); ~**apotheke** *f* medicine-chest, medicine-cabinet; ~**arbeit** *f* housework; ~**arzt** *m* family doctor; ~**aufgaben** *f* homework *sg*; ~**besitzer** *m* houseowner, landlord; ~**bewohner** *m* occupant of a house; ~**flur** *m* s. Flur; ~**frau** *f* housewife; ~**halt** *m* household; ~**hälterin** *f* housekeeper; ~**herr** *m* head of a family; *Besitzer:* landlord. [lar.)

Hausierer *m* hawker, ped-}

häuslich domestic.

Haus|meister *m* caretaker, janitor; ~**ordnung** *f* rules *pl* of the house; ~**schlüssel** *m* latchkey, front-door key;

~schuh m slipper; **~tier** n domestic animal; **~tür** f front door; **~wirt** m landlord; **~wirtin** f landlady.

Haut f skin; Tier♀: hide; **~ausschlag** m rash; **~farbe** f colo(u)r of the skin; **~schere** f (e—e a pair of) cuticle scissors pl.

Hebamme f midwife.

Hebebühne f lifting platform.

Hebel m lever.

heben lift, raise; heave; **sich ~** rise, go up.

hebräisch Hebrew.

Hecht m pike.

Heck n mar. stern; aer. tail; mot. rear.

Hecke f hedge.

Heer n army; fig. a. host.

Hefe f yeast.

Heft n exercise book; Zeitschrift: issue, number; **~en** fasten, fix (an to); Saum: baste.

heftig violent, fierce; passionate; Regen etc.: heavy; Schmerzen: severe.

Heft|klammer f staple; **~pflaster** n adhesive od. sticking plaster; **~zwecke** f s. Reißzwecke.

hegen fig. have, entertain.

Heide¹ m heathen.

Heide² f heath; **~kraut** n heather, heath.

Heidelbeere f bilberry, blueberry.

heidnisch heathen(ish).

heikel Person: particular; Problem etc.: delicate, awkward.

heil safe, unhurt; whole.

Heiland m Savio(u)r, Redeemer.

Heil|anstalt f sanatorium, Am. a. sanitarium; **♀bar** curable; **♀en** cure; heal (up).

heilig holy; Gott geweiht: sacred (a. fig.); **Heiliger Abend** = **♀abend** m Christmas Eve; **♀e** m, f saint. [medicine.♀

Heilmittel n remedy;]

heim home; **♀** n home; **♀arbeit** f outwork.

Heimat f, **~land** n mother country, native land; **♀los** homeless; **~ort** m home town od. village.

Heim|fahrt f journey home, homeward journey; **♀isch** home, local, domestic; bot., zo. etc.: native; **sich ♀isch fühlen** feel at home; **♀kehren**, **♀kommen** return home; **♀lich** secret; **~reise** f s. Heimfahrt; **♀tückisch** malicious; treacherous; **♀wärts** homeward(s); **~weg** m way home; **~weh** n: **~ haben** be homesick.

Heirat f marriage; **♀en** marry; get married; **~santrag** m offer od. proposal of marriage.

heiser hoarse, husky.

heiß hot; **mir ist ~** I am od. feel hot.

heißen be called; bedeuten: mean; **wie ~ Sie?** what is your name?; **willkommen ~** welcome.

heiter *Wetter*: bright; *Himmel*: a. clear; *Person*: cheerful, gay.

heiz|en *Zimmer etc.*: heat; *Ofen*: light; 2er**m**fireman; 2**körper** m radiator; 2**material** n fuel; 2öl n fuel oil; 2**ung** f heating.

Held m hero.

helfen help, assist, aid; **~gegen** be good for.

Helfer m helper, assistant; **~shelfer** m accomplice.

hell *Klang, Stimme*: clear; *Licht*: bright; *Haare*: light, fair; *Farben*: light; *Bier*: pale; 2**seher(in** f) m clairvoyant.

Helm m helmet.

Hemd n shirt.

hemm|en *Bewegung etc.*: check, stop; *behindern*: hamper; 2**ung** f stoppage, check; *psych.* inhibition; **~ungslos** uncontrolled, unrestrained.

Hengst m stallion.

Henkel m handle, ear.

Henne f hen.

Henker m executioner.

her here; ago; **von ... ~** from.

herab down; **~lassen** let down, lower; **~lassend** condescending; **~setzen** reduce; **~steigen** climb down, descend.

heran close, near; **~kommen** come od. draw near; approach (a. fig.); **~wachsen** grow (up) (**zu** into).

herauf up (here); upstairs; **~ziehen** pull up.

heraus out (here); **zum Fenster ~** out of the window; **~bekommen** get out; *Geld*: get back; *fig.* find out; **~bringen** bring od. get out; *fig.* **= ~finden** find out, discover; **~fordern** challenge; **~geben** give back, restore; *Zeitung etc.*: edit; *Buch*: publish; *Vorschriften*: issue; *Geld*: give change (**auf** for); 2**geber** m editor; publisher; **~kommen** come out; be published; **~ragen** project, jut out; **~stellen** put out; **sich ~stellen als** turn out od. prove to be; **~strecken** put out; **~treten** come od. step out; *Augen*: protrude; **~ziehen** pull out; *Zahn*: a. extract.

herb *Geschmack*: tart; *Wein*: dry; *Gesichtszüge*: austere.

herbei|eilen come hurrying; **~holen** fetch.

Herberge f shelter, lodging; inn. [fall.]

Herbst m autumn, *Am. a.*}

Herd m stove.

Herde f herd; *Schaf* 2, *Gänse* 2 *etc.*: flock.

herein in (here); **~!** come in!; **~fallen** *fig.* be taken in; **~legen** *fig.* take in.

Her|fahrt f journey here; 2**fallen**: **~ über** attack; **~gang** m course of events; 2**geben** give up; return.

Hering m herring.

her|kommen come here; 2**kunft** f origin; *Person*: a. birth.

Heroin n heroin.

Herr m lord; master; gentleman; *eccl.* the Lord; **~ Maier** Mr Maier; **mein ~ Sir; m~e ~en** gentlemen.

Herren|friseur m men's hairdresser, barber; **~haus** n manor-house; **~schneider** m men's tailor; **~toilette** f (gentle)men's cloakroom.   [pare.}

herrichten arrange; pre-}

Herrin f mistress; lady.

herrisch imperious.

herrlich glorious, splendid.

Herrschaft f rule, dominion; *Macht:* control; *von Dienstboten:* master and mistress.

herrsche|n rule; *Monarch:* reign; *fig.* be, prevail; **2r** m ruler; sovereign, monarch.

her|rühren, ~stammen; ~von come from; **~stellen** make, produce; **2stellung** f manufacture, production.

herüber over (here), across.

herum (a)round; about; **~führen** show (a)round; **~lungern** loaf *od.* hang about; **~reichen** pass *od.* hand round.

herunter down (here); downstairs; **von oben ~** down from above; **~kommen** come down(stairs); *fig.:* come down in the world; deteriorate.

hervor come, forth; **~bringen** bring out; produce (*a. fig.*); *Früchte:* yield; *Wort:*

utter; **~gehen** be clear *od.* apparent (**aus** from); **~heben** *fig.* stress, emphasize; **~holen** produce; **~ragen** project; **~ragend** *fig.* outstanding; **~rufen** *fig.* evoke, arouse; **~stechend** *fig.* striking.

Herz n anat. heart (*a. fig.*); *Karten:* heart(s *pl*); **~anfall** m heart attack; **~enslust** f: **nach ~** to one's heart's content; **~fehler** m cardiac defect; **2haft** hearty; **2ig** lovely, *Am. a.* cute; **~infarkt** m cardiac infarction; **2krank** having heart trouble; **2lich** cordial, hearty; **2los** heartless.

Herzog m duke; **~in** f duchess; **~tum** n duchy.

Herz|schlag m heartbeat; *Herzversagen:* heart failure; **~verpflanzung** f heart transplant.

Hetze f hurry, rush; **2n** hurry, rush; agitate.

Heu n hay.

Heuch|elei f hypocrisy; **2eln** feign; **~ler** m hypocrite.

heulen howl; cry.

Heu|schnupfen m hayfever; **~schrecke** f grasshopper, locust.

heut|e today; **~e abend** this evening, tonight; **~e früh, ~e morgen** this morning; **~e in acht Tagen, ~e in e-r Woche** today this day week; **~e vor acht Tagen, ~e vor e-r Woche** a week ago today; **~ig** this day's, today's; *gegenwärtig*: present; **~tage** nowadays, these days.

Hexe f witch; **~nschuß** m lumbago.

Hieb m blow; **~e** pl hiding sg, thrashing sg. [way!⟩]

hier here; **~entlang**! this⟩

hier|auf on it od. this; after this od. that, then; **~aus** from it od. this; **~bei** here, in this case; **~durch** through this; hereby; **~für** for it od. this; **~her** here, hither; **bis ~her** as far as here; **~in** in this; **~mit** with it od. this, herewith; **~nach** after it od. this; *dementsprechend*: according to this; **~über** over it od. this; over here; *Thema*: about it od. this; **~von** of od. from it od. this.

Hilfe f help; *Beistand*: aid, assistance; relief (**für** to); **Erste ~** first aid; **~ruf** m shout (call, cry) for help.

hilflos helpless.

Hilfs|arbeiter m unskilled worker od. labo(u)rer; **2bedürftig** needy; **2bereit** helpful, ready to help; **~mittel** n aid; *tech.*: device.

Himbeere f raspberry.

Himmel m sky; *eccl.*, *fig.* heaven; **2blau** sky-blue; **~fahrt** f *eccl.* ascension (of Christ); Ascension-day; **~srichtung** f direction.

himmlisch heavenly.

hin: **~ und her** to and fro, Am. back and forth; **~ und wieder** now and

again od. then; **~ und zurück** there and back.

hinab down; **~steigen** climb down, descend.

hinauf up (there); upstairs; **~gehen** go up (-stairs); *Preise, Löhne etc.*: go up, rise; **~steigen** climb up, ascend.

hinaus out; **~begleiten** show out; **~gehen** go od. walk out; **~schieben** *fig.* put off, postpone; **~werfen** throw out; *j-n*: turn od. throw out; **~zögern** put off.

Hin|blick m: **im ~ auf** in view of, with regard to; **2bringen** take there.

hindern hinder; **~ an** prevent from ger; **2is** n sp. etc.: obstacle.

hindurch through; *zeitlich*: all through, throughout.

hinein in(to); **~gehen** go in; **~gehen in** go into; hold.

hinfahr|en *j-n*: drive od. take there; *et.*: take there; **2t** f journey od. way there.

hin|fallen fall (down); **2flug** m outward flight; **~führen** lead od. take there; **2gabe** f devotion; **~geben: sich ~** give o.s. to; *widmen*: devote o.s. to; **~gehen: ~(zu)** go (to); *Pfad etc.*: lead (to); **~halten** hold out; *j-n*: put s.o. off.

hinken limp.

hin|legen lay od. put down; **sich ~ legen** lie

down; ~nehmen ertragen: put up with; 2reise f journey there, outward journey; ~richten execute; ~setzen set od. put down; sich ~setzen sit down; ~sichtlich with regard to; ~stellen place; abstellen: put down.

hinten behind; at the back; am Ende: in the rear.

hinter behind; 2bein n hind leg; 2bliebene pl the bereaved pl; Angehörige: surviving dependants pl; ~einander one after the other; ~gehen deceive; 2grund m background; 2halt m ambush; ~her zeitlich: afterwards; 2kopf m back of the head; ~lassen leave (behind); ~legen deposit; 2n m colloq. behind, bottom; 2rad n rear od. back wheel; 2treppe f backstairs pl; 2tür f back door.

hinüber over (there); quer: across.

Hin- und Rückfahrkarte f return ticket.

hinunter down (there); downstairs; ~schlucken swallow. [out.]

Hinweg m way there od.∫

hinweg away, off; ~kommen: ~ über get over; ~setzen: sich ~ über ignore.

Hin|weis m hint; Anhaltspunkt: indication; 2weisen: j-n ~ auf draw od. call s.o.'s attention to; ~

auf point at od. to; 2werfen throw down; 2ziehen: sich ~ stretch (bis zu to); zeitlich: drag on.

hinzu in addition; ~fügen add; ~kommen be added; ~ziehen Arzt: call in.

Hippie m hippie, hippy.

Hirn n brain(s pl fig.).

Hirsch m stag, hart; Gattung: deer; ~kuh f hind.

Hirt m herdsman; Schaf2, fig.: shepherd.

hissen hoist.

historisch historic(al).

Hitze f heat; ~welle f heatwave, hot spell.

hitzig Person: hot-tempered, hot-headed; Debatte: heated; 2kopf m hothead; 2schlag m heatstroke.

Hobel m plane; 2n plane.

hoch high; Turm, Baum: tall; Strafe: heavy, severe; Alter: great, old; ~ oben high up; 2 n highpressure area, anticyclone.

Hoch|achtung f high esteem od. respect; 2achtungsvoll respectful; Brief: yours faithfully od. sincerely, bsd. Am. yours truly; ~betrieb m intense activity, rush; ~druck m high pressure; ~druckgebiet n s. Hoch; ~ebene f plateau, tableland; ~form f: in ~ in top form; ~gebirge n high mountains pl; ~haus n multistor(e)y building; skyscraper; ~konjunktur f boom; ~**mut** *m* arrogance; 2**mütig** arrogant, haughty; ~**ofen** *m* blast-furnace; ~**saison** *f* peak season, height of the season; ~**schule** *f* university; academy; ~**sommer** *m* midsummer; ~**spannung** *f* high tension *od.* voltage; ~**sprung** *m* high jump.

höchst *adj* highest; *äußerst*: extreme; *adv* highly, most, extremely.

Hochstapler *m* impostor. **höchst|ens** at (the) most, at best; 2**form** *f* top form; 2**geschwindigkeit** *f* maximum speed; *mot.* speed limit; 2**leistung** *f* *sp.* record (performance); *Maschine*: maximum output.

Hoch|verrat *m* high treason; ~**wasser** *n* flood; 2**wertig** high-grade.

Hochzeit *f* wedding; *Trauung*: a. marriage; ~**sgeschenk** *n* wedding present; ~**sreise** *f* honeymoon.

hocke|n squat; 2**r** *m* stool.

Höcker *m Kamel*: hump; *Buckel*: hump, hunch.

Hoden *pl* testicles *pl.*

Hof *m* court(yard); farm; *Fürsten*2: court; *ast.* halo.

hoffen hope (**auf** for); 2**lich** I hope, let's hope.

Hoffnung *f* hope; 2**slos** hopeless.

höflich polite, civil, courteous; 2**keit** *f* courtesy.

Höhe *f* height; *aer.*, *ast.*, *geogr.* altitude; *An*2: hill; *Rechnung*: amount; *Sum-*

me: size; *Strafe*: severity; *mus.* pitch; **in die** ~ up (-wards).

Hoheitsgebiet *n* (sovereign) territory.

Höhen|kurort *m* high-altitude health resort; ~**lage** *f* altitude; ~**luft** *f* mountain air; ~**zug** *m* mountain range.

Höhepunkt *m fig.* climax.

hohl hollow.

Höhle *f* cave, cavern; *Tier*2: den, lair.

Hohl|maß *n* measure of capacity; ~**raum** *m* hollow, cavity. [*rision.*]

Hohn *m* scorn; *Spott*: de-}

höhn|en sneer, jeer (**über** at); ~**isch** scornful; *spottend*: sneering, derisive.

holen fetch; go for; *besorgen*: get; ~ **lassen** send for; **sich e-e Krankheit** ~ catch a disease.

Holländ|er *m* Dutchman; 2**isch** Dutch.

Hölle *f* hell.

holper|ig bumpy, rough, uneven; ~**n** jolt, bump.

Holunder *m* elder.

Holz *n* wood; *Nutz*2: timber, *bsd. Am.* lumber.

hölzern wooden.

Holz|fäller *m* woodcutter, *Am. a.* lumberjack; 2**ig** woody; ~**kohle** *f* charcoal; ~**schnitt** *m* woodcut; ~**schuh** *m* clog; ~**wolle** *f* wood-wool, *Am.* excelsior.

Honig *m* honey.

Honorar *n* fee.

Hopfen *m* hop.

hopsen hop, jump.

Hör|apparat m hearing aid; **2bar** audible.

horchen listen; eavesdrop.

Horde f gang.

höre|n v/t hear; Radio: listen (in) to; Vorlesung: attend; erfahren: hear, learn; v/i hear (von from); zuhören: listen; **~n auf** listen to; **schwer ~n** be hard of hearing; **2r** m hearer; Rundfunk: listener(-in); univ. student; teleph. receiver.

Horizont m horizon, skyline; **2al** horizontal.

Horn n horn.

Hörnchen n croissant.

Hornhaut f horny skin; anat. Auge: cornea.

Hornisse f hornet.

Horoskop n horoscope.

Hör|saal m lecture-room (-hall, -theat|re, Am. -er); **~spiel** n radio play; **zu-weite** f: **in ~** within earshot.

Hose f (e-e a pair of) trousers pl od. Am. pants pl.

Hosen|anzug m trouser od. pant suit; **~schlitz** m fly; **~tasche** f trouser-pocket; **~träger** pl (**ein Paar a** pair of) braces pl od. Am. suspenders pl.

Hospital n hospital.

Hostess f hostess.

Hostie f eccl. the Host.

Hotel n hotel; **~führer** m hotel guide; **~halle** f hall, lobby, lounge, foyer; **~pension** f private hotel.

Hubraum m cubic capacity.

hübsch pretty, nice; Männer: good-looking, handsome. {copter.}

Hubschrauber m heli-}

Huf m hoof; **~eisen** n horseshoe.

Hüft|e f hip; **~gelenk** n hip-joint; **~gürtel** m girdle.

Hügel m hill; **2ig** hilly.

Huhn n fowl; hen; junges: chicken.

Hühnchen n chicken.

Hühner|auge n corn; **~stall** m hen-house, hencoop.

Hülle f cover(ing), wrapper; Buch: jacket; Schirm: sheath; **2n** wrap, cover.

Hülse f Schote: pod; Getreide: husk; Geschoß: case; **~nfrüchte** pl pulse sg.

human humane.

Hummel f bumble-bee.

Hummer m lobster.

Humor m humo(u)r; **~ist** m humorist; **2istisch** humorous.

humpeln limp.

Hund m dog.

Hunde|hütte f dog-kennel; **~kuchen** m dog-biscuit; **~leine** f lead, leash.

hundert hundred; **2jahrfeier** f centenary, Am. a. centennial; **~ste** hundredth.

Hündin f bitch.

Hundstage pl dog-days pl.

Hüne m giant.

Hunger m hunger; **~ be-**

kommen get hungry; **~ haben** be *od.* feel hungry; **̃n** hunger; **̃snot** *f* famine.

hungrig hungry.

Hupe *f* horn; **̃n** hoot.

hüpfen hop, skip.

Hürde *f* hurdle.

Hure *f* whore, prostitute.

huschen slip, dart; *kleines Tier:* scurry, scamper.

hüsteln cough slightly.

husten cough; **̃ m** cough.

Hut *m* hat.

hüten guard, protect; *Scha-*

fe etc.: tend; **sich ~ vor** beware of.

Hütte *f* hut; cabin; *tech.* smelting works *sg.*

Hydrant *m* hydrant.

hydraulisch hydraulic.

Hygien|e *f* hygiene; **̃isch** hygienic.

Hymne *f* hymn.

Hypno|se *f* hypnosis; **̃-tisieren** hypnotize.

Hypothek *f* mortgage.

Hypothese *f* hypothesis.

Hysteri|e *f* hysteria; **̃sch** hysterical.

I

ich I.

Ideal *n* ideal; **̃ 2** ideal.

Idee *f* idea, notion.

identi|fizieren identify; **̃sch** identical; **2tät** *f* identity.

Ideologie *f* ideology.

Idiot *m* idiot; **̃isch** idiotic.

Idol *n* idol.

Igel *m* hedgehog.

ignorieren ignore.

ihm (to) him; (to) it.

ihn him; it.

ihnen *pl* (to) them; **Ihnen** *sg, pl* (to) you.

ihr *pers pron* you; (to) her; *poss pron* her; *pl* their; **2** *sg, pl* your.

illegal illegal.

Illustrierte *f* (illustrated) magazine. [snack-bar.]

Imbiß *m* snack; **̃stube** *f*{

Imker *m* bee-keeper.

immer always; **~ mehr** more and more; **~ noch**

still; **~ wieder** again and again; **für ~** for ever, for good; **̃zu** all the time.

Immobilien *pl* immovables *pl*, real estate *sg*; **~makler** *m* estate agent, *Am.* realtor.

immun immune.

Imperativ *m gr.* imperative (mood).

Imperfekt *n gr.* imperfect (tense). [perialism.}

Imperialismus *m* im-}

impf|en inoculate; *bsd. gegen Pocken:* vaccinate; **2-schein** *m* certificate of vaccination *od.* inoculation; **2stoff** *m* serum; vaccine; **2ung** *f* inoculation; vaccination. [press s.o.}

imponieren j-m **~** im-}

Import *m* import(ation); **2ieren** import.

imprägnieren waterproof.

impulsiv impulsive.

imstande: ~ sein be able.

in räumlich: wo? in, at; innerhalb: within; wohin? into, in; ~ **der Schule** at school; ~ **die Schule** to school; zeitlich: in, at, during; within.

inbegriffen included, inclusive (of).

indem whilst, while; Mittel: by ger.

Inder m Indian.

Indianer m (Red) Indian.

Indikativ m gr. indicative (mood).

indirekt indirect.

indisch Indian.

individu|ell individual; 2um n individual.

Indizien pl, **~beweis** m circumstantial evidence sg.

Industri|alisierung f industrialization; **~e** f industry; attr industrial.

ineinander into one another.

Infektion f infection; **~skrankheit** f infectious disease. (mood).}

Infinitiv m gr. infinitive}

infizieren infect.

Inflation f inflation.

infolge owing od. due to; **~dessen** consequently.

Information f information; 2ieren inform.

Ingenieur m engineer.

Ingwer m ginger.

Inhaber m owner, proprietor; Wohnung: occupant; Laden: keeper; Paß, Amt etc.: holder.

Inhalt m contents pl; **~s-**

verzeichnis n list (Buch: table) of contents.

Initiative f initiative; **die** ~ **ergreifen** take the initiative.

Injektion f injection.

inklusive s. inbegriffen.

Inland n home (country); Landesinnere: inland.

inländisch inland, home, domestic.

Inlett n tick.

inmitten in the midst of.

innen inside, within; **nach** ~ inwards.

Innen|minister m Minister of the Interior, Brit. Home Secretary, Am. Secretary of the Interior; **~politik** f domestic policy; **~seite** f inner side, inside; **~stadt** f city (cent|re, Am. -er).

inner interior; inner; med., pol. internal; 2e n interior; **~halb** within; **~lich** inwardly; bsd. med. internally.

innig intimate, close.

inoffiziell unofficial.

Insasse m inmate; Fahrgast: occupant, passenger.

Inschrift f inscription.

Insekt n insect.

Insel f island.

Inser|at n advertisement, colloq. ad; 2ieren advertise.

insgesamt altogether.

insofern: ~ **als** in so far as.

Inspektion f inspection.

Install|ateur m plumber; fitter; 2ieren instal(l).

instand: ~ **halten** keep in good order; *tech.* maintain; ~ **setzen** repair.

Instinkt *m* instinct.

Institut *n* institute.

Instruktion *f* instruction.

Instrument *n* instrument.

Inszenierung *f thea.* staging, production.

Intellektuelle *m, f* intellectual, highbrow.

intelligen|t intelligent; 2z *f* intelligence.

Intendant *m* director.

intensiv intensive, intense.

interess|ant interesting; 2e *n* interest (**an, für** in); 2ent *m* interested person *od.* party; *econ.* prospective buyer; ~**ieren** interest (**für** in); **sich** ~**ieren für** be interested in.

Internat *n* boarding-school. [tional.)

international interna-)

inter|pretieren interpret; 2**punktion** *f* punctuation; 2**view** *n* interview.

intim intimate.

intolerant intolerant.

intransitiv *gr.* intransitive.

Invalide *m* invalid.

Invasion *f* invasion.

invest|ieren invest; 2i-**tion** *f* investment.

inwiefern in what way *od.* respect; ~**weit** how far, to what extent.

inzwischen in the meantime, meanwhile.

irdisch earthly; worldly; *sterblich:* mortal.

Ire *m* Irishman; **die** ~**n** *pl* the Irish *pl.*

irgend *in Zssgn:* some...; any...; ~**ein(e)** some(one); any(one); ~**einer** *s.* ~ **jemand;** ~ **etwas** something; anything; ~ **jemand** someone; anyone; ~**wann** some time (or other); ~**wie** somehow; anyhow; ~**wo** somewhere; anywhere.

irisch Irish. [ironic(al).)

Iron|ie *f* irony; 2**isch**)

irre confused; mad, insane; 2 *m, f* lunatic; mental patient; ~**führen** *fig.* mislead; ~**n** err; *räumlich:* wander; **sich** ~**n** be mistaken (**in** *j-m:* in, *et.:* about); be wrong.

irritieren irritate; confuse.

Irrsinn *m* insanity, madness; 2**ig** insane, mad.

Irr|tum *m* error, mistake; **im** ~**tum sein** be mistaken; 2**tümlich(erweise)** by mistake.

Ischias *m, n* sciatica.

Islam *m* Islam.

Isolier|band *n* insulating tape; 2**en** isolate; insulate; ~**ung** *f* isolation; insulation. [Israeli.)

Israeli *m* Israeli; 2**sch**)

Italie|ner *m* Italian; 2-**nisch** Italian.

J

ja yes; **wenn ~** if so.
Jacht f yacht.
Jacke f jacket.
Jackett n jacket.
Jagd f hunt(ing); shoot (-ing); *Verfolgung:* chase; s. **Jagdrevier**; **~aufseher** m gamekeeper, *Am.* game warden; **~hund** m hound; **~revier** n hunting-ground, shoot; **~schein** m shooting licen[ce, *Am.*-se.
jagen hunt; shoot; *rasen:* rush, dash; *verfolgen:* chase.
Jäger m hunter.
Jaguar m jaguar.
jäh precipitous, steep; *plötzlich:* sudden, abrupt.
Jahr n year; **seit ~en** for years; **mit 18 ~en, im Alter von 18 ~en** at (the age of) eighteen; **2elang** for years; **2elange Erfahrung** (many) years of experience.
Jahres|bericht m annual report; **~tag** m anniversary; **~zahl** f date, year; **~zeit** f season, time of the year.
Jahr|gang m age-group; *Wein:* vintage; **~hundert** n century.
...jährig *in Zssgn:* ...-year-old, of ... (years).
jährlich *adj* annual, yearly; *adv* every year.
Jahr|markt m fair; **~zehnt** n decade.
jähzornig hot-tempered.

Jalousie f (Venetian) blind, *Am. a.* window shade.
Jammer m: **es ist ein ~** it is a pity.
jämmerlich miserable, wretched.
jammern lament (**um** for, over); moan; *greinen:* whine.
Januar m January.
Japan|er m Japanese; **die ~er** *pl* the Japanese *pl*; **2isch** Japanese.
jäten weed.
Jauche f liquid manure.
jawohl yes; certainly.
je ever; at any time; **~ zwei** two each; **sie bekamen ~ zwei Äpfel** they received two apples each; **~ nachdem** it depends; **~ mehr, desto besser** the more the better; **~ länger, ~ lieber** the longer the better; **~ Pfund** a pound.
jed|er, ~e, ~es every; **~er beliebige:** any; **~er einzelne:** each; *von zweien:* either; **~en zweiten Tag** every other day; **~enfalls** at all events, in any case; **~ermann** everyone, everybody; **~erzeit** always; **~esmal** each *od.* every time.
jedoch however, yet.
jemals ever; at any time.
jemand someone, somebody; *fragend, verneint:* anyone, anybody.

jen|er, ~e, ~es that (one); ~e pl those pl.

jenseits on the other side (of); beyond, across.

jetzt now, at present; **bis** ~ until now, so far; **erst** ~ only now; **von** ~ **an** from now on.

jeweils at a time.

Jockei m jockey.

Jod n iodine.

Joghurt m, n yog(ho)urt.

Johannisbeere f currant.

Journalist m journalist.

jubeln rejoice, exult.

Jubiläum n anniversary.

juck|en itch; 2**reiz** m itch.

Jude m Jew.

jüdisch Jewish.

Jugend f youth; young people pl; ~**amt** n youth welfare department; ~**fürsorge** f youth welfare; ~**heim** n youth club; ~**herberge** f youth hostel; ~**kriminalität** f juvenile delinquency; 2**lich** youthful, young; ~**liche** m youth, teenager; f teenager.

Jugoslaw|e m Yugoslav; 2**isch** Yugoslav.

Juli m July.

jung young.

Junge¹ m boy, youngster, lad; Karten: knave, jack.

Junge² n Hund: puppy; Katze: kitten; Fuchs, Bär etc.: cub.

jungenhaft boyish.

jünger younger, junior; 2 m disciple.

Jung|fer f: alte ~ old maid, spinster; ~**frau** f virgin; ~**geselle** m bachelor; ~**gesellin** f bachelor girl.

Jüngling m youth, young man.

jüngst adj youngest; Zeit: (most) recent, latest; **das** 2**e Gericht, der** 2**e Tag** the Last Judg(e)ment, the Day of Judg(e)ment; adv recently, lately.

Juni m June.

junior junior.

Jurist m lawyer, jurist; law-student.

Jury f jury.

Justiz f (administration of) justice; ~**minister** m Minister of Justice; Brit. Lord Chancellor, Am. Attorney General; ~**ministerium** n Ministry of Justice; Am. Department of Justice.

Juwel|en pl jewel(le)ry; ~**ier** m jewel(l)er.

Jux m colloq. joke.

K

Kabel n cable.

Kabeljau m cod(fish).

Kabine f cabin; Friseur etc.: cubicle; Fahrstuhl: car.

Kabinett n pol. cabinet, government.

Kabriolett n cabriolet, convertible.

Kachel f tile.

Kadaver m carcass.

Käfer m beetle.

Kaffee m coffee; **~satz** m coffee-grounds pl.

Käfig m cage. [naked.]

kahl Mensch: bald; bare,

Kahn m boat; Last2: barge.

Kai m quay, wharf.

Kaiser m emperor.

Kajüte f cabin.

Kakao m cocoa; bot. cacao.

Kakt|ee|f, ~us m cactus.

Kalb n calf; **~fleisch** n veal; **~sbraten** m roast veal.

Kalender m calendar.

Kalk m lime.

Kalorie f calorie.

kalt cold; **mir ist** ~ I am cold; **~blütig** cold-blooded.

Kälte f cold(ness); s. **Grad**; **~welle** f cold spell od. wave.

Kamel n camel.

Kamera f camera.

Kamerad m comrade, companion, colloq. pal; **~schaft** f comradeship.

Kamille f camomile.

Kamin m chimney; fireplace; **~sims** m, n mantelpiece.

Kamm m comb; Hahn: comb, crest; Welle: crest; Gebirge: ridge.

kämmen comb.

Kammer f (small) room; **~musik** f chamber music.

Kampagne f campaign.

Kampf m combat, fight (a. fig.); struggle (a. fig.).

kämpfe|n fight, struggle; **~r** m fighter.

Kampfrichter m judge.

Kanal m künstlicher: canal; natürlicher: channel (a. fig., fig.); Abzug: sewer, drain; **~isation** f Flüsse: canalization; Städte etc.: sewerage; **2isieren** canalize; sewer.

Kanarienvogel m canary (-bird).

Kandid|at m candidate; **2ieren** be a candidate.

kandiert candied, crystallized.

Känguruh n kangaroo.

Kaninchen n rabbit.

Kanister m can.

Kanne f Kaffee2, Tee2: pot; Milch2 etc.: can.

Kanon m mus. round, catch.

Kanone f cannon, gun.

Kante f edge.

Kantine f canteen.

Kanu n canoe.

Kanzel f eccl. pulpit; aer. cockpit.

Kanzler m chancellor.

Kap n cape, headland.

Kapazität f capacity; fig. authority.

Kapelle f eccl. chapel; mus. band.

Kapital n capital; **~anlage** f investment; **~ismus** m capitalism; **~ist** m capitalist; **~verbrechen** n capital crime.

Kapitän m captain.

Kapitel n chapter.

kapitulieren surrender.

Kaplan m chaplain.

Kappe f cap.

Kapsel f capsule; case.

kaputt *colloq.*: broken; *Lift etc.*: out of order; *erschöpft*: tired *od.* fagged (out); **~gehen** *colloq.* break; **~machen** *colloq.*: break; ruin.

Kapuze *f* hood; *eccl.* cowl.

Karaffe *f* carafe; *Wein, Likör*: decanter.

Karawane *f* caravan.

Kardinal *m* cardinal; **~zahl** *f* cardinal number.

Karfreitag *m* Good Friday.

kariert check(ed), chequered, *Am.* checkered.

Karies *f* caries.

Karikatur *f* caricature, cartoon.

Karneval *m* carnival.

Karo *n* square, check; *Karten*: diamond(s *pl*).

Karosserie *f mot.* body.

Karotte *f* carrot.

Karpfen *m* carp.

Karre *f*, **~n** *m* cart.

Karriere *f* career.

Karte *f* card.

Kartei *f* card-index; file; **~karte** *f* index-card, filing-card.

Kartoffel *f* potato; **~brei** *m* mashed potatoes *pl*.

Karton *m Pappe*: cardboard, pasteboard; *Schachtel*: cardboard box, carton.

Karussell *n* roundabout, merry-go-round, *Am. a.* car(r)ousel.

Karwoche *f* Holy *od.* Passion Week.

Käse *m* cheese.

Kaserne *f* barracks *sg*.

Kasperle *n*, *m* Punch; **~theater** *n* Punch and Judy show.

Kasse *f* cash-box; *Laden2*: cash register, till; *Bank*: cash-desk, pay-desk; *thea. etc.*: box-office.

Kassen|arzt *m appr.* panel doctor; **~patient** *m appr.* panel patient; **~zettel** *m* sales slip (*Am.* check).

Kassette *f phot., tech.* cassette; *Geld2*: box; *Schmuck2*: case; **~nfilm** *m* cartridge film.

kassiere|n take (the money); *Beitrag*: collect; **2r(in** *f) m* cashier; *Bank*: a. teller; conductor.

Kastanie *f* chestnut.

Kästchen *n* small box *od.* case; casket.

Kasten *m* box; case.

Kasus *m gr.* case.

Katalog *m* catalog(ue).

Katarrh *m* cold, catarrh.

Katastrophe *f* disaster.

Kategorie *f* category.

Kater *m* male cat, tomcat; *colloq. s.* **Katzenjammer**.

Kathedrale *f* cathedral.

Katholi|k m Catholic; **2sch** Catholic.

Katze *f* cat; **~njammer** *m colloq.* hangover.

kauen chew.

kauern crouch, squat.

Kauf *m* purchase; **günstiger ~** bargain; **2en** buy, purchase.

Käufer *m* buyer; customer.

Kaufhaus *n* department store.

käuflich *fig.* venal.
Kaufmann *m* businessman; merchant; shopkeeper, *bsd.* grocer, *Am. a.* storekeeper. [gum.⟩
Kaugummi *m* chewing-⟨
kaum hardly, scarcely.
Kaution *f* security; *jur.* bail.
Kaviar *m* caviar(e).
keck bold; saucy, cheeky.
Kegel *m Spiel:* skittle, pin; *math., tech.* cone; **~bahn** *f* skittle (*Am.* bowling) alley; **2förmig** conic(al), cone-shaped; **2n** play (at) skittles *od.* ninepins, *Am.* bowl. [larynx.⟩
Kehl|e *f* throat; **~kopf** *m*⟩
Kehr|e *f* (sharp) bend *od.* turn; **2en** sweep, brush; **~icht** *n, m* sweepings *pl.*
keifen nag, scold.
Keil *m* wedge; **~er** *m* wild boar.
Keim *m* germ; *bei Samen:* germinate; *sprießen:* sprout; **2frei** sterilized, sterile.
kein: **~(e)** no; **~e(r, -s)** none, no one, nobody; **~er von beiden** neither (of the two); **~er von uns** none of us; **~esfalls, ~eswegs** not at all; **~mal** not once.
Keks *m, n* biscuit, *Am.* cooky; *ungesüßt:* cracker.
Kelch *m* cup; *bot.* calyx.
Kelle *f Suppen2:* ladle; *Maurer2:* trowel.
Keller *m* cellar; **~geschoß** *n* basement.

Kellner *m* waiter; **~in** *f* waitress.
kenn|en know, be acquainted with; **~enlernen** get *od.* come to know; *j-n:* meet *s.o.;* **2er** *m* expert; *Kunst2, Wein2:* connoisseur; **2tnis** *f* knowledge; **2zeichen** *n* mark, sign; *mot.* registration (number), *Am.* license number; **~zeichnen** mark; *fig.* characterize.
kentern capsize.
Keramik *f* ceramics *sg.*
Kerbe *f* notch. [guy.⟩
Kerl *m colloq.* chap, *Am.*⟩
Kern *m Nuß:* kernel; *Kirsche etc.:* stone, *Am.* pit; *Orange, Apfel etc.:* pip; *Erd2:* core; *phys.* nucleus; *in Zssgn:* atomic; *fig.* core, heart; **Kern...** *s.a.* **Atom...;** **~energie** *f* nuclear energy; **~gehäuse** *n* core; **2gesund** thoroughly healthy; **~spaltung** *f* nuclear fission.
Kerze *f* candle.
Kessel *m* kettle; boiler.
Kette *f* chain; *Berg2:* a. range; *Hals2:* necklace.
Ketten|raucher *m* chain-smoker; **~reaktion** *f* chain reaction.
keuch|en pant, gasp; **2-husten** *m* (w)hooping cough.
Keule *f* club; *Fleisch:* leg.
kichern giggle, titter.
Kiefer¹ *m* jaw(-bone).
Kiefer² *f bot.* pine.
Kiel *m mar.* keel.

Kieme f gill. [ble.]
Kies m gravel; **~el** m peb-
Kilo|(gramm) n kilo-
gram(me); **~meter** m
kilomet|re, Am. -er; **~watt**
n kilowatt.
Kind n child; _Klein2_: baby.
Kinder|arzt m p(a)e-
diatrician; **~bett** n _Git-
ter2_: cot, Am. crib; **~gar-
ten** m kindergarten, day
nursery; **~lähmung** f po-
lio(myelitis); **2los** child-
less; **~mädchen** n nurse;
~wagen m perambulator,
colloq. pram, Am. baby
carriage; **~zimmer** n nursery.
Kind|heit f childhood;
2isch childish; **2lich** child-
like.
Kinn n chin.
Kino n cinema, _colloq._ the
pictures _pl_, Am. motion-
picture theater, _colloq._ the
movies _pl_.
Kippe f _colloq._ stub, Am. a.
butt; **2n** tip (over); tilt.
Kirche f church.
Kirchen|gemeinde f par-
ish; **~schiff** n nave; **~
stuhl** m pew.
Kirch|gänger m church-
goer; **2lich** church; **~
turm** m steeple, _ohne
Spitze:_ church-tower.
Kirsche f cherry.
Kissen n cushion; _Kopf2_:
pillow. [_ten2_: crate.]
Kiste f box, chest; _Lat-2_]
Kitsch m (sentimental) rubbish, trash. [putty.]
Kitt m cement; _Glaser2_:]

Kittel m smock; overall;
Arzt2: (white) coat.
kitten cement; putty.
kitz|eln tickle; **~(e)lig**
ticklish (_a. fig._).
klaffen gape, yawn.
kläffen yap, yelp.
Klage f complaint; _Weh2_:
lament; _jur._ action, suit;
2n complain; _jur._ take legal action.
Kläger m _jur._ plaintiff.
kläglich pitiful, piteous;
miserable.
klamm _Hände etc._: numb.
Klamm f ravine, gorge.
Klammer f clamp, cramp;
Büro2: (paper-)clip; _Wä-
sche2_: (clothes-)peg; _typ._
bracket, _runde:_ a. paren-
thesis; **2n: sich ~ an**
cling to (_a. fig._).
Klang m sound; ringing.
Klappe f flap; **2n** v, t:
nach oben ~ tip up;
nach unten ~ lower, put
down; v i click, bang;
colloq. come off well.
Klapper f rattle; **2n** clatter, rattle (**mit et. s.th.**);
~schlange f rattlesnake.
Klapp|messer n clasp-
knife, jack-knife; **~sitz** m
tip-up seat; **~stuhl** m folding chair.
Klaps m slap.
klar clear; bright; plain;
offenkundig: evident.
klären clarify; _fig._ clear up.
Klasse f class; _Schul2_:
class, form, Am. a. grade;
~nzimmer n classroom,
schoolroom.

klassisch classic(al).

Klatsch m fig. colloq. gossip; **2en** v/i: Beifall ~ applaud (j~m s.o.); v/i splash; applaud, clap; colloq. gossip.

Klaue f claw; fig. clutch.

Klavier n piano.

kleb|en v/t glue, paste, stick; v/i stick, adhere (an to); **~end** adhesive; **~rig** sticky; **2stoff** m adhesive.

Klee m clover, trefoil.

Kleid n dress, frock; gown; **2en: j~n** ~ suit od. become s.o.; **sich** ~ dress (o.s.).

Kleider pl clothes pl; **~bügel** m coat-hanger; **~bürste** f clothes-brush; **~haken** m clothes-peg; **~schrank** m wardrobe.

Kleidung f clothes pl.

klein little (nur attr), small; **2bildkamera** f miniature camera; **2bus** m minibus; **2geld** n (small) change; **2igkeit** f trifle; **2kind** n infant, baby; **~laut** subdued; **~lich** narrow-minded; geizig: mean; **2stadt** f small od. country town; **~städtisch** small-town, provincial; **2wagen** m small car, minicar.

Klemme f tech. clamp; Haar: (hair) grip, Am. bobby pin; **in der** ~ **sitzen** colloq. be in a jam; **2n** Tür etc.: stick; **sich die Finger 2n** pinch od. nip one's fingers.

Klempner m plumber.

Klette f bur(r).

klettern climb.

Klient m client.

Klima n climate; **~anlage** f: mit ~ air-conditioned.

klimpern jingle; mus. strum.

Klinge f blade.

Klingel f bell; **~knopf** m bell-push; **2n** ring (the bell).

klingen sound; ring.

Klinik f hospital, clinic.

Klinke f (door)handle.

Klippe f cliff, crag.

klirren Kette: clank, jangle; Schlüssel: jingle; Gläser, Münzen: clink, chink.

klobig clumsy.

klopfen beat; knock; auf die Schulter: tap; **es klopft** there's a knock at the door.

Klops m meatball.

Klosett n lavatory, (water-)closet, W.C., toilet; **~papier** n toilet-paper.

Kloß m dumpling; fig. lump.

Kloster n cloister; Mönchs2: monastery; Nonnen2: convent, nunnery.

Klotz m block, log.

Klub m club.

Kluft f cleft; chasm (a. fig.).

klug clever; intelligent.

Klumpen m lump; Erd2 etc.: clod.

knabbern nibble, gnaw.

Knabe m boy, lad.

knacken crack.

Knall m crack; bang; Waffe: report; **2en** crack; bang; Korken: pop.

knapp tight; spärlich:

scanty; *Stil*: concise; *Vorsprung*, *Sieg*: narrow; *Zeit*: short; **~werden** run short.

knarren creak.

knattern roar.

Knäuel *m*, *n* ball.

Knauf *m* knob.

Knebel *m* gag; **2n** gag.

kneif|en pinch; **2zange** *f* (e–e a pair of) pincers *pl.*

Kneipe *f colloq.* pub, local.

kneten knead.

Knick *m* fold, crease; *Kurve*: bend; **2en** fold, crease; bend; *brechen*: break.

Knicks *m* curts(e)y; **e–n ~ machen** = **2en** (drop a) curts(e)y (**vor** to).

Knie *n* knee; **2n** kneel; **~scheibe** *f* knee-cap; **~strumpf** *m* knee-length sock. [trick, knack.)

Kniff *m* crease, fold; *fig.*)

knipsen *colloq.* clip, punch; *phot.* take a snapshot of.

Knirps *m* little chap.

knirschen crunch; **mit den Zähnen ~** grind one's teeth.

knistern crackle; *Seide etc.*: rustle.

knittern crease, wrinkle.

Knoblauch *m* garlic.

Knöchel *m Fuß*: ankle; *Finger*: knuckle.

Knoch|en *m* bone; **~enbruch** *m* fracture; **2ig** bony.

Knödel *m* dumpling.

Knolle *f* tuber; *Zwiebel*: bulb.

Knopf *m* button.

knöpfen button.

Knopfloch *n* buttonhole.

Knorpel *m* cartilage, gristle.

Knospe *f* bud; **2n** bud.

Knoten *m* knot; **2** knot; **~punkt** *m* rail. junction.

knüpfen tie, knot; *Bedingungen*: attach (**an** to).

Knüppel *m* cudgel.

knurren growl, snarl; *Magen*: rumble.

knusprig crisp, crunchy.

Koch *m* cook; **~buch** *n* cookery-book, *Am.* cookbook; **2en** *v/t Wasser*, *Eier*, *Fisch*: boil; *Fleisch*, *Gemüse*: cook, boil; *Kaffee*, *Tee etc.*: make; *v/i Wasser etc.*: boil; *Tätigkeit*: cook, do the cooking; **~er** *m* cooker.

Köchin *f* cook.

Koch|nische *f* kitchenette; **~topf** *m* pot, saucepan.

Köder *m* bait; **2n** bait.

Koffer *m* (suit)case; travel; **~radio** *n* portable radio (set); **~raum** *m mot.* boot, *Am.* trunk. [dy, cognac.)

Kognak *m* French bran-)

Kohl *m* cabbage.

Kohle *f* coal; *electr.* carbon; **~nsäure** *f* carbonic acid; **~nstoff** *m* carbon; **~papier** *n* carbon-paper.

Koje *f* berth, bunk.

Kokosnuß *f* coconut.

Koks *m* coke.

Kolben *m Gewehr*: butt; *tech.* piston.

Kolik *f* colic.

Kolleg|e *m*, **~in** *f* colleague.

Kolonie f colony.

Kolonne f column; Wagen2: convoy.

Kombi|nation f combination; Fußball etc.: move; ~wagen m estate car, Am. station wagon.

Komfort m comfort; 2abel comfortable.

Komi|k f humo(u)r, fun; ~ker m comedian; 2sch comic(al), funny; fig. odd.

Komitee n committee.

Komma n comma; sechs ~ vier six point four.

Kommando n mil. command; Befehl(e): a. order (-s pl); Abteilung: detachment.

kommen come; an~: arrive; ~ lassen j-n: send for; et.: order; ~ auf remember; um et. ~ lose s.th.

Komment|ar m commentary, comment; 2ieren comment on.

Kommiss|ar m Polizei: superintendent; ~ion f commission; Ausschuß: a. committee.

Kommode f chest of drawers, Am. bureau.

Kommunis|mus m communism; ~t m communist; 2tisch communist.

Komöd|iant m comedian; ~ie f comedy.

Kompanie f company.

Komparativ m gr. comparative (degree).

Kompaß m compass.

komplett complete.

Komplex m complex; Gebäude: block.

Komplikation f complication. [ment.]

Kompliment n compli-⎫

Komplize m accomplice.

komplizier|en complicate; ~t complicated; Problem etc.: complex.

kompo|nieren compose; 2nist m composer; 2sition f composition.

Kompott n stewed fruit.

Kompromiß m compromise.

kondens|ieren condense; 2milch f evaporated milk.

Kondition f sp. condition.

Konditional m gr. conditional (mood).

Konditor m confectionery, café; ~waren pl confectionery pl.

Konfekt n sweets pl, Am. candy; chocolates pl.

Konfektion f ready-made clothes pl.

Konferenz f conference.

Konfession f denomination. [mation.]

Konfirmation f confir-⎫

Konfitüre f preserves pl, (whole-fruit) jam.

Konflikt m conflict.

konfrontieren confront.

konfus confused.

Kongreß m congress.

König m king; ~in f queen; 2lich royal; ~reich n kingdom.

Konjug|ation f gr. conjugation; 2ieren gr. conjugate.

Konjunkt|ion f gr. conjunction; **~iv** m gr. subjunctive od. conjunctive (mood); **~ur** f economic od. business situation.

Konkurr|ent m competitor, rival; **~enz** f competition (a. sp.); competitor(s pl), rival(s pl); **Qenzfähig** able to compete; Preise: competitive; **Qieren** compete.

Konkurs m bankruptcy.

können know; be allowed od. permitted to; **~ Sie Deutsch?** do you speak German?; **ich kann** I can, I am able to; **es kann sein** it may be.

konsequen|t consistent; **Qz** f consistency; Folge: consequence.

konservativ conservative.

Konserven pl tinned (Am. canned) food sg; **~büchse** f, **~dose** f tin, Am. can.

konservieren preserve.

Konsonant m consonant.

konstru|ieren gr. construe; tech.: construct; entwerfen: design; **Qktion** f tech.: construction; design. [consulate.}

Konsul m consul; **~at** n}

Konsum m consumption; Laden: co-operative, colloq. co-op; **~ent** m consumer; **~güter** pl consumer('s) goods pl.

Kontakt m contact; **~ aufnehmen** get in touch.

Kontinent m continent.

Konto n account.

Kontrast m contrast.

Kontroll|e f control; Aufsicht: supervision; Prüfung: check; **~eur** m inspector; rail. conductor; **Qieren** control; supervise; check. [sation.}

Konversation f conver-}

konzentrieren: (sich) ~ concentrate.

Konzert n concert; Musikstück: concerto; **~saal** m concert-hall.

Konzession f concession; licen|ce, Am. -se.

Kopf m head; fig. brains pl; **~bedeckung** f headgear; **~ende** n head, top; **~hörer** m headphone; **~kissen** n pillow; **~nicken** n nod; **~salat** m lettuce; **~schmerzen** pl headache sg; **~sprung** m header; **~tuch** n head-scarf; **Qüber** head first; **~weh** n headache. [Qren copy.}

Kopie f copy, duplicate;}

Kopilot m aer. co-pilot; mot. co-driver.

Koralle f coral.

Korb m basket; **~möbel** pl wicker furniture sg.

Korken m cork; **~zieher** m corkscrew. [men: seed.}

Korn n grain, corn; Sa-}

körnig granular; in Zssgn: ...-grained.

Körper m body; **~bau** m physique; **Qbehindert** (physically) disabled, handicapped; **Qlich** bodily, physical; **~pflege** f hygiene.

korrekt correct; **2ur** f correction.

Korrespond|ent m correspondent; **2ieren** correspond.

korrigieren correct.

Korsett n corset.

Kosename m pet name.

Kosmetik f beauty culture; **~erin** f beautician, cosmetician; **~salon** m beauty parlo(u)r.

Kost f food, fare; *Beköstigung:* board; diet; **2bar** costly, expensive; *fig.* valuable, precious.

kosten[1] taste, try, sample.

kosten[2] cost; *Zeit:* take; **2** pl cost(s pl); *Ausgaben:* expenses pl; **~los** free (of charge).

köstlich delicious.

Kost|probe f sample; **2spielig** expensive.

Kostüm n costume; suit.

Kot m excrement.

Kotelett n chop.

Kotflügel m mudguard, *Am. a.* fender.

Krabbe f crab; shrimp.

krabbeln crawl.

Krach m crash; *Lärm:* noise; *Streit:* quarrel, *colloq.* row; **2en** crash.

krächzen croak.

Kraft f strength; *Natur2:* force; *electr., tech.* power; *Tat2:* energy; **in ~ treten** come into operation od. force; **~brühe** f beef tea; **~fahrer** m driver, motorist; **~fahrzeug** n motor vehicle.

kräftig strong (*a. fig.*); powerful; *Essen:* substantial.

kraft|los feeble, weak; **2stoff** m fuel; petrol, *Am.* gas(oline); **2wagen** m motor vehicle; **2werk** n power-station.

Kragen m collar.

Krähe f crow; **2n** crow.

Kralle f claw; *Raubvogel:* talon.

Krampf m cramp; *stärker:* spasm, convulsion; **~ader** f varicose vein; **2haft** convulsive; *fig.* forced.

Kran m crane.

krank ill, *bsd. Am.* sick; **~ werden** fall ill; **2e** m, f sick person, patient.

kränken offend, hurt.

Kranken|bett n sickbed; **~haus** n hospital; **~kasse** f health insurance scheme; **~pfleger** m male nurse; **~schwester** f nurse; **~versicherung** f health *od.* sickness insurance; **~wagen** m ambulance; **~zimmer** n sick-room.

krank|haft morbid; **2heit** f illness, sickness; *bestimmte:* disease.

kränklich sickly, ailing.

Kranz m wreath; garland.

kratzen: (sich) ~ scratch (o.s.). [*spr. crawl.*]

kraulen scratch (gently);}

kraus curly, crisp.

Kraut n herb; *Kohl:* cabbage.

Krawall m riot.

Krawatte f (neck)tie.

Krebs m zo. crayfish; med. cancer.

Kredit m credit.

Kreide f chalk.

Kreis m circle (a. fig.); district; **~bahn** f orbit.

kreischen screech, scream.

Kreisel m (whipping-)top.

kreis|en (move in a) circle, revolve, rotate; aer., Vogel: circle; Blut: circulate; **~förmig** circular; **2lauf** m circulation; **2laufstörung** f circulatory disturbance; **~rund** circular; **2verkehr** m roundabout traffic.

Krem f cream.

Krempe f brim.

Kreuz n cross; crucifix; anat. small of the back; Karten: club(s pl); **2: ~ und quer** in all directions.

kreuz|en cross; sich **~en** cross, intersect; **2fahrt** f cruise; **~igen** crucify; **2otter** f common viper, adder; **2schmerzen** pl backache sg; **2ung** f cross-roads sg; bot., zo. cross(breed); **2verhör** n: **ins ~ nehmen** cross-examine; **2worträtsel** n crossword (puzzle).

kriech|en creep, crawl; **2spur** f mot. creeper lane.

Krieg m war.

kriegen colloq.: get; fangen: catch.

Kriegs|beschädigte m disabled veteran; **~gefangene** m prisoner of war; **~gefangenschaft** f captivity; **~verbrechen** n war crime.

Kriminal|beamte m criminal investigator, plain-clothes man; **~film** m crime film, thriller; **~polizei** f criminal investigation department; **~roman** m detective story, crime novel.

kriminell criminal; **2e** m criminal.

Krippe f crib, manger; Kinderhort: crèche.

Krise f crisis.

Kriti|k f criticism; thea. etc.: review; **~ker** m critic; **2sch** critical; **2sieren** criticize.

kritzeln scrawl, scribble.

Krokodil n crocodile.

Krone f crown; Adels2: coronet.

krönen crown. [lier.]

Kronleuchter m chande-}

Krönung f coronation.

Kropf m goit|re, Am. -er.

Kröte f toad.

Krücke f crutch.

Krug m jug, pitcher; mug.

Krume f crumb.

Krümel m small crumb.

krumm crooked; bent.

krümm|en bend; Finger, Arm: crook; **2ung** f bend; curve; Fluß, Weg: turn, wind; Erde, anat.: curvature.

Krüppel m cripple.

Kruste f crust.

Kruzifix n crucifix.

Kubikmeter m, n cubic met|re, Am. -er.

Küche f kitchen; cuisine.

Kuchen *m* cake.

Küchen|herd *m* (kitchen) range, stove; **~schrank** *m* dresser.

Kuckuck *m* cuckoo.

Kufe *f aer.* skid; *Schlitten etc.*: runner.

Kugel *f* ball; *Gewehr etc.*: bullet;*math., geogr.* sphere; *sp.* shot; **2förmig** spherical; **~gelenk** *n tech., anat.* ball-and-socket joint; **~lager** *n* ballbearing(s *pl*); **~schreiber** *m* ball(-point) pen; **~stoßen** *n* shot-put.

Kuh *f* cow.

kühl cool; chilly; **~en** cool; chill; **2er** *m mot.* radiator; **2schrank** *m* refrigerator, *colloq.* fridge.

kühn bold, daring.

Kuhstall *m* cow-house.

Küken *n* chick(en).

kultivieren cultivate.

Kultur *f agr.* cultivation; culture, civilization; **2ell** cultural; **~film** *m* documentary film.

Kümmel *m* caraway.

Kummer *m* grief, sorrow; *Verdruß*: trouble.

kümmer|lich miserable, wretched; **~n** bother, worry; **sich ~um** look after, take care of; see (to it).

Kunde *m* customer, client; **~ndienst** *m* service.

Kundgebung *f pol.* rally.

kündig|en cancel; *Vertrag*: denounce; **j-m ~en** give s.o. notice; **2ung** *f* notice.

Kund|in *f* customer, cli-

ent; **~schaft** *f* customers *pl*, clients *pl*.

Kunst *f* art; *Fertigkeit*: skill; **~ausstellung** *f* art exhibition; **~dünger** *m* fertilizer; **~händler** *m* art dealer; **~leder** *n* imitation leather.

Künstler *m*, **~in** *f* artist; *mus., thea. a.* performer; **2isch** artistic.

künstlich artificial; false (*a. Zähne etc.*); synthetic.

Kunst|seide *f* rayon, artificial silk; **~stoff** *m* synthetic material, plastics *sg*; **~stück** *n* feat; trick; **2voll** artistic, elaborate; **~werk** *n* work of art.

Kupfer *n* copper; **~stich** *m* copperplate (engraving).

Kuppe *f* rounded hilltop; *Nagel etc.*: head.

Kuppel *f* dome, cupola.

kupp|eln couple; *mot.* declutch; **2lung** *f tech.* coupling; *mot.* clutch; **2lungspedal** *n* clutch pedal.

Kur *f* cure.

Kurbel *f* crank.

Kürbis *m* pumpkin.

Kur|gast *m* visitor; **2ieren** cure; **~ort** *m* health resort, spa; **~park** *m* park, gardens *pl*.

Kurs *m* course (*a. fig.*); *Börse*: price; *Wechsel2*: rate of exchange; *Lehrgang*: course, class; *pol.* policy, line; **~buch** *n* railway (*Am.* railroad) guide.

kursieren circulate.
Kurswagen m through carriage.
Kurtaxe f visitor's tax.
Kurve f curve; bend.
kurz short; *zeitlich*: brief; ~e Hose shorts *pl*; **sich** ~ **fassen** be brief *od.* concise; **vor** ~**em** a short time ago.
kürzen shorten (**um** by); *Buch etc.*: abridge; *Ausgaben*: cut, reduce.
Kurz|film m short film; **2fristig** *Kredit*: short-term; *Absage*: at short notice; ~**geschichte** f short story; ~**nachrichten** *pl* news summary *sg*.

kürzlich recently.
Kurz|parkzone f limited parking zone; ~**schluß** m short circuit; ~**schrift** f shorthand; **2sichtig** short-sighted, near-sighted; ~**waren** *pl* haberdashery *sg*, *Am. a.*: notions *pl*; ~**welle** f short wave.
Kusine f cousin.
Kuß m kiss.
küssen kiss.
Küste f shore, coast.
Küster m verger, sexton.
Kutsche f carriage, coach; ~**r** m coachman.
Kutte f cowl.
Kutter m cutter.
Kuvert n envelope.

L

Labor n laboratory; ~**ant** (-**in** f) m laboratory assistant; ~**atorium** n laboratory.
Lache f pool, puddle.
lächeln smile; ♀ n smile.
lachen laugh; ♀ n laugh (-ter).
lächerlich ridiculous.
Lachs m salmon.
Lack m varnish; **2ieren** varnish; ~**leder** n patent leather.
laden load; *electr.* charge.
Laden m shop, *Am.* store; *Fenster*: shutter; ~**dieb** m shop-lifter; ~**kasse** f till; ~**schluß** m closing time; ~**tisch** m counter.
Ladung f load, freight; *mar.* cargo; *electr.* charge.

Lage f situation (*a. fig.*); position (*a. fig.*); **in der** ~ **sein zu** be able to.
Lager n couch, bed; *Vorrat*: store, stock; *mil. etc.*: camp, encampment; *s.* **Lagerhaus; auf** ~ on hand, in stock; ~**feuer** n campfire; ~**haus** n warehouse, store-house; **2n** *v/i mil.* (en)camp; *econ.* be stored; *v/t econ.* store, warehouse; ~**raum** m store-room; ~**ung** f storage.
Lagune f lagoon.
lahm lame; ~**en** be lame (**auf** in).
lähm|en paraly|se, *Am.* -ze; **2ung** f paralysis.
Laib m loaf.
Laie m layman; amateur.

Laken n sheet.

lallen babble.

Lamm n lamb.

Lampe f lamp; **~schirm** m lamp-shade.

Land n Fest: land; country; **an ~ gehen** go ashore; **auf dem ~(e)** in the country; **~ebahn** f runway; 2**einwärts** upcountry, inland; 2**en** land.

Länder|kampf m, **~spiel** n international match.

Landes|grenze f national border, frontier; **~innere** n interior, upcountry; **~regierung** f (Deutschland: Land) government.

Land|karte f map; **~kreis** m rural district.

ländlich rural, rustic.

Land|schaft f countryside; bsd. paint. landscape; **~smann** m (fellow-)countryman, compatriot; **~straße** f highway, road; **~streicher** m vagabond, tramp; **~tag** m Landtag, Land parliament.

Landung f landing; **~ssteg** m gangway.

Land|weg m: **auf dem ~(e)** by land; **~wirt** m farmer; **~wirtschaft** f agriculture, farming; 2**wirtschaftlich** agricultural.

lang long; Person: tall.

Länge f length; tallness; geogr. longitude.

langen colloq.: be enough; **~ nach** reach for.

Langeweile f boredom.

lang|fristig long-term; **~**

jährig: ~e Erfahrung many years of experience.

länglich longish, oblong.

längs along(side).

lang|sam slow; 2**schläfer** m late riser; 2**spielplatte** f long-play record.

längst long ago od. since.

Langstreckenlauf m long-distance run od. race.

langweilen bore; **sich ~en** be bored; **~ig** boring, dull; **~ige Person** bore.

Lang|welle f long wave; 2**wierig** protracted, lengthy.

Lappen m rag; Staub2: duster; Wisch2 etc.: cloth; anat., bot. lobe.

Lärche f larch.

Lärm m noise; 2**en** make a noise; 2**end** noisy.

Larve f mask; zo. larva.

Lasche f tongue.

lassen let; be~: leave; allow, permit, let; veran~: make; **laß das!** don't!; **drucken ~** have printed.

lässig easy; careless.

Last f load; burden; Gewicht: weight; **~auto** n s.

Last(kraft)wagen; 2**en: ~ auf** weigh od. press on.

Laster n vice.

lästern: ~ über speak ill of. [noying.]

lästig troublesome; an-}

Last|kahn m barge; **~(kraft)wagen** m lorry, Am. truck.

Latein n Latin; 2**isch** Latin.

Laterne f lantern; streetlamp; **~npfahl** m lamppost.

Latte f lath; *Zaun:* pale.

Lätzchen n bib, feeder.

Laub n foliage, leaves *pl;* **~baum** m deciduous tree.

Laube f arbo(u)r, bower.

Lauch m leek.

lauern lurk, watch.

Lauf m *Gewehr:* barrel; *Fluß:* course (*a. fig.*); run; *sp. a.* heat; **~bahn** f career; **~en** run; *spazieren:* walk; **~enlassen: j-n ~** let s.o. go.

Läufer m runner (*a. Teppich*); *Fußball:* half-back.

Laufmasche f ladder, *Am. a.* run.

Lauge f lye.

Laun|e f humo(u)r, mood, temper; *whim;* **2enhaft, 2isch** moody.

Laus f louse.

lauschen listen (*dat* to); *heimlich:* eavesdrop.

laut *adj* loud; noisy; *adv* aloud, loud(ly); *prp* according to; **2** m sound; **~en** *Text:* run.

läuten ring; **es läutet** the bell is ringing.

laut|los noiseless, soundless; *Stille:* hushed; **2schrift** f phonetic transcription; **2sprecher** m loud-speaker; **~stärke** f volume. `[warm.`

lauwarm tepid, luke- `}`

Lava f lava.

Lavendel m lavender.

Lawine f avalanche.

leben live; be alive; **leb wohl!** good-bye!, fare-

well!; **von et. ~** live on s.th.; **2** n life; stir, bustle; **am 2** alive; **am 2 bleiben** survive; **ums 2 kommen** lose one's life; **~dig** *fig.* lively.

Lebens|alter n age; **~bedingungen** *pl* living conditions *pl;* **~gefahr** f danger to life; **~gefahr!** danger!; **2gefährlich** dangerous (**to** life); **~haltungskosten** *pl* cost *sg* of living; **2länglich** for life; **~lauf** m personal record, curriculum vitae; **2lustig** gay, merry; **~mittel** *pl* food *sg*, groceries *pl;* **~mittelgeschäft** n grocer's (shop), *Am.* grocery; **~standard** m standard of living; **~unterhalt** m: **s-n ~ verdienen** earn one's living; **~versicherung** f life assurance, *Am.* life insurance; **2wichtig** vital, essential; **~zeichen** n sign of life. `[cod-liver oil.`

Leber f liver; **~tran** m `}`

Lebewesen n living being *od.* creature.

Lebewohl n farewell.

leb|haft lively; vivid; *Interesse:* keen; **~los** lifeless.

leck leaky; **~ sein** leak.

lecken lick; leak.

lecker dainty, delicious; **2bissen** m dainty, delicacy.

Leder n leather.

ledig single, unmarried; *Kind:* illegitimate.

leer empty; vacant; *Seite etc.:* blank; **2e** f emptiness;

~en empty; clear out; pour out; **2lauf** *m* neutral gear.

legal legal, lawful.

legen *v/t* lay; place, put; **sich ~ *Wind etc.*:** abate, calm down; *v/i Henne:* lay.

Legende *f* legend.

Lehm *m* loam.

Lehn|e *f Arm2:* arm; *Rük-ken2:* back; **2en** lean, rest **(an, gegen** against; **(sich) 2en an** lean against; **~sessel** *m*, **~stuhl** *m* arm-chair, easy chair.

Lehrbuch *n* textbook.

Lehre *f* doctrine; science; *Warnung:* lesson; apprenticeship; **in der ~ sein** be apprenticed to; **2n** teach, instruct.

Lehrer *m* teacher, instructor; **~in** *f* teacher.

Lehr|fach *n* subject; **~herr** *m* master, *sl.* boss; **~ling** *m* apprentice.

Leib *m* body; *Bauch:* belly, *anat.* abdomen; *Mutter2:* womb; **~chen** *n* bodice; **~esübungen** *pl* physical exercises *pl*; **~gericht** *n* favo(u)rite dish; **~schmerzen** *pl s.* **Bauchschmerzen**; **~wache** *f*, **~wächter** *m* bodyguard.

Leiche *f* (dead) body, corpse; **~nschauhaus** *n* morgue.

leicht light (*a. fig.*); *einfach:* easy; **2athlet** *m* athlete; **2athletik** *f* athletics *pl*, *Am.* track and field events *pl*; **~gläubig** credulous; **2igkeit** *f* lightness; *fig. a.*

ease; **2sinn** *m* carelessness; **~sinnig** careless.

leid: es tut mir ~ I am sorry; **er tut mir ~ I** am sorry for him; **2 *n*** grief, sorrow; **~en** *v/t* suffer (an from); **(nicht) ~en können** (dis)like; **2en** *n* suffering; *med.* complaint; **~end** ailing. **[2lich** passionate.)

Leidenschaft *f* passion; **~lich** passionate.)

leid|er unfortunately; **2-tragende** *m*, *f* mourner.

Leih|bücherei *f* lending-library, circulating library; **2en** lend; **(sich) ~en** borrow; **~haus** *n* pawnshop; **~wagen** *m* hire(d) car.

Leim *m* glue; **2en** glue.

Leine *f* line; *Hunde2:* lead, leash.

leinen (of) linen; **2 *n*** linen; **2schuh** *m* canvas shoe.

Leinwand *f paint.* canvas; *Kino:* screen.

leise low, soft; **~r stellen** turn down.

Leiste *f* ledge; *anat.* groin.

leisten do; *Dienst, Hilfe:* render; **ich kann mir das ~ I** can afford it; **Widerstand ~** offer resistance.

Leistung *f* performance; achievement; *Arbeits2:* output; *Versicherung2:* benefit.

Leit|artikel *m* leading article, leader, editorial; **2en** lead, guide; conduct (*a. phys., mus.*); run, manage.

Leiter[1] *m* conductor; manager.

Leiter² f ladder.

Leitung f *Stromkreis*: circuit; *teleph.* line; *Rohr*♀: pipe; *Führen*: guidance, fig. management, administration; **~srohr** n conduit-pipe; **~swasser** n tap water.

Lekt|ion f lesson; **~üre** f reading; books pl.

Lende f loin(s pl).

lenk|en direct; *mar.* steer; *Fahrzeug*: a. drive; **♀rad** n steering-wheel; **♀stange** f handlebar; **♀ung** f steering-gear.

Leopard m leopard.

Lerche f lark.

lernen learn.

Lese|buch n reader; **~lampe** f reading-lamp; **♀n** read; *agr.* gather; **~r(in** f) m reader; **♀rlich** legible; **~zeichen** n book-mark.

letzt last; final.

leucht|en shine; *schimmern*: gleam; **~end** shining, bright; luminous; **♀er** m candlestick; s. **Kron-leuchter**; **♀reklame** f neon sign; **♀turm** m light-house; **♀ziffer** f luminous figure.

leugnen deny.

Leute pl people pl; *einzelne*: persons pl.

Lexikon n dictionary; encyclop(a)edia.

Libelle f dragon-fly.

liberal liberal.

Licht n light; **~ machen** switch od. turn on the light(s); **~bild** n photo

(-graph); **♀empfindlich** sensitive to light; *phot.* sensitive.

lichten *Wald*: clear; **den Anker ~** weigh anchor; **sich ~** thin.

Licht|hupe f headlight flash(er); **~maschine** f dynamo; **~reklame** f neon sign; **~schalter** m (light) switch; **~strahl** m ray od. beam of light.

Lichtung f clearing.

Lid n (eye)lid.

lieb dear (a. *Anrede*); *nett*: nice, kind; *Kind*: good.

Liebe f love; **♀n** love.

liebenswürdig kind.

lieber rather, sooner; **~ haben** prefer, like better.

Liebes|brief m love-letter; **~paar** n lovers pl.

liebevoll loving, affectionate.

Lieb|haber m lover (a. fig.); **♀kosen** caress; **♀lich** lovely, charming; **~ling** m darling; *favo(u)rite*; *Kind, Tier*: pet; *Anrede*: darling; **♀los** unkind; *nachlässig*: careless; **~ste** m, f darling; sweetheart.

Lied n song.

liederlich slovenly.

Liefer|ant m supplier, purveyor; **~auto** n s. **Liefer-wagen**; **♀bar** available; **♀n** deliver; supply; **~ung** f delivery; supply; *Ware*: consignment; **~wagen** m delivery van.

Liege f couch; *Garten*♀: bedchair.

liegen lie; *Haus etc.*: be (situated); **~nach** face; **es liegt an ihm** it is up to him; **~bleiben** stay in bed; *Arbeit etc.*: stand over; **~lassen** leave (behind).

Liege|stuhl *m* deck chair; **~wagen** *m* couchette coach.

Lift *m* lift, *Am.* elevator.

Liga *f* league.

Likör *m* liqueur, cordial.

lila lilac.

Lilie *f* lily.

Limonade *f* orangeade; lemonade. [sedan.]

Limousine *f* saloon car,)

Linde *f* lime(-tree), linden.

lindern alleviate, soothe; *Not:* relieve.

Lineal *n* ruler. [ber.]

Linie *f* line; *Bus etc.*: num-)

link left; **2e** *f* left; **~isch** awkward, clumsy.

links (on *od.* to the) left; **nach ~** to the left; **2händer** *m* left-hander.

Linse *f bot.* lentil; *opt.* lens.

Lippe *f* lip; **~nstift** *m* lipstick.

lispeln lisp.

List *f* ruse, trick.

Liste *f* list; roll.

listig cunning, crafty.

Liter *m, n* lit|re, *Am.* -er.

litera|risch literary; **2tur** *f* literature.

Lizenz *f* licen|ce, *Am.* -se.

Lob *n* praise; **2en** praise; **2enswert** praiseworthy.

Loch *n* hole; **2en** perforate, pierce; *Karten:* punch;

~er *m* punch, perforator; **~karte** *f* punch(ed) card.

Locke *f* curl, ringlet.

locken decoy (*a. fig.*); *fig.* allure, entice.

Lockenwickler *m* curler.

locker loose; slack; **~n** loosen (*a.* sich), slacken; relax.

lockig curly.

Löffel *m* spoon.

Loge *f thea.* box.

Loggia *f* loggia.

logisch logical.

Lohn *m* wage *pl; fig.* reward; **~empfänger** *m* wage-earner; **2en: sich ~** pay; **2end** profitable; *fig.* rewarding; **~erhöhung** *f* rise (in wages), *Am.* raise; **~steuer** *f* wage(s) tax; **~stopp** *m* wage-freeze.

lokal local; **2** *n* restaurant; public house, *Am.* saloon.

Lokomotiv|e *f* (railway) engine; **~führer** *m* engine-driver, *Am.* engineer.

Lorbeer *m* laurel, bay.

Los *n* lot; lottery ticket; *fig.* fate, destiny, lot.

los loose, free; **was ist ~?** what is the matter?; **~** **sein** be rid of; **~!** go (on, ahead)!; **~binden** untie.

Lösch|blatt *n* blotting-paper; **2en** extinguish, put out; wipe off; *Tonband:* erase; *Feuer, Durst:* quench; *mar.* unload.

lose loose.

Lösegeld *n* ransom.

losen cast *od.* draw lots (**um** for).

lösen loosen, untie; *Karte:* buy; *fig.* solve; *Verlobung:* break off; *Vertrag:* annul, cancel; **(sich)** ~ *chem.* dissolve; **sich** ~ loosen.

los|fahren depart, drive off; **~gehen** go *od.* be off; **~lassen** let go.

löslich soluble.

los|lösen detach; **~machen** unfasten, loosen; **~reißen** tear off; **sich ~reißen** *fig.* tear o.s. away.

Lösung *f* solution (*a. fig.*).

loswerden get rid of.

Lot *n* plumb(-line), plummet.

löten solder.

Lotse *m mar.* pilot.

Lotterie *f* lottery.

Lotto *n* numbers pool, lotto.

Löwe|m lion; **~in** *f* lioness.

loyal loyal.

Luchs *m* lynx.

Lücke *f* gap; **2nhaft** incomplete; **2nlos** complete.

Luft *f* air; **frische** ~ **schöpfen** take the air; **in die** ~ **sprengen** blow up; **~angriff** *m* air raid; **~blase** *f* air-bubble; **~brücke** *f* air lift; **2dicht** airtight; **~druck** *m* atmospheric *od.* air pressure.

lüften air; *Hut:* raise.

Luft|fahrt *f* aviation, aeronautics *sg*; **~kissen** *n* air cushion; **2krank** airsick; **~kurort** *m* climatic health resort; **2leer: ~er Raum**

vacuum; **~linie** *f* bee-line, *Am. a.* air line; **~loch** *n* air pocket; **~matratze** *f* airbed; **~post** *f* air mail; **~pumpe** *f* bicycle pump; **~röhre** *f* windpipe; **~stützpunkt** *m* air base.

Lüftung *f* ventilation.

Luft|veränderung *f* change of air; **~verkehr** *m* air traffic; **~verkehrsgesellschaft** *f* airway, *Am.* airline; **~waffe** *f* air force; **~weg** *m*: **auf dem** ~ by air; **~zug** *m* draught, *Am.* draft.

Lüg|e *f* lie, falsehood; **2en** lie; **~ner(in** *f*) *m* liar.

Luke *f* hatch.

Lump *m* cad, rogue.

Lumpen *m* rag.

Lunge *f* lungs *pl*; **~nentzündung** *f* pneumonia; **~nflügel** *m* lung.

Lupe *f* magnifying glass.

Lust *f* pleasure, delight; lust; ~ **haben zu** to feel like *ger.*

lüstern lewd.

lust|ig merry, gay; *belustigend:* amusing, funny; **sich ~ig machen über** make fun of; **2spiel** *n* comedy.

lutschen suck.

luxuriös luxurious.

Luxus *m* luxury; **~artikel** *m* luxury; **~hotel** *n* luxury hotel. [gland.)

Lymphdrüse *f* lymph)

Lyrik *f* (lyric) poetry.

M

machen make; do; *herstellen*: make, produce, manufacture; *Prüfung*: sit for; *Rechnung*: come od. amount to; **wieviel macht das?** how much is it?; **das macht nichts!** never mind!, that's (quite) all right!; **da(gegen) kann man nichts machen** it cannot be helped; **ich mache mir nichts daraus** I don't care about it; **sich et. ~ lassen** have s.th. made; **na, mach schon!** *colloq.* hurry up!

Macht f power (a. *Staat*), *stärker*: might; authority.

mächtig powerful (a. *fig.*); mighty; *riesig*: huge.

machtlos powerless.

Mädchen n girl; maid (-servant); **~name** m girl's name; *Frau*: maiden name.

Made f maggot, mite; **2ig** maggoty, full of mites.

Magazin n magazine.

Magen m stomach; **~beschwerden** pl stomach trouble sg.; **~bitter** m bitters pl.; **~geschwür** n gastric ulcer; **~schmerzen** pl stomach-ache sg.

mager meag|re, Am. ~er (a. *fig.*); *Mensch, Tier, Fleisch*: lean; **2milch** f skim(med) milk.

magnetisch magnetic.

mähen cut, mow, reap.

Mahl n meal.

mahlen grind, mill.

Mahlzeit f meal.

Mähne f mane.

mahnen remind, admon- } [ish.}

Mai m May; **~baum** m maypole; **~glöckchen** n lily of the valley; **~käfer** m cockchafer.

Mais m maize, Indian corn, Am. corn.

Majestät f majesty.

Major m major.

makellos immaculate.

Makler m broker.

Mal n mark, sign; time; **zum ersten ~** for the first time.

mal times; multiplied by.

male|n paint; **2r(in** f) m painter; **2rei** f painting.

Malz n malt.

Mama f mam(m)a, mammy, ma.

man one, you, we; they, people.

manch, ~er, ~e, ~es many a; **~e** pl some, several; **~mal** sometimes, at times.

Mandant m client.

Mandarine f tangerine.

Mandel f bot. almond; anat. tonsil; **~entzündung** f tonsillitis.

Manege f (circus-)ring.

Mangel m want, lack, deficiency; *Knappheit*: shortage; *Fehler*: defect; **2haft** defective; unsatisfactory; **~ware** f: **~ sein** be scarce.

Manieren pl manners pl.

Mann m man; *Ehe*2: husband.

Männ|chen n zo. male; *orn.* cock; 2lich male; gr. masculine. [team.]

Mannschaft f crew; sp.

Manöver n manoeuvre; *Am.* maneuver.

Mansarde f attic, garret.

Manschette f cuff; ₋nknopf m cuff-link.

Mantel m (over)coat.

Manuskript n manuscript.

Mappe f portfolio, briefcase; *Aktendeckel*: folder.

Märchen n fairy-tale.

Marder m marten.

Margarine f margarine, *colloq.* marge.

Marinade f marinade.

Marine f marine; *Kriegs*2: navy.

Marionette f puppet.

Mark[1] f *Geld*: mark.

Mark[2] n *anat.* marrow; *bot.* pith.

Marke f *Brief*2 etc.: stamp; *Fabrikat*: brand.

markieren mark.

Markise f awning.

Markt m market.

Marmelade f jam; *Orangen*2: marmalade.

Marmor m marble.

Marsch m march (a. mus.); 2ieren march.

Märtyrer m martyr.

März m March.

Marzipan n marzipan, marchpane.

Masche f mesh; *Strick*2: stitch; ₋ndraht m wire netting.

Maschine f machine; *Motor*: engine; *aer.* plane; 2ll mechanical.

Maschinen|gewehr n machine-gun; ₋schaden m engine trouble.

Masern pl measles pl.

Mask|e f mask; ₋enball m fancy-dress *od.* masked ball; 2ieren: sich ₋ put on a mask.

Maß[1] n measure; *Verhältnis*: proportion; *Mäßigung*: moderation; ₋e pl measurements pl.

Maß[2] f *Bier*: *appr.* quart.

Massaker n massacre.

Masse f mass; *Haupt*2: bulk; *Substanz*: substance; *Volk*: crowd; **e-e** ₋ a lot of.

massieren massage, knead.

massig massy, bulky.

mäßig moderate; *Ergebnis etc.*: poor. [massif.]

massiv massive, solid; 2 n

maß|los immoderate; ₋nahme f measure, step; 2stab m measure, rule(r); *Karte*: scale; *fig.* standard; ₋voll moderate.

Mast m mast.

mästen fatten, feed; *Geflügel*: stuff, cram.

Material n material.

Mathematik f mathematics *sg, pl*; ₋er m mathematician. [formance.]

Matinee f morning per-

Matratze f mattress.

Matrose m sailor, seaman.

Matsch m mud, slush.

matt *schwach:* faint, feeble; *trübe:* mat(t); *Auge, Licht:* dim; *Schach:* (check)mate.

Matte *f* mat.

Mattscheibe *f* screen.

Mauer *f* wall.

Maul *n* mouth; **~esel** *m* hinny; **~korb** *m* muzzle; **~tier** *n* mule; **~wurf** *m* mole.   [son.}

Maurer *m* bricklayer, ma-}

Maus *f* mouse.

Maximum *n* maximum.

Mechani|k *f* mechanics *mst sg;* **~ker** *m* mechanic; **2sch** mechanical; **~smus** *m* mechanism.

meckern bleat; *fig. colloq.* grumble.

Medaill|e *f* medal; **~on** *n* locket.

Medikament *n* medicine.

Medizin *f* medicine; **2isch** medical; *heilkräftig:* medicinal; *Seife etc.:* medicated.

Meer *n* sea; ocean; **~enge** *f* strait(s *pl*); **~esspiegel** *m* sea level; **~rettich** *m* horseradish; **~schweinchen** *n* guinea-pig.

Mehl *n* flour.

mehr more; **ich habe nichts ~** I have nothing left; **~deutig** ambiguous; **~ere** several, some; **~fach** repeated; **2heit** *f* majority; **~malig** repeated; **~mals** several times, repeatedly; **2wertsteuer** *f* value-added tax; **2zahl** *f* majority; *gr.* plural.

meiden avoid.

Meile *f* mile.

mein my.

Meineid *m* perjury.

meinen think, believe, *Am. a.* reckon, guess; *äußern:* say; *sagen wollen:* mean.

meinetwegen for my sake; *int.* I don't mind *od.* care!

Meinung *f* opinion; **meiner ~ nach** in my opinion; **j-m (gehörig) die ~ sagen** give s.o. a piece of one's mind; **~sverschiedenheit** *f* difference of opinion; disagreement.

Meise *f* titmouse.

Meißel *m* chisel.

meist most; **am ~en** most (of all); **~ens** mostly.

Meister *m* master; *sp.* champion; **~schaft** *f* *sp.* championship; **~werk** *n* masterpiece.

melancholisch melancholy.

meld|en announce; inform; *amtlich:* notify; report; **sich ~en** report (*bei* to); *Schule:* put up one's hand; answer the telephone; *sp.* enter; **2ung** *f* announcement; report; *Behörde:* registration; *sp.* entry.

melken milk.   [air.}

Melodie *f* melody, tune,}

Melone *f* melon.

Menge *f* quantity; amount; *Menschen2:* crowd; **e-e ~** plenty of, lots of.

Mensch *m* human being; man; *einzelner:* person, individual; **die ~en** *pl* people *pl,* mankind *sg;* **kein** ~ nobody.

Menschen|affe *m* ape; ~**kenntnis** *f* knowledge of human nature; ~**leben** *n* human life; **2leer** deserted; ~**menge** *f* crowd; ~**rechte** *pl* human rights *pl;* **2scheu** shy.

Menschheit *f* mankind.

menschlich *adj., fig.* humane; **2keit** /humanity.

Menstruation *f* menstruation. [*od.* dinner.]

Menü *n* menu, set lunch)

merk|en notice, perceive; **sich et.** ~**en** remember s.th.; **2mal** *n* characteristic, feature; ~**würdig** strange, odd.

Meß|band *n* tape-measure; **2bar** measurable.

Messe *f* fair; *eccl.* mass; ~**gelände** *n* fairground.

messen measure.

Messer *n* knife.

Messing *n* brass.

Metall *n* metal; ~**waren** *pl* hardware *pl.* [-er.)

Meter *m, n* met|re, *Am.*)

Methode *f* method; technique. [**scher(ei).**)

Metzger *m,* ~**ei** *f s.* Flei-)

Meuterei *f* mutiny.

mich me; ~ **(selbst)** myself.

Mieder *n* bodice; *Korsett:* corset; ~**waren** *pl* foundation garments *pl.*

Miene *f* countenance, air.

Miet|e *f* rent; *für bewegliche Sachen:* hire; **2en** rent; *Wagen, Boot:* hire;

~**er** *m* tenant; *einzelner Zimmer:* lodger; **2frei** rent-free; ~**shaus** *n* block of flats, *Am.* apartment house; ~**vertrag** *m* lease; ~**wagen** *m* hire(d) car; ~**wohnung** *f* flat, *Am.* apartment.

Mikro|phon *n* microphone, *colloq.* mike; ~**skop** *n* microscope.

Milch *f* milk; *Fisch2:* milt, soft roe; ~**glas** *n* frosted glass; **2ig** milky; ~**kaffee** *m* white coffee; ~**kännchen** *n* (milk-)jug; ~**reis** *m* rice pudding; ~**zahn** *m* milk-tooth.

mild mild; soft, gentle; ~**ern** soften; *Schmerz:* soothe, alleviate.

Milieu *n* surroundings *pl,* environment. [army.)

Militär *n the* military,)

Milli|arde *f* billion; *früher Brit.* milliard; ~**meter** *m, n* millimet|re, *Am.* -er; ~**on** *f* million; ~**onär** *m* millionaire.

Milz *f* spleen.

minder less; **2heit** *f* minority; ~**jährig** under age.

minderwertig inferior; **2keitskomplex** *m* inferiority complex.

mindest least; *geringst:* slightest; *kleinst:* minimum; ~**ens** at least.

Mine *f* mine; *Bleistift:* lead; *Ersatz*~: refill.

Mineral *n* mineral; ~**öl** *n* mineral oil, petroleum; ~**wasser** *n* mineral water.

Minirock m miniskirt.

Minister m minister, Brit. a. secretary (of state), Am. secretary; **₂ium** n ministry, Brit. a. office, Am. department.

minus minus, less; s. **Grad.**

Minute f minute.

mir (to) me.

misch|en mix, mingle; blend; Karten: shuffle; **₂-ling** m half-breed; **₂ung** f mixture.

miß|achten disregard, ignore; **₂bildung** f deformity; **₂billigen** disapprove (of); **₂brauch** m abuse; falsche Anwendung: misuse; **₂erfolg** m failure; **₂geschick** n bad luck, misfortune; Panne etc.: mishap; **₂handlung** f illtreatment.

Mission f mission; **₂ar** m missionary.

Miß|kredit m: in **₂** bringen bring discredit upon; **₂lingen** fail; **₂mutig** illhumo(u)red; **₂discontented; ₂stand** m nuisance, grievance; **₂trauen** distrust; **₂trauisch** distrustful, suspicious; **₂verständnis** n misunderstanding; **₂verstehen** misunderstand; Absichten etc.: mistake.

Mist m dung, manure; fig. colloq. rubbish.

Mistel f mistletoe.

Misthaufen m dunghill.

mit with; **₂arbeit** f co(-)operation; **₂arbeiter** m colleague; **₂bringen** bring

(with one); **₂bürger** m fellow-citizen; **₂einander** with each other; together; **₂esser** m med. blackhead; **₂fahren**: mit j-m **₂** go with s.o.; j-n **₂** lassen give s.o. a lift; **₂fühlend** sympathetic; **₂geben** give s.o. s.th. (to take along); **₂gefühl** n sympathy; **₂gehen**: mit j-m **₂** go with s.o.

Mitglied n member; **₂-schaft** f membership.

Mit|inhaber m partner; **₂-kommen** come along.

Mitleid n compassion, pity; sympathy; **₂ig** compassionate.

mit|machen take part in; erleben: go through; **₂ma-chen** bei join in; **₂mensch** m fellow creature; **₂nehmen** take along (with one); fig. exhaust; j-n (im Auto) **₂nehmen** give s.o. a lift; **₂reisende** m, f fellow-travel(l)er; **₂schü-ler(in** f) m schoolfellow, schoolmate; **₂spielen** join in a game; sp. be on the team; thea. be in the cast.

Mittag m midday, noon; **₂heute ₂** at noon today; **zu ₂ essen** lunch, dine; **₂-essen** n lunch(eon); Haupt-mahlzeit: dinner; **₂s** at noon.

Mittags|pause f lunch hour; **₂tisch** m dinner-table; s. **Mittagessen; ₂zeit** f noon. [Am. -er.)

Mitte f middle; cent|re,)

mitteil|en communicate;
j-m et. ~en inform s.o.
of s.th.; **2ung** f communication; information.

Mittel n means sg, pl, way;
Heil2: remedy (**gegen**
for); *Durchschnitt*: average;
~ pl means pl, money sg;
~alter n Middle Ages pl;
2alterlich medi(a)eval;
~finger m middle finger;
2groß of medium height;
medium-sized; **2los** destitute; **2mäßig** mediocre;
~punkt m cent|re, Am. -er;
~stürmer m sp. cent|re
(Am. -er) forward.

mitten: ~ in (auf, unter)
in the midst od. middle of.
Mitternacht f midnight.
mittler middle; average.
Mittwoch m Wednesday.
Mitwisser m confidant;
jur. accessary.

mixen mix.

Möbel pl furniture sg; **~stück** n piece of furniture;
~wagen m furniture (Am.
moving) van.

möblieren furnish.

Mode f fashion, vogue; **~artikel** m fancy goods pl,
novelties pl. [pattern.)
Modell n model; *Muster*:∫
Mode(n)schau f fashion
parade od. show.

mod(e)rig musty,
mo(u)ldy.

modern modern; fashionable; *phrase*: modernize.
Mode|salon m fashion
house; **~schmuck** m costume jewel(le)ry.

modisch fashionable.

mogeln colloq. cheat.

mögen wollen: want; gern
~: like, be fond of; **nicht**
~: dislike; **ich möchte wissen** I should like to know;
ich möchte lieber I
would rather.

möglich possible; **so bald
wie ~, ~st bald** as soon
as possible; **2keit** f possibility.

Mohammedaner m Muslim, Moslem.

Mohn m poppy.

Möhre f carrot.

Mohrrübe f carrot.

Mokka m mocha.

Mole f mole, jetty.

Molkerei f dairy.

Moll n minor (key).

mollig colloq.: snug, cosy;
dicklich: plump. [stant.)
Moment m moment, in-∫
Monarchie f monarchy.

Monat m month; **2lich**
monthly. [friar.)
Mönch m monk; *Bettel2*:∫
Mond m moon; **~fähre** f
lunar module; **~finsternis** f lunar eclipse; **~schein** m moonlight.

Mono|log m monolog(ue),
soliloquy; **2ton** monotonous.

Montag m Monday.

Mont|age f mounting, fitting; *Zusammenbau*: assemblage; **~eur** m fitter;
2ieren mount, fit; assemble.

Moor n bog, swamp; **2ig**
boggy, marshy.

Moos *n* moss.

Moped *n* moped.

Moral *f* morals *pl*; *Lehre*: moral; *mil. etc.*: morale.

Morast *m* mud; 2ig muddy.

Mord *m* murder (**an** of).

Mörder *m* murderer.

Morgen *m* morning; **am ~ s. morgens; guten ~!** good morning!; 2 tomorrow; 2 **früh** tomorrow morning; **~dämmerung** *f* dawn, daybreak; **~rock** *m* dressing-gown; 2**s** in the morning.

morgig tomorrow's.

Morphium *n* morphia, morphine.

morsch rotten, decayed.

Mörtel *m* mortar.

Mosaik *n* mosaic.

Moschee *f* mosque.

Moskito *m* mosquito.

Moslem *m* Muslim, Moslem. [*Apfel*2: cider.]

Most *m* must, grape-juice; 2

Mostrich *m* mustard.

Motiv *n* motive, reason; *paint.*, *mus.* motif.

Motor *m* motor, engine; **~boot** *n* motor-boat; **~haube** *f* bonnet, *Am.* hood; **~rad** *n* motorcycle; **~radfahrer** *m* motor-cyclist; **~roller** *m* (motor-)scooter; **~schaden** *m* engine trouble.

Motte *f* moth.

Möwe *f* gull.

Mücke *f* gnat, midge.

müde tired, weary.

muffig musty.

Mühe *f* trouble, pains *pl*; **j-m ~ machen** give s.o. trouble; **sich ~ geben** take pains; 2**los** effortless, easy; 2**voll** hard, laborious.

Mühle *f* mill.

mühsam laborious.

Mulde *f* depression, hollow.

Mull *m* gauze, mull.

Müll *m* dust, refuse, rubbish, *Am. a.* garbage; **~abfuhr** *f* refuse (*Am.* garbage) disposal *od.* collection; **~eimer** *m* dustbin, *Am.* garbage *od.* ash can.

Müller *m* miller.

Mülltonne *f* *s.* **Mülleimer.** [(mit by).]

multiplizieren multiply}

Mund *m* mouth; **~art** *f* dialect.

münden: **~ in** *Fluß*: flow into; *Straße*: lead into.

mündig: **~(werden** come) of age.

mündlich *adj* oral, verbal; *adv* orally, by word of mouth.

Mundstück *n* mouthpiece; *Zigarette*: tip.

Mündung *f* mouth, *ins Meer*: estuary; *Feuerwaffe*: muzzle. [wash.}

Mundwasser *n* mouth-}

Munition *f* ammunition.

munter *wach*: awake; *lebhaft, fröhlich*: lively, merry.

Münz|e *f* coin; *Hartgeld*: (small) change; *Gedenkmünze*: medal; **~fernsprecher** *m* coin-box *od.* public telephone; **wechsler** m change giver.

mürbe tender; *Gebäck:* crisp, short.

murmel|n mumble, murmur; **2tier** n marmot.

murren grumble.

mürrisch surly, sullen.

Mus n pap; stewed fruit.

Muschel f mussel; *Schale:* shell; *teleph.* earpiece.

Museum n museum.

Musik f music; **2alisch** musical; **automat** m juke-box; **er** m musician; **instrument** n musical instrument; **kapelle** f band.

Muskat m, **nuß** f nutmeg.

Muskel m muscle; **kater** m *colloq.:* **haben** be muscle-bound; **zerrung** f pulled muscle.

Muskul|atur f muscles pl; **2ös** muscular.

Muße f leisure; spare time.

müssen: ich muß I must, I have to.

Muster n model; design, pattern; *Probestück:* specimen, sample; *fig.* model, example; **2n** pattern; *prüfen:* examine.

Mut m courage; **2ig** courageous; **2maßlich** supposed.

Mutter f mother; *Schraube:* nut; **leib** m womb.

mütterlich motherly, maternal.

mutter|los motherless; **2mal** n birthmark, mole; **2sprache** f mother tongue.

mutwillig wanton, mischievous.

Mütze f cap.

mysteriös mysterious.

Mythologie f mythology.

N

Nabe f hub.

Nabel m navel.

nach after; to(wards), for; *Reihenfolge:* after; *Zeit:* after, past; according to; *adv* after; **und** little by little, gradually.

nachahmen imitate, copy; *fälschen:* counterfeit.

Nachbar m, **in** f neighbo(u)r; **schaft** f neighbo(u)rhood, vicinity.

nachdem after, when; **je** **(, wie)** according as.

nach|denken think (**über** over, about); **denklich** pensive; **2druck** m *fig.* stress, emphasis; **drücklich:** betonen emphasize; **eifern** emulate.

nacheinander one after the other.

nacherzäh|len retell; **2lung** f story retold.

Nachfolger m successor.

nachforsch|en investigate; **2ung** f investigation.

Nachfrage f inquiry; *econ.* demand; **2n** inquire.

nach|fühlen: es j-m

feel *od.* sympathize with s.o.; **~füllen** refill; **~geben** give way; *fig.* give in, yield; **₂gebühr** *f* surcharge; **~gehen** follow; *Uhr:* be slow; **~giebig** *fig.* yielding, compliant; **~haltig** lasting.

nachher afterwards.

Nachhilfeunterricht *m* private lesson(s *pl*), coaching.

nachholen make up for.

Nachkomme *m* descendant; **~n** *pl bsd. jur.* issue *sg*; **₂n** follow.

Nachkriegs... post-war ...

Nachlaß *m* *econ.* reduction, discount; *jur.* assets *pl*, estate.

nach|lassen *Wind, Schmerz etc.*: abate; *Interesse, Kräfte:* flag; **~lässig** careless, negligent; **~laufen** run after; **~lesen** look up; **~lösen** take a supplementary ticket; **~machen** s. nachahmen.

Nachmittag *m* afternoon; **am ~ = ₂s** in the afternoon.

Nach|nahme *f* cash on delivery; **~name** *m* surname, last name; **~porto** *n* surcharge; **₂prüfen** verify; check; **~rechnen** check.

Nachricht *f* news *sg*; *Botschaft:* message; *Bericht:* report. [tice).]

Nachruf *m* obituary (no-**nach|sagen** repeat; **~saison** *f* dead of. off season;

~schicken s. nachsenden; **₂schlagen** look up; **₂schlüssel** *m* skeleton key; **₂schub** *m* supplies *pl*; **~sehen** *v/i* look after; **~sehen ob** (go and) see whether; *v/t* examine, inspect; check; look up; **~senden** send on, forward (*dat* to); **~sichtig** indulgent, forbearing; **₂silbe** *f* *gr.* suffix; **~sitzen: ~ müssen** be kept in; **₂speise** *f* dessert.

nächst next; *Entfernung, Beziehung:* nearest.

nachstellen *Uhr:* put back; *tech.* readjust.

Nächstenliebe *f* charity.

Nacht *f* night; **in der ~ s. nachts; gute ~!** good night!; **~dienst** *m* night-duty.

Nachteil *m* disadvantage; **₂ig** disadvantageous.

Nachthemd *n* nightdress, nightgown; *Männer:* nightshirt.

Nachtigall *f* nightingale.

Nachtisch *m* sweet, dessert.

Nacht|lokal *n* nightclub; **~portier** *m* night-porter.

nachträglich later.

nacht|s at *od.* by night; **₂schicht** *f* night-shift; **~tisch** *m* bedside table; **₂wächter** *m* (night-)watchman.

nach|wachsen grow again; **₂weis** *m* proof; **~weisen** prove; **₂welt** *f* posterity; **₂wirkung** *f* after-effect; **₂wort** *n* epilog(ue); **~zäh-**

len count over (again); check; **2zahlung** f additional payment.

Nacken m nape (of the neck), neck.

nackt naked, nude, bare.

Nadel f needle; *Steck2*, *Haar2 etc.*: pin; **2baum** m conifer(ous tree).

Nagel m nail; *Beschlag:* stud; **2lack** m nail-varnish; **2lackentferner** m nail-varnish remover; **2schere** f (e—e a pair of) nail-scissors pl.

nage|**ln** gnaw; **2n an** gnaw at; *Knochen:* pick; **2tier** n rodent.

nah(e) near, close (**bei** to).

Nähe f nearness, vicinity; **in der ~** close by *od.* to.

nähen sew, stitch.

näher nearer, closer; *Weg:* shorter; **2n: sich ~** approach.

Näh|**garn** n cotton; **2maschine** f sewing-machine; **2nadel** f needle.

nahr|**haft** nutritious, nourishing; **2ung** f food, nourishment; **2ungsmittel** pl food *sg*, victuals pl.

Naht f seam; *med.* suture.

Nähzeug n sewing-kit.

naiv naive, naive, simple.

Nam|**e** m name; **2enstag** m name-day; **2entlich** by name; especially.

nämlich that is (to say).

Napf m bowl, basin.

Narbe f scar.

Narko|**se** f narcosis; **2tikum** n narcotic.

Narr m fool; jester.

Närr|**in** f fool(ish woman); **2isch** foolish, silly.

Narzisse f narcissus; **gelbe ~** daffodil.

nasal nasal.

naschen: gern ~ have a sweet tooth.

Nase f nose.

Nasen|**bluten** n nosebleeding; **2loch** n nostril; **2spitze** f tip of the nose.

Nashorn n rhinoceros.

naß wet.

Nässe f wet(ness).

naßkalt damp and cold, raw.

Nation f nation.

national national; **2hymne** f national anthem; **2ität** f nationality; **2itäts-(kenn)zeichen** n *mot.* nationality plate; **2mannschaft** f national team.

Natter f adder, viper.

Natur f nature; **2forscher** m naturalist; **2gesetz** n law of nature, natural law; **2getreu** true to nature; lifelike; **2kunde** f biology.

natürlich *adj* natural; unaffected; *adv* naturally, of course.

Natur|**schutzgebiet** n, **~schutzpark** m national park, wild-life (p)reserve; **~wissenschaft** f (natural) science; **~wissenschaftler** m (natural) scientist.

Nebel m mist; *stärker:* fog.

neben beside; compared with; **~an** next door; **2ausgang** m side-exit; **~**

bei by the way; besides; 2**beruf** m, 2**beschäftigung** f side-line; ~**einander** side by side; ~**eingang** m side-entrance; 2**fach** n subsidiary subject, *Am.* minor (subject); 2**fluß** m tributary; 2**gebäude** n adjoining building; *Anbau:* annex(e); 2**kosten** pl extra charges pl, extras pl; 2**produkt** n by-product; ~**sächlich** unimportant; 2**satz** m gr. subordinate clause; 2**straße** f by-road, side-road; 2**tisch** m next table; 2**wirkung** f side-effect; 2**zimmer** n adjoining room.

neblig foggy; misty.

Necessaire n case.

necken tease, banter.

Neffe m nephew.

negativ negative.

Neger m Negro; ~**in** f Negress.

nehmen take. [ous.\]

Neid m envy; 2**isch** envi-\]

neig|en: (sich) ~ bend, incline; ~ **zu** be inclined *od.* given to; 2**ung** f inclination (*a. fig.*), slope.

nein no. [*wirz:* clove.\]

Nelke f carnation; *Ge-*\]

nennen name, call; mention; **sich ...** ~ be called ...; ~**swert** worth mentioning.

Neon n neon.

Nerv m nerve; **j-m auf die** ~**en fallen** *od.* **gehen** get on s.o.'s nerves.

Nerven|arzt m neurologist; ~**heilanstalt** f, ~**kli-**

nik f mental hospital; ~**system** n nervous system; ~**zusammenbruch** m nervous breakdown.

nerv|ös nervous; 2**osität** f nervousness.

Nerz m mink.

Nessel f nettle.

Nest n nest.

nett nice; pretty; kind.

netto net.

Netz n net; *fig.* network; ~**anschluß** m mains supply; ~**haut** f retina; ~**karte** f area season ticket.

neu new; *kürzlich:* recent; modern; ~**este Nachrichten** latest news; **von ~em** anew, afresh; **was gibt es** 2**es?** what is the news?, *Am.* what is new?; ~**artig** novel; 2**bau** m new building; ~**geboren** new-born; 2**gier(de)** f curiosity; ~**gierig** curious; 2**heit** f novelty; 2**igkeit** f (e-e a piece of) news sg; 2**jahr** n New Year('s Day); ~**lich** the other day, recently; 2**mond** m new moon.

neun nine; ~**te** ninth; 2**tel** n ninth part; ~**tens** ninthly; ~**zehn(te)** nineteen (-th); ~**zig** ninety; ~**zigste** ninetieth.

neutr|al neutral; 2**alität** f neutrality; 2**um** n gr. neuter.

Neuzeit f modern times pl.

nicht not; ~ **mehr** no more, no longer.

Nichte f niece. [smoker.\]

Nichtraucher m non-\]

nichts nothing.
Nichtschwimmer *m* non-swimmer.
nicken nod.
nie never.
nieder *adj* low; *fig.* inferior; *adv* down; **~geschlagen** dejected, downcast; **2-kunft** *f* confinement; **2-lage** *f* defeat; **~lassen: sich ~** sit down; *Vogel:* alight; settle; **2lassung** *f* settlement; *Zweiggeschäft:* branch, agency; **~legen** lay *od.* put down; *Amt:* resign; **sich ~legen** lie down, go to bed; **2schläge** *pl meteor.* precipitation *sg* ; rain *sg* ; **~schlagen** knock down, floor; *Augen:* cast down; *Aufstand:* put down; **2ung** *f* lowlands *pl*.
niedlich sweet, nice, pretty.
niedrig low (*a. fig.*).
niemals never, at no time.
niemand nobody, no one; **2sland** *n* no-man's-land.
Niere *f* kidney.
niesel|n: es ~t it is drizzling; **2regen** *m* drizzle.
niesen sneeze.
nippen sip (**an** at).
nirgends nowhere.
Nische *f* niche, recess.
nisten nest. [dard.]
Niveau *n* level; *fig. a.* stan-
noch still; yet; **~ ein** another, one more; **~ einmal** once more *od.* again; **~ etwas?** anything else?; **~ immer** still; **~ nicht** not yet; **~ nie** never before; **~ mals** once more *od.* again.

Nominativ *m gr.* nominative (case).
nominell nominate.
Nonne *f* nun. [flight.]
Nonstopflug *m* non-stop}
Nord(en) *m* north.
nördlich northern, northerly.
Nord|ost(en *m*) north-east; **~pol** *m* North Pole; **~see** *f* North Sea; **~west(en** *m*) northwest.
nörgeln nag.
Norm *f* standard; *Regel:* rule; **2al** regular; *gewohnt:* regular; **Maß, Gewicht, Zeit:** standard.
Not *f* need, distress; want; trouble; *Elend:* misery.
Notar *m* mst notary-public.
Not|ausgang *m* emergency exit; **2behelf** *m* makeshift; **~bremse** *f* emergency brake; *rail.* communication cord; **~durft** *f:* **s-e ~ verrichten** relieve o.s.; **2dürftig** scanty, poor; temporary.
Note *f* note; *Zensur:* mark.
Not|fall *m* emergency; **2-falls** if necessary.
notieren make a note of, note down. [need.]
nötig necessary; **~ haben}**
Notiz *f* notice; *Vermerk:* note; **~buch** *n* notebook.
not|landen make an emergency landing; **2landung** *f* emergency landing; **~leidend** needy, distressed; **2-ruf** *m* *teleph.* emergency call; **2rutsche** *f aer.* emergency chute; **2signal** *n*

emergency *od.* distress signal; 2**wehr** *f* self-defen|ce, *Am.* -se; **~wendig** necessary; 2**zucht** *f* rape.

Novelle *f* novelette.

November *m* November.

Nu *m:* im **~**in in no time.

nüchtern sober; *sachlich:* matter-of-fact.

Nudel *f* noodle.

null zero; **zwei zu ~** two-nil; 2 *f* zero, nought, cipher; *teleph.* O [əu], zero; 2**punkt** *m* zero.

numerieren number.

Nummer *f* number; *Zeitung etc.:* a. copy; *Größe:* size; **~nschild** *n mot.* num-

ber plate.

nun now, at present; **~?** well?

nur only; but; *bloß:* merely; **~ noch** only.

Nuß *f* nut; **~kern** *m* kernel; **~knacker** *m* nutcracker.

Nüstern *pl* nostrils *pl.*

Nutzen *m* use; *Gewinn:* profit, gain; *Vorteil:* advantage; 2 *s.* **nützen**.

nütz|en *v/i* be of use; **es ~t nichts** zu it is no use *ger;* *v/t* make use of; *Gelegenheit:* seize; **~lich** useful; advantageous.

nutzlos useless.

Nylon *n* nylon.

O

o *int.* oh!, ah!

Oase *f* oasis.

ob whether, if.

Obdach *n* shelter, lodging; 2**los** homeless.

oben above; up; at the top; upstairs; *von ~* from above; **~an** at the top; **~auf** on the top; on the surface; **~erwähnt**, **~genannt** above-mentioned.

ober upper, higher.

Ober *m* (head) waiter.

Ober|arm *m* upper arm; **~arzt** *m* senior physician; **~befehlshaber** *m* commander-in-chief; **~fläche** *f* surface; **~flächlich** superficial; 2**halb** above; **~hemd** *n* shirt; **~kellner** *m* head waiter; **~kiefer** *m* upper jaw; **~körper** *m* up-

per part of the body; **~lippe** *f* upper lip; **~schenkel** *m* thigh; **~schule** *f* secondary school, *Am. appr.* (senior) high school.

oberst uppermost, top (-most); highest; 2 *m* colonel.

obgleich (al)though.

Obhut *f* care, custody.

Objekt *n* object (*a.gr.*).

objektiv objective; 2 *n phot.* lens.

Obst *n* fruit; **~garten** *m* orchard; **~händler** *m* fruiterer.

obszön obscene, filthy.

obwohl (al)though.

Ochse *m* ox; **~nfleisch** *n* beef.

öd(e) deserted, desolate.

oder or.

Ofen m stove; *Back*2 : oven;
~**rohr** n stove-pipe.

offen open (*a. fig.*); *Stelle*:
vacant; *fig.* frank, outspo-
ken; ~**bar** obvious; ~**lassen** leave open; ~**sichtlich**
evident, obvious.

offensiv offensive.

offenstehen stand open.

öffentlich *adj* public; ~**er
Dienst** civil service; *adv*
publicly, in public; 2**keit** f
publicity; *the* public.

offiziell official.

Offizier m officer.

öffn|en: (sich) ~ open; 2**er**
m opener; 2**ung** f opening.

oft often, frequently.

öfter (more) often.

oh *int.* o(h)!

ohne without; ~**dies** anyhow, anyway.

Ohn|macht f *med.* uncon-
sciousness; **in** ~**macht
fallen** faint; 2**mächtig**
powerless; *med.* uncon-
scious; 2**mächtig wer-
den** faint.

Ohr n ear.

Öhr n eye.

Ohren|arzt m ear special-
ist; 2**betäubend** deafen-
ing; ~**schmerzen** pl ear-
ache *sg.*

Ohr|feige f box on the
ear(s); ~**läppchen** n lobe
of the ear; ~**ring** m ear-
ring.

Oktober m October.

Öl n oil; 2**en** oil; *tech. a.*
lubricate; ~**gemälde** n
oil-painting; ~**heizung** f
oil-heating; 2**ig** oily.

Olive f olive.

olympisch Olympic; 2**e
Spiele** pl Olympic Games
pl.

Omelett n omelet(te).

Omnibus m s. **Autobus.**

Onkel m uncle.

Oper f opera; opera-house.

Operation f operation.

Operette f operetta.

operieren: j—n ~ operate
(up)on s.o.; **sich** ~ **lassen**
undergo an operation.

Opernglas n opera-glasses
pl. [2n sacrifice.)

Opfer n sacrifice; victim;)

Opposition f opposition.

Optiker m optician.

Optimist m optimist; 2**isch**
optimistic.

Orange f orange; ~**ade** f
orangeade; ~**nmarmela-
de** f marmalade.

Orchester n orchestra.

Orchidee f orchid.

Orden m order (*a. eccl.*);
medal, decoration.

ordentlich tidy; *richtig:*
proper; *tüchtig:* good,
sound.

ordinär common, vulgar.

ordn|en put in order; ar-
range; 2**er** m file; 2**ung** f
order; class; **in** 2**ung
bringen** put in order;
2**ungszahl** f ordinal number.

Organ n organ. [tion.]

Organisation f organiza-)

organisch organic.

organisieren organize.

Organismus m organism;
biol. a. system.

Orgel f organ.
orientalisch oriental.
orientier|en: sich ~ orientate o.s.; **2ung** f orientation; **die 2ung verlieren** lose one's bearings.
Origin|al n original; **2al** original; **2ell** original; *kunstvoll:* ingenious.
Orkan m hurricane.
Ort m place; village; town.
Orthopäde m orthop(a)edist.
örtlich local.
Ortschaft f place, village.
Orts|gespräch n *teleph.* local call; **~kenntnis** f knowledge of a place; **2-**

kundig familiar with the locality; **~zeit** f local time.
Öse f eye; *Schuh:* eyelet.
Ost(en) m east.
Oster|ei n Easter egg; **~hase** m Easter bunny *od.* rabbit; **~n** n Easter.
Österreich|er m Austrian; **2isch** Austrian.
östlich eastern, easterly; **~ von** east of.
Otter[1] m otter.
Otter[2] f adder, viper.
Ouvertüre f overture.
oval oval.
Oxyd n oxide; **2ieren** oxidize.
Ozean m ocean.

P

Paar n pair; *Ehe2 etc.:* couple; **2:** **ein ~** a few, some; **2en (sich) ~** mate; **2weise** in pairs.
Pacht f lease; **2en** (take on) lease, rent.
Pächter m, **~in** f lessee, leaseholder, tenant.
Päckchen n small parcel, *Am. a.* package; **ein ~ Zigaretten** a pack(et) of cigarettes.
pack|en pack (up); *derb fassen:* grip, grasp, clutch; **2papier** n brown paper; **2ung** f pack(age), packet; *med.:* pack; *Breipackung:* poultice; **e~e 2ung Zigaretten** s. *Päckchen.*
pädagogisch pedagogic(al).
Paddel n paddle; **~boot** n

canoe; **2n** paddle, canoe.
Paket n parcel, package.
Palast m palace.
Palm|e f palm(-tree); **~sonntag** m Palm Sunday.
panieren bread, crumb.
Panik f panic.
Panne f breakdown, *mot. a.* engine trouble; *Reifen2:* puncture; *fig.* mishap; **~ndienst** m *mot.* breakdown service.
Panorama n panorama.
Panther m panther.
Pantoffel m slipper.
Panzer m armo(u)r; *mil.* tank; *zo.* shell; **~schrank** m safe.
Papa m papa, *colloq.* dad (-dy).
Papagei m parrot.
Papier n paper; **~e** pl pa-

pers *pl*, documents *pl*; *Ausweis*: papers *pl*, identity card *sg*; **~geld** *n* paper-money; banknotes *pl*, *Am.* bills *pl*; **~korb** *m* waste-paper-basket; **~waren** *pl* stationery *sg*.

Pappe *f* pasteboard, cardboard.

Pappel *f* poplar.

Papp|karton *m*, **~schachtel** *f* cardboard box, carton.

Paprika *m* paprika; **~schoten** *pl* peppers *pl*.

Papst *m* pope.

Parade *f* parade.

Paradies *n* paradise.

Paragraph *m jur.* article, section; *print.* paragraph.

parallel parallel.

Parfüm *n* perfume, scent.

Park *m* park; **2en** park; **2en verboten!** no parking!

Parkett *n* parquet; *thea.* stalls *pl*, *Am.* orchestra.

Park|gebühr *f* parking fee; **~haus** *n* parking garage; **~lücke** *f* parking space; **~platz** *m* (car-) park, parking lot; **~uhr** *f mot.* parking meter; **~verbot(sschild)** *n* no parking (sign).

Parlament *n* parliament.

Parodie *f* parody.

Partei *f* party; **2isch** partial; **2los** independent.

Parterre *n s.* **Erdgeschoß**.

Partie *f Spiel*: game; *mus.* part. [gue(r)rilla.)

Partisan *m* partisan,∫

Partizip *n gr.* participle.

Partner *m*, **~in** *f* partner; **~schaft** *f* partnership.

Parzelle *f* plot, lot.

Paß *m* pass (a. *Fußball etc.*); *Reise*: passport.

Passage *f* passage.

Passagier *m* passenger.

Passant *m*, **~in** *f* passerby. [(-graph.))

Paßbild *n* passport photo∫

passen fit; *zusagen*: suit (j-m s.o.); be convenient; **~** *zu* go with, match; **~d** fit, suitable; convenient.

passier|bar passable; **~en** *v/i* happen; *v/t* pass; **2~schein** *m* pass, permit.

passiv passive; **2** *n gr.* passive (voice).

Paste *f* paste.

Pastete *f* pie. [ize.)

pasteurisieren pasteur-∫

Pate *m* godfather; godchild; **2** godmother; **~nkind** *n* godchild.

Patent *n* patent.

Patient *m*, **~in** *f* patient.

Patin *f* godmother.

Patriot *m* patriot.

Patrone *f* cartridge.

Patsche *f fig. colloq.*: **in der ~ sitzen** be in a scrape.

patzig rude, saucy.

Pauke *f* kettle-drum.

Pauschal|e *f* lump sum; **~reise** *f* package(d) tour; **~summe** *f* lump sum.

Pause *f* break, interval, intermission; *kurze*: pause; *thea.* interval, *Am.* intermission; *Schul2*: break, *Am. a.* recess; **2nlos** uninterrupted, incessant.

Pavian m baboon.

Pavillon m pavilion.

Pech n pitch; fig. colloq. bad luck; **~vogel** m colloq. unlucky fellow.

Pedal n pedal.

pedantisch pedantic.

peinlich embarrassing; gewissenhaft: particular.

Peitsche f whip.

Pell|e f skin, peel; **~kartoffeln** pl potatoes pl (boiled) in their jackets.

Pelz m fur; Kleidung: mst furs pl; **~mantel** m fur coat; **~mütze** f fur cap; **~stiefel** pl fur-lined boots pl.

pendeln rail. commute.

Pension f (old-age) pension; boarding-house; **~at** n boarding-school; **2ieren** pension (off); **sich 2ieren lassen** retire; **~sgast** m boarder.

perfekt perfect; 2 n gr. perfect (tense).

Pergament n parchment.

Periode f period (a. med.).

Perle f pearl; Glas2: bead; **2n** sparkle.

Perlmutt n, **~er** f mother-of-pearl.

Person f person; **für zwei ~en** for two.

Personal n staff, personnel; **~abteilung** f personnel department; **~ausweis** m identity card; **~chef** m personnel officer od. manager; **~ien** pl particulars pl, personal data pl;

~pronomen n gr. personal pronoun.

Personen|wagen m (motor-)car; **~zug** m passenger train.

persönlich personal; Brief: private; **2keit** f personality.

Perücke f wig.

Pest f plague.

Petersilie f parsley.

Petroleum n petroleum; Lampen2: paraffin (oil), kerosene.

Pfad m path; **~finder** m Boy Scout; **~finderin** f Girl Guide (Am. Scout).

Pfahl m stake, post, pile.

Pfand n pledge; Flaschen2: deposit.

pfänden distrain upon.

Pfann|e f pan; **~kuchen** m pancake.

Pfarr|er m priest; clergyman, parson; vicar; Dissenterkirche: minister; **~gemeinde** f parish; **~haus** n parsonage; rectory, vicarage.

Pfau m peacock.

Pfeffer m pepper; **~kuchen** m gingerbread; **~minze** f peppermint; **2n** pepper; **~streuer** m pepper-castor.

Pfeife f whistle; Orgel etc.: pipe; (tobacco) pipe; **2n** whistle; Wind, Radio: howl.

Pfeil m arrow.

Pfeiler m pillar.

Pferd n horse; **zu ~e** on horseback.

Pferde|rennen n horse-race; **~stall** m stable; **~stärke** f horsepower.

Pfiff m whistle.

Pfifferling m chanterelle.

pfiffig clever, artful.

Pfingst|en n Whitsun(tide); **~montag** m Whit Monday; **~sonntag** m Whit Sunday.

Pfirsich m peach.

Pflanze f plant; **2n** plant.

Pflaster n plaster; Straße: pavement; **2n** pave; **~stein** m paving-stone; Kopfstein: cobble(-stone).

Pflaume f plum; Back2: prune.

Pflege f care; med. nursing; fig. cultivation; **~eltern** pl foster-parents pl; **~heim** n nursing home; **~kind** n foster-child; **2n** nurse; fig. cultivate; **sie pflegte zu sagen** she used to say; **2leicht** wash and wear; **~r** m male nurse; **~rin** f nurse.

Pflicht f duty; **~fach** n compulsory subject.

Pflock m peg. [pluck.]

pflücken pick, gather,

Pflug m plough, Am. plow.

pflügen plough, Am. plow.

Pforte f gate, door.

Pförtner m gate-keeper; door-keeper, porter.

Pfosten m post.

Pfote f paw.

Pfropfen m stopper; plug; med. clot (of blood).

pfui int. fie!, for shame!

Pfund n pound. [botch.]

pfuschen colloq. bungle,

Pfütze f puddle, pool.

Phantas|ie f imagination, fancy; **2ieren** med. be delirious, rave; **2tisch** fantastic.

Phase f phase, stage.

Philolog|e m, **~in** f philologist.

Philosoph m philosopher; **~ie** f philosophy.

phlegmatisch phlegmatic.

phonetisch phonetic.

Phosphor m phosphorus.

Photo... s. **Foto.**

Photokopie f s. **Fotokopie.**

Physik f physics sg; **2alisch** physical; **~er** m physicist.

physisch physical.

Pian|ist m pianist; **~o** n piano.

Pick|el m med. pimple; **2(e)lig** pimpled, pimply.

picken pick, peck.

Picknick n picnic.

Pik n spade(s pl).

pikant spicy, piquant.

Pilger m pilgrim.

Pille f pill.

Pilot m pilot.

Pilz m fungus; mushroom.

Pinguin m penguin.

Pinsel m brush.

Pinzette f (-e e a pair of) tweezers pl.

Pionier m pioneer; mil. engineer.

Piste f course; aer. runway.

Pistole f pistol, Am. a. gun.

placieren place; **sich ~** sp. be placed.

Plage f trouble, nuisance; **~n** trouble, bother; **sich ~n** toil, drudge.

Plakat n poster, placard, bill.

Plakette f plaque.

Plan m plan; *Absicht:* a. design, intention.

Plane f awning.

planen plan.

Planet m planet.

Planke f plank, board.

plan|los adj aimless; adv at random; **~mäßig** adj systematic; adv as planned.

planschen splash, paddle.

Plantage f plantation.

plappern colloq. prattle.

plärren colloq.: blubber; *schreien:* bawl.

Plastik f sculpture.

Plasti|k² n plastic(s sg); **²sch** plastic.

plätschern splash; *Wasser:* ripple, murmur.

platt flat, level, even; colloq. flabbergasted.

Platte f plate; dish; *Stein:* flag; *Metall, Stein, Holz:* slab; *Tisch:* top; *Schall²:* disc, record; **kalte ~** cold meat.

plätten iron.

Platten|spieler m record-player; **~teller** m turntable.

Platform f platform.

Platz m place; spot; *Raum:* room, space; *Lage, Bau²:* site; *Sitz:* seat; square, *runder:* circus; **ist hier noch ~?** is this seat taken?; **den dritten ~ belegen**

sp. come in third; **~anweiserin** f usherette.

Plätzchen n biscuit, Am. cookie.

platz|en burst (a. fig.), split; **²karte** f ticket for a reserved seat; **²regen** m downpour.

Plauder|ei f chat, talk; *oberflächliche:* small talk; **²n** (have a) chat.

pleite colloq. broke.

Plisseerock m pleated skirt.

Plomb|e f (lead) seal; *Zahn:* stopping, filling; **²ieren** seal; stop, fill.

plötzlich sudden.

plump clumsy.

plündern plunder, loot.

Plural m gr. plural.

plus plus.

Plusquamperfekt n gr. pluperfect (tense).

Pöbel m mob, rabble.

pochen knock, rap; *Herz:* throb, thump.

Pocken pl smallpox sg; **~schutzimpfung** f vaccination.

Podium n podium, platform.

Poesie f poetry.

Pokal m sp. cup; **~endspiel** n cup-final; **~spiel** n cup-tie.

pökeln corn, salt.

Pol m pole; **²ar** polar.

Pole m Pole.

Police f policy.

polieren polish.

Politi|k f policy; *Staat:* politics sg, pl; **~ker** m pol-

itician; *führender*: statesman; 2sch political.

Politesse *f mot. appr.*
traffic warden.

Politur *f* polish.

Polizei *f* police *pl*; ~be-
amte *m* police-officer;
~revier *n* police-station;
~streife *f* police patrol;
~stunde *f* closing time.

Polizist *m* policeman, *sl.*
bobby, cop; ~in *f* police-
woman.

polnisch Polish.

Polster *n* pad; cushion;
~möbel *pl* upholstered
furniture *sg*; 2n upholster,
stuff; *wattieren*: pad, wad;
~sessel *m* easy chair.

poltern rumble.

Pommes frites *pl* chips *pl*,
Am. French fried potatoes
pl.

Pony *n* pony; *m* fringe.

populär popular.

Por|e *f* pore; 2ös porous;
permeable.

Porree *m* leek.

Portemonnaie *n* purse.

Portier *m* porter.

Portion *f* portion, share;
bei Tisch: helping, serving;
zwei ~en ... ... for two.

Porto *n* postage; 2frei
post-free.

Porträt *n* portrait.

Portugies|e *m* Portuguese;
die ~en *pl* the Portuguese
pl; 2isch Portuguese.

Porzellan *n* china.

Posaune *f* trombone.

Position *f* position.

positiv positive.

possessiv *gr.* possessive.

Post *f* post, *Am.* mail; mail,
letters *pl*; = ~amt *n* post
office; ~anweisung *f*
postal order; ~beamte *m*
post office official; ~bote *m*
postman, *Am.* mailman.

Posten *m* place, post; *An-
stellung*: job; *mil.* sentry,
sentinel.

Post|fach *n* post office
box; ~karte *f* postcard,
Am. a. postal card; ~
kutsche *f* stage-coach; 2-
lagernd poste restante;
~leitzahl *f* postcode, *Am.*
zip code; ~scheck *m* postal
cheque (*Am.* check);
~schließfach *n* post office
box; ~sparbuch *n* post
office savings-book;
~stempel *m* postmark;
2wendend by return of
post; ~wertzeichen *n*
stamp.

Pracht *f* splendo(u)r.

prächtig splendid.

Prädikat *n gr.* predicate.

prahlen brag, boast.

praktisch practical; useful,
handy; ~er Arzt general
practitioner.

Praline *f* chocolate.

prall tight; *drall*: plump;
Sonne: blazing.

Prämie *f* premium; bonus.

präparieren prepare.

Präposition *f gr.* preposition.

Präsens *n gr.* present
(tense).

Präsident *m* president;
Vorsitzender: a. chairman.

prasseln *Feuer:* crackle; *Regen etc.:* patter.

Präteritum *n gr.* preterit(e) (tense).

Praxis *f* practice.

predig|en preach; **Ler** *m* preacher; **Lt** *f* sermon.

Preis *m* price; cost; *Auszeichnung:* award; prize; **Lausschreiben** *n* competition.

Preiselbeere *f* cranberry.

Preis|erhöhung *f* rise *od.* increase in price(s); **Lgekrönt** prize; **Lnachlaß** *m* discount; **Lstopp** *m* pricefreeze; **Lwert:** **Lsein** be a bargain. [bruise.]

Prellung *f* contusion,

Premiere *f* première, first night.

Press|e *f* press; *Saft* **L:** squeezer; *Zeitungen:* the press; **Len** press; squeeze.

prickeln prickle, tingle.

Priester *m* priest.

prima *colloq.* swell.

primitiv primitive, crude.

Prinz *m* prince; **Lessin** *f* princess.

Prinzip *n* principle.

Prise *f:* e-e ~ a pinch of.

Pritsche *f* plank bed.

privat private; **Ladresse** *f* home address; **Lklinik** *f* private hospital, nursing home; **Lschule** *f* private school.

Privileg *n* privilege.

pro per; ~ **Jahr** per annum; ~ **Person** each; ~ **Stück** a piece.

Probe *f* trial, test; *Waren:*

sample, specimen; *thea.* rehearsal; **Lexemplar** *n* specimen copy; **Lfahrt** *f* test drive; **Lflug** *m* test flight; **Ln** *thea.* rehearse.

probieren try, test; *Speisen:* taste.

Problem *n* problem.

Produ|kt *n* product; *agr. a.* produce; **Lktion** *f* production; *Menge:* output; **Lktiv** productive; **Lzieren** produce.

Prof|essor *m* professor; **Li** *m sp.* pro(fessional).

Profil *n* profile; *Reifen:* tread.

profitieren profit (**von** by).

Programm *n* program (-me).

Projekt *n* project; **Lion** *f* projection; **Lionsapparat** *m*, **Lor** *m* projector.

Prolog *m* prolog(ue).

Promille *n* per thousand; *colloq.* pro mille content.

prominent prominent.

Pronomen *n gr.* pronoun.

Propeller *m aer.* (air-) screw, propeller.

prophezeien prophesy, predict.

Prosa *f* prose.

Prospekt *m* prospectus, leaflet, brochure.

prost *int.* cheers!

Prostituierte *f* prostitute.

Protest *m* protest; **Lant** *m* Protestant; **Lantisch** Protestant; **Lieren** protest.

Prothese *f* artificial limb; *Zahn* **L:** denture.

Protokoll n record; *Versammlungs*2: minutes pl.

protzig showy.

Proviant m provisions pl.

Provinz f province.

Provis|ion f commission; **2orisch** provisional.

provozieren provoke.

Prozent n per cent; **~satz** m percentage.

Prozeß m process; jur. lawsuit, action.

Prozession f procession.

prüde prudish.

prüf|en *Schüler etc.*: examine; try, test; *kontrollieren*: check; **~end** *Blick*: searching; **2er** m examiner; **2ung** f examination, *colloq.* exam; test.

Prügel m cudgel, club; pl colloq. beating sg, thrashing sg; **2n** beat, thrash; **sich 2n** (have a) fight.

pst int. hush!

Psychi|ater m psychiatrist; **2sch** psychic(al).

Psycholog|e m psychologist; **~ie** f psychology; **2isch** psychological.

Publikum n the public; *Zuhörer*: audience; *Zuschauer*: spectators pl, crowd; *Leser*: readers pl.

Pudding m pudding.

Pudel m poodle.

Puder m powder; **~dose** f compact; **2n** powder; **sich 2n** powder o.s.; **~quaste**

f powder-puff; **~zucker** m powdered sugar.

Pullover m pullover, sweater.

Puls m pulse; **~ader** f artery; **~schlag** m beat, pulsation.

Pult n desk.

Pulver n powder.

Pumpe f pump; **2n** pump.

Punkt m point (a. fig.); *Tüpfelchen*: dot; print., ling. full stop, period; *Stelle*: spot, place; **~ zehn Uhr** 10 (o'clock) sharp.

pünktlich punctual.

Punsch m punch.

Pupille f pupil.

Puppe f doll; zo. chrysalis, pupa.

pur pure; *Getränk*: neat.

Püree n purée, mash.

purpur|n, **~rot** purple.

Purzel|baum m somersault; **2n** tumble.

Pustel f pustule, pimple.

pusten puff, pant; *blasen*: blow. [turkey(-cock).}

Pute f turkey(-hen); **~r** m}

putz|en clean, cleanse; wipe; *Schuhe*: polish, Am. shine; **sich die Nase ~en** blow od. wipe one's nose; **sich die Zähne ~en** brush one's teeth; **~frau** f charwoman.

Pyjama m pyjamas pl, Am. a. pajamas pl.

Pyramide f pyramid.

Q

Quacksalber m quack (doctor).

Quadrat n square; 2isch square; ~**meter** m, n square met|re, Am. -er.

quaken quack; Frosch: croak. [agony.]

Qual f pain, torment,∫

quälen torment (a. fig.); torture; fig. bother.

Qualifi|kation f qualification; 2**zieren: (sich)** ~ qualify.

Qualität f quality.

Qualle f jelly-fish.

Qualm m (dense) smoke; 2en smoke.

qualvoll very painful; agonizing.

Quantität f quantity.

Quarantäne f quarantine.

Quark m curd(s pl).

Quartal n quarter.

Quartett n quartet(te).

Quartier n accommodation.

Quaste f tassel; Puder2: (powder-)puff.

Quatsch m colloq. nonsense, sl. rot.

Quecksilber n mercury, quicksilver.

Quelle f spring; source (a. fig.); Öl2: well; 2n gush, well.

quer crosswise; ~ **über** across; 2**straße** f crossroad; **zweite** 2**straße rechts** second turning to the right.

quetsch|en squeeze; med. contuse, bruise; 2**ung** f contusion, bruise.

quieken squeak, squeal.

quietschen squeak, squeal; Tür: creak; Bremsen: screech.

quitt quits, even.

Quitte f quince.

quitt|ieren Rechnung: receipt; aufgeben: quit, abandon; 2**ung** f receipt.

Quote f quota; share.

R

Rabatt m discount, rebate.

Rabbiner m rabbi.

Rabe m raven.

rabiat violent.

Rache f revenge, vengeance.

Rachen m throat.

rächen revenge (sich o.s.).

Rad n wheel; s. Fahrrad.

Radar m, n radar.

radfahre|n cycle, (ride a) bicycle; 2**r** m cyclist.

radier|en rub out, erase; Kunst: etch; 2**gummi** m (India-)rubber.

Radieschen n (red) radish.

radikal radical.

Radio n radio, wireless; **im** ~ on the radio; 2**aktiv**

radio(-)active; **~apparat** m radio(-set), wireless (set).

Radius m radius.

Rad|kappe f hub cap; **~rennen** n cycle race; **~spur** f rut.

raffiniert refined; *fig.* clever, cunning.

Ragout n ragout, stew.

Rahm m cream.

Rahmen m frame; 2 frame.

Rakete f rocket.

rammen ram.

Rampe f ramp.

Ramsch m junk, trash.

Rand m edge, border, margin; *bsd. Gefäß:* brim; *Gefäß, Brille:* rim; *Stadt:* outskirts pl; *fig.* verge, brink.

Rang m rank (*a. mil.*); *thea.* circle, *Am.* balcony.

rangieren *rail.* shunt, switch.

Ranke f tendril; 2n: sich **~** creep, climb.

Ranzen m satchel.

ranzig rancid, rank.

Rappe m black horse.

rar rare, scarce.

rasch quick, swift; prompt.

rascheln rustle.

rasen rage, storm, rave; race, speed, *colloq.* scorch; **~d** raving; *Tempo:* scorching; *Schmerzen:* agonizing; *Kopfschmerzen:* splitting.

Rasen m lawn.

Raserei f *colloq.:* rage, fury; madness; *mot.* speeding.

Rasier|apparat m (safety) razor; **~creme** f shav-

ing-cream; 2en shave; sich 2en (lassen get a) shave; **~klinge** f razor-blade; **~messer** n razor; **~pinsel** m shaving-brush; **~seife** f shaving-soap; **~wasser** n after-shave lotion.

Rasse f race; *zo.* breed.

rasseln rattle.

Rassen|trennung f racial segregation; **~unruhen** pl race riots pl.

rasserein s. **reinrassig.**

Rast f rest; break, pause; 2en rest; **2los** restless; **~platz** m *mot.* picnic area, lay-by; **~stätte** f rest-house.

Rat m advice, counsel; *Ausweg:* way out; *Körperschaft:* council, board; *Person:* council(l)or.

Rate f instal(l)ment; **in ~n** by instal(l)ments.

raten advise, counsel; guess.

Ratenzahlung f payment by instal(l)ments.

Rat|geber m adviser; **~haus** n town (*Am. a.* city) hall.

Ration f ration, allowance; 2alisieren rationalize; 2ieren ration.

rat|los at a loss; **~sam** advisable.

Rätsel n riddle, puzzle; mystery; 2haft puzzling; mysterious.

Ratte f rat.

rattern rattle.

Raub m robbery; 2en rob;

Räuber m robber.

Raub|mord m murder with robbery; **~tier** n beast of prey; **~überfall** m hold-up; armed robbery; **~vogel** m bird of prey.

Rauch m smoke; **2en** smoke; **2en verboten!** no smoking!; **~er** m, **~erabteil** n smoker.

räuchern smoke, cure.

rauchig smoky.

raufe|n fight; **2rei** f fight.

rauh rough; *Klima:* inclement, raw; *Stimme:* hoarse; **2reif** m white frost, hoarfrost.

Raum m room; space; area; **~anzug** m space suit.

räumen clear; *Gebiet:* leave; *Wohnung:* vacate.

Raum|fahrt f astronautics sg, pl; **~flug** m space flight; **~inhalt** m volume; **~kapsel** f capsule.

räumlich of space, spatial.

Raumschiff n spaceship, spacecraft.

Raupe f caterpillar.

Rausch m intoxication; e-n **~ haben** be drunk; **2en** rustle; *Wind:* sough, sweep (**aus** from); **~gift** n narcotic, drug, colloq. dope. [one's throat.]

räuspern: sich ~ clear)

Razzia f raid.

reagieren react (**auf** to); fig. a. respond (**auf** to).

Reaktor m (nuclear) reactor.

real real; **~istisch** realistic; **2ität** f reality.

Rebe f vine.

Rebell m rebel; **2ieren** rebel, revolt, rise.

Rebhuhn n partridge.

Rechen m rake.

Rechen|aufgabe f sum, (arithmetical) problem; **~fehler** m arithmetical error, miscalculation; **~schaft** f: **~ ablegen über** account for; **zur ~ ziehen** call to account.

rechn|en do sums, reckon; **~en auf** count od. rely (up)on; **2ung** f calculation; reckoning; *Waren:* invoice; *Gasthaus:* bill, Am. check.

recht right; **~ haben** be right.

Recht n right (**auf** to); jur. law; fig. justice.

Rechte f right hand.

Rechteck n rectangle; **2ig** rectangular.

recht|fertigen justify; **2fertigung** f justification; **~lich** legal; **~mäßig** legal, lawful, legitimate.

rechts (od. to the) right; **nach ~** to the right.

Rechtsanwalt m lawyer, Am. a. attorney; solicitor.

Rechtschreibung f orthography, spelling.

rechtskräftig valid, legal; *Urteil:* final.

recht|wink(e)lig rightangled; **~zeitig** punctual; on time.

Reck n horizontal bar.

recken stretch (**sich** o.s.).

Redakt|eur m editor;

~ion f editorial staff, editors pl.

Rede f speech; **zur ~ stellen** take to task (**wegen** for); **2n** speak; talk.

redlich honest, upright.

Red|ner m speaker; **2-selig** talkative.

reduzieren reduce.

Reederei f shipping company od. firm.

reell respectable, honest; Ware: good; Angebot: fair.

reflektieren reflect.

reflexiv gr. reflexive.

Reform f reform; **2ieren** reform.

Regal n shelf.

rege active, lively; busy.

Regel f rule; med. menstruation; **2mäßig** regular; **2n** regulate; arrange; settle; **~ung** f regulation; arrangement; settlement.

regen: (sich) ~ move, stir.

Regen m rain; **~bogen** m rainbow; **~bogenhaut** f iris; **~mantel** m raincoat; **~schauer** m shower; **~schirm** m umbrella; **~tag** m rainy day; **~tropfen** m raindrop; **~wasser** n rainwater; **~wetter** n rainy weather; **~wurm** m earthworm; **~zeit** f rainy season.

Regie f direction.

regier|en reign; govern; **2ung** f government; Amtsperiode: Am. administration; Monarchie: reign.

Regiment n regiment.

Regisseur m director.

registrieren register, record.

regne|n rain; **es ~t** it is raining; **~risch** rainy.

regulieren regulate, adjust.

regungslos motionless.

Reh n roe deer, roe; weiblich: doe; **~bock** m roebuck; **~geiß** f doe; **~kitz** n fawn.

Reib|e f, **~eisen** n grater; **2en** rub; **~ung** f friction.

reich rich (**an** in); wealthy.

Reich n empire; Natur2: kingdom; poet. realm.

reichen v/t Speise: serve; **j-m et. ~** hand od. pass s.th. to s.o.; v/i reach; genügen: suffice; **das reicht!** that will do!

reich|haltig rich; **~lich** ample, abundant; **~lich** Zeit plenty of time; **2tum** m riches pl; wealth; **2-weite** f reach; mil. range.

Reif m white frost, hoarfrost. ~ (ripen, mature.)

reif ripe, mature; **~en**)

Reifen m hoop; Auto2: tyre, (Am. nur) tire; **~druck** m tyre pressure; **~panne** f puncture, Am. a. flat.

Reife|prüfung f s. Abitur; **~zeugnis** n s. Abschlußzeugnis.

Reihe f row; line; Serie: series; Anzahl: number; thea. row; **der ~ nach** in turn; **~nfolge** f order.

Reiher m heron.

Reim m rhyme; **2en: (sich)** ~ rhyme.

rein pure; clean; clear; **~igen** clean; **2igung** f cleaning; (dry) cleaners pl; **chemische 2igung** dry-cleaning; **~lich** clean(ly); **2machefrau** f char-woman; **~rassig** pure-bred, thoroughbred.

Reis m rice.

Reise f journey; mar. voyage; Rund2: tour; kurze: trip; **~andenken** n souvenir; **~büro** n travel agency od. bureau; **~führer** m guide(-book); **~gesellschaft** f (tourist) party; **~leiter** m courier; **2n** travel, journey; **~nde** m, f passenger; tourist; econ. commercial travel(l)er; **~necessaire** n dressing-case; **~paß** m passport; **~scheck** m travel(l)er's cheque (Am. check); **~tasche** f travel(l)ing bag; **~ziel** n destination.

reiß|en tear; **~end** rapid; **2nagel** m s. Reißzwecke; **2verschluß** m zip-fastener, zipper, Am. a. slide fastener; **2zwecke** f drawing-pin, Am. thumb-tack.

reit|en ride; **2er** m rider; geübter: horseman; **2hose** f riding-breeches pl; **2-pferd** n riding-horse; **2-stiefel** pl riding-boots pl.

Reiz m charme, attraction; med. irritation; **2bar** ir-ritable; **2en** irritate (a.

med.); provoke; anziehen: attract; Karten: bid; **2end** charming, Am. cute; lovely; **2voll** attractive.

Reklam|ation f com-plaint; **~e** f advertising; Anzeige: advertisement, colloq. ad.

Rekord m record.

Rekrut m recruit.

relativ relative; **2pro-nomen** n gr. relative pro-noun.

Religi|on f religion; **2ös** religious; pious.

Reling f rail.

Reliquie f relic.

Renn|bahn f racecourse, Am. race track; **2en** run, race; **~en** n run(ning); race; **~fahrer** m racing driver; racing cyclist; **~läufer** m ski racer; **~-pferd** n racehorse; **~rad** n racing bicycle; **~sport** m racing; **~stall** m racing stable; **~wagen** m racing car.

renovieren Haus: reno-vate; Zimmer: redecorate.

Rente f Jahres2: annuity; (old-age) pension.

Rentier n reindeer.

Rentner m (old-age) pen-sioner.

Reparatur f repair; **~-werkstatt** f repair shop; mot. a. garage, service station.

reparieren repair.

Report|age f coverage; **~er** m reporter.

Reptil n reptile.

Republik f republic; **~aner** m republican; **2anisch** republican.

Reserve f reserve; **~rad** n spare wheel; **~tank** m reserve tank.

reservier|en Platz: keep; **~en lassen** book, reserve; **~t** reserved (a. fig.).

Residenz f residence.

resignieren resign.

Respekt m respect.

Rest m rest, remainder; Speise: leftover.

Restaurant n restaurant.

rest|lich remaining; **~los** entirely, completely.

rette|n save (**vor** from); deliver, rescue (**aus** from); **2r** m rescuer, deliverer.

Rettich m radish.

Rettung f rescue.

Rettungs|boot n lifeboat; **~gürtel** m lifebelt; **~mannschaft** f rescue party; **~ring** m life-buoy.

Reue f repentance, remorse.

Revier n district, quarter.

Revision f jur. appeal.

Revolution f revolution; **~är** m revolutionary; **2är** revolutionary.

Revolver m revolver, Am. colloq. a. gun.

Rezept n prescription; Koch2: recipe (a. fig.).

Rezeption f reception desk.

Rhabarber m rhubarb.

Rheuma n, **~tismus** m rheumatism.

Rhythmus m rhythm.

richten tech. adjust; Waffe: point (**auf** at); direct (**auf**,

an to); **sich ~ nach** conform to, act according to; depend on.

Richter m judge.

richtig right, correct; gehörig: proper; **~ gehen** Uhr: be right; **~stellen** put od. set right.

Richtlinien pl directions pl.

Richtung f direction; **~s-anzeiger** m mot. indicator, trafficator.

riechen smell (**nach** of; **an** at).

Riegel m bar, bolt; Seife: bar, cake; Schokolade: bar.

Riemen m strap; Gürtel, tech.: belt; Ruder: oar.

Riese m giant.

Riff n reef.

Rille f groove.

Rind n Ochse: ox; Kuh: cow; **~er** pl cattle pl.

Rinde f bark; Käse: rind; Brot: crust.

Rind|erbraten m roast beef; **~fleisch** n beef.

Ring m ring.

Ringelnatter f ring-snake.

ring|en Hände: wring; wrestle; fig. a. struggle; **nach Atem ~en** gasp (for breath); **2er** m wrestler; **2kampf** m wrestling (-match); **2richter** m referee.

Rinne f groove, channel; **2en** run, flow; tröpfeln: drip; **2stein** m gutter.

Rippe f rib.

Risiko n risk.

risk|ant risky; **~ieren** risk.

Riß m rent, tear; _Sprung:_ crack; _Haut:_ chap.

Ritt m ride.

Ritter m knight.

Ritze f chink; 2n scratch.

Rival e m, ~in f rival.

Robbe f seal.

Robe f robe; gown.

Roboter m robot.

robust robust, sturdy.

röcheln rattle.

Rock m skirt.

rodel n sled(ge), _Am. a._ coast; 2schlitten m sled, sledge; _sp._ toboggan.

roden clear.

Rogen m (hard) roe, spawn.

Roggen m rye.

roh raw; rough, rude; cruel; brutal; 2kost f uncooked vegetarian food. [reed.]

Rohr n tube, pipe; _Schilf:_ }

Röhre f tube, pipe; _Radio:_ valve, _Am._ tube.

Rohstoff m raw material.

Roll aden m rolling shutter; ~bahn f runway.

Rolle f roll; _tech. a._ roller; _thea._ part, role; ~ **Garn** reel of cotton, _Am._ spool of thread; 2n roll; _aer._ taxi; ~n m (motor-)scooter.

Roll film m roll film; ~kragen m turtle neck; ~schuh m roller-skate; ~stuhl m wheelchair; ~treppe f escalator.

Roman m novel.

romantisch romantic.

römisch Roman.

röntgen X-ray; 2aufnahme f, 2bild n X-ray; 2strahlen pl X-rays pl.

rosa pink.

Rose f rose.

Rosen kohl m Brussels sprouts pl; ~kranz m rosary.

rosig rosy.

Rosine f raisin.

Roß n horse.

Rost[1] m rust.

Rost[2] m grate; _Brat2:_ grid-iron, grill; ~braten m sirloin steak.

rosten rust.

rösten roast, grill; _Brot:_ toast; _Kartoffeln:_ fry.

rost frei rustless; stainless; ~ig rusty.

rot red; ~ **werden** blush; ~blond sandy.

Rote Kreuz n Red Cross.

röten (sich) ~ redden.

rotieren rotate, revolve.

Rot kohl m red cabbage; ~stift m red pencil; ~wein m red wine; claret; ~wild n red deer.

Roulade f roulade (of beef).

Rouleau n s. **Rolladen**; blind, _Am._ (window) shade.

Route f route.

Routine f routine.

Rübe f beet; **rote** ~ red beet, beetroot; **gelbe** ~ carrot.

Rubin m ruby.

Ruck m jerk, jolt.

Rückblick m retrospect.

rücken move; shift; **näher** ~ approach.

Rücken m back; ~lehne f back; ~mark n spinal cord; ~schwimmen n backstroke; ~wind m fol-

lowing wind, tail wind; ~wirbel *m* dorsal vertebra.
Rück|erstattung *f* restitution, refund; ~fahrkarte/return (ticket), *Am.* round-trip ticket; ~fahrt *f* return journey *od.* trip; auf der ~fahrt on the way back; 2fällig: ~werden relapse; ~flug *m* return flight; 2gängig: ~machen cancel; ~grat *n* spine, backbone; ~halt *m* support; ~kehr *f* return; ~licht *n* tail-light, rear light *od.* lamp; ~porto *n* return postage; ~reise *f* return journey, journey back *od.* home.
Rucksack *m* knapsack, rucksack.
Rück|schlag *m* set-back; ~schritt *m* retrogression; *pol.* reaction; ~seite *f* back, reverse; ~sicht *f* consideration; 2sichtslos inconsiderate; *skrupellos:* ruthless; *unbekümmert:* reckless; 2sichtsvoll considerate; ~sitz *m* back-seat; ~spiegel *m* rearview mirror; ~spiel *n* return match; ~stand *m* arrears *pl; chem.* residue; 2ständig old-fashioned; ~tritt *m* resignation; ~trittbremse *f* backpedal-(l)ing brake, *Am.* coaster brake; 2wärts back, backward(s); ~wärtsgang *m* reverse (gear); ~weg *m* way back; 2wirkend retrospective; ~-

zahlung *f* repayment; ~zug *m* retreat.
Rudel *n* troop; *Wölfe:* pack; *Rehe:* herd.
Ruder *n* oar; *mar.:* rudder; helm; *aer.* rudder; ~boot *n* row(ing)-boat; 2n row.
Ruf *m* call (*a. fig.*); cry, shout; *Leumund:* reputation; 2en call; cry, shout; 2en lassen send for; ~nummer/telephone number.
Rüge *f* rebuke, reprimand.
Ruhe *f* rest; sleep; *Stille:* quiet(ness), calm; *Gelassenheit:* composure; in ~ lassen leave off. let alone; 2los restless; 2n rest; sleep; ~pause *f* pause; ~stand *m:* im ~ retired; ~störung *f* disturbance (of the peace); ~tag *m* restday.
ruhig quiet; calm.
Ruhm *m* glory; fame.
Rühr|ei *pl* scrambled eggs *pl;* 2en stir, move; *fig.:* touch, move, affect; sich 2en stir, move; 2end touching, moving; ~ung *f* emotion, feeling.
Ruin *m* ruin; decay; ~e *f* ruin(s *pl*); 2ieren ruin.
rülpsen belch.
Rum *m* rum.
Rummel *m colloq.* bustle; ~platz *m* amusement park.
rumpeln *colloq.* rumble.
Rumpf *m anat.* trunk, body; *mar.* hull, body; *aer.* fuselage, body.
rund *adj* round; circular;

adv about; **~um** (a)round; **2blick** *m* panorama; **2e** *f* round; *sp.* lap; *Boxen:* round; *Polizist:* beat; **2-fahrt** *f s.* Rundreise; **2-flug** *m* sightseeing *od.* local flight.

Rundfunk *m* broadcast (-ing); *Anstalt:* broadcasting company; *s.* **Radio; ~gerät** *n s.* **Radio-apparat; ~hörer** *m* listener(-in); *pl a.* (radio) audience *sg*; **~sender** *m* broadcasting *od.* radio station; **~sendung** *f* broadcast; **~sprecher** *m* broadcaster, (radio) announcer.

Rund|gang *m* tour, round; **2herum** round about, all (a)round; **2lich** roundish; plump; **~reise** *f* circular tour, round trip, sightseeing trip; **~schreiben** *n*

circular (letter).

Runz|el *f* wrinkle; **2(e)lig** wrinkled; **2eln: die Stirn ~** frown.

rupfen pick; *Geflügel:* pluck.

Rüsche *f* ruffle, frill.

Ruß *m* soot.

Russe *m* Russian.

Rüssel *m Elefant:* trunk; *Schwein:* snout.

rußig sooty.

russisch Russian.

rüsten: sich ~ (zu) prepare *od.* get ready (for).

rüstig vigorous, strong.

Rüstung *f* armo(u)r; *mil.* armament.

Rute *f* rod; *Gerte:* switch.

Rutsch|bahn *f,* **~e** *f* slide, chute; **2en** glide, slide; **2ig** slippery.

rütteln jog, jolt; **an der Tür ~** rattle at the door.

S

Saal *m* hall.

Saat *f* seed (*a. fig.*); *junge Pflanzen:* growing crops *pl*.

Säbel *m* sab|re, *Am.* -er.

Sabotage *f* sabotage.

Sach|bearbeiter *m* official in charge; **2dienlich** relevant; **~e** *f* thing; affair, matter; **~en** *pl Besitz:* things *pl*, belongings *pl*; **2gemäß** proper; **~kenntnis** *f* expert knowledge; **2kundig** expert; **2lich** matter-of-fact, business-like; objective.

sächlich *gr.* neuter.

Sach|register *n* (subject) index; **~schaden** *m* damage to property.

sacht soft, gentle.

Sach|verhalt *m* facts *pl* (of the case); **~verständige** *m, f* expert, authority.

Sack *m* sack, bag; **~gasse** *f* blind alley, cul-de-sac; *fig.* deadlock.

säen sow.

Saft *m* juice; *Bäume etc.:* sap; **2ig** juicy.

Sage *f* legend, myth.

Säge *f* saw; **~mehl** *n* sawdust.

sagen say; *mitteilen*: tell.

sägen saw.

Sahne f cream.

Saison f season; **~zu-schlag** m seasonal surcharge.

Saite f string, chord; **~instrument** n string(ed) instrument.

Sakko m, n (lounge) jacket.

Salat m salad; *Kopf*2: lettuce.

Salbe f ointment.

Salz n salt; 2**en** salt; 2**ig** salt(y); **~kartoffeln** pl boiled potatoes pl; **~säure** f hydrochloric acid; **~streuer** m salt-castor; **~wasser** n salt water.

Same(n) m seed; *biol.* sperm.

samm|eln gather; collect; 2**ler** m collector; 2**lung** f collection; *fig.* composure.

Samstag m Saturday.

Samt m velvet.

sämtlich all; complete.

Sanatorium n sanatorium, *Am. a.* sanitarium.

Sand m sand.

Sandale f sandal.

Sand|bank f sandbank; 2**ig** sandy.

sanft soft; gentle, mild.

Sänger m, **~in** f singer.

sanitär sanitary.

Sanitäter m ambulance man, first-aider.

Sankt Saint, *abbr.* St.

Sard|elle f anchovy; **~ine** f sardine. [casket.}

Sarg m coffin, *Am. a.*

Satellit m satellite.

Satire f satire.

satt: sich ~ essen eat one's fill; **ich bin ~** I have had enough; **et. ~ haben** *colloq.* be fed up with s.th.

Sattel m saddle; 2**n** saddle.

sättigend substantial.

Satz m *Sprung*: leap, bound; *ling.* sentence, clause; *Tennis*: set; *Boden*2: dregs pl, grounds pl; *Garnitur*: set; **~ung** f statute; **~zeichen** n punctuation mark.

Sau f sow.

sauber clean; *ordentlich*: neat, tidy; 2**keit** f cleanness; tidiness, neatness; **~machen** clean.

säubern clean(se); *Zimmer*: tidy, clean.

sauer sour; acid; *Gurke*: pickled; *fig. colloq.* peeved; 2**milch** f curdled milk; 2**stoff** m oxygen; 2**teig** m leaven.

saufen drink; *colloq.* booze.

Säufer m *colloq.* drunkard, boozer.

saugen suck.

säug|en suckle, nurse; 2**e-tier** n mammal; 2**ling** m baby.

Säule f column, pillar.

Saum m seam, hem; *Rand*: border, edge.

Sauna f sauna.

Säure f acidity (*a. Magen*-2); *chem.* acid.

sausen rush, dash.

Saxophon n saxophone.

Schabe f cockroach; 2**n** scrape.

schäbig shabby; *fig. a.* mean.

Schach *n* chess; **~brett** *n* chessboard; **~figur** *f* chessman; **2matt** checkmate; **~spiel** *n* (game of) chess.

Schacht *m* shaft; *Bergbau: a.* pit.

Schachtel *f* box.

schade: es ist ~ it is a pity; **wie ~!** what a pity!

Schädel *m* skull; **~bruch** *m* fractured skull.

schaden injure, harm, hurt; *körperlicher:* injury; **2ersatz** *m* compensation; *Geldsumme:* damages *pl;* **2freude** *f* malignant delight; **~froh** gloating.

schadhaft damaged; *Rohr:* leaking; *Zähne:* decayed.

schäd|igen damage; *j-n:* injure; **~lich** harmful, injurious; **2linge** *pl* vermin *pl*.   [ram.⟩

Schaf *n* sheep; **~bock** *m* ⟨

Schäfer *m* shepherd; **~hund** *m* sheepdog; *deutscher:* Alsatian.

schaffen create; *befördern:* convey, carry; take; *bewältigen:* manage.

Schaffner *m* rail. guard, *Am.* conductor; *Straßenbahn, Bus:* conductor.

Schaft *m* shaft; *Gewehr:* stock; *Stiefel:* leg; **~stiefel** *pl* high boots *pl*, wellingtons *pl*.

schal stale; *fade:* insipid.

Schal *m* scarf; *Woll*2: comforter.

Schale *f* bowl, dish; *Waage:* scale; shell; *Früchte:* skin, peel; **~n** *pl* parings *pl;* *Kartoffeln:* peelings *pl*.

schälen pare, peel; **sich ~ Haut:** peel od. come off.

Schall *m* sound; **2dicht** soundproof; **~** ⟨

klingen, dröhnen: ring, peal; **~mauer** *f* sound barrier; **~platte** *f* record.

schalt|en switch; *mot.* change gear; **2er** *m* switch; *rail.* booking-office, ticket-office; *Post, Bank:* counter; *Auskunftsschalter:* desk; **2hebel** *m* gear lever; *tech., aer.* control lever; **2jahr** *n* leapyear; **2tafel** *f* switchboard, control panel.

Scham *f* shame.

schämen: sich ~ be od. feel ashamed (*gen,* **wegen** of).

Scham|gefühl *n* sense of shame; **2haft** bashful; **2los** shameless.

Schande *f* shame, disgrace.   [graceful.⟩

schändlich shameful, dis-⟨

Schanze *f* ski-jump.

Schar *f* troop, band; *Gänse etc.:* flock; **2en: sich ~ um** gather od. flock round.

scharf sharp; pungent; *Pfeffer:* hot; *Augen, Gehör, Verstand:* sharp, keen; **~ sein auf** be keen on.

schärfen sharpen.

Scharf|schütze *m* sharpshooter, sniper; **~sinn** *m* acumen.

Scharlach m scarlet fever; **2rot** scarlet.

Scharnier n hinge, joint.

Schärpe f sash.

scharren scrape; *Huhn:* scratch; *Pferd:* paw.

Schatt|en m shadow; **.ierung** f shade; **2ig** shady.

Schatz m treasure; *fig.* sweetheart, darling.

schätzen estimate, value (**auf** at); *würdigen:* appreciate; *hoch..:* esteem.

Schau f show; exhibition.

Schauder m shudder, shiver.

schauen look (**auf** at).

Schauer m *Regen etc.:* shower; *s.* **Schauder;** **2lich** dreadful, horrible.

Schaufel f shovel; *Kehr2:* dustpan; **2n** shovel.

Schaufenster n shop-window; **.bummel** m: **e-n .. machen** go window-shopping.

Schaukel f swing; **2n** swing; *Boot:* rock; **.pferd** n rocking-horse; **.stuhl** m rocking-chair, *Am. a.* rocker.

Schaum m foam; *Bier:* froth, head; *Seife:* lather.

schäumen foam; *Seife:* lather; *Wein:* sparkle.

Schaum|gummi n, m foam (rubber); **2ig** foamy, frothy; **.stoff** m expanded plastics sg.

Schauplatz m scene.

Schauspiel n spectacle; *thea.* play; **.er** m actor;

.erin f actress. [check.⟩

Scheck m cheque, *Am.*⟩

Scheibe f disc, disk; *Brot etc.:* slice; *Fenster:* pane; *Schieß2:* target; **.nbremse** f disc brake; **.nwischer** m windscreen (*Am.* windshield) wiper.

Scheid|e f sheath, scabbard; *anat.* vagina; **2en** separate; **sich 2en lassen von** j-m divorce s.o.; **.ung** f divorce.

Schein m certificate; *Quittung:* receipt; banknote, *Am. a.* bill; light; *fig.* appearance; **2bar** seeming, apparent; **2en** shine; *fig.* seem, appear, look; **2heilig** hypocritical; **.werfer** m headlight; *thea.* spotlight.

Scheiße f *vulg.* shit.

Scheit n log.

Scheitel m *Frisur:* parting; **2n** part.

scheitern fail, miscarry.

Schellfisch m haddock.

Schelm m rogue; **2isch** arch, roguish, mischievous.

schelten scold.

Schema n scheme; pattern.

Schemel m stool.

Schenke f pub(lic house).

Schenkel m *Ober2:* thigh; *Unter2:* shank.

schenken give.

Scherbe f, **.n** m (broken) piece, fragment.

Schere f (**e-e** a pair of) scissors pl; *Krebs etc.:* claw; **2n** clip, shear; *Haare:* cut; *Bart:* shave.

Scherereien pl trouble sg.

Scherz m joke; 2en joke; 2haft joking.

scheu shy, timid; 2 f shyness; *Furchtsamkeit:* timidity; ~en v/i shy (**vor** at); v/t shun, avoid.

Scheuer|lappen m floorcloth; ~leiste f skirting-board; 2n scour, scrub; *wund reiben:* chafe.

Scheune f barn.

Scheusal n monster.

scheußlich abominable.

Schi m etc. s. *Ski* etc.

Schicht f layer (a. geol.); *Arbeits*2: shift; (social) class, rank; 2en pile.

schick chic, stylish.

schicken send.

Schicksal n fate, destiny.

Schiebe|dach n sliding roof; ~fenster n sash-window; 2n push, shove; ~tür f sliding door.

Schiedsrichter m *Tennis:* umpire; *Fußball etc.:* referee.

schief sloping, slanting; awry; *Gesicht, Mund:* wry.

Schiefer m slate; *Splitter:* splinter; ~tafel f slate.

schiefgehen go wrong.

schielen squint.

Schienbein n shin(-bone).

Schiene f rail; *med.* splint; 2n splint.

schieß|en fire; shoot; **ein Tor** ~en score a goal; 2erei f shooting; 2scheibe f target; 2stand m shooting-gallery, shooting-range.

Schiff n ship, vessel; ~ahrt f navigation; 2bar navigable; ~bruch m: ~ erleiden be shipwrecked; 2brüchig shipwrecked.

schikanieren tyrannize.

Schild n sign(-board); *Namens*2: nameplate; *Etikett:* label; *Mützen*2: peak; ~drüse f thyroid gland.

schilder|n describe; 2ung f description.

Schildkröte f *Land*2: tortoise; *See*2: turtle.

Schilf(rohr) n reed.

Schimmel m *Pferd:* white horse; *Pilz:* mo(u)ld; 2elig mo(u)ldy; 2(e)lig mo(u)ldy.

schimmern glimmer, gleam.   [zee.\

Schimpanse m chimpan-∫

schimpf|en scold; 2wort n swearword, abusive word.

Schindel f shingle.

schinden sweat; **sich** ~ drudge, slave, sweat.

Schinken m ham.

Schirm m umbrella; *Lampe:* shade; *Mütze:* peak; ~mütze f peaked cap.

Schlacht f battle (**bei** of); 2en slaughter, butcher; ~feld n battlefield; ~schiff n battleship.

Schlacke f cinder.

Schlaf m sleep; ~anzug m (**ein** a pair of) pyjamas pl od. *Am.* pajamas pl.

Schläfe f temple.

schlafen sleep; ~ gehen, sich ~ legen go to bed.

schlaff slack; limp; *Muskeln:* flabby; *bot.* limp.

schlaf|los sleepless; ⚑**losigkeit** f sleeplessness, *med.* insomnia; ⚑**mittel** n soporific.

schläfrig adj, drowsy.

Schlaf|sack m sleeping-bag; ⚑**tablette** f sleeping-pill; ⚑**wagen** m sleeping-car; ⚑**zimmer** n bedroom.

Schlag m blow (a. *fig.*); *flache Hand:* slap; *tech.* stroke; *electr.* shock; *med.* apoplexy, stroke; ⚑**ader** f artery; ⚑**anfall** m apoplexy, stroke; ⚑**baum** m barrier(s pl); ⚑**en** strike, beat, hit; *Faust:* punch; *flache Hand:* slap; *Bäume:* fell; *besiegen:* beat, defeat; *Uhr:* strike; ⚑**er** m pop (-ular) song; hit.

Schläger m rowdy; *Kriket:* bat; s. **Golf-, Tennis-schläger**; ⚑**ei** f fight.

schlag|fertig good at repartee; ⚑**sahne** f whipped cream; ⚑**wort** n slogan; ⚑**zeile** f headline; ⚑**zeug** n percussion (instruments pl).

Schlamm m mud; ⚑**ig** muddy.

Schlampe f slut, slattern; ⚑**ig** slovenly, slipshod.

Schlange f zo.: snake; serpent (a. *fig.*); *Menschen⚑:* queue, *Am.* line; ~ **stehen** queue up, *Am. a.* line up.

schlängeln: sich ~ worm one's way od. o.s.; *Weg:* wind; *Fluß:* meander.

schlank slender, slim; ⚑-

heitskur f: e~e ~ **machen** slim.

schlau clever, cunning.

Schlauch m tube; *Spritz⚑:* hose; *Auto⚑ etc.:* inner tube; ⚑**boot** n rubber boat; ⚑**los** tubeless.

Schlaufe f loop.

schlecht adj bad (a. *verdorben*); *moralisch:* wicked; **mir ist** ~ I feel sick; *adv* badly, ill.

schleichen creep; *heimlich:* sneak, steal.

Schleier m veil (a. *fig.*); *Dunst:* a. haze.

Schleife f loop; *Band⚑:* bow; *Kranz⚑:* streamer.

schleifen drag, trail; *Messer etc.:* whet; *Steine:* cut.

Schleim m slime; *med.* mucus, phlegm; ⚑**haut** f mucous membrane; ⚑**ig** slimy (a. *fig.*); mucous.

schlemmen feast.

schlendern stroll, saunter.

schlenkern dangle, swing.

Schlepp|e f train; *Dampf⚑:* drag; carry; *mar.* tug; ⚑**lift** m T-bar-lift.

Schleuder f sling, catapult, *Am. a.* slingshot; *Trocken⚑:* spin-drier; ⚑**n** v/t fling, hurl; *Wäsche:* spin-dry; v/i *mot.* skid.

Schleuse f sluice; *Kanal⚑:* lock.

schlicht plain, simple, modest; ⚑**en** settle.

schließ|en shut, close; *Fabrik:* shut down; *Geschäft:* shut up; *Vertrag, Rede:* conclude; ⚑**fach** n post office box; _rail._ locker; _~lich_ finally, at last.

schlimm bad; serious; _wund:_ bad, sore; _~er_ worse; **am ~sten** (the) worst.

Schling|e _f_ loop; sling (a. _med._); _zusammenziehbare:_ noose; _hunt._ snare (a. _fig._); _~el m_ rascal; _2en_ wind, twist; _~pflanze f_ creeper, climber.

Schlips _m_ (neck)tie.

Schlitten _m_ sled(ge); _sp._ toboggan; _Pferde2:_ sleigh; _~fahrt f_ sleigh-ride.

Schlittschuh _m_ skate; _~ laufen_ skate; _~läufer m_ skater.

Schlitz _m_ slit; _Einwurf2:_ slot; _2en_ slit, slash.

Schloß _n Tür, Gewehr:_ lock; _arch._ castle, palace.

Schlosser _m_ locksmith.

schlottern shake (**vor** with).

Schlucht _f_ gorge, ravine.

schluchzen sob.

Schluck _m_ draught; _~auf m_ hiccup, hiccough; _2en_ swallow; _~en m s._ **Schluckauf.**

Schlummer _m_ slumber; _2n_ slumber.

Schlund _m_ pharynx, throat.

schlüpf|en slip, slide; _2er m_ knickers _pl,_ drawers _pl;_ panties _pl,_ briefs _pl; ~rig_ slippery.

schlurfen shuffle.

schlürfen sip; drink _od._ eat noisily.

Schluß _m_ close, end; _Ab2,_

~folgerung: conclusion.

Schlüssel _m_ key; _~bein n_ collarbone; _~bund m, n_ bunch of keys; _~loch n_ keyhole.

Schluß|folgerung _f_ conclusion; _2licht n s._ **Rücklicht;** _~runde f sp._ final.

schmächtig slender, slim.

schmackhaft palatable, savo(u)ry.

schmal narrow; _Gestalt:_ slender, slim; _Gesicht:_ thin; _2spur f_ narrow ga(u)ge. _[ne2: lard.]_

Schmalz _n_ grease; _Schwei-_

Schmarotzer _m_ parasite.

schmatzen eat noisily, smack one's lips.

schmecken taste; _~ nach_ taste of; **schmeckt es?** do you like it?; **das schmeckt mir** I enjoy this.

schmeichel|haft flattering; _~ln (j-m_ s.o.).

schmeißen _colloq._ throw, fling, hurl; _Tür:_ slam.

schmelzen melt; _Metall:_ smelt, fuse.

Schmerbauch _m_ paunch.

Schmerz _m_ pain (a. _~en pl),_ anhaltender: ache; _fig._ grief, sorrow; _2en_ pain (a. _fig.),_ hurt; ache; _fig._ grieve, afflict; _2haft, 2lich_ painful; _2lindernd_ soothing; _2los_ painless; _2stillendes Mittel_ anodyne.

Schmetter|ling _m_ butterfly; _2n_ dash; _singen:_ warble.

Schmied _m_ (black)smith; _~e f_ forge, smithy; _2en_

forge; *Pläne*: make, devise.
schmiegen: sich ~ an
nestle up to.
schmier|en smear; *tech.*
grease, oil, lubricate; *auf-streichen*: spread (**auf** on);
kritzeln: scrawl, scribble;
~ig greasy; dirty; filthy.
Schminke *f* make-up; **2n**
make up; **sich 2n** make
(o.s.) up.
schmollen sulk, pout.
Schmor|braten *m* pot
roast; **2en** stew (*a. fig.*).
Schmuck *m* ornament; decoration; jewel(le)ry, jewels *pl*; **2** neat, smart.
schmücken adorn, decorate.
schmuggeln smuggle.
schmunzeln smile amusedly.
Schmutz *m* dirt, filth; **2en**
soil, get dirty; **~fleck** *m*
smudge, stain; **2ig** dirty,
filthy. [beak.]
Schnabel *m* bill, *gebogen*:∫
Schnalle *f* buckle; **2n**
buckle; *festschnallen*: strap.
schnapp|en snap, snatch;
nach Luft ~en gasp for
breath; **2schuß** *m* snapshot.
Schnaps *m* strong liquor,
Am. a. schnap(p)s.
schnarchen snore.
schnattern cackle.
schnauben snort; **(sich)**
die Nase ~ blow one's
nose.
schnaufen pant, puff, blow.
Schnauze *f* muzzle, snout;
Kanne: spout.

Schnecke *f* snail; *Nackt2*:
slug.
Schnee *m* snow; **~ball-**
schlacht *f* snowball fight;
2bedeckt *Berg*: snow-capped; **~flocke** *f* snow-flake; **~gestöber** *n* snow-flurry; **~glöckchen** *n*
snowdrop; **~kette** *f* snow
od. tyre chain; **~mann** *m*
snowman; **~matsch** *m*
slush; **~pflug** *m* snow-plough, *Am.* snowplow;
~sturm *m* snowstorm,
blizzard; **~wehe** *f* snow-drift; **2weiß** snow-white.
Schneide *f* edge; **2n** cut;
carve; **~r** *m* tailor; **~rin** *f*
dressmaker; **~zahn** *m* incisor. [it is snowing.]
schnei|en snow; **es ~t**∫
Schneise *f* lane.
schnell quick, fast, swift;
rapid; *baldig*: speedy;
(mach) ~! be quick!, hurry up!; **~en** jerk; **2hefter**
m folder; **2igkeit** *f* speed;
2imbiß *m* snack(-bar); **2-**
straße *f* *Am.* expressway;
2zug *m* express (train).
schnippisch pert.
Schnitt *m* cut; *Kleid etc.*:
cut, make, style; *fig.* average; **~blumen** *pl* cut
flowers *pl*; **~e** *f* slice; **~lauch** *m* chives *pl*; **~muster** *n* pattern; **~punkt** *m*
(point of) intersection; **~wunde** *f* cut, gash.
Schnitzel *n* cutlet; *Wiener ~* cutlet Viennese style.
Schnitzel² *n*, *m colloq.*
scrap.

schnitzen carve, cut.

Schnorchel m s(ch)norkel.

schnüffeln sniff, nose.

Schnuller m dummy, comforter. [jerker.]

Schnulze f colloq. tear-

Schnupfen m cold, catarrh.

schnuppern sniff.

Schnur f string, line.

Schnur|bart m m(o)ustache; 2en plait.

Schnürsenkel m shoelace, shoestring.

Schock m shock; 2ieren shock.

Schokolade f chocolate.

Scholle f Erd2: clod; Eis2: floe; ichth. plaice.

schon already; ~ lange for a long time; ~ gut! all right!

schön beautiful; Mann: handsome; Wetter: fair, fine.

schonen spare; take care of; Kräfte: husband.

Schönheit f beauty.

Schonzeit f close season.

Schopf m tuft; orn. a. crest.

schöpf|en scoop, ladle; Mut: take; Hoffnung: find; Verdacht ~en become suspicious; 2er m creator; ~erisch creative; 2ung f creation.

Schorf m scab.

Schornstein m chimney; mar., rail. funnel; ~feger m chimney-sweep(er).

Schoß m lap; Mutterleib: womb; Rock2: tail.

Schote f pod.

Schotte m Scot, Scotch-

man, Scotsman; die ~n pl the Scotch pl.

Schotter m (road-)metal.

schottisch Scotch, Scottish.

schräg slanting, sloping.

Schramme f scratch.

Schrank m cupboard, wardrobe.

Schranke f barrier (a. fig.); rail. a. gate.

Schraube f screw; mar. screw(-propeller); 2nschraube.

Schrauben|mutter f nut; ~schlüssel m spanner, wrench; ~zieher m screwdriver.

schrecklich terrible.

Schrei m cry; lauter: shout; Angst2: scream.

schreiben write; spell; mit der Maschine ~ type (-write); 2 n letter.

Schreib|feder f pen; ~heft n exercise-book; ~maschine f typewriter; ~material n s. Schreibwaren; ~papier n writing-paper; ~tisch m (writing- desk; ~ung f spelling; ~waren pl writing-materials pl, stationery sg; ~warengeschäft n stationer's (shop).

schreien cry; lauter: shout; angstvoll: scream.

Schreiner m s. Tischler.

Schrift f (hand)writing; print. type; 2lich written, in writing; ~steller m author; writer; ~stück n piece of writing, paper, document; ~wechsel m correspondence.

schrill shrill, piercing.

Schritt *m* step; **~ fahren!** slow down!, dead slow!

schroff rugged, jagged; *steil:* steep; *fig.* harsh.

Schrot *m, n* crushed grain; *Munition:* (small) shot; **~flinte** *f* shotgun.

Schrott *m* scrap(-iron).

schrubben scrub, scour.

schrumpfen shrink.

Schub|fach *n* drawer; **~karre(n** *m*) *f* wheelbarrow; **~kraft** *f* thrust; **~lade** *f* drawer.

schüchtern shy, timid.

Schuft *m* scoundrel, rascal; ♀**en** *colloq.* drudge, slave.

Schuh *m* shoe; **~anzieher** *m* shoehorn; **~bürste** *f* shoe-brush; **~creme** *f* shoe-cream, shoe-polish; **~geschäft** *n* shoe-shop; **~größe** *f* size (of shoe); **~sohle** *f* sole; **~spanner** *m* shoe-tree.

Schul|arbeit *f* homework; **~bank** *f* (school-)desk; **~bildung** *f* education; **~buch** *n* school-book.

Schuld *f Geld:* debt; *Vergehen:* guilt; *Fehler:* fault; **ich bin** ♀ **it is my fault;** ♀**bewußt** guilty; ♀**en:** **j-m et.** ~ owe so. s.th.; **j-m Dank** ~ be indebted to so. (**für** for).

schuldig guilty; **~ sprechen** find guilty; ♀**e** *m, f* guilty person; culprit.

schuldlos innocent.

Schule *f* school; **höhere** ~ secondary school, *Am.*

appr. (senior) high school; ♀**n** train, school.

Schüler *m* schoolboy, pupil; **~in** *f* schoolgirl, pupil.

Schul|ferien *pl* holidays *pl,* *Am.* vacation *sg;* **~fernsehen** *n* educational TV; ♀**frei: heute haben wir** ~ there's no school today; **~freund(in** *f*) *m* schoolfriend, schoolfellow; **~funk** *m* school broadcasts *pl;* **~mappe** *f* satchel; ♀**pflichtig** of school age; **~schwänzer** *m* truant; **~stunde** *f* lesson.

Schulter *f* shoulder; **~blatt** *n* shoulder-blade.

Schulzeugnis *n* report.

Schund *m* trash, rubbish.

Schuppe *f zo.* scale; **~n** *pl* dandruff *sg.*

Schuppen *m* shed.

Schurke *m* scoundrel, villain. [pinafore.}

Schürze *f* apron; *Kinder:}

Schuß *m* shot; *Munition:* round; *kleine Portion:* dash.

Schüssel *f* basin; *für Speisen:* bowl, dish.

Schuß|waffe *f* firearm; **~wunde** *f* gunshot wound.

Schuster *m* shoemaker.

Schutt *m* rubbish, refuse; *Trümmer:* debris; **~abladeplatz** *m* dump.

Schüttelfrost *m* shivering-fit; ♀**n** shake.

schütten pour; **es schüttet** it is pouring with rain.

Schutz *m* protection; *Zuflucht:* shelter; **~blech** *n* mudguard, *Am.* fender.

schützen protect; shelter.

Schutz|engel m guardian angel; ~heilige m, f patron saint; ~impfung f protective inoculation; Pocken: vaccination; ♀los unprotected; wehrlos: defen|celess, Am. -seless; ~umschlag m (dust-)jacket.

schwach weak; faint; feeble.

Schwäch|e f weakness; ♀en weaken; ♀lich weakly; zart: delicate, frail.

schwach|sinnig weakminded, feeble-minded; ♀strom m weak current.

Schwager m brother-in-law.   [law.}

Schwägerin f sister-in-}

Schwalbe f swallow.

Schwall m flood; Worte: torrent.

Schwamm m sponge.

Schwan m swan.

schwanger pregnant; ♀schaft f pregnancy.

schwanken stagger, totter; Zweige etc.: sway; Preise: fluctuate; zögern: waver.

Schwanz m tail.

schwänzen: die Schule ~ play truant.

Schwarm m Bienen etc.: swarm; Vögel: a. flight, flock; Fische: school, shoal; Person: idol, hero.

schwärmen Bienen etc.: swarm; ~für adore.

Schwarte f rind.

schwarz black; ~es Brett notice-board, Am. bulletin board; ♀brot n brown bread; ♀weißfilm m black-and-white film.

schwatzen chat(ter).

schwätze|n chat(ter); ♀r(in f) m chatterbox; gossip.

Schwebe|bahn f aerial railway od. ropeway; ♀n be suspended; Vogel, aer.: hover (a. fig.); gleiten: glide; in Gefahr ♀n be in danger.

Schwed|e m Swede; ♀isch Swedish.   [sulfur.}

Schwefel m sulphur, Am.}

Schweif m tail.

schweig|en be silent; ♀en n silence; ~end silent; ~sam taciturn.

Schwein n pig, hog.

Schweine|braten m roast pork; ~fleisch n pork; ~stall m pigsty (a. fig.).

Schweiß m sweat, perspiration; ♀en tech. weld.

Schweizer m Swiss; ♀isch Swiss.

schwelen smo(u)lder.

schwelgen: ~ in revel in.

Schwell|e f threshold; ♀en swell; ~ung f swelling.

schwenken swing; Hut: wave; spülen: rinse.

schwer heavy; Wein etc.: strong; schwierig: hard, difficult; ernst: serious; 2 Pfund ~ sein weigh two pounds; ~ arbeiten work hard; ~fällig slow; unbeholfen: clumsy; ♀gewicht n heavy-weight; ~hörig hard of hearing; ♀kraft f gravity; ♀kranke m, f seriously ill person; ♀-

punkt m cent|re (Am. -er) of gravity; fig. emphasis.

Schwert n sword.

schwer|**verdaulich** indigestible, heavy; **~verständlich** difficult to understand; **~verwundet** seriously wounded; **~wiegend** fig. weighty, serious.

Schwester f sister; Kranken2: nurse.

Schwieger|**eltern** pl parents-in-law pl; **~mutter** f etc. mother-in-law, etc.

schwielig callous.

schwierig difficult, hard; 2keit f difficulty, trouble.

Schwimm|**bad** n swimming bath, swimming pool; 2en swim; Gegenstand: float; **~er**(in f) m swimmer; **~flosse** f flipper; **~gürtel** m lifebelt; **~haut** f web; **~weste** f life-jacket.

Schwindel m med. giddiness, dizziness; colloq. swindle; **~anfall** m fit of dizziness; 2n cheat, swindle. [2ig giddy, dizzy.)

Schwindl|**er** m swindler;)

Schwinge f wing; 2n swing.

Schwips m: e-n **~ haben** colloq. be tipsy.

schwitzen sweat, perspire.

schwören swear.

schwül sultry, close.

Schwung m swing; fig. energy, drive; 2voll full of drive; lively.

Schwur m oath; **~gericht** n appr. Crown Court.

sechs six; 2eck n hexagon;

~eckig hexagonal; **~te** sixth; 2tel n sixth (part); **~tens** sixthly, in the sixth place.

sech|**zehn(te)** sixteen(th); **~zig** sixty; **~zigste** sixtieth.

See[1] m lake.

See[2] f sea, ocean; **an der ~** at the seaside; **~bad** n seaside resort; **~gang** m: hoher **~** rough sea; **~hund** m seal; 2krank seasick.

Seel|**e** f soul; 2isch psychic(al).

See|**macht** f naval power; **~mann** m seaman, sailor; **~meile** f nautical mile; **~not** f distress (at sea); **~reise** f voyage; **~streitkräfte** pl naval forces pl.

Segel n sail; **~boot** n sailing-boat; sp. yacht; **~fliegen** n gliding; **~flugzeug** n glider; 2n sail; sp. yacht; **~schiff** n sailing-ship, sailing-vessel; **~tuch** n canvas.

Segen m blessing (a. fig.), bsd. eccl. benediction.

Segler m yachtsman.

segnen bless.

sehen v/i see; **~ auf** look at; **~ nach** look after; v/t see; notice; watch; observe; **~swert** worth seeing; 2s-würdigkeiten pl sights pl.

Sehne f sinew, tendon; Bogen: string. [for.)

sehnen: sich ~ nach long)

Sehn|**enzerrung** f strained tendon; 2ig sinewy.

sehn|**lich** ardent; anxious; 2sucht f longing, yearning.

sehr very; *mit vb:* (very) much, greatly.

seicht shallow.

Seid|e *f* silk; **~enpapier** *n* tissue (paper); **~ig** silky.

Seife *f* soap.

Seifen|pulver *n* soap-powder; **~schaum** *m* lather; suds *pl*.

seifig soapy.

Seil *n* rope; **~bahn** *f* funicular (railway); cableway.

sein[1] his; her; its.

sein[2] *v/i*: **bestehen:** exist; **2** *n* being; existence.

seiner|seits for his part; **~zeit** then; in those days.

seit since; **~ drei Wochen** for three weeks; **~dem** *adv* since then; ever since; *cj* since.

Seite *f* side; *Buch:* page.

Seiten|straße *f* side-road; **~wind** *m* side-wind.

seit|lich lateral; **~wärts** sideways. [tary.}

Sekretär *m*, **~in** *f* secre-}

Sekt *m* champagne.

Sektor *m* sector; *fig.* field.

Sekunde *f* second.

selbst *pron:* **ich~** (I) myself; **von~** *Person:* of one's own accord; *Sache:* by itself, automatically; *adv* even.

selbständig independent; **2keit** *f* independence.

Selbst|bedienung *f* self-service; **~beherrschung** *f* self-command, self-control; **~bestimmung** *f* self-determination; **2bewußt** self-confident; **2gemacht** home-made; **~gespräch** *n*

soliloquy, monolog(ue); **2los** unselfish, disinterested; **~mord** *m* suicide; **2sicher** self-confident; **2süchtig** selfish; **2tätig** self-acting, automatic; **~unterricht** *m* private study; **2verständlich** of course, naturally; **~verteidigung** *f* self-defen[ce, *Am.* -se; **~vertrauen** *n* self-confidence; **~verwaltung** *f* self-government, autonomy.

selig *eccl.* blessed; *verstorben:* late; overjoyed.

Sellerie *m*, *f* celery.

selten *adj* rare, scarce; *adv* rarely, seldom.

seltsam strange, odd.

Semester *n* term.

Semikolon *n* semicolon.

Seminar *n* *univ.* seminar; *Priester:* seminary.

Semmel *f* roll.

Senat *m* senate.

send|en send, forward; *Funk etc.:* transmit; *Rundfunk:* broadcast; *Fernsehen:* a. telecast; **2er** *m* transmitter; broadcasting station; **2ung** *f* *econ.* consignment, shipment; broadcast; telecast.

Senf *m* mustard. [ing.}

sengen singe; **~d** parch-}

Senk|e *f* depression, hollow; **2en** lower; *Kopf:* bow; **sich 2en** sink; *Decke etc.:* sag; **2recht** vertical, perpendicular.

Sensation *f* sensation.

Sense *f* scythe.

sensibel sensitive.

sentimental sentimental.

September m September.

Serie f series; **Satz**: set.

Serpentine f serpentine.

Serum n serum.

Service[1] n service, set.

Service[2] m, n service.

servieren v serve.

Serviette f (table-)napkin.

Sessel m armchair, easy chair; **lift** m chair-lift.

setzen set, place, put; **pflanzen**: plant; **sich ~** sit down, take a seat; **Vögel**: perch; **Bodensatz** etc.: settle; **~ auf Rennpferd**: back.

Seuche f epidemic (disease).

seufzen sigh; **2r** m sigh.

sexuell sexual.

sich oneself; sg himself, herself, itself; pl themselves; sg yourself, pl yourselves; **einander**: each other, one another.

Sichel f sickle.

sicher safe, secure (**vor** from); **gewiß**: certain, sure; **2heit** f safety; security; certainty.

Sicherheits|gurt m seatbelt; **~nadel** f safety-pin; **~schloß** n safety-lock.

sicher|n secure; guarantee; **~stellen** secure; **2ung** f safeguard; tech. safety device; electr. fuse.

Sicht f visibility; **Aus2**: view; **in ~ kommen** come into view, come in sight; **2bar** visible; **2lich** visibly; **~vermerk** m visa, visé; **~weite** f visibility.

sickern trickle, ooze, seep.

sie she; pl they; **2** sg, pl you.

Sieb n sieve; **Sand**: riddle.

sieben[1] sieve, sift; **Sand** etc.: riddle.

sieben[2] seven.

siebte seventh; **2l** n seventh (part); **~ns** seventhly, in the seventh place.

sieb|zehn(te) seventeen(th); **2zig** seventy; **~zigste** seventieth.

siedeln settle.

siede|n boil; **2punkt** m boiling-point.

Sied|ler m settler; **~lung** f settlement; **Stadtrand**: housing estate.

Sieg m victory; sp. a. win.

Siegel n seal, privat: signet.

sieg|en be victorious; sp. win; **2er** m conqueror; sp. winner. [signal.)

Signal n signal; **2isieren**)

Silbe f syllable. [silver.)

Silber n silver; **2n** (of))

Silhouette f silhouette; **Stadt**: a. skyline. [Eve.)

Silvester n New Year's)

Sinfonie f symphony.

singen sing.

Singular m gr. singular.

Singvogel m songbird, songster. [down.)

sinken sink; **Preise**: go)

Sinn m sense; **Verstand**: mind; **Bedeutung**: sense, meaning.

Sinnes|änderung f change of mind; **~organ** n sense-organ.

sinn|lich sensual; **~los**

Sonnenaufgang

senseless; futile, useless.

Sippe *f Stamm*: tribe; (blood-)relations *pl*; family.

Sirup *m* syrup, *Am.* sirup.

Sitte *f* custom, habit; **~n** *pl* morals *pl*.

sittlich moral.

Situation *f* situation.

Sitz *m* seat; **2en** sit, be seated; *passen*: fit; **2en bleiben** remain seated; **~platz** *m* seat; **~ung** *f* meeting, conference.

Skala *f* scale; *Radio*: dial.

Skandal *m* scandal.

Skelett *n* skeleton.

skeptisch sceptical, *Am.* skeptical.

Ski *m* ski; **~ laufen** *od.* **fahren** ski; **~fahrer** *m*, **~läufer** *m* skier; **~lift** *m* ski-lift; **~springen** *n* ski-jumping.

Skizze *f* sketch; **2ieren** sketch, outline.

Sklave *m* slave.

Skrupel *m* scruple; **2los** unscrupulous.

Skulptur *f* sculpture.

Slalom *m* slalom.

Smaragd *m* emerald.

Smoking *m* dinner-jacket, *Am. a.* tux(edo).

so so, thus; like this *od.* that; *vergleichend:* as; **~ ein** such a; **~bald:** **~ (wie** *od.* **als) als** as soon as.

Socke *f* sock; **~l** *m* pedestal; **~nhalter** *m* suspender, *Am.* garter. [water.]

Soda(wasser) *n* soda-}

Sodbrennen *n* heartburn.

soeben just (now).

sofort at once; immediately.

Sog *m* suction; *aer.* wake; *mar.* undertow.

so|gar even; **~genannt** so-called.

Sohle *f* sole; *Tal*: bottom.

Sohn *m* son.

solange as long as.

solch such.

Sold *m* pay.

Soldat *m* soldier.

Söldner *m* mercenary.

solid(e) solid; *fig. a.* sound.

Solist *m*, **~in** *f* soloist.

Soll *n* debit; *Produktions2*: target.

sollen: ich sollte I should, I ought to; **er soll** he shall; he is said to.

Sommer *m* summer; **2lich** summer(y); **~schlußverkauf** *m* summer sale(s *pl*); **~sprossen** *pl* freckles *pl*; **~(s)zeit** *f* summertime.

Sonde *f* probe (*a. med.*).

Sonder|angebot *n* special offer; **~ausgabe** *f* special (edition); **2bar** strange, odd; **~fahrt** *f* special; **~ling** *m* crank, odd person; **2n** but; **~zug** *m* special (train).

Sonnabend *m* Saturday.

Sonne *f* sun; **2n: sich ~** sun o.s., bask in the sun.

Sonnen|aufgang *m* sunrise; **~bad** *n* sun-bath; **~brand** *m* sunburn; **~brille** *f* (e-e *a pair of*) sunglasses *pl*; **~finsternis** *f* solar eclipse; **~licht** *n* sunlight; **~öl** *n* suntan lotion; **~schein** *m* sunshine; **~schirm** m sunshade; **~stich** m sunstroke; **~strahl** m sunbeam; **~uhr** f sundial; **~untergang** m sunset.

sonnig sunny.

Sonntag m Sunday.

sonst otherwise, *mit pron* else; **wer ~?** who else?; **wie ~** as usual; **~ nichts** nothing else.

Sorge f care; worry; uneasiness, anxiety; **sich ~n machen um** be anxious *od.* worried about; **mach dir keine ~n** don't worry.

sorgen: **~ für** care for, provide for; **dafür ~, daß** see (to it) that; **sich ~ um** worry about.

sorg|fältig careful; **~los** carefree; careless.

Sort|e f sort, kind, species; **2ieren** (as)sort; arrange; **~iment** n assortment.

Soße f sauce; *Braten2:* gravy.

Souvenir n souvenir.

Souveränität f sovereignty.

so|viel as much; **~weit** as far as; **~wieso** in any case, anyway.

sowjetisch Soviet.

sowohl: **~ ... als (auch)** both ... and, ... as well as.

sozial social; **~demokratisch** Social Democratic; **2ist** m socialist; **~istisch** socialist.

Soziussitz m pillion.

sozusagen so to speak.

Spalt m crack, crevice; **~e**

f s. **Spalt**; *print.* column; **2en: (sich) ~** split.

Span m chip, shaving.

Spange f clasp; (hair-)slide; *Armreif:* bangle.

Spani|er m Spaniard; **2sch** Spanish.

Spann m instep; **~e** f span; *econ.* margin; **2en** stretch; tighten; be (too) tight; **2end** exciting, thrilling; **~ung** f tension (*a. fig.*); *electr.* voltage; *tech.* strain, stress; **~weite** f spread.

Spar|buch n savings-bank book; **2en** save; economize; **~er** m saver.

Spargel m asparagus.

Spar|kasse f savings-bank; **~konto** n savings account.

spärlich scanty.

sparsam economical.

Spaß m fun; joke; **2en** joke, make fun; **~vogel** m wag.

spät late; **zu ~** (too) late; **wie ~ ist es?** what time is it?

Spaten m spade.

spätestens at the latest.

Spatz m sparrow.

spazieren walk, stroll; **~fahren** *v/i* go for a drive; *v/t* take for a drive; *Baby:* take out for a walk; **~gehen** go for a walk.

Spazier|fahrt f drive, ride; **~gang** m walk, stroll; **e-n ~gang machen** go for a walk; **~gänger** m walker.

Specht m woodpecker.

Speck m bacon.
Spediteur m forwarding agent; *Möbel:* (furniture) remover.
Speer m spear; *sp.* javelin.
Speiche f spoke.
Speichel m spit(tle), saliva.
Speicher m garret, attic.
speien spit; vomit, be sick.
Speise f food, nourishment; *Gericht:* dish; ~**eis** n ice-cream; ~**kammer** f larder, pantry; ~**karte** f bill of fare, menu; 2n v/i s. **essen**; v/t feed; ~**röhre** f gullet; ~**saal** m dining-room; ~**wagen** m dining-car, diner; ~**zimmer** n dining-room.
spekulieren speculate.
Spende f gift; contribution; 2n give; donate.
Sperling m sparrow.
Sperr|e f barrier; *rail.* barrier, *Am.* gate; *sp.* suspension; 2en close; *Licht etc.:* cut od. shut off; *Scheck:* stop; *sp.* suspend; ~**holz** n plywood; 2ig bulky; ~**stunde** f closing time.
Spesen pl expenses pl.
speziali|sieren: sich ~ specialize (auf in); 2st m specialist; 2tät f special(i)ty.
speziell special, particular.
Spiegel m mirror, looking-glass; 2**bild** n reflection; ~**ei** n fried egg; 2n shine; sich 2n be reflected.
Spieg(e)lung f reflection.
Spiel n play; *sp.* game;

Wettkampf: match; **auf dem ~ stehen** be at stake; **aufs ~ setzen** jeopardize; ~**automat** m slot-machine; ~**bank** f casino; 2en play; gamble; 2**end** *fig.* easily; ~**er** m player; gambler; ~**feld** n (playing-)field; ~**film** m feature film od. picture; ~**gefährte** m playfellow, playmate; ~**karte** f playing-card; ~**marke** f counter, chip; ~**plan** m program(me); ~**platz** m playground; ~**regel** f rule (of the game); ~**sachen** pl toys pl; ~**verderber** m spoil-sport; ~**waren** pl toys pl; ~**zeug** n toy(s pl).
Spieß m spear, pike; *Brat2:* spit.
Spinat m spinach.
Spind m, n cupboard; locker.
Spinn|e f spider; 2en spin; *fig. colloq.* be crazy, *sl.* be nuts; ~**webe** f cobweb.
Spion m spy; ~**age** f espionage.
Spirale f spiral.
Spirituosen pl spirits pl.
spitz pointed; sharp; *Winkel:* acute; 2e f point; *Nase, Finger:* tip; *Turm:* spire; *Berg etc.:* peak, top; *Gewebe:* lace; *fig.:* head; top; ~**en** point, sharpen; 2**findig** subtle; 2**name** m nickname.
Splitter m splinter, shiver; 2n splinter, shiver.
Sporn m spur.

Sport m sport; fig. hobby; ~ **treiben** go in for sport; ~**kleidung** f sportswear; ~**lehrer** m games-master; ~**ler** m sportsman; ~**lerin** f sportswoman; 2**lich** sporting; *Figur:* athletic; ~**nachrichten** pl sports news pl; ~**platz** m sports field; stadium; ~**tauchen** n skin-diving; ~**verein** m sports-club; ~**wagen** m sports-car; folding pram, *Am.* stroller.

Spott m mockery; derision; scorn; 2**billig** colloq. dirtcheap; 2**en** : ~ **über** mock od. sneer at.

spöttisch mocking, sneering; ironical.

Sprach|**e** f *Fähigkeit:* speech; language; ~**führer** m phrase-book; ~**kenntnisse** pl knowledge pl of foreign languages; 2**los** speechless.

Spray m, n spray; *Gerät: a.* atomizer.

sprech|**en** speak; talk; 2**er** m speaker; *Ansager:* announcer; *Wortführer:* spokesman; 2**stunde** f consulting-hours pl, surgery hours pl; 2**stundenhilfe** f receptionist; 2**zimmer** n consultingroom, surgery.

spreizen spread (out).

spreng|**en** sprinkle; water; blow up; burst open; 2**stoff** m explosive; 2**ung** f blowing-up; explosion.

sprenkeln speckle, spot.

Sprichwort n proverb.

sprießen sprout.

Spring|**brunnen** m fountain; 2**en** jump, leap; *Ball:* bounce; *Schwimmen:* dive; burst, crack, break.

Spritze f syringe; *Injektion:* injection; 2**n** sprinkle; water; splash; *med.* inject; 2**n aus** spurt from; ~**r** m splash.

spröde brittle; fig. coy.

Sproß m shoot, sprout.

Sprosse f rung, step.

Sprößling m offspring.

Sprotte f sprat.

Spruch m saying.

Sprudel m mineral water; 2**n** bubble; effervesce.

sprüh|**en** v/t spray, sprinkle; v/i *Funken:* fly; **es** ~**t** it is drizzling; 2**regen** m drizzle.

Sprung m jump, leap, bound; *Schwimmen:* dive; *Riß:* crack; ~**brett** n spring-board; ~**schanze** f ski-jump.

Spucke f colloq. spit(tle); 2**n** spit. (coil.)

Spule f spool, reel; electr.}

spül|**en** v/t rinse; wash (up); v/i flush the lavatory; 2**mittel** n detergent.

Spur f trace (a. fig.); mehrere: track; *Wagen:* rut; fig. sign.

spüren feel; sense.

Staat m state; country.

Staats|**angehörige** m, f national, citizen, bsd. Brit. subject; ~**angehörigkeit** f nationality, citizenship;

⁓anwalt m' public prosecutor, Am. prosecuting attorney; **⁓bürger** m citizen; **⁓dienst** m civil service; **⁓mann** m statesman; **⁓oberhaupt** n head of (the) state.

Stab m staff (a. fig.); Metall, Holz: bar; pole.

stabil stable.

Stachel m prickle; Biene: sting; **⁓beere** f gooseberry; **⁓draht** m barbed wire.

stach(e)lig prickly, thorny.

Stadi|on n stadium; **⁓um** n stage, phase.

Stadt f town; city.

Städter m townsman; **⁓** pl townspeople pl.

Stadt|gebiet n urban area; **⁓gespräch** n local call.

städtisch municipal.

Stadt|mitte f town od. city cent|re, Am. -er; **⁓plan** m town plan, map of the town; **⁓rand** m outskirts pl; **⁓rat** m town council; Person: town council(l)or; **⁓rundfahrt** f sightseeing tour; **⁓teil** m, **⁓viertel** n quarter.

Staffel|ei f easel; **⁓lauf** m relay race.

Stahl m steel.

Stall m stable.

Stamm m stem; Baum: trunk; Volks⁓: race; Eingeborenen⁓: tribe; **⁓baum** m family tree, pedigree (a. zo.); **⁓eln** stammer; Auto: **⁓ aus** come from; zeitlich: date from; **⁓gast** m regu-

lar customer od. guest, colloq. regular.

stämmig stocky, squat.

Stammkunde m regular customer.

stampfen v/t mash; v/i stamp; Pferd: paw.

Stand m stand; position; Verkaufs⁓: stall; Höhe: level; Wettkampf⁓: score; **⁓bild** n statue.

Ständer m stand.

Standes|amt n registry office; **⁓amtlich:** **⁓e Trauung** civil marriage.

stand|haft firm; **⁓halten** resist. [stant.]

ständig permanent; con-∫

Stand|licht n parking light(s pl); **⁓ort** m position; **⁓punkt** m point of view.

Stange f pole; Metall: rod, bar; Fahne: staff.

Stanniol n tin foil.

stanzen punch, stamp.

Stapel m pile, stack; **⁓n** pile (up), stack.

stapfen plod.

Star m orn. starling; med. cataract; thea. etc.: star.

stark strong; dick: stout; **⁓e Erkältung** bad cold; **⁓er Raucher** heavy smoker.

Stärke f strength; chem. starch; **⁓n** strengthen (a. fig.); Wäsche: starch; **sich ⁓n** take some refreshment(s). [rent.]

Starkstrom m heavy cur-∫

starr rigid (a. fig.); stiff; Blick: fixed; **⁓en** stare (auf at); ∼köpfig obstinate; 2krampf m tetanus.

Start n start (a. fig.); aer. take-off; Rakete: lift-off; ∼bahn f runway; 2bereit ready to start; ∼bereit ready to start; 2en v/i start; aer. take off; Rakete: lift off; v/t start; Rakete: launch.

Station f station; Kranken2: ward.

Statistik f statistics pl.

Stativ n tripod.

statt instead of; ∼ dessen instead; ∼ zu instead of ger.

Stätte f place, spot.

stattfinden take place.

stattlich stately, impressive; Summe: considerable.

Statue f statue.

Statut n statute.

Staub m dust.

Staubecken n reservoir.

staub|en make dust; ∼ig dusty; 2sauger m vacuum cleaner; 2tuch n duster.

Stau|damm m dam; 2en dam (up); sich 2en accumulate; gather; Fahrzeuge: become jammed.

staunen be astonished (über at).

Staupe f distemper.

Stausee m reservoir.

stechen prick; Insekten: sting; Floh, Mücke: bite; Sonne: burn; ∼d Blick: piercing; Schmerz: stabbing.

Steckdose f (wall) socket.

stecken v/t stick, put; v/i

sich befinden: be; stick, be stuck; 2 m stick; ∼bleiben get stuck; ∼lassen leave; 2pferd n hobbyhorse; fig. hobby. [pin.\
Steck|er m plug; ∼nadel f]

Steg m footbridge.

stehen stand; sich befinden: be; geschrieben ∼: be written; kleiden: suit, become; wie steht's mit ...? what about ...?; ∼ bleiben remain standing; ∼bleiben stop; ∼lassen leave s.o. standing; Essen: leave untouched.

Stehlampe f floor-lamp.

stehlen steal. [room.\
Stehplatz m standing-]

steif stiff (a. fig.); numb (vor Kälte with cold).

Steig|bügel m stirrup; 2en rise; increase; Nebel: ascend; 2ern raise; increase; heighten; ∼ung f rise; gradient; Am. grade.

steil steep.

Stein m stone; ∼bruch m quarry; ∼gut n crockery, earthenware; 2ig stony; ∼pilz m yellow boletus; ∼schlag m falling rocks pl.

Stelle f place; Fleck: spot; Punkt: point; Behörde: authority; Buch: passage; Arbeit: colloq. job; freie ∼ vacancy; ich an deiner ∼ if I were you.

stellen put, place; set (a. Uhr, fig.); Bedingungen: make; Frage: ask, put.

Stellung f position, posture; Beruf: position; Rang:

position, rank; **~nahme** f opinion, comment; **2slos** unemployed.

Stellvertreter m substitute; deputy.

stemmen Gewicht: lift; **sich~gegen** press against; fig. resist od. oppose s.th.

Stempel m stamp; bot. pistil; **2n** stamp.

Stengel m stalk, stem.

Steno f colloq., **~graphie** f shorthand; **2graphieren** write (in) shorthand; **~typistin** f shorthand-typist.

Steppdecke f quilt.

sterb|en die (an of); **~lich** mortal.

steril sterile.

Stern m star (a. fig.); **~en-banner** n Star-Spangled Banner, Stars and Stripes pl; **~schnuppe** f shooting star; **~warte** f observatory.

stet|ig constant; steady; **~s** always.

Steuer¹ m nar. helm, rudder; mot. (steering-)wheel.

Steuer² f tax; duty.

Steuer|beamte m revenue officer; **~bord** n starboard; **~erklärung** f taxreturn; **2frei** tax-free; Waren: duty-free; **~knüppel** m aer. control lever od. stick; **~mann** m mar. helmsman; Boot: coxswain; **2n** steer, navigate; mot. drive; fig. direct, control; **~rad** n steering-wheel; **~ruder** n helm; rudder; **~ung** f steering; **~zahler** m taxpayer.

Stich m prick; Insekten: sting, bite; Messer: stab; Nähen: stitch; Karten: trick; Kupfer2: engraving; **im ~ lassen** desert, forsake; **2haltig: ~ sein** hold water; **~probe** f random test od. sample; **~tag** m fixed day; **~wort** n headword; note; thea. cue.

stick|en embroider; **~ig** stuffy, close; **2stoff** m nitrogen.

Stiefel m boot.

Stief|mutter f etc. stepmother, etc.; **~mütterchen** n pansy.

Stiel m handle; Axt: haft; Besen: stick; bot. stalk.

Stier m bull; **~kampf** m bullfight.

Stift m pin; peg; pencil; **2en** endow; give, donate.

Stil m style.

still still, quiet, silent; **~!** silence!; **2e** f stillness, quiet(ness), silence; **~egen** Fabrik etc.: shut down; Verkehr: stop; **~en** Schmerz: soothe; Hunger, Neugier: appease; Durst: quench; Blut: sta(u)nch; Säugling: nurse; **~halten** keep still; **~schweigend** fig. tacit; **2stand** m standstill, stop.

Stimm|band n vocal c(h)ord; **2berechtigt** entitled to vote; **~e** f voice; Wähler: vote; **2en** vi/t tune; v/i be true od. right; Summe: be correct; **2en für** vote for; **~recht** n right to vote; **~ung** f mood, humo(u)r; ~zettel *m* ballot, voting-paper.

stinken stink (**nach** of).

Stipendium *n* scholarship.

Stirn *f* forehead, brow; *fig.* cheek; ~runzeln *n* frown.

stöbern *colloq.* rummage (about).

stochern poke; pick.

Stock *m* stick; *Rohr♩*: cane; *Takt♩*: baton; *Bienen♩*: beehive; ~werk: stor(e)y, floor; **erster** ~ first (*Am.* second) floor.

stock|en stop; *Milch etc.*: curdle (*a. fig.*); *Stimme*: falter; *Verkehr*: be blocked; ♩**werk** *n* stor(e)y, floor.

Stoff *m* substance; material, fabric, textile; *Material*, *Zeug*: material, stuff; cloth.

stöhnen groan, moan.

stolpern stumble, trip.

stolz proud; haughty; ♩ *m* pride.

stopf|en *v/t* stuff; *Pfeife*: fill; *Geflügel*: cram, stuff; *Strümpfe*: darn; *v/i med.* constipate, be constipating; ♩**garn** *n* darning-cotton; ♩**nadel** *f* darning-needle.

Stoppel *f* stubble.

stopp|en stop; *Zeit*: time, clock; ♩**uhr** *f* stop-watch.

Stöpsel *m* stopper, plug.

Storch *m* stork.

stören *v/i* be intruding; *v/t* disturb; *belästigen*: trouble.

störrisch stubborn.

Störung *f* disturbance; trouble (*a. tech.*); breakdown.

Stoß *m* push, shove; *Schlag*:

blow, knock; *Schwimm♩*: stroke; *Erschütterung*: shock; *Wagen*: jolt; *Haufen*: pile, heap; ~**dämpfer** *m* shock-absorber; ♩**en** push, shove; knock, strike; (**sich**) ♩**en an** strike *od.* knock against; ♩**en an** adjoin, border on; ♩**en auf** come across; *Widerstand*: meet with; ~**stange** *f* bumper; ~**verkehr** *m* rush-hour traffic.

stottern stammer; *Motor*: sputter.

Straf|anstalt *f* prison; ♩**bar** punishable, criminal; ~**e** *f* punishment; *jur., sp., fig.* penalty; *jur.* sentence; ♩**en** punish.

straff tight; *fig.* strict.

Strafraum *m sp.* penalty area.

Strahl *m* ray (*a. fig.*); *Licht*: *a.* beam; *Blitz*: flash; *Wasser etc.*: jet; ♩**en** radiate; shine; *fig.* beam; ~**ung** *f* radiation, rays *pl.*

Strähne *f* *Haar*: lock, strand.

stramm tight.

strampeln kick.

Strand *m* beach; **am** ~ on the beach; ♩**en** strand; ~**hotel** *n* beach hotel; ~**kleidung** *f* beachwear; ~**korb** *m* beach-basket, beach-chair; ~**promenade** *f* promenade, *Am.* boardwalk.

Strang *m* cord (*a. anat.*); rope.

Strapaz|e *f* exertion, fatigue; **2ierfähig** durable, for hard wear.

Straße f road, highway; street; *Meerenge:* strait; **auf der ~** in the street.

Straßen|arbeiten pl road works pl; **~bahn** f tram (-car), Am. streetcar; **~be-leuchtung** f street lighting; **~café** n pavement (Am. sidewalk) café; **~kar-te** f road map; **~kreuzung** f cross-roads sg; **~schild** n street od. road sign; **~wacht** f A.A. (= Automobile Association) patrol (-man).

sträuben *Federn:* ruffle up; **sich ~** *Haare:* stand on end; **sich ~ gegen** struggle od. kick against.

Strauch m shrub, bush.

straucheln s. **stolpern.**

Strauß m orn. ostrich; *Blumen:* bunch, bouquet.

streben; ~ nach strive for.

Strecke f stretch; route; distance; *rail. etc.:* line; **2n** stretch, extend; *verdünnen:* dilute; **sich ~** stretch (o.s.).

Streich m trick, prank; **2eln** stroke, caress; **2en** rub; paint; *s.* **aus-, be-streichen; mit der Hand über et. 2en** pass one's hand over s.th.; **~holz** n match; **2orchester** n string band od. orchestra.

Streife f patrol(man); **2n** stripe, streak; *berühren:* brush; *Thema:* touch (up)on; roam; **~n** m stripe,

unregelmäßiger: streak; *Land etc.:* strip; **~nwagen** m police od. patrol car.

Streik m strike, Am. a. walkout; **2en** strike, Am. a. walk out.

Streit m quarrel; dispute; conflict; **2en** (**sich**) ~ quarrel; **~kräfte** pl (armed) forces pl.

streng severe, stern (a. *Blick etc.*); *genau:* strict.

streuen strew, scatter.

Strich m stroke; *Linie:* line.

Strick m cord; rope; **2en** knit; **~jacke** f cardigan; **~nadel** f knitting-needle; **~waren** pl knitwear sg; **~zeug** n knitting.

Striemen m weal, wale.

Stroh n straw; *Dach:* thatch; **~halm** m straw.

Strom m stream (a. fig.), (large) river; *electr.* current.

strömen stream; flow, run; *Regen, Menschenmenge:* pour.

Strom|kreis m circuit; **~schnelle** f rapid.

Strömung f current.

Strophe f verse.

Strudel m swirl, whirlpool.

Struktur f structure.

Strumpf m stocking; **~halter** m suspender, Am. garter; **~haltergürtel** m girdle; **~hose** f tights pl.

struppig shaggy.

Stube f room; **~nmädchen** n chambermaid.

Stück n piece (a. mus.); fragment; *Vieh:* head;

Zucker: lump; *thea.* play.
Student *m*, **~in** *f* student, undergraduate.

Stud|ie *f* study; **ieren** study, read; **~ium** *n* study, *allgemeiner*: studies *pl*.

Stufe *f* step; *Grad*: degree; *Entwicklung*: stage; **nweise** gradual.

Stuhl *m* chair, seat; **~bein** *n* leg of a chair; **~gang** *med.* stool, movement; **~lehne** *f* back of a chair.

stumm dumb, mute.

Stummel *m* stump; *Zigarette etc.*: stub, butt.

Stummfilm *m* silent film.

stümperhaft bungling, clumsy.

stumpf blunt; *Sinne*: dull, apathetic; **2** *m* stump, stub; **~sinnig** stupid, dull.

Stunde *f* hour; *Unterrichts-*2: lesson, *Am. a.* period.

Stunden|kilometer *m* kilomet|re (*Am.* -er) per hour; **2lang** *adv* for hours (and hours); *adj*: **nach 2langem Warten** after hours of waiting; **~lohn** *m* wages *pl* per hour; **~plan** *m* timetable, *Am.* schedule; **2weise** by the hour.

stündlich hourly.

Sturm *m* storm.

stürm|en storm; *Wind*: rage; rush; **2er** *m sp.* forward; **~isch** stormy.

Sturz *m* fall; *Regierung etc.*: overthrow; *Preis2*: slump.

stürzen fall; *eilen*: rush; *Regierung*: overthrow.

Sturzhelm *m* crash-helmet.

Stute *f* mare.

Stütze *f* support.

stutzen *v/t Haare*: crop; *Bart*: trim; *Flügel, Hecke*: clip; *Baum*: lop; *v/i* start (**bei** at).

stützen support (*a. fig.*); **sich ~ auf** lean on.

stutzig: ~ machen make suspicious.

Stützpunkt *m* base.

Subjekt *n gr.* subject; **2iv** subjective.

Substantiv *n gr.* noun, substantive.

Substanz *f* substance.

subtrahieren subtract.

Suche *f* search (**nach** for); **auf der ~ nach** in search of; **2n** *Rat etc.*: seek; **2n (nach)** search for, look for.

Sucht *f* mania; addiction.

süchtig: ~ sein be addicted to *drugs*, *etc.*; **2e** *m, f* addict.

Süd|(en *m*) south; **~früchte** *pl* citrus and other tropical fruits *pl*; **2lich** south (-ern), southerly; **~ost(en** *m*) southeast; **~pol** *m* South Pole; **~west(en** *m*) southwest.

Sühne *f* atonement.

Sülze *f* brawn, jellied meat.

Summe *f* sum (*a. fig.*), (*sum*) total; *Betrag*: amount.

summen buzz, hum.

Sumpf *m* swamp, bog, marsh; **2ig** swampy, boggy, marshy.

Tank

Sünde f sin; ~nbock m colloq. scapegoat; ~r m sinner.

Super (benzin) n super; ~lativ m gr. superlative (degree); ~markt m supermarket.

Suppe f soup; ~nschüssel f tureen; ~nteller m soupplate.

süß sweet (a. fig.); ~en sweeten; 2igkeiten pl sweets pl; 2speise f sweet; 2wasser n fresh water.

Symbol n symbol; 2isch symbolic(al). [ric(al).]
symmetrisch symmet-}
sympathisch lik(e)able; **er ist mir ~** I like him.
Symphonie f symphony.
Symptom n symptom.
Synagoge f synagogue.
synchronisieren synchronize; Tonfilm: a. dub.
synthetisch synthetic.
System n system; 2atisch systematic(al); methodical.
Szene f scene.

T

Tabak m tobacco.
Tabelle f table.
Tablett n tray; ~e f tablet. [ometer.]
Tachometer m, n speed-}
Tadel m reproof, rebuke; 2los faultless; excellent; 2n reprove, rebuke.
Tafel f slab; Gedenk2: plaque, tablet; Schiefer2: slate; Schul2: blackboard; Anschlag2: notice-board, Am. billboard; Schokolade: bar; dinner-table; ~geschirr n dinner-service, dinner-set.
Täf(e)lung f wainscot, panel(l)ing.
Tag m day; **am ~** od. bei ~e by day; **guten ~!** how do you do?; good morning!; good afternoon!
Tage buch n diary; 2lang for days (together); 2n hold a meeting.
Tages anbruch m: bei ~

at daybreak od. dawn; ~ausflug m day excursion od. trip; ~kurs m current rate; ~licht n daylight.
täglich daily.
tagsüber during the day.
Tagung f meeting.
Taille f waist.
Takt m mus. time, measure; mot. stroke; fig. tact; ~ik f tactics sg, pl; 2los tactless; ~stock m baton; 2voll tactful.
Tal n valley.
Talent n talent, gift.
Talg m suet; ausgelassener: tallow.
Talisman m talisman, charm.
Tang m seaweed.
Tank m tank; 2en get some petrol (Am. gasoline); ~er m tanker; ~stelle f petrol station, Am. gas od. filling station; ~wart m pump attendant.

Tanne f fir(-tree); ~n-zapfen m fir-cone.

Tante f aunt.

Tanz m dance; 2en dance.

Tänzer m, ~in f dancer; partner.

Tapete f wallpaper.

tapezieren paper.

tapfer brave; courageous.

Tarif m tariff.

tarn|en camouflage; bsd. fig. disguise; 2ung f camouflage.

Tasche f bag; pocket.

Taschen|buch n pocketbook; ~dieb m pickpocket; ~geld n pocketmoney; ~lampe f (pocket) torch, flashlight; ~messer n pocket-knife; ~tuch n (pocket-)handkerchief; ~uhr f pocketwatch.

Tasse f cup.

Taste f key; 2n grope (nach for, after); sich 2n feel od. grope one's way.

Tat f action, act, deed; Straf2: offen|ce, Am. -se; crime; 2enlos inactive.

Täter m perpetrator.

tätig active; busy; 2keit f activity; occupation, job.

tat|kräftig active; 2ort m scene of a crime.

Tätowierung f tattoo.

Tat|sache f fact; 2sächlich** actual, real.

tätscheln pet, pat.

Tatze f paw.

Tau[1] m rope, cable.

Tau[2] m dew.

taub deaf; Finger: numb.

Taube f pigeon.

taubstumm deaf and dumb; 2e m, f deaf mute.

tauch|en dip; dive; U-Boot: submerge; 2er m diver; 2sieder m immersion heater; 2sport m skin-diving.

tauen melt; **es taut** it is thawing; dew is falling.

Tauf|e f baptism, christening; 2en baptize, christen; ~pate m godfather; f = ~patin f godmother.

taug|en be good (zu for); (zu) nichts ~en be good for nothing; ~lich good, fit, useful.

taumeln reel, stagger.

Tausch m exchange, barter; 2en exchange, barter.

täusch|en deceive; sich ~en be mistaken; ~end striking; 2ung f deception.

tausend thousand; ~ste thousandth.

Tauwetter n thaw.

Taxe f Gebühr: fee; s. Taxi.

Taxi n taxi(-cab), cab; ~fahrer m taxi-driver, cabdriver; ~stand m cabstand, taxi rank.

Technik f technology, engineering; Fertigkeit: skill, workmanship; Verfahren: technique; ~er m technician.

technisch technical; ~e Hochschule college of technology.   [cakes pl.}

Tee m tea; ~gebäck n tea-}

Teer m tar; 2en tar.

Teesieb n tea-strainer.

Teich m pond, pool.

Teig m dough, paste; ⁓**waren** pl farinaceous foods pl.

Teil m, n part; An⁓: portion, share; **zum ⁓** partly, in part; ⁂**bar** divisible; ⁓**chen** n particle; ⁂**en** divide; fig. share; ⁂**haben** participate, (have a) share (**an** in); ⁓**haber** m partner; ⁓**nahme** f participation; sympathy; ⁂**nahmslos** indifferent; apathetic; ⁂**nehmen: ⁓ an** take part in, participate in; ⁓**nehmer** m participant; teleph. subscriber; ⁂**s** partly; ⁓**ung** f division; ⁂**weise** partly, in part.

Teint m complexion.

Telefon n telephone, colloq. phone; ⁓**buch** n telephone directory; ⁓**ge-sprāch** n (tele)phone call; ⁂**ieren** (tele)phone; ⁂**isch** over the od. by (tele)phone; ⁓**istin** f (telephone) operator; ⁓**zelle** f telephone kiosk, call-box, Am. telephone booth; ⁓**zentrale** f (telephone) exchange.

telegraf|ieren wire; Übersee: cable; ⁓**isch** by telegram od. wire; by cable.

Telegramm n telegram, wire; Übersee: cable(gram).

Teller m plate.

Tempel m temple.

Temperament n temperament; ⁂**voll** spirited.

Temperatur f temperature; **j-s ⁓ messen** take s.o.'s temperature.

Tempo n time; Gangart: pace; Geschwindigkeit: speed.

Tendenz f tendency, trend.

Tennis n tennis; ⁓**platz** m tennis-court; ⁓**schläger** m (tennis-)racket.

Teppich m carpet.

Termin m appointed time od. day; jur., econ. date.

Terrasse f terrace.

Territorium n territory.

Terror m terror; ⁂**isieren** terrorize.

Testament n (last) will; eccl. Testament.

testen test.

Tetanus m tetanus.

teuer dear (a. fig.), expensive; **wie ⁓ ist es?** how much is it?

Teufel m devil.

Text m text; Lied: words pl; Oper: book, libretto.

Textilien pl textiles pl.

Theater n theat|re, Am. -er; ⁓**besucher** m playgoer; ⁓**kasse** f box-office; ⁓**stück** n play.

Theke f bar, counter.

Thema n theme, subject; Gesprächs⁓: topic.

Theologie f theology.

theor|etisch theoretic(al); ⁂**ie** f theory.

Therapie f therapy.

Thermometer n thermometer. [mos (flask).⌐

Thermosflasche f ther-⌐

Thrombose f thrombosis.

Thron m throne.

Thunfisch m tunny, tuna.

ticken tick.

tief deep (a. fig.); Seufzer, Schlaf etc.: profound; niedrig: low; 2 n meteor. depression; 2**druckgebiet** n low-pressure area; 2e f depth (a. fig.); ~**gekühlt** deep-frozen; 2**kühlfach** n, 2**kühltruhe** f deep-freeze.

Tier n animal; beast; ~**arzt** m veterinary (surgeon), colloq. vet, Am. a. veterinarian; ~**garten** m zoological gardens pl, zoo; 2**isch** animal; ~**kreis** m ast. zodiac; ~**park** m s. **Tiergarten**.

Tiger m tiger; ~**in** f tigress.

tilgen wipe out; Schuld: extinguish. [tlefish.]

Tinte f ink; ~**nfisch** m cut-]

Tip m hint, tip.

tippen colloq. type; ~ **an** tip; ~**auf** tap on.

Tisch m table; **bei** ~ at table; **nach** ~ after dinner; ~**decke** f table-cloth; ~**ler** m joiner; Möbel: cabinet-maker; ~**tennis** n table-tennis; ~**tuch** n table-cloth; ~**zeit** f dinner-time; lunch-hour.

Titel m title; ~**bild** n cover (picture); ~**blatt** n title-page. [spruch.]

Toast m toast (a. Trink-]

tob|**en** rage, storm; Kinder: romp; ~**süchtig** raving mad.

Tochter f daughter.

Tod m death.

Todes|**anzeige** f obituary (notice); ~**opfer** n death, casualty; ~**strafe** f capital punishment, death penalty.

tödlich deadly; fatal.

todmüde dead tired.

Toilette f toilet; lavatory; ~**nartikel** pl toilet articles pl; ~**npapier** n toilet-paper.

tolerant tolerant.

toll mad, crazy; ~**en** romp; 2**wut** f rabies.

tolpatschig colloq. awkward, clumsy.

Tomate f tomato.

Ton¹ m clay.

Ton² m sound; mus. tone, einzelner: note; Betonung: accent, stress; ~**abnehmer** m pick-up; 2**angebend** leading; ~**art** f mus. key; ~**band** n tape; ~**bandgerät** n tape recorder.

tönen v/i sound, ring; v/t tint (a. Haar), tone.

Ton|**fall** m intonation, accent; ~**film** m sound film.

Tonne f tun; barrel; Regen2: butt; Gewicht, mar. ton.

Topf m pot.

Tor n gate; Fußball etc.: goal; Skisport: gate.

Torf m peat.

töricht foolish, silly.

torkeln reel, stagger.

Tor|**latte** f crossbar; ~**lauf** m Skisport: slalom;

treffen

~linie f goal-line; ~pfosten m gate-post; sp. goalpost; ~schütze m scorer.

Torte f fancy cake, layercake.

Torwart m goalkeeper.

tosen roar.

tot dead (a. fig.); ~er Punkt fig. deadlock.

total total, complete.

Tote m od. f dead man od. woman; (dead) body, corpse; **die** ~n pl the dead pl.

töten kill; murder.

Totenschein m death certificate.   [pools pl.]

Toto m, colloq. n football⸂

Totschlag m manslaughter, homicide; ⸂en kill.

toupieren back-comb.

Tour f tour (durch of).

Tourist m tourist; ~enklasse f tourist class; ~in f tourist.

Tournee f tour.

traben trot.   [form.]

Tracht f costume; uni-⸂trächtig with young, pregnant.

Tradition f tradition.

Trag|bahre f stretcher; ⸂bar portable; Kleidung: wearable; fig. bearable.

träge lazy, indolent.

tragen carry; Kleidung: wear; stützen: support; Früchte: bear (a. fig.).

Träger m carrier; Gepäck⸂: porter; (shoulder-) strap; tech. support, girder.

Tragfläche f aer. wing.

trag|isch tragic; ⸂ödie f tragedy.

Tragtüte f carrier bag.

Train|er m trainer; coach; ⸂ing n training; ~ingsanzug m track suit.

Traktor m tractor.

trampeln trample, stamp.

Träne f tear; ⸂n water.

tränken water; et.: soak.

Transfusion f transfusion.

Transistorgerät n transistor set.

transitiv gr. transitive.

Transport m transport(ation), conveyance; carriage; ⸂ieren transport, convey, carry.

Traube f bunch of grapes; Beere: grape; ~nsaft m grape-juice; ~nzucker m grape-sugar, glucose, dextrose.

trauen marry; trust (j-m s.o.); **sich** ~ dare.

Trauer f sorrow; mourning; ~feier f obsequies pl; ~kleidung f mourning; ⸂n mourn (um for); ~spiel n tragedy.

Traum m dream.

traurig sad.

Trau|ring m weddingring; ~schein m marriage certificate od. lines pl; ~ung f marriage, wedding; ~zeuge m witness to a marriage.

treff|en hit, strike; begegnen: meet; Verkehrung: take; **nicht** ~en miss; **e-e Entscheidung** ~en come to a decision; ⸂en n meeting; **2punkt** m meeting-place.

treib|en v/t drive; drift; Knospen: put forth; fig. impel, urge; v/i drive; drift; im Wasser: float; bot. shoot; **2haus** n hothouse; **2riemen** m driving-belt; **2stoff** m s. **Kraftstoff.**

trenn|en separate; abtrennen: sever; teleph. cut off, disconnect; **sich ~en** separate, part; **2ung** f separation; disconnection; **2wand** f partition.

Treppe f staircase, (e-e a flight of) stairs pl.

Treppen|absatz m landing; **~geländer** n banisters pl; **~haus** n staircase; **~stufe** f stair, step.

Tresor m safe; strongroom. [on); kick.\

treten tread, step (auf∫

treu faithful; loyal; **2e** f faithfulness; loyalty; **~los** faithless; disloyal.

Tribüne f platform; sp. grandstand.

Trichter m funnel; crater.

Trick m trick.

Trieb m bot. sprout, (new) shoot; Natur2: instinct; (sexual) urge; **~kraft** f motive power; fig. driving force; **~wagen** m railcar. [shirt.\

Trikot n tights m/; 2er f∫

trink|bar drinkable; **2becher** m drinking-cup; **~en** drink; **~en auf** drink (to), toast; **2er** m drinker; **2geld** n tip; **2spruch** m

toast; **2wasser** n drinking-water.

trippeln trip.

Tritt m tread, step; Fuß2: kick; **~brett** n runningboard.

Triumph m triumph; **2ieren** triumph.

trocken dry (a. Wein); Boden: arid; **2haube** f (hair-)dryer; **2heit** f dryness; aridity; **~legen** drain; Baby: change (the napkins od. Am. diapers); **2obst** n dried fruit.

trocknen dry.

Troddel f tassel.

trödeln colloq. dawdle.

Trog m trough.

Trommel f drum; tech. a. cylinder; **~fell** n anat. eardrum; **2n** drum.

Trompete f trumpet.

tropfen drop, drip; 2 m drop.

tropisch tropical.

Trost m comfort, consolation.

trösten console, comfort.

trostlos disconsolate; Gegend etc.: desolate; fig. wretched.

Trottel m colloq. idiot.

trotten colloq. trot.

trotz in spite of, despite; 2 m defiance; **~dem** nevertheless; **~ig** defiant; sulky.

trüb(e) muddy; Licht, Augen: dim; Farbe, Wetter: dull.

Trubel m bustle.

trübsinnig gloomy.

trügerisch treacherous.

Truhe f chest.

Trümmer pl ruins pl; *Schutt*: debris sg; *Unfall*: wreckage sg. [(card).}

Trumpf m *Karten*: trump}

Trunkenheit f drunkenness, intoxication; **~ am Steuer** drunken driving.

Trupp m troop, gang; **~e** f troop; *thea.* company.

Truthahn m turkey(-cock).

Tschechoslowak|e m Czechoslovak; **2isch** Czechoslovak. [losis.}

Tuberkulose f tubercu-}

Tuch n cloth; *s.* **Hals-, Kopf-, Staubtuch.**

tüchtig clever, good; *fähig*: efficient; capable.

tückisch treacherous; malicious, spiteful.

Tugend f virtue.

Tulpe f tulip.

Tumor m tumo(u)r.

Tümpel m pool.

Tumult m tumult, uproar.

tun do; make; *wohin* ~: put; **zu ~ haben** be busy; **so ~, als ob** pretend to.

Tunke f sauce; **2n** dip, steep.

Tunnel m tunnel.

tupfen dab; spot, dot; **2** m dot, spot.

Tür f door.

Turbine f turbine.

Türk|e m Turk; **2isch** Turkish.

Türklinke f doorhandle.

Turm m tower; *Kirch2*: a. steeple; **~spitze** f spire; **~springen** n high-diving.

Turn|anzug m gym-dress; **2en** do gymnastics; **~er** m gymnast; **~halle** f gym (-nasium).

Turnier n tournament.

Turn|schuh m gym-shoe; **~verein** m gymnastic od. athletic club.

Tür|rahmen m door-case, door-frame; **~schild** n door-plate.

Tusche f India(n) ink; **2ln** whisper.

Tüte f (paper-)bag.

Typ m type; *tech.* a. model.

Typhus m typhoid (fever).

typisch typical (für of).

Tyrann m tyrant; **2isieren** tyrannize (over), bully.

U

U-Bahn f s. **Untergrundbahn.**

übel adj evil, bad; **mir ist ~** I am od. feel sick; *adv* ill, badly; **2** n evil; **2keit** f sickness, nausea; **~nehmen** take *s.th.* ill od. amiss. [ti|se, *Am.* -ce.}

üben exercise; *(ein)*: prac-}

über over, above; *e-n Fluß etc.*: across; *reisen* ~: via, by way of; mean thus; **sprechen ~** talk about od. of; **nachdenken ~** think about; **schreiben ~** write on; **~all** everywhere.

über|anstrengen overstrain (**sich** o.s.); **~bie-**

ten *fig.* beat, surpass.

Überblick *m* survey; **über** of); **2en** overlook, survey.

über|bringen deliver; **~dauern** outlast, outlive; **~drüssig** weary *od.* sick (*gen* of); **~eilt** precipitate, rash.

übereinander one upon the other; **~schlagen: die Beine ~** cross one's legs.

überein|kommen agree, **~stimmen: ~ (mit)** *Person:* agree (with); *Sache:* correspond (with, to); **2stimmung** *f* agreement; correspondence.

überfahr|en *v/i* cross; *v/t* run over; *Signal:* run; **2t** *f* passage; *Fluß:* crossing.

Überfall *m* hold-up; assault; **2en** hold up; assault.

überfällig overdue.

Überfallkommando *n* flying (*Am.* riot) squad.

über|fliegen fly over *od.* across; *fig.* glance over; **~fließen** overflow; **2fluß** *m* abundance, superfluity; **~flüssig** superfluous; **~fluten** overflow, flood.

überführ|en transport, convey; *Verbrecher:* convict (*gen* of); **2ung** *f* overpass.

überfüllt crammed; *mit Menschen:* overcrowded.

Übergang *m* crossing; *fig.* transition; **~szeit** *f* period of transition.

übergeben deliver, hand

over; *mil.* surrender; **sich ~geben** vomit, be sick; **~gehen in** pass into; **2gewicht** *n* overweight; **~greifen: ~ auf** spread to; **~handnehmen** increase, be rampant; **~hängen** *v/i* overhang; *v/t s.* **umhängen; ~haupt: wenn ~** if at all; **~ nicht** not at all; **~ kein** no ... whatever; **~heblich** presumptuous, arrogant.

überhol|en overtake, pass; *ausbessern:* overhaul; **~t** outmoded, out of date; **2verbot** *n* no overtaking.

über|kleben paste over; **~kochen** boil over; **~lassen: j-m et. ~** let s.o. have s.th.; *fig.* leave s.th. to s.o.; **~lasten** overload; *fig.* overburden; **~laufen** run over, *Kochendes:* boil over; *mil.* desert (**zu** to); *adj* overcrowded.

überleben survive; **2de** *m, f* survivor.

überleg|en: (sich) ~ consider, think about; **es sich anders ~** change one's mind; **~en** *adj* superior (*dat* to; **an** in); **2ung** *f* consideration, reflection.

Über|lieferung *f* tradition; **2listen** outwit; **2mäßig** immoderate; **2morgen** the day after tomorrow; **2müdet** overtired; **2mütig** wanton, frolicsome; **2nächst** the next but one; **2nächste Woche** the week after next.

übernacht|en stay overnight; **2ung** *f* night's lodging; **2ung und Frühstück** bed and breakfast.
über|natürlich supernatural; **~nehmen** take over; *Verantwortung:* assume; *Führung:* take; **~prüfen** check; *j~n:* screen; **~queren** cross; **~ragen** tower over; *fig.* tower above.
überrasch|en surprise; *ertappen:* catch (**bei** at, in); **~end** surprising; **unexpected**; **2ung** *f* surprise.
über|reden persuade; **~reichen** present; **2reste** *pl* remains *pl*; **~rumpeln** (take by) surprise.
Überschallgeschwindigkeit *f* supersonic speed.
über|schätzen overrate; **~schlagen** *Seiten:* skip; *Kosten:* make a rough estimate of; **sich ~schlagen** tumble over; *Wagen:* turn over; *Stimme:* become high-pitched; **~schlagen** *adj* lukewarm, tepid; **~schneiden: sich ~** overlap (*a. fig.*); **~schreiten** cross; *fig.* transgress; *Geschwindigkeit, Anweisungen:* exceed; **2schrift** *f* heading, title; headline; **2schuß** *m* surplus; **2schwemmung** *f* flood(ing).
Übersee... oversea(s).
übersehen overlook (*a. fig.*).
übersetz|en translate (**in** into); **2er** *m* translator; **2ung** *f* translation.

Übersicht *f* survey (**über** of); summary; **2lich** clear.
über|siedeln remove (**nach** to); **~springen** jump; clear; *Seite etc.:* skip; **~stehen** *v/i* jut out, project; *v/t Unglück:* survive; *Krankheit:* get over; **~steigen** climb over; *fig.* exceed; **~stimmen** outvote.
Überstunden *pl* overtime *sg*; **~ machen** work overtime.
überstürz|en rush, hurry; **~t** precipitate, rash.
übertrag|bar transferable; *econ.* negotiable; *med.* communicable; **~en** *Blut:* transfuse; *tech., med., Rundfunk:* transmit; *Rundfunk:* broadcast; **im Fernsehen ~en** televise; **~en** *adj* figurative.
übertreffen *j~n:* excel; *j~n, et.:* surpass, exceed.
übertreib|en exaggerate; **2ung** *f* exaggeration.
über|treten transgress, violate; **~treiben** exaggerated; **2tritt** *m* going over (**zu** to); *eccl.* conversion; **~völkert** overpopulated; **~vorteilen** overreach, do; **~wachen** supervise, superintend, control; *polizeilich:* shadow.
überwältigen overcome, overwhelm; **~d** overwhelming.
überweis|en *Geld:* remit (**an** to); **2ung** *f* remittance.

über|winden overcome; **sich ~winden zu** bring o.s. to; **♀zahl** f: **in der ~** superior in numbers.

überzeug|en convince (**von** of); **♀ung** f conviction.

überziehen put s.th. on; cover; *Bett*: put clean sheets on; *Konto*: overdraw.

üblich usual, customary.

U-Boot n submarine, *Deutschland*: a. U-boat.

übrig left, remaining; **die ~en** pl the others pl, the rest sg; **~bleiben** be left, remain; **~ens** by the way; **~lassen** leave.

Übung f exercise, practice; **~shang** m nursery slope.

Ufer n shore; *Fluß*: bank; **am** od. **ans ~** ashore.

Uhr f clock; *Armband*♀: watch; **um vier ~** at four o'clock; **~armband** n watch-strap; **~macher** m watch-maker; **~zeiger** m hand.

Uhu m eagle-owl.

ulkig funny.

Ulme f elm.

um round, about; **~ seinetwillen** for his sake; **~ zu** (in order) to; s. **besser**.

um|ändern change, alter; **~armen: (sich) ~** embrace; **~bauen** rebuild, reconstruct; **~blättern** turn over; **~bringen** kill (**sich** o.s.); **~buchen** rebook (**auf den...** for the...).

umdreh|en turn over; **sich ~** turn round; **♀ung** f tech. revolution.

umfallen fall down.

Umfang m circumference; *Leib, Stamm*: girth; *fig.* extent; **♀reich** extensive.

um|formen remodel, transform (a. electr.); **♀frage** f inquiry; poll.

Umgang m company; **~ haben mit** associate with; **~sformen** pl manners pl; **~ssprache** f colloquial speech.

umgeb|en surround; *adj* surrounded (**von** with, by); **♀ung** f *Stadt*: environs pl; *Milieu*: surroundings pl, environment.

umgeh|en: ~ mit use; *j-m*: deal with; **♀ungsstraße** f bypass, ring-road.

um|gekehrt *adj* reverse, inverted; *adv* vice versa; **~graben** dig up; *Stadt*: **♀hang** m wrap, cape; **~hängen: sich den Mantel ~** put one's coat round one's shoulders.

umher about, (a)round; **~blicken** look about (one).

um|kehren return, turn back; **~kippen** upset, tilt (v/i a. over); **~klammern** clasp; *Boxen*: clinch; **~klappen** turn down, fold (back).

Umkleide|kabine f dressing-cubicle; **♀n: sich ~** change. [(bei in).]

umkommen be killed/

Umkreis m: **im ~ von** within a radius of.

Umlauf m circulation; **~bahn** f orbit.

umleiten divert; **2ung** f diversion, detour.

um|liegend surrounding; **~pflügen** plough, Am. plow.

umrech|nen convert; **2nungskurs** m rate of exchange.

um|ringen surround; **2riß** m outline; **~rühren** stir; **2satz** m econ.: turnover; Absatz: sales pl; Einnahme(n): return(s pl); **~schalten** switch (over); **~schauen: sich ~ s. um-sehen.**

Umschlag m Brief: envelope; cover, wrapper; Buch: jacket; Hose: turn-up, Am. a. cuff; med. feuchter ~: compress; Brei2: poultice; **2en** v/t Ärmel: turn up; Kragen: turn down; v/i turn over, upset; Boot: capsize, upset; Wetter, fig.: change.

um|schnallen buckle on; **2schrift** f Phonetik: transcription; **~schütten** pour into another vessel, decant; verschütten: spill; **~schwung** m Gesinnung: revulsion; Wetter etc.: change; **~sehen: sich ~** look back; look round; look about (nach for); **~sein** colloq. Zeit: be up; Ferien etc.: be over.

umsonst gratis, free of

charge; vergebens: in vain.

Umstand m circumstance; **unter diesen Umständen** under the circumstances; **in anderen Umständen sein** be expecting.

umständlich long-winded, tedious; Methode etc.: roundabout; Person: fussy.

um|steigen change; **~stellen** shift about od. round; Währung, Produktion: convert; umzingeln: surround; **sich ~stellen** adapt od. accommodate o.s. (auf to); **~stimmen: j-n ~** change s.o.'s mind; **~stoßen** knock over; upset (a. Plan); **2sturz** m subversion, overthrow; **~stürzen** upset, overturn.

Umtausch m exchange; in andere Währung: conversion; **2en** exchange; convert.

um|wandeln transform, change; **~wechseln** change; **2weg** m detour.

Umwelt f environment; **~verschmutzung** f environmental pollution.

um|werfen upset, overturn; **~wickeln** wind round; **~ziehen** (re)move (nach to); **sich ~ziehen** change; **~zingeln** surround; **2zug** m procession; removal, move.

unabhängig independent; **2keit** f independence.

un|absichtlich unintentional; **~achtsam** careless.

unan|gebracht inappropriate; *pred a.* out of place; **~genehm** unpleasant; *peinlich:* awkward; **~nehmlichkeiten** *pl* trouble *sg*, inconvenience *sg*; **~sehnlich** unsightly; *unscheinbar:* plain; **~ständig** indecent, *stärker:* obscene; **~artig** naughty.

unauf|fällig inconspicuous; **~hörlich** incessant, continuous; **~merksam** inattentive.

unausstehlich unbearable, insufferable.

unbarmherzig merciless, unmerciful.

unbe|absichtigt unintentional; **~achtet** unnoticed; **~baut** *agr.* untilled; *Gelände:* undeveloped; **~deutend** insignificant; **~dingt** by all means; **~fahrbar** impracticable, impassable; **~friedigend** unsatisfactory; **~friedigt** dissatisfied; *disappointed;* **~fugt** unauthorized; *incompetent;* **~greiflich** incomprehensible; **~grenzt** unlimited, boundless; **~gründet** unfounded; **~haglich** uneasy, uncomfortable; **~herrscht** unrestrained, lacking in self-control; **~holfen** clumsy, awkward; **~kannt** unknown; **~kümmert** unconcerned; **~liebt** unpopular; **~merkt** unnoticed; **~quem** inconvenient; **~lästig:** inconvenient; **~rührt** untouched; **~schränkt** unrestricted; absolute; **~schreiblich** indescribable; **~ständig** unsettled; **~stechlich** incorruptible; **~stimmt** indeterminate, indefinite; *unsicher:* uncertain; *Gefühl:* vague; **~teiligt** unconcerned; indifferent; not involved; **~wacht** unguarded; **~waffnet** unarmed; **~weglich** motionless; **~wohnt** uninhabited; *Gebäude:* unoccupied, vacant; **~wußt** unconscious; **~zahlbar** priceless, invaluable; **~zahlt** unpaid.

unbrauchbar useless. **und** no!; **na ~?** so what? **un|dankbar** ungrateful; *Aufgabe:* thankless; **~deutlich** indistinct; **~dicht** leaky.

undurch|dringlich impenetrable; *Gesicht:* impassive; **~lässig** impervious, impermeable; **~sichtig** opaque; *fig.* mysterious.

un|eben uneven; *Weg:* bumpy; **~echt** false; *Schmuck:* imitation, counterfeit; *Bild etc.:* fake; **~ehelich** illegitimate; **~empfindlich** insensitive (**gegen** to); **~endlich** endless, infinite.

unent|behrlich indispensable; ~geltlich gratuitous, gratis; free (of charge); ~schieden undecided; ~schieden enden *sp.* end in a draw *od.* tie; ~schlossen irresolute.

uner|bittlich inexorable; ~fahren inexperienced; ~freulich unpleasant; ~hört unheard-of, outrageous; ~kannt unrecognized; ~klärlich inexplicable; ~laubt unauthorized; *verboten:* illegal; ~meßlich immense; ~müdlich indefatigable; *Anstrengungen:* untiring; ~reicht unrival(l)ed, unequal(l)ed; ~schöpflich inexhaustible; ~schrokken intrepid, fearless; ~setzlich irreplaceable; ~träglich intolerable; ~wartet unexpected; ~wünscht unwanted.

unfähig incapable (zu *ger*); unable; inefficient.

Unfall *m* accident.

un|faßbar inconceivable; ~förmig shapeless; misshapen; ~frankiert unstamped; ~freiwillig involuntary; *Humor:* unconscious; ~freundlich unfriendly, unkind; *Klima, Wetter:* disagreeable; *Zimmer, Tag:* cheerless; ~fruchtbar unfruitful, sterile; 2fug *m* mischief.

Ungar *m* Hungarian; 2isch Hungarian.

unge|bildet uneducated; ~bräuchlich unusual; ~bührlich improper; ~bunden *fig.* free.

Ungeduld *f* impatience; 2ig impatient.

unge|eignet unfit; *Person: a.* unqualified; *Augenblick:* inopportune; ~fähr *adj* approximate, rough; *adv* approximately, roughly, about; ~fährlich harmless; ~fällig disobliging; ~heizt cold.

ungeheuer vast, huge, enormous; 2 *n* monster.

unge|hindert unhindered, free; ~hörig improper; ~horsam disobedient; ~kürzt unabridged; ~legen inconvenient; ~lenk awkward, clumsy; ~lernt unskilled; ~mütlich uncomfortable; ~nau inaccurate, inexact; ~nießbar uneatable; undrinkable; *colloq. Person:* unbearable; ~nügend insufficient; ~pflegt unkempt; ~rade odd.

ungerecht unjust (**gegen** to); 2igkeit *f* injustice.

ungern unwillingly, grudgingly.

unge|schickt awkward, clumsy; ~schützt unprotected; ~setzlich illegal, unlawful; ~stört undisturbed, uninterrupted; ~sund unhealthy, unwholesome.

ungewiß uncertain; **j-n im ungewissen lassen** keep s.o. in suspense; 2-

heit *f* uncertainty; *Spannung*: suspense.

unge|wöhnlich unusual, uncommon; 2ziefer *n* vermin; ~zogen rude, uncivil; *Kind*: naughty; ~zwungen free (and easy).

ungläubig incredulous.

unglaub|lich incredible; ~würdig untrustworthy; incredible.

ungleich unequal, different; ~mäßig uneven; irregular.

Unglück *n* misfortune; *schweres*: calamity, disaster; bad *od*. ill luck; 2lich unfortunate, unlucky; unhappy; 2licherweise unfortunately; ~sfall *m* misadventure; accident.

un|gültig invalid; *Geld*: not current; ~günstig unfavo(u)rable; disadvantageous; ~handlich unwieldy, bulky; ~heilbar incurable; ~heimlich uncanny; *fig.* tremendous; ~höflich impolite, uncivil; ~hörbar inaudible; ~hygienisch insanitary.

Uniform *f* uniform.

uninteressant uninteresting, boring.

Union *f* union.

Universität *f* university.

Universum *n* universe.

unkennt|lich unrecognizable; 2nis *f* ignorance.

un|klar not clear; obscure; *Antwort*: vague; 2kosten *pl* costs *pl*, expenses *pl*; 2-

kraut *n* weed; ~leserlich illegible; ~logisch illogical; ~lösbar insoluble; ~manierlich unmannerly; ~mäßig immoderate; *Trinken*: intemperate; 2menge *f* enormous *od*. vast quantity.

Unmensch *m* monster, brute; 2lich inhuman, brutal.

un|mißverständlich unmistakable; ~mittelbar immediate, direct; ~möbliert unfurnished; ~modern unfashionable; ~möglich impossible; ~moralisch immoral; ~mündig under age; ~natürlich unnatural; *geziert*: affected; ~nötig unnecessary.

unord|entlich untidy; 2nung *f* disorder, mess.

un|parteiisch impartial, unbias(s)ed; ~passend unsuitable; improper; *unangebracht*: inappropriate; ~passierbar impassable; ~päßlich indisposed, unwell; ~persönlich impersonal; ~praktisch unpractical; ~pünktlich unpunctual; ~rasiert unshaved, unshaven.

unrecht wrong; ~ haben be wrong; 2 *n*: zu ~ wrongly; j-m ~ tun wrong s.o.; ~mäßig unlawful.

un|regelmäßig irregular; ~reif unripe, immature.

Unruh|e *f* restlessness; *pol.* unrest; *fig.*: uneasiness;

alarm; **~en** pl disturbances pl, riots pl; **~ig** restless; **Meer:** rough; fig. uneasy.

uns (to) us; **~ (selbst)** ourselves.

un|sachlich not objective; irrelevant; **~sauber** dirty; fig. a. unfair; **~schädlich** harmless; **~scharf** blurred; **~schätzbar** invaluable; **~scheinbar** plain; **~schicklich** improper, indecent; **~schlüssig** irresolute. [§ig innocent.]

Unschuld f innocence;

unselbständig dependent (on others).

unser our; ours.

un|sicher unsteady; gefährlich: insecure; uncertain; **~sichtbar** invisible; §**inn** m nonsense; **~sittlich** indecent; **~sozial** unsocial; **~sterblich** immortal; §**timmigkeit** f discrepancy; Meinungsverschiedenheit: dissension; **~sympathisch** disagreeable; **er ist mir ~sympathisch** I don't like him; **~tätig** inactive; idle.

unten below; downstairs; **von oben bis ~** from top to bottom.

unter prp below, under; zwischen: among; weniger als: less than; adj lower.

Unter|arm m forearm; **~bewußtsein** n: **im ~** subconsciously; §**bieten** lower; beat; §**binden** stop.

unterbrech|en interrupt;

Reise: break, Am. a. stop over; §**ung** f interruption; break, Am. a. stopover.

unter|bringen place; accommodate, lodge; **~dessen** (in the) meantime, meanwhile; **~drücken** suppress; unterjochen: oppress; **~einander** one beneath the other; among one another; **~entwickelt** underdeveloped.

unterernähr|t underfed, undernourished; §**ung** f malnutrition.

Unter|führung f subway, Am. underpass; **~gang** m ast. setting; Schiff: sinking; fig. ruin; **~gebene** m, f inferior, subordinate; §**gehen** ast. set; sink.

Untergrund m subsoil; pol. underground; **~bahn** f underground (railway); London: tube, Am. subway.

unterhalb below, underneath.

Unterhalt m maintenance; Lebens§: subsistence, livelihood; §**en** maintain; support; zerstreuen etc.: entertain, amuse; **sich §en** converse, talk; **sich gut §en** enjoy o.s.; §**ung** f conversation, talk; entertainment.

Unter|hemd n vest, undershirt; **~holz** n undergrowth; **~hose** f (e-e a pair of) drawers pl od. pants pl; §**irdisch** underground; **~kiefer** m lower jaw; **~kunft** f accommodation, lodging; **∼lage** f base; *Schreibunterlage:* pad; **2lassen** pl documents pl; **2lassen** omit, neglect; **∼leib** m abdomen, belly; **2liegen** (dat) be defeated (by), vb. lose (to); *fig.* be subject (to); **∼lippe** f lower lip; **∼mieter** m lodger.

unternehm|en undertake; **2en** n enterprise; *econ.* business; **2er** m entrepreneur; *Werkvertrag:* contractor; *Arbeitgeber:* employer; industrialist; **∼ungslustig** enterprising.

Unter|offizier m noncommissioned officer; **∼redung** f conversation, interview.

Unterricht m instruction, lessons pl; **2en** instruct, teach; **2en von** inform s.o. of; **∼stunde** f lesson, period.

Unter|rock m slip; **2∼schätzen** underestimate; **2scheiden** distinguish; sich **2scheiden** differ; **∼schenkel** m shank.

Unterschied m difference; **2lich** different; varying.

unterschlag|en embezzle; **2ung** f embezzlement.

unter|schreiben sign; **2schrift** f signature; **2seeboot** n s. **U-Boot;** **2∼setzt** squat, stocky; **∼st** lowest, undermost; **∼stehen:** sich **∼** dare; **∼stellen** *Auto:* garage, park; sich **2stellen** take shelter

(**vor** from); **∼streichen** underline.

unterstüt|zen support; **2∼zung** f support; assistance, aid; *Beihilfe:* relief.

untersuch|en inquire into, investigate (a. jur.); *prüfen:* examine (a. med.); explore; **2ung** f inquiry (gen into), investigation (a. jur.); examination (a. med.); exploration; **2ungshaft** f detention (on remand).

Unter|tasse f saucer; **2∼tauchen** dive; duck (a. v/t) *fig.* disappear; **∼teil** n, m lower part; **∼titel** m subtitle; *Film:* a. caption; **∼wäsche** f underclothes pl, underclothing, underwear; **2wegs** on the od. one's way; **2werfen** subject (dat to); sich **2werfen** submit (dat to); **2∼würfig** subservient; **2∼zeichnen** sign; **2ziehen** put on underneath; sich e-r Operation **2ziehen** undergo an operation.

un|tragbar unbearable; **∼trennbar** inseparable; **∼treu** unfaithful; **∼tröstlich** inconsolable; **2tugend** f vice.

unüber|legt inconsiderate, thoughtless; **∼sichtlich** unclear, obscure; *Kurve:* blind; **∼windlich** insurmountable.

ununterbrochen uninterrupted; *unaufhörlich:* incessant.

unver|ändert unchanged; **~antwortlich** irresponsible; **~besserlich** incorrigible; **~bindlich** not binding; *Frage:* non-committal; **~daulich** indigestible; **~dient** undeserved; **~einbar** incompatible; **~geßlich** unforgettable; **~gleichlich** incomparable; **~heiratet** unmarried, single; **~käuflich** not for sale; **~letzt** uninjured, unhurt; **~meidlich** inevitable; **~mutet** unexpected; **~nünftig** unreasonable.

unverschämt impudent; **⌀heit** *f* impudence, cheek. **unver|ständlich** unintelligible; *unbegreiflich:* incomprehensible; **~zeihlich** unpardonable; **~züglich** immediate, instant.

unvoll|endet unfinished; **~kommen** imperfect; **~ständig** incomplete.

unvor|bereitet unprepared; **~eingenommen** unprejudiced; **~hergesehen** unforeseen; **~sichtig** incautious; *unklug:* imprudent; **~stellbar** unimaginable; **~teilhaft** unprofitable; unbecoming.

unwahr untrue; **⌀heit** *f* untruth; **~scheinlich** improbable, unlikely.

un|weit *gen od.* von nur far from; **~wesentlich** immaterial (für to); **⌀wetter** *n* tempest; violent thunderstorm; **~wichtig** unimportant.

unwider|ruflich irrevocable; **~stehlich** irresistible. **unwiederbringlich** irretrievable.

Unwill|e(n) *m* indignation; **⌀ig** indignant; unwilling; **⌀kürlich** involuntary.

un|wirksam ineffective; **~wirtlich** inhospitable; **~wissend** ignorant; **~wohl** unwell, indisposed; **~würdig** unworthy (*gen* of); **~zählig** innumerable.

unzer|brechlich unbreakable; **~trennlich** inseparable.

Un|zucht *f* sexual offen|ce, *Am.* -se; **⌀züchtig** obscene.

unzufrieden discontented, dissatisfied; **⌀heit** *f* discontent, dissatisfaction.

unzu|gänglich inaccessible; **~länglich** insufficient; **~rechnungsfähig** irresponsible; **~sammenhängend** incoherent; **~verlässig** unreliable.

üppig *bot.* luxuriant, exuberant; *Essen:* sumptuous; *Figur:* voluptuous.

ur|alt very old; **⌀aufführung** *f* première.

Uran *n* uranium.

Urenkel *m etc.* greatgrandson, *etc.*

Urheber *m* author.

Urin *m* urine.

Urkunde *f* document, deed; certificate.

Urlaub *m* leave (of absence) (*a. mil.*); *Ferien:*

holiday(s *pl*), *bsd. Am.* vacation; **⁓er** *m* holiday-maker, *Am.* vacationist.

Urne *f* urn.

Ur|sache *f* cause; *Grund*: reason; **keine ⁓sache!** don't mention it, you are welcome; **⁓sprung** *m* ori-gin; source; **⁓sprünglich** original.

Urteil *n* judg(e)ment; *Strafmaß*: sentence; **⁓en** judge (**über** j-n [of] s.o.); **⁓sspruch** *m* verdict.

Urwald *m* prim(a)eval *od.* virgin forest.

V

Vakuum *n* vacuum.

Vanille *f* vanilla.

Varieté *n* variety theatre, music-hall, *Am.* vaude-ville theater.

Vase *f* vase.

Vater *m* father; **⁓land** *n* mother country.

väterlich fatherly, pater-nal.

Vaterunser *n the* Lord's [Prayer.]

Vegeta|rier *m* vegetarian; **⁓risch** vegetarian; **⁓tion** *f* vegetation.

Veilchen *n* violet.

Vene *f* vein.

Ventil *n* valve; *fig.* vent, outlet; **⁓ation** *f* ventila-tion; **⁓ator** *m* ventilator, fan.

verabred|en agree upon, arrange; *Ort, Zeit*: appoint, fix; **sich ⁓en** make an ap-pointment; **2ung** *f* ap-pointment, *colloq.* date.

verab|scheuen abhor, de-test; **⁓schieden: sich ⁓ (von)** take leave (of), say good-bye (to).

ver|achten despise; **⁓ächt-lich** contemptible; **2ach-tung** *f* contempt; **⁓allge-**meinern generalize; **⁓al-tet** out of date.

veränder|lich changeable, variable; **⁓n: (sich) ⁓** alter, change; **2ung** *f* change, alteration.

veranlassen cause.

veranstalt|en organize; **2ung** *f* event; *sp.* event, meeting, *Am.* meet.

verantwort|en take the re-sponsibility for; **sich ⁓en für** answer for; **⁓lich** re-sponsible; **j-n ⁓lich ma-chen für** hold s.o. respon-sible for; **2ung** *f* responsi-bility; **⁓ungslos** irrespon-sible.

ver|arbeiten make; pro-cess; *fig.* digest; **⁓ärgern** vex, annoy.

Verb *n gr.* verb.

Verband *m med.* dressing, bandage; association, union; **⁓(s)kasten** *m* first-aid box; **⁓(s)zeug** *n* dress-ing (material), first-aid kit.

ver|bannen banish (*a. fig.*), exile; **⁓bergen** conceal, hide (**sich** o.s.).

verbesser|n improve; *be-richtigen*: correct; **2ung** *f*

improvement; correction.
verbeug|en: sich ~ bow
(**vor** to); ℒung f bow.

ver|biegen twist; **~bieten**
forbid, prohibit; **~billigen**
reduce in price, cheapen.

verbind|en *med.* dress,
bind up; link (**mit** to),
join; connect (*a. teleph.*);
teleph. put *s.o.* through
(**mit** to); ℒung f union;
combination; connection,
*a.*connexion(*a.*teleph.,rail.,
tech.); Verkehrsweg: com-
munication; *chem.* com-
pound; **sich in** ℒung
setzen mit get in touch
with.

ver|blassen fade; **~blüf-
fen** amaze, perplex; **~-
blühen** fade, wither; **~-
bluten** bleed to death; **~-
borgen** hidden.

Verbot n prohibition; **~s-
schild** n prohibition sign.

Verbrauch m consump-
tion (**an** of); ℒen consume, use up; **~er** m consumer; ℒt Luft: stale.

Verbreche|n n crime, of-
fen|ce, Am. -se; **~r** m crim-
inal; ℒrisch criminal.

verbreite|n: sich **~spread;
~rn:** sich **~widen**, broaden.

verbrenn|en burn; Leiche:
cremate; ℒung f burning;
cremation; med. burn.

ver|bringen spend, pass;
~brühen scald (sich o.s.).

verbünde|n: sich **~ ally
o.s. (mit** to, with); ℒte m,
f ally, confederate.

ver|bürgen: sich **~ für**

vouch for; **~büssen: e-e
Strafe ~** serve a sentence.

Verdacht m suspicion.

verdächtig suspicious;
~en suspect; ℒung f suspicion.

verdamm|en condemn;
~t damned; *int. colloq.*
damn (it)!; **~t kalt** beast-
ly cold.

ver|dampfen evaporate;
~danken: j-m et. **~** owe
s.th. to s.o.

verdau|en digest; **~lich:
leicht ~** easy to digest;
light; ℒung f digestion; ℒ-
ungsstörung f indiges-
tion.

Verdeck n mot. hood, top;
ℒen cover; hide.

ver|derben spoil; Fleisch
etc.: go bad; **sich den
Magen ~derben** upset
one's stomach; **~deut-
lichen** make plain od.
clear; **~dienen** earn; *fig.*
merit, deserve.

Verdienst¹ m earnings pl;
Gewinn: gain, profit.

Verdienst² n merit.

ver|doppeln (sich)
double; **~dorben** Fleisch:
tainted; Magen: upset; *fig.*
corrupt; **~drängen** dis-
place; *psych.* repress; **~-
drehen** distort, twist (*a.
fig.*); Augen: roll; **~drei-
fachen:** (sich) **~** triple; **~-
dunkeln** darken (*a.* sich);
~dünnen dilute; **~dun-
sten** evaporate; **~dursten**
die of thirst.

verehr|en adore; revere;

eccl. worship; 2er m admirer; worship(p)er; 2ung f adoration; reverence; worship. [gen: swear.]

vereidigen swear in; Zeu-

Verein m society, association; club.

vereinbar|en agree upon, arrange; 2ung f agreement, arrangement.

vereinfachen simplify.

vereinig|en (sich) ~ unite; 2ung f union; society, association.

ver|engen (sich) ~ narrow; ~erben leave; biol. transmit.

verfahren proceed (a. fig.); lose one's way; 2 n procedure; jur. proceedings pl; tech. process.

Verfall m decay (a. fig.); 2en decay (a. fig.); Haus etc.: a. dilapidate; ablaufen: expire. [colo(u)r.]

verfärben: sich ~ change

verfass|en write; 2er m author; 2ung f condition; pol. constitution.

verfaulen rot, decay.

verfilm|en film; 2ung f film od. screen adaptation.

verfluch|en curse; ~t damned; int. colloq. damn (it)!

verfolge|n pursue (a. fig.); bsd. pol. persecute; Spuren: follow; 2r m pursuer.

verfrüht premature.

verfüg|bar available; ~en decree, order; ~en über have at one's disposal; 2ung f decree, order; dis-

posal; j-m zur 2ung stehen od. stellen be od. place at s.o.'s disposal.

verführ|en seduce; ~risch seductive; tempting.

vergangen gone, past; 2heit f past; gr.past (tense).

Vergaser m carburet(t)or.

vergeb|en Preis: award; Auftrag: place; forgive; ~lich adj vain; adv in vain.

vergehen pass; 2 n offen|ce, Am. -se.

ver|gessen forget; leave; ~geßlich forgetful; ~geuden dissipate, squander.

vergewalti|gen rape; 2-gung f rape.

ver|gewissern: sich ~ make sure (gen of); ~gießen shed; verschütten: spill.

vergift|en poison (a. fig.); 2ung f poisoning.

Vergleich m comparison; jur. compromise; 2bar comparable; 2en compare.

vergnüg|en amuse; sich ~en amuse od. enjoy o.s.; 2en n pleasure, enjoyment; ~t merry, gay.

ver|golden gild; ~graben bury; ~griffen Ware: sold out; Buch: out of print.

vergrößer|n enlarge (a. phot.); opt. magnify; sich ~n increase; 2ung f phot. enlargement; 2ungsglas n magnifying glass.

verhaft|en arrest; 2ung f arrest.

verhalten: sich ~ Sache:

be; *Person*: behave; **♀** *n* be-
havio(u)r, conduct.
Verhältnis *n* proportion,
rate, relation; *colloq.* love-
affair; **~se** *pl* conditions
pl, circumstances *pl*; *Mittel*: means *pl*; **♀mäßig**
comparatively, relatively;
proportionally.
verhand|eln negotiate; **♀-
lung** *f* negotiation; *jur.*
trial.
ver|hängnisvoll fatal,
disastrous; **~härmt** care-
worn; **~haßt** hated; *Sache*: hateful, odious; **~**
hauen *colloq.* thrash; **~**
heerend disastrous; **~hei-
len** heal (up); **~heimli-
chen** hide, conceal; **~hei-
raten: sich ~** marry; **~**
hindern prevent; **~höh-
nen** ridicule, mock.
Verhör *n* interrogation, examination; **♀en** examine,
interrogate; **sich ♀en** hear
wrong.
ver|hungern starve; **~hü-
ten** prevent; **~irren: sich
~** lose one's way; **~jagen**
drive away.
Verkauf *m* sale; **♀en** sell;
zu ♀en for sale.
Verkäuf|er *m* shop-assist-
ant, *Am.* (sales)clerk,
salesman; **~erin** *f* shop-
assistant, *Am.* (sales)clerk,
saleswoman; **♀lich** for sale.
Verkehr *m* traffic; *Umgang, Geschlechts♀*: intercourse; **♀en** *Bus etc.*: run;
♀en in frequent; **♀en mit**
associate *od.* mix with.

Verkehrs|ader *f* arterial
road; **~ampel** *f* traffic
light(s *pl*); **~büro** *n* tourist
office; **~hindernis** *n* ob-
struction; **~insel** *f* traffic
island; **~minister** *m* Minister of Transport; **~mittel**
n (means *pl* of) conveyance
od. transport, *Am.* trans-
portation; **~polizist** *m*
traffic policeman *od.* constable, *Am. a.* traffic cop;
~schild *n* traffic *od.* road
sign; **~stauung** *f*, **~stok-
kung** *f* traffic block (congestion, jam); **~teilneh-
mer** *m* road user; **~unfall**
m traffic accident; **~verein**
m tourist office; **~vor-
schrift** *f* traffic regulation; **~zeichen** *n* traffic
od. road sign.
ver|kehrt inverted, upside
down; *fig.* wrong; **~ken-
nen** mistake, misjudge; **~**
klagen sue (*auf, wegen*
for); **~kleiden** disguise
(**sich** o.s.); *tech.* face; **~**
kommen decayed; *sittlich*: depraved, corrupt; **~**
krachen *colloq.*: **sich ~**
mit fall out with; **~krüp-
pelt** crippled; **~künden**
announce; *Urteil*: pro-
nounce; **~kürzen** shorten.
Verlag *m* publishing
house, the publishers *pl*.
verlangen demand, re-
quire; **~ nach** ask for; **♀** *n*
desire. [tend.}
verlängern lengthen; ex-}
Verlängerung *f* lengthen-
ing; extension; **~sschnur**

f extension cord; **~swoche** *f* extra week.

ver|langsamen slacken, slow down; **~lassen** leave; forsake, abandon; **sich ~lassen auf** rely on; **~läßlich** reliable.

Verlauf *m* course; **2en** *Vorgang*: go; *Straße etc.*: run; **sich 2en** lose one's way; *Menge*: disperse.

verlege|n mislay; transfer, remove; *Kabel etc.*: lay; *Termin*: put off, postpone; *Buch*: publish; *adj* embarrassed; at a loss (**um** for); **2nheit** *f* embarrassment; *Klemme*: difficulty; **2r** *m* publisher.

ver|leihen lend, *Am. a.* loan; *gegen Miete*: hire *od.* let out; *Preis*: award; **~lernen** unlearn, forget; **~lesen** read out, *Namen*: call over; **sich ~lesen** read wrong.

verletz|en hurt (**sich** o.s.), injure; *fig. a.* offend; **2te** *m*, *f* injured person; **die 2ten** *pl* the injured *pl*; **2ung** *f* injury.

verleugnen deny, disown.

verleumd|en slander; **2ung** *f* slander, defamation, *jur. a.* libel.

verlieb|en: sich ~ in fall in love with; **~t in** love (in with); *Blick*: amorous.

verlieren lose; *Blätter etc.*: shed.

verlob|en: sich ~ become engaged (**mit** to); **2te** *m* fiancé; *f* fiancée; **die 2ten**

pl the engaged couple *sg*; **2ung** *f* engagement.

ver|lockend tempting; **~loren** lost; *fig.* forlorn; **~lorengehen** be lost; **~losen** raffle; **2lust** *m* loss; **~machen** bequeath; leave; **2mählung** *f* wedding, marriage; **~mehren** increase; **sich ~mehren** increase; *zo.* multiply; **~meiden** avoid; **2merk** *m* note, entry; **~messen** measure; *Land*: survey; *adj* presumptuous; **~mieten** let, rent; *jur.* lease; *Boote etc.*: hire (out); **zu ~mieten** on *od.* for hire; *Haus*: to (be) let; **~mischen** mix, mingle; blend; **~missen** miss; **~mißt** missing.

vermitt|eln *v/t* procure; *Eindruck etc.*: give; *v/i* mediate (**zwischen** between); intercede (**bei** with; **für** for); **2ler** *m* mediator, go-between; **2lung** *f* mediation; intercession; *teleph.* (telephone) exchange.

Vermögen *n* ability, power; *Besitz*: property; *Geld*: fortune.

vermut|en suppose, *Am. a.* guess; **~lich** presumable; **2ung** *f* supposition.

ver|nachlässigen neglect; **~nehmen** hear, learn; *jur.* examine, interrogate; **~neigen: sich ~** bow (**vor** to); **~neinen** deny; answer in the negative.

vernicht|en destroy; **Ωung** f destruction.

Ver|nunft f reason; **Ω-nünftig** sensible; reasonable (a. Preis).

veröffentlich|en publish; **Ωung** f publication.

ver|ordnen med. order, prescribe; **Ωpachten** rent, jur. lease.

verpack|en pack (up); wrap up; **Ωung** f packing; Material: a. wrapping.

ver|passen miss; **Ωpfänden** pawn, pledge; **Ωpflanzen** transplant (a. med.).

verpfleg|en board; feed; **Ωung** f food; board.

ver|pflichten oblige; engage; **sich ~pflichten** bind o.s.; **~pfuschen** colloq. bungle, botch; **~prügeln** colloq. thrash; **Ωputz** m plaster.

Ver|rat m betrayal; pol. treason; **Ωraten: (sich ~)** betray (o.s.), give (o.s.) away; **~räter** m traitor.

ver|rechnen: sich ~ miscalculate; fig. make a mistake; **~regnet** rainy, wet.

verreis|en go on a journey; **~t** away, out of town.

verrenk|en dislocate (**sich et.** s.th.), luxate; **sich den Hals ~en** fig. crane one's neck, rubberneck; **Ωung** f dislocation, luxation.

ver|riegeln bolt, bar; **~ringern** diminish, lessen (a. sich); Geschwindigkeit: slow up od. down; **~rosten** rust.

verrück|en move, shift; **~t** mad, crazy (a. fig.: nach about); **Ωte** m lunatic, madman; f lunatic, madwoman.

verrutschen slip.

Vers m verse.

versage|n v/t deny (j-m et. s.o. s.th.); v/i fail; break down; **Ωn** n, **Ωr** m failure.

versalzen oversalt.

versamm|eln assemble; **sich ~eln** assemble, meet; **Ωlung** f assembly, meeting.

Versand m dispatch, Am. a. shipment; Post: posting; **~geschäft** n, **~haus** n mail-order business od. house.

ver|säumen Pflicht: neglect; verpassen: miss; Zeit: lose; **~schaffen** procure, get; **sich ~schaffen** obtain, get; Geld: raise; **~schärfen** ~ get worse; **~schenken** give away; **~schicken** send (away), dispatch, forward; **~schieben** zeitlich: put off, postpone.

verschieden different; **~artig** various.

ver|schiffen ship; **~schimmeln** get mo(u)ldy, Am. a. mo(u)ld; **~schlafen** oversleep (v/t); adj sleepy, drowsy; **Ωschlag** m shed; **~schlagen** adj cunning; **~schlechtern** deteriorate, make worse; **sich ~schlechtern** deteriorate, get worse; **~schließen** lock;

Haus: lock up; **schlimmern** make worse; **sich schlimmern** get worse; **schlingen** devour(*a. fig.*); **schlossen** closed, shut; *fig.* reserved; **schlucken** swallow; **sich schlucken** choke; 2**schluß** *m* fastener; *Pfropfen*: plug; *Stöpsel*: stopper; *phot.* shutter; **schmelzen** *v/i* melt, blend; *v/t tech.* fuse (*a. fig.*); **schmerge** merge (with in); **schmerzen** get over (the loss of); **schmieren** smear; blur; **schmutzen** soil, dirty; *Luft, Wasser*: pollute; **schneit** snow-covered; *Berggipfel*: *a.* snow-capped; **schnüren** tie up; **schollen** missing; **schonen** spare; **schreiben** *med.* prescribe (**gegen** for); **sich schreiben** make a slip of the pen; **schrotten** scrap; **schuldet** indebted, in debt; **schütten** spill; *j-n*: bury alive; **schweigen** conceal; **schwenden** waste, squander; **schwiegen** discreet; **schwimmen** become blurred; **schwinden** disappear, vanish; **schwommen** vague (*a. fig.*); *phot.* blurred.

Verschwör|er *m* conspirator; **ung** *f* conspiracy, plot.

versehen *Haushalt*: look after; **mit** *et.* **provide** with; **sich** **make a**

mistake; 2 *n* oversight, mistake, slip; **aus** 2 **tlich** by mistake.

Versehrte *m, f* disabled person.

ver|senden send, dispatch, forward; **sengen** singe, scorch; **setzen** shift, move; *Beamte*: transfer; *Schule*: move up, *Am.* promote; **verpfänden**: pawn; **antworten**: reply; **setzen in Lage** *etc.*: put *od.* place into; **seuchen** contaminate.

versicher|n assure (*a. Leben*); **beteuern**: protest; *Leben, Eigentum*: insure; **sich n** insure *od.* assure o.s.; 2**te** *m, f* the insured; 2**ung** *f* assurance; insurance (company).

Versicherungs | gesellschaft *f* insurance company; **police** *f* insurance policy.

ver|sickern trickle away; **sinken** sink.

Version *f* version.

versöhn|en reconcile; **sich (wieder)** **en** become reconciled; 2**ung** *f* reconciliation.

versorg|en provide, supply; 2**ung** *f* supply.

verspät|en: **sich ~** be late; *et.* belated; 2**ung** *f*: **~ haben** be late.

ver|speisen eat (up); **sperren** lock (up); bar, block (up), obstruct (*a. Sicht*); **spotten** scoff at, ridicule; **sprechen** promise; **sich ~sprechen** make a slip of the tongue; **Ⴍsprechen** n promise; **~staatlichen** nationalize.

Verstand m understanding; intelligence, intellect; *Geist:* mind, wits *pl*; *Vernunft:* reason.

verständ|igen inform, notify; **sich ~igen** *fig.* come to an understanding; **Ⴍigung** f understanding, agreement; *teleph.* communication; **~lich** intelligible; understandable; **Ⴍnis** n comprehension, understanding.

verstärk|en reinforce; strengthen; *Ton:* amplify; *steigern:* intensify; **Ⴍer** m amplifier; **Ⴍung** f reinforcement.

verstaub|en get dusty; **~t** dusty.

verstauch|en: sich den Fuß ~ sprain one's foot; **Ⴍung** f sprain.

verstauen stow away.

Versteck n hiding-place; **Ⴍen** hide (*a.* **sich**), conceal.

verstehen understand, *colloq.* get; *einsehen:* see; *begreifen:* comprehend; *Sprache:* know; **ich verstehe!** I see!; **sich mit j–m gut ~** get on well with s.o.

Versteigerung f auction (-sale).

verstell|bar adjustable; **~en** adjust; *versperren:* bar, block (up); obstruct.

ver|steuern pay duty *od.* tax on; **~stimmt** out of

tune; *colloq.* cross; **~stohlen** furtive.

verstopf|en plug (up); **~t** *Straße:* blocked, congested; *med.* constipated; **Ⴍung** f *med.* constipation.

verstorben late, deceased; **Ⴍe** m, f the deceased.

Versto|ß m offen|ce, *Am.* -se; **Ⴍen** offend.

ver|streichen *Zeit:* pass, elapse; *Frist:* expire; **~streuen** scatter; **~stümmeln** mutilate; **~stummen** grow silent *od.* dumb.

Versuch m attempt; trial; experiment; **Ⴍen** try, attempt; *kosten:* taste; **~ung** f temptation.

ver|tagen: (sich) ~ adjourn; **~tauschen** exchange.

verteidig|en defend (**sich** o.s.); **Ⴍer** m defender; *jur.* counsel for the defen|ce, *Am.* -se; *Fußball:* full-back; **Ⴍung** f defen|ce, *Am.* -se; **Ⴍungsminister** m Minister of Defence, *Am.* Secretary of Defense.

verteilen distribute.

vertief|en: (sich) ~ deepen; **sich ~ in** *fig.* become absorbed in; **Ⴍung** f hollow.

vertikal vertical.

Vertrag m contract; *pol.* treaty; **Ⴍen** endure, bear, stand; **diese Speise Ⴍe ich nicht** this food does not agree with me; **sich gut Ⴍen** get on well.

vertrau|en trust (j-m s.o.); **2en** n confidence, trust; **~lich** confidential; **~t** intimate, familiar.

vertreiben drive away; expel (**aus** from); **sich die Zeit** ~ pass one's time.

vertret|en represent; substitute for; *Ansicht:* hold; **2er** m representative; *econ.* commercial travel(l)er, *bsd. Am.* travel(l)ing salesman.

ver|trocknen dry up; **~trösten** put off.

verunglück|en have an accident; **tödlich ~en** be killed in an accident; **2te** m, f casualty.

ver|unreinigen s. **verschmutzen**; **~untreuen** embezzle; **~ursachen** cause.

verurteil|en condemn (a. fig.); sentence; **2ung** f jur. conviction.

ver|vielfältigen duplicate; **~vollkommnen** perfect; **~vollständigen** complete.

verwahr|lost neglected; **2ung** f charge, custody.

verwalt|en administer, manage; **2er** m administrator; manager; *Guts-verwalter:* steward; **2ung** f administration, management.

verwand|eln change (a. **sich**), turn, transform; **2-lung** f change, transformation.

verwandt related (**mit** to); **2e** m, f relative, relation; **2schaft** f relationship;

Verwandte: relations pl.

verwarnen caution.

verwechs|eln mistake (**mit** for); confound, mix up, confuse; **2(e)lung** f mistake.

ver|wegen bold; **~weigern** deny, refuse.

Verweis m reprimand; rebuke, reproof; reference (**auf** to); **2en:** j-n ~ **auf** od. **an** refer s.o. to.

verwelken fade, wilt, wither.

verwend|en use, employ; *Zeit etc.:* spend (**auf** on); **2ung** f use, employment.

ver|werfen reject; **~werten** turn to account, utilize; **~wirklichen** realize.

verwirr|en confuse; **2ung** f confusion.

ver|wischen blur; *Spuren:* cover up; **~witwet** widowed; **~wöhnen** spoil; **~worren** confused.

verwund|bar vulnerable (a. fig.); **~en** wound.

Verwund|ete m wounded (soldier); casualty; **2ung** f wound, injury.

ver|wünschen curse; **~wüsten** devastate; **~zählen: sich** ~ miscount; **~zaubern** bewitch, enchant; **~zehren** consume.

Verzeichnis n list, catalog(ue); register.

verzeih|en pardon, forgive; **~en Sie!** excuse me!; **2ung** f: ~! I beg your pardon!, sorry!

verzerren distort; **sich ~** become distorted.

Verzicht m renunciation (auf of); **~en** renounce (auf et. s.th.); do without.

Verzierung f decoration, ornament.

verzinsen pay interest on.

verzöger|n delay; **sich ~n** be delayed; **~ung** f delay.

verzollen pay duty on; **haben Sie et. zu ~?** have you anything to declare?

verzweif|eln despair; **~elt** hopeless; *aussichtslos:* desperate; **~lung** f despair.

verzweigen: sich ~ ramify; *Straße:* branch.

Veto n veto.

Vetter m cousin.

Vieh n livestock; cattle; **~zucht** f stock-farming, cattle-breeding.

viel much; **~e** pl many.

viel|beschäftigtvery busy; **~fach** multiple; **~leicht** perhaps, maybe; **~mehr** rather; **~sagend** significant; **~seitig** many-sided, versatile; **~versprechend** promising.

vier four; **2eck** n square, quadrangle; **~eckig**square; **2linge** pl quadruplets (pl); **2taktmotor** m fourstroke engine; **~te** fourth.

Viertel n fourth (part); quarter; **~ fünf, (ein) ~ nach vier** a quarter past four; **drei ~** a quarter to four; **~finale** n sp. quarter-finals pl; **~jahr** n three months pl, quarter (of a year); **2jährlich** adj quarterly; adv every three months, quarterly; **~pfund** n quarter of a pound; **~stunde** f quarter of an hour.

viertens fourthly.

vierzehn fourteen; **~Tage** pl a fortnight sg, two weeks pl; **~te** fourteenth.

vierzig forty; **~ste** fortieth.

Villa f villa.

violett violet.

Violine f violin.

Visum n visa, visé.

Vitamin n vitamin.

Vizepräsident m vicepresident.

Vogel m bird; **~perspektive** f bird's-eye view; **~scheuche** f scarecrow.

Vokab|el f word; **~ular** n vocabulary.

Vokal m vowel.

Volk n people; nation.

Volks|hochschule f adult evening classes pl; **~lied** n folk song; **~musik** f folk music; **~republik** f people's republic; **~schule** f appr. elementary od. primary school; **~stamm** m tribe; **~tanz** m folk-dance; **~wirtschaft** f economics sg; political economy.

voll adj full; **gefüllt:** filled; **ganz:** whole, complete, entire; *Figur, Gesicht:* full, round; adv fully, in full.

voll|automatisch fully automatic; **2bad** n bath;

⌾bart *m* full beard; **⌾be-schäftigung** *f* full employment; **⌾enden** finish, complete; **⌾endet** perfect; **⌾füllen** fill (up); **⌾ge-pfropft** crammed, packed; **⌾gießen** fill (up).

völlig entire, complete.

volljährig of age; **⌾jährigkeit** *f* majority; **⌾klimatisiert** (fully) air-conditioned; **⌾kommen** perfect; **⌾macht** *f*: **⌾ haben** be authorized; **⌾milch** *f* whole milk; **⌾mond** *m* full moon; **⌾pension** *f* full board; **⌾schlank** plump, stout; **⌾ständig** complete; **⌾stopfen** stuff, cram; **⌾tanken** *mot.* fill up; **⌾zählig** complete.

Volt *n* volt.

Volumen *n* volume.

vonränlich, zeitlich: from; *Genitiv:* of; *Passiv:* by.

vor räumlich: in front of, before; zeitlich: before; **⌾ acht Tagen** a week ago; **5 Minuten ⌾ 12** five minutes to (Am. of) twelve.

Vor|abend *m* eve; **⌾ahnung** *f* presentiment, foreboding.

voran (dat) at the head (of), in front (of), before; **Kopf ⌾** head first; **⌾gehen** lead the way, precede.

Voranmeldung *f* advance reservation.

Vorarbeiter *m* foreman.

voraus (dat) in front (of), ahead (of); **im ⌾** in advance, beforehand; **⌾ge-**

hen *s.* vorangehen; **⌾gesetzt:** **⌾, daß** provided that; **⌾sagen** foretell, predict; forecast; **⌾schicken** send on in advance; **⌾sehen** foresee; **⌾setzung** *f* presupposition; **⌾sichtlich** presumable, probable; **⌾zahlung** *f* advance payment. [reserve.⎰

Vorbehalt *m* reservation,⎰

vorbei räumlich: by, past (**an** s.o.,s.th.); zeitlich:over, past, gone; **⌾fahren** drive past; **⌾gehen** pass, go by; **⌾gehen** an pass; **⌾lassen** let pass.

vorbereit|en prepare; **⌾ung** *f* preparation.

vorbestellen order in advance; *Zimmer etc.:* book.

vorbeugen *v/i* prevent (**e-r Sache** s.th.); *v/t u.* **sich ⌾** bend forward; **⌾d** preventive.

Vorbild *n* model; *fig. a.* pattern; **⌾lich** exemplary.

vorbringen bring forward; *Meinung etc.:* advance; *äußern:* say.

vorder front, fore; **⌾achse** *f* front axle; **⌾bein** *n* foreleg; **⌾grund** *m* foreground; **⌾rad** *n* front wheel; **⌾seite** *f* front; *Münze:* obverse; **⌾sitz** *m* front seat; **⌾st** foremost; **⌾teil** *n, m* front.

vor|dringen advance; **⌾druck** *m* form, *Am. a.* blank; **⌾ehelich** pre-marital; **⌾eilig** hasty, rash, precipitate; **⌾eingenom-**

men prejudiced; **~enthal-ten** keep back, withhold (j-m et. s.th. from s.o.); **~erst** for the time being; **~fahr** m ancestor.

vorfahr|en drive up; 2f f right of way; 2t(s)-straße f major road.

Vorfall m incident, event.

vorfinden find.

vorführ|en jur. bring (dat before); demonstrate; show, present; 2ung f demonstration, presentation, showing; thea., Film: performance.

Vor|gang m incident, event; process; **~gänger** m predecessor; **~garten** m front garden; 2geben pretend; **~gebirge** n promontory; 2gehen lead the way; Uhr: be fast, gain; verfahren: proceed; sich ereignen: go on, happen; 2gesetzte m superior; 2gestern the day before yesterday.

vorhaben intend, be going to do s.th.; 2 n intention; plan; project.

vorhanden available; **~sein** exist; 2sein n presence, existence.

Vor|hang m curtain; **~hängeschloß** n padlock.

vorher before, previously; in advance; **~gehend** preceding; **~herrschend** predominant.

vor|hin a short while ago; **~ig** last; **~jährig** of last year, last year's; 2kennt-

nisse pl: mit guten **~n** in well-grounded in.

vorkomm|en be found; passieren: occur, happen; 2en n occurrence.

Vorkriegs... pre-war ...

vorlad|en summon; 2ung f summons.

Vor|lage f copy; Muster: pattern; parl. bill; Verbreitung: presentation; Fußball: pass; 2lassen let pass; empfangen: admit; 2läufig adj provisional, temporary; adv for the time being; 2laut forward, pert; **~leben** n past (life).

vorlege|n produce; present; j-m et. lay (place, put) s.th. before s.o.; 2r m rug.

vorles|en j-m et. **~** read (out) s.th. to s.o.; 2ung f lecture (über on).

vorletzt last but one; **~e Nacht** the night before last.

Vor|liebe f preference; **~marsch** m mil. advance; 2merken make a note of; reserve.

Vormittag m morning; **am ~ = 2s** in the morning.

Vormund m guardian.

vorn in front; **nach ~** forward; **von ~** from the front; from the beginning.

Vorname m Christian name, first name, Am. a. given name.

vornehm distinguished; edel: noble; elegant; **~ tun** give o.s. airs; **~en: sich**

et. ~ resolve to do s.th.

vornherein: von ~ from
the first *od.* start.

Vorort *m* suburb; ~**(s)zug**
m suburban train.

Vor|rang *m:* ~ **haben
vor** take precedence over,
have priority over; ~**rat**
m store, stock (**an** of);

Vorräte *pl a.* provisions *pl*, supplies *pl*; 2-
rätig *econ.* on hand, in
stock; ~**recht** *n* privilege;
~**richtung** *f* device; 2-
rücken *v/t* move forward;
v/i advance; ~**runde** *f sp.*
preliminary round; ~**saison** *f* dead *od.* off season;
~**satz** *m* intention; 2**sätz-
lich** intentional, deliberate;
bsd. jur. wil(l)ful; ~**schein**
m: **zum** ~ **kommen** appear, turn up.

Vorschlag *m* proposal,
suggestion; 2**en** propose,
suggest.

Vor|schlußrunde *f sp.*
semi-final; ~**schrift** *f* reg-
ulation(s *pl*); 2**schrifts-
mäßig** according to regu-
lations; ~**schule** *f* pre-
school; ~**schuß** *m* advance;
2**sehen** design; plan; **sich
2sehen** take care, be careful; **sich 2sehen vor** (be
on one's) guard against.

Vorsicht *f* caution; *Behut-
samkeit:* care; ~! look out!,
be careful!; ~, **Stufe!**
mind the step!; 2**ig** cautious; careful; ~**smaßnah-
me** *f:* ~**n treffen** take
precautions.

Vorsilbe *f gr.* prefix.

Vorsitz *m* chair, presiden-
cy; ~**ende** *m* chairman,
president.

vorsorgen provide.

Vorspeise *f hors d'œuvre.*

Vorspiel *n* prelude (*a. fig.*);
2**en:** ~**j-m et.** play s.th.
to s.o.

Vor|sprung *m arch.* pro-
jection; *sp.* lead; *fig.* start,
advantage (**vor** of); ~**stadt**
f suburb; ~**stand** *m* managing committee *od.* board;
2**stehen** project, protrude.

vorstellen *in Uhr:* put on;
introduce (**j-n j-m** s.o. to
s.o.); **sich ~en bei** have
an interview with; **sich et.
~en** imagine s.th.; 2**ung**
f introduction, presentation; *thea.* performance;
fig. idea.

Vor|strafe *f* previous con-
viction; 2**täuschen** feign,
pretend.

Vorteil *m* advantage; 2-
haft advantageous (**für**
to).

Vortrag *m* lecture; ~**en**
halten (give) a lecture;
2**en** *Gedicht:* recite; *Meinung:* express.

vortreten step forward;
protrude.

vorüber *räumlich:* by, past;
zeitlich: over; ~**gehen**
pass, go by; ~**gehend**
passing; *zeitweilig:* tem-
porary; 2**gehende** *m* passer-by.

Vor|urteil *n* prejudice; ~-
verkauf *m thea.* advance

booking; ~wand m pretext, preten|ce, Am. -se.
vorwärts forward, onward, on; ~! go ahead!; ~kommen (make) progress.
vor|weisen produce, show; ~werfen: j-m et. ~ reproach s.o. with s.th.; ~wiegend chiefly, mainly, mostly.
Vorwort n foreword; des Autors: preface.
Vorwurf m reproach; j-m

e–n ~ od. Vorwürfe machen reproach s.o. (wegen with); 2svoll reproachful.
Vor|zeichen n omen; 2zeigen produce, show; 2zeitig premature; 2ziehen Vorhänge: draw; fig. prefer; 2zug m preference; Vorteil: advantage; Wert: merit; 2züglich excellent, exquisite.
vulgär vulgar.
Vulkan m volcano.

W

Waag|e f balance, (e–e a pair of) scales pl; 2(e)recht horizontal, level.
Wabe f honeycomb.
wach awake; ~ werden wake up; 2e f watch, guard (a. Person); Polizeiwache: police-station; ~en (keep) watch; sit up (bei with).
Wacholder m juniper; ~branntwein m gin.
Wachs n wax.
wachsam watchful.
wachsen¹ wax.
wachsen² grow; fig. increase.
Wächter m guard; bsd. Nacht2: watchman.
Wacht|posten m sentry; ~turm m watch-tower.
wack(e)lig shaky; Möbel: rickety; ~eln shake; Tisch etc.: wobble; Zahn: be loose.
Wade f calf.

Waffe f weapon (a. fig.); ~n pl a. arms pl.
Waffel f bsd. Eis2: wafer.
Waffenstillstand m armistice, truce.
wagen venture (a. sich); risk; sich getrauen: dare.
Wagen m carriage; Kraft2: car; rail. s. Waggon; ~heber m jack; ~papiere pl car documents pl; ~spur f rut.
Waggon m (railway) carriage, Am. (railroad) car.
Wahl f choice; alternative; Auslese: selection; pol. election.
wähle|n choose; pol. elect (v/i vote); teleph. dial; 2r m voter; 2risch particular.
Wahl|fach n optional subject, Am. elective; ~kampf m election campaign; ~kreis m constituency; 2los indiscriminate;

~recht n franchise; ~urne f ballot-box.

Wahnsinn m insanity, madness (a. fig.); 2ig insane, mad.

wahr true; *wirklich*: real.

während prp during; cj while; *Gegensatz*: whereas.

Wahr|heit f truth; 2~nehmbar perceptible; 2~nehmen perceive, notice; *Gelegenheit*: avail o.s. of; *Interessen*: look after; ~sagerin f fortune-teller; 2~scheinlich probably, most od. very likely; ~scheinlichkeit f probability, likelihood.

Währung f currency.

Wahrzeichen n landmark.

Waise f orphan; ~nhaus n orphanage.

Wal m whale.

Wald m wood, forest; 2ig wooded, woody.

Wall m mil. rampart; *Erd*2: mound.

Wallach m gelding.

Wallfahrt f pilgrimage.

Walnuß f walnut.

Walze f roller; cylinder.

wälzen: (sich) ~ roll.

Walzer m waltz.

Wand f wall.

Wandel m change; 2n: sich ~ change.

Wander|er m wanderer; hiker; 2n wander; hike; ~ung f walking-tour, hike; ~weg m footpath.

Wand|gemälde n mural (painting); ~lung f change; ~schrank m wall-cup-

board; ~tafel f blackboard.

Wange f cheek.

wanke|lmütig fickle, inconstant; ~n totter, stagger.

wann when; s. dann; seit ~? how long?, since when? [*colloq*. tub.)

Wanne f tub; bath(tub).

Wanze f bug, Am. a. bedbug. [arms pl.)

Wappen n coat of arms,\

Ware f commodity; ~n pl a. goods pl, merchandise sg, wares pl.

Waren|haus n department store; ~lager n stock; *Raum*: warehouse; ~probe f sample; ~zeichen n trademark.

warm warm; *Essen*: hot.

Wärm|e f warmth; *phys.* heat; 2en warm; ~flasche f hot-water bottle.

Warn|dreieck n mot. warning triangle; 2en: ~ (vor) warn (of, against), caution (against); ~signal n danger signal; ~ung f warning, caution.

warten wait (auf for).

Wärter m attendant; *Wächter*: guard; *Tier*2: keeper; *Pfleger*: (male) nurse.

Warte|saal m, ~zimmer n waiting-room.

Wartung f maintenance.

warum why. [nipple.)

Warze f wart; *Brust*2:\

was what; ~ kostet das? how much is this?

wasch|bar washable; 2~becken n wash-basin, Am. washbowl.

Wäsche f wash(ing); *the* laundry; *Tisch*2, *Bett*2: linen; *Unter*2: underwear; **~klammer** f clothes-peg, clothes-pin; **~leine** f clothes-line.

waschen wash; **sich ~** (have a) wash; **(sich) die Haare ~** wash *od.* shampoo one's hair; **~ und legen** a shampoo and set.

Wäscherei f laundry.

Wasch|lappen m facecloth, *Am.* washcloth; **~maschine** f washing-machine, washer; **~pulver** n washing powder; **~raum** m wash-room.

Wasser n water; **~ballspiel** n water-polo; **~dampf** m steam; **2dicht** waterproof; *bsd. mar.* watertight; **~fall** m waterfall; **~flugzeug** n seaplane; **~graben** m ditch; **~hahn** m tap, *Am. a.* faucet.

wässerig watery.

Wasser|kraftwerk n hydroelectric power station *od.* plant; **~leitung** f water-pipe(s pl).

wässern *Heringe etc.*: soak.

Wasser|pflanze f aquatic plant; **~rohr** n water-pipe; **2scheu** afraid of water; **~ski** m: **~ fahren** waterski; **~sport** m aquatic sports pl; **~stiefel** m pl waders pl; **~stoff** m hydrogen; **~stoffbombe** f hydrogen bomb, H-bomb; **~weg** m waterway; **auf dem ~weg** by water;

~welle f water-wave; **~werk** n waterworks sg, pl.

wäßrig watery.

waten wade.

watscheln waddle.

Watt n electr. watt.

Watte f cotton-wool; surgical cotton.   [loom.]

web|en weave; **2stuhl** m]

Wechsel m change; *Geldzuwendung*: allowance; *econ.* bill (of exchange); **~geld** n change; **~kurs** m rate of exchange; **2n** change; *variieren:* vary; *Worte:* exchange; **~strom** m alternating current; **~stube** f exchange office.

wecke|n wake (up), rouse (a. fig.); **2r** m alarm-clock.

wedeln *Skisport:* wedel; **~ mit** wag.   [... nor.]

weder: **~ ... noch** neither]

Weg m way (a. fig.); *Straße:* road; *Pfad:* path; *Spazier*2: walk.

weg away, off; **~gegangen**, *verloren:* gone; **ich muß ~** *colloq.* I must be off; **~bleiben** stay away, drop off; **~bringen** take away; *Sachen: a.* remove.   [to.]

wegen because of, owing]

weg|fahren v/t cart away; v/i leave; *im Wagen:* drive away; **~fallen** be omitted; **~gehen** go away; *Ware:* sell; **~jagen** drive away; **~lassen** let s.o. go; *Sache:* leave out, omit; **~laufen** run away; **~nehmen** take *s.th.* away; *Zeit, Raum:* take up; **~räumen** clear

away; **~schaffen** remove.
Wegweiser *m* signpost;
fig. guide.
weg|werfen throw away;
~wischen wipe off.
weh sore; **~ tun** ache; hurt
(**sich** o.s.); **j—m ~ tun**
hurt s.o.
Wehen *pl* labo(u)r *sg.*
wehen blow.
wehmütig wistful.
Wehr *n* weir.
Wehr|dienst *m* military
service; **~dienstverwei-**
gerer *m* conscientious ob-
jector; **2en: sich ~** defend
o.s.; **2los** defenceless, *Am.*
defenseless.
Weib *n* woman; *Ehefrau:*
wife; **~chen** *n zo.* female;
2lich female; *gr., Wesens-*
art: feminine.
weich soft (*a. fig.*); *Fleisch:*
tender; *Ei:* soft-boiled.
Weiche *f rail.:* switch; **~n**
pl a. points *pl.*
weichen[1] give way; yield
(*dat* to).
weichen[2] soak.
Weide *f bot.* willow; *agr.*
pasture; **~land** *n* pasture;
2n pasture, graze.
weiger|n: sich ~ refuse;
2ung *f* refusal.
weihen *eccl.* consecrate.
Weiher *m* pond.
Weihnachten *n* Christmas.
Weihnachts|abend *m*
Christmas Eve; **~baum**
m Christmas-tree; **~ge-**
schenk *n* Christmas present; **~lied** *n* (Christmas)
carol; **~mann** *m* Father

Christmas, Santa Claus.
Weih|rauch *m* incense; **~**
wasser *n* holy water.
weil because; since, as.
Weile *f:* **e—e ~ a** while.
Wein *m* wine; *stock:* vine;
~beere *f* grape; **~berg** *m*
vineyard; **~brand** *m* bran-
dy.
weinen weep (**um, vor**
for), cry (**vor** *Freude:* for,
Schmerz: with).
Wein|faß *n* butt, winecask;
~karte *f* wine-list; **~lese** *f*
vintage; **~rebe** *f* vine;
~stock *m* vine; **~traube** *f*
s. **Traube.**
weise wise.
Weise *f mus.* melody, tune;
fig. manner, way.
weisen: ~ auf point at *od.*
to; **von sich ~** reject; *Be-*
schuldigung: deny.
Weis|heit *f* wisdom; **~**
heitszahn *m* wisdom-
tooth.
weiß white; **2brot** *n* white
bread; **2e** *m* white (man);
2wein *m* white wine.
Weisung *f* direction, direc-
tive.
weit *adj* wide; vast;
Reise, Weg: long; *adv* far,
wide(ly); **~ entfernt** far
away; **bei ~em** by far;
von ~em from a distance;
~ab far away.
weiter *adj* further; *Kosten*
etc.: additional, extra; **~e**
fünf Wochen another five
weeks; *adv* furthermore,
moreover; **~!** go on!;
nichts ~ nothing more;

und so ~ and so on; ~fahren drive on; go on; ~geben pass (an to); ~gehen go on (a. fig.); move on; ~kommen get on; ~können be able to go on; ~machen carry on.

weit|sichtig far-sighted; 2sprung m long (Am. broad) jump; ~verbreitet widespread.

Weizen m wheat; ~mehl n wheaten flour.

welch interr pron what, which; ~er? which one?; rel pron who, which, that.

Wellblech n corrugated iron.

Welle f wave; tech. shaft.

wellen (sich) ~ wave; 2länge f wave length; 2linie f wavy line; 2reiten n surf-riding, surfing.

wellig wavy.

Welt f world; ~all n universe; 2berühmt world-famous; ~krieg m world war; 2lich worldly; diesseitig: secular, temporal; ~meister m world champion; ~raum m space; ~reise f journey round the world; ~rekord m world record; 2stadt f metropolis; 2weit world-wide.

wem to whom, whom (colloq. who) ... to; von ~ who(m) from.

wen whom, colloq. who.

Wende f turn; 2n v/t turn (about, round); bitte 2n! please turn over!; sich 2n an turn to; Auskunft etc.: apply to (wegen for); v/i mot. turn; ~punkt m turning-point.

wenig little; ~e pl few pl; ~er less; pl fewer; math. minus; am ~sten least (of all); ~stens at least.

wenn when; bedingend: if.

wer who; auswählend: which; ~ von euch? which of you?; ~ auch immer who(so)ever.

Werbe|fernsehen n commercial television; ~funk m commercial broadcasting; 2n: ~ für advertise; ~ um court; ~sendung f commercial.

Werbung f publicity, advertising.

werden become, get; allmählich: grow; plötzlich blaß ~ etc.: turn; was will er (einmal) ~? what is he going to be?; ich werde fahren I shall drive; s. gesund od. krank ~.

werfen throw (mit s.th.; nach at); zo. Junge: throw; Schatten, Blick: cast. [yard.]

Werft f dockyard, ship-]

Werk n work; tech. works pl; Fabrik: works sg, pl, factory; ~meister m foreman; ~statt f workshop; ~tag m workday; 2tags on weekdays; ~zeug n tool, implement; feines: instrument.

wert worth; würdig: worthy (gen of); nichts ~

worthless; 2 *m* value, worth; 2gegenstand *m* article of value; 2 worthless, valueless; 2papiere *pl* securities *pl*; 2sachen *pl* valuables *pl*; ~voll valuable, precious.

Wesen *n* Lebe2: being, creature; *Natur*: nature, character; 2tlich essential.

weshalb why.

Wespe *f* wasp.

wessen whose; what ... of.

Weste *f* waistcoat; *econ. u. Am.* vest.

West|(en *m*) west; 2lich west(erly); *Einfluß etc.*: western.

Wett|bewerb *m* competition; ~e *f* bet; 2en bet; mit j-m um et. 2en bet s.o. s.th.

Wetter *n* weather; ~bericht *m* weather forecast; ~lage *f* weather conditions *pl*; ~leuchten *n* sheet-lightning; ~vorhersage *f* weather forecast.

Wett|kampf *m* contest, competition; ~kämpfer *m* contestant; ~lauf *m*, ~rennen *n* race; ~rüsten *n* armament race; ~streit *m* contest.

wichtig important; 2keit *f* importance. [change.}

wickeln wind; *Baby*:}

Widder *m* ram.

wider against, contrary to; 2haken *m* barb; ~legen refute, disprove; ~lich repugnant, repulsive; *ekelhaft*: disgusting; ~setzen:

sich ~ oppose; ~spenstig refractory; ~sprechen contradict; 2spruch *m* contradiction; opposition; 2stand *m* resistance (*a. electr.*), opposition; ~standsfähig resistant; ~strebend reluctant; ~wärtig disgusting; 2wille *m* aversion, dislike; *Ekel*: disgust; ~willig reluctant.

widmen dedicate; devote (sich o.s.). [like.}

wie how; *Vergleich*: as;}

wieder again; immer ~ again and again; s. hin; 2aufbau *m* reconstruction, rebuilding; ~aufnehmen resume; ~bekommen get back; ~bringen bring back; give back; ~erkennen recognize (an by); ~finden find again; recover; ~geben give back, return; *darbieten etc.*: render; ~gutmachen make up for; ~herstellen restore; ~holen repeat; 2holung *f* repetition; ~kommen come back, return; ~sehen: (sich) ~ see *od.* meet again; 2sehen *n* reunion; auf 2sehen! good-bye!

Wiege *f* cradle.

wiegen[^1] weigh.

wiegen[^2] rock; 2lied *n* lullaby.

wiehern neigh, whinny.

Wiese *f* meadow.

wieso why. [how many.}

wieviel how much; *vor pl*}

wild wild; savage; ♀ *n* game; ♂**dieb** *m* poacher; ♀**hüter** *m* game-keeper; ♀**leder** *n* suède; ♀**nis** *f* wilderness, wild; ♀**schwein** *n* wild boar.

Wille *m* will; **s**~*n* ~**n durchsetzen** have one's way; ~**nskraft** *f* willpower.

willkommen welcome.

wimmeln swarm (**von** with).

wimmern whimper, whine.

Wimpel *m* pennant, pennon.

Wimper *f* (eye)lash.

Wind *m* wind.

Windel *f* napkin, *Am.* diaper.

winden wind, twist; **sich** ~ **vor** writhe with.

wind|ig windy; ♀**mühle** *f* windmill; ♀**pocken** *pl* chicken-pox *sg*; ♀**schutzscheibe** *f* windscreen, *Am.* windshield; ♀**stille** *f* calm; ♀**stoß** *m* blast of wind, gust.

Windung *f* winding, turn; *Weg:* bend.

Wink *m* sign; *fig.* hint.

Winkel *m* math. angle; *Ecke:* corner, nook.

winken beckon (*dat* to); **her**~: beckon; wave.

winseln whimper, whine.

Winter *m* winter; **im** ~ **in** winter; ♀**lich** wintry; ~**schlußverkauf** *m* winter sale(s *pl*); ~**sport** *m* winter sports *pl*.

winzig tiny, diminutive.

Wipfel *m* (tree-)top.

wir we.

Wirbel *m* whirl, swirl; *Luft, Wasser:* eddy; *anat.* vertebra; ♀**n** whirl; ~**säule** *f* spinal column; ~**sturm** *m* cyclone, tornado.

wirk|en: beruhigend ~ have a soothing effect; ~**lich** real; ♀**lichkeit** *f* reality; ~**sam** effective; ♀**ung** *f* effect; ~**ungsvoll** effective.

wirr confused; *Rede:* incoherent; *Haare:* dishevel(l)ed.

Wirt *m* host; landlord; innkeeper; ~**in** *f* hostess; landlady.

Wirtschaft *f* housekeeping; *Gemeinwesen:* economy; *s. Wirtshaus;* ~**erin** *f* housekeeper; ♀**lich** economic; *haushälterisch:* economical; ~**sminister** *m* Minister for Economic Affairs.

Wirtshaus *n* pub(lic house), inn.

wisch|en wipe; **Staub** ~**en** dust; ♀**lappen** *m* dishcloth; floorcloth.

wissen know; ♀ *n* knowledge.

Wissenschaft *f* science; ~**ler** *m* scientist; ♀**lich** scientific.

wissen|swert worth knowing; ~**tlich** knowingly.

witter|n scent, smell; ♀**ung** *f* weather; *hunt.* scent.   [widower.}

Witwe *f* widow; ~**r** *m*}

Witz m wit; Spaß: joke; ♭ig witty; funny.

wo where.

Woche f week.

Wochen|ende n weekend; ♭lang for weeks; **♭lohn** m weekly pay od. wages pl; **♭markt** m weekly market; **♭schau** f newsreel; **♭tag** m weekday.

wöchentlich weekly; **einmal ♭** once a week.

wo|durch by what?, how?; by which, whereby; **♭für** for what?, what ... for?; (in return) for which.

Woge f wave (a. fig.).

wogegen against what?; against which.

wo|her from where?, where ... from?; **♭hin** where (... to)?

wohl well; vermutend: I suppose; **leben Sie ♭!** farewell!; ♭ n: **auf Ihr ♭!** your health!; **zum ♭!** colloq. cheers!; ♭**befinden** n well-being, (good) health; ♭**fahrt** f welfare; ♭**habend** well-to-do; **♭schmeckend** savo(u)ry, tasty; ♭**stand** m prosperity; ♭**tätigkeit** f charity; **♭tuend** pleasant; **♭verdient** well-deserved; ♭**wollen** n goodwill, benevolence; Gunst: favo(u)r.

Wohn|block m s. **Wohnhaus**; ♭**en** live (in in, at; bei j-m with s.o.); **♭haus** n block of flats, Am. apartment house; ♭**haft** resident, living; **♭ort** m domi-

cile; **♭sitz** m residence; **♭ung** f flat, Am. apartment; **♭wagen** m caravan, Am. trailer; **♭zimmer** n sitting-room, living-room.

wölben (sich) ♭ arch.

Wolf m wolf.

Wolke f cloud.

Wolken|bruch m cloudburst; **♭kratzer** m skyscraper; ♭**los** cloudless.

wolkig cloudy, clouded.

Woll|decke f blanket; **♭e** f wool.

wollen wish, desire; want; be willing; intend, be going to; im Begriff sein: be about to; lieber ♭ prefer.

Wollstoff m wool(l)en fabric; **♭e** pl wool(l)ens pl.

wo|mit with what?, what ... with?; with od. by which; **♭nach** what ... for?; **♭ran** by what?; by which?; **♭ran denkst du?** what are you thinking of?; **♭rauf** on what?, what...on?; danach: whereupon, after which; **♭rauf wartest du?** what are you waiting for?; **♭raus** what ... from?; from which; **♭rin** in what?; in which, wherein; [expression.)

Wort n word; Ausdruck: ♭

Wörterbuch n dictionary.

wörtlich literal.

wort|los without a word; ♭**schatz** m vocabulary; ♭**stellung** f gr. word order; ♭**wechsel** m dispute.

wo|rüber what ... about?; **♭rum** about what?, what ... about?; about od. for which; **~rum** handelt es sich? what is it about?; **~von** what ... from *od.* of?; what ... about?; of *od.* from which; **~vor** what ... of?; of which; **~zu** what ... for?

Wrack *n* wreck.

wringen wring.

Wucher *m* usury; **2n** grow exuberantly; **~ung** *f med.* growth.

Wuchs *m* growth; figure.

Wucht *f* force; **2ig** heavy.

wühlen dig; *Schwein:* root; **~ in** rummage (about) in.

wulstig thick.

wund sore; **~e Stelle** sore; **2e** *f* wound.

Wunder *n* miracle; *fig. a.* wonder, marvel; **2bar** wonderful, marvel(l)ous; **2n** surprise, astonish; **sich 2n** be surprised *od.* astonished (**über** at); **2schön** very beautiful; **2voll** wonderful. [tetanus.]

Wundstarrkrampf *m*J

Wunsch *m* wish; desire; *Bitte:* request.

wünschen wish, desire; **~swert** desirable.

Würde *f* dignity.

würdig worthy (*gen* of); **~en** appreciate. [ter.]

Wurf *m* throw, cast; *zo.* lit-J

Würfel *m* cube; *Spiel2:* die (*pl* dice); **2n** (play) dice; **~zucker** *m* lump sugar.

Wurfgeschoß *n* missile.

würgen *v/t* choke, strangle; *v/i* choke; *Erbrechen:* retch.

Wurm *m* worm; **2stichig** worm-eaten, wormy.

Wurst *f* sausage.

Würstchen *n* (small) sausage.

Würze *f Gewürz:* spice; *Aroma:* seasoning, flavo(u)r.

Wurzel *f* root.

würz|en spice, season, flavo(u)r; **~ig** spicy, well-seasoned.

wüst desert, waste; *wirr:* confused; *roh:* rude; **2e** *f* desert, wilderness.

Wut *f* rage, fury.

wüten rage; **~d** furious, *bsd. Am. a.* mad.

X, Y

x-beliebig: jede(r, -s) **~e ...** any ...

x-mal many times, *sl.* umpteen times.

x-te: zum **~n** Male for the umpteenth time.

Yacht *f* yacht.

Z

Zack|e *f*, **~en** *m* (sharp) point; *Zinke:* prong; *Fels:* jag; **2ig** jagged.

zaghaft timid.

zäh tough; **= ~flüssig** viscid, viscous, sticky.

Zahl f number; *Ziffer*: figure; cipher; 2**bar** payable.

zählbar countable.

zahlen pay; *Restaurant*: ~ (, bitte)! the bill (*Am.* the check), please!

zähle|n count; ~**n zu** count among; 2**r m** meter.

Zahl|karte f *appr.* money-order form; 2**los** innumerable, countless; 2**reich** *adj* numerous; *adv* in great number; ~**tag m** pay-day; ~**ung** f payment; ~**ungsbedingungen** f/pl terms pl of payment; ~**ungsmittel** n currency.

zahm tame, domesticated.

zähmen tame, domesticate.

Zahn m tooth; *tech.* tooth, cog; **e-n** ~ **bekommen** cut a tooth; ~**arzt** m dentist; ~**bürste** f toothbrush; ~**creme** f toothpaste; ~**fleisch** n gums pl; 2**los** toothless; ~**lücke** f gap between the teeth; ~**pasta** f toothpaste; ~**rad** n cogwheel; ~**radbahn** f rack-railway; ~**schmerzen** pl toothache sg; ~**stocher** m toothpick.

Zange f (**e-a** pair of) tongs pl; *med., zo.* forceps sg, pl.

zanken scold (**mit j-m** s.o.); **sich** ~ quarrel.

zänkisch bickering, nagging.

Zäpfchen n *anat.* uvula; *med.* suppository.

Zapf|en m plug; *Pflock*: peg, pin; *Spund*: bung;

Drehzapfen: pivot; *bot.* cone; 2**en tap**; ~**hahn** m tap, *Am.* faucet; ~**säule** f petrol pump.

zappeln struggle; *vor Unruhe*: fidget.

zart tender, soft, delicate; *sanft*: gentle.

zärtlich tender, loving; 2**keit** f tenderness; *Liebkosung*: caress.

Zauber m spell, charm, magic (*alle a. fig.*); *fig.* enchantment; ~**er** m sorcerer, magician; 2**haft** *fig.* enchanting; ~**künstler** m conjurer; 2**n** v/t conjure.

Zaum m bridle.

zäumen bridle.

Zaumzeug n bridle.

Zaun m fence; ~**pfahl** m pale. [crossing.)

Zebrastreifen m zebra)

Zeche f score, bill; *Bergbau*: mine; coal-pit, colliery.

Zeh m, ~**e** f toe; ~**enspitze** f: **auf** ~**n** on tiptoe.

zehn ten; 2**kampf** m decathlon; ~**te** tenth; 2**tel** n tenth (part); ~**tens** tenthly.

Zeichen n sign, token; *Merk*2: mark; *Signal*: signal; ~**block** m drawing-block; ~**papier** n drawing-paper; ~**stift** m pencil, crayon; ~**trickfilm** m animation, animated cartoon.

zeichn|en draw; 2**er** m draftsman, draughtsman; designer; 2**ung** f drawing; design; *zo.* marking.

Zeige|finger *m* forefinger, index (finger); **2n** show, point out; demonstrate; point (**auf** *a*; **nach** to); **~r** *m Uhr*: hand.

Zeile *f* line.

Zeit *f* time; *s.* Zeitraum; **freie ~** spare time; **laß dir ~!** take your time; **~abschnitt** *m* period; **~alter** *n* age; **2gemäß** modern, up-to-date; **~genosse** *m* contemporary; **~genössisch** contemporary; **2ig** *adj* early; *adv* on time; **~karte** *f* season-ticket; **2lich** *adj* temporal; *adv* as to time; **~lupenaufnahme** *f Film*: slow-motion picture; **~punkt** *m* moment; **~raum** *m* period, space (of time); **~schrift** *f* journal, periodical, magazine; **~ung** *f* (news)paper, journal.

Zeitungs|kiosk *m* newsstand; **~notiz** *f* press item; **~verkäufer** *m* newsvendor.

Zeit|verlust *m* loss of time; **~verschwendung** *f* waste of time; **~vertreib** *m* pastime; **2weise** *adv* at times; **~zeichen** *n* time-signal.

Zell|e *f* cell; **~stoff** *m*, **~ulose** *f* cellulose.

Zelt *n* tent; **2en** camp; **go** camping; **~lager** *n* camp; **~platz** *m* camping-ground.

Zement *m* cement.

Zensur *f* censorship; *Schu-*

le: mark, *Am. a.* grade.

Zentimeter *m*, *n* centimet|re, *Am.* -er.

Zentner *m* centner, metric hundredweight (*50 kilograms*).

zentral central; **2e** *f* central office; *teleph.* (telephone) exchange; **2heizung** *f* central heating.

Zentrum *n* cent|re, *Am.* -er.

zerbrech|en break (to pieces); **sich den Kopf ~en** rack one's brains; **~lich** breakable, fragile.

zer|bröckeln crumble; **~drücken** crush; *Kleid*: crease.

Zeremonie *f* ceremony.

Zerfall *m* decay; **2en** fall to pieces, decay (*a. fig.*).

zer|fetzen tear to pieces; **~fließen** melt; **~fressen** eat; *chem.* corrode; **~gehen** melt; **~kauen** chew; **~kleinern** cut up; mince; **~knirscht** contrite; **~knittern** (c)rumple, wrinkle, crease; **~knüllen** crumple up; **~kratzen** scratch; **~legen** take apart *a.* to pieces; *Fleisch*: carve; **~lumpt** ragged; **~mahlen** grind; **~platzen** burst; explode; **~quetschen** crush, squash; *bsd. Kartoffeln*: mash; **~reiben** grind, pulverize; **~reißen** *v/t* tear, rip up; *v/i* tear; *Seil etc.*: break.

zerr|en drag; tug; *med.* strain; **2ung** *f med.* strain.

zer|sägen saw up; **~schel-**

len be smashed; *Schiff*: be wrecked; **~schlagen** break *od.* smash (to pieces); **~schmettern** smash; **~schneiden** cut in two; cut up; **~setzen: (sich)** **~**decompose; **~splittern** split, splinter; *Glas*: crack.

zerstäube|n spray; 2r *m* sprayer, atomizer.

zerstör|en destroy; 2er *m* destroyer (*a. mar.*); 2ung *f* destruction.

zerstreu|en disperse, scatter (*a. sich*); *Zweifel etc.*: dissipate; **sich ~en** *fig.* amuse o.s.; **~t** *fig.* absent (-minded); 2ung *f* diversion, amusement.

zer|stückeln cut up; **~teilen** divide; **~treten** tread down; crush; **~trümmern** smash; **~zaust** tousled.

Zettel *m* slip (of paper); *Preis*2 *etc.*: ticket; *Klebe*2: label.

Zeug *n* stuff (*a. fig. contp.*), material; things *pl*; **dummes ~!** nonsense!; rubbish!

Zeuge *m* witness; 2en *biol.* beget; **~enaussage** *f* testimony, evidence; **~in** *f* (female) witness; **~nis** *n* *jur.* testimony, evidence; *Bescheinigung*: certificate; (school) report, *Am.* report card.

Zickzack *m* zigzag; **im ~ fahren** *etc.* zigzag.

Ziege *f* (she-)goat, nanny (-goat).

Ziegel *m* brick; *Dach*2:

tile; **~stein** *m* brick.

Ziegen|bock *m* he-goat; **~leder** *n* kid; **~peter** *m* mumps.

ziehen *v/t* pull; draw (*a. Strich*); *Hut*: take off; *Graben*: dig; *Zahn*: draw, extract; **Aufmerksamkeit auf sich ~** attract attention; **sich ~** extend, stretch; **sich in die Länge ~** drag on; *v/i* pull (**an** at); puff (**an** *Zigarre etc.*: at); **um-ziehen**: (re)move (**nach** to); *Vögel*: migrate; *Tee*: infuse; draw; **es zieht** there is a draught (*Am.* draft).

Ziehharmonika *f* accordion.

Ziel *n* aim (*a. fig.*); *~scheibe*: mark, target (*a. fig.*); *sp.* winning-post; *mil.* objective; *Reise*2: destination; *fig.* end, purpose; **~band** *n* tape; **2bewußt** purposeful; 2en (take)aim (**auf** at); **2los** aimless; **~scheibe** *f* target.

ziemlich *adj* pretty, fairly, rather; *adv* pretty, fairly, rather.

Zier|e, *~de* (*a. fig.*); *~scheibe*: *f* ornament; *fig. a.* hono(u)r (**für** to); 2en: **sich ~** be affected; be prudish; 2lich dainty.

Ziffer *f* figure, digit; **~blatt** *n* dial(-plate), face.

Zigarette *f* cigaret(te).

Zigarre *f* cigar.

Zigeuner *m,* **~in** *f* gipsy.

Zimmer *n* room; apartment; **~mädchen** *n* chambermaid; **~mann** *m* car-

penter; **~vermieterin** f
landlady.

zimperlich prudish;
squeamish.

Zimt m cinnamon.

Zink n zinc.

Zinke f tooth; *Gabel*:
prong.

Zinn n tin.

Zins|en pl interest sg; **~fuß**
m rate of interest.

Zipfel m corner.

Zirkel m circle (a. fig.);
math. (**ein** a pair of) com-
passes pl.

zirkulieren circulate.

Zirkus m circus.

zischen hiss; *schwirren*:
whiz(z).   [quote.⟩

Zit|at n quotation; **2ieren**⟩

Zitrone f lemon; **~nlimo-
nade** f lemonade.

zittern tremble, shake (**vor**
with).

zivil civil(ian); *Preis*: reasonable; 2 n s. **Zivilklei-
dung; 2bevölkerung** f
civilians pl; **2isation** f
civilization; **2ist** m civilian;
2kleidung f civilian od.
plain clothes pl; **2perso-
nen** pl civilians pl.

zögern hesitate.

Zoll[1] m inch.

Zoll[2] m (customs) duty;
Behörde: the Customs pl;
~abfertigung f customs
clearance; **~amt** n custom-
house; **~beamte** m cus-
toms official; **~erklärung**
f customs declaration; 2-
frei duty-free; **~kontrol-
le** f customs examination;

2pflichtig liable to duty,
dutiable.

Zone f zone.

Zoo m zoo.

Zoologie f zoology.

Zopf m plait, pigtail, braid.

Zorn m anger; **2ig** angry.

zottig shaggy.

zu prp *Richtung*: to, to-
ward(s), up to; *Ort*: at, in;
Zweck: for; **~ Weihnachten** at Christmas; *adv* too;
colloq. closed, shut; **Tür~!**
close od. shut the door!;
mit inf: **ich habe ~ arbeiten** I have to work.

Zubehör n, m fittings pl;
tech. accessories pl.

zuberei|ten prepare; 2-
tung f preparation.

zu|binden tie up; **~blin-
zeln** wink at.

Zucht f discipline; *bot.*
growing; *zo.*: breeding;
breed.

züchte|n breed; *bot.* grow;
2r m breeder; grower.

Zuchthaus n convict prison, *Am.* penitentiary; **~-
strafe** f imprisonment,
penal servitude.

zucken jerk; twitch (**mit
et.** s.th.); *vor Schmerz*:
wince; *Blitz*: flash; *s.* **Achsel.**

Zucker m sugar; **~dose** f
sugar-basin, *Am.* sugar
bowl; **2krank** diabetic;
2n sugar; **~rohr** n sugar-
cane; **~rübe** f sugar-beet.

Zuckungen pl convulsions
pl.

zudecken cover (**sich** o.s.).

zudem besides, moreover.

zu|drehen turn off; **~dringlich** importunate.

zuerst (at) first.

Zu|fahrt f approach; **~straße** f approach (road).

Zu|fall m chance; **2fällig** adj accidental; attr a. chance; adv by accident, by chance; **~flucht** f refuge, shelter.

zufrieden content(ed), satisfied; **2heit** f content(ment), satisfaction; **2stellen** satisfy.

zu|frieren freeze up od. over; **~fügen** add; inflict (j-m [up]on s.o.); **2fuhr** f supply.

Zug m draw, pull; procession; orn. migration; rail. train; Gesichts2: feature; Charakter2: trait; Luft2, Trinken2: draught, Am. draft; Schach2: move; Rauchen2: puff.

Zu|gabe f extra; thea. encore; **~gang** m entrance; access (a. fig.); **2gänglich** accessible (für to) (a. fig.); **2geben** add; admit; **2gehen** colloq. Tür etc.: close, shut; geschehen: happen; **2gehen** auf walk up to.

Zügel m rein (a. fig.); **2los** fig. unbridled; **2n** rein; fig. bridle, check.

Zu|geständnis n concession; **2getan** attached (dat to).

zugig draughty, Am. drafty; **2kraft** f tech.

traction; fig. draw, appeal.

zugleich at the same time.

Zugluft f draught, Am. draft.

zugreifen help o.s.

zugrunde|gehen perish; **~ richten** ruin.

Zugschaffner m s. Schaffner.

zugunsten in favo(u)r of.

Zug|verbindung f train connection; **~vogel** m bird of passage.

Zuhause n home.

zuheilen heal up.

zuhören listen (dat to); **2r** m hearer, listener; **~** pl audience sg.

zu|jubeln cheer; **~kleben** paste up; **~knallen** v/i Tür: bang shut, slam (to); v/t slam (to); **~knöpfen** button (up); **~kommen: ~ auf** come up to.

Zu|kunft f future; gr. future (tense); **2künftig** adj future; adv in future.

zu|lächeln smile at; **2lage** f extra pay; Gehalt: rise, Am. raise; **~lassen** colloq. leave shut; j-n: admit (a. fig.); **2lassung** f admission; licen[ce, Am. -se; **~letzt** finally; last; **~liebe: j-m ~** for s.o.'s sake; **~machen** colloq.: close, shut; button (up).

zumindest at least.

zumut|en: j-m et. ~ demand s.th. from s.o.; **2ung** f unreasonable demand; impertinence.

zunächst first of all; *vorerst:* for the present.

Zu|nahme f increase; **~name** m surname.

zünd|en kindle; *bsd. mot.* ignite; **2holz** n match; **2kerze** f spark(ing)-plug; **2schlüssel** m ignition key; **2ung** f ignition.

zunehmen increase (an in); *Person:* put on weight.

Zuneigung f affection.

Zunge f tongue.

zunichte: ~ machen destroy.

zu|nicken nod to; **~pak-ken** grip, clutch.

zupfen pluck (an at).

zurechnungsfähig *jur.* responsible.

zurecht|finden: sich ~ find one's way; **~kommen:** ~ mit *et.:* manage; **~machen** *colloq.* get ready, prepare; **(sich) ~machen** make up.

zureden: j-m ~ coax s.o., encourage s.o.

zurück back; *rückwärts:* backward(s); *hinten:* behind; **~bekommen** get back; **~bleiben** remain od. stay behind; fall od. lag behind; **~blicken** look back; **~bringen** bring back; **~drängen** push back; *fig.* repress; **~erstatten** *Auslagen:* refund; **~fahren** drive back; *fig.* start back; **~fliegen** fly back; **~führen** lead back; **~führen auf** attribute to; **~geben** give back, return,

restore; **~gehen** go back, return; *fig.* diminish, decrease; **~gezogen** retired; **~halten** hold back; **~haltend** reserved; **~holen** fetch back; **~kommen** come back, return; **~lassen** leave (behind); **~legen** put back; lay aside; *Entfernung:* cover; **~nehmen** take back; *Worte etc.:* withdraw, retract; **~prallen** rebound; **~schicken** send back; **~schlagen** v/t repel; *Bettdecke:* turn down; v/i hit back; **~schrecken** shrink (back) (vor from); **~setzen** put back; *fig.* slight, neglect; **~stellen** put back (a. Uhr); *fig.* defer, postpone; **~stoßen** push back; *fig.* repel, repulse; **~treten** step od. stand back; resign (von Amt: from); recede (von Vertrag: from); **~weisen** decline, reject; **~werfen** throw back; *fig.* set back; **~zahlen** pay back (a. fig.); **~ziehen** draw back; *fig.* withdraw; **sich ~ziehen** retire, withdraw; *mil.* retreat.

Zuruf m shout; **2en** shout (j-m et. s.th. at s.o.).

Zusage f promise; *Einwilligung:* assent; **2n** v/t promise; v/i accept an invitation; j-m **2n** suit s.o.

zusammen together; at the same time; **2arbeit** f co-operation; *Gemeinschaft:* team-work; **~ar-**

beiten work together; co-operate; **~binden** bind together; **~brechen** break down; *völlig:* collapse; **2~bruch** *m* breakdown; collapse; **~drücken** compress, press together; **~fallen** fall in, collapse; *zeitlich:* coincide; **~fassen** summarize, sum up; **2fassung** *f* summary; **~gehören** belong together; **~hang** *m* connection, *a.* connexion; *textlich:* in context; **~hängen** *v/i* be connected; *v/t* hang together; **~klappen** fold up; **~kommen** meet; **2kunft** *f* meeting; **~legen** fold up; *Geld:* club together, pool; **~nehmen:** sich ~ pull o.s. together; **~packen** pack up; **~passen** match, harmonize; **2prall** *m* collision; **~prallen** collide; **~rechnen** add up; **~rücken** *v/t* move together; *v/i* close up; **~schlagen** *Hände:* clap; beat *s.o.* up; **~setzen** put together; *tech.* assemble; sich ~setzen aus consist of; **~stellen** put together; *Liste etc.:* compile; **2stoß** *m* collision; *fig. a.* clash; **~stoßen** collide; *fig. a.* clash; **~treffen** meet; *zeitlich:* coincide; **~zählen** add up, count up; **~ziehen** contract (*a.* sich). **Zu|satz** *m* addition; *Bei-mischung:* admixture; *Er-gänzung:* supplement; **2-sätzlich** additional.

zuschau|en look on, watch; **2er** *m* spectator, looker-on, onlooker; **2erraum** *m thea.* auditorium.
zuschicken send (*dat* to).
Zuschlag *m* extra charge; surcharge (*a. Post:*); *rail.* excess fare; **2en** hit, strike; *s.* zuknallen.
zu|schließen lock (up); **~schnappen** *Hund:* snap; *Tür:* snap to; **~schneiden** cut out; cut (to size); **~schrauben** screw on; **2schrift** *f* letter; **2schuß** *m* allowance; *staatlich:* subsidy; **~sehen** *s.* zuschauen; **~sehends** visibly; **~senden** *s.* zuschicken; **~setzen:** j-m ~ press *s.o.* (hard).
zusicher|n: j-m et. ~ assure *s.o.* of *s.th.*; **2ung** *f* assurance.
zu|spitzen: sich ~ *fig.* come to a crisis; **2stand** *m* condition, state.
zustande: ~ **bringen** achieve; **~ kommen** come off.
zuständig competent.
zustehen be due (*dat* to).
zustell|en deliver; **2ung** *f* delivery.
zustimm|en (*dat*) agree (to *s.th.*; with *s.o.*); consent (to *s.th.*); **2ung** *f* consent.
zu|stopfen stop up, plug (up); **~stoßen:** j-m ~ happen to *s.o.*; **~stürzen:** ~ **auf** rush at.
Zutaten *pl* ingredients *pl.*
zuteil|en allot, apportion;

Zwetsch(g)e

Qung *f* allotment; ration.

zu|tragen: sich ~ happen; ~trauen: j-m et. ~ credit s.o. with s.th.; ~traulich confiding, trustful, trusting; *Tier:* friendly, tame.

zutreffen be true; ~ auf be true of; ~d right, correct.

zutrinken: j-m ~ raise one's glass to s.o., drink (to) s.o.'s health.

Zutritt *m* access; *Einlaß:* admission; ~ verboten! no admittance!

zuverlässig reliable; 2keit *f* reliability.

Zuversicht *f* confidence; 2lich confident.

zuviel too much.

zuvor before, previously; ~kommen: j-m *od.* e-r Sache ~ anticipate s.o. *od.* s.th.; ~kommend obliging.

Zuwachs *m* increase.

zu|weilen sometimes; ~weisen assign; ~wenden: (sich) ~ turn (*dat.* to [-wards]); ~wenig too little; ~werfen *Tür:* slam (to); j-m et. ~werfen throw to s.o.; *Blick:* cast at s.o.; ~winken wave to; beckon to; ~ziehen *v/t* draw together; *Vorhänge:* draw; *Arzt etc.:* consult; sich ~ziehen incur; *med.* catch; *v/i* move in; ~züglich plus.

Zwang *m* compulsion; *Gewalt:* force; 2los informal.

zwanzig twenty; ~ste twentieth.

zwar indeed, it is true; und ~ that is.

Zweck *m* aim, end, purpose; keinen ~ haben be of no use.

Zwecke *f* tack; *Reiß*2: drawing-pin, *Am.* thumbtack.

zweck|los useless; ~mäßig expedient, suitable.

zwei two; 2bettzimmer *n* double room; ~deutig ambiguous; ~erlei of two kinds, two kinds of; ~fach double, twofold.

Zweifel *m* doubt; 2haft doubtful, dubious; 2los doubtless; 2n doubt (an e-r Sache s.th.; an j-m

Zweig *m* branch (*a. fig.*); kleiner ~ twig; ~geschäft *n*, ~niederlassung *f* branch.

Zwei|kampf *m* duel, single combat; 2mal twice; 2motorig twin-engined; 2seitig two-sided; *Vertrag etc.:* bilateral; ~sitzer *m* two-seater; 2sprachig bilingual; 2stöckig two-stor|eyed, -ied.

zweit second; aus ~er Hand second-hand; wir sind zu ~ there are two of us.

zwei|teilig *Anzug:* two-piece; ~tens secondly.

Zwerchfell *n* diaphragm.

Zwerg *m* dwarf.

Zwetsch(g)e *f* plum.

zwicken pinch, nip.
Zwieback *m* rusk, zwieback. [bulb.]
Zwiebel *f* onion; *Blumen:*}
Zwie|licht *n* twilight; ~
spalt *m* conflict; ~tracht
f discord.
Zwilling|e *pl* twins *pl*;
~s... twin ...
zwingen force; compel.
Zwinger *m* kennel; *Zucht:*
kennel(s *pl*).
zwinkern wink, blink.
Zwirn *m* thread, cotton; ~s-
faden *m* thread.
zwischen *zweien:* between;
mehreren: among; ~durch
colloq. in between; *for a
change;* 2ergebnis *n* intermediate result; 2fall *m*

incident; 2landung *f aer.*
intermediate landing, stop,
Am. a. stopover; **(Flug)**
ohne 2landung non-stop
(flight); 2raum *m* space,
interval; 2stecker madapt-
er; 2stück *n* intermediate
piece; adapter; 2wand *f*
partition; 2zeit *f* interval;
in der 2zeit meantime.
zwitschern twitter, chirp.
zwölf twelve; um ~ (**Uhr**)
at twelve (o'clock); **(um)** ~
Uhr mittags (at) noon;
(um) ~ **Uhr nachts** (at)
midnight; ~te twelfth.
Zylind|er *m* top hat; *math.,
tech.* cylinder.
zynisch cynical.
Zypresse *f* cypress.

Britische und amerikanische Eigennamen
British and American Proper Names

Africa ['æfrikə] Afrika *n*.
Alderney ['ɔ:ldəni] *Kanalinsel*.
America [ə'merikə] Amerika *n*.
Andrew ['ændru:] Andreas *m*.
Ann(e) [æn] Anna *f*.
Anthony ['æntəni] Anton *m*.
Asia ['eiʃə] Asien *n*.
Athens ['æθinz] Athen *n*.
Australia [ɔs'treiljə] Australien *n*.
Austria ['ɔstriə] Österreich *n*.
Belfast [bel'fa:st] Belfast *n*.
Belgium ['beldʒəm] Belgien *n*.
Belgrade [bel'greid] Belgrad *n*.
Bern(e) [bə:n] Bern *n*.
Bill(y) ['bil(i)] Willi *m*.
Bob [bɔb] *s*. Robert.
Brussels ['brʌslz] Brüssel *n*.
Bucharest [bju:kə'rest] Bukarest *n*.
Budapest ['bju:də'pest] Budapest *n*.
Canada ['kænədə] Kanada *n*.
Canberra ['kænbərə] Canberra *n*.

Caroline ['kærəlain] Karoline *f*.
Catherine ['kæθərin] Katharina *f*.
Charles [tʃɑ:lz] Karl *m*.
China ['tʃainə] China *n*.
Constance ['kɔnstəns] Konstanze *f*.
Copenhagen [kəupn'heigən] Kopenhagen *n*.
Cyprus ['saiprəs] Zypern *n*.
Czechoslovakia ['tʃekəusləu'vækiə] die Tschechoslowakei.
Daniel ['dænjəl] Daniel *m*.
Danube ['dænju:b] Donau *f*.
David ['deivid] David *m*.
Denmark ['denma:k] Dänemark *n*.
Dick [dik] *s*. Richard.
Dover ['dəuvə] *Hafenstadt in England*.
Dublin ['dʌblin] Dublin *n*.
Edinburgh ['edinbərə] Edinburg *n*.
Egypt ['i:dʒipt] Ägypten *n*.
Eire ['ɛərə] *ehemaliger Name der Republik Irland*.
Elizabeth [i'lizəbəθ] Elisabeth *f*.
England ['iŋglənd] England *n*.

Ethel ['eθəl] *f*.

Europe ['juərəp] Europa *n*.

Eve [i:v] Eva *f*.

Falkland Islands ['fɔ:lk-lənd 'ailəndz] *die* Falk-landinseln *im Atlantischen Ozean*.

Finland ['finlənd] Finn-land *n*.

France [frɑːns] Frankreich *n*.

Geneva [dʒi'ni:və] Genf *n*.

George [dʒɔːdʒ] Georg *m*.

Germany ['dʒəːməni] Deutschland *n*.

Gibraltar [dʒi'brɔːltə] Gibraltar *n*.

Great Britain ['greit 'britn] Großbritannien *n*.

Greece [griːs] Griechen-land *n*.

Guernsey ['gəːnzi] *Kanal-insel*.

Hague [heig] **The ～** Den Haag.

Helsinki ['helsiŋki] Hel-sinki *n*.

Henry ['henri] Heinrich *m*.

Hugh [hjuː] Hugo *m*.

Hungary ['hʌŋgəri] Un-garn *n*.

India ['indjə] Indien *n*.

Irak, Iraq [i'rɑːk] Irak *m*.

Iran [i'rɑːn] Iran *m*.

Ireland ['aiələnd] Irland*n*.

Israel [izreiəl] Israel *n*.

Italy [itəli] Italien *n*.

Jack [dʒæk] Hans *m*.

James [dʒeimz] Jakob *m*.

Jane [dʒein] Johanna *f*.

Japan [dʒə'pæn] Japan *n*.

Jersey ['dʒəːzi] *Kanalinsel*.

Jim [dʒim] *s*. James.

Joan [dʒəun] Johanna *f*.

Joe [dʒəu] *s*. Joseph.

John [dʒɔn] Johann(es) *m*, Hans *m*.

Joseph ['dʒəuzif] Joseph *m*.

Kate [keit] Käthe *f*.

Kremlin ['kremlin] *der* Kreml.

Leslie ['lezli] *m, f*.

Lewis ['luːis] Ludwig *m*.

Lisbon ['lizbən] Lissabon *n*.

London ['lʌndən] London *n*.

Luxemb(o)urg ['lʌksəm-bəːg] Luxemburg *n*.

Mabel ['meibəl] *f*.

Madge [mædʒ] Margot *f*.

Madrid [mə'drid] Madrid *n*.

Malta ['mɔːltə] Malta *n*.

Man [mæn]: Isle of **～** *Insel in der Irischen See*.

Margaret ['mɑːgərit] Mar-garete *f*.

Mary ['mæəri] Maria *f*.

Ma(t)thew ['mæθjuː] Mat-thäus *m*.

Montreal [mɔntri'ɔːl] Montreal *n*.

Moscow ['mɔskəu] Moskau *n*.

Netherlands ['neðələndz] *die* Niederlande.

New England [njuː 'iŋ-lənd] Neuengland *n*.

Newfoundland [njuːfənd-'lænd] Neufundland *n*.

New Zealand [njuː 'ziː-lənd] Neuseeland *n*.

Nicholas ['nikələs] Niko-laus *m*.

Norway ['nɔːwei] Norwe-gen *n*.

Orkney Islands ['ɔːkni 'ailəndz] *die* Orkneyinseln.

Oslo ['ɔzləu] Oslo *n.*

Ostend [ɔs'tend] Ostende *n.*

Paris ['pæris] Paris *n.*

Patricia [pə'triʃə] *f.*

Patrick ['pætrik] *m.*

Paul [pɔːl] Paul *m.*

Peggy ['pegi] Gretchen *n.*

Peter ['piːtə] Peter *m.*

Poland ['pəulənd] Polen *n.*

Portugal ['pɔːtjugəl] Portugal *n.*

Prague [prɑːg] Prag *n.*

Rhine [rain] Rhein *m.*

Rhodesia [rəuˈdiːzjə] Rhodesien *n.*

Richard ['ritʃəd] Richard *m.*

Robert ['rɔbət] Robert *m.*

Rocky Mountains ['rɔki 'mauntinz] *Gebirge in USA.*

Roger ['rɔdʒə] Rüdiger *m.*

Rome [rəum] Rom *n.*

Rumania [ruːˈmeinjə] Rumänien *n.*

Russia ['rʌʃə] Rußland *n.*

Sam [sæm] *s.* Samuel.

Samuel ['sæmjuəl] Samuel *m.*

Scandinavia [skændiˈneivjə] Skandinavien *n.*

Scotland ['skɔtlənd] Schottland *n.*

Shetland Islands ['ʃet-

lənd 'ailəndz] *die* Shetlandinseln.

Spain [spein] Spanien *n.*

Stockholm ['stɔkhəum] Stockholm *n.*

Susan ['suːzn] Susanne *f.*

Sweden ['swiːdn] Schweden *n.*

Switzerland ['switsələnd] *die* Schweiz.

Thames [temz] Themse *f.*

Thomas ['tɔməs] Thomas *m.*

Tokyo ['təukjəu] Tokio *n.*

Tom(my) ['tɔm(i)] *s.* Thomas.

Turkey ['təːki] die Türkei.

United States of America [juːˈnaitid 'steitsəvəˈmerikə] *die* Vereinigten Staaten von Amerika.

Vienna [vi'enə] Wien *n.*

Wales [weilz] Wales *n.*

Warsaw ['wɔːsɔː] Warschau *n.*

Washington ['wɔʃiŋtən] Washington *n.*

Wight [wait]: **Isle of ~** *Insel vor der Südküste Englands.*

William ['wiljəm] Wilhelm *m.*

Worcester ['wustə] *Industriestadt in England.*

Yugoslavia [ˈjuːgəuˈslɑːvjə] Jugoslawien *n.*

Britische und amerikanische Abkürzungen
British and American Abbreviations

a.m.	ante meridiem = before noon *vormittags.*
AP	Associated Press (*amerikanisches Nachrichtenbüro*).
B.A.	Bachelor of Arts *Bakkalaureus m der Philosophie.*
BBC	British Broadcasting Corporation *Britische Rundfunkgesellschaft.*
Bros.	brothers *Gebrüder pl* (*in Firmenbezeichnungen*).
CIA	Central Intelligence Agency (*Spionageabwehrdienst der USA*).
CID	Criminal Investigation Department (*britische Kriminalpolizei*).
Co.	Company *Gesellschaft f.*
c/o	care of *per Adresse, bei.*
COD	cash (*Am.* collect) on delivery *Zahlung bei Empfang, gegen Nachnahme.*
Dept.	Department *Abteilung f.*
doz.	dozen *Dutzend n, pl.*
E	east *Ost(en m).*
EC	East Central (*London*) *Mitte-Ost* (*Postbezirk*).
Ed., ed.	edition *Auflage f*; edited *herausgegeben*; editor *Herausgeber m.*
EEC	European Economic Community *Europäische Wirtschaftsgemeinschaft* (*EWG*).
EFTA	European Free Trade Association *Europäische Freihandelszone.*
e.g.	exempli gratia = for instance *zum Beispiel.*
encl.	enclosed *Anlage(n pl) f* (*im Brief*).
Esq.	Esquire (*in Briefadressen, nachgestellt*) *Herrn.*
F	Fahrenheit (*Thermometereinteilung*).
FBI	Federal Bureau of Investigation (*Bundeskriminalamt der USA*).
ft	foot, feet *Fuß m, pl.*
GB	Great Britain *Großbritannien n.*
GMT	Greenwich Mean Time *Westeuropäische Zeit* (*WEZ*).
GP	General Practitioner *Praktischer Arzt.*
GPO	General Post Office *Hauptpostamt n.*
HMS	His (Her) Majesty's Ship *Seiner (Ihrer) Majestät Schiff.*

hr.	hour(s) *Stunde(n pl) f.*
i.e.	id est = that is to say *das heißt (d.h.).*
Inc.	Incorporated *(amtlich) eingetragen.*
IOC	International Olympic Committee *Internationales Olympisches Komitee.*
£	pound sterling *Pfund n Sterling (Währung).*
lb.	pound(s) *Pfund n, pl (Handelsgewicht).*
Ltd.	limited *mit beschränkter Haftung.*
M.A.	Master of Arts *Magister m der Philosophie.*
M.D.	Doctor of Medicine *Doktor m der Medizin.*
MP	Member of Parliament *Parlamentsabgeordnete m;* Military Police *Militärpolizei f.*
m.p.h.	miles per hour *Meilen in der Stunde.*
Mr	Mister *Herr m.*
Mrs	Mistress *Frau f.*
MS	manuscript *Manuskript n.*
Mt.	Mount *Berg m.*
N	north *Nord(en m).*
NE	northeast *Nordost(en m).*
NW	northwest *Nordwest(en m).*
oz, oz.	ounce(s) *(Handelsgewicht).*
p	new penny *od.* pence *(englischer) Penny.*
Ph.D.	Doctor of Philosophy *Doktor m der Philosophie.*
p.m.	post meridiem = after noon *nachmittags, abends.*
PO	Post Office *Postamt n;* Postal Order *Postanweisung f.*
POB, POBox	Post Office Box *Postschließfach n.*
RAF	Royal Air Force *Königlich-Britische Luftwaffe.*
Rd	Road *Straße f.*
S	south *Süd(en m).*
$	dollar *Dollar m.*
SE	southeast *Südost(en m).*
Sq	Square *Platz m.*
St	Saint... *Sankt...;* Street *Straße f.*
SW	southwest *Südwest(en m).*
UK	United Kingdom *Vereinigtes Königreich (England, Schottland, Wales u. Nordirland).*
UN	United Nations *Vereinte Nationen pl.*
UPI	United Press International *(amerikanische Nachrichtenagentur).*
US(A)	United States (of America) *Vereinigte Staaten pl (von Amerika).*
W	west *West(en m).*
WC	West Central *(London) Mitte-West (Postbezirk).*

Die Stammformen
der unregelmäßigen Verben
Irregular Verbs

Mit Stern (*) gekennzeichnete unregelmäßige Stammformen können auch durch die regelmäßig gebildete Form ersetzt werden.

abide *(bleiben)* – abode – abode*

awake *(erwachen)* – awoke – awoke*

be *(sein)* – was – been

bear *(tragen; gebären)* – bore *(getragen:* borne – *geboren:* born

beat *(schlagen)* – beat – beaten

beget *(zeugen)* – begot – begotten

begin *(anfangen)* – began – begun

bend *(beugen)* – bent – bent

bereave *(berauben)* – bereft* – bereft*

bet *(wetten)* – bet* – bet*

bid *([ge]bieten)* – bade, bid – bid(den)

bind *(binden)* – bound – bound

bite *(beißen)* – bit – bitten

bleed *(bluten)* – bled – bled

blend *([sich] [ver]mischen)* – blent* – blent*

blow *(blasen)* – blew – blown

break *(brechen)* – broke – broken

breed *(aufziehen)* – bred – bred

bring *(bringen)* – brought – brought

build *(bauen)* – built – built

burn *(brennen)* – burnt* – burnt*

burst *(bersten)* – burst – burst

buy *(kaufen)* – bought – bought

cast *(werfen)* – cast – cast

catch *(fangen)* – caught – caught

choose *(wählen)* – chose – chosen

cleave *([sich] spalten)* – cleft, clove* – cleft, cloven*

cling *(sich [an]klammern)* – clung – clung

clothe *([an-, be]kleiden)* – clad* – clad*

come *(kommen)* – came – come

cost *(kosten)* – cost – cost

creep *(kriechen)* – crept – crept

crow *(krähen)* – crew* – crowed

cut *(schneiden)* – cut – cut

deal *(handeln)* – dealt – dealt

dig *(graben)* – dug – dug

do *(tun)* – did – done

draw *(ziehen)* – drew – drawn

dream (*träumen*) – dreamt* – dreamt*

drink (*trinken*) – drank – drunk

drive (*treiben; fahren*) – drove – driven

dwell (*wohnen*) – dwelt – dwelt

eat (*essen*) – ate, eat – eaten

fall (*fallen*) – fell – fallen

feed (*füttern*) – fed – fed

feel (*fühlen*) – felt – felt

fight (*kämpfen*) – fought – fought

find (*finden*) – found – found

flee (*fliehen*) – fled – fled

fling (*schleudern*) – flung – flung

fly (*fliegen*) – flew – flown

forbear (*unterlassen*) – forbore – forborne

forbid (*verbieten*) – forbade – forbidden

forget (*vergessen*) – forgot – forgotten

forsake (*aufgeben; verlassen*) – forsook – forsaken

freeze ([*ge*]*frieren*) – froze – frozen

get (*bekommen*) – got – got, *Am.* gotten

gild (*vergolden*) – gilt* – gilt*

gird ([*um*]*gürten*) – girt* – girt*

give (*geben*) – gave – given

go (*gehen*) – went – gone

grind (*mahlen*) – ground – ground

grow (*wachsen*) – grew – grown

hang (*hängen*) – hung – hung

have (*haben*) – had – had

hear (*hören*) – heard – heard

heave (*heben*) – hove* – hove*

hew (*hauen, hacken*) – hewed – hewn*

hide (*verbergen*) – hid – hid(den)

hit (*treffen*) – hit – hit

hold (*halten*) – held – held

hurt (*verletzen*) – hurt – hurt

keep (*halten*) – kept – kept

kneel (*knien*) – knelt* – knelt*

knit (*stricken*) – knit* – knit*

know (*wissen*) – knew – known

lay (*legen*) – laid – laid

lead (*führen*) – led – led

lean ([*sich*] [*an*]*lehnen*) – leant* – leant*

leap ([*über*]*springen*) – leapt* – leapt*

learn (*lernen*) – learnt* – learnt*

leave (*verlassen*) – left – left

lend (*leihen*) – lent – lent

let (*lassen*) – let – let

lie (*liegen*) – lay – lain

light (*anzünden*) – lit* – lit*

lose (*verlieren*) – lost – lost

make (*machen*) – made – made

mean (*meinen*) – meant – meant

meet (*begegnen*) – met – met

mow (*mähen*) – mowed – mown*

pay (*zahlen*) – paid – paid

put (*setzen, stellen*) – put – put

read (*lesen*) – read – read

rend ([*zer*]*reißen*) – rent – rent

rid (*befreien*) – rid* – rid
ride (*reiten*) – rode – ridden
ring (*läuten*) – rang – rung
rise (*aufstehen*) – rose – risen
run (*laufen*) – ran – run
saw (*sägen*) – sawed – sawn*
say (*sagen*) – said – said
see (*sehen*) – saw – seen
seek (*suchen*) – sought – sought
sell (*verkaufen*) – sold – sold
send (*senden*) – sent – sent
set (*setzen*) – set – set
sew (*nähen*) – sewed – sewn*
shake (*schütteln*) – shook – shaken
shave ([*sich*] *rasieren*) – shaved – shaven*
shear (*scheren*) – sheared – shorn
shed (*ausgießen*) – shed – shed
shine (*scheinen*) – shone – shone
shoot (*schießen*) – shot – shot
show (*zeigen*) – showed – shown*
shred ([*zer*]*schnitzeln; zerfetzen*) – shred* – shred*
shrink (*einschrumpfen*) – shrank – shrunk
shut (*schließen*) – shut – shut
sing (*singen*) – sang – sung
sink (*sinken*) – sank – sunk
sit (*sitzen*) – sat – sat
slay (*erschlagen*) – slew – slain
sleep (*schlafen*) – slept – slept
slide (*gleiten*) – slid – slid
sling (*schleudern*) – slung – slung

slit (*schlitzen*) – slit – slit
smell (*riechen*) – smelt* – smelt*
sow ([*aus*]*säen*) – sowed – sown*
speak (*sprechen*) – spoke – spoken
speed (*eilen*) – sped* – sped
spell (*buchstabieren*) – spelt* – spelt*
spend (*ausgeben*) – spent – spent
spill (*verschütten*) – spilt* – spilt*
spin (*spinnen*) – spun, span – spun
spit ([*aus*]*speien*) – spat – spat
split (*spalten*) – split – split
spoil (*verderben*) – spoilt* – spoilt*
spread(*verbreiten*)–spread– spread
spring (*springen*) – sprang – sprung
stand (*stehen*) – stood – stood
steal (*stehlen*) – stole –stolen
stick (*stecken*) – stuck – stuck
sting (*stechen*) – stung – stung
stink (*stinken*) – stank, stunk – stunk
strew ([*be*]*streuen*) – strewed – strewn*
stride (*über-, durchschreiten*) – strode – stridden
strike (*schlagen*) – struck – struck, stricken
string (*spannen*) – strung – strung

strive (*streben*) – strove – striven

swear (*schwören*) – swore – sworn

sweat (*schwitzen*) – sweat* – sweat*

sweep (*fegen*) – swept – swept

swell ([*an*]*schwellen*) – swelled – swollen

swim (*schwimmen*) – swam – swum

swing (*schwingen*) – swung – swung

take (*nehmen*) – took – taken

teach (*lehren*) – taught – taught

tear (*ziehen*) – tore – torn

tell (*sagen*) – told – told

think (*denken*) – thought – thought

thrive (*gedeihen*) – throve* – thriven*

throw (*werfen*) – threw – thrown

thrust (*stoßen*) – thrust – thrust

tread (*treten*) – trod – trodden

wake (*wachen*) – woke* – woke(n)*

wear ([*Kleider*] *tragen*) – wore – worn

weave (*weben*) – wove – woven

weep (*weinen*) – wept – wept

wet (*nässen*) – wet* – wet*

win (*gewinnen*) – won – won

wind (*winden*) – wound – wound

work (*arbeiten*) – wrought* – wrought*

wring ([*aus*]*wringen*) – wrung – wrung

write (*schreiben*) – wrote – written

Zahlwörter
Numerals

Grundzahlen

0	nought, zero, cipher *null*	40	forty *vierzig*
1	one *eins*	50	fifty *fünfzig*
2	two *zwei*	60	sixty *sechzig*
3	three *drei*	70	seventy *siebzig*
4	four *vier*	80	eighty *achtzig*
5	five *fünf*	90	ninety *neunzig*
6	six *sechs*	100	a *od.* one hundred *hundert*
7	seven *sieben*		
8	eight *acht*	101	a hundred and one *hundert(und)eins*
9	nine *neun*		
10	ten *zehn*	200	two hundred *zwei-hundert*
11	eleven *elf*		
12	twelve *zwölf*	572	five hundred and seventy-two *fünfhundert-(und)zweiundsiebzig*
13	thirteen *dreizehn*		
14	fourteen *vierzehn*	1 000	a *od.* one thousand *tausend*
15	fifteen *fünfzehn*		
16	sixteen *sechzehn*	60 147	sixty thousand one hundred and forty-seven *sechzigtausend-einhundert(und)sieben-undvierzig*
17	seventeen *siebzehn*		
18	eighteen *achtzehn*		
19	nineteen *neunzehn*		
20	twenty *zwanzig*		
21	twenty-one *einund-zwanzig*	1 000 000	a *od.* one million *eine Million*
22	twenty-two *zweiund-zwanzig* [*zwanzig*]	1 000 000 000	a *od.* one milliard (*Am.* billion) *eine Milliarde*
23	twenty-three *dreiund-*		
30	thirty *dreißig*		

Ordnungszahlen

1st	first *erste*	6th	sixth *sechste*
2nd	second *zweite*	7th	seventh *siebente*
3rd	third *dritte*	8th	eighth *achte*
4th	fourth *vierte*	9th	ninth *neunte*
5th	fifth *fünfte*	10th	tenth *zehnte*

11th	eleventh *elfte*	23rd	twenty-third *dreiundzwanzigste*
12th	twelfth *zwölfte*	30th	thirtieth *dreißigste*
13th	thirteenth *dreizehnte*	40th	fortieth *vierzigste*
14th	fourteenth *vierzehnte*	50th	fiftieth *funfzigste*
15th	fifteenth *fünfste*	60th	sixtieth *sechzigste*
16th	sixteenth *sechzehnte*	70th	seventieth *siebzigste*
17th	seventeenth *siebzehnte*	80th	eightieth *achtzigste*
18th	eighteenth *achtzehnte*	90th	ninetieth *neunzigste*
19th	nineteenth *neunzehnte*	100th	(one) hundredth *hundertste*
20th	twentieth *zwanzigste*	101st	hundred and first *hundert(und)erste*
21st	twenty-first *einundzwanzigste*	200th	two hundredth *zweihundertste*
22nd	twenty-second *zweiundzwanzigste*	572nd	five hundred and seventy-second *fünfhundert(und)zweiundsiebzigste*
		1 000th	(one) thousandth *tausendste*

Bruchzahlen und andere Zahlenwerte

$^1/_2$ one *od.* a half *halb*

$1^1/_2$ one and a half *anderthalb*

$^1/_2$ *Meile* half a mile

$^1/_3$ one *od.* a third *ein Drittel*

$^2/_3$ two thirds *zwei Drittel*

$^1/_4$ one fourth, one *od.* a quarter *ein Viertel*

$^3/_4$ three fourths, three quarters *drei Viertel*

$1^1/_4$ *Stunde* one hour and a quarter

$3^4/_5$ three and four fifths *drei vier Fünftel*

.4 point four *null Komma vier* (0,4)

2.5 two point five *zwei Komma fünf* (2,5)

$2 \times 3 = 6$ twice three are *od.* make six *zwei mal drei ist od.* macht sechs

$7 + 8 = 15$ seven and eight are fifteen *sieben plus acht ist fünfzehn*

$10 - 3 = 7$ ten minus three are seven *zehn minus drei ist sieben*

$20 : 5 = 4$ twenty divided by five make four *zwanzig dividiert durch fünf ist vier.*

Britische und amerikanische Maße und Gewichte

British and American Weights and Measures

1. Längenmaße

1 inch = 2,54 cm
1 foot = 50,48 cm
1 yard = 91,439 cm
1 mile = 1,609 km

2. Flächenmaße

1 square inch = 6,452 cm²
1 square foot = 929,029 cm²
1 square yard = 8361,26 cm²
1 acre = 40,47 a
1 square mile = 258,998 ha

3. Raummaße

1 cubic inch = 16,387 cm³
1 cubic foot = 0,028 m³
1 cubic yard = 0,765 m³
1 register ton = 2,832 m³

4. Hohlmaße

1 British *od.* imperial pint
= 0,568 l, *Am.* 0,473 l

1 British *od.* imperial quart
= 1,136 l, *Am.* 0,946 l
1 British *od.* imperial gallon
= 4,546 l, *Am.* 3,785 l
1 British *od.* imperial barrel
= 163,656 l, *Am.* 119,228 l

5. Handelsgewichte

1 grain = 0,065 g
1 ounce = 28,35 g
1 pound = 453,592 g
1 quarter = 12,701 kg
1 hundredweight = 112
pounds = 50,802 kg
(= *Am.* 100 pounds
= 45,359 kg)
1 ton = 1016,05 kg, *Am.*
907,185 kg
1 stone = 14 pounds
= 6,35 kg